Dictionnaire des sciences économiques

Alain Beitone, Antoine Cazorla,
Christine Dollo, Anne-Mary Drai

Dictionnaire des sciences économiques

ARMAND COLIN

ISBN 2-200-26089-X

ARMAND COLIN • 21, RUE DU MONTPARNASSE • 75006 PARIS

Présentation

Les débats sur la situation économique (nouvelle économie, inégalités, croissance, chômage, mise en place de l'Euro ....) font rage dans les médias. Dans le même temps, la science économique et son enseignement font l'objet de nombreuses critiques.

C'est que nul n'échappe aux conséquences des réalités économiques et les citoyens sont légitimement animés du besoin de comprendre cet univers complexe. L'information économique se développe (presse, télévision, internet...), la science économique est enseignée dans de nombreux cursus de formation du lycée à la formation continue en passant par les classes préparatoires, l'université, les grandes écoles.

Ce dictionnaire est au service de toutes celles et de tous ceux qui cherchent à comprendre le monde de l'économie, qui cherchent à se forger un point de vue éclairé sur les débats qui opposent les économistes.

La compréhension du vocabulaire économique est la condition essentielle de la compréhension des enjeux économiques du monde contemporain.

On trouvera donc dans cet ouvrage des définitions précises, classées par ordre alphabétique, des concepts, des mécanismes et des théories économiques. À la fin de chaque définition des corrélats sont indiqués afin de trouver d'autres définitions complémentaires. L'histoire économique, les outils statistiques et les institutions ne sont pas oubliés et les informations les plus récentes ont été prises en compte. La pluralité des théories économiques est prise en compte, car la confrontation de points de vue différents est la condition d'une véritable réflexion critique.

Mais une définition isolée n'offre pas toujours une compréhension suffisante : il faut mettre en perspective, problématiser, pour comprendre vraiment. C'est pourquoi le lecteur trouvera aussi des articles thématiques qui mettent en relation les différentes définitions et les différentes approches. Chaque article thématique est accompagné d'une bibliographie sélective.

Enfin, le lecteur trouvera en annexe :

- la liste des articles thématiques
- un lexique anglais/français
- une liste des sigles
- un index des noms cités

Signification des symboles utilisés

● Bibliographie de base (à la fin des articles thématiques)
❍ Pour aller plus loin (à la fin des articles thématiques)

⇨ Remarque importante ou difficulté particulière (dans le corps ou à la fin des articles)

➤ Renvoi à un article thématique (à la fin des articles)
➢ Renvoi à d'autres articles (à la fin des articles)
* Signale, dans le corps d'un article, un terme qui fait l'objet d'une définition dans le dictionnaire de Sciences Économiques

Liste des Articles thématiques

ABSORPTION

L'absorption est une technique de **concentration*** dans laquelle une **société*** intègre les avoirs d'une ou plusieurs autres sociétés. Dans cette opération, seule la société absorbante subsiste, les autres sociétés étant dissoutes. La société absorbante procède à une **augmentation de capital*** dont les parts vont aux actionnaires des sociétés absorbées en contrepartie de leur apport en titres des anciennes sociétés.

☞ Concepts et corrélats

➢Concentration ➢Fusion

ACCÉLÉRATEUR

On appelle accélérateur le principe selon lequel toute variation de la **demande*** engendre une variation plus que proportionnelle de l'**investissement*** qui permet de la satisfaire. Le principe d'accélération est dû à A. Aftalion (*La réalité des surproductions générales*, 1913) et à J.M. Clark (*Business Acceleration and the Law of Demand: a Technical Factor in Economic Cycles,* 1917). Il montre comment un choc de demande peut se transmettre au reste de l'économie.

L'accélérateur agit sous l'effet du **coefficient de capital*** qui est supérieur à 1.

Soit la variation de la demande finale (connue ou prévue) ΔY, il est possible de calculer l'investissement induit (I).

$I = \beta \Delta Y$, β étant le **coefficient marginal de capital*** $\Delta K / \Delta Y$

Le principe d'accélération conduit à des phases de sous-investissement et de **surinvestissement***. Mais l'accélérateur repose sur des hypothèses contraignantes :

1) les **entreprises*** fonctionnent à pleine capacité de production. Toute augmentation de la demande nécessite de nouveaux achats de biens d'équipement ;

2) à une augmentation de la demande, les entrepreneurs ne répondent pas par une augmentation des prix mais ils accroissent les quantités produites :

3) le coefficient de capital est constant.

➪L'accélérateur peut-être combiné avec le **multiplicateur d'investissement*** dans l'**oscillateur***. Il est à la base d'une approche dynamique des fluctuations économiques dans la **théorie keynésienne***.

☞ Concepts et corrélats

➤Investissement ➤ Fluctuations et crises
➢Investissement autonome
➢Investissement induit

ACCORD DE COMPENSATION

Un accord de compensation stipule qu'une transaction commerciale est assortie d'une obligation de contrepartie. Il s'agit donc d'une pratique par laquelle on cherche à obtenir, pour un montant donné d'importations, des ventes de produits nationaux de valeur comparable afin d'atteindre un équilibre commercial.

La forme la plus simple de compensation est le troc, mais d'autres formes plus élaborées de compensation existent. Par exemple, le contre-achat est une opération par laquelle l'exportateur s'engage à acheter ou à faire acheter des produits dans le pays de son client.

➪Il y a compensation bilatérale lorsque l'équilibre du commerce extérieur est recherché entre pays pris deux à deux. Dans le cadre du **Conseil d'Assistance Économique Mutuelle***, les soldes commerciaux devaient être compensés de façon bilatérale. Un solde excédentaire d'un pays A à l'égard d'un pays B ne pouvait être utilisé pour compenser un déficit avec un pays C. Lorsque cette compensation est possible, il y a compensation multilatérale. Le plan Keynes proposé à la conférence de **Bretton Woods*** (1944) visait à mettre en place un tel système organisé autour d'une Union Internationale de Compensation (*International Clearing Union*).

☞ Concepts et corrélats

➤Commerce international ➤Intégration économique ➢ Multilatéralisme

ACCORD DE PENSION

L'accord de pension est une convention par laquelle une valeur est cédée tandis que le vendeur obtient simultanément le droit et l'obligation de la racheter à un prix déterminé à un terme fixé ou sur demande. L'agent qui cède les titres réalise une mise en pension, l'agent qui acquiert les titres réalise une prise en pension.

☞ Concepts et corrélats

➤Monnaie➢Politique monétaire

ACCORD GÉNÉRAL SUR LES TARIFS ET LE COMMERCE (AGETAC)

L'Accord Général sur les Tarifs et le Commerce (en anglais General Agreement on Tariffs and Trade, GATT) a été signé le 30 octobre 1947. À l'origine, il n'était qu'un simple accord conçu comme provisoire, en attendant la création d'une véritable institution, « l'Organisation internationale du commerce » à laquelle devaient aboutir les négociations de la Charte de La Havane débutées en 1946. Le projet de création de l'Organisation internationale du commerce a échoué en 1948 (opposition des États-Unis) et le dispositif de l'Accord Général sur les Tarifs et le Commerce a été prolongé.

Lors de sa création les principaux objectifs étaient:

– la suppression des obstacles aux échanges et le retour au libre-échange (suppression des barrières douanières et des obstacles non tarifaires);

– l'abolition de toutes pratiques faussant la concurrence telles que les subventions à l'exportation, le **dumping***, les restrictions quantitatives et tarifaires;

– le développement des négociations entre les parties contractantes;

– le contrôle de l'application des accords commerciaux;

– l'arbitrage des différends entre les pays.

L'AGETAC repose sur quatre principes fondamentaux.

1. Le principe de non-discrimination

Principe de base de l'accord, il est le plus important et comprend deux clauses:

– La clause de la nation la plus favorisée: elle stipule qu'un pays accordant des avantages commerciaux à un autre doit les étendre à l'ensemble des autres nations.

– La clause du traitement national: elle réclame une égalité de traitement, notamment sur le plan fiscal, entre les produits nationaux et les produits importés.

2. Le principe de l'abaissement général et progressif des droits de douane dont la mise en place fait l'objet de **négociations multilatérales*** entre pays membres. À intervalles plus ou moins réguliers, les membres se réunissent dans le but de parvenir à cette réduction des restrictions tarifaires.

3. Le principe de l'interdiction des restrictions quantitatives.

Les restrictions quantitatives, tant à l'importation qu'à l'exportation, sont interdites dans le cadre de l'accord qui prohibe ainsi toute politique de **contingentement***.

4. Le principe de l'interdiction du dumping et des subventions à l'exportation.

N'étant pas une organisation internationale indépendante, mais un simple accord, l'Accord Général sur les Tarifs et le Commerce n'avait aucun pouvoir d'imposition ou de coercition, à la différence de l'actuelle **Organisation Mondiale du Commerce*** (OMC). L'AGETAC a été amené à multiplier les exceptions aux règles du libre-échange pour tenir compte des différences de niveaux de développement économique des pays membres, et de la difficile application de la stricte réciprocité.

Ainsi, contrairement au principe de la clause de la nation la plus favorisée, l'Accord Général sur les Tarifs et le Commerce autorise la création de **zones de libre-échange*** ou d'**unions douanières*** qui accordent aux pays membres des conditions avantageuses en matière de droits de douane.

De même un pays peut utiliser la « clause de sauvegarde » et rétablir à titre transitoire:

– des barrières douanières dans le but de protéger certaines branches d'activités;

– des **quotas*** en cas de déficit grave de la balance commerciale.

Le 1er janvier 1995, l'OMC s'est substituée à l'Accord Général sur les Tarifs et le Commerce.

☞ Concepts et corrélats

➤Commerce international➢Libre-échange
➢Protectionnisme

ACCORD MONÉTAIRE EUROPÉEN (AME)

L'Accord monétaire européen (AME), signé le 5 août 1955, est entré en vigueur le 26 décembre 1958. Il organise le retour à la convertibilité des monnaies des pays membres de l'**Union européenne des Paiements (UEP)***.

☞ Concepts et corrélats

➤Finances internationales

ACCORDS COMMERCIAUX PRÉFÉRENTIELS

Les accords commerciaux préférentiels sont des traités commerciaux visant à accorder à certains partenaires des tarifs douaniers ou des **quotas*** d'**importation*** préférentiels. Ils peuvent constituer une étape dans un processus d'**intégration économique*** vers une **union douanière***.

Ces accords préférentiels, justifiés en raison d'une proximité géographique ou pour des raisons historiques ou politiques, peuvent être plus ou moins contradictoires avec les principes du **multilatéralisme*** fondés sur le principe de la **clause de la nation la plus favorisée***.

☞ Concepts et corrélats

➤Intégration économique ➢Association économique de libre-échange ➢Association de libre-échange de l'Atlantique Nord ➢Pacte Andin ➢Régionalisme commercial ➢Traité de Rome ➢Union européenne

ACCORDS D'AUTOLIMITATION DES EXPORTATIONS

Un accord d'autolimitation des exportations consiste, pour un pays, à s'engager volontairement à limiter ses exportations à destination d'un pays client.

➪Le caractère volontaire de la limitation doit être relativisé car il résulte en général d'une pression du pays importateur.

☞ Concepts et corrélats

➤Commerce international
➢Protectionnisme

ACCORDS DE LA JAMAÏQUE

Les Accords de la Jamaïque sont des accords intervenus les 7 et 8 janvier 1976 à Kingston. Ils modifient les statuts du **Fonds monétaire international (FMI)***, notamment en supprimant toute référence à l'or (démonétisation de l'or). On se trouve officiellement à partir de ces accords dans un **étalon DTS***. Certains auteurs considèrent que ces accords instituent de fait un système d'**étalon-dollar***.

☞ Concepts et corrélats

➤Finances internationales
➢Bretton Woods

ACCORDS DE LOMÉ

Les accords de Lomé (Togo) sont des accords multilatéraux signés entre les pays de **l'Union européenne*** et les pays d'Afrique, des Caraïbes et du Pacifique (pays ACP).

Plusieurs accords se sont succédé: Lomé I (1975), Lomé II (1979), Lomé III (1984), Lomé IV (1990), révision de Lomé IV (1995). En 2000, un nouvel accord de partenariat entre les 15 membres de l'Union européenne et les pays ACP a succédé aux accords Lomé et constitue actuellement le cadre financier et politique le plus étendu pour la coopération Nord-Sud.

Ces accords de coopération se caractérisent :

– par des préférences commerciales non réciproques accordées aux États ACP;

– par des systèmes visant à stabiliser et régulariser les revenus de PED. Lomé I a ainsi mis en place un Fonds de stabilisation des recettes d'exportation sur les produits agricoles (STABEX) garantissant les prix et les quantités vendus sur le marché européen grâce à un système de stocks régulateurs. Le Fonds SYSMIN, concernant les ressources minières, a été instauré par l'accord de Lomé II ;

– par le respect d'une clause relative aux droits de l'homme depuis Lomé IV.

➪Les préférences commerciales n'ont pas été suffisantes pour assurer un décollage économique aux pays ACP. Par ailleurs, la part des pays ACP sur le marché de l'Union européenne a été divisée par plus de deux au cours des 25 dernières années. Enfin, 60 % des exportations totales des pays ACP sont concentrées sur une dizaine de produits.

➪La coopération entre l'Europe et les PED remonte aux années 60. Yaoundé I (1963-69), élaborée dans la capitale camerounaise et Yaounde II (1969-75), promettaient une part importante de l'aide européenne aux pays d'Afrique francophone récemment indépendants.

☞ Concepts et corrélats

➤Commerce international ➤ Économie du développement ➢Aide multilatérale

ACCORDS DU LOUVRE

Au terme des Accords du Louvre, intervenus à Paris le 22 février 1987, le « groupe des cinq » (États-Unis, Japon, RFA, France, Grande-Bretagne) plus le Canada conviennent de coopérer pour promouvoir la stabilité des **changes***. Les pays signataires considèrent que le cours atteint par le dollar à la suite de l'« atterrissage en douceur » (*soft landing*) organisé par les **Accords du Plaza*** est satisfaisant.

☞ Concepts et corrélats

➤Finances internationales ➢ Bretton Woods ➢ Changes flottants

ACCORDS DU PLAZA

Au terme des Accords du Plaza, intervenus à New York le 22 septembre 1985, les pays membres du « groupe des cinq » décident de pratiquer des interventions concertées afin d'éviter une chute trop brutale (*hard landing*) du cours du dollar. Ces accords ouvrent une nouvelle période dans l'histoire du **Système monétaire international*** caractérisée par une importance plus grande accordée à la coopération monétaire internationale et à la coordination des **politiques économiques***.

☞ Concepts et corrélats

➤Finances internationales ➢ Bretton Woods ➢ Changes flottants ➢ Zone cible

ACCORDS DU SMITHSONIAN INSTITUTE

Les accords du *Smithsonian Institute* intervenus à Washington le 18 décembre 1971 :

– définissent de nouvelles **parités*** : **dévaluation*** du dollar (38 dollars pour une once d'or) et **réévaluation*** du DM et du Yen ;

– restaurent la stabilité des **changes*** (le DM et le Yen flottaient depuis la déclaration Nixon du 15 août 1971) ;

– élargissent les **marges de fluctuations*** : au lieu de + ou - 1 % on passe à + ou - 2,25 %.

☞ Concepts et corrélats

➤ Finances internationales ➢ Système monétaire international ➢ Bretton Woods ➢ Changes flottants

ACCUMULATION DU CAPITAL

L'accumulation du capital est le processus par lequel s'accroît le stock de **capital***. Le stock de capital disponible dans une économie à un moment donné résulte des flux antérieurs d'**investissement*** et de déclassement du capital usé ou obsolète. On utilise parfois le terme « accumulation du capital » comme synonyme d'**investissement net***.

➪Ce terme, repris par K. Marx (1818-1883) aux économistes classiques, est surtout utilisé par des économistes marxistes ou radicaux. Pour Marx, l'accumulation croissante du capital est une loi du **capitalisme***.

☞ Concepts et corrélats

➢Baisse tendancielle du taux de profit ➢ Taux d'accumulation ➢ École classique ➢ Théorie marxiste

ACCUMULATION PRIMITIVE DU CAPITAL

L'accumulation primitive du capital est un concept de la **théorie marxiste*** qui vise à rendre compte des conditions d'émergence du **mode de production capitaliste*** (MPC).

Le MPC s'est développé à partir de la fin du Moyen Âge et tout au long de l'époque moderne par dissolution progressive du servage et émergence d'un **capitalisme*** commercial et bancaire. À la fin du 18e siècle, ce processus d'accumulation s'accélère avec le développement de l'industrie. Dans le même temps, le salariat s'impose comme rapport social dominant par séparation des producteurs d'avec leurs moyens de production.

➪Le concept d'accumulation primitive a été utilisé par des auteurs marxistes pour caractériser la période de démarrage du **développement*** capitaliste dans les **pays en voie de développement*** (PVD).

☞ Concepts et corrélats

➤Capital ➢ Théorie marxiste

ACTE UNIQUE EUROPÉEN (AUE)

L'Acte unique européen est le traité signé, en février 1986, par les douze États membres de la **Communauté européenne***, qui modifie le **traité de Rome***.

– Il réunit dans un même cadre juridique les Communautés européennes et la Coopération politique européenne (CPE).

– Il élargit les compétences de la Communauté (politique régionale, politique de l'environnement, de la recherche).

– Il affine les procédures de décision. Il tend à substituer la règle de la majorité qualifiée (ou de la majorité renforcée) à la règle de l'unanimité.

L'Acte unique européen vise à relancer la construction communautaire et à éliminer les obstacles à la réalisation du **marché commun*** dont l'achèvement est fixé pour 1992. Il entre en vigueur le 1er juillet 1987. Le **traité de Maastricht*** poursuit ce processus d'approfondissement.

☞ Concepts et corrélats

➤Intégration économique➢Union économique ➢ Union européenne

ACTIF

Un actif représente tout élément de **patrimoine*** ayant une valeur économique positive pour un agent économique. Il s'agit de **biens*** ou des capacités possédés, susceptibles d'être vendus ou loués à d'autres agents moyennant rémunération.

Trois catégories d'actifs peuvent être différenciées en fonction de leur degré de liquidité (possibilité de réaliser une cession sans perte à bref délai) :

– les actifs monétaires. La **monnaie*** est le plus liquide et le moins risqué des actifs ;

– les actifs financiers regroupent essentiellement les devises et les titres (**actions***, titres de créances). Ils font supporter un degré de risque plus élevé à leur propriétaire ;

– les actifs réels regroupent des biens reproductibles (bâtiments, biens immobiliers, bétail, stocks) ou non reproductibles (terre, œuvres d'art). Dans le second cas, l'offre étant rigide, le prix de marché fluctue fortement avec les variations de la demande ;

– en **comptabilité***, l'actif du **bilan*** enregistre les éléments du patrimoine qui ont une valeur économique positive, à un moment donné. L'actif brut est évalué au **coût*** historique d'entrée dans le patrimoine (ou coût d'acquisition) et non à sa valeur réelle sur le marché. L'actif net est la différence entre l'actif brut et **l'amortissement***.

➪Il ne faut pas confondre les actifs réels qui sont opposés aux actifs financiers et la valeur réelle d'un actif sur le marché qui peut s'éloigner de la valeur comptabilisée (au coût historique).

☞ Concepts et corrélats

➤Entreprise ➤ Épargne ➢Actif circulant ➢Actif immobilisé ➢Immobilisations

ACTIF

Un actif est un individu appartenant à la **population active***. Il peut être **actif occupé*** ou **chômeur***

☞ Concepts et corrélats

➤ Marché du travail ➢ Inactif➢ Population inactive

ACTIF CIRCULANT

L'actif circulant est une partie de l'**actif*** d'un **bilan***. Il regroupe tous les éléments du **patrimoine*** d'une entité considérée (**ménage***, **entreprise***, etc.) qui peuvent faire l'objet dans un délai assez court, d'un autre emploi (stocks, créances, titres de placement et disponibilités monétaires).

☞ Concepts et corrélats

➤Entreprise➢Actif immobilisé ➢Immobilisations

ACTIF IMMOBILISÉ

L'actif immobilisé est une partie de l'**actif*** d'un **bilan***. Il regroupe tous les éléments du **patrimoine*** d'une entité (**ménage***, **entreprise***, etc.) qui ne peuvent pas être cédés sans perte en patrimoine ou sans remettre en cause l'activité de cet agent.

☞ Concepts et corrélats

➢Immobilisations

ACTIF OCCUPÉ

Un actif occupé est un individu occupant un **emploi*** rémunéré.

☞ Concepts et corrélats

➤Marché du travail➢ Actif➢Inactif ➢Population active

ACTIFS NON FINANCIERS NON PRODUITS

Dans les **comptes nationaux***, les actifs non produits sont des **actifs*** économiques dont l'existence n'est pas le résultat de processus de production. Ils comprennent des actifs corporels et incorporels. Les actifs non financiers corporels non produits sont des actifs naturels mais qui doivent avoir un propriétaire effectif et présenter un avantage économique pour celui-ci (des actifs naturels comme l'air et la mer n'en font donc pas partie). Les actifs incorporels non produits comprennent notamment les brevets ou les fonds de commerce.

☞ Concepts et corrélats

➤Comptabilité nationale

ACTION

Une action est un titre de propriété d'une fraction du **capital social*** d'une **société*** qui donne droit:

– à un revenu (**dividende***) variable en fonction du **résultat*** annuel;

– à une partie de l'**actif*** net en cas de liquidation;

– à un droit d'information et de contrôle sur la gestion de l'entreprise;

– à un droit de vote à l'Assemblée générale (sauf s'il s'agit d'une **action*** prioritaire ou de certificats d'investissement).

Les actions sont des **valeurs mobilières*** dont certaines sont cotées en **Bourse***. Comme tous les actifs financiers, elles font supporter à leur détenteur un risque de **plus-value*** (ou de moins-value).

➩Ne pas confondre avec l'**obligation*** qui est un titre de créance.

☞ Concepts et corrélats

➤Entreprise ➤ Épargne ➢ Financement de l'économie ➢ Augmentation de capital

ACTIONNAIRE

Un actionnaire est un agent économique privé ou public, personne physique ou morale qui détient des **actions*** d'une **société***.

Dans les **sociétés anonymes***, l'actionnaire participe à l'Assemblée générale des actionnaires qui élit son **Conseil d'Administration*** ou son **Directoire***et chaque actionnaire détient une voix par action sauf exception.

Un actionnaire qui n'est pas engagé dans la gestion de l'**entreprise*** recherche en général, la meilleure **rentabilité*** financière pour les actions qu'il détient.

☞ Concepts et corrélats

➤Capital➤ Entreprise➤ Capital social ➢Gouvernement d'entreprise➢ Manager ➢Théorie de l'Agence

ACTUALISATION

L'actualisation est l'opération qui consiste à chercher la valeur actuelle d'une somme disponible plus tard. On appelle valeur actuelle d'une somme perçue au temps n, avec un **taux d'actualisation*** (i), la valeur calculée à partir de la formule d'actualisation suivante:

$$C_0 = \frac{C_n}{(1+i)^n} = C_n(1+i)^{-n}$$

La valeur actuelle d'un franc disponible l'année prochaine sera de 1/(1+i) et celle de l'année suivante [$1/(1+i)^2$]. Le calcul d'actualisation (i) exprime donc les choix intertemporels des agents économiques. Par exemple 1 000 francs perçus dans trois ans correspondent à 1 000 $(1+i)^{-3}$. Si le taux d'actualisation est de 4 %, cela équivaut à 889 francs, avec un taux d'actualisation de 10 %, la somme actuelle devient 751,32 francs.

☞ Concepts et corrélats

➤Investissement ➢Valeur actualisée nette (VAN)➢Taux de rendement interne (TIR ou TRI)

ADMINISTRATIONS PUBLIQUES (APU)

Les administrations publiques constituent un **secteur institutionnel*** de la Comptabilité nationale.

Elles regroupent les administrations aux niveaux central et local, ainsi que les administrations de Sécurité sociale.

➩Il ne faut pas confondre administrations publiques et entreprises publiques, ces dernières étant classées parmi les sociétés, financières ou non financières, selon leur activité principale.

☞ Concepts et corrélats

➤Comptabilité nationale

AGENCE

➤ **Entreprise** ➢ **Théorie de l'agence**

AGENCE NATIONALE POUR L'EMPLOI (ANPE)

L'ANPE est un établissement public d'État créé en 1967, et rattaché au ministère de l'Emploi et de la Solidarité. Elle regroupe les agences locales pour l'Emploi (ALE).

L'ANPE est chargée, pour le compte de l'**État***:

– de la prospection des emplois disponibles et du placement des demandeurs;

– de l'information, de l'orientation et du conseil professionnel des travailleurs.

C'est sur la base des inscriptions à l'ANPE que le ministère de l'Emploi et de la Solidarité comptabilise les **Demandes d'Emploi en Fin de Mois***.

➪ Depuis 1997, l'ANPE n'assure plus les opérations d'inscription administrative des demandeurs d'emploi. Ceux-ci doivent s'adresser directement à l'Association pour l'Emploi dans l'Industrie et le Commerce (ASSEDIC). Cependant, l'ANPE conserve la responsabilité juridique de la gestion de la liste.

☞ Concepts et corrélats

➤ Marché du travail ➢ Emploi

AGRÉGATS

Les agrégats sont des indicateurs synthétiques qui mesurent le résultat de l'activité économique.

Le principal agrégat de la Comptabilité nationale est le **Produit intérieur brut*** (PIB). Mais on trouve également dans les comptes nationaux d'autres agrégats comme le **revenu national***, le **revenu national disponible***, **l'épargne*** ou la **formation brute de capital fixe*** (FBCF), etc.

☞ Concepts et corrélats

➤ Comptabilité nationale

AGRÉGATS MONÉTAIRES

Les agrégats monétaires sont une mesure statistique de la quantité de **monnaie*** en circulation dans une économie. Les agrégats regroupent donc des actifs monétaires, c'est-à-dire des actifs parfaitement liquides ou susceptibles d'être convertis rapidement et à faible coût en actifs liquides.

L'**Eurosystème*** distingue trois agrégats monétaires:

❍ L'agrégat M1 qui constitue la monnaie au sens strict et regroupe la **monnaie fiduciaire*** (pièces et billets) et la **monnaie scripturale*** (dépôts à vue auprès des **institutions financières monétaires***).

❍ L'agrégat M2 regroupe M1 et les comptes sur livret, les dépôts à terme dont la durée est inférieure ou égale à 2 ans et les dépôts à terme dont la transformation en moyens de paiement à l'échéance est prévue au contrat.

❍ L'agrégat M3 regroupe M2 plus des actifs financiers qui comportent peu de risques en **capital*** et sont aisément transformables en monnaie (titres d'OPCVM monétaires, instruments du **marché monétaire***).

➪ Les agrégats sont donc « emboîtés » et classés par ordre décroissant de liquidité.

➪ Si on caractérise la monnaie par la liquidité parfaite, on considère avec l'économiste A. Chaineau que *« la monnaie c'est M1 »*.

➪ Les agrégats de l'Eurosystème ne mesurent que la quantité de monnaie détenue par les agents financiers résidents (on ne prend donc pas en compte les actifs détenus par les institutions financières et les agents non résidents).

☞ Concepts et corrélats

➤ Monnaie ➢ Politique monétaire

AIDE AU DÉVELOPPEMENT

L'aide au développement regroupe tous les **flux*** réels et financiers dont bénéficient les pays les moins développés. On distingue habituellement:

– les aides multilatérales qui émanent des organisations internationales comme la **Banque mondiale***, le **Fonds monétaire international*** (FMI), le Comité d'aide au développement (CAD);

– les aides bilatérales qui émanent d'un pays donateur; ces aides peuvent être liées (aide liée) à des achats effectués auprès du pays donateur. Elles peuvent créer des liens de dépendance;

– les aides provenant des organisations non gouvernementales (ONG).

➪ Le concept d'aide au développement a considérablement évolué au cours des quarante dernières années. Dans les années

1950, les analyses keynésiennes et les expériences de transfert de capital des États-Unis vers l'Europe justifiaient l'aide au tiers-monde. Mais dès la fin des années 1960, l'incapacité des politiques de modernisation à engendrer une **croissance*** forte conduit à une réorientation de l'aide vers les **besoins*** fondamentaux (la production agricole, les infrastructures qui touchent de près les populations pauvres comme l'alimentation en eau, l'hygiène, la santé, l'éducation ainsi que les industries intensives en travail). À partir des années 1980, on reconnaît le rôle essentiel des conditions locales dans le succès des programmes d'aide, de même que l'importance de la participation des bénéficiaires. De plus, la priorité est désormais donnée à la lutte contre la pauvreté et non plus à la croissance.

☞ Concepts et corrélats
➤ Économie du développement
➤ Développement ➢ Politique d'ajustement structurel

AIDE BILATÉRALE
➤ Économie du développement ➢ Aide au développement ➤ Développement

---

AIDE LIÉE
➤ Économie du développement ➢ Aide au développement ➤ Développement

---

AIDE MULTILATÉRALE
➤ Économie du développement ➢ Aide au développement ➤ Développement

---

AIDE SOCIALE
L'aide sociale est une **prestation sociale*** versée aux personnes les plus démunies qui ne peuvent pas faire face à la satisfaction des **besoins*** considérés comme les plus vitaux. Elle relève d'une logique d'**assistance*** dans la mesure où son versement n'est pas subordonné à des contributions mais à une décision prise par une **administration publique*** après demande des intéressés.

En France, depuis la loi de **décentralisation*** de 1982, la responsabilité générale de l'aide sociale relève des départements mais le taux minimal et les conditions d'accès aux prestations sont fixés par l'État. Les communes interviennent également dans la prise en charge des besoins sociaux (Centre communaux d'actions sociales, CCAS).

➪ En France, la montée du chômage et de l'exclusion depuis le début des années 1980 a élargi le public de l'aide sociale. Aux bénéficiaires de l'aide médicale, de l'aide aux handicapés, de l'aide aux personnes âgées, de l'aide à l'enfance s'ajoutent de nombreux bénéficiaires de certains minima sociaux (chômeurs en fin de droits ou parent isolé par exemple).

☞ Concepts et corrélats
➤ Protection sociale ➢ Transferts sociaux
➢ Redistribution

AJUSTEMENT STRUCTUREL
➤ Économie du développement
➢ Politique d'ajustement structurel

ALÉA MORAL
Il y a aléa moral (ou risque moral) lorsque, dans le cadre d'un contrat, l'une des deux parties est en mesure de léser l'autre en raison de l'**asymétrie d'information*** qui existe entre elles. Par exemple, en matière d'assurance, la couverture du risque peut conduire l'assuré à adopter un comportement plus risqué ou plus imprudent, ce qui conduit à accroître les coûts de l'assureur. De même, en matière de crédit, l'emprunteur peut dissimuler son niveau réel de solvabilité et accroître ainsi les risques de défaillance.

➪ Pour réduire le risque moral, il faut prévoir dans le contrat des mécanismes de surveillance ou d'incitation (par exemple le bonus-malus en matière d'assurance automobile ou le contrôle médical préalable en matière d'assurance-vie).

➪ L'aléa moral est source d'inefficience, notamment lorsqu'il conduit à l'**antisélection***.

☞ Concepts et corrélats
➤ Théories économiques ➢ Risque
➢ Incertitude

ALLOCATION DES RESSOURCES PRODUCTIVES
L'allocation des ressources productives est le processus par lequel les **facteurs de production*** disponibles dans une économie sont alloués (affectés) aux différents usages économiques possibles.

Pour les économistes libéraux, le libre jeu du **marché*** et la variation des **prix relatifs*** conduisent spontanément à une affectation optimale des ressources.

D'autres économistes (O. Lange, par exemple) considèrent que seule la **planification*** peut réaliser une allocation des ressources correspondant aux intérêts de la collectivité.

➪Dans une optique néoclassique, l'**économie du bien-être*** considère que l'**État*** peut être conduit à modifier l'allocation des ressources réalisée par le marché.

☞ Concepts et corrélats

➤État ➤ Protection sociale
➢ Économie➢Science économique
➢Équilibre général ➢Optimum de Pareto

AMORTISSEMENT

L'amortissement est une opération qui consiste à évaluer de période en période, les fonds à mettre en réserve pour compenser la dépréciation résultant de l'usure physique ou sociale (**obsolescence***) du **patrimoine***.

❍ Au niveau de l'**entreprise***, l'amortissement peut être appréhendé comme un moyen d'assurer la poursuite de son activité en prévoyant le renouvellement du matériel. L'amortissement doit tenir compte de la durée d'utilisation des biens, mais son évaluation est délicate. Plusieurs mode de calculs sont possibles:

– selon l'amortissement linéaire, la dépréciation s'opère de façon régulière sur la durée de vie du bien (un bien durable dont le coût d'acquisition est de 30000 francs et qui a une durée de vie de 3 ans, exige un amortissement de 10 000 francs par an);

– selon l'amortissement dégressif, le processus d'amortissement est accéléré dans les premières années, ce qui réduit le bénéfice imposable ou distribuable aux actionnaires.

Pour éviter des estimations arbitraires, le Plan Comptable Général français donne une évaluation standardisée à partir du coût d'acquisition des biens (amortissement fiscal), ce qui peut introduire une perte de réalisme par rapport à la valeur de marché (valeur qui est prise en compte dans l'amortissement économique). L'amortissement comptable intègre la législation fiscale mais aussi **la stratégie*** de l'entreprise.

❍ Au niveau de la **Comptabilité nationale***, l'amortissement est appréhendé comme une **consommation*** annuelle de **capital fixe*** (dépréciation des machines des outils dans le processus de production). Ainsi, la formation nette de capital fixe est la **formation brute de capital fixe*** (FBCF) moins la consommation annuelle de capital fixe. Le produit intérieur net est le **produit intérieur brut*** (PIB) moins l'amortissement.

❍ Au niveau financier, l'amortissement désigne le processus de remboursement des emprunts: c'est l'ensemble des **annuités*** assurant le remboursement d'un prêt accordé pour une période donnée.

☞ Concepts et corrélats

➤Investissement ➢Actif
➢Investissement de remplacement
➢Endettement

ANALYSE FINANCIÈRE

L'analyse financière est une étude de l'**entreprise*** (ou de tout autre organisation) qui permet de donner un diagnostic sur sa gestion, sa **rentabilité***, sa **solvabilité*** et les modalités optimales de son financement.

L'analyse financière s'appuie sur les documents comptables (**Compte de résultat***, **bilan***). En dehors du résultat ultime que constitue le bénéfice ou la perte, elle établit un certain nombre d'indicateurs jugés significatifs pour évaluer l'évolution des performances d'une entreprise et la manière dont elles ont été obtenues.

☞ Concepts et corrélats

➤Entreprise ➢Capitaux permanents
➢Comptabilité

ANALYSE STRATÉGIQUE

L'analyse stratégique étudie des décisions globales qui engagent l'orientation de l'ensemble des activités et les structures d'une **entreprise*** (ou de tout autre organisation) pour améliorer son efficacité dans un environnement qui se modifie lui aussi (quoi produire, comment produire, pour qui produire?).

Cette démarche empruntée aux études politiques et militaires, conduit à porter un diagnostic sur les capacités propres de l'entité (son métier ou son savoir-faire), sur les menaces ou les opportunités de son environnement et les projets susceptibles de le modifier.

➪Ne pas confondre les décision stratégiques avec les décisions gestionnaires (décisions tactiques ou opérationnelles).

☞ Concepts et corrélats

➤Entreprise➢ Mondialisation
➢ Comptabilité➢Firmes multinationales

ANARCHISME MÉTHODOLOGIQUE

L'anarchisme méthodologique est une conception de l'activité scientifique défendue par P. Feyerabend (1924-1994) selon laquelle il faut encourager la prolifération des **théories***, la formulation d'hypothèses qui ne concordent pas avec les théories admises. Selon lui, la recherche scientifique doit se fonder sur le principe de contre-induction en vertu duquel ce sont les théories qui permettent de produire des énoncés d'observation. Une théorie T_1 ne peut donc être réfutée que par un fait produit dans le cadre d'une théorie T_2 incompatible avec T_1.

➪Feyerabend a résumé ses conceptions épistémologiques par le précepte: « tout est bon ». Signifiant par là qu'il n'y a pas lieu de respecter une quelconque orthodoxie épistémologique.

☞ Concepts et corrélats

➤Épistémologie économique ➢Méthode inductive

ANNUALITÉ BUDGÉTAIRE

➤État➢ Règles budgétaires

ANTICIPATION

Une anticipation est une estimation des valeurs futures de variables économiques qui fonde les décisions prises aujourd'hui par un agent.

☞ Concepts et corrélats

➤Finances internationales
➢ Anticipations adaptatives
➢Anticipations endogènes
➢Anticipations exogènes Anticipations rationnelles ➢ Illusion monétaire

ANTICIPATIONS ADAPTATIVES

La théorie des anticipations adaptatives, formulée notamment par M. Friedman, considère que les agents économiques forment leurs **anticipations*** relatives à l'inflation sur la base de leur expérience de l'évolution des prix et des erreurs qu'ils ont commises dans le passé à propos de l'inflation. Ils sont victimes d'**illusion monétaire*** à court terme, mais non à long terme. La **monnaie*** est donc active à court terme et neutre à long terme.

➪Selon M. Friedman, les politiques de relance keynésienne n'ont d'effet sur l'économie que si elles provoquent un taux d'inflation supérieur au taux d'inflation anticipé par les agents sur la base de leur expérience passée. Les politiques de relance des années 1960 et 1970 sont donc responsables, selon lui, d'une **inflation*** à taux croissant.

☞ Concepts et corrélats

➤Politique économique➢ Anticipations en-dogènes➢ Anticipations rationnelles
➢ Illusion monétaire➢ Anticipations adap-tatives➢ Monétarisme

ANTICIPATIONS AUTORÉALISATRICES

L'idée d'anticipation autoréalisatrice (ou prédiction créatrice, ou encore prophétie autoréalisatrice) a été élaborée par R. K. Merton (né en 1910) en sociologie sous le nom de théorème de Thomas: « *quand les hommes considèrent certaines situations comme réelles, elles sont réelles dans leurs conséquences* ». En sciences économiques, ce modèle d'analyse est de portée très générale. Par exemple, lorsque les entrepreneurs anticipent une forte croissance, ils investissent ce qui contribue à la croissance (et réciproquement). Lorsque les opérateurs sur un marché prévoient qu'un actif va s'apprécier, ils se portent acheteurs de cet actif, ce qui le pousse à la hausse.

☞ Concepts et corrélats

➢Anticipation ➢ Théorie keynésienne
➢ Bulle spéculative

ANTICIPATIONS AUTORÉGRESSIVES

Les anticipations sont autorégressives lorsque la valeur prévue d'une variable pour la période T dépend de l'histoire des valeurs prises par cette variable au cours des périodes précédentes.

☞ Concepts et corrélats

➢Anticipations endogènes
➢ Anticipations rationnelles

ANTICIPATIONS ENDOGÈNES

Dans un modèle ou une théorie économique, on dit que les **anticipations*** sont endogènes lorsque la formation des anticipations est expliquée par le modèle. Les **anticipations adaptatives***, les **anticipations extrapolatives***, les **anticipations autoré-gressives*** sont des anticipations endogènes.

☞ Concepts et corrélats

➢ Anticipations exogènes

ANTICIPATIONS EXOGÈNES

Dans un **modèle*** ou une **théorie économique***, on dit que les **anticipations*** sont exogènes lorsqu'elles ne sont pas expliquées par le modèle ou la théorie. Par exemple, dans la **théorie keynesienne*** de l'**investissement***, la référence aux « esprits animaux des entrepreneurs » et au caractère plus ou moins « sanguin » de ces derniers montre que les anticipations sont exogènes.

☞ Concepts et corrélats

➢Anticipations adaptatives ➢ Anticipations endogènes ➢ Anticipations rationnelles ➢ Illusion monétaire

ANTICIPATIONS EXTRAPOLATIVES

On dit que les anticipations sont extrapolatives lorsque les agents prévoient les valeurs futures des variables en supposant que les tendances observées dans le passé vont se prolonger.

☞ Concepts et corrélats

➢Anticipations adaptatives ➢ Anticipations endogènes ➢ Anticipations rationnelles ➢ Illusion monétaire

ANTICIPATIONS RATIONNELLES

La théorie des anticipations rationnelles, formulées notamment par J.-F. Muth, R. Lucas (prix Nobel 1995) et Th. Sargent, considère que les agents économiques mobilisent en permanence toute l'information disponible pour prendre des décisions sur la base des enseignements de la **théorie néoclassique***. Les agents ne sont donc pas victimes d'**illusion monétaire*** (même à court terme), ils anticipent correctement les conséquences de toutes les décisions de **politique économique***, ce qui enlève toute efficacité à la politique économique discrétionnaire.

➩La théorie des anticipations rationnelles n'affirme pas que les agents ne commettent jamais d'erreurs de prévision, mais elle considère que des agents rationnels ne peuvent pas faire d'erreurs systématiques. On résume souvent l'hypothèse d'anticipations rationnelles en affirmant que l'espérance mathématique des erreurs de prévision est nulle.

➩La théorie des anticipations rationnelles se distingue donc à la fois des conceptions keynésiennes et des conceptions monétaristes.

☞ Concepts et corrélats

➢Anticipations ➢ Anticipations adaptatives ➢ Anticipations endogènes ➢Anticipations exogènes ➢Théorie keynésienne ➢École monétariste

ANTISÉLECTION

Il y a antisélection (ou sélection adverse) sur un **marché*** lorsque l'**asymétrie d'information*** conduit à éliminer les produits et/ou les agents de meilleure qualité. Par exemple, sur le marché des véhicules d'occasion, si les acheteurs ignorent la qualité exacte des véhicules proposés, aucun d'entre eux n'acceptera de payer un prix élevé justifié par la bonne qualité d'un véhicule. Dans ce cas, les propriétaires des véhicules de bonne qualité se retireront du marché où seuls les véhicules en mauvais état seront offerts.

➩Le concept d'antisélection est particulièrement utile pour analyser le marché du crédit (où des **taux d'intérêt*** élevés dissuadent les agents les plus solvables d'emprunter) et le marché de l'assurance (où des primes élevées dissuadent les agents les moins exposés au risque de s'assurer).

☞ **Concepts et corrélats**
➤Marchés et prix

APPEL D'OFFRE À TAUX FIXE

Dans le cadre de la **politique monétaire*** du **Système Européen de Banques Centrales***, l'appel d'offre à taux fixe est une procédure déclenchée à l'initiative du SEBC, dans laquelle le **taux d'intérêt*** est annoncé à l'avance par la **Banque centrale*** et où les **établissements de crédit*** qui souhaitent se procurer des **liquidités***, font une offre pour le montant qu'ils souhaitent obtenir au taux d'intérêt fixé.

☞ **Concepts et corrélats**
➤Monnaie➢ Appel d'offre à taux variable ➢Politique monétaire ➢ Refinancement

---

APPEL D'OFFRE À TAUX VARIABLE

Dans le cadre de la **politique monétaire*** du **Système Européen de Banques Centrales***, l'appel d'offre à taux variable est une procédure déclenchée à l'initiative du SEBC, dans laquelle les **établissements de crédit*** qui souhaitent obtenir des **liquidités*** annoncent le montant de la transaction qu'ils souhaitent effectuer et le **taux d'intérêt*** auquel ils souhaitent traiter.

☞ **Concepts et corrélats**
➤Monnaie➢ Appel d'offre à taux fixe ➢ Politique monétaire ➢ Refinancement

---

APPRÉCIATION

Sur le plan externe, l'appréciation est l'augmentation du cours d'une **devise*** sur le **marché des changes***. Une devise s'apprécie lorsqu'elle est plus demandée qu'offerte.

En régime de **changes fixes*** l'appréciation se produit à l'intérieur des **marges de fluctuations***.

➩Ne pas confondre avec **réévaluation***.

Sur le plan interne, l'appréciation est l'augmentation du **pouvoir d'achat*** d'une monnaie qui résulte de la baisse des prix.

☞ **Concepts et corrélats**
➤Finances internationales ➢ Déflation ➢ Dépréciation ➢ Changes flottants

---

APRIORISME

L'apriorisme est la conception selon laquelle il existe des connaissances qui ne sont pas tirées de l'expérience. Par exemple pour E. Kant (1724-1804), les concepts de temps et d'espace sont des *a priori*. En sciences économiques, un point de vue aprioriste a été développé par L. von Mises (1881-1973). Pour lui, il est possible de connaître par introspection les principes qui régissent l'action humaine car celle-ci est « *nécessairement toujours rationnelle* ». Sur la base de ces propositions *a priori*, on déduite des **lois*** de portée universelle qu'il n'est même pas nécessaire de vérifier empiriquement dès lors qu'elles sont déduites logiquement de principes premiers qui sont vrais (par exemple la théorie des choix du **consommateur*** peut être déduite du principe de l'**utilité marginale*** décroissante).

➩Une conception aprioriste peut servir de point de départ à une démarche hypothético-déductive, mais toute démarche hypothético-déductive n'est pas aprioriste car elle peut avoir un point de départ conjectural.

☞ **Concepts et corrélats**
➤Épistémologie économique➢ Méthode hypothético-déductive➢ École autrichienne ➢ Conjecture

---

ARBITRAGISTE

Sur le **marché des changes***, l'arbitragiste est un opérateur qui cherche à tirer avantage des différences de cours. Par exemple: achats de dollars à Tokyo et revente immédiate à Francfort si le cours du dollar est faible à Tokyo et fort à Francfort. L'arbitragiste encaisse la différence de cours. Les opérations d'arbitrage peuvent porter aussi sur les différences entre le **cours à terme*** et le **cours au comptant*** d'une **devise***.

☞ **Concepts et corrélats**
➤Finances internationales ➢ Marché des changes

ARBITRE DE MARCHÉ

➤Marchés et prix➢ Commissaire-priseur ➢ Tâtonnement walrasien

ARMÉE INDUSTRIELLE DE RÉSERVE

Dans la **théorie marxiste***, l'armée industrielle de réserve est constituéedes prolétaires sans **emploi***.

Selon Marx en Angleterre dans les années 1840, l'armée industrielle de réserve est composée de plusieurs strates :

– la population flottante employée dans les périodes d'essor et rejetée dans les périodes de **crise*** ;

– la surpopulation latente des ruraux (petits propriétaires ruinés, paysans sans terre, etc.) ;

– la surpopulation stagnante qui occupe des emplois irréguliers;

– le prolétariat en haillons (*lumpenprolétariat*) constitué de tous les déclassés (vagabonds, mendiants, enfants de pauvres, accidentés du travail).

Cette masse d'hommes misérables est utilisée par les capitalistes pour peser sur le taux de salaire (prix de la **force de travail***).

☞ Concepts et corrélats

➢Accumulation primitive du capital ➢Forces productives ➢Lois sur les pauvres ➢Rapports de production

ASSIETTE DE L'IMPÔT

L'assiette de l'impôt correspond à la matière imposable (**revenu***, **patrimoine***, etc.) sur laquelle est calculé l'impôt.

☞ Concepts et corrélats

➤État ➤ Politique économique ➢Fiscalité

ASSISTANCE

L'assistance désigne, de façon générale, l'aide accordée aux individus qui sont dans l'impossibilité de se procurer, avec leurs propres ressources, ce qui est essentiel à la satisfaction des **besoins*** fondamentaux de l'existence. Les minima sociaux ou le **revenu minimum d'insertion*** relèvent par exemple du principe de l'assistance.

L'un des caractères déterminants de l'assistance est l'absence de contribution demandée à celui qui en bénéficie. Cette spécificité différencie fondamentalement l'assistance de l'**assurance sociale*** qui ne fonctionne qu'au profit de ceux qui ont versé une contribution.

Historiquement, les dispositifs d'assistance ont d'abord été privés (dispositifs mis en œuvre par l'Église au Moyen Âge par exemple). À partir du 17e siècle, les pouvoirs publics ont organisé des dispositifs propres à assurer l'assistance (**lois sur les pauvres*** par exemple).

➪Tous les systèmes de protection sociale combinent, dans des proportions diverses, les principes de l'assurance sociale et de l'assistance.

☞ Concepts et corrélats

➤Protection sociale ➤État ➢ Justice sociale

ASSOCIATION DE LIBRE-ÉCHANGE DE L'ATLANTIQUE NORD

(ALENA, *NORTH ATLANTIC FAIR TRADE ASSOCIATION*, NAFTA en anglais)

L'Association de libre-échange de l'Atlantique Nord est un traité signé en 1992 entre le Canada, les États-Unis et le Mexique pour créer un espace plus intégré qu'une **zone de libre-échange***. Ce traité inclut la libéralisation de l'**investissement direct*** et des **services*** financiers.

Entrée en vigueur le 1er janvier 1994, l'ALENA devrait se traduire par l'élimination des barrières tarifaires et non tarifaires entre les pays signataires entre 2004 et 2009.

☞ Concepts et corrélats

➤Commerce international ➢Développement ➢Intégration économique

ASSOCIATION DES NATIONS DE L'ASIE DU SUD-EST

(ANASE, *ASSOCIATION OF SOUTH EAST ASIAN NATIONS*, ASEAN en anglais)

L'Association des Nations de l'Asie du Sud-Est est un traité de coopération, signé à Bangkok, le 8 août 1967, entre l'Indonésie, la Malaisie, les Philippines, Singapour et la Thaïlande. Ce traité avait pour objectif d'éviter l'extension du conflit vietnamien dans la région. Successivement, le Brunei (1984) le Viêt-nam (1995) la Birmanie et le Laos (1997) y ont adhéré.

Depuis le 28 janvier 1992, les membres de cette organisation ont signé un accord pour créer une **zone de libre-échange*** asiatique (Asian *Free trade area*, AFTA) qui devrait être réalisée entre 2003 et 2008.

Les États de l'ANASE sont liés depuis 1978, par un accord de coopération avec l'**Union européenne*** pour développer les **investissements directs*** d'origine européenne.

☞ Concepts et corrélats

➤Commerce international➢Développement ➤Intégration économique

---

ASSOCIATION ÉCONOMIQUE DE LIBRE-ÉCHANGE (AELE)

L'Association économique de libre-échange est une **zone de libre-échange***, créée en 1960 en réaction à la fondation de la **Communauté économique européenne*** (CEE). Au fil des années, l'AELE a développé avec la CEE des liens économiques étroits qui ont abouti, en 1994, à la création d'un **Espace économique européen***.

L'AELE a perdu de son importance à la suite des adhésions successives à la Communauté d'un grand nombre de ses membres. Depuis l'adhésion à l'**Union européenne*** de l'Autriche, de la Finlande et de la Suède en 1995, l'AELE ne compte plus que l'Islande, le Liechtenstein, la Norvège et la Suisse.

☞ Concepts et corrélats

➤ Commerce international ➤ Intégration économique

ASSOCIATION FRANÇAISE DES BANQUES (AFB)

L'Association française des banques est l'un des organismes professionnels auxquels adhèrent obligatoirement les **établissements de crédit*** et les **entreprises d'investissement***. L'AFB regroupe les **banques*** qui relèvent du droit commun des sociétés (Crédit Lyonnais, Société Générale, etc.), les banques mutualistes et coopératives adhèrent à des organes centraux (Caisse Nationale de Crédit Agricole, Chambre syndicale des Banques Populaires, etc.). Ces organismes professionnels sont à la fois les représentants de leurs adhérents auprès des **autorités monétaires*** et les intermédiaires entre ces dernières et les établissements de crédit pour tout ce qui concerne la mise en œuvre de la réglementation bancaire, les **règles prudentielles*** et la mise en œuvre de la **politique monétaire***.

☞ Concepts et corrélats

➤Monnaie

ASSURANCE

L'assurance est une activité qui consiste selon l'Institut national de la statistique et des études économiques (INSEE) à « *transformer des risques individuels en risques collectifs en garantissant le paiement d'une somme (indemnité ou prestation) en cas de réalisation d'un risque* » à ceux qui ont souscrit un contrat et versé préalablement une prime (cas de l'entreprise d'assurance) ou une cotisation sociale volontaire (cas de la mutuelle).

➩Dans la **Comptabilité nationale***, les sociétés d'assurance (y compris les mutuelles, font partie des sociétés financières).

☞ Concepts et corrélats

➤Capital ➤ Protection sociale ➢ Assistance ➢ Assurance chômage ➢ Aversion pour le risque ➢ Couverture de change à terme ➢ Risque

---

ASSURANCE CHÔMAGE

L'assurance chômage est l'ensemble des dispositifs destinés à assurer aux **chômeurs*** un **revenu*** de remplacement.

En France, l'assurance chômage résulte d'un accord entre les partenaires sociaux approuvé et rendu obligatoire par le ministère du Travail. Les allocations de **chômage*** sont financées par des cotisations des salariés et des employeurs collectées par les ASSEDIC.

➩Bien que distribuées par le guichet unique des ASSEDIC, certaines allocations versées obéissent au principe de l'assurance (Allocation unique dégressive par exemple), et l'autre au principe de l'assistance (Allocation de solidarité spécifique).

☞ Concepts et corrélats

➤Protection sociale➢ Politique économique ➢ Redistribution

ASSURANCE MALADIE

L'assurance maladie est un système légal d'assurance couvrant les soins nécessaires pour l'assuré et ses ayants droit (conjoint, enfants) en cas de maladie, de maternité ou d'accident.

L'assurance maladie verse des prestations en nature (remboursement des soins médicaux, des frais pharmaceutiques ou hospitaliers…) et des prestations en espèces (indemnités journalières destinées à compenser la perte de revenu découlant de l'interruption de l'activité).

En France, l'assurance maladie est assurée pour l'essentiel par les régimes obligatoires. Une couverture complémentaire peut être obtenue, en particulier par l'intermédiaire de mutuelles.

☞ Concepts et corrélats

➤Protection sociale ➤Revenus
➢Redistribution ➢Revenus de transfert
➢Assurances sociales

ASSURANCE VIEILLESSE

L'assurance vieillesse garantit le versement d'un revenu de remplacement (pension de **retraite***) aux personnes qui cessent de travailler et qui ont l'âge requis pour prétendre à la perception d'une pension de retraite.

L'assurance vieillesse est assurée par le régime général mais aussi par des régimes complémentaires (ARRCO, AGIRC).

En France actuellement, les régimes de retraite obligatoires et la plupart des régimes complémentaires sont des régimes de **retraite par répartition***, c'est-à-dire que les cotisations versées par les actifs sont utilisées immédiatement pour payer les pensions de retraite.

Certains régimes complémentaires et les contrats d'assurance fonctionnent selon le principe de la capitalisation, c'est-à-dire que les cotisations collectées servent à constituer un capital pour l'épargnant. C'est cette **épargne*** accumulée (y compris les revenus de **placements***), qui sert, à partir de l'âge de la retraite, à verser un revenu de remplacement.

☞ Concepts et corrélats

➤Protection sociale ➤Revenus
➢Retraite ➢Retraite par capitalisation
➢Revenus de transfert ➢Assurances sociales

ASSURANCES SOCIALES

Les assurances sociales garantissent l'indemnisation de plusieurs types de risques en échange du paiement de **cotisations sociales***. Les assurances sociales sont obligatoires et ne sont pas gouvernées par la recherche du **profit***. À la différence des assurances privées, elles sont standardisées et donc identiques pour tous les individus se trouvant dans une même situation.

Les risques assurés couvrent les domaines suivants :

– santé : maladie, invalidité, accidents du travail, maladies professionnelles ;

– vieillesse : prise en charge de la vieillesse (retraites) et survie ;

– maternité-famille : prise en charge partielle des dépenses liées à la conception, la naissance et l'éducation des enfants ;

– emploi : prise en charge du chômage et de la réadaptation professionnelle.

➪La couverture de ces quatre risques constitue la protection sociale ;

➪En France pour des raisons historiques, les trois premiers risques relèvent d'une institution unique : la Sécurité sociale.

☞ Concepts et corrélats

➤Protection sociale ➤ État
➢ Assurances sociales

ASYMÉTRIE D'INFORMATION

Il y a asymétrie d'information lorsque, dans le cadre d'un contrat, un agent détient plus d'informations qu'un autre. Par exemple, dans le cadre du contrat salarial, l'employeur n'est jamais certain de ce que sera le comportement du salarié lorsqu'il aura été recruté. C'est pourquoi on parle parfois de l'incomplétude du contrat de travail. De nombreux contrats (en matière d'assurance ou sur les marchés financiers) relèvent de l'asymétrie d'information.

☞ Concepts et corrélats

➤Marché du travail ➢ Contrat implicite

ASYMÉTRIE DES CONJONCTURES

L'asymétrie des conjonctures est un terme utilisé pour caractériser une situation économique divergente du point de vue de la **croissance***, de l'**emploi*** et du **chômage***, des **taux d'intérêt***, entre deux groupes de pays (ou deux pays). Par exemple, au cours de la première moitié des années 1980, on observe une conjoncture de croissance aux États-Unis et une **récession*** dans les pays de la **Communauté européenne***.

☞ Concepts et corrélats

➤Fluctuations et crises

ATOMICITÉ DU MARCHÉ

➤Marchés et prix➢ Concurrence pure et parfaite

AUGMENTATION DE CAPITAL

Une augmentation de capital est pour une **société***, l'accroissement de la valeur nominale de son **capital social***. Elle se réalise en général par la création d'**actions*** nouvelles en contrepartie :

– d'un apport en numéraire des **actionnaires*** qui souscrivent l'émission d'actions nouvelles ;

– d'un apport d'**actifs*** par certains agents (terrains, immeubles, installations techniques, brevets, fonds commercial, titres de participation, etc.) ;

– d'une conversion des dettes (un créancier échange son titre de créance contre des actions) ;

– d'une incorporation des réserves de l'**entreprise*** (attribution d'actions gratuites aux actionnaires).

➭Ne pas confondre avec l'**accumulation du capital***.

☞ Concepts et corrélats

➤Capital ➤Investissement ➢Bourse
➢Effet de levier ➢Profitabilité
➢Rentabilité ➢Rentabilité économique
➢Rentabilité financière

AUTARCIE

L'autarcie est une situation économique qui se caractérise, pour un pays donné, par un refus du commerce avec l'étranger. L'objectif visé est l'autosubsistance et l'indépendance économique totale par rapport au reste du monde, ce qui suppose une volonté politique.

À l'époque actuelle, aucun pays moderne ne peut sérieusement envisager une véritable autarcie.

➭Au sein du **Conseil d'Assistance Économique Mutuelle***, on pouvait parler d'une tendance à l'autarcie de « bloc ». Les échanges extérieurs de chaque pays socialiste étaient centrés sur les autres pays socialistes.

➭Il ne faut pas confondre autarcie et protectionnisme. Le protectionnisme ne signifie pas refus des échanges.

➭Certains économistes tiers-mondistes (S. Amin, A. Gunder-Frank), considèrent que la sortie du sous-développement implique une rupture avec le marché mondial.

☞ Concepts et corrélats

➤Commerce international
➢ Protectionnisme

AUTOCONSOMMATION

L'autoconsommation désigne la **consommation*** par un agent d'une **production*** qu'il a lui-même réalisée partiellement ou en totalité.

➭L'autoconsommation est une consommation qui, sans être échangée sur un **marché***, serait susceptible de l'être (production des jardins familiaux par exemple, loyers fictifs des logements occupés par leurs propriétaires).

☞ Concepts et corrélats

➤ Comptabilité nationale
➤ Consommation ➢Consommation finale➢Consommation marchande
➢Consommation non marchande

AUTOFINANCEMENT

L'autofinancement est la part de ses **investissements*** qu'un agent économique finance par ses ressources propres.

– Pour une **entreprise***, le **profit*** non distribué (autofinancement de croissance), les provisions et les dotations aux **amortissements*** (autofinancement de maintien) sont un moyen de s'autofinancer et ainsi, de ne pas avoir recours à l'emprunt.

– En **Comptabilité nationale***, l'autofinancement peut être appréhendé dans le **Compte des acquisitions des actifs financiers*** (**épargne*** nette - **formation brute de capital fixe***). Le **taux d'autofinancement*** rapporte l'épargne brute à la formation brute de capital fixe.

☞ Concepts et corrélats

➤Comptabilité nationale ➤ Épargne
➤Entreprise ➤Investissement
➢ Financement de l'économie

➢Analyse financière ➢Capitaux permanents ➢Capitaux propres

AUTOGESTION

L'autogestion est une forme d'organisation qui repose sur la gestion du **système productif*** par les producteurs eux-mêmes. L'autogestion peut se concevoir :

– au niveau de chaque unité de production. L'autogestion est un mode de gestion d'une **entreprise*** par un comité de travailleurs ;

– au niveau d'un système économique. L'autogestion s'oppose aussi bien au **système capitaliste*** (qui repose sur la gestion par les propriétaires privés des moyens de production) qu'à la **planification centralisée*** qui suppose une centralisation de la gestion par l'État (par exemple dans les ex-**économies de type soviétique***).

☞ Concepts et corrélats

➢Coopérative ➢Économie de marché

AUTOMATION

L'automation désigne un mode d'organisation du travail lié au développement des techniques d'automatisation (ordinateurs, calculateurs, robots, etc.) qui permettent un contrôle du déroulement de la **production***.

➪ Pour l'**école de la régulation***, la **crise du fordisme*** a favorisé dans certaines activités, le recours aux systèmes automatiques.

☞ Concepts et corrélats

➢ Fordisme ➢ Système technique

AUTORITÉS MONÉTAIRES

Les autorités monétaires sont des institutions chargées de concevoir et de mettre en œuvre la **politique monétaire***. Elles sont aussi chargées de la surveillance du système bancaire et financier.

Au sein de la **Zone Euro***, la principale autorité monétaire est le **Système Européen de Banques Centrales***. Dans chaque pays membre existent des dispositifs qui doivent être conformes aux règles élaborées au niveau de l'**Union européenne***, mais qui conservent une certaine spécificité.

En France, les principales autorités monétaires sont :

– la Banque de France (qui est membre du SEBC) ;

– le ministère de l'Économie et des Finances ;

– le **Comité de la réglementation bancaire et financière*** ;

– le **Comité des établissements de crédit et des entreprises d'investissement*** ;

– la **Commission bancaire***.

➪Il existe par ailleurs des organismes chargés de la surveillance des marchés financiers (en France, le **Conseil des marchés financiers*** et la **Commission des opérations de Bourse***).

➪Un certain nombre d'organismes professionnels interviennent aussi dans la gestion du système bancaire et financier. En France, c'est le cas notamment de **l'Association française des banques***.

☞ Concepts et corrélats

➤Monnaie ➤ État ➤ Politique économique ➢ Banques

AVANTAGES ABSOLUS

La théorie des avantages absolus désigne l'analyse du commerce international développée par A. Smith dans *Recherches sur les causes de la Richesse des Nations,* (1776). Chaque pays doit valoriser son avantage absolu, c'est-à-dire la production pour laquelle il est le plus efficace.

Elle repose sur l'hypothèse d'une mesure des coûts de production en heures de travail (théorie de la valeur travail).

Le tableau suivant indique le nombre d'heures de travail (coûts de production) nécessaires à la fabrication d'une unité de bien :

	Pays A	Pays B
Bien X	10	8
Bien Y	15	20

Le pays A se spécialise dans la production du bien Y et le pays B dans la production du bien X. Les écarts de coûts absolus justifient l'échange international qui procure à chaque pays un gain en heures de travail. En effet, en important le bien X, le pays A gagne 2 heures ; en important le bien Y, le pays B gagne 5 heures. Le commerce international permet un gain à l'échange pour les deux pays.

☞ Concepts et corrélats

➤Commerce international ➢Libre-échange ➢École classique ➤Théories économiques

AVANTAGES COMPARATIFS

La théorie des avantages comparatifs (ou avantages relatifs) affirme que chaque nation a intérêt à se spécialiser dans la production pour laquelle elle est relativement la plus efficace. David Ricardo (1772-1823) est le premier à avoir exposé cette théorie dans ses *Principes de l'économie politique et de l'impôt* (1817). Le principe des avantages comparatifs sera repris et approfondi au 20e siècle par les théoriciens néoclassiques (**théorème HOS***).

D. Ricardo a présenté le problème de l'échange international en le résumant à l'échange de deux produits, le vin et le drap, entre deux pays, la Grande-Bretagne et le Portugal. Mais, dans son exemple, le Portugal possède un **avantage absolu*** dans les deux productions. Cette hypothèse, volontairement irréaliste, permet de montrer que le commerce international est fondé sur les différences de coûts comparatifs et non sur les différences de coûts absolus.

Le raisonnement de Ricardo repose sur plusieurs hypothèses.

1. Mesure des coûts de production en heures de travail (**théorie de la valeur travail***) ; les prix varient donc d'un pays à l'autre en raison des différences de productivité.

2. À l'intérieur de chaque pays, libre circulation des marchandises et parfaite mobilité des facteurs de production (travail et capital).

3. À l'échelle internationale, les marchandises se déplacent librement (hypothèse de libre-échange) ; en revanche, les facteurs de production sont immobiles d'un pays à l'autre.

Les hypothèses 2 et 3, reprises également par les théoriciens néoclassiques, sont fondamentales. Elles fondent la spécificité du commerce international car elles expliquent en quoi les échanges internationaux diffèrent des échanges intérieurs.

Les techniques de production sont données et la **productivité*** est stable à moyen terme (**rendements d'échelle*** constants).

Ricardo raisonne sur un modèle à deux pays et deux produits.

Le tableau ci-après résume la situation avant l'échange international.

Pour fabriquer une unité de vin et une unité de drap, la Grande-Bretagne utilise une quantité de travail supérieure à celle du Portugal (220 heures au lieu de 170). Mais si, pour le vin, son désavantage relatif est important (le Portugal utilise 33 % de travail en moins), pour le drap, la différence est moindre (le Portugal utilise environ 10 % de travail en moins).

	Grande-Bretagne	**Portugal**
Coût de production en heures de travail	1 unité de vin = 120 h 1 unité de drap = 100 h	1 unité de vin = 80 h 1 unité de drap = 90 h
Prix relatifs	1 vin = 1,2 drap (120/100) 1 drap = 0,83 vin (100/120)	1 vin = 0,88 drap (80/90) 1 drap = 1,125 vin (90/80)

La théorie des coûts comparatifs affirme alors que la Grande-Bretagne doit se spécialiser dans le drap (elle abandonne donc la production de vin) et le Portugal dans le vin (il abandonne la production de drap).

Après spécialisation, les deux pays échangent leurs produits. Si l'Angleterre exporte son drap au Portugal, elle obtiendra 1,125 unité de vin, contre 0,83 seulement chez elle. Si le Portugal exporte son vin en Angleterre, il obtiendra 1,2 unité de drap, contre seulement 0,88 chez lui.

Au niveau mondial (ici deux pays) il y a un gain collectif. Avant spécialisation, chaque pays obtenait 1 unité de drap et 1 unité de vin; le Portugal avec 170 heures de travail et la Grande-Bretagne avec 220. Après spécialisation, le Portugal obtient 1 unité de vin et 1,2 unité de drap et la Grande-Bretagne 1 unité de drap et 1,125 unité de vin. Soit au niveau mondial, un gain de 0,2 unité de drap et 0,125 unité de vin.

Les limites de la théorie ricardienne des avantages comparatifs :

– les hypothèses ne sont pas réalistes et en particulier l'immobilité internationale des facteurs qui est contredite par l'existence des firmes multinationales;

– les **termes de l'échange*** ne sont pas fixés. Ricardo considère que le rapport d'échange international (ou prix international) se fixera quelque part entre les deux rapports d'échange intérieurs (prix relatifs intérieurs). Or, le rapport de l'échange international du vin contre le drap détermine la répartition du gain collectif entre les deux pays. Pour chaque pays, le gain est d'autant plus grand que le rapport d'échange international est loin de son rapport d'échange intérieur et proche de celui de l'autre pays;

– l'affirmation selon laquelle le commerce international serait bénéfique pour chaque participant peut être contestée. Elle suppose d'abord une stabilité dans le temps des coûts de production (hypothèse de stabilité de la productivité). Or, à la suite de l'industrialisation, les conditions de coûts se modifient et un **protectionnisme éducateur*** peut alors se justifier.

De plus, si l'on se réfère au paradoxe de Graham (1923), les inégalités de développement risquent de s'accentuer. En effet, si les rendements, pour la fabrication des biens échangés ne sont pas constants dans les deux pays, les bénéfices sont inégaux. Par exemple, un pays dont les producteurs connaissent des rendements décroissants est désavantagé (l'accroissement de la production est de plus en plus coûteux en facteurs).

☞ Concepts et corrélats

➤ Commerce international ➢ État stationnaire ➢ École classique ➢ Lois sur les blés ➤ Théories économiques ➢ Théorème HOS

AVERSION POUR LE RISQUE

Les notions d'aversion pour le risque et de **préférence pour le risque*** sont issues de la **théorie des jeux***.

L'attitude face au risque d'un agent économique traduit la nature de ses préférences sur des événements aléatoires.

Par exemple, supposons que l'on propose à des agents de choisir entre deux comportements :

– participer à une loterie qui donne les résultats suivants : un gain de 0 avec la probabilité 1/2, un gain de 10 avec une probabilité de 1/2 (l'espérance de gain est égale à : $0 \times 1/2 + 10 \times 1/2 = 5$);

– obtenir avec certitude un gain de 5.

On dira que les agents qui choisissent la loterie ont une **préférence pour le risque***. Les autres manifestent une aversion pour le risque.

☞ Concepts et corrélats

➤Marché du travail ➢Théorie des jeux ➢Paradoxe de Allais

AVOIR FISCAL

L'avoir fiscal est un crédit d'**impôt*** attribué aux **actionnaires*** pour compenser une double taxation du résultat de l'entreprise. Il existe en effet, un **impôt sur le revenu*** et un **impôt sur le bénéfice des sociétés**. Or le **dividende*** distribué par l'entreprise est un revenu imposable et au titre de l'impôt sur les bénéfices et au titre de l'impôt sur le revenu. L'avoir fiscal permet de restituer à l'actionnaire, une partie de l'impôt versé par l'entreprise.

➪ Ce dispositif mis en place en France, en 1965, a été vivement contesté en raison du caractère trop avantageux de la fiscalité des **revenus du capital***.

☞ Concepts et corrélats

➤Investissement ➢ Fiscalité ➢ Politique des revenus

AXIOMATIQUE

Une axiomatique est la présentation d'une **théorie*** sous la forme d'un ensemble d'axiomes non contradictoires, dont aucun ne peut être déduit d'un autre **axiome***. Les axiomes permettent de déduire toutes les propositions de la théorie. La **théorie néo-classique*** des choix du consommateur ou du producteur est généralement présentée sous la forme d'une axiomatique.

☞ Concepts et corrélats

➤ Épistémologie économique

AXIOME

Un axiome est une proposition qui ne se déduit d'aucune autre et que l'on admet (à titre **d'hypothèse*** ou de **conjecture***) comme point de départ d'une déduction.

➩Dans un sens peu usité aujourd'hui, un axiome est une proposition évidente par elle-même, qui n'a donc pas besoin d'être démontrée et que l'on prend comme point de départ d'un raisonnement.

☞ Concepts et corrélats

➤Épistémologie économique ➢ Postulat

BAISSE TENDANCIELLE DU TAUX DE PROFIT

La baisse tendancielle du taux de profit est, dans la **théorie marxiste*,** la **loi économique*** qui explique les **crises*** récurrentes et la fin inéluctable du **mode de production capitaliste*.**

Le fonctionnement du **capitalisme*** suppose en effet que le **taux de profit*** soit suffisamment élevé pour permettre la poursuite de l'**accumulation du capital***.

Pour K. Marx (1818-1883), la valeur d'une marchandise s'écrit:

V = Capital constant (c) + Capital variable (v) + Plus-value (pl)

Le **taux de profit*** est le rapport entre la **plus-value*** et la somme du capital avancé (**capital constant*** et **capital variable***): *pl/c+v*. Le taux de plus-value s'écrit: *pl/v* et la composition organique du capital: *c/v*.

Le taux de profit peut donc s'écrire:

$$\frac{pl/v}{c/v + 1}$$

Plus le capitalisme se développe et plus la composition organique du capital augmente sous l'effet de la **concurrence*** et du **progrès technique***. On utilise relativement plus de machines (« **travail mort*** ») que de salariés (« **travail vivant*** »).

Comme, par ailleurs, l'accroissement de la **plus-value absolue*** (accroissement de la durée du travail pour un même salaire) est freinée par les luttes de classes, le taux de profit ne peut que baisser de façon tendancielle (le dénominateur du rapport augmente plus vite que le numérateur).

Il existe cependant des contre-tendances à cette baisse. Le développement du capitalisme dans de nouvelles sphères de production au plan interne (agriculture, production domestique) et au plan externe (colonialisme) permet de réaliser des profits supplémentaires. Il en va de même de l'augmentation de la **plus-value relative*.**

Cependant, de crise en crise, les contradictions du capitalisme deviennent plus importantes et ce **mode de production*** est remis en cause.

➩La loi de la baisse tendancielle du **taux de profit*** a déclenché de nombreux débats théoriques entre marxistes et libéraux, mais aussi entre les marxistes. Les tentatives de corroborations empiriques de la **loi*** ne conduisent pas à des conclusions très nettes (en raison des difficultés de construction des données statistiques).

➩L'idée d'une baisse du taux de profit à long terme est développée par D. Ricardo (1772-1823) dans le cadre de sa théorie de la rente foncière.

☞ Concepts et corrélats

➢ Revenus et patrimoines ➢Crise de surproduction ➢Crise d'accumulation

BALANCE COMMERCIALE

➤Commerce international ➢ Balance des paiements

BALANCE DES PAIEMENTS

La balance des paiements est un document comptable qui enregistre les opérations économiques réalisées au cours d'une année entre les agents résidents d'un territoire donné et les agents non résidents. Elle enregistre des **flux*** et non pas des **stocks***.

Sont considérés comme agents résidents les agents économiques (individus ou entreprises) qui ont leur domicile sur le territoire d'un pays, quelle que soit leur nationalité. Une usine étrangère installée en France est résidente et une usine française installée à l'étranger est non résidente.

➪ En France, le territoire comprend : les départements de la France métropolitaine, la Principauté de Monaco, les Départements d'Outre-mer (Guyane, Martinique, Guadeloupe, Réunion), les collectivités territoriales (Mayotte et Saint-Pierre-et-Miquelon). Les Territoires d'outre-mer (T.O.M.) ne font pas partie du territoire.

Depuis 1995, la balance des paiements de la France fait l'objet d'une nouvelle présentation pour être en conformité avec les normes définies dans le 5e Manuel de la balance des paiements du **FMI***.

La présentation actuelle distingue désormais quatre soldes intermédiaires dans la balance des paiements.

❍ *Le compte des transactions courantes* qui comprend :

– les opérations portant sur les **biens***;

– les opérations portant sur les **services***;

– les opérations portant sur les revenus de **facteurs de production***;

– les transferts courants comme l'aide au développement ou la participation aux dépenses de la Communauté économique européenne, qui sont des opérations sans contrepartie monétaire ou réelle.

❍ *Le compte des opérations en* ***capital**** enregistre :

– les transferts en capital (remises de dettes effectuées sans contreparties, acquisitions et cessions d'**actifs*** immatériels non financiers comme les brevets) ;

– les transferts patrimoniaux des travailleurs migrants.

❍ *Le compte financier* enregistre les **investissements directs***, les **investissements de portefeuille***, les opérations à court terme et les variations des avoirs de réserve (réserves de change).

❍ Le poste *Erreurs et omissions* reflète les difficultés d'enregistrement des opérations économiques internationales. Il s'agit d'un poste d'ajustement rendu nécessaire car les opérations ne sont pas comptabilisées à l'aide d'un seul et même document. De plus, certaines opérations ne sont pas inscrites simultanément au débit et au crédit à l'occasion de chaque transaction, ce qui conduit à des décalages provenant de chevauchements d'une période à l'autre. Enfin, la variation du **taux de change*** dans le temps introduit également des écarts entre la valeur des transactions enregistrées à une date donnée et la valeur des règlements de ces transactions à une date ultérieure.

➪ L'importance du poste Erreurs et omissions pose, au niveau mondial, le problème du « trou noir » de la balance des paiements. Le solde agrégé des balances des paiements des différents pays n'est pas égal à zéro (ou proche de zéro). Le désajustement ou « trou noir » a eu tendance à croître au cours de ces trente dernières années.

Toutes les transactions qui donnent lieu à un paiement à des non-résidents sont comptabilisées sous la forme d'un débit et reçoivent le signe négatif (sorties de devises). À l'inverse, toute recette en provenance de l'étranger est comptabilisée sous la forme d'un crédit avec un signe positif (entrée de devises).

La balance des paiements est un document comptable équilibré par convention. Les expressions « déficit » ou « excédent » de la balance des paiements sont donc des abus de langage. Le solde de la balance des paiements est le résultat des soldes du compte des transactions courantes, du compte des opérations en capital et du compte financier. Il est égal à la variation des avoirs de réserves qui correspond au financement des opérations non monétaires (opérations sur biens et services, opérations financières). La variation des avoirs de réserves est composée du solde des créances et engagements du secteur bancaire et de la Banque centrale vis-à-vis de l'étranger.

➪ Par convention, l'équilibre comptable de la balance des paiements est obtenu en introduisant la *variation des avoirs de réserves.* Lorsque le solde de la balance des paiements est créditeur, la *variation des avoirs de réserves* apparaît avec un signe négatif, bien que les réserves de change augmentent. À l'inverse lorsque le solde de la balance des paiements est débiteur, les avoirs de réserve diminuent mais la *variation des avoirs de réserves* est positive.

☞ Concepts et corrélats

➤Commerce international ➤Finances internationales ➢ Globalisation financière

BANCOR

Le Bancor est l'instrument de réserve et de paiement proposé par J.M. Keynes (1883-1946) à la conférence de **Bretton Woods***. Il correspondait, dans l'esprit de Keynes, à une unité de compte permettant de réaliser compensation multilatérale des échanges commerciaux, mais aussi à un instrument de crédit et de réserve. Le Bancor offrait l'avantage d'établir une distinction entre la monnaie internationale et la monnaie de chacun des pays participant au système. Le plan Keynes n'a pas été retenu à Bretton Woods et le Bancor n'a donc jamais été mis en place.

☞ Concepts et corrélats

➤Finances internationales ➢Union européenne des paiements

BANKING PRINCIPLE

On appelle *Banking principle* la thèse des économistes qui, comme Th. Tooke (1774-1858) et J. Fullarton (1790-1849), considèrent que l'émission de billets par les **banques*** doit rester libre de toute contrainte métallique. Selon eux, cette liberté ne présente pas de risque d'émission excessive car les banques émettent des billets en fonction de la demande de leurs clients. Pour ces auteurs, ce qui importe pour la situation économique, c'est la qualité des créances en contrepartie desquelles les billets sont émis. Si les créances sont de bonne qualité, c'est-à-dire si les débiteurs sont solvables, le remboursement de la dette conduira au reflux des billets émis vers la banque émettrice.

➪Cette approche s'oppose donc à la **théorie quantitative de la monnaie*.**

☞ Concepts et corrélats

➤ Monnaie➢ *Currency Principle* ➢Contrainte monétaire

BANQUE

Une banque est une institution habilitée à effectuer des opérations de banque, c'est-à-dire: gestion des moyens de paiement, octroi de **crédits***, réception de dépôts du public, prestation de service d'investissement. Ce qui caractérise une banque par rapport à une institution financière non bancaire, c'est son pouvoir de **création monétaire***.

➪Dans le cadre de la **Zone Euro***, on parle désormais des **établissements de crédit*** et des **institutions financières monétaires*** (IFM), même si le terme banque reste d'usage courant.

➪ En France, les banques sont des établissements de crédit habilités à effectuer toutes les opérations de banque (alors que les **entreprises d'investissements*** ne sont agréées que pour effectuer certaines opérations financières). On distingue les banques adhérentes à l'**Association française des banques*** et les banques coopératives et mutualistes (Crédit agricole, Banques Populaires, etc.), même si ces deux types de banques ont désormais des activités identiques du point de vue économique.

☞ Concepts et corrélats

➤ Monnaie ➢Banque centrale ➢ Association française des banques ➢ Autorités monétaires

BANQUE CENTRALE

Une Banque centrale est une institution financière qui, au sein d'un système bancaire hiérarchisé, assure la fonction de **prêteur en dernier ressort***, conduit la **politique monétaire*** et exerce des fonctions de régulation du système financier.

Une Banque centrale exerce, en règle générale, les attributions suivantes:

– monopole d'émission de la **monnaie fiduciaire***;

– contrôle de la création de **monnaie scripturale*** par les **banques de second rang***, notamment par l'intermédiaire du **refinancement bancaire***;

– gestion de la valeur internationale de la monnaie, notamment par sa politique de **taux d'intérêt*** et par ses interventions sur le **marché des changes***;

– participation au contrôle de la gestion des institutions financières;

– définition et/ou mise en œuvre de la **politique monétaire***;

– fonction de « banque des banques », dans la mesure où les règlements entre banques de second rang s'effectuent par l'intermédiaire des comptes ouverts dans les livres de la Banque centrale.

➪À l'origine, les banques centrales sont souvent des banques privées choisies par le pouvoir politique pour exercer des fonctions de régulation du système bancaire, tout en conservant leurs activités de banques commerciales. Aujourd'hui, les banques centrales sont des institutions publiques (celles qui étaient privées ont été nationalisées, par exemple la Banque de France en 1945).

➪La question de l'indépendance de la Banque centrale par rapport au pouvoir politique est posée depuis l'origine. Le débat a connu une nouvelle ampleur dans les années 1980, en raison des problèmes liés à la lutte contre l'**inflation*** et, en Europe, en raison de l'adoption du **traité de Maastricht***.

☞ Concepts et corrélats

➤Monnaie ➤État ➤Politique économique ➤ Banque centrale européenne➤ Monétarisme

BANQUE CENTRALE EUROPÉENNE

La Banque centrale européenne (BCE) est, aux côtés des Banques Centrales Nationales (BCN), l'une des composantes du **Système Européen de Banques Centrales*** (SEBC). La BCE est une banque dont le **capital*** est détenu par les différentes BCN des pays membres de **l'Union européenne***. Ce sont les organes de décision de la BCE qui dirigent le SEBC.

La BCE comporte trois organes dirigeants:

– le directoire composé d'un président, d'un vice-président et de quatre autres membres, tous nommés pour huit ans (mandat non renouvelable). Le Directoire dirige la BCE et met en œuvre la **politique monétaire***;

– le Conseil des gouverneurs qui regroupe le directoire et l'ensemble des gouverneurs des BCN de la **Zone Euro***. C'est cette instance qui détermine la politique monétaire de l'**Eurosystème***;

– le Conseil général qui regroupe le Président et le vice-Président du directoire ainsi que l'ensemble des gouverneurs des BCN des pays membres de l'**Union européenne***. Cet organisme est notamment chargé de gérer les relations entre l'**Euro*** et les monnaies nationales des pays de l'Union européenne qui n'ont pas adopté l'Euro.

☞ Concepts et corrélats

➤ Monnaie ➤Intégration économique

BANQUE DE SECOND RANG

Dans un système bancaire hiérarchisé, les banques de second rang sont les **établissements de crédits*** qui émettent leur propre **monnaie scripturale*** et qui doivent être capables à tout moment de convertir cette monnaie scripturale en monnaie émise par la **Banque centrale*** qui est seule à avoir **cours légal***.

Les banques de second rang sont subordonnées à la Banque centrale et aux autres **autorités monétaires***.

☞ Concepts et corrélats

➤Monnaie ➤Banque ➤Établissements de crédit ➤Entreprises d'investissement ➤Institutions financières monétaires

BANQUE DES RÈGLEMENTS INTERNATIONAUX (BRI)

La Banque des Règlements Internationaux est une institution financière internationale qui a son siège à Bâle (Suisse) et dont les actionnaires sont les **banques centrales*** de 45 pays. Elle a été créée en 1930 afin de contribuer au règlement de la question des réparations imposées à l'Allemagne par le traité de Versailles à la suite de la guerre de 1914-1918. Aujourd'hui, la BRI a pour mission de favoriser la coopération monétaire internationale afin de contribuer à la stabilité financière. Elle publie chaque année un rapport sur l'évolution des marchés de capitaux et des marchés des changes.

➪Ne pas confondre avec **Banque mondiale***.

☞ Concepts et corrélats

➤Finances internationales➤Monnaie

BANQUE EUROPÉENNE POUR LA RECONSTRUCTION ET LE DÉVELOPPEMENT (BERD)

La Banque Européenne pour la Reconstruction et le Développement, fondée le 14 avril 1994 à Londres, accorde des prêts pour des initiatives et projets privés en vue de promouvoir la transition vers une écono-mie de marché en Europe centrale et orientale. L'**Union européenne*** et ses États membres sont détenteurs de 51 % du capital.

☞ Concepts et corrélats

➤Mondialisation ➤Transition

BANQUE INTERNATIONALE POUR LA RECONSTRUCTION ET LE DÉVELOPPEMENT (BIRD)

La BIRD, appelée aussi Banque mondiale, a été créée en même temps que le **Fonds monétaire international*** (FMI) lors de la Conférence de **Bretton Woods*** en 1944. En relation avec les problèmes de l'époque, son but était de fournir une aide à la reconstruction, en facilitant l'**investissement*** privé. Après avoir prêté environ 500 millions de dollars aux pays européens en 1947, la Banque mondiale fut relayée dans ses fonctions de « reconstruction » par le plan Marshall et se consacra essentiellement, à partir de 1948, au « développement ». Aujourd'hui, sa principale fonction consiste à financer des projets productifs favorisant la croissance économique des pays du **tiers-monde***.

➪On parle quelquefois du Groupe Banque Mondiale. En effet, les activités de la BIRD sont prolongées par deux filiales: la Société financière internationale (SFI) et l'Association internationale pour le développement (AID). La SFI, créée en 1956, a pour fonction de participer au développement économique des pays en développement en encourageant la croissance du secteur privé de leur économie et en aidant à mobiliser à cette fin des capitaux, soit dans le pays même, soit à l'étranger. L'AID, créée en 1960, est destinée à fournir une aide aux pays les plus pauvres, ceux dont le PNB par habitant est inférieur à un seuil périodiquement réévalué par la Banque mondiale.

☞ Concepts et corrélats

➤Économie du développement ➣ Aide au développement ➤ Développement

BANQUE MONDIALE

La Banque mondiale (ou Banque internationale pour la reconstruction et le développement) est un organisme des Nations unies créé en 1944 pour assurer le financement de la reconstruction de l'Europe.

La Banque mondiale est désormais spécialisée dans le financement des pays en voie de développement. Elle publie chaque année un important rapport sur le développement dans le monde.

☞ Concepts et corrélats

➤Finances internationales ➤ Économie du développement

BANQUE MULTINATIONALE

Une banque multinationale (BMN) est une banque qui possède des implantations et/ou des **filiales*** dans plusieurs pays.

Depuis les années 1980, on a assisté à un puissant mouvement de concentration et d'internationalisation des activités financières et bancaires: les BMN sont donc des acteurs importants de la mondialisation.

☞ Concepts et corrélats

➤ Finances internationales ➣ Globalisation financière ➣Firme multinationale

BARRIÈRES À L'ENTRÉE

Les barrières à l'entrée constituent les obstacles que peut rencontrer une **entreprise*** pour pénétrer sur un marché.

Ces obstacles peuvent être:

– d'ordre technologique (**économies d'échelle***, effets d'apprentissage);

– liés au coût d'installation (capacité minimale à assurer, campagne de publicité pour se faire connaître);

– liés aux politiques hostiles des entreprises déjà en place (prix bas, réglementation).

➪Une des conditions de la **concurrence pure et parfaite*** concerne justement la fluidité des marchés, et donc l'absence de barrière à l'entrée.

☞ Concepts et corrélats

➤ Marchés et prix ➣ Marché contestable

BASE MONÉTAIRE

Pour l'**École monétariste***, la base monétaire est la monnaie émise, de façon exogène, par la Banque centrale. Elle détermine, par l'intermédiaire du **multiplicateur de crédit***, la quantité totale de monnaie émise par le système bancaire.

☞ Concepts et corrélats

➤Monnaie

BASSIN D'EMPLOI

On appelle bassin d'emploi une zone géographique dans laquelle des travailleurs peuvent changer d'**emploi*** sans avoir à changer de résidence.

☞ Concepts et corrélats

➤ Marché du travail ➢ Politique de l'emploi

BÉNÉFICE

Le bénéfice est une expression comptable du gain ou du **profit*** de l'**entreprise***.

➪Ce terme n'est pas sans ambiguïté dans le langage courant : en effet, le bénéfice exprime un gain réalisé dans une opération (différence entre les recettes et les achats par exemple) sans prendre en compte la totalité des **coûts*** supportés par l'entreprise.

☞ Concepts et corrélats

➤ Entreprise ➢ Revenu ➢ Excédent brut d'exploitation ➢ Plus-value ➢ Compte de Résultat

BÉNÉFICE DE L'ENTREPRISE INDIVIDUELLE

Les bénéfices de l'entreprise individuelle sont des **revenus primaires*** de nature mixte, puisqu'ils rémunèrent à la fois le travail et le **capital de l'entrepreneur*** individuel.

On distingue généralement les revenus des entrepreneurs individuels non agricoles et ceux des exploitants agricoles.

☞ Concepts et corrélats

➤Revenus ➤Comptabilité nationale ➢Bénéfice ➢Revenu d'activité

BESOIN

Le besoin désigne une sensation de manque que l'individu va s'efforcer de satisfaire. Mais cette notion n'est pas sans ambiguïté pour les économistes:

– l'approche individualiste considère le besoin comme purement subjectif (c'est une variable exogène qui dépend des goûts personnels d'un consommateur souverain). L'économiste autrichien C. Menger (1840-1921) a défini 4 caractéristiques qui doivent être réunies pour qu'un besoin conduise à un **bien*** économique (1-l'existence d'un désir, 2-une disponibilité matérielle ou dans l'espace, 3-une limitation en quantité, 4-une utilisation alternative);

– l'approche holiste considère que le besoin ne renvoie ni à une dimension purement subjective ni à une conception naturaliste ou biologique (les besoins primaires ou nécessaires comme la nourriture, le logement et l'habillement seraient satisfaits avant des besoins secondaires ou superflus). Au contraire pour ce courant, le besoin est socialement déterminé par la société à travers des **normes de consommation***.

☞ Concepts et corrélats

➤Consommation ➢Utilité ➢Utilité marginale

BESOIN DE FINANCEMENT

Le besoin de financement est le solde, lorsqu'il est négatif, du **compte des acquisitions d'actifs financiers***.

Ce solde est égal à **l'épargne brute*** augmentée des transferts nets en **capital*** et diminuée des dépenses liées à l'accumulation: FBCF, variations de **stocks***, acquisitions nettes d'objets de valeur et d'actifs non financiers non produits (terrains, actifs incorporels...).

☞ Concepts et corrélats

➤Comptabilité nationale ➢Comptes de secteurs ➢Capacité de financement

BIEN

Un bien est un produit matériel de l'activité de **production***, par exemple, une baguette de pain, un bateau.

➪ Un bien se distingue d'un **service***.

➪ Dans la **théorie néoclassique***, un bien (qu'il soit matériel ou non) est ce qui procure une **utilité*** pour un consommateur.

☞ Concepts et corrélats

➤Consommation ➢Bien complémentaire ➢Bien de consommation ➢Bien de production ➢Bien ➢Bien durable ➢Bien semi-durable ➢Bien non durable ➢Bien substituable ➢Ophélimité

BIEN COLLECTIF

Un bien collectif est un bien dont la **consommation*** n'obéit pas au principe de rivalité. Dès lors que le bien est produit, sa consommation par un individu ne réduit pas la possibilité de consommation des autres individus (ceci n'est vrai que si le seuil d'encombrement n'est pas atteint). Dans le cas d'un bien collectif, le **coût marginal*** engendré par un utilisateur supplémentaire est égal à zéro; on ne peut donc tarifier l'usage de ce bien puisque, selon la théorie néoclassique, le **prix*** doit être égal au coût marginal.

Les biens collectifs « purs » possèdent une caractéristique supplémentaire qui est l'absence d'exclusion par les prix (éclairage public, défense nationale, phare maritime pour la navigation, etc.). Le producteur du bien collectif, pour des raisons techniques, n'est pas en mesure de réserver son utilisation aux agents économiques disposés à en payer le prix. Une fois produit pour un agent, le bien est automatiquement produit pour tous et le rationnement par le prix est alors impossible. De plus, les agents économiques ne révèlent pas leurs préférences et adoptent un comportement de « passager clandestin ». En effet, chacun refuse de révéler sa demande (et donc de payer) en espérant qu'un autre le fera; une fois le bien produit, tous pourront l'utiliser, y compris ceux qui n'ont pas payé. Il est donc impossible de construire une courbe de demande.

Les caractéristiques techniques très particulières des biens collectifs purs rendent impossible leur production par des entreprises privées, ce qui conduit à l'intervention de l'**État***.

Dans la réalité, de nombreux services collectifs produits par l'État sont des biens collectifs mixtes (ou biens collectifs impurs): par exemple dans le cas d'une autoroute, il n'y a pas rivalité entre les usagers (dans la limite de la capacité d'écoulement du trafic) mais il est possible de mettre en place une exclusion par les prix (péage). L'enseignement public est un autre exemple de bien collectif mixte où la possibilité d'exclusion par les prix est possible. La prise en charge par l'État relève ici d'une décision politique et on peut ici parler de bien tutélaire. D'ailleurs, tous les services collectifs ne sont pas nécessairement pris en charge par les administrations publiques.

En toute logique, il faudrait donc distinguer les biens collectifs qui se définissent par leurs caractéristiques techniques et les biens tutélaires qui relèvent d'une volonté politique. Les deux catégories constituent les biens publics ou encore les services non marchands.

➪Il existe des biens collectifs publics mais aussi privés (séance de cinéma), mais il est devenu courant de réserver l'usage du terme « biens collectifs » aux biens publics.

➪Les biens collectifs sont en fait des services. Curieusement, dans ce cas précis, la distinction traditionnelle entre biens et services ne s'applique pas.

➪L'origine de la non-rivalité et de la non-exclusion est liée à l'existence d'**indivisibilités***, indivisibilités d'offre et/ou indivisibilités d'usage.

☞ Concepts et corrélats

➤État ➤ Consommation ➢ Bien public
➢Effets externes ➢Indivisibilités

BIEN COMPLÉMENTAIRE

Un bien complémentaire est un **bien*** lié à l'utilisation d'un autre bien (par exemple, le carburant est complémentaire de l'automobile). La demande de ce bien varie parallèlement à celle de l'autre produit (une hausse du prix de l'autre bien tend à réduire la demande de ce bien).

➪La caractéristique des biens complémentaires est d'avoir une **élasticité croisée*** négative.

☞ Concepts et corrélats

➤ Consommation ➤Marchés et prix
➢Bien substituable➢Effet prix
➢Élasticité croisée ➢Élasticité prix
➢Courbe d'indifférence

BIEN D'ÉQUIPEMENT

Un bien d'équipement est un **bien*** durable.

– Pour les **ménages***, il est utilisé pour leur consommation individuelle (machines à laver, réfrigérateur, téléviseur).

– Pour les entreprises, c'est un **bien de production*** (bien d'équipement professionnel).

☞ Concepts et corrélats

➤ Capital ➤Consommation ➤Entreprise
➢Bien de consommation

BIEN DE CONSOMMATION

Consommer, c'est détruire par l'usage. Un bien de consommation n'est pas utilisé pour la **production*** d'un autre **bien***.

☞ **Concepts et corrélats**

➤Consommation ➣Bien durable ➣ Bien non durable ➣Bien semi-durable ➣ Consommation intermédiaire

BIEN DE GIFFEN

Un bien de Giffen est une catégorie spécifique de **biens inférieurs***: toute baisse de **prix*** entraîne une diminution de la demande, inversement une hausse de leur prix conduit à une baisse du **pouvoir d'achat*** qui incite à renoncer à tout achat superflu pour garantir celui des **biens*** vitaux. Lord Giffen (1837-1910) a attiré l'attention sur ce type de biens en observant qu'en Irlande, dans les périodes de crises frumentaires (notamment en 1846-1847), les quantités consommées de pain ou de pomme de terre augmentaient avec le prix.

➩E. Slutsky (*Sulla theoria del bilancio del consummatore,* 1915) et J-R. Hicks (1904-1989) ont expliqué ce paradoxe de Giffen en décomposant l'**effet prix*** en un **effet de substitution***et un **effet revenu***: pour ce type de biens, l'effet revenu est de sens inverse et supérieur à l'effet de substitution.

☞ **Concepts et corrélats**

➤ Consommation ➣Besoin ➣ Effet Giffen

BIEN DE PRODUCTION

Un bien de production est un bien qui sert à produire d'autres biens ou services et qui peut être utilisé au cours de plusieurs cycles de production.

➩Ne pas confondre avec une **consommation intermédiaire*** ou un bien intermédiaire.

☞ **Concepts et corrélats**

➤Entreprise ➣Bien d'équipement ➣Capital technique ➣Capital fixe ➣Détour de production

BIEN DURABLE

Un bien durable est un **bien de consommation*** dont l'utilisation s'étend sur une longue période comme l'appareillage électroménager, l'ameublement ou l'automobile.

➩ Ne pas confondre avec l'**investissement*** ou un **bien de production***.

☞ **Concepts et corrélats**

➤Consommation ➣Bien non durable ➣Bien semi-durable ➣Consommation de masse

BIEN FONGIBLE

➣**Bien non durable**

BIEN INFÉRIEUR

Un bien inférieur est un bien dont la demande diminue lorsque le **revenu*** s'accroît (par exemple la margarine, le saindoux, les légumes secs).

➩La caractéristique des biens inférieurs est d'avoir une **élasticité revenu*** négative.

☞ **Concepts et corrélats**

➤Consommation ➣Bien de Giffen ➣Bien normal ➣Bien supérieur ➣Effet Giffen ➣Effet de substitution ➣Effet revenu ➣Élasticité revenu

BIEN INTERMÉDIAIRE

➣**Consommation intermédiaire**

BIEN NON DURABLE

Un bien non durable est un **bien de consommation*** dont l'utilisation entraîne la destruction dans des délais réduits. Les produits alimentaires en constituent l'exemple type.

☞ **Concepts et corrélats**

➤Consommation ➣Bien durable ➣Bien semi-durable

BIEN NORMAL

Un bien normal est un bien dont la demande s'accroît avec l'augmentation du **revenu***.

➩ La caractéristique des biens normaux est d'avoir une **élasticité revenu*** positive.

☞ **Concepts et corrélats**

➤Consommation ➣Bien de Giffen ➣Bien supérieur ➣Effet Giffen ➣Effet de substitution ➣Effet revenu ➣Élasticité revenu ➣Loi d'Engel

BIEN SEMI-DURABLE

Un bien semi-durable est un **bien de consommation*** dont l'utilisation entraîne la destruction dans des délais intermédiaires entre ceux d'un bien durable et ceux d'un bien non durable. Les vêtements sont considérés comme semi-durables.

➪ Toute classification reposant sur la durée d'utilisation des biens a un caractère conventionnel.

☞ Concepts et corrélats

➤ Consommation ➢ Bien durable ➢ Bien non durable

BIEN SUBSTITUABLE

Un bien est substituable à un autre lorsque l'on peut remplacer l'un par l'autre, par exemple la viande de bœuf par la viande de mouton. Une hausse du **prix relatif*** du mouton tend, toutes choses égales par ailleurs, à accroître la demande de bœuf. La substituabilité concerne les **biens de consommation*** comme les **facteurs de production***.

➪La caractéristique des biens substituables est d'avoir une **élasticité croisée*** positive.

➪La substituabilité est plus ou moins parfaite car les services rendus par ces produits ne sont pas strictement comparables et les consommateurs établissent souvent une hiérarchie entre eux (par exemple en fonction des habitudes alimentaires locales, les viandes ne sont pas parfaitement substituables).

☞ Concepts et corrélats

➤ Consommation ➤ Marchés et prix ➢ Bien complémentaire ➢ Effet de substitution ➢ Élasticité prix ➢ Élasticité croisée ➢ Fonction de production ➢ Courbe d'indifférence

BIEN SUPÉRIEUR

Un bien supérieur est un bien dont la demande s'accroît plus fortement que l'accroissement du **revenu*** (bien de qualité supérieure, bien de « confort », bien de luxe).

➪La caractéristique des biens supérieurs est d'avoir une **élasticité revenu*** supérieure à 1.

☞ Concepts et corrélats

➤ Consommation ➢ Bien de Giffen ➢ Bien normal ➢ Bien inférieur ➢ Effet Giffen ➢ Effet de substitution ➢ Effet revenu ➢ Élasticité revenu

BILAN

Le bilan est un document comptable qui décrit l'état du **patrimoine*** d'une entité (**entreprise***, **ménage***, collectivité publique, etc.) à une date déterminée.

Selon les règles de la **comptabilité***, le bilan s'écrit en partie double en différenciant les éléments de patrimoine ayant une valeur positive (**actif*** ou partie gauche du bilan) des éléments ayant une valeur négative (**passif*** ou partie droite du bilan). Par convention, l'actif et le passif sont d'un montant identique et le résultat de l'exercice est au passif.

Dans le plan comptable 1999, les opérations sont enregistrées dans 5 classes de comptes :

– les comptes de capitaux (**capitaux propres*** emprunts et dettes) ;

– les comptes d'**immobilisations*** ;

– les comptes de stock et en cours ;

– les comptes de tiers (fournisseurs, clients, **Sécurité sociale*** et **État***) ;

– les comptes financiers (mouvements monétaires, opérations avec les **intermédiaires financiers***, valeurs de placement).

☞ Concepts et corrélats

➤ Entreprise ➢ Bilan consolidé

BILAN CONSOLIDÉ

Le bilan consolidé est un document comptable qui décrit l'état du **patrimoine*** d'un **groupe*** d'entreprises comme si elles ne formaient qu'une seule entité. Il concerne donc **une société mère*** et les entreprises qu'elle contrôle par la possession d'au moins 20 % du **capital social*** (**filiales***).

La méthode de consolidation est fixée par la législation : elle peut être intégrale ou proportionnelle aux actions détenues.

☞ Concepts et corrélats

➤ Capital ➤ Entreprise ➢ Systèmes productifs ➢ Bilan ➢ Bourse

BILLET À ORDRE

Le billet à ordre est un titre de créance à court terme par lequel un débiteur s'engage à payer à son créancier une somme donnée à une échéance déterminée.

☞ **Concepts et corrélats**
➤ Monnaie ➢Crédit ➢Marché monétaire

BILLET DE BANQUE

➤Monnaie ➢Monnaie fiduciaire

BILLET DE TRÉSORERIE

Introduits en France en décembre 1985, les billets de trésorerie peuvent être émis par des **entreprises*** (sous certaines conditions de solvabilité). Il s'agit de **titres de créances négociables***, d'un montant mini-mum d'un million de francs, qui permettent aux entreprises d'accéder directement au **marché monétaire***.

➪ Les billets de trésorerie contribuent au processus de **désintermédiation financière***.

➪ Afin d'assurer une bonne information aux souscripteurs, un système de **notation*** des entreprises émettrice s'est développé.

☞ **Concepts et corrélats**
➤Monnaie ➢Marché monétaire

BIMÉTALLISME

Le bimétallisme est un système monétaire qui repose sur deux étalons (l'or et l'argent le plus souvent) entre lesquels existe un rapport d'échange officiel. L'unité monétaire est donc définie indifféremment par le poids de l'un ou l'autre des métaux.

➪Les États-Unis, par exemple, ont eu un système monétaire bimétalliste jusqu'en 1873 (fin de la frappe libre de l'argent) et ce n'est qu'en 1900 que l'étalon-or a été instauré.

☞ **Concepts et corrélats**
➤Finances internationales ➤Monnaie
➢Union latine ➢Loi de Gresham

BLOC DE L'OR

On appelle Bloc de l'or, l'accord monétaire intervenu le 3 juillet 1933 au terme duquel un certain nombre de pays européens (France, Belgique, Suisse...) expriment leur volonté de maintenir le libre fonctionnement de l'**étalon-or***. La **dévaluation*** du Franc belge en 1935 marque la fin du Bloc de l'Or.

➪La constitution du Bloc de l'or est une réaction aux politiques de dévaluation adoptées par la Grande-Bretagne et les États-Unis. Elle illustre le fractionnement de l'espace monétaire mondial qui accompagne la crise économique des années 1930.

☞ **Concepts et corrélats**
➤Finances internationales ➢Étalon-or
➢Conférence de Gênes

BOURSE DES VALEURS

Le terme Bourse des valeurs désigne le marché organisé sur lequel se négocient les **valeurs mobilières***. On distingue:

– le marché primaire qui est celui où les **entreprises*** et l'État émettent des titres afin de collecter l'**épargne*** nécessaire à leur financement;

– le marché secondaire sur lequel se négocient les titres déjà émis et dont l'existence assure aux épargnants une certaine liquidité de leur portefeuille.

La Bourse de Paris a été profondément réformée (notamment en 1988 et 1996). Elle comporte désormais quatre compartiments:

– Le marché officiel.

– Le second marché (créé en 1983) qui comporte des règles simplifiées d'admission et qui est destiné à faciliter l'accès des Petites et Moyennes Entreprises au marché financier.

– Le Nouveau marché (créé en 1996) qui comporte lui aussi des règles simplifiées et qui est destiné à financer les entreprises technologiques à fort potentiel.

– Le marché hors-cote où se négocient les valeurs non admises sur les trois marchés précédents.

➪Sur le marché boursier, les transactions sont réalisées obligatoirement par des intermédiaires agréés. À Paris, depuis 1988, ce sont des sociétés de bourse qui jouent ce rôle. Ces sociétés de droit commun ont remplacé les agents de change qui étaient des officiers ministériels.

☞ **Concepts et corrélats**
➤Monnaie ➤Épargne ➤Investissement
➢Marché financier

BRANCHE

Une branche regroupe des **entreprises*** ou des fractions d'entreprises qui exercent la même activité (même produit ou groupe de produits).

Dans la **Comptabilité nationale*** française, les branches se définissent par rapport à une nomenclature de produits à l'exception de la branche commerce dont la fonction n'est pas de produire mais de distribuer.

➪ Ne pas confondre avec **secteur d'entreprise*, filière*.**

☞ Concepts et corrélats

➤ Comptabilité nationale

BRETTON WOODS (ACCORDS DE)

Les accords de Bretton Woods tirent leur nom de la ville du New Hampshire (États-Unis) où se réunit, en juillet 1944, une conférence monétaire internationale regroupant 44 États. Ces accords ont mis en place le **Système monétaire international*** (SMI) tel qu'il a fonctionné jusqu'en 1971. C'est à Bretton Woods que fut créé le **Fonds monétaire international*** (FMI). La délégation américaine, qui imposa l'essentiel de son point de vue à cette conférence, était dirigée par H. White, la délégation britannique par J. M. Keynes et la délégation française par P. Mendès France.

Le SMI mis en place à Bretton Woods était un système de taux de changes fixes (mais éventuellement ajustables au moyen de **dévaluations*** et de **réévaluations***). Les cours du **change*** ne devaient varier que de + ou - 1 % autour de la **parité*** officielle. Cette stabilité était le résultat d'interventions régulatrices des **banques centrales***. Les Accords de Bretton Woods attribuaient de fait au dollar une suprématie dans l'économie mondiale.

☞ Concepts et corrélats

➤ Finances internationales ➢ Marché des changes ➢ Marges de fluctuation ➢ Paradoxe de Triffin

BUDGET DE L'ÉTAT

« *Le budget est constitué de l'ensemble des comptes qui décrivent pour une année civile, toutes les ressources et toutes les charges permanentes de l'État.* » (Ordonnance du 2 janvier 1959)

☞ Concepts et corrélats

➤ État ➤Politique économique ➢ Loi de finances ➢ Règles budgétaires

BULLE SPÉCULATIVE

On dit qu'un marché connaît un phénomène de bulle spéculative lorsque le **prix*** qui s'y forme s'éloigne durablement et cumulativement du **prix d'équilibre*** qui correspondrait aux variables économiques fondamentales. Le gonflement d'une bulle spéculative est notamment lié au phénomène des **anticipations autoréalisatrices***; le retournement des **anticipations*** peut produire l'éclatement de la bulle.

➪Les bulles spéculatives peuvent résulter de comportements irrationnels (paniques ou au contraire exubérance des opérateurs), mais elles sont parfaitement compatibles avec la rationalité des comportements. En effet, tant qu'un agent pense que le prix du marché va continuer à monter, il se porte acheteur, alimentant ainsi la hausse.

➪L'instabilité des **marchés financiers*** et des **marchés des changes*** depuis le milieu des années 1970 a conduit à un important développement de la théorie des bulles spéculatives.

☞ Concepts et corrélats

➤ Marché et prix ➤ Monnaie➤ Finances internationales ➢ Spéculation

BULLIONISME

➢ **Mercantilisme**

CAISSE D'ÉMISSION (CURRENCY BOARD)

Une caisse d'émission est un système de gestion du **cours du change*** de la monnaie d'un pays. Les **autorités monétaires*** adoptent une définition rigoureusement fixe de leur monnaie avec une **devise*** (souvent le dollar) et la libre **convertibilité*** de leur monnaie nationale dans cette devise. Il y a donc obligation de couvrir la totalité de la **monnaie Banque centrale*** dans la devise de référence. Chaque fois qu'un agent demande la conversion en devise de la monnaie nationale, la **base monétaire*** diminue d'un montant équivalent. Réciproquement, l'augmentation de la base monétaire ne peut résulter que d'entrées de la devise de référence.

Un tel dispositif a plusieurs effets:

– il rétablit la confiance dans la monnaie du pays qui institue la caisse d'émission.

En effet les pays qui ont recours à cette politique du change ont des monnaies faibles;

– il renforce la crédibilité des autorités monétaires;

– il a un fort effet anti-inflationniste.

☞ **Concepts et corrélats**

➤ Finances internationales ➤ Monnaie
➢ Monétarisme

CALCUL ÉCONOMIQUE

Le calcul économique est une technique d'aide à la décision publique ou privée qui se fonde sur l'analyse microéconomique néoclassique. Il repose sur l'analyse des coûts et des avantages afin d'éclairer le choix au sein d'un ensemble de projets.

➪Le choix d'investissements publics (entre lesquels aucune procédure de **marché*** ne peut trancher), le choix d'un mode de tarification des entreprises publiques, le choix d'investissements privés, etc., relèvent du calcul économique.

☞ **Concepts et corrélats**

➢ Économie appliquée
➢ Microéconomie ➢ Tarification au coût marginal ➢ Tarification au coût moyen

---

CAMBISTE

Les cambistes vendent et achètent des **devises*** sur le **marché des changes*** pour le compte des **banques*** ou des **entreprises*** ayant un volume important de transactions en devises. Leur travail se déroule dans une salle de marchés qui est équipée de moyens d'information et de communication très sophistiqués. Ils sont spécialisés sur une ou plusieurs devises. Leur tâche consiste à opérer les achats et les ventes de devises aux conditions les plus avantageuses.

☞ **Concepts et corrélats**

➤ Finances internationales

CAMÉRALISME

➢ **Mercantilisme**

CAPACITÉ DE FINANCEMENT

La capacité de financement est le solde, lorsqu'il est positif, du **compte des acquisitions d'actifs financiers***.

Ce solde est égal à **l'épargne brute*** augmentée des transferts nets en **capital*** et diminuée des dépenses liées à l'accumulation: FBCF, variations de **stocks***, acquisitions nettes d'objets de valeur et d'actifs non financiers non produits (terrains, actifs incorporels,...).

☞ **Concepts et corrélats**

➤ Comptabilité nationale ➢ Comptes de secteurs ➢ Besoin de financement

---

CAPACITÉ DE PRODUCTION

Au niveau de l'**entreprise*** ou de la **branche***, la capacité de production représente la **production potentielle*** maximale qu'il est possible de réaliser à court terme, compte tenu des facteurs disponibles et de leur mode d'utilisation.

☞ **Concepts et corrélats**

➤ Fluctuations et crises

CAPITAL

Le capital, au sens de la **Comptabilité nationale***, est l'ensemble des **moyens de production***. Il doit donc être différencié des capitaux (moyens financiers). Le capital est un **stock*** qui résulte d'une succession de flux d'**investissements*** dont il faut déduire les déclassements liés à l'usure ou à l'**obsolescence*** (consommation de capital fixe).

Ce sens du mot capital ne doit pas être confondu avec des acceptions différentes du terme:

– au sens juridique et comptable, le capital est le **capital social*** de l'**entreprise***;

– pour un individu (ou un groupe) le capital est un ensemble d'**actifs*** réels et financiers qui sont source de **revenu*** (intérêt, **profit***, **dividende***, loyer). Il est alors synonyme de **patrimoine*** et celui-ci peut être élargi au **capital humain***.

Les **théories économiques*** ont des conceptions diverses du capital. Il peut s'agir:

– d'une avance (pour l'**école physiocratique*** et l'**école classique***);

– d'un détour de production (pour l'**école autrichienne***);

– d'un facteur de production (**théorie néoclassique***);

– d'un rapport social (**théorie marxiste***).

➪ Ne pas confondre avec l'utilisation du concept de capital en sociologie (par exemple chez P. Bourdieu).

• *Le concept de capital dans la théorie économique*

La théorie du capital est confrontée à la difficulté de rendre compte des différentes dimensions du capital: dimension financière, dimension technique, dimension institutionnelle. Les différentes approches théoriques mettent l'accent sur l'une de ces dimensions pour rendre compte de l'origine du capital, de sa contribution à l'**équilibre économique*** et à la croissance économique.

Le capital comme avance

Dans cette optique, le capital désigne une somme de monnaie et des biens qu'il faut avancer en début de période pour réaliser une production et permettre la reconstitution de ces avances en fin de période. La conservation du capital sous forme de monnaie ne produit aucun surplus.

❍ F. Quesnay (1694-1774) inaugure cette conception du capital. Dans une économie où l'agriculture occupe une place déterminante, deux types d'avances sont distinguées par Quesnay (*Tableau économique*, 1758):

– les avances primitives « *forment le fonds d'établissement de la culture* ». Il s'agit des avances originelles des propriétaires fonciers (drainage par exemple) et des avances en bâtiments, bétail, outils subissant une dépréciation;

– les avances annuelles sont des biens de subsistance consommés par les agriculteurs (c'est-à-dire un **capital circulant***). Elles assurent la création d'un « *produit net* » (l'agriculture est la seule activité à bénéficier d'un « *don gratuit de la nature* »).

Le capital a, pour Quesnay, la capacité de créer un surplus et de maintenir un ordre naturel.

❍ Pour A. Smith (1723-1790), le capital est aussi un ensemble d'avances réelles qui ont pour but de reconstituer et d'accroître de période en période le travail humain; il concerne tout autant l'activité industrielle qu'agricole.

Le capital se décompose en capital circulant (**consommations intermédiaires***, stocks et monnaie pour la circulation des produits) et **capital fixe*** (machines, bâtiments, amélioration des terres, dépenses d'éducation). Il favorise la **division du travail*** et donc les **gains de productivité** et permet d'accroître la quantité de travail commandé par les marchandises produites. Le capital est créateur d'un surplus. L'épargne réinvestie (le **profit***) est la source du capital: « *les capitaux augmentent par l'économie, ils diminuent par la prodigalité* » (*Recherches sur la nature et les causes de la Richesse des nations*, 1776). L'embauche de travailleurs supplémentaires nécessite en effet, une augmentation préalable d'un « fonds de salaire » (capital circulant) destiné à les faire vivre le temps que l'employeur écoule cette production. La production de biens de consommation doit alors dégager un surplus (accroissement de la **productivité***), lequel provient d'une plus grande **division du travail***, elle-même permise par un accroissement du capital fixe. Le choix de l'accroissement du capital et de sa répartition ne peut résulter que de la liberté laissée à l'individu qui recherche son intérêt personnel. L'accumulation du capital est ainsi synonyme de croissance et de progrès économique. Toutefois, l'accroissement du stock de capital peut conduire à une diminution du **taux de profit*** et donc à une disparition des occasions d'investir entraînant un arrêt de la croissance.

❍ Cette conception du capital se retrouve chez D. Ricardo (1772-1823) qui fait néanmoins une analyse différente des liens entre taux de profit et accumulation (*Principes de l'économie politique et de l'impôt*, 1817). Ricardo considère, lui aussi, que le capital s'accroît avec le profit. Le capital investi doit recevoir un taux de profit minimum et le marché assure sa répartition entre les branches d'activité: tout capitaliste abandonne une affaire moins profitable pour une autre plus avantageuse, ce qui tend « *à égaliser tous les taux de profit* ».

La répartition des revenus devient un élément central de l'accumulation du capital. La **rente*** est pour Ricardo un revenu différentiel lié à la fertilité de la terre. Elle est frappée par la loi des rendements décroissants de l'agriculture. L'accumulation du capital tend à accroître la production agricole, la rente foncière augmente et avec elle le prix du blé. Les salaires montent et font baisser les profits. En dessous d'un taux de profit minimal rémunérant le **risque***, l'augmentation du capital cesse. Cette tendance à l'**état stationnaire*** ne peut être repoussée que par le **progrès technique*** et le **libre-échange*** international.

❍ Au contraire, pour T.R. Malthus (1766-1834), alors que l'accumulation du capital entraîne à long terme une croissance de la production, c'est l'excès d'épargne qui peut arrêter l'accumulation. Malthus est ainsi favorable aux **lois sur les blés*** qui, en protégeant l'agriculture anglaise, maintiennent le prix du blé et les revenus des propriétaires fonciers, ce qui permet l'accroissement de la demande.

Le capital, un rapport social

K. Marx (1818-1883) a cherché dans son ouvrage majeur, *Le Capital* (1867), à comprendre les lois qui gouvernent le **mode de production*** capitaliste qui repose sur:

– la production de la **plus-value***;

– la réalisation de la plus-value dans l'échange;

– le travail salarié;

– la propriété privée des moyens de production.

Le capital est un rapport social spécifique du **mode de production*** capitaliste qui repose sur l'exploitation du travail.

Le **capital constant*** (machines et matières premières) ne fait que transmettre sa propre valeur au produit et ne crée pas de valeur supplémentaire.

Le **capital variable*** est utilisé pour acheter la **force de travail*** qui est la source de la **valeur***. Le capital variable est mis en valeur par l'exploitation du travail (production de la plus-value).

Le capital, un détour de production

Pour l'**école autrichienne***, le capital est un **détour de production***. E. Böhm-Bawerk (*La théorie positive du capital*, 1889) définit le capital comme « *un produit intermédiaire de la nature et du travail* » qui ne fait que rendre plus productifs les facteurs originels (le travail et la nature).

Il existe une diversité des manières de produire les biens de consommation finale (ou biens de premier ordre). Les méthodes détournées de production se caractérisent par la longueur du détour. Elles sont toujours plus consommatrices de temps que la méthode directe de production mais chaque allongement du temps durant lesquels les facteurs originels sont investis dans la production accroît le produit total avec un taux décroissant. Ainsi le capital provient de l'épargne et de la production. Certaines **innovations*** peuvent réduire le détour de production mais le capital tend néanmoins à allonger la période de production par son utilisation ailleurs. Il faut donc analyser l'allongement du détour de production par rapport à une durée moyenne du processus de production. À long terme, l'accumulation et la croissance sont déterminées par le « prix du temps »: le taux d'intérêt.

Le capital un facteur de production

L. Walras (1834-1910) inaugure une autre tradition qui opère une distinction entre un stock de ressources (ou capital fixe « *qui ne se consomme qu'à la longue* ») et la richesse qui se consomme immédiatement (le revenu ou capital circulant). Les capitaux rendent des « *services* » et peuvent se louer. Leurs prix dépendent, en libre concurrence, des revenus (fermage, salaire et intérêt) qu'ils rapportent (incluant une prime d'amortissement, une prime d'assurance contre le risque et un revenu net).

J.-B. Clark (1847-1938) simplifie le modèle de Walras. Le capital est considéré comme homogène, il devient un facteur de production comportant des caractéristiques techniques particulières. Le capital étant rémunéré à sa **productivité marginale***, cela conduit à un **taux de profit*** unique. Les moyens de financement sont fixés par des arbitrages intertemporels entre consommation immédiate et consommation future (épargne) qui dépendent des préférences de chacun. Le taux d'intérêt est, selon l'expression d'A. Marshall (1842-1924), le *prix de l'attente*. Si le taux d'intérêt est inférieur à la productivité marginale du capital, le capital s'accumule et ce jusqu'à l'équilibre.

Ainsi, la théorie néoclassique considère deux facteurs de production (le capital et le travail) que l'on peut exprimer, compte tenu de l'état des techniques, sous la forme d'une **fonction de production*** combinant ces deux facteurs et dont la maximisation (égalisation des productivités marginales des facteurs pondérées par leur prix) résulte d'un processus de marché.

Dans le modèle de Solow (hypothèses d'environnement concurrentiel, de constance des **rendements d'échelle*** et décroissance des productivités marginales, avec un **progrès technique*** et une croissance démographique exogènes), le rythme de croissance du capital s'ajuste à celui de l'**emploi***: une accumulation du capital à un rythme plus rapide que celui de l'emploi (par exemple à cause d'une variation du **taux d'épargne***) rend le travail relativement plus productif et l'**intensité capitalistique*** diminue (substitution d'un facteur à un autre). Ce modèle s'oppose au modèle keynésien de Harrod-Domar (hypothèses de stabilité du **coefficient de capital*** et de **plein-emploi***): le capital n'étant pas substituable au travail, la croissance n'est équilibrée que si l'effet revenu de l'**investissement*** (effet du **multiplicateur***) est égal à son effet sur les capacités de production (l'**accélérateur***). Alors que la croissance à long terme tend vers un équilibre stationnaire dans le modèle de Solow, la croissance a toutes les chances d'être déséquilibrée si l'accumulation de capital est supérieure à l'augmentation initiale de la demande dans le modèle Harrod-Domar.

• *Le débat autour du concept de capital*

L'évaluation de la contribution du capital à la croissance

Depuis les travaux de P. Douglas en 1928 avec l'aide du mathématicien Cobb, de nombreuses études ont cherché à évaluer la part de la croissance imputable au capital à partir d'une fonction **Cobb-Douglas***.

❍ L'étude de E. Denison (Why Growth Rates differ, 1967) montre que le capital, comme le travail, joue un rôle faible dans la croissance. Sur la période 1929-1957, moins de 15 % de la croissance américaine sont imputables à l'accroissement du capital alors que le progrès technique envisagé ici comme un résidu (**productivité globale des facteurs***) contribue à plus de 50 % de la croissance des pays industrialisés.

❍ En France, l'étude de J. Carré, P. Dubois, E. Malinvaud (*La croissance française 1896-1963*, 1972), met en lumière que par rapport à un taux de croissance annuel moyen qui a été de 5 % sur la période 1951-1965, on peut imputer 1,1 % sur les 5 % à l'accroissement du volume de capital. Un accroissement du stock de capital de 1 % n'entraîne que 0,22 point d'accroissement de la production globale, et en tenant compte du rajeunissement du capital (en faisant l'hypothèse qu'une machine plus jeune d'un an permet un supplément de production de 2 %), cette contribution s'élèverait à 0,3 point.

L'importance du facteur résiduel met en lumière le rôle plus grand au cours du 20e siècle, du progrès technique (**productivité globale des facteurs***) qui associe:

– les processus des innovations et des perfectionnements techniques;

– l'amélioration de la qualification et de l'instruction;

– le perfectionnement de l'organisation de la production.

Mais pour R. Solow (*Technical progress, Capital Formation and Economic Growth*, 1962), la croissance du capital est la condition du progrès technique.

Le débat autour de la fonction de production agrégée

L'approche néoclassique d'une fonction de production agrégée a été critiquée par J. Robinson (1903-1983). Son analyse a mis en lumière (*L'accumulation du capital*, 1956) le fait que cette fonction ne peut pas opérer de distinction entre le « capital » au sens technique et le « capital » (les capitaux) comme moyen de financement.

Il est impossible de mesurer le volume de capital en unités physiques indépendamment des prix. Or c'est précisément sur cette indépendance que se fonde la construction néoclassique. Compte tenu d'une fonction de production agrégée donnée, l'évaluation du capital par les bénéfices futurs suppose connu le taux d'intérêt qui les actualise alors que la fonction de production est supposée nous donner ce taux d'intérêt (qui est aussi la rémunération du capital).

Il est impossible de mesurer la substitution capital/travail puisque les prix des facteurs qui déterminent cette substitution ne sont pas connus d'avance.

Il est irréaliste de s'appuyer sur une prémisse qui pose l'homogénéité du capital qui est en fait constitué de biens spécifiques hétérogènes ayant un âge, une productivité, une valeur et cela ne permet pas une évaluation agrégée de la productivité marginale du capital.

Face aux critiques des économistes de Cambridge (Grande-Bretagne), l'école de Cambridge (Massachusetts) a admis que la notion de capital agrégé devait être abandonnée.

Cependant la commodité analytique de la fonction de production globale néoclassique a conduit à négliger les objections qu'elle soulève.

Capital de connaissances, capital public et capital humain et croissance

Au cours des années 1980, les travaux sur la **croissance endogène*** ont appréhendé de façon plus extensive le concept de capital.

❍ Dans son modèle de 1986, P. M. Romer (*Increasing Returns and Long-Run Growth*) considère l'existence d'un capital sous la forme de connaissances qui agissent au niveau privé et social.

❍ Le capital dans le modèle de R. J. Barro, ce sont aussi les « *actifs en capital public* » (les infrastructures publiques tels que les réseaux routiers, ferroviaires, etc.). Ils facilitent la circulation des biens, des services et des capitaux, la diffusion de la technologie et l'extension des marchés.

❍ R. Lucas (prix Nobel 1995), reprenant en 1988 la thèse de G. Becker (prix Nobel 1992), considère le savoir incorporé dans l'accumulation de capital. Mais contrairement à Becker, Lucas considère que ce capital humain est doté de rendements internes croissants : il se transmet par héritage aux enfants, l'accumulation des connaissances améliore celles des générations suivantes. Un travailleur sera d'autant plus efficace qu'il sera environné d'un collectif de travail à fort capital humain même si lui-même en est dépourvu.

Puisque l'élargissement de la notion de capital tient compte de son effet sur les structures et les comportements, il incombe aux politiques économiques de contribuer à la diffusion des externalités positives en augmentant la productivité des actifs privés.

L'importance des découvertes de nouvelles idées ou méthodes de production dans les pays en avance améliore l'efficacité du capital dans les économies « suiveuses ». L'absorption graduelle des découvertes par des économies moins avancées tend à rapprocher les possibilités de **convergence***. Cependant selon R. Barro, les variables d'environnement de l'accumulation du capital deviennent déterminantes et pas seulement l'accroissement du capital humain : la capacité de faire respecter la loi et les droits de propriété, le degré de liberté politique, la lutte contre la corruption, la réforme de la fiscalité sont essentielles à la valorisation du capital.

☞ Concepts et corrélats

➤ Croissance ➤ Fluctuations et crises
➤ Épargne ➤ Investissement
➢ Accumulation primitive ➢ Emploi
➢ Industrialisation ➢ Innovations
➢ Progrès technique

☞ Bibliographie

ANANOU Th. (1997), *Investissement et capital*, coll. Memo, Seuil.

BEITONE A., CARZOLA A., DOLLO Ch., DRAI A-M. (1995), *25 livres clés de l'économie*, Marabout.

BARRO R.J. (2000), *Les facteurs de la croissance économique. Une analyse transversale par pays*, Economica.

DELEPLACE G. (2000), *Histoire de la pensée économique*, Dunod.

CAPITAL CIRCULANT

Le capital est dit circulant lorsque sa valeur est entièrement détruite lors du cycle de **production***, ou non utilisable pour un autre cycle. Il inclut donc les **consommations intermédiaires*** utilisées (matières premières, semences, énergie, etc.).

☞ Concepts et corrélats

➤ Capital ➢ Capital fixe ➢ Capital technique

CAPITAL CONSTANT

Dans la **théorie marxiste***, le capital constant est la partie du **capital*** qui sert à l'achat des **biens de production*** (**capital fixe***) et des matières premières, de l'énergie, etc. (**capital circulant***). Il s'agit pour les marxistes de « **travail mort*** » (ou travail cristallisé) qui ne peut transmettre aux marchandises que l'équivalent de sa propre **valeur***.

☞ Concepts et corrélats

➢ Baisse tendancielle du taux de profit
➢ Composition organique du capital

CAPITAL FINANCIER

Selon l'économiste marxiste R. Hilferding (1877-1941), le capital financier désigne la fusion du capital bancaire et du capital industriel. La domination du capital financier correspond à une nouvelle phase du **capitalisme***: l'impérialisme.

☞ Concepts et corrélats

➢ Théorie marxiste ➤ Capital

CAPITAL FIXE

Pour une **entreprise***, le capital fixe est celui qui peut concourir à plusieurs cycles de **production***. Il inclut les bâtiments et installations fixes diverses à usage industriel, agricole, commercial ou financier, les équipements productifs.

Au niveau macroéconomique, le capital fixe est selon la **Comptabilité nationale***, l'ensemble des acquisitions de **biens durables*** ou de quelques **services*** (logiciels) destinés à être utilisés pendant plus d'un an dans un processus de **production***. C'est la durée d'utilisation des biens et des services qui définit le caractère fixe du capital.

Pour les comptables nationaux, le capital fixe productif comprend le capital fixe à l'exception des logements et des installations militaires sans possibilité d'usage civils (capital fixe improductif).

➪Ne pas confondre le capital qui est un **stock*** avec **l'investissement*** qui est un **flux***.

➪Le capital fixe se caractérise par le nombre souvent limité de ses affectations alternatives (d'où un élément de rigidité de l'appareil productif). À chaque cycle de production, le capital fixe subit une certaine usure ou une **obsolescence***.

☞ Concepts et corrélats

➤ Capital ➢ Amortissement ➢ Capital circulant ➢ Capital technique ➢ Détour de production ➢ Formation brute de capital fixe (FBCF) ➢ Marché contestable ➢ Productivité

CAPITAL HUMAIN

On peut définir le capital humain comme l'ensemble des capacités productives d'un individu (ou d'un groupe), au sens le plus large: connaissances générales ou spécifiques, savoir-faire, expérience...

Le concept introduit par les théoriciens libéraux comme G. Becker et Th. Schultz dans les années 1960 représente une extension de la notion de **capital*** d'I. Fisher. Ce dernier proposait de considérer comme capital toute ressource susceptible de fournir des flux de revenus futurs.

Le capital humain est donc un **stock*** qui peut augmenter ou diminuer, et qui possède deux caractéristiques essentielles: d'une part, il est largement immatériel, composé avant tout d'aptitudes innées (selon G. Becker) et d'acquis mentaux; d'autre part, il est inséparable de la personne de son détenteur.

Ce stock de capital humain peut s'accroître grâce à des investissements:

– dans le domaine de l'éducation et la formation, entendu au sens le plus large. Il ne s'agit pas seulement de la scolarité et de la formation professionnelle, mais il faut inclure en amont l'éducation informelle dispensée par la famille durant la petite enfance, et en aval l'expérience professionnelle acquise sur le tas ou de manière plus officielle;

– dans le domaine de la santé. Les aptitudes productives doivent pouvoir être mises en œuvre, et tout ce qui contribue au développement et au bien-être physique et mental des populations accroît le capital humain (vaccinations, contrôles de prévention, vitamines ou hôpitaux...).

L'investissement en capital humain implique des coûts de dépenses d'éducation, de formation professionnelle ou de santé. Mais il faut inclure également les **coûts d'opportunité** *, c'est-à-dire les gains auxquels on renonce lorsqu'on décide d'accumuler un tel capital. L'ensemble de ces coûts sont supportés parce qu'ils permettent la mise en valeur d'aptitudes productives, et donc une meilleure **productivité*** et une meilleure rémunération du travail.

☞ Concepts et corrélats

➤ Marché du travail

CAPITAL RISQUE (*VENTURE CAPITAL* en anglais)

Le capital risque est un mode de financement des **investissements*** et de la **croissance*** d'une **entreprise*** à fort potentiel de développement: des investisseurs (en général une société de capital-risque) apportent à une entreprise:

– des ressources financières par un apport de **fonds propres*** (prise de participations);

– un partenariat dans son **management*** (cette mission d'accompagnement et d'assistance peut être déterminante pour assurer la survie d'une jeune entreprise innovante).

☞ Concepts et corrélats

➤ Capital ➤ Fluctuations et crises
➢ Destruction créatrice ➢ Innovation
➢ Progrès technique

CAPITAL SOCIAL

Le capital social est constitué par l'ensemble des apports des propriétaires de l'**entreprise*** au moment de sa constitution ou au cours de son existence. Il figure au **passif*** du **bilan*** et il est égal à la valeur nominale de chaque **action*** multipliée par le nombre d'actions émises.

➪ Le montant du capital social donne une information sur l'importance de l'entreprise. Il figure dans de nombreux documents de l'entreprise (courrier par exemple).

➪ Ne pas confondre avec le **capital technique***, avec la **capitalisation boursière*** de l'entreprise, avec les capitaux (éléments du **patrimoine***) ou encore avec le capital social au sens sociologique (relations sociales d'un individu selon le sociologue P. Bourdieu).

☞ Concepts et corrélats

➤ Capital ➢ Capitaux propres
➢ Actionnaire ➢ Société

CAPITAL TECHNIQUE

Le capital technique est l'ensemble des biens reproductibles susceptibles d'accroître l'efficacité du travail humain. Il inclut le **capital fixe*** et le **capital circulant***.

Dans une conception plus étroite, le capital technique est l'ensemble des moyens de production durables dont dispose une **entreprise*** (bâtiments, machines, outillages, matériels de transport...).

La notion de capital technique fait référence à une conception réelle du capital qui se différencie d'une conception comptable (**capital social*** et **capitaux propres***).

☞ Concepts et corrélats

➤ Capital ➤ Entreprise ➢ Coefficient de capital ➢ Détour de production
➢ Formation brute de capital fixe (FBCF)
➢ Immobilisation ➢ Intensité capitalistique ➢ Progrès technique

CAPITAL VARIABLE

Dans l'analyse marxiste, le capital variable est la partie du **capital*** qui est utilisée pour acheter la **force de travail***.

➪ Le **salaire*** est un revenu pour les travailleurs, mais c'est une partie du capital avancé (qui doit être mis en valeur) pour les capitalistes.

☞ Concepts et corrélats

➢ Théorie marxiste ➢ Composition organique du capital ➢ Baisse tendancielle du taux de profit

CAPITALISATION BOURSIÈRE

La capitalisation boursière est la somme de la valeur de toutes les actions cotées en **Bourse***.

Pour une **entreprise*** c'est le cours boursier multiplié par le nombre d'**actions*** cotées en Bourse.

Pour une place financière (comme celle de Paris), elle est obtenue en multipliant la valeur des actions cotées en Bourse par le nombre d'actions.

➪ Ne pas confondre la capitalisation boursière (évaluée au prix du marché et en fonction du nombre de titres en circulation) et le **capital social*** (évalué à prix fixe, celui de l'émission ou de l'**augmentation de capital***, et en fonction du nombre d'actions émises).

☞ Concepts et corrélats

➤ Entreprise ➢ Monnaie et financement
➤ Capital ➢ Actionnaire

CAPITALISME

Le capitalisme est un **système économique*** qui repose sur le **salariat*** et qui est caractérisé par une logique d'**accumulation du capital***. Le plus souvent, le capitalisme est basé sur la propriété privée des **moyens de production*** (du **capital***) et sur la régulation marchande. Cependant, la propriété privée des moyens de production est antérieure au capitalisme et certaines économies capitalistes comportent, ou ont comporté, des éléments plus ou moins importants de propriétés publiques et de **planification***.

➩ Il ne faut pas confondre capitalisme et **économie de marché***. Une économie de marché peut fonctionner sur la base d'échanges entre producteurs indépendants. En pratique, certains auteurs utilisent le terme « économie de marché » pour désigner les économies capitalistes, car ils considèrent que le terme « capitalisme » a une connotation trop marxiste.

➩ Il existe diverses analyses du capitalisme. Pour K. Marx (1818-1883), le capitalisme est un **mode de production*** qui assure un développement important des **forces productives***, mais dont l'existence est menacée à long terme en raison de ses contradictions (**baisse tendancielle du taux de profit*** notamment). Pour les économistes libéraux, la propriété privée du capital, la liberté d'entreprise, le droit de transmettre son **patrimoine*** par héritage, la régulation par le **marché***, sont étroitement liés et conditionnent à la fois la liberté individuelle, l'**efficacité*** et l'**efficience***.

➩ Diverses formes de capitalisme ont existé au cours de l'histoire. Dès la fin du Moyen Âge, un capitalisme marchand et bancaire se développe, mais il ne constitue, selon l'historien F. Braudel (1902-1985), qu'un aspect limité de la vie économique. Progressivement, à partir de la fin du 18e siècle, la sphère marchande s'étend, le salariat se développe et, avec la **révolution industrielle***, le capitalisme industriel devient dominant en Europe et en Amérique du Nord. Au 20e siècle, on parle de néocapitalisme pour désigner un système où l'intervention économique de l'**État*** est forte.

➩ Pour le sociologue M. Weber (1864-1920), il importe d'étudier « l'esprit du capitalisme », c'est-à-dire la recherche rationnelle d'un gain légitime par l'exercice d'une profession.

CAPITALISTIQUE

➤ **Capital** ➢ **Intensité capitalistique**

CAPITAUX FÉBRILES (*HOT MONEY*)

Les capitaux fébriles sont des avoirs liquides ou à court terme qui se déplacent d'un pays à un autre et/ou d'une **devise*** à une autre au gré des perspectives de gains liées aux variations de **taux de change*** et/ou de **taux d'intérêt***.

➩ L'existence de tels avoirs liquides est une nécessité liée au financement des opérations commerciales ou des investissements internationaux. Depuis les années 1980, on a assisté à une déconnexion entre la sphère réelle et la sphère financière de l'économie mondiale du fait de l'importance croissante des comportements spéculatifs. Le gonflement des avoirs liquides constitue un facteur de risque d'autant plus grand pour le système monétaire et financier international que les avoirs des **banques centrales*** sont insuffisants pour assurer la régulation de ces flux.

➩ Le terme « capitaux fébriles » est la traduction officielle de l'expression *Hot Money*. Le terme « capitaux flottants » a été abandonné.

☞ Concepts et corrélats

➤ Finances internationales ➢ Politique du change ➢ Risque systémique ➢ Spéculation

CAPITAUX PERMANENTS

Les capitaux permanents sont les ressources sur plus d'un an dont peut disposer une **entreprise*** (ou tout autre organisation). Ils comprennent les **capitaux propres*** et les emprunts à moyen et long terme.

L'**analyse financière*** considère que l'équilibre financier exige que des emplois longs (**actif*** immobilisé) soient financés par des ressources longues (capitaux permanents).

☞ Concepts et corrélats

➤ Entreprise ➢ Bilan

CAPITAUX PROPRES

Les capitaux propres sont les ressources qu'une **entreprise*** (ou tout autre organisation) n'a pas besoin de rembourser sauf en cas de cessation d'activité. Ils proviennent :

– soit d'un apport des propriétaires de l'entreprise (**capital social*** d'une **société***);

– soit des **bénéfices*** non distribués et mis en réserves;

– soit des provisions pour **amortissement*** (ou pour d'autres charges).

Les capitaux propres sont un indicateur de la **solvabilité*** de l'entreprise.

➪ Ne pas confondre avec les **capitaux permanents***.

☞ Concepts et corrélats

➤ Entreprise ➢ Autofinancement ➢ Bilan ➢ Effet de levier ➢ Taux de rentabilité financière

CARTE D'INDIFFÉRENCE

La carte d'indifférence est la représentation graphique de l'ensemble des **courbes d'indifférences*** d'un consommateur. Par tout point du plan passe une courbe d'indifférence et une seule, il y en a donc une infinité pour un seul individu (et elles ne peuvent pas se croiser.)

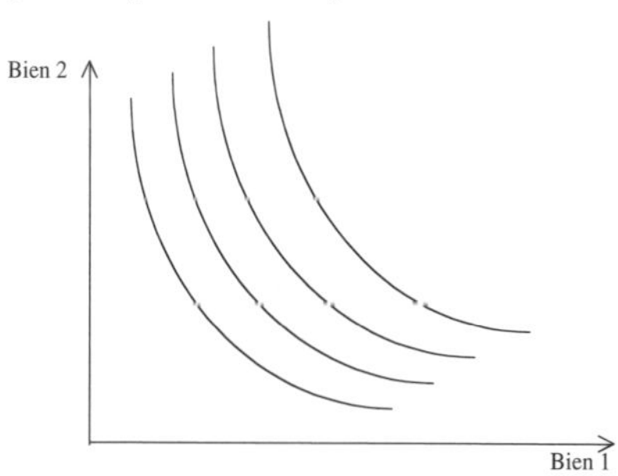

Une courbe plus éloignée de l'origine dans le graphique représente un niveau **d'utilité*** plus élevé pour le consommateur.

☞ Concepts et corrélats

➤ Marchés et prix

CARTE DE CRÉDIT

Une carte de crédit est un instrument qui permet de faire circuler la **monnaie scripturale*** par l'intermédiaire de réseaux électroniques (règlement d'un achat par l'intermédiaire d'un terminal de paiement). La carte de crédit est aussi un moyen de convertir la monnaie scripturale en **monnaie fiduciaire*** par l'intermédiaire d'un distributeur automatique de billets. Enfin la carte de crédit est un instrument de crédit lorsque le débit des achats effectués est différé dans le temps par l'**établissement de crédit*** émetteur de la carte.

➪ La carte de crédit n'est pas de la monnaie, elle est un instrument technique qui permet d'utiliser la monnaie scripturale ou de recourir au crédit.

☞ Concepts et corrélats

➤ Monnaie ➢ Monnaie électronique

CARRÉ MAGIQUE

L'expression de « carré magique » est due à N. Kaldor (1971). Il s'agit d'une représentation graphique qui visualise les principaux objectifs de la politique économique : **croissance***, **plein-emploi***, stabilité des prix* et équilibre extérieur.

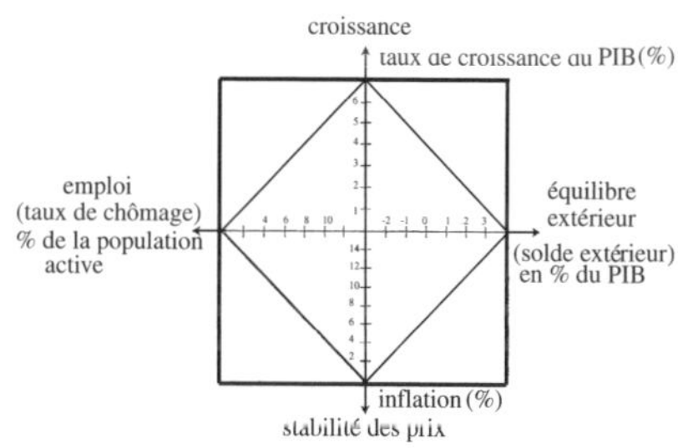

☞ Concepts et corrélats

➤ Politique économique ➢ Politique budgétaire ➢ Politique monétaire

CARTEL

Le cartel désigne une entente entre des entreprises (généralement peu nombreuses) qui concerne les **prix*** et/ou la **part de marché*** de chacune d'elles. Le résultat obtenu est en général proche de ce que serait l'équilibre de **monopole***.

➪ Ne pas confondre avec **collusion***.

☞ Concepts et corrélats

➤ Marchés et prix ➢ Oligopole ➢ Concurrence imparfaite

CASH FLOW

➤ Entreprise ➣ Marge brute d'autofinancement

CATÉGORIES SOCIOPROFESSIONNELLES

➣ Professions et catégories socioprofessionnelles

CATHOLICISME SOCIAL

Le catholicisme social est une **doctrine économique*** qui s'inspire des encycliques sociales de l'Église catholique, en particulier *Rerum Novarum* (1891) du pape Léon XIII et *Quadragesimo anno* (1931) du pape Pie XI. La doctrine sociale de l'Église condamne aussi bien le **libéralisme*** que le marxisme et la lutte des classes. Elle défend la propriété privée comme droit naturel et fondement de la liberté individuelle. Elle prône la solidarité entre les hommes par une organisation corporative du travail et l'intervention de l'État au service de la **justice sociale***. Au 20e siècle, l'Église catholique est souvent intervenue pour défendre la coopération au niveau international et la solidarité à l'égard du **tiers-monde***.

☞ Concepts et corrélats

➣ Doctrines économiques

CAUSALITÉ

La notion de causalité désigne le fait qu'une variable est rattachée à une autre par une relation de cause à effets.

➪ La mise en évidence d'un rapport de **corrélation*** entre ces deux variables n'indique pas nécessairement que l'une de ces variables est la cause de l'autre, et donc qu'il existe un rapport de causalité entre elles.

CAUSALITÉ (PRINCIPE DE)

Le principe de causalité énonce que tout phénomène a une cause et que, dans des conditions identiques, la même cause produit le même effet. L'activité scientifique consiste à rechercher la ou les causes des phénomènes qui sont souvent énoncées sous forme de **lois***.

☞ Concepts et corrélats

➣ Épistémologie économique

CEINTURE PROTECTRICE

Dans la théorie des **programmes de recherche scientifique*** de I. Lakatos (1922-1974), la ceinture protectrice est constituée des propositions, soumises à réfutation, qui sont situées autour du **noyau dur*** du programme de recherche. La ceinture protectrice, constituée de conditions auxiliaires, d'**hypothèses*** annexes, permet de rendre compte d'un certain nombre de faits jusque-là inexpliqués ou de mettre à jour des faits nouveaux, sans avoir à remettre en cause le noyau dur.

➪ Cette distinction noyau dur/ceinture protectrice, permet à Lakatos de formuler ce qu'il appelle un **falsificationnisme*** sophistiqué.

CENTILE

Le premier centile C_1 d'une série statistique est la valeur du **caractère statistique*** telle que 1 % de la population étudiée a une modalité inférieure ou égale à C_1 et 99 % a une valeur supérieure à C_1. Il y a 99 centiles.

Par exemple, lorsqu'on étudie la répartition des ménages français en fonction de leur revenu, le premier centile sera la valeur du revenu telle que 1 % des ménages français ont un revenu inférieur ou égal à cette valeur, et 99 % ont un revenu supérieur ou égal à cette valeur.

➪ Il ne faut pas confondre les centiles (au nombre de 99) et les sous-ensembles (au nombre de 100) délimités par les centiles et contenant 1 % de la population statistique.

➪ D'une manière générale, les **quartiles***, **déciles***, centiles, sont appelés des quantiles.

CENTRE

Dans les théories néo-marxistes du **développement*** et du **sous-développement***, le centre est formé des principaux pays capitalistes développés qui exploitent la **périphérie*** dans le cadre de l'échange inégal qui caractérise le capitalisme mondial.

➪ R. Luxembourg (1870-1919) a été la première à exposer une analyse des relations économiques internationales en termes de centre-périphérie.

☞ Concepts et corrélats

➤ Économie du développement ➣ Effet de domination ➣ Exploitation ➣ Échange inégal

Cercle de qualité

Dans une **entreprise***, un cercle de qualité est un petit groupe permanent de volontaires (cinq à dix personnes) appartenant à la même unité de travail (atelier ou bureau) et animé par un responsable hiérarchique. Le cercle se réunit régulièrement afin d'identifier, d'analyser et de résoudre tous les problèmes que les membres du groupe rencontrent dans leur activité.

➪ Après avoir connu en France, un grand succès dans les années 1980, le mouvement des cercles de qualité a connu un essoufflement au début des années 1990.

☞ Concepts et corrélats

➢ Autogestion ➢ Crise du fordisme
➢ Taylorisme ➢ Toyotisme

Cercle vicieux de la pauvreté

Le cercle vicieux de la pauvreté (ou cercle vicieux du sous-développement) désigne un ensemble de mécanismes qui auto-entretiennent le **sous-développement***. Les causes qui empêchent le **démarrage*** se renforcent mutuellement. Ce type d'analyse a été développé par R. Nurkse, mais d'autres analyses, comme celle de J.K. Galbraith en termes d'**équilibre de pauvreté***, rejoignent l'idée d'auto-reproduction des situations de sous-développement.

Selon R. Nurkse (*Les problèmes de la formation du capital dans les pays sous-développés*, 1952), une relation circulaire s'établit et empêche toute accélération de la **croissance***. On peut distinguer un cercle vicieux épargne/investissement et un cercle vicieux lié à l'étroitesse du marché : du côté de l'**offre***, il y a une faible capacité d'**épargne*** qui résulte du bas niveau de revenu réel. Le faible **revenu*** est lui-même le reflet de la faible **productivité***, qui résulte à son tour, pour une large part, du manque de **capital***. Ce manque de capital est un résultat de la faible capacité d'épargne, et le cercle se trouve ainsi fermé.

Du côté de la **demande***, l'incitation à investir peut être faible à cause du pouvoir d'achat réduit des gens, conséquence de la faiblesse de leurs revenus réels, laquelle est de nouveau due à la faible productivité...

➪ On peut remarquer que l'insuffisance des revenus (et de la demande) est accentuée par l'importance du secteur traditionnel qui exerce une pression à la baisse des salaires dans le secteur moderne.

➪ D'autres auteurs ont également pris en considération un cercle vicieux démographique : l'accroissement démographique nécessite des investissements d'infrastructures (logement, éducation, santé...) considérables qui réduisent les ressources disponibles pour les investissements plus productifs dans l'agriculture et l'industrie. De ce fait, la croissance économique ne peut s'accélérer, ce qui favorise une **natalité*** et une **fécondité*** élevées.

➪ Les cercles vicieux du sous-développement justifient la mise en œuvre de **politiques de développement*** spécifiques. R. Nurkse préconisait notamment une politique de **croissance équilibrée*** ou encore le développement des industries d'exportation.

☞ Concepts et corrélats

➤ Économie du développement
➢ Dualisme ➢ Désarticulation

Certificats de dépôt

Les certificats de dépôts sont des **titres de créance négociables***, d'un montant minimum d'un million de francs, qui sont émis par les **établissements de crédit***. Les certificats de dépôts ont une échéance de 10 jours à un an et une rémunération à taux fixe. Ils permettent aux établissements de crédit de se procurer des liquidités sur le **marché monétaire*** et aux agents non financiers (principalement les **entreprises*** et les **Organisme de placement collectif en valeurs mobilières***) de placer à court terme leurs liquidités.

☞ Concepts et corrélats

➤ Monnaie ➢ Désintermédiation financière

Ceteris paribus

L'expression latine *ceteris paribus* signifie : toutes choses égales par ailleurs. L'analyse économique utilise fréquemment cette clause pour tester une hypothèse portant sur une variable, les valeurs de toutes les autres variables restant identiques.

➪ La clause *ceteris paribus* est parfois utilisée dans le but de mettre une théorie à l'abri d'une **réfutation***. Par exemple, affirmer qu'une baisse du **taux de salaire*** conduit à une hausse du niveau de l'**emploi***, toutes choses étant égales par ailleurs, c'est négliger le fait que la baisse du taux de salaire peut conduire à une baisse de la **demande*** adressée à l'économie et donc à une augmentation du **chômage***. L'utilisation de cette clause ne peut donc constituer qu'une étape dans un travail visant à saisir l'effet simultané de toutes les variables pertinentes.

☞ **Concepts et corrélats**

➤ Épistémologie économique ➢ Modèle ➢ Hypothèse *ad hoc*

CHANGE

Le change est l'opération de conversion d'une monnaie nationale en **devises*** ou de devises entre elles.

☞ **Concepts et corrélats**

➤ Finances internationales ➢ Change manuel ➢ Change scriptural ➢ Taux de change ➢ Marché des changes ➢ Politique du change

CHANGE MANUEL

Les opérations de change manuel sont celles qui portent sur la **monnaie fiduciaire***. Un touriste qui se procure des billets de banque étrangers réalise une opération de change manuel. Ces opérations constituent une fraction très faible de l'ensemble des opérations de change.

☞ **Concepts et corrélats**

➤ Finances internationales ➢ Change ➢ Change scriptural ➢ Cotation

CHANGE SCRIPTURAL

Les opérations de change scriptural constituent l'essentiel des opérations réalisées sur les **marchés des changes***. Elles prennent la forme de **virements***, libellés en **devises***, entre comptes bancaires.

☞ **Concepts et corrélats**

➤ Finances internationales ➢ Change ➢ Change manuel ➢ Cotation

CHANGES FIXES

Dans un système de changes fixes, la monnaie nationale de chaque pays membre est définie par rapport à un étalon (or ou **devise clé***). Cette définition constitue la **parité*** officielle de la monnaie. Le rapport des parités officielles donne la parité bilatérale des monnaies prises deux à deux. Le système est dit de changes fixes, dans la mesure où le cours du **change*** qui résulte du jeu du marché ne s'éloigne que faiblement de la parité officielle et donc des parités bilatérales. Cette stabilité des cours du change peut résulter d'un mécanisme automatique (**étalon-or***) ou d'interventions discrétionnaires des **banques centrales*** sur le **marché des changes***.

☞ **Concepts et corrélats**

➤ Finances internationales ➢ Bretton Woods ➢ Politique du change ➢ Étalon de change or ➢ Points d'or

CHANGES FLEXIBLES

➤ Finances internationales ➢ Changes flottants

CHANGES FLOTTANTS

Dans un système de changes flottants (ou changes flexibles), les cours du **change*** sont fixés librement sur le **marché*** par la confrontation de l'offre et de la demande. La valeur internationale de la **monnaie*** n'est donc pas définie par un étalon, elle varie en fonction des conditions du marché et des **anticipations*** des agents. Le système est dit « pur » lorsque les **banques centrales*** s'abstiennent totalement d'intervenir. Il est dit « impur » (*dirty floating*) lorsque les banques centrales, bien que n'ayant pas l'obligation d'intervenir, vendent ou achètent des devises cependant pour influencer les cours.

☞ **Concepts et corrélats**

➤ Finances internationales ➢ Politique du change ➢ Changes fixes

CHÈQUE

Le chèque est un instrument de circulation de la **monnaie scripturale***. C'est un ordre de paiement donné au banquier par le titulaire du compte. Le banquier débite le compte du tireur du chèque et crédite le compte du bénéficiaire du chèque.

☞ **Concepts et corrélats**

➤ Monnaie ➢ Banque ➢ Compensation interbancaire

CHIFFRE D'AFFAIRES

Le Chiffre d'affaires représente l'ensemble des ventes de l'**entreprise*** au cours d'une période (quantités vendues au prix effectif de vente).

➪ Ne pas confondre avec la **valeur ajoutée*** ou le **profit***.

☞ Concepts et corrélats

➤ Entreprise ➤ Comptabilité nationale
➢ Compte de résultat ➢ Part de marché

CHÔMAGE

Le chômage désigne la situation des individus sans **emploi*** et à la recherche d'un emploi. Les chômeurs constituent un sous-ensemble de la **population active***.

➪ La dégradation progressive depuis une vingtaine d'années de la situation sur le marché du travail et les mesures de lutte contre le chômage qui l'ont accompagnée, ont conduit à l'apparition de situations individuelles nouvelles proches des frontières entre inactivité, emploi et chômage.

➪ Au 19e siècle, la notion de chômage renvoie à la cessation d'activité industrielle par suite de la mévente, sens proche de l'étymologie du mot: en latin, caumare, calme (on parlera de calme des affaires ou du chômage des machines…).

À la fin du siècle, on assiste donc à une modification sémantique puisque le terme de chômage va renvoyer à la situation des ouvriers privés de travail. On assistera par la suite, en 1876, à la formation du mot « chômeur » pour désigner ces ouvriers sans travail.

➪ L'identification du chômage en tant que « statut » social et institution statistiquement mesurable est une construction historique.

C'est dans le recensement de 1896, qu'on trouve pour la première fois une série de questions permettant d'isoler les « chômeurs » à partir de deux critères, l'âge et la durée de la suspension de travail.

☞ Concepts et corrélats

➤ Marché du travail ➢ Chômeur
➢ PSERE➢ Sous-emploi

CHÔMAGE AU SENS DU BIT

Dans les recommandations du BIT de 1982, la définition du **chômage*** est fondée sur trois critères. Sont chômeurs les personnes qui, au cours de la période de référence (généralement une semaine), sont:

(1) « sans travail »

(2) « disponibles pour travailler »

(3) « à la recherche d'un travail », c'est-à-dire qui ont pris des dispositions spécifiques au cours d'une période récente spécifiée pour rechercher un **emploi***.

Pour appliquer le premier critère, les recommandations se réfèrent, par complémentarité, à la notion de « personnes pourvues d'un emploi », salariées ou non salariées. Celles-ci se décomposent ainsi:

(1) « personnes au travail »: ce sont celles qui, durant la période de référence, ont effectué un travail d'une durée d'une heure au moins, moyennant un salaire ou un traitement en espèces ou en nature.

(2) « personnes qui ont un emploi (ou une entreprise) mais qui ne sont pas au travail ». Pour les salariés, il s'agit de personnes qui ont été absentes de leur emploi durant la période de référence, mais qui ont conservé un « lien formel » avec celui-ci; Ce lien formel s'apprécie par référence à un ou plusieurs des critères suivants: le service ininterrompu du salaire ou du traitement; une assurance de retour au travail à la fin de la situation d'exception ou un accord sur la date du retour; la durée de l'absence de travail qui, le cas échéant, peut être la durée pendant laquelle les travailleurs peuvent recevoir une indemnisation sans obligation d'accepter d'autres emplois qui leur seraient éventuellement proposés.

En fait, dans le système de normes proposé, le concept d'emploi a la priorité sur celui de chômage ou d'inactivité, en ce sens qu'il suffit qu'une personne ait effectué un travail productif (c'est-à-dire tout travail concourant à la production de biens et services) « moyennant un salaire ou un traitement », ne fût-ce qu'une heure, pendant la semaine de référence, pour être classée parmi les personnes pourvues d'un emploi. Le chômage est ainsi considéré comme une situation extrême d'absence d'emploi. Le BIT élargit la notion aux personnes ayant un emploi mais devant commencer à travailler ultérieurement, ainsi qu'aux personnes mises à pied temporairement pour une durée indéterminée. À partir de ces critères du BIT, on peut définir la **population sans emploi à la recherche d'un emploi*** (PSERE).

☞ **Concepts et corrélats**

➤ Marché du travail

CHÔMAGE CLASSIQUE

Dans la **théorie du déséquilibre*** développée par E. Malinvaud, le chômage classique correspond au cas où les acheteurs (ménages) sont rationnés sur le marché des biens et les vendeurs (salariés) sur le marché du travail.

Dans ce cas de figure, les prix étant trop bas, les entreprises ne jugent pas rentable de créer des emplois pour satisfaire toute la demande de biens qui leur est adressée. La demande de travail des entreprises est alors insuffisante et il y a **chômage***. Ce chômage est donc lié à une insuffisante rentabilité de l'appareil productif.

➯ Le chômage classique est un des trois équilibres avec rationnement définis par E. Malinvaud. Les deux autres sont le **chômage keynésien*** et **l'inflation contenue***.

☞ **Concepts et corrélats**

➤ Marché du travail ➢ Chômage keynésien ➢ Inflation contenue

CHÔMAGE CONJONCTUREL

Le chômage conjoncturel est un type de chômage qui résulte d'un ralentissement temporaire de l'activité économique.

☞ **Concepts et corrélats**

➤ Marché du travail ➢ Chômage structurel ➢ Chômage frictionnel

CHÔMAGE D'EXCLUSION

➤ **Marché du travail ➢ Chômage répétitif**

CHÔMAGE DE CONVERSION

➤ **Marché du travail ➢ Chômage répétitif**

CHÔMAGE DE LONGUE DURÉE

Le chômage de longue durée regroupe l'ensemble des personnes au **chômage*** depuis plus d'un an.

☞ **Concepts et corrélats**

➤ Marché du travail

CHÔMAGE DÉGUISÉ

Le chômage déguisé désigne les situations **d'emplois*** dans lesquelles les individus occupent des postes qui ne font pas appel à toutes leurs capacités ou des emplois dans lesquels leur **productivité*** est faible, voire nulle.

☞ **Concepts et corrélats**

➤ Marché du travail

CHÔMAGE FRICTIONNEL

Le chômage frictionnel désigne un type de **chômage*** qui découle des délais d'ajustement résultant de la mobilité de la main-d'œuvre.

➯ Pour la **théorie de la recherche d'emploi*** les principaux déterminants du chômage frictionnel sont:

– le coût de la collecte d'informations;

– le degré d'incertitude qui règne sur le marché;

– le taux d'accroissement de la population; en effet, plus il est élevé, plus le nombre de personnes en situation de prospection du marché est important.

☞ **Concepts et corrélats**

➤ Marché du travail ➢ Chômage conjoncturel ➢ Chômage structurel

CHÔMAGE INVOLONTAIRE

Pour J.-M. Keynes (1883-1946), le **chômage*** est avant tout involontaire, c'est-à-dire qu'en l'absence de toute rigidité des salaires, à la baisse, il peut subsister, du seul fait que **l'emploi*** offert est déterminé par le seul niveau de la **demande effective***, indépendamment du niveau de la **population active***. C'est en effet la demande effective qui induit le niveau de **production*** mis en œuvre par les **entreprises*** et, par conséquent, l'emploi qu'il requiert.

Les **anticipations*** des **entrepreneurs*** jouent ici un rôle déterminant, car cette catégorie d'agents par ses choix de dépense et de production est au cœur du circuit: si les entrepreneurs sont optimistes, ils investiront et embaucheront, et les **revenus*** distribués permettront d'absorber la production correspondante. Inversement, le pessimisme des entrepreneurs se traduira par de faibles dépenses **d'investissement***, peu d'embauches et de faibles débouchés. Cette auto-validation des prévisions des entrepreneurs est ce qui rend possible des cercles vicieux déflationnistes, où le bas niveau de l'activité s'auto-entretient, et où le chômage involontaire a tendance à s'accroître.

➪ La notion de chômage involontaire est donc un concept keynésien. Cependant, dans la **théorie néoclassique***, toute violation des conditions de la **concurrence pure et parfaite***, notamment une réglementation fixant un salaire minimum ou des allocations chômage, peut entraîner un chômage involontaire. C'est ainsi que pour J. Rueff (1896-1978), ce type de mesures est bien un obstacle à la baisse du chômage : il constatait en 1931, dans un article intitulé « L'assurance chômage, cause du chômage permanent », qu'il existait en Angleterre (depuis 1911) un système d'assurance chômage, donnant aux ouvriers sans travail une indemnité connue sous le nom de *dole*, et que ce système était la cause d'un chômage permanent en Angleterre.

☞ Concepts et corrélats

➤ Marché du travail ➣ Chômage volontaire ➣ Chômage keynésien

CHÔMAGE KEYNÉSIEN

Dans la **théorie du déséquilibre*** développée par E. Malinvaud, le chômage keynésien est caractérisé par le rationnement des vendeurs (excès d'offre) sur les marchés du travail et des biens.

Quand le prix effectif est supérieur au prix d'équilibre sur le marché des biens, la demande est insuffisante par rapport à l'offre. Le déséquilibre constaté sur le marché des biens se reporte sur le marché du travail qui connaît alors une situation de chômage : compte tenu de l'insuffisance de la demande sur le marché des biens et services, des entreprises ne mettent pas en œuvre de nouvelles capacités de production et donc ne recrutent pas.

➪ Le chômage keynésien est un des trois équilibres avec rationnement définis par E. Malinvaud. Les deux autres sont le **chômage classique*** et **l'inflation contenue***.

☞ Concepts et corrélats

➤ Marché du travail ➣ Chômage classique ➣ Inflation contenue

CHÔMAGE NATUREL

➤ Marché du travail ➣ Taux de chômage naturel

CHÔMAGE RÉPÉTITIF

J. Freyssinet distingue trois types de chômage :

• *Le chômage répétitif*

Il touche des personnes qui ont connu de multiples passages par le marché du travail : jeunes récemment sortis du système scolaire et femmes qui cherchent, après une interruption longue, à reprendre une activité professionnelle. Cette catégorie se caractérise par un pourcentage élevé de travailleurs peu qualifiés et d'anciens titulaires d'emplois précaires. Leur niveau de salaire médiocre et leur instabilité dans l'emploi déterminent des taux faibles ou nuls d'indemnisation du chômage. D'où une succession rapide d'emplois occasionnels et de périodes de chômage courtes, parfois entrecoupées de périodes de formation ou de stages en entreprises généralement peu qualifiants.

• *Le chômage de conversion*

Il frappe principalement des travailleurs qui, jusqu'alors titulaires d'un emploi stable, sont victimes d'un licenciement économique. On trouve dans cette catégorie un pourcentage relativement élevé d'hommes (industrie et BTP), de travailleurs qualifiés et de travailleurs de tranches d'âge moyennes (25 à 50 ans). Leur ancienneté dans l'emploi, leurs conditions de licenciement et leur niveau de salaire antérieur leur garantissent, au moins initialement, une indemnisation relativement favorable. Pour ces raisons, ils cherchent d'abord un emploi correspondant à leur niveau de qualification et à leur objectif de stabilité. Leur durée de chômage est donc plus longue mais ce sont eux qui ont la plus forte probabilité de parvenir à une réinsertion satisfaisante. Celle-ci sera parfois assurée par une formation qualifiante de reconversion professionnelle.

• ***Le chômage d'exclusion***

Il représente une troisième catégorie dont le développement est l'une des conséquences de la crise économique. Il s'agit de travailleurs qui se présentent sur le marché du travail avec des handicaps tels que leur probabilité d'insertion est très faible dans un contexte de sélectivité accrue. Sauf s'ils bénéficient de mesures spécifiques, ils semblent condamnés à un chômage de très longue durée qui engendre la dégradation des aptitudes au travail, le découragement et finalement l'abandon de la recherche d'emploi. Parallèlement, leurs droits à l'indemnisation s'amenuisent ou disparaissent.

La principale composante de cette population est fournie par les travailleurs dit « âgés ». Mais la crise a provoqué l'extension du chômage de longue durée à des catégories nouvelles. Il touche des jeunes dont le niveau de formation ou les attitudes à l'égard du travail excluent l'insertion professionnelle stable. S'ils refusent le cycle « emplois précaires/chômage répétitif », ou s'ils n'y ont pas accès, ils entrent dans une dynamique de marginalisation cumulative. Tel est le cas aussi, de plus en plus, de travailleurs adultes victimes de restructurations industrielles dans des bassins d'emploi n'offrant aucune perspective de reconversion.

➪ Cette décomposition entre chômage répétitif, chômage de conversion et chômage d'exclusion n'est ni exhaustive, ni rigoureuse. Il existe des chevauchements et des passages entre ces trois catégories; certaines situations ne sont pas réductibles à l'une des trois catégories de chômage. Cependant une telle typologie est utile dans la mesure où elle identifie les formes dominantes d'extension du chômage dans la période contemporaine.

☞ Concepts et corrélats

➤ Marché du travail

CHÔMAGE STRUCTUREL

Le chômage structurel est un type de **chômage*** dû à un déséquilibre profond et durable du marché du travail, provenant des changements de structure dans le domaine de la démographie (structure par âge de la population, baby boom) et / ou de la **production*** (déclin de certain secteurs, progrès technique…).

☞ Concepts et corrélats

➤ Marché du travail ➣ Chômage conjoncturel ➣ Chômage frictionnel

CHÔMAGE TECHNOLOGIQUE

Le chômage technologique est un type de **chômage*** causé par l'introduction de nouvelles machines ou de nouvelles méthodes de production dans les processus productifs.

Si les nouvelles méthodes de production ne conduisent pas à des baisses de prix relatifs et si des mesures de qualification ne sont pas prises pour recycler les travailleurs, ce chômage technologique peut se prolonger et devenir un **chômage structurel***.

☞ Concepts et corrélats

➤ Marché du travail

CHÔMAGE TRANSITOIRE

Dans le modèle néoclassique de base, il peut exister un chômage transitoire, malgré le fait que, sur un marché du travail en **situation de concurrence pure et parfaite***, si le prix des « services producteurs du travail » est parfaitement flexible, le **chômage involontaire*** est impossible.

Ce chômage transitoire peut s'expliquer de la façon suivante:

– soit un choc exogène, par exemple une crise économique entraînant la faillite d'un certain nombre d'entreprises. Pour tout niveau de prix exprimé sur le marché, la demande sera dorénavant inférieure à la demande précédente. La courbe de demande se déplace vers la gauche parallèlement à elle-même. Par exemple, pour le taux de salaire d'origine (W/P_1), la quantité demandée était de QL_3 (point E), elle est maintenant de QL_1. Dans un premier temps, par une analyse de statique comparative, on constate que, pour un taux de salaire réel de W/P_1, la demande se détermine en A, l'offre reste en E. Apparaît alors un chômage transitoire exprimé par la différence $QL_3 > QL_1$;

– par la suite, le mécanisme d'équilibrage du marché se met en place : compétition entre les offreurs, baisse du prix, etc. Un nouvel équilibre se forme (point E') compte tenu des modifications structurelles du marché. Il s'établit à un taux de salaire durablement inférieur au précédant, W/P_2 (avec $W/P_2 < W/P_1$).

Le chômage transitoire.

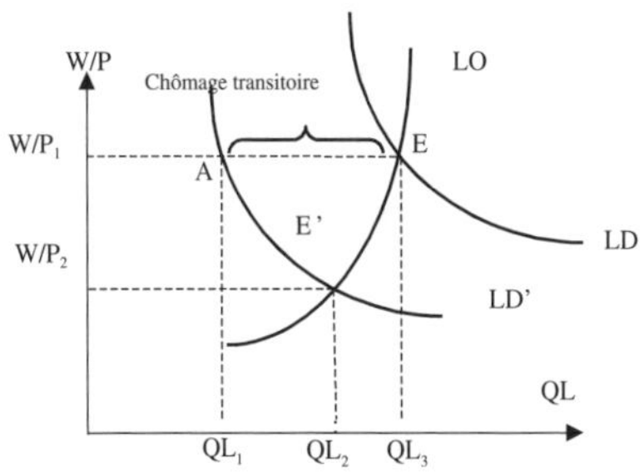

☞ **Concepts et corrélats**

➤ Marché du travail

CHÔMAGE VOLONTAIRE

Pour les auteurs de la théorie néoclassique standard, le chômage volontaire désigne la situation des individus qui n'acceptent pas de travailler au **taux de salaire réel*** d'équilibre.

Dans cette théorie en effet, sur le marché du travail comme sur tout autre **marché***, s'établit un équilibre qui égalise les quantités offertes et demandées, en excluant du marché tous les offreurs qui se seraient manifestés pour un niveau supérieur de taux de salaire, et tous les demandeurs qui espéraient un niveau inférieur.

Dans cet univers d'agents rationnels et en situation d'information parfaite, si le taux de salaire est parfaitement flexible, le **chômage involontaire*** est impossible.

➪ La théorie néoclassique standard du chômage volontaire a été prolongée ultérieurement par la **théorie de la recherche d'emploi*** (ou Job Search) élaborée notamment par G. Stigler.

☞ **Concepts et corrélats**

➤ Marché du travail

CHÔMEUR

➤ Marché du travail ➢ Chômage ➢ Chômage d'exclusion ➢ Chômage de conversion ➢ Chômage répétitif

CLAUSE DE LA NATION LA PLUS FAVORISÉE

La clause de la nation la plus favorisée est un principe du **libre-échange*** généralisé. Chaque État signataire d'un traité commercial s'engage à consentir à ses cocontractants, tous les avantages qu'il pourrait, par la suite, consentir à un autre pays. Par exemple, si les droits de douane entre le pays 1 et le pays 2 sont baissés à 5 % de la valeur du produit, et que le pays 1 s'engage avec le pays 3 sur la base de 4 %, le pays 1 va accorder au pays 2 le régime plus favorable du pays 3.

➪ Contrairement à la clause de la nation la plus favorisée qui peut faire évoluer des accords bilatéraux vers un libre-échange multilatéral (**multilatéralisme***), les accords préférentiels à l'intérieur d'une communauté « historique » et les **unions douanières*** font exception à la clause de la nation la plus favorisée et donc à l'égalité de traitement des nations.

☞ **Concepts et corrélats**

➤ Commerce international ➤ Intégration économique

CO-ENTREPRISE

Une co-entreprise (*joint venture* en anglais) désigne un groupement de plusieurs organismes financiers et **entreprises*** qui s'associent pour réaliser une opération de commerce ou d'**investissement***.

Ce terme est couramment employé pour caractériser des projets de financement importants dans les **pays en développement*** et dans les **pays en transition***.

☞ **Concepts et corrélats**

➤ Entreprise ➤ Internationalisation de la production

COBB-DOUGLAS

La **fonction de production*** de type Cobb-Douglas est de la forme : $Q = A\, K^{\alpha} L^{\beta}$.

Cette fonction est homogène de degré $(\alpha + \beta)$.

En effet :

$A\, (\lambda K)^{\alpha}\, (\lambda L)^{\beta} = \lambda^{(\alpha+\beta)}\, A\, K^{\alpha} L^{\beta} = \lambda^{(\alpha+\beta)}\, Q.$

Les **rendements d'échelle*** sont donc constants si $\alpha + \beta = 1$.

La fonction de Cobb-Douglas homogène de degré 1 peut alors s'écrire sous la forme :

$Q = A\ K^{\alpha}\ L^{1-\alpha}$, K et L étant des réels positifs, avec $0 < \alpha < 1$.

☞ **Concepts et corrélats**

➤ Marchés et prix ➢ Homogénéité de degré k

COBWEB

➤ **Fluctuations et crises** ➢ **Modèle de la toile d'araignée**

COEFFICIENT BUDGÉTAIRE

Le coefficient budgétaire mesure la part de la dépense consacrée à une catégorie de biens ou de services dans la consommation totale d'un **ménage***.

☞ **Concepts et corrélats**

➤ Consommation ➢ Loi d'Engel ➢ Poste de consommation

COEFFICIENT DE CAPITALISATION DES RÉSULTATS (CCR, *PRICE EARNING RATIO, PER* en anglais)

Le coefficient de capitalisation des résultats est le coefficient par lequel il faut multiplier le **dividende*** pour trouver le cours coté en **bourse***. Le PER est donc le rapport entre le cours d'une **action*** et le dividende par action.

Par exemple une **société*** verse 60 millions de dividendes. Son **capital*** se compose de 600 000 actions cotées 600 francs sur le marché boursier. Le dividende par action est de 60 millions / 600 000 actions, soit 100 francs par action. Elle a un donc un PER de 10 (coefficient par lequel il faut multiplier le rapport 600 francs /100 francs pour obtenir la valeur du cours actuel qui est de 600 francs), ce qui signifie que la société se négocie sur le marché sur la base de 10 fois son résultat ou encore, que le prix de l'action est égal à 10 ans d'activité.

➪ Le CCR est une photographie à un instant précis. Il est interprété avec prudence selon deux optiques :

– une optique comparative par rapport à la moyenne du marché et du secteur ou d'une valeur comparable pour savoir si un titre est moins cher qu'un autre (l'action est moins chère qu'une autre lorsque son CCR est plus bas);

– une optique dynamique par rapport au passé (redressement d'une **société***) ou un futur (croissance prévue). Un titre à fort CCR peut donc être moins cher qu'un autre si l'**entreprise*** a un fort potentiel de **croissance***. Les secteurs d'activité très cycliques et ceux dont les volumes échangés sont faibles ont en principe un CCR faible (plus d'incertitude).

☞ **Concepts et corrélats**

➤ Monnaie ➤ Capital ➢ Placement ➢ Offre publique d'achat ➢ Offre publique d'échange

COEFFICIENT DE CORRÉLATION

➢ **Corrélation**

COEFFICIENT MARGINAL DE CAPITAL

Le coefficient marginal de capital est la variation **du stock*** de **capital fixe*** nécessaire pour faire varier la **production*** d'un certain montant.

➪ Le coefficient marginal de capital ($\Delta K/\Delta Y$) est égal au **coefficient moyen de capital*** lorsque celui-ci est constant, c'est-à-dire lorsque pour accroître la production de produits finis dans une proportion donnée il faut accroître l'**investissement*** dans une même proportion.

☞ **Concepts et corrélats**

➤ Capital ➢ Accélérateur ➢ Combinaison productive ➢ Capital technique ➢ Facteur de production ➢ Fonction de production

COEFFICIENT MOYEN DE CAPITAL

Le coefficient de capital est le rapport entre le **stock*** de **capital fixe*** et la **valeur ajoutée***.

➪ Le coefficient de capital (K/Y) est l'inverse de la **productivité du capital*** (Y/K). Les théories de la croissance font souvent l'hypothèse qu'il est constant dans la **courte période***.

➪ Ne pas confondre avec l'**intensité capitalistique***.

☞ **Concepts et corrélats**

➤ Capital ➤ Croissance ➢ Accélérateur ➢ Capital technique ➢ Coefficient marginal de capital ➢ Facteur de production ➢ Fonction de production

COEFFICIENTS TECHNIQUES

Dans la Comptabilité nationale, les coefficients techniques (ou technico-économiques) mesurent l'interdépendance entre deux **branches*** de l'économie nationale, c'est-à-dire l'utilisation nécessaire comme **consommation intermédiaire*** des produits d'une branche B pour la **production*** finale d'une branche A.

Par exemple, si pour une production finale égale à 100 unités de la branche A, il est nécessaire d'utiliser 20 unités de biens ou services produits par la branche B au titre des consommations intermédiaires, ce coefficient technique sera de 20/100 = 0,2. Cela signifie (sous l'hypothèse d'une constance à court terme des coefficients techniques) que tout accroissement d'une unité de la production de la branche A nécessitera 0,2 unité supplémentaire de production de la branche B.

Ces coefficients techniques sont calculés grâce au **Tableau entrées-sorties** (TES)*. Ils sont couramment utilisés pour des simulations de politique économique.

☞ Concepts et corrélats

➤ Comptabilité nationale

COIN FISCAL

Le coin fiscal est égal à l'écart relatif entre le coût salarial total supporté par l'employeur et le **revenu*** net disponible du salarié. Pour obtenir la valeur de l'écart absolu, il faut donc retrancher du coût salarial total (CT) les **cotisations sociales*** patronales (CP), les cotisations sociales payées par le salarié (CS) et **l'impôt*** sur le revenu (IR) payé par le salarié.

On obtient alors:

$$CT - (CP + CS + IR)$$

Par convention, le coin fiscal (CF) est égal à:

$$CF = 1 - \frac{CT - (CP + CS + IR)}{CT}$$

➪ L'importance du coin fiscal est souvent avancée par les économistes libéraux pour mettre en avant le poids excessif des **prélèvements obligatoires*** pesant sur le travail salarié. Par ailleurs, ces économistes considèrent également que l'augmentation du coin fiscal diminue la **flexibilité*** du marché du **travail***. En effet, la demande de travail des **entreprises*** dépend du coût salarial total alors que l'offre de travail des salariés dépend du salaire net. Lorsque l'écart entre ces deux grandeurs s'accroît, **l'offre*** s'adapte moins bien à la **demande***.

☞ Concepts et corrélats

➤ État ➤ Protection sociale ➤ Marché du travail ➢ Compétitivité ➢ Courbe de Laffer ➢ Prélèvements obligatoires

COLLECTIF BUDGÉTAIRE

➤ **État** ➢ **Loi de finances rectificative**

COLLUSION

La collusion concerne une entente d'entreprises sur un marché de type oligopolistique, qui est moins formelle que dans le cas du **cartel***.

La collusion effective notamment repose sur une entente concernant le niveau et la détermination des prix, et elle est généralement gérée et organisée par un syndicat professionnel. Elle est caractérisée également par un barème de prix que chacun s'engage à respecter mais qui laisse à chaque **producteur*** une marge de **profit*** non négligeable.

➪ Lorsque certaines entreprises ne respectent pas les règles du jeu, on parle de collusion imparfaite.

☞ Concepts et corrélats

➤ Marchés et prix ➢ Oligopole ➢ Concurrence imparfaite

COLLUSION EFFECTIVE

➤ **Marchés et prix** ➢ **Collusion**

COMBINAISON PRODUCTIVE

La combinaison productive est la combinaison des **facteurs de production***: **capital***, **travail***, facteur naturel que les agents économiques doivent associer dans des proportions données pour réaliser un certain volume de **production***. Le choix d'une combinaison productive est lié aux contraintes techniques (degré de substituabilité et **productivité marginale*** des facteurs) et économiques (**prix relatifs*** des facteurs et **prix*** du bien produit).

☞ **Concepts et corrélats**
➤ Capital ➢ Fonction de production ➢ Intensité capitalistique ➢ Taux marginal de substitution technique

COMITÉ DE LA RÉGLEMENTATION BANCAIRE ET FINANCIÈRE

En France, le Comité de la réglementation bancaire et financière est un organisme présidé par le ministre de l'économie et des Finances qui fixe les règles générales applicables aux **établissements de crédit*** et aux **entreprises d'investissement***.

☞ **Concepts et corrélats**
➤ Monnaie ➢ Autorités monétaires ➢ Politique monétaire ➢ Règles prudentielles

COMITÉ DES ÉTABLISSEMENTS DE CRÉDIT ET DES ENTREPRISES D'INVESTISSEMENT (CECEI)

Le comité des établissements de crédit et des entreprises d'investissement est un organisme présidé par le Gouverneur de la Banque de France qui prend les décisions individuelles relatives aux établissements bancaires et financiers. C'est le CECEI qui accorde ou retire l'agrément des **établissements de crédit*** et des **entreprises d'investissement***. Il autorise les prises de contrôle et les autres modifications de la structure du capital des établissements financiers, il s'assure de la qualification des nouveaux dirigeants.

☞ **Concepts et corrélats**
➤ Monnaie ➢ Autorités monétaires ➢ Règles prudentielles

COMMANDITE

➢ **Société en commandite**

COMMERCE CROISÉ

➤ **Commerce international**
➢ **Commerce intrabranche**

COMMERCE INTERNATIONAL

Au sens strict, le commerce international concerne les opérations d'achat et de vente de marchandises (c'est-à-dire de biens physiquement identifiables) réalisés entre espaces économiques nationaux. Il est mesuré (en **valeur*** ou en **volume***) par le montant total des exportations ou des importations de marchandises qui sont enregistrées dans la **balance commerciale***. La différence entre la valeur des exportations et celle des importations constitue le solde commercial.

Au sens large, le commerce international inclut les transactions internationales qui portent sur des activités de services-transports, assurance, tourisme, etc. Les échanges internationaux de biens et de services sont comptabilisés dans le compte des transactions courantes de la **balance des paiements***.

• *Problèmes de comptabilisation des échanges mondiaux*

En principe, en agrégeant les différentes balances nationales, on devrait, si les pays utilisaient des méthodes homogènes, aboutir à un solde de ce qui serait la balance mondiale des échanges de biens et services, proche de zéro. En effet, si un pays exporte un bien ou un service (crédit), un autre, nécessairement, l'importe (débit). Pourtant les statistiques internationales montrent que le solde n'est pas nul. Plusieurs explications peuvent être invoquées.

– Les opérations ne sont pas comptabilisées à l'aide d'un seul et même document, comme l'exigerait un véritable système de comptabilité en partie double. Par ailleurs, les opérations ne sont pas inscrites simultanément au débit et au crédit à l'occasion de chaque transaction. En effet, la date d'enregistrement d'une opération est, par convention, celle de la transaction. Mais le règlement de cette transaction peut très bien être effectué plus tard et donc ne pas être enregistré la même année. Il peut donc y avoir des décalages provenant de chevauchements d'une période à l'autre. De plus, la variation du taux de change dans le temps introduit également des distorsions entre la valeur des transactions (à une date t) et la valeur des règlements de ces transactions (à une date $t+n$).

La présence d'un poste d'ajustement est donc rendue nécessaire (la ligne « autres biens et services » correspond au biais statistique résultant du rapprochement entre les transactions douanières et les règlements de marchandises).

– Des erreurs ou des oublis de déclaration peuvent se produire. Par exemple, dans le cas des services, certains pays n'établissent pas de statistiques pour certaines catégories de services. D'autres transactions de services ne sont tout simplement pas enregistrées. Par ailleurs, les transactions illicites, comme le trafic d'armes ou de stupéfiants, ainsi que les fraudes en tous genres, tendent à prendre une importance croissante. Or elles sont clandestines et échappent à toute investigation statistique.

Les évolutions du commerce mondial sont présentées soit en **volume*** (en dollars constants), soit en **valeur*** (en dollars courants). La variation des taux d'**inflation***, des **taux de change*** des devises par rapport au dollar et du prix des matières premières, exprimé en dollars, affectent les statistiques du commerce international.

Une part importante des échanges internationaux correspond à une logique de firmes et non à une logique de territoires. En effet, environ 30 % des échanges mondiaux correspondent à des échanges entre une société mère et une de ses filiales ou encore entre filiales d'une même **firme multinationale***; il s'agit donc d'un commerce captif. Les prix pratiqués sont des prix de transfert et non des prix de marché.

– Enfin, une part des échanges mondiaux (estimée entre 10 % et 20 %) est constituée d'**accords de compensation***.

• *Fresques historique du commerce international*

Le commerce international existe depuis l'Antiquité mais l'échange « moderne », apparaît au cours du 18e siècle. Son essor est lié aux transformations économiques de la Révolution industrielle. Les besoins d'importations et d'exportations s'accroissent. De nouvelles techniques facilitent les échanges: affinement des instruments de paiement et généralisation des lettres de change, modernisation des moyens de transport. On assiste également à une expansion du commerce colonial, à une diversification des biens échangés (biens manufacturés, notamment textiles, produits exotiques) et au développement de grandes compagnies. Un commerce largement fondé sur une conception mercantiliste va céder progressivement la place à un commerce de conception plus libérale au 19e siècle au cours duquel la Grande-Bretagne abolira les lois sur le blé (1846) et les lois de navigation (1849), avant de conclure un traité de libre-échange avec la France (1860).

– Le commerce international a augmenté au 19e siècle à un rythme très supérieur à celui de la production mondiale. Après une expansion modérée entre la fin du 18e siècle et le début du 19e du fait de l'instabilité politique et des guerres, le commerce international connaît un essor remarquable dans la période 1820-1870. Selon M. Rainelli entre 1800 et 1913, le commerce international par tête est multiplié par 25 alors que, dans le même temps, la production mondiale par tête ne l'est que par 2,2. Le **taux d'exportation*** passe pour l'Europe de 4 % en 1830 à 13,2 % en 1910.

La Grande-Bretagne, véritable atelier du monde, domine largement les échanges internationaux. La France et l'Allemagne suivent et distancient assez largement les États-Unis et le Japon jusqu'à la fin du 19e siècle. À cette date, l'Europe domine très nettement le commerce mondial malgré l'apparition de pays neufs (Japon et surtout États-Unis). Ceci remet en cause l'hégémonie industrielle de la Grande-Bretagne mais pas sa domination commerciale. En 1913, les importations européennes (commerce intra-européen et échanges avec les autres régions) représente 62 % des importations mondiales. Un véritable partage du monde s'est opéré à la fin du 19e siècle et les échanges avec les empires coloniaux jouent un rôle important.

Les produits primaires représentent plus de 60 % des échanges mondiaux. L'Europe achète principalement des produits primaires et vend surtout des produits industriels: selon les estimations de P. Bairoch, les exportations européennes sont composées de produits manufacturés pour 55 % à 65 % du total, selon les années, alors que les importations comportent 80 % à 90 % de produits primaires.

– Dans l'entre-deux-guerres, la crise de 1929 et le **protectionnisme*** qui l'accompagne ralentissent l'expansion: le commerce mondial par tête n'augmente que de 3 % entre 1913 et 1937.

En 1929, le Royaume-Uni est toujours le premier exportateur mondial de produits manufacturés et réalise 22,4 % de ces échanges. Mais son avance commerciale s'est progressivement réduite car les États-Unis et l'Allemagne ont comblé leur retard commercial. En 1937, l'Allemagne est devenue le premier exportateur mondial de produits manufacturés et réalise 23,4 % des exportations mondiales contre 22,4 % pour le Royaume-Uni, 20,3 % pour les États-Unis et 7,5 % pour le Japon.

La composition du commerce international par produits ne subit aucune modification notable entre 1913 et 1937: la part des produits primaires représente à peu près deux tiers des exportations mondiales, le reste correspond à la part des produits manufacturés.

– Après la Seconde Guerre mondiale, les taux de croissance du commerce mondial sont élevés et supérieurs à ceux de la production. Entre 1955 et 1980, les exportations en volume augmentent à peu près deux fois plus rapidement que le PIB mondial.

Dans l'immédiat après-guerre, les États-Unis occupent une place très importante dans les échanges internationaux en raison des destructions occasionnées par la guerre en Europe et en Asie. En 1950, l'Amérique du Nord réalise 22,3 % du commerce mondial, l'Europe occidentale 39,8 % et le Japon, avec 1,5 % occupe une place mineure. Quant aux **pays en développement***, leur part est de 31,4 %. Par la suite, la part de l'Amérique du Nord se réduit sensiblement et passe de 19,2 % à 15,5 % entre 1963 et 1989; l'infléchissement est très net vers la fin des années 1960. En contrepartie, le poids relatif de l'Europe et du Japon augmente respectivement de 41,4 à 43,5 % et de 3,5 % à 8,9 %.

Les pays en développement vont connaître une évolution défavorable. Pendant la première moitié du 20e siècle, la part du tiers-monde dans le commerce mondial a progressivement augmenté: ses exportations représentaient près de 31 % du total des exportations mondiales en 1950 et globalement sa balance commerciale était largement excédentaire. Cette situation était due à la forte croissance des cultures d'exportation et de la production de matières premières. Entre 1950 et la fin des années 1960, les exportations du Sud passent de 31 % à 18 % des exportations mondiales. L'excédent commercial des **pays en développement*** s'est même transformé en déficit pour les pays non exportateurs de pétrole. À partir de 1973, les pays en développement connaissent une nette augmentation de leur part relative dans le commerce mondial. Cette hausse profite cependant essentiellement aux pays en développement exportateurs de pétrole.

Après 1945, on assiste à une marginalisation relative du commerce avec les pays du Sud, malgré l'émergence de quelques **nouveaux pays industriels*** (**NPI***).

La croissance rapide du commerce international est aussi liée au processus d'**intégration économique** (**Communauté économique européenne*** par exemple), et par la mise en place d'un **libre-échange*** organisé (**Accord général sur les tarifs et le commerce***, **Organisation mondiale du Commerce***).

• *La structure actuelle du commerce international*

Les flux de biens et services

Les flux (biens et services) représentent selon l'OMC plus de 6500 milliards de dollars en 1998 pour l'ensemble du monde: 5225 milliards pour les **marchandises*** et 1320 milliards pour les **services***.

La structure géographique du commerce mondial

Les pays développés à économie de marché réalisent plus de 70 % du commerce mondial, contre environ 25 % pour l'ensemble des **pays en voie de développement***; les **pays en transition*** ont vu leur part s'effondrer d'environ 10 % à moins de 5 % actuellement. Les trois quarts du commerce mondial s'effectuent entre PDEM.

Les premiers pays exportateurs sont les États-Unis, l'Allemagne, puis le Japon et la France; mais certains pays en développement (notamment d'Asie) connaissent une très forte progression et font partie depuis une dizaine d'année des dix premiers exportateurs (Hong-Kong, Corée du Sud, Chine).

Le commerce mondial se caractérise aujourd'hui par une régionalisation des échanges. Les trois pôles Amérique du Nord, Europe, Asie réalisent 85 % des échanges mondiaux alors que l'Afrique n'en représente environ que 2,5 %. Le commerce intra-zone représente à lui seul plus de la moitié du total.

Les pays les plus ouverts au commerce international sont les pays européens (commerce intra-européen inclus). Les **taux d'ouverture*** varient en Europe entre 25 % et 30 %, alors qu'ils ne sont que de 15 % pour le Japon et de 10 % pour les États-Unis.

La structure par catégories de produits du commerce international

Les échanges de **produits*** manufacturés constituent 76,6 %, soit plus de trois quarts des échanges de marchandises en 1998. Le dernier quart correspond aux produits primaires; plus précisément, 10,7 % pour les produits agricoles et 12,7 % pour les produits minéraux. Les échanges de services représentent environ 25 % du commerce de marchandises. Leur croissance est supérieure à celle des marchandises: 7 % par an en moyenne sur la période 1990-1998. La hiérarchie des pays exportateurs de services (États-Unis, Royaume-Uni, France, Allemagne, Italie, Japon en 1998) diffère de celle des exportations de marchandises (États-Unis, Allemagne, Japon, France, Royaume-Uni, Italie).

La spécialisation par pays ou groupe de pays

Les pays industrialisés sont spécialisés dans les exportations de produits manufacturés et dans les services. Toutefois, leur part dans les échanges de produits primaires est loin d'être négligeable. Selon les statistiques de l'OMC, en 1998, l'Europe et l'Amérique du Nord réalisent 35 % des exportations mondiales des produits d'industries extractives et 61 % des exportations de produits agricoles.

Les pays en développement considérés globalement exportent aujourd'hui plus de produits manufacturés que de produits primaires. Cependant, selon l'**OMC***, en 1998 la part des produits primaires dans le commerce de marchandises a dépassé les deux tiers pour le Moyen-Orient, l'Afrique et l'Amérique latine (à l'exclusion du Mexique). Dans soixante-sept pays en développement, sur un échantillon de quatre-vingt onze, la part des produits primaires dans les exportations totales de marchandises a été supérieure à 50 %, allant jusqu'à 95 % dans certains cas.

• *Les enjeux contemporains*

Les nouvelles formes du protectionnisme

Après la Seconde Guerre, l'essor du commerce international s'est réalisé dans un cadre institutionnel nouveau. La mise en place d'un nouveau système monétaire international aux **accords de Bretton Woods*** en 1944 et la création du **GATT*** (**AGETAC*** en français) en 1947 ont favorisé l'essor du commerce international. L'un des objectifs essentiels du GATT était de lutter contre le **protectionnisme*.** Les obstacles principaux étaient alors les **droits de douane*** et les **quotas***. Par ailleurs, le principe de non-discrimination (**clause de la nation la plus favorisée*** et clause du traitement national) visait à développer le **multilatéralisme*** des échanges. Ces objectifs sont toujours d'actualité puisque repris par l'OMC.

On peut cependant noter que les **accords commerciaux*** régionaux sont tolérés aussi bien par le GATT que l'OMC. Ces accords visent à développer des relations commerciales privilégiées entre les pays membre. Ils permettent en effet d'augmenter la liberté du commerce, d'accroître le degré d'intégration économique et participent ainsi à l'expansion du commerce mondial.

Dès 1947 ont été mises en place des **négociations commerciales multilatérales*** ou rounds qui ont permis d'obtenir des résultats remarquables en matière de droits de douane et de **contingentements***. Par contre, les barrières non tarifaires restent depuis les années 1970 l'un des principaux obstacles aux échanges mondiaux: normes techniques, normes de sécurité, normes sanitaires... Malgré les discours officiels favorables au libre-échange, on peut parler de nouveau protectionnisme, néo-protectionnisme ou encore protectionnisme opaque.

La remise en cause du multilatéralisme

Après la Seconde Guerre mondiale, les accords commerciaux régionaux se sont multipliés: **zones de libre-échange***, **unions douanières*** ou encore **unions économiques***. Le développement des échanges et le phénomène de **mondialisation*** s'accompagne donc paradoxalement d'un processus de régionalisation qui touche l'Europe (**Union Économique et Mo-**

nétaire*), l'Asie (**ALEA***), et le continent américain (**ALENA*** et **MERCOSUR***).

Ces accords régionaux peuvent entrer en conflit avec les objectifs de l'OMC. Les épreuves de force tendent ainsi à se multiplier entre les États-Unis et l'Europe à propos de l'agriculture, la sidérurgie, l'aéronautique. L'automobile est le principal objet du conflit entre les États-Unis et le Japon.

Le développement du régionalisme commercial peut tout d'abord s'analyser comme un frein à l'essor du libre-échange mondial. Le régionalisme est alors une réaction à l'intensification de l'ouverture commerciale des pays. Cette dernière est en effet accélérée par les négociations commerciales multilatérales dans tous les secteurs, ce qui multiplie les sources de conflits. Ces derniers peuvent prendre un caractère aigu, comme en témoigne la conférence préparatoire du Cycle du Millénaire (« Millenium round »), organisée sous l'égide de l'OMC entre le 30 novembre et le 3 décembre 1999 à Seattle.

Par ailleurs, la **mondialisation*** a également suscité la réaction des Organisations Non Gouvernementales (**ONG***) qui se sont mobilisées de façon spectaculaire à Seattle. La demande d'un contrôle plus démocratique des institutions internationales et la prise en compte d'une logique autre que la logique purement libérale peut s'interpréter comme la mise en place d'une société civile mondiale.

• *Les théories traditionnelles du commerce international*

Les théories du commerce international cherchent à expliquer les différents flux d'échanges entre les pays ou encore la spécialisation des pays dans certains types de produits ainsi que les avantages de cette spécialisation.

Les thèses mercantilistes

Pour le **mercantilisme***, le commerce extérieur est une source essentielle de la richesse d'un pays. La puissance d'une nation dépend de sa richesse matérielle, elle-même assimilée aux métaux précieux. Seul le commerce extérieur, en dégageant un solde excédentaire peut attirer l'or et l'argent dans le pays. Il suffit de limiter les importations et d'accroître les exportations; le protectionnisme est donc nécessaire.

Dans l'optique mercantiliste, le commerce international est un jeu à somme nulle: les métaux précieux qui sortent d'un pays par le canal des importations entrent dans un autre pays grâce à ses exportations. Le gain de l'un équivaut à la perte de l'autre.

Les analyses de l'École classique

Dès la fin du 18e siècle, A. Smith expose le premier une analyse en termes d'**avantages absolus*** justifiant le libre-échange. Par la suite, D. Ricardo (1772-1823) améliorera et approfondira la théorie d'A. Smith. Les auteurs libéraux sont partisans du libre-échange, car ils y voient une source d'accroissement des richesses. Pour eux, la « loi du marché », naturelle et autorégulatrice, doit jouer pleinement aussi bien au niveau international qu'au niveau des différents marchés internes. Il en résultera une affectation optimale des ressources productives entre pays et à l'intérieur de chaque pays puisque ce dernier consacrera ses facteurs de production aux utilisations les plus efficaces.

❍ A. Smith démontre (*La Richesse des Nations,* 1776), que les nations gagnent à l'échange international, à la condition que chacune se spécialise dans les productions pour lesquelles elle est la plus efficace: pour que l'échange ait lieu, il est nécessaire que le coût de production de la marchandise échangée soit inférieur dans le pays fournisseur. Il s'agit de la théorie des avantages absolus.

❍ D. Ricardo (1772-1823) élargit la démonstration (*Des principes de l'économie politique et de l'impôt,* 1817) au cas où un pays n'a aucun avantage absolu. Ricardo montre alors que tous les acteurs économiques concernés ont néanmoins intérêt à commercer, à la condition que chacun se spécialise là où il est le meilleur (ou le moins mauvais): c'est la théorie des **avantages comparatifs***.

F. List et le protectionnisme éducateur

S'opposant aux analyses de D. Ricardo, les idées de F. List (1789-1846) sont exprimées dans son principal ouvrage, *Système national d'économie politique* (1840). Il y défend l'idée d'un **protectionnisme éducateur***. Pour F. List, le libre-échange de l'école classique ne sert qu'à masquer l'impérialisme britannique, jouant à son profit des inégalités de développement entre nations. Toute nation évolue en effet successivement de l'état sauvage à l'état pastoral, à l'état agricole, à l'état « agricole-manufacturier » et à l'état « agricole-manufacturier-commercial ». Le passage aux deux derniers stades ne peut se faire que grâce à l'intervention de l'État, instaurant un protectionnisme éducateur, à l'abri duquel pourront se développer les forces productives (forces techniques potentielles, mais aussi institutions politiques et morales et forces financières). Ce protectionnisme des « industries dans l'enfance » est transitoire. Une fois le retard économique de la nation comblé et le développement industriel largement amorcé, il faut en venir au libre-échange. L'influence de List a été considérable en Allemagne.

De l'analyse de K. Marx aux théories de l'impérialisme et de l'échange inégal

❍ Dans son discours sur la question du libre-échange, K. Marx (1818-1883) considère que le libre-échange est la « *liberté du capital* ». Les mécanismes destructeurs opérés par la concurrence au niveau interne se reproduisent au niveau international de façon amplifiée. Pour lui, le **mode de production*** capitaliste ne pouvait retarder la **baisse tendancielle du taux de profit*** qu'en exportant ses contradictions et en exploitant le monde entier. Par analogie avec l'exploitation des travailleurs par les capitalistes, Marx considère qu'un pays peut s'enrichir aux dépens d'un autre par le commerce international. Ce dernier permet de fournir des débouchés aux marchandises et des matières premières à bas prix. De plus, la spécialisation internationale est le produit de l'histoire et des rapports de domination entre les nations. Selon K. Marx, « *l'Inde a été contrainte de produire du coton, de la laine, de l'indigo, etc. pour la Grande-Bretagne* » (*Le Capital*). Néanmoins, Marx pense également que le commerce international, vecteur du capitalisme, va provoquer la destruction des structures pré-capitalistes dans les pays moins avancés. Entre le protectionnisme qu'il qualifie de « *conservateur* » et un libre-échange « *destructeur* », c'est à ce dernier que va sa préférence. « Le système de la liberté commerciale hâte la révolution sociale. C'est seulement dans ce sens révolutionnaire, Messieurs, que je vote en faveur du libre-échange » (*Discours sur la question du libre-échange*).

❍ La première analyse systématique de l'**impérialisme*** est due à J. A. Hobson (1858-1940). Le thème de l'impérialisme est repris par les marxistes autrichiens, O. Bauer (1881-1938) et surtout R. Hilferding (1877-1941). Ce dernier auteur, dans *Le Capital financier* (1904), jette les bases d'une théorie de l'impérialisme dont s'inspirera étroitement Lénine (1870-1924).

Dans *L'accumulation du capital* (1913), R. Luxembourg (1870-1919) expose une théorie dans laquelle le capitalisme ne peut survivre qu'en élargissant sa sphère géographique pour trouver des débouchés, mais ce processus ne peut durer indéfiniment dans la mesure où l'essor des débouchés devient de plus en plus difficile avec l'extension du capitalisme lui-même (faiblesse des salaires). Cette analyse débouche sur l'inéluctabilité de l'impérialisme aussi bien économique (R. Luxembourg rejoint ici l'analyse de Lénine) que militaire.

❍ Lénine, dans *L'impérialisme, stade suprême du capitalisme* (1916), considère que l'impérialisme est lié à la baisse tendancielle du taux de profit. Le capitalisme se caractérise par une tendance au développement d'un capital financier qui résulte de la fusion entre le capital industriel et le capital bancaire. L'accumulation de capitaux qui se produit dans le capitalisme de monopole ne trouve pas sur place de placements avantageux. Ceci conduit à rechercher le profit dans les « pays arriérés » où les capitaux disponibles manquent et où les prix des facteurs de production (terre, matière premières, travail) sont bas. Ceci permettra d'importer des biens salariaux à bas prix, ce qui réduira la valeur de la force de travail. De même l'acquisition de matière première et d'énergie à bas prix diminuera la valeur de la **composition organique du capital***. De plus, l'exportation de capitaux permet de stimuler les importations dans les pays arriérés; elle ne contredit donc pas l'exportation de marchandises.

❍ Dans une perspective d'exploitation du **tiers-monde***, A. Emmanuel, dans *L'échange inégal* (1969), reprend certaines analyses de Marx. À partir de certaines hypothèses (écarts de salaires et égalisation internationale des taux de profits), cet auteur montre que l'échange international est un **échange inégal*** si l'on considère les quantités de travail incorporées dans les marchandises échangées.

L'analyse néoclassique du commerce international

Dans une tout autre direction, plusieurs auteurs ont tenté de généraliser les conclusions des auteurs classiques.

C'est ainsi que trois auteurs ayant publié des travaux à des dates différentes, E. Heckscher (1879-1952) en 1919, B. Ohlin (1899-1979) en 1933 et P. A. Samuelson (né en 1915) dans plusieurs articles de 1941, 1948 et 1949, sont à l'origine du **théorème HOS***. Cette théorie affirme que, dans l'échange international, les pays ont intérêt à se spécialiser dans les productions qui utilisent dans les plus grandes proportions le facteur de production dont ils sont relativement le mieux pourvus. L'analyse repose sur des hypothèses déjà utilisées par D. Ricardo: l'immobilité des facteurs et la **concurrence pure et parfaite***.

Chez D. Ricardo, les différences de coûts comparatifs s'expliquent par les différences de productivité (et donc de niveau de développement). Dans le théorème HOS, les écarts de coûts comparatifs sont indépendants du niveau de développement et s'expliquent par les différences internationales de dotations factorielles.

De nombreuses controverses, dont le fameux **paradoxe de Léontief*** (1953 et 1956), sont issues de la confrontation de ces théories à la réalité des échanges internationaux.

L'approfondissement des théories du commerce international dans les années 1960 et 1970

Les conclusions des analyses précédentes et en particulier du théorème HOS sont peu conformes aux données issues de l'observation des flux d'échanges internationaux. En effet, les explications du commerce international sont toutes fondées sur des différences initiales entre pays, différences de coûts, de productivité, de dotations en facteurs. Cette logique des différences devrait donc engendrer des courants d'échanges clairement différenciés (gamme des exportations clairement disjointe de la gamme des importations). Mais des flux importants d'échanges restent inexpliqués par les théories de l'avantage comparatif. En effet, les pays industrialisés importent et exportent des produits très semblables; il s'agit d'échanges croisés de produits similaires ou de **commerce intra-branches***. En outre, le commerce international est d'autant plus intense que les pays concernés ont des niveaux de développement et des structures de la demande comparables.

Les théories postérieures s'orientent dans deux grandes directions: l'approfondissement de la théorie des avantages comparatifs; l'influence des similarités sur le commerce international.

• *L'approfondissement de la théorie de l'avantage comparatif*

L'avantage comparatif relatif

Cette théorie, proposée par B. Lassudrie-Duchêne et J. L. Mucchielli, sort du cadre restrictif du modèle 2 produits, 2 pays, 2 facteurs. Les avantages comparatifs deviennent relatifs et hiérarchisés. En effet, au lieu de considérer un pays et le reste du monde, l'analyse considère les échanges d'un pays avec chacun de ses partenaires commerciaux. Il en résulte un classement des avantages comparatifs nationaux. Ainsi, un pays A peut disposer d'un avantage comparatif dans une production par rapport à un pays B, mais pas vis-à-vis d'un pays C. Par conséquent, A pourra exporter le produit vers B et l'importer de C. Il y a là une explication possible des échanges croisés entre les trois pays.

Cependant, cette analyse suppose que les flux d'échanges entre deux pays sont « univoques » et il est exclu qu'un même bien soit importé par A à partir de B et qu'il soit en même temps exporté par A vers B. Or les échanges univoques croisés ne représentent qu'une part minoritaire du commerce international intra-branche. L'explication n'est donc pas suffisante.

L'avantage comparatif technologique (ou théorie de l'écart technologique)

Cette analyse s'inscrit dans la lignée de D. Ricardo (différences de productivité), de J.A. Schumpeter (1883-1950) (rôle déterminant des innovations) et de M.V. Posner. Ce dernier avait montré qu'une **innovation*** crée un avantage comparatif pour un pays et que cet avantage demeure tant que la propagation internationale de l'innovation ne l'a pas éliminé.

Les pays les plus dynamiques sur le plan technologique disposent d'un avantage dans la production de biens les plus intensifs en recherche et développement. En contrepartie, ils importent des pays les moins avancés technologiquement, des biens dont la production requiert des technologies banalisées. De surcroît, les innovations de produits ou de procédés confèrent au pays innovateur un monopole temporaire. Le commerce international devient temporairement indépendant des rapports de coûts et s'explique avant tout par l'innovation.

Commerce international et cycle du produit

Cette analyse a été dynamisée par association avec la théorie du cycle proposée par S. Hirsch et R. Vernon qui expose sa théorie du **cycle du produit*** dans un article publié en 1966.

Les flux d'échanges s'expliquent ici par le cycle du produit qui se décompose en plusieurs étapes.

Dans une première phase, la naissance du produit est réalisée dans le pays le plus avancé technologiquement et disposant d'un marché interne étendu: les États-Unis. Dans cette première phase, il n'y a pas de flux d'exportations.

Dans une deuxième phase (jeunesse ou croissance du produit), il se produit une diffusion internationale et un développement de la standardisation. En même temps la concurrence et les imitations du produit se développent. Les coûts de production font alors l'objet d'une attention plus importante et parallèlement la demande s'accroît dans les pays industrialisés tels que l'Europe occidentale. La firme américaine délocalise alors sa production dans les autres pays industrialisés, notamment en Europe, pour contourner les barrières protectionnistes (politique du cheval de Troie). Si les économies d'échelle l'emportent sur les coûts de transport, il est possible que les filiales européennes approvisionnent le marché américain. Le produit peut alors être vendu au pays initialement innovateur.

Dans une troisième phase, le produit est totalement standardisé. La technologie est désormais stabilisée. Les considérations de coûts deviennent déterminantes. L'implantation dans un pays sous-développé devient alors intéressante du fait du faible coût des salaires. Certains pays du tiers-monde peuvent alors exporter vers le reste du monde.

L'analyse de R. Vernon s'éloigne sensiblement de la théorie néoclassique du commerce international. Les facteurs de production ne sont plus immobiles internationalement puisque le capital peut se déplacer. La rareté du capital dans les pays moins développés ne rend plus compte de leur spécialisation internationale.

• Commerce international et similarités

Certaines théories considèrent que ce sont les conditions relatives à la demande et aux débouchés de ces pays qui jouent un rôle prépondérant.

La théorie de la « demande représentative »

Selon S. B. Linder (1961), le commerce international résulte d'avantages comparatifs, mais ces derniers ont pour origine l'existence préalable d'un important marché intérieur (principe de la demande représentative) qui permet des **économies d'échelle***, mais aussi un perfectionnement du savoir-faire (*learning by doing*).

Selon cette analyse, un produit pourra être écoulé à l'extérieur lorsque la structure de la demande ressemble à celle du pays d'origine (échanges croisés de produits similaires).

La demande de différence

B. Lassudrie-Duchêne a perfectionné et complété l'interprétation de Linder en introduisant la « *demande de différence* ». Si les échanges croisés portent sur des produits semblables, ceux-ci ne sont pas rigoureusement identiques. Les produits manufacturés peuvent être différenciés, par leurs qualités spécifiques, par la marque, l'image de marque, le conditionnement, etc. L'auteur prend aussi en compte le désir de se particulariser (effet de démonstration). Ainsi, un bien exporté et donc largement banalisé dans le pays provoque-t-il une demande d'importation d'un bien différencié. Les échanges croisés de produits similaires sont donc le résultat de la rencontre de différences et d'offres de variétés qualitativement différentes, portant sur des produits similaires.

• *Les développements récents de la théorie du commerce international*

La « nouvelle théorie » du commerce international

Certains des aspects nouveaux intégrés dans les analyses précédentes ont servi de support à la « nouvelle théorie », ce qui conduit à relativiser son caractère novateur. Cette théorie abandonne le cadre de la concurrence pure et parfaite au profit de celui de la **concurrence imparfaite***, notamment en introduisant l'hypothèse de **rendements d'échelle*** croissants.

Commerce international et concurrence monopolistique

Cette approche tient compte de la possibilité de différencier les produits. L'idée de base est que les consommateurs sont d'autant plus satisfaits que le nombre de variétés offertes est grand, ce qui rejoint l'analyse de K. Lancaster (1966). De plus les rendements sont croissants (**économies d'échelle***).

Au niveau d'un seul pays, la variété des produits implique souvent des coûts de production élevés compte tenu de l'échelle restreinte de la production. Cet inconvénient disparaît grâce au commerce international. En effet, dans le cadre d'un marché mondial intégré (formé par les échanges internationaux), chaque pays se spécialise dans la production d'un registre limité de biens, ce qui lui permet de produire les biens avec plus d'efficience que s'il essayait de produire tous les biens pour son propre compte. Grâce à l'échange international, les consommateurs pourront bénéficier de prix plus bas et d'une plus grande variété de produits.

Le commerce international offre ainsi l'occasion de gains mutuels, même si les pays ne diffèrent ni par leurs dotations factorielles ni par leur technologie.

Commerce international et rendements croissants

Lorsque les rendements d'échelle sont croissants, ils conduisent à des économies d'échelle. Ces dernières peuvent être internes (au niveau de la firme) ou externes (au niveau de l'industrie).

Dans le cas des économies d'échelle internes, l'échange international conduit à un gain pour les deux pays et une amélioration du bien-être des consommateurs. En effet, si chaque pays se spécialise dans la production de quelques biens, ces derniers seront produits en quantité plus élevée et donc à un coût moyen plus faible.

Dans le cas des économies d'échelle externes, la concentration géographique de la production d'une industrie réduit les coûts moyens même si les entreprises restent de petite taille. On peut aussi parler d'**économies d'agglomération***. La présence d'économies externes implique que le commerce international peut ne pas être avantageux pour tous les pays. Par exemple, un pays capable de produire un bien à faible coût le produira en grande quantité, ce qui permettra une baisse du prix du bien. Il en résulte une véritable barrière à l'entrée sur le marché de ce bien.

La nouvelle théorie et en particulier la prise en compte des économies externes confèrent un rôle important aux « accidents historiques » dans la détermination de la structure des échanges internationaux. Les structures de spécialisation héritées de l'histoire industrielle des pays persistent et les gros producteurs tendent à rester de gros producteurs, même si les avantages comparatifs disparaissent. Ainsi, selon P. Krugman, bien que l'industrie thaïlandaise puisse produire des montres à un coût plus faible que l'industrie suisse, le fait pour la Suisse d'avoir pris une avance dans le temps lui permet de maintenir son activité dans ce domaine. La date d'entrée dans la production des firmes d'un pays devient un facteur essentiel pour expliquer la spécialisation internationale. Les premiers pays entrés bénéficient d'un avantage que les autres concurrents ne pourront jamais rattraper.

Commerce international et intervention de l'État

La nouvelle théorie fournit des arguments en faveur de l'intervention des pouvoirs publics dans le domaine de l'innovation (recherche-développement en particulier) ou celui des aides aux entreprises dans le financement des investissements nécessaires à l'accès d'un marché où le nombre de places est limité (le marché mondial de l'aéronautique par exemple). De plus les **politiques commerciales stratégiques*** peuvent également se justifier. On retrouve la justification d'un protectionnisme éducateur énoncé dès 1841 par F. List. De même, certains auteurs contemporains se réclamant du keynésianisme préconisent un nouveau protectionnisme de manière à renforcer l'économie nationale avant de l'exposer à la **contrainte extérieure*.**

Cependant les théoriciens de la nouvelle théorie du commerce international, et en particulier P. Krugman, sont opposés à toute idée de protectionnisme. Les problèmes essentiels d'une intervention de l'État afin de mettre en œuvre une politique commerciale stratégique sont:

– l'insuffisance de l'information pour faire bon usage de la théorie: quels secteurs aider, quel doit être le montant des aides attribuées, à quelles entreprises, quels niveau de droits de douane, etc.;

– le risque de représailles: les politiques commerciales stratégiques accroissent le bien-être d'un pays au détriment des autres et peuvent déboucher sur des guerres commerciales qui aggravent la situation de chacun.

• *Les théories de l'économie politique internationale*

Les spécificités de l'approche de l'économie politique internationale

L'économie politique internationale est centrée sur les phénomènes de richesse (production et circulation de la production) et prend en compte les articulations avec la sphère du politique. Pour l'économie politique internationale, les phénomènes économiques internationaux résultent autant de facteurs économiques que de facteurs politiques.

La théorie standard du commerce international se contente d'étudier les relations économiques comme si l'espace international n'était pas structuré politiquement et se présentait sous la forme d'un emboîtement de marchés. L'économie politique internationale, quant à elle, considère qu'il existe une logique des États commandée par des finalités qui ne sont pas celles du « bien-être » des populations nationales. Contrairement à la théorie standard, elle cherche à expliciter comment le pouvoir politique organise les relations économiques internationales et comment les forces économiques contraignent l'action politique.

Plusieurs **paradigmes*** coexistent au sein de l'économie politique internationale. Le paradigme libéral repose sur les hypothèses suivantes : **individualisme méthodologique***, rationalité des individus, conception du politique en termes de coûts-avantages. Le paradigme réaliste repose sur l'hypothèse que les États-nations sont les principaux acteurs de l'économie politique internationale et que chaque État recherche la puissance. Le paradigme marxiste repose sur une approche holiste où les classes sociales sont les acteurs essentiels de l'économie politique internationale. Ici, l'économie domine ou détermine le politique. Le modèle marxiste concentre ses analyses sur les firmes multinationales et le tiers-monde. Selon G. Kébabdjian, les controverses actuelles, qui concernent principalement la question de l'État, se déroulent entre le paradigme libéral et le paradigme réaliste.

L'économie politique internationale de la protection

Il s'agit d'étudier les conditions sociopolitiques qui président aux choix économiques entre protection et ouverture commerciale. Cette approche permet de mettre en relief les limites de la théorie pure du commerce international.

Selon le **théorème HOS*,** un pays se spécialise dans les branches qui utilisent le plus les facteurs de production relativement les plus abondants. Dans ces conditions, il doit se produire une modification du prix des facteurs et donc une modification de la répartition des revenus à l'intérieur de chaque pays.

Le **théorème de Stolper-Samuelson*** met en évidence des oppositions d'intérêts qui tiennent au partage des gains de l'échange. Des groupes sociaux voient leur revenu s'accroître à la suite du libre-échange et d'autres voient leur revenu diminuer. Pour résoudre le conflit, il faut imaginer une indemnisation des perdants par les gagnants, mais la question devient alors éminemment politique.

La prise en compte des conditions sociopolitiques de la mise en place du libre-échange ou de la libéralisation commerciale doit donc conduire à relativiser les conclusions théoriques qui affirment que le libre-échange ou l'ouverture commerciale sont toujours avantageuses pour la société. Si les groupes sociaux qui sont les gagnants de la mondialisation s'accrochent à leurs gains et ont la force politique nécessaire pour s'opposer à des prélèvements, les conclusions du théorème HOS s'affaiblissent considérablement.

L'explication factorielle considère que le groupe social propriétaire du facteur qui, dans une nation, est abondant a intérêt à ce que son pays pratique le libre-échange; inversement, le groupe détenteur de la ressource rare a intérêt à la protection. Ainsi, dans les pays où le capital est abondant (les pays industrialisés), les capitalistes doivent être favorables au libre-échange tandis que les travailleurs sont favorables au protectionnisme. Certains modèles ont introduit trois facteurs (travail, capital et terre). Le choix entre protection et libre-échange repose sur des coalitions entre groupes sociaux détenteurs de facteurs rares ou abondants. Il est alors possible de mettre en évidence des conflits de classes (capitalistes et propriétaires terriens contre travailleurs) ou encore des conflits villes-campagnes (capitalistes et travailleurs contre propriétaires terriens).

L'explication sectorielle cherche à montrer que la protection est le résultat de l'efficacité de groupes de pression spécifiques à un secteur d'activité. Les producteurs (capitalistes et travailleurs) s'opposent alors aux consommateurs. Les premiers sont toujours les bénéficiaires de la protection alors que les seconds en sont les perdants. Les consommateurs, bien que beaucoup plus nombreux que les producteurs, ne se mobilisent pas car l'incitation individuelle à entrer dans un groupe de pression est faible.

En s'appuyant sur l'analyse de l'**École des choix publics***, l'approche institutionnelle considère que les partis politiques font des offres concurrentes de politiques commerciales. Elle conclut au fait que les hommes politiques ont intérêt à « offrir » aux électeurs un produit plutôt protectionniste que libre-échangiste car leur profit électoral sera plus important.

☞ Concepts et corrélats

➤ Finances internationales ➤ Intégration économique ➢ Internationalisation de la production ➢ Politique commerciale ➢ Protectionnisme

☞ Bibliographie

● ADDA J. (1996), *La mondialisation de l'économie*, 2 tomes, La Découverte, coll. Repères.

AUBIN C., NOREL Ph. (2000), *Économie internationale*, Seuil, coll. Points.

BARBET Ph. (1997), *Les échanges internationaux*, Livre de poche.

COMBE E. (1999), *L'organisation mondiale du commerce*, coll. Synthèse, Armand Colin.

CROZET Y., ABDELMALKI L., DUFOURT D., SANDRETTO R. (1997), *Les grandes questions de l'économie internationale*, Nathan.

CEPII, *L'Économie mondiale 2001*, La Découverte, coll. Repères (parution annuelle).

Collectif (1995), *L'Économie mondiale*, Cahiers Français, Documentation Française.

RAINELLI M. (1997), *La nouvelle théorie du commerce international*, La Découverte, coll. Repères.

RAINELLI M. (1998), *Le Commerce international*, La Découverte, coll. Repères.

RAINELLI M. (1999), *L'Organisation mondiale du commerce*, coll. Repères, La Découverte.

SANDRETTO R. (1995), *Le Commerce international*, coll. Cursus, A. Colin.

SIROEN M. (2000), *La régionalisation du commerce mondial*, La Découverte, coll. Repères.

❍ KEBABDJIAN G. (1999), *Les théories de l'économie politique internationale*, Seuil, coll. Points-Economie.

KRUGMAN P.R. et OBSTFELD M. (1995), *Économie internationale*, De Boeck.

RAINELLI M. (1997), *La nouvelle théorie du commerce international*, La Découverte.

COMMERCE INTRABRANCHE

Le commerce intrabranche correspond à des échanges de produits issus d'une même **branche*** qui peuvent être différenciés horizontalement (produits similaires de qualité identique) ou verticalement (qualité différente).

Deux pays peuvent par exemple exporter et importer l'un vers l'autre des automobiles de marques et modèles différents. Il y a alors échanges croisés d'automobiles.

➪ Le commerce intrabranche représente plus de 50 % du commerce international des pays développés.

☞ Concepts et corrélats

➤ Commerce international

COMMISSAIRE-PRISEUR

Le commissaire-priseur (ou arbitre de marché) est un personnage fictif qui « crie » les prix sur un marché en situation de **concurrence pure et parfaite***, de manière à aboutir, par un processus de **tâtonnement walrasien***, à un **prix d'équilibre***.

L'existence du commissaire-priseur assure une information parfaite et gratuite de tous les participants au marché.

➪ Paradoxalement, alors que l'on parle du caractère décentralisé du marché walrasien, son fonctionnement est subordonné à la centralisation des intentions d'offre et de demande opérée par le commissaire priseur.

☞ Concepts et corrélats

➤ Marchés et prix ➢ Socialisme de marché

COMMISSION BANCAIRE

En France, la commission bancaire est un organe de contrôle, présidé par le Gouverneur de la Banque de France, qui veille au respect par les **établissements de crédit*** des textes réglementaires et qui examine leurs conditions d'exploitation et leurs structures financières.

☞ Concepts et corrélats

➤ Monnaie ➢ Autorités monétaires
➢ Banque centrale ➢ Politique monétaire
➢ Règles prudentielles

COMMISSION DES OPÉRATIONS DE BOURSE (COB)

La commission des opérations de bourse est une autorité administrative indépendante chargée de veiller au bon fonctionnement des **marchés financiers***, au respect des règles de bonne conduite des opérateurs, à la protection de l'**épargne*** placée sur les marchés financiers et à l'information des épargnants.

☞ Concepts et corrélats

➤ Monnaie ➤ Épargne

COMMUNAUTÉ DE DÉVELOPPEMENT DE L'AFRIQUE AUSTRALE (*SOUTHERN AFRICAN DEVELOPMENT COMMUNITY*, SADC en anglais)

La Communauté de développement de l'Afrique Australe est un accord visant à l'établissement d'une **union douanière*** articulée autour de l'Afrique du Sud.

☞ Concepts et corrélats

➤ Intégration économique

COMMUNAUTÉ DES ÉTATS INDÉPENDANTS (CEI)

La Communauté des États indépendants (CEI) est une union politique entre les ex-Républiques soviétiques. Elle a été créée par les accords d'Alma-Ata, en décembre 1991 (fin de l'URSS). Les structures d'intégration internes sont assez lâches. Les relations entre les pays devenus indépendants et la Russie restent essentiellement bilatérales. Les États baltes ont refusé d'y participer. Des accords lient plusieurs pays de la CEI dont l'Ukraine et la Russie à **l'Union européenne*** (UE) depuis 1994.

☞ Concepts et corrélats

➤ Intégration économique

COMMUNAUTÉ ÉCONOMIQUE EUROPÉENNE (CEE)

La communauté économique européenne (CEE) est un espace économique qui correspond au degré le plus élevé de l'**intégration économique*** dans l'économie mondiale actuelle. La CEE s'est engagée dès le départ dans une **union douanière*** pour s'orienter vers une intégration économique complète des pays qui la composent: **marché commun*** avec la libre circulation des marchandises et des services, des travailleurs et des capitaux, **union économique et monétaire*** (monnaie unique) en formation et espace social européen.

Les dates les plus importantes depuis l'entrée en vigueur de la CEE sont:

– 25 mars 1957. Le **traité de Rome*** institue un processus d'intégration entre six pays (France, Italie, République fédérale d'Allemagne, Belgique, Pays-Bas, Luxembourg). Il entre en vigueur le 1er janvier 1958.

– 1er juillet 1968. Achèvement du processus d'abaissement des droits de douane entre pays membres. Mise en place du dispositif instaurant des droits de douane communs vis-à-vis de l'extérieur.

– 8 novembre 1968. Libre circulation des travailleurs.

– 1er janvier 1973. Élargissement à neuf membres (Danemark, Irlande, Royaume-Uni).

– 1er juillet 1977. Suppression de tous les droits de douane entre les neuf membres.

– 6-7 juillet 1978. Plan de mise en place du **système monétaire européen*** (SME).

– 1er janvier 1981. Élargissement à la Grèce (Communauté à dix).

– 1er janvier 1986. Élargissement à l'Espagne et au Portugal (Communauté à 12).

– 17 et 28 février 1986. Signature de l'**Acte unique européen***.

– 3 octobre 1990. Élargissement aux cinq nouveaux Länder après la réunification allemande.

– 7 février 1992 Signature du **traité de Maastricht*** sur l'**Union européenne***.

– 1er janvier 1993. Achèvement du Marché unique.

– 1er janvier 1995. Élargissement à l'Autriche, la Finlande et la Suède (15 membres).

– 26 mars 1995. Entrée en vigueur de l'Accord de Schengen (suppression des contrôles des personnes aux frontières entre le Bénélux, la France, l'Allemagne, le Portugal et l'Espagne).

– 13-14 décembre 1996. Pacte de stabilité et de croissance pour l'UEM.

– 2 octobre 1997. **Traité d'Amsterdam*** (coordination des politiques de l'emploi et avancées institutionnelles).

– 1er janvier 1999. **Politique monétaire*** unique (les transactions interbancaires et les émissions d'obligations d'État se font en euros pour les 11 pays de la **zone euro***).

– 1er janvier 2002. Généralisation de l'utilisation de la monnaie unique grâce à des pièces et billets (pour les 11 pays de la zone euro).

➪ Le nom de Communauté économique européenne a été abandonné en 1965 au profit des Communautés européennes (CE) mais l'habitude a été conservée d'utiliser le sigle CEE. Avec l'entrée en vigueur du traité de Maastricht (1er novembre 1993), le Traité CEE fut rebaptisé « Traité CE ».

☞ Concepts et corrélats

➤ Intégration économique ➢ Union européenne

COMMUNAUTÉ EUROPÉENNE DE L'ÉNERGIE ATOMIQUE (CEEA OU EURATOM)

La Communauté Européenne de l'Énergie Atomique a été instituée en mars 1957, par le **traité de Rome*** afin de développer l'énergie nucléaire, entre les États membres de la **Communauté Européenne du Charbon et de l'Acier***, d'assurer la protection des populations et d'empêcher une utilisation illégale du combustible nucléaire. Elle est entrée en vigueur le 1er janvier 1958. Ses institutions ont été fusionnées en 1967, avec la Communauté Européenne du Charbon et de l'Acier et la **Communauté économique européenne***.

☞ Concepts et corrélats

➤ Intégration économique

COMMUNAUTÉ EUROPÉENNE DU CHARBON ET DE L'ACIER (CECA)

La Communauté Européenne du Charbon et de l'Acier est un **marché commun*** du charbon et de l'acier. Elle a été créée en 1951 à l'initiative de J. Monnet (1888-1979) et de R. Schuman (1886-1967) pour fonder les « premières assises d'une communauté plus large et plus profonde » et d'assurer la paix en Europe occidentale. Elle est entrée en vigueur le 22 juillet 1952 pour une durée de cinquante ans. Le traité CECA expire en 2002.

☞ Concepts et corrélats

➤ Intégration économique

COMMUNISME

Le communisme est une utopie ancienne (que certains font remonter à Platon) qui désigne une société égalitaire, sans propriété privée et où règne l'abondance et l'harmonie sociale.

Dans la **théorie marxiste***, le communisme est un **mode de production*** qui succède au **capitalisme*** et au **socialisme***. Il est caractérisé par la suppression totale de la propriété privée, par l'absence de classes sociales, d'**État*** et de **monnaie***. L'abondance permet de réaliser le principe: « de chacun selon ses capacités à chacun selon ses besoins ».

➪ L'ex-URSS et les démocraties populaires étaient parfois qualifiées de « pays communistes ». Ces pays étaient certes dirigés par des partis communistes, mais leur système économique reposait sur la **planification***, certains formes de **marché***, le **salariat***, un État très puissant et une contrainte monétaire: il ne s'agissait donc pas d'un système communiste.

☞ Concepts et corrélats

➤ PECOS ➢ Économies de type soviétique

COMPENSATION (COMMERCE INTERNATIONAL)

➤ Commerce international ➢ Accord de compensation

COMPENSATION INTERBANCAIRE

La compensation interbancaire est l'opération qui consiste pour les banques de second rang à calculer chaque jour le total des dettes et des créances qu'elles détiennent les unes sur les autres. Ces créances et ces dettes sont « compensées » et seuls les soldes font l'objet d'un règlement en **monnaie centrale***.

➪ Dans un système bancaire hiérarchisé comportant une **Banque centrale*** et plusieurs **banques de second rang***, chaque banque de second rang émet sa propre **monnaie scripturale***. Cette monnaie ne circule qu'à l'intérieur du circuit de la banque (c'est-à-dire entre ses clients). Chaque fois qu'un client d'une **banque*** effectue un règlement au bénéfice du client d'une autre banque, une créance interbancaire apparaît. Ce sont ces dettes et ces créances qui font l'objet de la procédure de compensation.

☞ Concepts et corrélats

➤ Monnaie ➢ Refinancement

COMPÉTITIVITÉ

La compétitivité désigne une aptitude à faire face à la concurrence. Elle s'applique aux **entreprises*** aussi bien qu'aux nations. La compétitivité traduit la capacité à conserver ou augmenter les parts de marché face à la concurrence. Elle résulte des choix établis en matière de technologie, de formation de la main-d'œuvre, de gestion, etc.

Lorsqu'elle concerne un pays, la compétitivité peut s'entendre pour tous les produits (compétitivité globale) ou pour un produit donné. Elle permet alors de comprendre la position d'une économie nationale dans les échanges internationaux.

➪ On peut aussi parler de la compétitivité d'une **branche***.

La compétitivité combine des éléments de performance que l'on peut répartir en deux groupes qui définissent:

– une compétitivité-prix (évolution des prix domestiques comparée à l'évolution des **prix*** dans les pays concurrents);

– une compétitivité structurelle ou compétitivité hors-prix ou compétitivité-volume (déterminants autres que les prix).

La compétitivité-prix traduit la capacité à proposer sur le marché des produits à des prix inférieurs à ceux des concurrents. Elle dépend de l'évolution des:

– **coûts de production*** (coût salarial, consommations intermédiaires en particulier);

– **taux de change*** (une dépréciation favorise la compétitivité-prix et une dépréciation la désavantage);

– **comportements de marge*** des entreprises qui peuvent atténuer ou amplifier l'évolution des coûts de production et des taux de change.

➪ Au niveau des échanges internationaux, la compétitivité-prix peut s'analyser de deux points de vue: la compétitivité externe qui désigne le dynamisme des exportations et la compétitivité interne qui correspond à la résistance aux importations.

La compétitivité structurelle met en relief d'autres critères de compétitivité comme la différenciation des produits, la qualité des produits, la capacité d'innovation, la souplesse d'adaptation à la demande, etc. Au niveau d'un pays, la compétitivité structurelle renvoie à la notion de **spécialisation économique internationale***, c'est-à-dire la capacité d'adaptation de l'appareil productif national à l'évolution de la demande mondiale et au dynamisme commercial de l'économie (stratégies des entreprises et de l'administration économique).

➩ Pour certains auteurs comme P. Krugman (*La mondialisation n'est pas coupable*, 1998), la compétitivité est une notion à manier avec précaution. Pour cet économiste, la compétition entre États n'est pas de la même nature que celle qui oppose les entreprises.

En effet:

– la compétitivité au niveau d'une nation est tout d'abord difficile à définir: une entreprise qui n'est pas compétitive risque la faillite, ce qui n'est pas le cas d'un État;

– une nation peu compétitive peut posséder des entreprises très performantes;

– une nation compétitive dégage des excédents commerciaux, mais ces derniers ne sont pas nécessairement un signe de bonne santé économique (par exemple, une récession freine les importations et favorise un excédent commercial);

– enfin, l'idée de compétitivité nationale sous-entend que le **commerce international*** est un jeu à somme nulle, ce que contredit la théorie des **avantages comparatifs***. Les progrès de compétitivité d'un pays ne font pas régresser le niveau de vie des pays concurrents. Les mesures protectionnistes et les décisions de politiques économiques en faveur de certains secteurs au nom de la compétitivité nationale ne se justifient donc pas.

☞ Concepts et corrélats

➤ Commerce international ➢ Avantages comparatifs ➢ Politique industrielle ➢ Protectionnisme ➢ Taux de pénétration

---

COMPÉTITIVITÉ EXTERNE

➤ Commerce international
➢ Compétitivité

COMPÉTITIVITÉ HORS-PRIX

➤ Commerce international
➢ Compétitivité

COMPÉTITIVITÉ INTERNE

➤ Commerce international
➢ Compétitivité

COMPÉTITIVITÉ-PRIX

➤ Commerce international
➢ Compétitivité

COMPORTEMENT DE MARGE

L'expression « comportement de marge » désigne les stratégies **d'entreprises*** en matière de marge bénéficiaire.

Les comportements de marge jouent un rôle important à la suite d'une dépréciation* ou d'une **dévaluation*** de la **monnaie*** car ils peuvent amplifier ou bien contrecarrer les effets attendus du changement de valeur de la monnaie nationale.

Par exemple, en cas de dépréciation, une entreprise européenne qui exporte aux États-Unis a le choix entre:

– utiliser l'avantage compétitif que lui procure la dépréciation en baissant ses **prix*** en dollars (la dépréciation entraîne une baisse des prix exprimés en monnaie étrangère). Son prix en euros est maintenu inchangé tout comme son **bénéfice*** unitaire dans l'espoir d'améliorer ses parts de **marché*** aux États-Unis;

– utiliser la dépréciation pour augmenter son bénéfice unitaire. Dans ce cas, l'entreprise ne répercute pas les effets de la déprécation sur ses prix en dollars qui restent inchangés. Mais chaque dollar équivaut désormais à un nombre plus important d'euros, ce qui fait progresser le bénéfice unitaire, mais freine l'accroissement des parts de marchés aux États-Unis.

☞ Concepts et corrélats

➤ Entreprise ➤ Commerce international ➢ Compétitivité ➢ Courbe en J

COMPORTEMENTS MIMÉTIQUES

Les comportements mimétiques consistent à imiter les comportements des autres agents économiques. J.-M. Keynes avait déjà montré dans sa *Théorie générale de l'emploi, de l'intérêt et de la monnaie* (1936) que de tels comportements sont déstabilisateurs. Ils expliquent en effet les phénomènes de paniques comme les engouements. Sur les **marchés**, et notamment sur le **marché des changes*** et sur les **marchés des capitaux***, les comportements mimétiques contribuent à expliquer les phénomènes de **bulles spéculatives***. L'existence de comportements mimétiques remet en cause les analyses selon lesquelles les marchés conduisent nécessairement à des situations d'équilibre stable.

➪ Les comportements mimétiques ne sont pas nécessairement irrationnels. Par exemple, en situation d'information imparfaite, on peut considérer que l'information la moins coûteuse est fournie par le comportement des autres agents.

☞ Concepts et corrélats

➤ Monnaie ➤ Finances internationales
➢ Bulles spéculatives ➢ Spéculation

COMPOSITION ORGANIQUE DU CAPITAL

Dans la **théorie marxiste***, la composition organique du **capital*** est le rapport entre le **travail mort*** et le **travail vivant***, c'est-à-dire entre le **capital constant*** et le **capital variable***. Sous l'effet de la **concurrence*** entre les capitalistes, la valeur de ce rapport a tendance à augmenter quand le **capitalisme*** se développe.

➪ L'augmentation de la composition organique du capital est donc liée à un processus de substitution du capital technique au travail.

☞ Concepts et corrélats

➢ Théorie marxiste ➢ Baisse tendancielle du taux de profit

COMPTABILITÉ ANALYTIQUE

La comptabilité analytique concerne l'**entreprise***. Elle évalue les résultats:

- par produits;
- par services;
- par zone géographique.

Elle permet de mieux orienter les politiques de production de l'entreprise.

➪ Ne pas confondre avec la **comptabilité générale***.

☞ Concepts et corrélats

➤ Entreprise ➢ Analyse stratégique
➢ Bilan

COMPTABILITÉ DE L'ENTREPRISE

La comptabilité de l'entreprise est une présentation codifiée et synthétique du **patrimoine*** et du **résultat*** de l'entreprise. Les multiples opérations des entreprises sont classées à partir d'une méthode d'enregistrement en partie double.

Les documents de la **Comptabilité générale** (**bilan***, **compte de résultat***, tableau de financement) et de la **Comptabilité analytique*** (comptes de résultat par produits) ont une importance privilégiée pour les partenaires de l'entreprise.

☞ Concepts et corrélats

➤ Entreprise ➤ Comptabilité nationale

COMPTABILITÉ GÉNÉRALE

La Comptabilité générale permet de décrire l'état du **patrimoine*** d'une entité, ses relations avec son environnement et son enrichissement au cours du temps.

Les documents établis à partir d'un Plan Comptable général sont une source d'informations pour les **actionnaires** d'une **société***, pour ses créanciers et pour les autres partenaires (fournisseurs, clients, salariés, etc.).

☞ Concepts et corrélats

➤ Entreprise ➢ Bilan ➢ Comptabilité analytique

COMPTABILITÉ NATIONALE

• *Le système élargi de Comptabilité nationale, base 95 (SEC 95)*

Présentation de la Comptabilité nationale

La Comptabilité nationale est une représentation globale, détaillée et chiffrée de l'économie nationale dans un cadre comptable.

La Comptabilité nationale a été mise en place en France dans les années 1950, mais elle a été transformée en 1976 avec l'instauration du système élargi de Comptabilité nationale.

À partir de 1999, le SEC 95 (système élargi de Comptabilité nationale, base 95) s'est progressivement mis en place. Ce changement s'explique en partie par le souci d'adapter un système qui n'avait pas changé depuis plus de dix ans alors que l'évolution de l'économie française a été très rapide sur cette période et que les besoins auxquels répondent les comptes nationaux ont également changé. Une autre raison réside dans un souci d'harmonisation européenne. Jusqu'à présent en effet, les différents pays de l'Union européenne utilisaient des systèmes de Comptabilité nationale qui n'étaient pas strictement homogènes.

SCN 93, SEC 95

Au début des années 1980, l'ONU s'est lancée dans une réforme du système de comptes nationaux. Cette opération a été menée avec les autres grandes institutions internationales: FMI, Banque Mondiale, OCDE et Communauté européenne. L'objectif était d'assurer la meilleure cohérence possible entre les statistiques élaborées par ces divers organismes. Un groupe d'experts a ainsi mis au point, après plusieurs années de travail, un système rénové, le SCN 93. Le SCN 93 a une vocation universelle: son application par tous les pays membres de l'ONU doit rendre plus significatives les comparaisons internationales. Mais, compte tenu des différences entre les pays, notamment en matière de développement, le SCN 93 laisse une certaine flexibilité pour son application.
À partir du SCN 93, Eurostat, l'Office statistique de l'Union européenne, a préparé un système européen, en collaboration avec les quinze membres de l'Union. Les options laissées ouvertes par les SCN 93 ont été examinées et choix nécessaires opérés, afin que les comptes élaborés par les États membres soient aussi harmonisés que possible. C'est ainsi qu'est né le SEC 95, qui a le statut de règlement européen, et qui impose de ce fait des contraintes fortes aux États membres. L'objectif est de rendre complètement comparables les agrégats économiques comme le déficit ou la dette publics, le PIB ou le PNB.

➪ Il ne faut pas confondre la Comptabilité nationale qui est un regroupement d'analyses statistiques dans un cadre comptable, avec la **comptabilité privée*** qui est l'enregistrement de toutes les activités d'une entreprise. Le passage de la comptabilité privée à la Comptabilité nationale pose d'ailleurs de nombreux problèmes d'agrégation.

Acteurs et opérations de la Comptabilité nationale

Le nouveau système, comme l'ancien, classe les agents économiques (appelés **unités institutionnelles***) dans des **secteurs institutionnels***.

Les opérations entre agents économiques sont de trois types:

– les **opérations sur les produits***: elles sont relatives à la production et à ses utilisations;

– les **opérations de répartition***: ce sont celles qui concourent à la formation des revenus;

– les **opérations financières***: ce sont celles portent sur des instruments financiers (**action*** ou **obligation***).

Les comptes nationaux retracent les opérations des secteurs et sous-secteurs institutionnels par l'intermédiaire d'un ensemble de comptes articulés entre eux: les **comptes de secteurs***.

➪ Les comptables nationaux établissent des **comptes satellites*** afin d'analyser les coûts, les dépenses et le financement de certains domaines particuliers: éducation, santé, protection sociale, etc.

• *Les tableaux synthétiques de la Comptabilité nationale*

Le tableau Entrées-Sorties

Le tableau **Entrées–Sorties*** résume les comptes de **biens*** et **services***. Il est constitué de quatre tableaux regroupés:

– un tableau des ressources et un tableau des emplois finals par produits, qui reprennent les **équilibres emplois–ressources***;

– un tableau des entrées intermédiaires;

– un tableau donnant les comptes d'exploitation par branche.

Horizontalement, chaque ligne des trois premiers tableaux constitue l'équilibre **ressources–emplois*** pour un produit. On ajoute à la **production*** (au **prix de base***) et aux **importations***, les marges commerciales et de transport, ainsi que les **impôts*** sur les produits (dont la TVA), et on retranche les subventions sur les produits, pour aboutir à des ressources cohérentes avec des emplois valorisés au **prix d'acquisition***.

Le tableau des entrées intermédiaires comporte en lignes les produits, et en colonnes les branches. Une case est égale à la **consommation*** d'un produit par une branche, au cours de la période considérée.

La somme des cases d'une ligne est égale aux utilisations intermédiaires du produit correspondant. La somme des cases d'une colonne donne le total des consommations intermédiaires d'une branche.

➪ Dans les débuts de la Comptabilité nationale, ce tableau des entrées intermédiaires était appelé tableau d'échanges inter-industriels, mais ce nom n'était plus adapté étant donné la place croissante des services dans l'économie.

Le tableau Entrées–Sorties comporte aussi des comptes d'exploitation par branche.

Ceux-ci donnent la décomposition de la **valeur ajoutée***:

– la rémunération des salariés: elle comprend les salaires et l'ensemble des charges sociales (cotisations sociales)... Il s'agit donc en fait du coût du travail;

– les autres impôts nets des autres subventions sur la production: les impôts sur la production sont ceux dus par les entreprises du fait de leur activité de production, indépendamment de la réalisation de bénéfices d'exploitations, ce qui inclut normalement les impôts sur les produits: mais ceux-ci ne sont pas pris en compte dans le prix de base et donc dans la valeur ajoutée. Ils ne sont par conséquent pas pris en compte ici;

– l'excédent brut d'exploitation: il s'agit du solde du **compte d'exploitation***.

C'est avec le tableau Entrées–Sorties que l'on calcule **l'agrégat*** essentiel de la Comptabilité nationale: le **Produit Intérieur Brut***.

Le Tableau économique d'ensemble

Afin de donner une image synthétique de l'activité économique, les comptes des secteurs institutionnels sont regroupés au sein d'un même tableau, y compris les comptes de patrimoine et de variations de patrimoine. Il s'agit des Comptes économiques intégrés, mais les comptables français ont préféré conservé l'ancienne dénomination de **Tableau économique d'ensemble** (TEE)*.

Dans ce tableau, les secteurs institutionnels figurent en colonnes, tandis que les lignes sont constituées par les opérations et les soldes des différents comptes.

• *Les limites de la Comptabilité nationale*

Comptabilité nationale et choix théoriques

Certains économistes, particulièrement les économistes marxistes, insistent sur le caractère « idéologique » de la Comptabilité nationale, en remarquant que les rapports de classe et l'exploitation sont masqués dans cette logique d'analyse du fonctionnement des économies.

L'origine « keynésienne » (et secondairement « néoclassique ») de la Comptabilité nationale amène en effet à privilégier les interdépendances entre agents économiques (évalués en termes monétaires) et à ignorer les rapports de pouvoir et les conflits.

De plus, les **agrégats*** de la Comptabilité nationale sont souvent confondus par les médias avec la « réalité » économique: l'instrument de mesure est alors assimilé au réel: la richesse est identifiée au produit intérieur brut...

Sur la fiabilité de la comptabilité nationale

Les agrégats (en particulier le PIB ou le PNB) doivent être utilisés avec précaution. Il importe en effet de tenir compte:

– des marges d'erreurs statistiques: elles sont inévitables, mais elles sont très variables selon les grandeurs mesurées, les pays et les époques;

– de l'inflation: certaines statistiques sont données en **valeur*** et d'autres en **volume***. L'utilisation de données en valeur (ou à **prix courants***) rend les comparaisons dans le temps difficiles car les mesures que l'on réalise sont influencées par les variations de prix. Par contre, les données en volume (ou à **prix constants***) permettent de telles comparaisons à moyen terme, puisqu'elles sont « déflatées »;

– de la difficulté de comparaisons dans le temps pour un même pays: les comparaisons à long terme dans le cadre national supposent que soit résolu le problème de la distorsion des **prix relatifs***. En effet, les prix des différentes catégories de biens n'évoluent pas au même rythme, et, donc, plus l'on s'éloigne de l'année de base, et plus les comparaisons sont difficiles. Les comptables nationaux opèrent périodiquement des « changements de base »: les comptes nationaux français sont ainsi passés en 1999 de la base 80 à la base 95 (qui correspond donc à des prix constants de l'année 1995);

– des dangers de comparaisons internationales d'agrégats de pays à structures économiques différentes; en principe, les comparaisons entre pays sont « normalisées » dans le cadre des organisations internationales (ONU, OCDE, UE,...). Néanmoins, seules les comparaisons entre les pays développés sont fiables. On y adjoint de plus en plus fréquemment des « indicateurs composites » comme **l'indicateur du développement humain** (IDH)* de l'ONU. De plus, les variations des **taux de change*** perturbent fortement les comparaisons; on tente alors de calculer les PIB à partir de taux de change calculés en **parité de pouvoir d'achat** (PPA)*, c'est-à-dire en tenant compte du pouvoir d'achat interne pour éviter l'impact des fluctuations de l'instrument de mesure (le dollar des États-Unis).

La question de la prise en compte de l'environnement

Dans les anciens systèmes de Comptabilité nationale, les problèmes liés à l'environnement n'étaient pas abordés.

Conscients de l'importance croissante accordée à ces problèmes, les concepteurs du nouveau système de Comptabilité nationale ont songé à mettre en place ce qu'on a appelé un PIB vert, c'est-à-dire un PIB ajusté pour tenir compte des modifications que les activités économiques apportent à l'environnement.

La première difficulté est de dresser la liste des éléments à prendre en compte:

– nuisances (bruit ou pertes de temps dans les embouteillages);

– dégradation de l'environnement (qualité de l'air ou de l'eau provoquée par les rejets de polluants) qui a un effet sur la santé des individus, et plus généralement sur leur bien-être;

– épuisement des ressources disponibles (ressources minières par exemple) ou utilisation trop intensive de ressources dont le renouvellement est lent, comme les forêts.

Au-delà de la mise en évidence de cet inventaire, le problème le plus difficile à résoudre est celui de l'évaluation monétaire de ces nuisances et dégradations, dans la mesure où il n'est évidemment pas possible de se référer à un quelconque **prix de marché*** de la pollution.

Une possibilité est de retenir le coût de remise en état; mais ce coût semble souvent excessif, et devient même infini quand le retour à l'état initial est impossible. On peut aussi, dans le cas des dégradations de l'environnement, essayer d'évaluer le prix que les consommateurs seraient prêts à payer pour compenser les dommages. Mais cette évaluation est délicate, et elle risque d'être trop faible si la dégradation est destinée à durer pendant une période très longue, plus longue que celle que les consommateurs prendront spontanément en compte.

En définitive, le nouveau système de Comptabilité nationale ne donne aucune indication précise sur la valorisation des atteintes à l'environnement.

Il n'y a donc pas de « PIB vert » dans les nouveaux comptes nationaux: les nuisances et les dégradations ne sont pas prises en compte dans le Produit intérieur brut, pas plus d'ailleurs que les effets de mesures prises par certains pays pour les combattre.

Résumé des principales modifications introduites par le nouveau système de Comptabilité nationale

❍ Les opérations sont dorénavant enregistrées au moment du fait générateur. On ne comptabilise plus les intérêts à la date de versement (« intérêts échus ») mais au fil du temps lorsqu'ils sont dus (« intérêts courus »). Les impôts et cotisations sociales sont également enregistrés pour leur montant dû et non plus encaissé.
❍ De nouveaux concepts ont été définis, pour mieux décrire le circuit économique: on distingue par exemple le montant de la consommation finale effective. On fait apparaître un revenu primaire, avant toute redistribution entre secteurs institutionnels.
❍ La notion de formation brute de capital fixe (FBCF) est élargie aux logiciels.
❍ Certaines conventions du précédent système ont été abandonnées. Les banques ne sont plus supposées verser aux entreprises un transfert correspondant aux abandons de créances sur ces dernières.

☞ Concepts et corrélats

➤ État ➤ Politique économique

☞ Bibliographie

❍ TEMAM D. (2000), *La nouvelle Comptabilité nationale*, Dunod.

COMPTE D'AFFECTATION DES REVENUS PRIMAIRES

Le compte d'affectation des revenus primaires est, dans le **système européen de comptabilité (SEC 95)***, l'un des huit comptes intégrés des **secteurs institu-**

tionnels *. Il permet de dégager le solde des **revenus primaires***, qui est le **revenu*** de chaque secteur avant **redistribution***.

☞ **Concepts et corrélats**

➤ Comptabilité nationale ➢ Revenus et patrimoines ➢ Comptes de secteurs ➢ Compte de distribution secondaire du revenu

COMPTE D'EXPLOITATION

Le compte d'exploitation est, dans le **système européen de comptabilité (SEC 95)***, l'un des huit comptes intégrés des **secteurs institutionnels***. Il permet de dégager **l'excédent brut d'exploitation***.

☞ **Concepts et corrélats**

➤ Comptabilité nationale ➢ Comptes de secteurs

COMPTE D'UTILISATION DU REVENU

Le compte d'utilisation du revenu est, dans **système européen de comptabilité (SEC 95)***, l'un des huit comptes intégrés des **secteurs institutionnels***. Il se partage en fait en deux « sous comptes »: le **compte d'utilisation du revenu disponible*** et le **compte d'utilisation du revenu disponible ajusté***. Au **revenu disponible*** correspond la **dépense de consommation***, alors qu'au **revenu disponible ajusté*** correspond la **consommation finale effective***. Le solde du compte d'utilisation du capital est **l'épargne brute*** ou **nette***.

☞ **Concepts et corrélats**

➤ Comptabilité nationale ➤ Revenu du patrimoine ➤ Consommation ➢ Comptes de secteurs

COMPTE D'UTILISATION DU REVENU DISPONIBLE

➤ Comptabilité nationale ➤ Revenu du patrimoine ➤ Consommation ➢ Compte d'utilisation du revenu ➢ Comptes de secteurs

COMPTE D'UTILISATION DU REVENU DISPONIBLE AJUSTÉ

➤ Comptabilité nationale ➤ Revenu du patrimoine ➤ Consommation ➢ Compte d'utilisation du revenu ➢ Comptes de secteurs

COMPTE DE DISTRIBUTION SECONDAIRE DU REVENU

Le compte de distribution secondaire du revenu est, dans le **système européen de comptabilité (SEC 95)***, l'un des huit comptes intégrés des **secteurs institutionnels** *. C'est dans ce compte que sont retracés les **transferts*** des secteurs institutionnels: impôts, cotisations et prestations sociales, pour l'essentiel. Il permet de dégager le **revenu disponible** *, qui est le **revenu*** de chaque secteur après **redistribution***.

☞ **Concepts et corrélats**

➤ Comptabilité nationale ➤ Revenu du patrimoine ➢ Comptes de secteurs

COMPTE DE PATRIMOINE

Dans le **système européen de comptabilité (SEC 95)*** le compte de patrimoine permet de dresser l'état de la valeur des **actifs*** détenus et des **passifs*** contractés par **une unité institutionnelle*** ou un **secteur institutionnel***. Le solde de ce compte est la valeur nette du patrimoine. Les éléments d'actifs et de passifs enregistrés dans ce compte sont évalués aux prix de marché en vigueur au moment de son établissement.

☞ **Concepts et corrélats**

➤ Comptabilité nationale ➤ Revenu du patrimoine

COMPTE DE PRODUCTION

Le compte de production est, dans le **système européen de comptabilité (SEC 95)***, le premier des huit comptes intégrés des **secteurs institutionnels***. Il permet de dégager la **valeur ajoutée***.

☞ **Concepts et corrélats**

➤ Comptabilité nationale➢ Comptes de secteurs

COMPTE DE REDISTRIBUTION DU REVENU EN NATURE

Le compte de redistribution du revenu en nature est, dans le **système européen de comptabilité (SEC 95)***, l'un des huit comptes intégrés des **secteurs institutionnels** *. Ce compte retrace le passage du **revenu disponible*** au **revenu disponible ajusté***, par la prise en compte des transferts sociaux en nature

☞ **Concepts et corrélats**
➤ Comptabilité nationale➢ Comptes de secteurs

COMPTE DE RÉSULTAT

Le compte de résultat est un document comptable qui évalue l'appauvrissement (ou l'enrichissement) d'une **entreprise*** (ou d'une organisation), imputable aux opérations.

☞ **Concepts et corrélats**
➤ Entreprise ➢ Bilan

COMPTE DES ACQUISITIONS D'ACTIFS NON FINANCIERS

Le compte des acquisitions des **actifs non financiers*** est, dans le **système européen de comptabilité (SEC 95)***, l'un des huit comptes intégrés des **secteurs institutionnels***. Il permet de dégager la **capacité** (ou le **besoin) de financement***.

☞ **Concepts et corrélats**
➤ Comptabilité nationale ➢ Comptes de secteurs

COMPTE DES VARIATIONS DE LA VALEUR NETTE DUES À L'ÉPARGNE ET AUX TRANSFERTS EN CAPITAL

➤ Comptabilité nationale ➢ Comptes de secteurs

COMPTES ÉCONOMIQUES INTÉGRÉS

➤ Comptabilité nationale➢ Tableau économique d'ensemble

COMPTE FINANCIER

Le compte financier décrit, pour chaque **secteur institutionnel***, les variations **d'actifs*** financiers et de passifs liées à des opérations d'acquisition ou d'engagement.

➪ Dans le domaine financier, la Comptabilité nationale décrit les comportements de placement et d'endettement, l'utilisation de **l'épargne financière*** et les moyens de financement de **l'investissement*** et de la **consommation***.

☞ **Concepts et corrélats**
➤ Comptabilité nationale

COMPTES DE SECTEURS

Les comptes nationaux retracent les opérations des **secteurs institutionnels*** par l'intermédiaire d'un ensemble de comptes articulés entre eux. Cette présentation permet de dégager des soldes significatifs (en gras et italiques dans le tableau ci-dessous).

Compte de production

Emplois	Ressources
Consommation intermédiaire *Valeur ajoutée brute/nette au prix de base*	Production au prix de base

Compte d'exploitation

Emplois	Ressources
Rémunération des salariés Autres impôts sur la production – Subventions d'exploitation *Excédent brut/net d'exploitation/Revenu mixte*	**Valeur ajoutée brute/nette**

Compte d'affectation des revenus primaires

Emplois	Ressources
	Valeur ajoutée brute/nette
Revenus de la propriété *Solde brut/net des revenus primaires*	Revenus de la propriété

Compte de distribution secondaire du revenu

Emplois	Ressources
Impôts courants sur le revenu et le patrimoine Cotisations sociales Prestations sociales en espèces Autre transferts courants *Revenu disponible brut/net*	**Solde brut/net des revenus primaires** Impôts courants sur le revenu et le patrimoine Cotisations sociales Prestations sociales en espèces Autres transferts courants

Compte de redistribution du revenu en nature

Emplois	Ressources
Transferts sociaux en nature *Revenu disponible brut/net ajusté*	**Revenu disponible brut/net** Transferts sociaux en nature

Compte d'utilisation du revenu

Emplois disponible Ressources		Emplois disponible ajusté Ressources	
Dépense de consommation finale *Épargne Brute/nette*	**Revenu disponible brut/net**	Consommation finale effective *Épargne Brute/nette*	**Revenu disponible brut/net**

Compte des variations de la valeur nette dues à l'épargne et aux transferts en capital

Emplois	Ressources
Variation de la valeur nette due à l'épargne et aux transferts en capital	**Épargne nette** Transferts en capital reçus Transferts en capital versés

Compte d'acquisitions d'actifs financiers

Emplois	Ressources
Formation brute du capital fixe Consommation de capital fixe Variation des stocks Acquisitions moins cessions d'objets de valeur Acquisitions moins cessions d'actifs non financiers non produits *Capacité (+)/Besoin (-) de financement*	**Variation de la valeur nette due à l'épargne et aux transferts en capital**

Remarque: cette séquence de comptes synthétise les opérations de l'ensemble des secteurs institutionnels tous les secteurs ne possèdent pas nécessairement dans leurs comptes toutes les opérations qui sont indiquées ci-dessus. Ces opérations peuvent être, selon les secteurs, en emplois ou en ressources (les « impôts courants sur le revenu et le patrimoine » par exemple), apparaissent en ressources pour les administrations publiques et en emplois dans les comptes des autres secteurs).

Cette séquence de comptes se poursuit normalement avec les **comptes financiers*** et les **comptes de patrimoine***.

☞ Concepts et corrélats

➤ Comptabilité nationale

COMPTES SATELLITES

Dans les comptes nationaux, les comptes satellites concernent des domaines particuliers: l'éducation, la santé, la **protection sociale*** et l'environnement.

Ils présentent deux caractéristiques essentielles:

– ils rassemblent dans une même structure la présentation des données monétaires et non monétaires;

– ils articulent l'analyse détaillée de l'économie du domaine concerné à l'analyse économique globale et aux nomenclatures et évaluations du cadre central de la Comptabilité nationale.

☞ Concepts et corrélats

➤ Comptabilité nationale

CONCENTRATION

La concentration est un processus d'accroissement de la taille des entreprises qui aboutit au contrôle d'une part croissante du **marché*** par une ou plusieurs d'entre elles.

La concentration peut être considérée:

– comme un processus qui évolue au cours du temps;

– comme un phénomène observé à un moment donné (poids des plus grandes entreprises en termes de **chiffre d'affaire***, d'effectifs, etc.).

La concentration peut se réaliser par **croissance externe*** ou bien par **croissance interne***.

On distingue trois formes de concentration: la **concentration horizontale***, la **concentration verticale*** et la **concentration conglomérale***.

☞ Concepts et corrélats

➤ Système productif ➤ Entreprise
➢ Pouvoir de marché ➢ Concurrence imparfaite ➢ Monopole ➢ Oligopole
➢ Concurrence pure et parfaite

CONCENTRATION CONGLOMÉRALE

La concentration conglomérale est une stratégie de **concentration*** qui consiste à réunir sous le contrôle d'un même centre de décision des **entreprises*** exerçant des activités très différentes.

Dans ces conditions, le critère de choix des entreprises est le plus souvent la **rentabilité***. Il constitue pour certains auteurs la forme la plus extrême d'une stratégie de **diversification***.

☞ Concepts et corrélats

➢ Système productif ➤ Entreprise
➢ Concentration horizontale
➢ Concentration verticale ➢ Analyse stratégique

CONCENTRATION HORIZONTALE

La concentration horizontale est une forme de **concentration*** où l'on réunit sous le contrôle d'un même centre de décision des **entreprises*** fabriquant un même produit ou groupe de produits (deux constructeurs d'automobiles par exemple).

☞ Concepts et corrélats

➢ Système productif ➤ Entreprise
➢ Concentration conglomérale
➢ Concentration verticale

CONCENTRATION VERTICALE

La concentration verticale est une forme de **concentration*** dans laquelle on réunit sous le contrôle d'un même centre de décision, des **entreprises*** intervenant à des stades différents de la fabrication d'un produit ou d'un groupe de produits. Elle se développe soit en direction de l'amont, l'intégration s'orientant vers les sources d'approvisionnement (par exemple une société sidérurgique qui contrôle des mines de fer ou de charbon), soit en direction de l'aval, l'intégration se tournant vers les débouchés (une société sidérurgique qui prend le contrôle d'une entreprise de construction mécanique).

☞ Concepts et corrélats

➢ Système productif ➤ Entreprise
➢ Concentration horizontale
➢ Concentration conglomérale

CONCEPT

Un concept est une représentation mentale d'un objet concret ou abstrait, d'une relation, d'une propriété (concept d'**entreprise***, concept de **mode de production***, concept d'**élasticité prix***...). Un concept peut être défini en extension ou en compréhension.

➪ Il ne faut pas confondre concept et notion. Une notion relève souvent du sens commun, sa définition est imprécise. Un concept est défini de façon rigoureuse, généralement en relation avec d'autres concepts au sein d'une **théorie***. Par exemple, la notion commune d'exploitation est très différente du concept d'**exploitation*** chez K. Marx (1818-1883). Un concept est donc toujours problématisé.

☞ Concepts et corrélats

➤ Épistémologie économique ➤ Théories économiques

CONCURRENCE

La concurrence désigne une situation de marché dans laquelle il existe une « compétition » entre vendeurs et entre acheteurs. Cette compétition peut porter sur les prix, les caractéristiques d'un produit, les parts de marché, etc.

➪ La **concurrence pure et parfaite*** n'est qu'un cas particulier de concurrence. Il existe diverses formes de **concurrence imparfaite***.

☞ Concepts et corrélats

➤ Marchés et prix ➢ Concurrence monopolistique ➢ Concurrence praticable

CONCURRENCE IMPARFAITE

La **concurrence*** est dite imparfaite lorsqu'une des cinq conditions au moins de la **concurrence pure et parfaite*** n'est pas vérifiée.

L'analyse de la concurrence imparfaite a été initiée par les travaux de E.H. Chamberlin et J. Robinson dans les années 1930.

☞ Concepts et corrélats

➤ Marchés et prix ➢ Concurrence monopolistique ➢ Cartel ➢ Barrière à l'entrée

CONCURRENCE MONOPOLISTIQUE

On dit qu'il y a concurrence monopolistique sur un marché chaque fois qu'il y a différenciation des produits et un grand nombre de vendeurs. Ce type de marché présente des éléments qui l'apparentent aux deux formes de marché les plus opposées, la **concurrence pure et parfaite*** d'une part, le **monopole*** d'autre part.

La concurrence monopolistique se distingue de la concurrence pure et parfaite par l'existence d'une différenciation des produits qui fait que chaque **entreprise*** dispose d'une clientèle relativement fidèle. Compte tenu de la qualité (réelle ou supposée) des produits, de raisons de proximité ou de facilités de desserte, l'acheteur préfère, à prix égal, les produits qui proviennent d'une entreprise déterminée. De ce fait, les entreprises ne subissent plus le prix du marché et ont une certaine latitude pour déterminer le prix et la quantité.

La concurrence monopolistique se distingue du monopole par le nombre (et la petite taille) des producteurs. Les décisions de chacun d'entre eux sont sans conséquence sur la situation individuelle des concurrents, même si, au bout du compte, les réactions de l'ensemble des concurrents ne sont pas sans conséquence sur la situation et le profit de l'un d'entre eux.

➪ L'hétérogénéité du produit est au centre de l'analyse de la concurrence monopolistique et dans bien des cas, cette hétérogénéité ne découle pas des qualités intrinsèques du produit. En dehors des différences de localisation, les différences de présentation, de marques (et de sous-marques), les conditions de crédit, les services après-vente (réseau de concessionnaires ou « contrat de confiance ») visent à segmenter le marché, à « fidéliser » la clientèle, à éviter que celle-ci n'abandonne le vendeur à la moindre différence de prix.

☞ Concepts et corrélats

➤ Marchés et prix ➢ Économie de gamme

CONCURRENCE PARFAITE

La concurrence parfaite désigne un ensemble d'hypothèses élaborées par la théorie néoclassique, destiné à simplifier le traitement mathématique du modèle théorique et à rendre possible la détermination d'un **prix d'équilibre*** sur un marché.

Selon B. Guerrien, ces hypothèses sont au nombre de trois :

– « Il existe, pour chaque bien, un prix affiché et connu de tous. »

– « Les agents croient que les prix affichés sont indépendants de ce qu'ils font et qu'à ces prix – quels qu'ils soient –, ils peuvent acheter ou vendre tout ce qu'ils veulent.

– « Aux prix affichés, les agents formulent leurs offres et leurs demandes auprès du **commissaire-priseur***, qui les regroupe et les confronte globalement. »

Il distingue deux catégories d'hypothèses :
– les hypothèses institutionnelles, permettant de lever l'indétermination de l'échange (hypothèses 1 et 3);
– une hypothèse sur les comportements, qui permettent de préciser les choix individuels (hypothèse 2).

☞ **Concepts et corrélats**
➤ Marchés et prix ➣ Concurrence pure et parfaite ➣ Tâtonnement walrasien

CONCURRENCE PRATICABLE
(*WORKABLE COMPETITION*)

La concurrence praticable (ou concurrence viable) est une situation de marché qui ne respecte pas les hypothèses de la **concurrence pure et parfaite*** et dans laquelle les entreprises s'adaptent à leur marché pour obtenir des résultats qu'elles jugent satisfaisants (**taux de profit*** rémunérant le risque et assurant une rémunération satisfaisante du **capital***, protection des entreprises les plus faibles…). Cette situation de marché ne conduit pas à une parfaite flexibilité des **prix*** mais elle est souvent considérée comme un objectif réaliste des politiques de concurrence.

☞ **Concepts et corrélats**
➤ Marchés et prix ➤ Théories économiques ➣ Concurrence imparfaite

CONCURRENCE PURE ET PARFAITE

Un **marché*** en situation de concurrence pure et parfaite remplit cinq conditions :
– Le marché doit être *atomistique* (hypothèse d'atomicité du marché) : il doit exister une multitude d'acheteurs et de demandeurs, de taille comparable, de telle façon qu'aucun d'entre eux ne puisse influencer la détermination du prix du bien (le prix est une variable endogène au système économique mais exogène à chaque agent).
– Le marché doit être *fluide* (hypothèse de fluidité) : il faut qu'il y ait une libre entrée et une libre sortie du marché. Tout agent doit pouvoir, à tout moment et sans contrainte, formuler une offre et une demande (absence de **barrière à l'entrée***).
– Sur le marché, les produits doivent être *homogènes* (hypothèse d'homogénéité des produits) : les produits disponibles sur le marché doivent être parfaitement standardisés.

Ces trois premières conditions définissent la concurrence pure ; deux autres sont nécessaires pour qu'elle soit parfaite :
– Les marchés doivent être transparents (hypothèse de transparence) : les offreurs et les demandeurs disposent d'une information parfaite et gratuite sur les conditions du marché et notamment sur les prix des biens.
– Les facteurs de production doivent être parfaitement *mobiles* (hypothèse de mobilité des facteurs) : ils doivent pouvoir, à tout moment, se déplacer du marché d'un bien à celui d'un autre bien.

➪ Certains auteurs contestent la notion de concurrence pure et parfaite pour lui préférer celle de **concurrence parfaite***. Pour B. Guerrien, les hypothèses de la concurrence parfaite « forment un tout indissociable – malgré la lamentable habitude, en France, de parler de « concurrence pure et parfaite » comme s'il y avait, d'une part, des conditions de « pureté » et, d'autre part, des conditions de « perfection » – à partir duquel on peut définir sans ambiguïté les concepts d'offre et de demande ».

☞ **Concepts et corrélats**
➤ Marchés et prix ➤ Théories économiques ➣ Concurrence

CONFÉRENCE DE GÊNES

La conférence de Gênes (1922) est une réunion inter-gouvernementale qui devait examiner, au lendemain de la Première Guerre mondiale, de nombreuses questions politiques et économiques. Sur le plan monétaire, la conférence de Gênes officialise la mise en place d'un **Étalon de change or*** : la livre sterling et le dollar sont reconnus comme monnaies de réserve et de règlement.

➪ Selon J. Rueff (1896-1978), défenseur de l'**étalon-or***, la conférence de Gênes fait entrer l'économie mondiale dans « l'âge de l'inflation ».

➪ Le système mis en place à la conférence de Gênes avait pour objectif d'assurer la stabilité des changes, mais la période de l'entre-deux-guerres a été marquée par une grande instabilité monétaire.

☞ **Concepts et corrélats**
➤ Finances internationales ➣ Inflation

CONFÉRENCE DES NATIONS UNIES SUR LE COMMERCE ET LE DÉVELOPPEMENT (CNUCED)

La Conférence des Nations unies sur le Commerce et le Développement (CNUCED) a été créée en 1964, à la demande des pays du tiers-monde (groupe des 77). Son objectif est de favoriser la mise en place d'un Nouvel Ordre Économique International (NOEI) plus favorable au **tiers-monde***.

La CNUCED est un organe permanent des Nations unies qui se réunit tous les quatre ans. Elle constitue un lieu privilégié du dialogue Nord-Sud où le tiers-monde peut faire entendre.

☞ Concepts et corrélats

➤ Commerce international ➤ Économie du développement

CONFLIT DU TRAVAIL

Les conflits du travail sont ceux qui naissent d'un désaccord entre employeurs et salariés.

❍ Les conflits individuels consécutifs à des désaccords sur le **contrat de travail*** ou d'apprentissage peuvent être portés devant le conseil de prud'hommes.

❍ Les conflits collectifs jouent sur le niveau de rémunération, les formes d'organisation du travail et se manifestent principalement par la **grève*** et le lock-out.

☞ Concepts et corrélats

➤ Organisation du travail ➢ Rapport salarial ➢ Convention collective ➢ Crise du fordisme ➢ Syndicat

CONGLOMÉRAT

Un conglomérat est un **groupe*** (industriel et/ou financier) dont les activités sont très différentes, sans liens apparents entre elles. Cette **diversification*** obéit principalement à une logique financière (maximisation de la **rentabilité financière***). Il s'agit d'une stratégie visant à saisir des opportunités liées à :

– de nouveaux **pôles de croissance*** (marchés potentiels);

– un effet de dimension (le poids financier du groupe facilite un **pouvoir de marché***);

– une opportunité sur les **marchés financiers*** (la sous-évaluation de certains **actifs*** permet de placer un excédent de liquidités et de réaliser des plus-values).

➪ Cette logique financière a joué dans le mouvement de **concentration*** des **entreprises*** à la fin des années 1960 alors qu'à la fin de la décennie suivante, le recentrage sur l'activité productive a été plus marqué, comme en témoigne la firme américaine ITT.

☞ Concepts et corrélats

➤ Entreprise ➢ Système productif ➢ Analyse stratégique ➢ Holding ➢ Offre publique d'achat (OPA) ➢ Offre publique d'échange (OPE)

CONJECTURE

Une conjecture est une proposition qui formule une explication ou une relation causale à propos d'un phénomène. Pour être scientifique, la conjecture doit être réfutable et le travail des scientifiques consiste à soumettre les conjectures à **réfutation***.

➪ Selon K. Popper, on ne peut jamais dire qu'une conjecture est vraie ou vérifiée, mais son degré de corroboration (ou de verissimilitude) s'élève.

☞ Concepts et corrélats

➤ Épistémologie économique ➤ Théories économiques ➢ Causalité ➢ Réfutanionnisme ➢ Vérification

CONJONCTURE ÉCONOMIQUE

La conjoncture économique est la situation résultant de l'ensemble des opérations se déroulant entre des agents économiques dans la courte période et dans un espace donné.

☞ Concepts et corrélats

➤ Croissance économique ➤ Politique économique

CONSEIL D'ADMINISTRATION

Le conseil d'Administration est dans une **société anonyme***, l'organe élu par l'Assemblée générale des **actionnaires*** devant laquelle il est responsable.

Assurant la direction de l'**entreprise***, il est chargé de désigner le Président directeur général (PDG) et de contrôler la mise en œuvre de sa politique. Cette double fonction conduit à une structure alternative dissociant la direction proprement dite (le

Directoire*) et son contrôle (le **Conseil de Surveillance***).

☞ Concepts et corrélats

➤ Entreprise ➢ Capitalisme
➢ Gouvernement d'entreprise

CONSEIL D'ASSISTANCE ÉCONOMIQUE MUTUEL

(CAEM, CONCIL FOR MUTUEL ECONOMIC ASSISTANCE, COMECOM en anglais)

Le Conseil d'assistance économique mutuel (CAEM) a été créé par l'URSS en réaction à l'**Organisation européenne de coopération économique*** (OECE). Il a fonctionné comme un espace d'intégration économique des États à économie planifiée entre 1949 et 1991. Son statut exact est imprécis. Il a regroupé six États: URSS Bulgarie, Hongrie Pologne Roumanie, Tchécoslovaquie auxquels se sont joints l'Albanie (de février 1949 à 1961) la RDA (1950), la Mongolie (1962) Cuba (1972), la Yougoslavie (observateur en 1955 puis membre associé en 1964) et des États observateurs à partir de 1959 jusqu'en 1960 (Chine, Viêt-nam du Nord, Corée du Nord). Les plans nationaux ont été coordonnés à partir de 1962 et une division internationale socialiste du travail a été mise en œuvre. En 1964, le rouble transférable est devenu l'unité de compte du système mais les monnaies nationales sont restées inconvertibles entre elles. Le CAEM a été supprimé le 28 juin 1991, peu avant la dissolution de l'URSS.

☞ Concepts et corrélats

➤ Commerce international ➤ Intégration économique

CONSEIL DE SURVEILLANCE

Le Conseil de Surveillance est un organe d'experts choisis par l'Assemblée générale des **actionnaires*** d'une **société anonyme***. Il est chargé de contrôler le **Conseil d'Administration*** (le Président directeur général et le **Directoire***).

☞ Concepts et corrélats

➤ Entreprise ➢ Conseil d'Administration ➢ Gouvernement d'entreprise

CONSEIL DES MARCHÉS FINANCIERS

Le conseil des marchés financiers est une autorité professionnelle dotée de la personnalité juridique. Il délivre une autorisation d'exercer aux opérateurs qui interviennent sur les différents marchés (**Bourse des valeurs***, marchés à terme de marchandises, **marchés à terme d'instruments financiers***, etc.). Il fixe les règles de bonne conduite des opérateurs, les principes de fonctionnement des différents **marchés financiers***, etc.

☞ Concepts et corrélats

➤ Monnaie ➢ Commission des opérations de bourse

CONSEIL NATIONAL DU CRÉDIT ET DU TITRE

Le Conseil national du crédit et du titre est un organisme consultatif présidé par le ministre de l'Économie et des Finances. Il est composé de représentants du Parlement, des collectivités locales, des **établissements de crédit*** et des **entreprises d'investissement***, des salariés du secteur bancaire et financier, des usagers du crédit, etc. Il donne son avis sur la politique du crédit et publie un rapport annuel sur le financement de l'économie.

☞ Concepts et corrélats

➤ Monnaie ➢ Autorités monétaires
➢ Comité des établissements de crédit et des entreprises d'investissement

CONSENSUS DE WASHINGTON

Le « consensus de Washington » désigne les analyses théoriques et les **politiques de développement*** préconisées par le **Fonds Monétaire International*** et la **Banque mondiale*** pour surmonter la crise de la dette des pays en voie de développement à partir de 1982.

Il s'est concrétisé dans la mise en œuvre des **politiques d'ajustement structurel*** (PAS). Le désengagement de l'État, la régulation marchande et l'insertion internationale de l'économie selon les principes de l'**avantage comparatif*** deviennent dans les années 1980 la nouvelle orthodoxie du **développement***.

Le coût social des PAS et les résultats limités obtenus en matière de **croissance*** et d'insertion dans la **division internationale du travail*** ont conduit à une remise en cause du consensus de Washington à partir des années 1990.

Il s'en est suivi un infléchissement des politiques de développement préconisées. Le rôle crucial joué par l'État à différents niveaux (en particulier dans pays du Sud-Est asiatique) a été reconnu ainsi que la nécessité de réduire la pauvreté et de satisfaire les besoins fondamentaux pour accélérer le développement.

☞ Concepts et corrélats

➤ Économie du développement
➢ Stratégie de développement
➤ Développement

CONSOMMATION

La consommation est l'utilisation d'un **bien*** ou d'un **service*** qui entraîne à plus ou moins long terme sa destruction. On distingue :

– la **consommation finale totale*** des **ménages*** (marchande et non marchande) et des **administrations***;

– la **consommation intermédiaire***.

• *Approche théorique de la consommation*

L'approche microéconomique

L'approche microéconomique du consommateur a été développée dans les années 1870, par les premiers théoriciens néoclassiques. Les renouvellements introduits par les théoriciens de l'**école de Chicago*** ont enrichi et complexifié cette approche.

Le modèle standard

Le consommateur néoclassique est considéré comme un agent rationnel (***homo œconomicus****). Il est supposé avoir des préférences qui lui permettent de classer différents paniers de biens auxquels il consacre la totalité de son budget. Si aucun obstacle ne limite la libre expression de ses préférences sur le marché, ce consommateur est souverain. Il choisit la combinaison de biens qui maximise sa satisfaction compte tenu des **prix*** et du **revenu*** (sa contrainte budgétaire est représentée par une **droite de budget***).

L'**équilibre du consommateur*** correspond à un maximum de satisfaction qui implique l'égalisation des **utilités marginales*** pondérées par leur prix.

Toute modification du prix déclenche un **effet-revenu*** et un **effet de substitution*** qui modifient la combinaison de biens choisie. Cette analyse permet de démontrer logiquement les deux relations fondamentales :

– la quantité consommée varie en général, en sens inverse du niveau de prix. Certains biens toutefois échappent à cette logique, leur consommation pouvant diminuer lorsque le revenu s'accroît (**biens inférieurs***), voire augmenter lorsque le prix s'élève (**biens de Giffen***);

– la quantité consommée varie dans le même sens que le revenu.

Le comportement du consommateur vis-à-vis des différents biens et services peut se caractériser par des **élasticités-prix*** et des **élasticités-revenu*** qui découlent de sa fonction de demande.

L'arbitrage entre consommation présente et future

La prise en compte du temps dans l'étude du comportement du consommateur complexifie l'analyse. Le modèle d'arbitrage intertemporel attribué à I. Fisher (*Théorie de l'intérêt*, 1930), distingue la consommation présente et la consommation future. Si le consommateur prête tout ou partie de son revenu, une augmentation du **taux d'intérêt*** provoque un effet revenu qui stimule sa consommation, et un effet de substitution qui l'oriente vers l'**épargne***.

M. Friedman (*A Theory of the Consomption Function,* 1957) distingue une consommation permanente (valeur des biens et services qu'un agent économique prévoit de consommer durant une période considérée, compte tenu de l'ensemble des facteurs qui déterminent sa richesse) et une consommation transitoire. Le consommateur peut subir des « chocs » de revenus définitifs (une hausse du **revenu permanent*** liée à une modification de la fiscalité des revenus par exemple) et d'autres « chocs » plus transitoires (le revenu courant varie sans affecter le revenu futur, par exemple en raison de maladie, accident etc.). Mais dans ce deuxième cas, le consommateur peut en répartir les effets sur ses consommations présentes et futures.

Le modèle développé en 1954 par A. Ando, R. Brumberg et F. Modigliani (prix Nobel, 1985) s'appuie sur un horizon temporel plus long (le **cycle de vie***). La consommation est déconnectée du revenu courant. Mais l'horizon peur dépasser le cycle de vie s'il s'agit de léguer un héritage ou s'il y a incertitude sur la durée de vie.

Le renouvellement de l'analyse micro-économique: le consommateur en tant que producteur

Les modèles de G. Stigler (prix Nobel 1982) et de G. Becker (prix Nobel 1992) ont orienté l'analyse de la consommation vers une approche où l'achat d'un bien ou d'un service ne constitue plus un acte économique final. Dans le modèle proposé par Becker en 1965, le consommateur apparaît comme le producteur de sa propre satisfaction. Son comportement est similaire à celui d'une entreprise qui réaliserait une **autoconsommation*** de services non marchands produits grâce à une certaine quantité de biens et du temps. Mais son temps est une ressource rare, dont l'utilisation a un **coût d'opportunité***. Son prix s'élève avec la rémunération de son heure de travail.

L'effet revenu oriente toujours vers une augmentation de la consommation mais l'effet de substitution conduit à un arbitrage en faveur des consommations économes en temps et dispendieuses en produits (produits jetés et non réparés, abandon des jardins familiaux des agriculteurs, cantine, etc.). Pour rendre compte de l'évolution de la consommation selon Becker, l'analyse doit se situer non pas au niveau des choix individuels mais au niveau du **ménage***. Le travail féminin augmente les revenus du ménage et pousse à utiliser des biens d'équipement et des services économisant le temps (lave-vaisselle, produits surgelés et services de restauration, etc.).

Dans une optique voisine, la théorie présentée en 1966 par K.J. Lancaster considère que le consommateur cherche à satisfaire des **besoins*** qui sont stables (par exemple l'alimentation ou le transport) à travers l'utilisation de services rendus par les biens (par exemple, de la « viande » ou « une voiture »). Les biens sont alors des **facteurs de production*** de satisfactions. Chaque produit offre une combinaison de caractéristiques (par exemple pour une voiture, la vitesse, le confort, le nombre de places, la sécurité, l'esthétique, la ligne, etc.) et chaque caractéristique se retrouve à des degrés divers dans plusieurs produits différents.

La fonction de production de satisfaction spécifique à chaque consommateur privilégie certaines caractéristiques des biens (un manteau de fourrure peut être, pour un consommateur, un moyen de lutter contre le froid et pour un autre un élément d'ostentation). La multiplication des nouveaux produits arrivant sur le marché devient le reflet de la diversité des préférences des consommateurs et ces préférences ne sont plus stables. Un nouveau bien, dans la mesure où il est acheté, peut conduire à supprimer l'achat d'un autre. Mais la consommation implique aussi des **coûts*** d'information sur les caractéristiques, sur la technologie et une certaine prise de risque comme l'assume un **entrepreneur***.

L'approche macroéconomique

La fonction de consommation keynésienne

L'analyse de J.M. Keynes (1883-1946) change la perspective en adoptant un raisonnement macroéconomique. Les principaux déterminants de la consommation sont dans l'optique keynésienne, des facteurs objectifs comme les **effets de richesse*** et de revenu. Mais Keynes insiste surtout sur le revenu, dont dépend la **propension à consommer***. La consommation devient une grandeur passive. Elle suit une **loi psychologique fondamentale*** (**postulat*** lié à « l'expérience » et à « la connaissance de la nature humaine » face à l'incertitude radicale qui caractérise le monde économique) qui peut être appréhendée de deux façons différentes:

– la consommation croît avec le revenu mais « non d'une quantité aussi grande que l'accroissement du revenu ». La fonction de consommation est stable à court terme avec une **propension marginale à consommer*** constante mais inférieure à l'unité;

– les variations du revenu conduisent à des variations de la consommation. En d'autres termes, la **propension moyenne à consommer*** diminue lorsque le revenu augmente et la propension marginale à consommer est décroissante. À long terme l'enrichissement de la société se traduit par une hausse de l'importance relative de l'épargne. Les économies de marché se caractériseraient ainsi par une tendance à la sous-consommation et donc au sous-emploi.

Le débat sur la fonction de consommation

Au cours des années 1940, différentes analyses statistiques ont cherché à vérifier cette approche. Les études se sont appuyées sur deux types de données statistiques :

– celles portant sur des séries de coupes instantanées indiquant le niveau de consommation atteint à un moment donné par les ménages dans chaque classe de revenu. Les résultats ont bien confirmé que la consommation augmente avec le revenu ;

– celles portant sur l'évolution de la consommation globale et du **revenu disponible*** global. L'étude de S. Kuznets (prix Nobel 1971) montre à partir du cas des États-Unis de 1879-1888 et 1919-1928 que le rapport de l'épargne au **revenu national*** ne s'est pas modifié malgré l'important accroissement du revenu par tête au cours de cette période, ce qui est contradictoire avec la conception keynésienne d'un accroissement de l'épargne à mesure que le revenu s'élève. On observe donc une stabilité de la propension moyenne à consommer malgré des accroissements sensibles du revenu.

En conséquence, pour réconcilier ces résultats contradictoires sur la propension à consommer en coupe instantanée et en dynamique, plusieurs orientations ont été explorées en intégrant certaines variables subjectives dans le comportement du consommateur :

❍ J.-S. Duesenberry (1948) propose une fonction de consommation qui intègre l'influence de l'environnement social sur la consommation. Les habitudes persistent en courte période même lorsque les revenus déclinent. Les consommateurs tendent à défendre le niveau de vie précédemment atteint (**effet de cliquet***). Mais lorsque le revenu s'élève, un certain mimétisme social (**effet d'imitation***) joue positivement sur la propension à consommer. Les classes moyennes vont tenter de se rapprocher de la consommation des couches supérieures (cela est proche de l'**effet Veblen*** et l'**institutionnalisme***).

❍ Selon l'étude de T.M. Brown de 1952, ce n'est pas le seul revenu présent qui joue dans la consommation, l'influence du passé doit aussi être prise en compte en ajoutant au revenu la consommation de la période précédente. Cela revient à intégrer un coefficient d'inertie de la consommation (coefficient compris entre 0 et 1) qui rend ainsi compte du fait que la propension marginale à consommer de longue période est supérieure à celle de courte période.

❍ Selon M. Friedman, l'hypothèse du revenu permanent permet de rendre compte d'une stabilité de la fonction de consommation à long terme (relation entre la consommation permanente et revenu permanent) et d'une instabilité de cette fonction à court terme (la consommation varie de manière moins importante que le revenu et la propension marginale à consommer est inférieure à la propension moyenne en cas de hausse du revenu). La relation de consommation s'inscrit alors dans des choix individuels et non pas macroéconomiques. L'analyse keynésienne de la consommation reste l'objet de débats depuis les années 1940, mais les tests empiriques corroborent l'idée que le revenu est une variable déterminante de la consommation.

• *Approche empirique de la consommation*

Dès le 18e siècle se sont développées de grandes études empiriques sur la consommation comme l'enquête de Vauban en France sur la consommation des différents produits, du budget des familles et du niveau de vie ou l'enquête publiée en 1795 par D. Davies en Angleterre. Au 19e siècle, des études de statistiques sociales fortement marquées de préoccupations hygiénistes, morales ou politiques ont fourni aux économistes et aux sociologues des matériaux abondants. La plus connue est sans doute celle d'E. Engel (publiée en 1857). Depuis 1945, les grands instituts de statistiques (INSEE, CREDOC) analysent systématiquement la consommation des ménages en affinant leur outils d'analyses.

L'évolution de la consommation

Le dynamisme de la consommation depuis les années 1960

Globalement sur une longue période, on observe en France, une assez grande stabilité de la propension moyenne à consommer (depuis 1960 elle tourne autour de 85 % en France). L'évolution de la consommation s'ajuste à long terme sur la croissance du revenu (ce qui n'exclut pas des fluctuations).

En France, depuis la fin des années 1950 jusqu'en 1973, la progression du **pouvoir d'achat*** (+ 5,4% par an) a permis la croissance de la consommation des ménages (+5,8% par an en **volume***). La crise de 1974 marque seulement un ralentissement dans la progression de la consommation (+3% par an jusqu'en 1981). La consommation a pu s'accroître plus vite que le pouvoir d'achat (par exemple en 1976) grâce à la diminution de la **propension à épargner***.

Entre 1982 et 1987, le pouvoir d'achat progresse moins que par le passé (+1,3% par an), la progression de la consommation se ralentit (+2,6% par an) mais les ménages ont continué à consommer plus que ne leur permettait la stricte progression de leur revenu au prix d'un endettement plus important. Les ménages peuvent différer le remplacement des produits hors d'usage pendant un temps, ce qui conduit à une vague d'achat quelques années plus tard (cet effet d'un cycle des **biens durables*** a joué particulièrement en 1986-1987).

Par contre entre 1988 et 1993, le comportement des ménages n'a pas amorti le profil de la croissance: le dynamisme de la consommation se ralentit (+1,8% par an) et devient inférieur à celui du pouvoir d'achat (+2,4% par an), entraînant une hausse du taux d'épargne.

Cependant le rythme de progression de la consommation retrouve une nette vigueur depuis 1996 malgré quelques inflexions (en 1997 notamment).

La structure de la consommation se modifie

La croissance s'est accompagnée d'une modification de l'évolution de la structure des dépenses de consommation des ménages classées par grands **postes de consommation***. Cette structure se modifie peu d'une année sur l'autre mais sur le long terme, on observe certains changements:

– les dépenses consacrées à l'alimentation augmentent moins vite que la consommation totale. L'alimentation n'est plus le premier poste des dépenses depuis 1997 où elle représentait 16,4 % des dépenses des ménages. La baisse du **coefficient budgétaire*** de l'alimentation confirme la **loi d'Engel***, même s'il faut faire des distinctions entre les produits alimentaires;

– les dépenses d'habillement augmentent moins vite que la consommation totale (leur coefficient budgétaire décline régulièrement depuis les années 1960);

– les dépenses de meubles et article, de ménage augmentent moins vite que la consommation totale depuis les années 1980;

– les dépenses de transport et télécommunications suivent celles de la consommation totale avec une très légère érosion de leur coefficient budgétaire dans les années 1990;

– les dépenses de santé, loisirs, logement sont dynamiques et progressent plus vite que la consommation totale. Le coefficient budgétaire du logement est le premier poste de consommation des ménages depuis 1997 (soit 22,5 %). On observe aussi un important glissement de la consommation vers les services au détriment des biens durables et non durables.

Éléments d'explication

Des facteurs économiques contribuent à expliquer ces transformations

Les transformations au niveau de l'**offre*** se traduisent notamment par l'évolution des **coûts*** de production. Avec les transformations de l'appareil productif, certains produits bénéficient d'**innovations*** techniques ou d'**économies d'échelle*** qui font baisser leur prix relatif. L'évolution de la structure des marchés (tendance à l'atomicité ou à l'**oligopole***) affecte aussi l'évolution des prix relatifs.

L'apparition de produits nouveaux joue à la fois dans les secteurs innovants et dans les secteurs où la demande progresse peu. Les stratégies de diversification des gammes qui permettent aux **entreprises*** de jouer sur l'**effet qualité***, sont d'autant plus fréquentes que la demande est en déclin.

L'évolution des coûts de production, des prix et des stratégies des entreprises font évoluer la demande. L'**État*** par le jeu des prestations sociales, par la **fiscalité***, par la réglementation du prix de certains produits agit sur la consommation de ménages. Pour les marxistes, c'est bien la production qui oriente la consommation: la production crée un mode déterminé de consommation.

Pour J.K. Galbraith (*Le Nouvel État industriel,* 1967), dans les **pays développés à économie de marché***, contrairement à la filière normale ou classique qui suppose le règne du consommateur, il y a une **filière inversée***: l'évolution de la consommation est liée à la dynamique du progrès technique, de la **concentration*** des entreprises, des intérêts stratégiques du **management*** d'entreprise. Les prix sont un instrument de **la planification*** industrielle des firmes (ils sont assez bas pour faciliter l'expansion des ventes, et assez élevés pour financer la croissance et satisfaire les **actionnaires***). Le consommateur conditionné par la publicité, les caractéristiques du produit, l'emballage, etc., est en fait « un roi déchu ».

Au contraire, pour l'**école autrichienne***, la **souveraineté du consommateur*** joue un rôle déterminant dans la fixation du prix; si un bien est très demandé, les facteurs pour le produire seront plus coûteux: l'entrepreneur n'a pas d'autre pouvoir que de répondre à la demande aux besoins des consommateurs.

Le jeu des facteurs socioculturels

La **société de consommation de masse*** repose sur la production en grande série de produits standardisés et, comme semblait le confirmer l'évolution des **taux d'équipement***, on pouvait penser qu'à terme les ménages disposeraient de niveau d'équipement comparable, d'où une certaine homogénéisation de la consommation. Aujourd'hui encore, la généralisation du mode de vie urbain et l'accès à une consommation de produits standardisés symbolisée par des produits vendus à l'échelle mondiale (le Coca-Cola, le *Big Mac*, le *jean,* etc.) restent limités aux pays industrialisés et aux couches favorisées des pays en développement.

L'élévation du revenu favorise la consommation des **biens supérieurs*** dont l'élasticité revenu est plus forte que la moyenne. La composante symbolique de la consommation développée par Th. Veblen dans son ouvrage *La théorie de la classe de loisir* (1889) éclaire le rôle du statut social dans les comportements de consommation (effet de démonstration). Pour P. Bourdieu, tout individu est doté d'un « capital culturel », d'un « capital économique » et d'un « capital social » qui se combinent pour donner des types de consommation différents selon les **Professions et catégories sociales*** (PCS). Ainsi un commerçant dispose-t-il d'un capital économique aussi important que celui d'un cadre supérieur mais d'un capital culturel souvent plus faible, ce qui induit des structures de consommation différentes pour des revenus proches. Dans ces conditions, s'il y a modification de la structure socioprofessionnelle, il y a modification de la consommation. De même pour C. Baudelot et R. Establet (*M. Halbwachs: consommation et société*, 1994), « les modes de consommation prennent leurs racines dans les exigences de la vie professionnelle »: les normes de consommation diffèrent selon les catégories sociales et singularisent les budgets des ménages selon les catégories sociales. Si on porte le « jeans » dans toutes les catégories sociales, certains proviennent des boutiques de luxe et portent des griffes prestigieuses alors que d'autres sont issus des rayons des hypermarchés. La valeur sociale d'un bien n'est pas identique quand sa consommation est possible vingt ans après les catégories les plus favorisées. Ainsi lorsqu'il rejoint le niveau de consommation qui était celui du cadre plusieurs années auparavant, un OS continuera-t-il d'avoir un budget spécifique, ce qui restreint la portée de la loi d'Engel.

La montée des couches moyennes fortement tertiarisées et l'amorce d'un déclin de la classe ouvrière traditionnelle conduit à affiner les approches des transformations structurelles de la consommation selon l'âge, le sexe, la composition du ménage, l'habitat, la situation de l'emploi, etc. La référence à des modes de vie différents mais en nombre assez réduits conduit à cerner des groupes de consommateurs caractérisables par l'intermédiaire de variables associées à des modes de vie différents (nature du produit, fréquence des achats, part dans le budget, degré de rationalité des choix, goût pour le changement ou la tradition, etc.). Le Centre de Communication avancée (CCA) s'est efforcé, dans une perspective très empiriste, d'approcher la consommation à l'aide d'un « style de vie ». Mais les habitudes de consommation se modifient: différents niveaux de rationalité peuvent coexister, on peut différencier par exemple selon les produits de consommation, des groupes de consommateurs qui recherchent le prix le plus bas, d'autres qui se focalisent sur la fonctionnalité des produits, d'autres qui sont attachés à l'univers créé au fil des ans par les marques et à la représentation symbolique des biens, mais le temps est aussi un facteur déterminant.

• *Questions en débat*

Quel dynamisme de la demande et quelle politique de soutien de la demande ?

Quelle fonction de consommation retenir?

❍ La fonction de consommation joue un rôle capital dans tout modèle d'inspiration keynésienne, mais la variation du revenu a un effet plus ou moins retardé sur la consommation qui s'adapte avec une certaine inertie (importance du revenu passé). Selon que l'on considère que les ménages anticipent ou non leur revenu futur à partir de leur revenu passé (**anticipations adaptatives***) ou qu'ils le prévoient en tenant compte de toute l'information qui est à leur disposition (**anticipations rationnelles***), leur consommation dépendra ou non de leur revenu courant. Une hausse non anticipée du revenu n'aura donc qu'un impact minime sur la consommation, tandis qu'une hausse permanente entraînera une hausse annuelle de la consommation moindre (une partie est épargnée en vue de financer la consommation à la retraite, quand les revenus d'activité se seront taris).

❍ L'importance du **patrimoine*** a été davantage pris en compte depuis une vingtaine d'années. L'explication du niveau de la consommation déterminé selon la théorie du cycle de vie est complétée par la prise en compte de nouveaux facteurs explicatifs. Les agents peuvent avoir une plus ou moins grande **aversion pour le risque***. L'existence d'un **revenu minimum garanti*** peut limiter le renoncement à la consommation, mais d'autres risques peuvent être pris en considération: ceux afférents aux retraites, les risques de rupture familiale, l'exposition au chômage et aux fluctuations de la valeur du **capital humain***, les risques afférents aux actifs non humains et notamment aux actifs financiers, etc. La volatilité du prix des **actifs*** patrimoniaux affecte aussi les comportements de consommation. L'évolution de la consommation apparaît alors corrélée au volume du patrimoine et à sa composition qui est elle-même liée à la taille de ce patrimoine.

❍ Le comportement de consommation dépend aussi du taux d'intérêt: une hausse des taux augmente les revenus mais renchérit le coût du crédit.

❍ Par ailleurs, l'**inflation*** peut intervenir dans les décisions de consommation. À court terme, une accélération de la hausse des prix peut encourager la consommation, dans la mesure où les ménages cherchent à acquérir des biens avant qu'ils ne renchérissent (effet de fuite devant la monnaie dans les pays où règne une forte inflation). À plus long terme, l'inflation érode la valeur des actifs financiers ou immobiliers. Les ménages peuvent renoncer à consommer en période d'accélération des prix pour conserve le pouvoir d'achat de leur patrimoine selon l'**effet d'encaisse réelle***.

Quel soutien de la demande ?

La **théorie de la régulation*** insiste sur l'importance du modèle de consommation qui a soutenu la croissance des économies capitalistes pendant la phase de prospérité des Trente Glorieuses. Ce modèle de consommation caractérisé notamment par la diffusion des biens d'équipement des ménages, serait arrivé à maturité, conduisant à une progression de la consommation plus lente et plus instable (les marchés sont désormais des marchés de renouvellement). Les stratégies de persuasion des consommateurs perdent de leur efficacité en l'absence d'un nouveau modèle de consommation qui redonnerait à la consommation une croissance forte.

Dans les années 1980, sous l'influence des idées libérales et monétaristes, les politiques de soutien de la demande d'inspiration keynésienne ont été abandonnées contribuant à une moindre croissance de l'économie. À la fin des années 1990, certains économistes défendent le retour à une politique de croissance soutenue de la demande intérieure parce que cette croissance est un élément de réduction de l'incertitude et qu'elle facilite la projection vers l'avenir et donc l'**investissement*** et l'**emploi***.

☞ **Bibliographie**

● HERPIN N., VERGER D. (2000), *La Consommation des Français,* coll. Repères, La Découverte, 2 tomes.
INSEE (1998 et 1996), *Données sociales.*
○ BREE J. (1994), *Le Comportement du consommateur,* coll. Que sais-je ?, PUF.
ROCHEFORT (1997), *Le consommateur entrepreneur*, Odile Jacob.

☞ **Concepts et corrélats**
➤ Fluctuations et crises ➤ Épargne ➤ Investissement ➤ Théories économiques ➢ Biens collectifs

---

CONSOMMATION ANNUELLE DE CAPITAL FIXE
➤ Investissement ➢ Amortissement ➢ Consommation de capital fixe

---

CONSOMMATION COLLECTIVE
La consommation collective désigne l'usage des services fournis par les **administrations publiques***. Les services fournis par la collectivité qui sont indivis représentent véritablement une consommation collective (police, justice, défense, soit la fonction régalienne de l'**État***) tandis que d'autres sont individualisables (enseignement, santé, etc.).

➪ Les services individualisables rendus par les administrations sont enregistrés comme une prestation en nature.

☞ **Concepts et corrélats**
➤ Consommation ➢ Biens collectifs ➢ Consommation élargie ➢ Consommation finale ➢ Consommation socialisée

---

CONSOMMATION DE CAPITAL FIXE
La consommation de capital fixe est la dépréciation subie par le capital fixe au cours de la période considérée, liée à une usure normale ou à une **obsolescence*** prévisible.

➪ La consommation de **capital fixe*** n'est pas une **consommation intermédiaire***; elle correspond à un **amortissement***. Le terme brut dans les expressions comme **Produit intérieur brut*** ou **Formation brute de capital fixe*** (FBCF) signifie que la consommation de capital fixe n'a pas été soustraite. Quand on la soustrait de ces grandeurs, leur valeur est dite nette.

☞ **Concepts et corrélats**
➤ Comptabilité nationale ➤ Capital ➤ Investissement

CONSOMMATION DE MASSE
La consommation de masse désigne selon W.W.Rostow (*Les étapes de la croissance économique*, 1960) une société parvenue à la maturité technique qui peut ainsi assurer au plus grand nombre l'accès à un volume de **biens*** et de **services*** dépassant nettement le niveau de subsistance. Ces sociétés se caractérisent également par le développement du secteur tertiaire et un élargissement des fonctions de redistribution (**État providence***).

Dans la **théorie de la régulation***, la consommation de masse est étroitement associée à la production standardisée de **biens durables***. Elle constitue le pendant indispensable à la **production de masse*** pour assurer l'équilibre économique du régime de **régulation fordiste***.

☞ **Concepts et corrélats**
➤ Consommation ➢ Fordisme ➢ Rapport salarial ➢ Mode de régulation

---

CONSOMMATION EFFECTIVE DES MÉNAGES
La consommation effective des ménages est une évaluation de la consommation des ménages par la Comptabilité nationale qui tient compte du fait que la consommation est en partie individuelle et en partie socialisée. Elle inclut :

– la dépense de consommation à la charge des **ménages***;

– les services produits par les **administrations*** mais individualisables (dépenses pour l'éducation et pour la santé en particulier, qui sont évalués au **coût des facteurs***).

➪ La consommation effective (ou consommation globale) est une norme européenne utilisée pour faire une comparaison du **niveau de vie***.

☞ **Concepts et corrélats**
➤ Comptabilité nationale ➤ Consommation ➢ Consommation collective ➢ Consommation effective ➢ Consommation socialisée ➢ Norme de consommation

CONSOMMATION ÉLARGIE

La consommation élargie est une évaluation de la **consommation finale*** des **ménages*** qui avait été créée en marge de la Comptabilité nationale (terminologie du CREDOC et de l'INSEE). pour rendre compte de l'ensemble des consommations marchandes ou non marchandes destinées au ménages. Elle incluait:

– la **consommation finale*** des ménages;

– la part individualisable de la consommation finale des **administrations*** publiques et privées (services non marchands d'enseignement, de santé, de Sécurité sociale, d'action sociale, de services récréatifs, culturels et sportifs).

➪ C'est un indicateur du **niveau de vie***.

☞ Concepts et corrélats

➤ Consommation ➢ Consommation effective des ménages ➢ Consommation socialisée ➢ Dépense de consommation des ménages

CONSOMMATION FINALE TOTALE

La consommation finale est l'utilisation de **biens*** et **services*** par des utilisateurs finaux. Selon le Système élargi de **Comptabilité nationale***, elle comprend:

– la consommation finale des ménages qui regroupe leur **consommation marchande*** (même si certaines dépenses sont partiellement ou totalement couvertes par des prestations des **administrations***) et leur **consommation non marchande*** (paiement partiel des ménages aux administrations et services fournis par le personnel salarié des ménages);

– la consommation finale des administrations, soit la valeur des services non marchands fournis par les administrations qu'elles soient publiques ou privées, déduction faite des paiements partiels effectués par les ménages pour la fourniture de ces services (par exemple pour la santé).

➪ Ne pas confondre avec la **consommation intermédiaire*** des **entreprises*** et avec l'**investissement*** des ménages et des administrations.

☞ Concepts et corrélats

➤ Comptabilité nationale ➤ Consommation ➢ Consommation collective ➢ Consommation effective ➢ Consommation socialisée ➢ Norme de consommation

CONSOMMATION INTERMÉDIAIRE

La consommation intermédiaire est la valeur des **biens*** et des **services*** qui sont entièrement consommés ou transformés au cours du processus de production (pour produire des biens de **consommation finale***, des **biens de production*** ou d'autres biens de consommations intermédiaire).

On distingue les consommations intermédiaires internes (en provenance de la **branche*** elle-même) et externes (en provenance des autres branches).

☞ Concepts et corrélats

➤ Comptabilité nationale ➤ Capital ➤ Consommation ➤ Investissement ➢ Consommation finale ➢ Valeur ajoutée

CONSOMMATION MARCHANDE

La Consommation marchande correspond à l'acquisition par les **ménages*** de **biens*** neufs ou d'occasion (acquisitions moins cessions de véhicules et d'antiquités) et de **services*** évalués à un **prix** de **marché*** (prix usine et marge de distribution) ou à un prix estimé (**autoconsommation*** des agriculteurs, loyers fictifs des logements occupés par leurs propriétaires, avantages en nature fournis gratuitement par les employeurs à leurs salariés).

➪ La consommation marchande ne comprend ni les achats de logements neufs et les grosses réparations, ni les paiements d'impôt et de cotisations sociales, ni les salaires des domestiques. La **Comptabilité nationale*** classe les dépenses de santé (hors hospitalisation) dans la consommation marchande (même si ces dépenses sont en partie couvertes par des prestations) et les paiements partiels des ménages aux administrations). dans les services non marchands.

☞ Concepts et corrélats

➤ Comptabilité nationale ➤ Consommation ➤ Investissement ➢ Consommation effective ➢ Consommation élargie ➢ Consommation finale ➢ Consommation intermédiaire ➢ Consommation non marchande ➢ Consommation socialisée ➣ Formation brute de capital fixe

CONSOMMATION NON MARCHANDE

La consommation non marchande regroupe :

❍ La consommation non marchande des **ménages*** (soit les **services*** domestiques fournis par le personnel salarié des ménages et les paiements partiels des ménages pour les services rendus par les **administrations*** publiques ou privées (séances de ciné-club, hôpitaux, crèches, musées).

❍ La consommation non marchande des administrations.

➪ L'INSEE inclut les paiements partiels par les ménages de services dans la consommation marchande, ce qui n'est pas le cas pour la définition retenue par la Comptabilité nationale.

☞ Concepts et corrélats

➤ Comptabilité nationale
➤ Consommation ➣ Consommation effective ➣ Consommation finale
➣ Consommation non marchande
➣ Consommation socialisée

CONSOMMATION OSTENTATOIRE

La consommation ostentatoire désigne une **consommation*** dont le but est de signifier aux autres la position sociale de l'individu qui la réalise.

Ce concept a été élaboré par l'économiste et sociologue américain Th. Veblen (1857-1929) qui reliait le développement de ces formes de consommation à l'anonymat social des sociétés urbaines et la recherche de signes distinctifs entre les individus.

☞ Concepts et corrélats

➤ Consommation ➣ Consommation de masse ➣ Institutionnalisme
➣ Consommation intermédiaire
➣ Consommation effective
➣ Consommation socialisée

CONSOMMATION SOCIALISÉE

La consommation socialisée est une évaluation de la consommation réalisée par l'INSEE pour tenir compte des consommations de services fournis gratuitement par l'**État***. C'est la différence entre la **consommation finale*** des **ménages*** et leur dépense finale. Elle représente :

– l'ensemble de la consommation finale individuelle des **administrations*** (enseignement, santé, Sécurité sociale, action sociale, services culturels et sportifs);

– les prestations en nature versées par les administrations (remboursement des dépenses de santé aux ménages par la Sécurité sociale, allocations de logement, etc.).

➪ La consommation socialisée représente en moyenne près de 25 % de la consommation des ménages français. Elle est financée par les impôts et les cotisations sociales.

☞ Concepts et corrélats

➤ Consommation ➣ Consommation élargie ➣ Consommation non marchande

CONTINGENTEMENT

➤ Commerce international ➣ Quota

CONTRAINTE DE BUDGET

Pour le **consommateur***, la contrainte de budget exprime le fait qu'il ne peut pas choisir n'importe quelle combinaison de deux biens X et Y. Il est limité par son niveau de **revenu*** R et par le **prix*** de chacun des biens (Px et Py). Le prix des biens sont fixés par l'équilibre entre **l'offre*** et la **demande*** sur les marchés. Ils sont une donnée pour le consommateur. Sous l'hypothèse que l'individu consomme l'intégralité de son revenu, la contrainte budgétaire signifie que la dépense doit être égale au revenu :

$$R = Px.\ X + Py.\ Y.$$

De la même façon, on peut définir une contrainte de budget pour le **producteur***, représentée par la **droite d'isocoût***.

☞ Concepts et corrélats

➤ Marchés et prix ➤ Consommation
➣ Droite de budget

CONTRAINTE EXTÉRIEURE

La contrainte extérieure désigne la réduction du degré d'autonomie des **politiques économiques*** nationales qui résulte de l'interdépendance croissante des économies. Les économies sont en effet de plus en plus dépendantes de l'environnement international, qu'il soit commercial, monétaire et financier.

Contrainte extérieure, ouverture des économies et compétitivité

La contrainte extérieure résulte tout d'abord de l'accroissement du **taux d'ouverture*** de la plupart des économies qui, de ce fait, deviennent plus sensibles aux variations de la conjoncture internationale. À partir du moment où les exportations représentent une part importante de la production nationale, une récession ou une expansion chez un partenaire commercial aura des répercussions inévitables dans l'économie nationale.

Dans un contexte d'ouverture sur l'extérieur, une **croissance économique*** plus forte dans un pays provoque une dégradation du solde du compte des transactions courantes. Ce décalage conjoncturel conduira à la mise en place d'une **politique économique*** restrictive et/ou d'une dépréciation-**dévaluation*** de la monnaie nationale (exemple de la relance française en 1981-1982 suivie d'une « politique de rigueur » dès 1983).

Cependant, la contrainte extérieure dépend également de la **compétitivité*** de l'offre nationale. Dans cette optique, de nombreux pays mettent en place une **politique industrielle*** afin d'atténuer la contrainte extérieure. La France a ainsi mené une politique des créneaux à l'exportation ou des politiques de **filières***. Un pays comme le Japon, extrêmement dépendant des importations pour sa survie économique, réagit par des politiques cohérentes élaborées conjointement par les grandes firmes et l'administration dans le cadre du MITI.

Contrainte extérieure, taux de change et taux d'intérêt

La gestion des **taux de change*** et des taux d'intérêt tend à prendre actuellement une importance croissante dans l'expression de la contrainte extérieure.

Dans un univers économique où les biens et les **capitaux*** circulent sans entraves, les taux de change jouent un rôle essentiel. Chaque pays tente de se prémunir contre les variations trop importantes des taux de change dans la mesure où une appréciation du taux de change tend à freiner les **exportations*** et une dépréciation alourdit le **coût*** des **importations***. Le taux de change, objectif externe de la politique économique, tend alors à devenir prioritaire par rapport aux objectifs internes (croissance, plein-emploi).

C'est particulièrement vrai dans un système de **taux de change fixes*** où la défense de la monnaie* conduit les pays à déficit extérieur à mettre en place des politiques économiques restrictives, et en particulier une politique de **taux d'intérêt*** élevés. La **globalisation financière*** renforce la tendance à la diminution de l'autonomie en matière de politique monétaire. Toute diminution des taux d'intérêt dans un pays risque d'entraîner des sorties de capitaux qui peuvent provoquer un effondrement des cours sur les marchés financiers et sur le marché des changes. La « tyrannie des marchés » (J.P. Fitoussi, *Le débat interdit*, 1995) réduit les marges de manœuvre de la politique économique.

➪ La théorie du **triangle des incompatibilités*** affirme que dans un contexte de changes fixes et de libre circulation des capitaux, un pays ne peut pas avoir de politique monétaire autonome.

☞ Concepts et corrélats

➤ Commerce international ➤ Politique économique ➤ Finances internationales ➤ Intégration économique ➢ Compétitivité ➢ Politique industrielle ➢ Politique monétaire

CONTRAT FUTUR (*FUTURE*)

Un contrat futur est un contrat au terme duquel deux opérateurs s'engagent à vendre et à acheter une quantité déterminée d'un actif sous-jacent (titres, marchandises, **devises***) à un prix déterminé et à une échéance déterminée. Il s'agit donc d'un contrat à terme dont la spécificité réside dans le fait que les caractéristiques (montant et échéance) sont standardisées, ce qui assure au marché une plus grande liquidité.

☞ Concepts et corrélats

➤ Monnaie ➤ Finances internationales ➢ Marché à terme ➢ Marché à terme international de France

CONTRAT IMPLICITE

Dans la théorie des contrats implicites (C. Azariadis – 1975 –, M.N. Baily – 1974 – et D.F. Gordon – 1974), les salariés ont plus **d'aversion pour le risque*** que les employeurs. Ils préfèrent le versement régulier d'une somme fixe à des fluctuations liées à un régime de salaires flexibles. Ils cherchent donc à se prémunir contre de trop importantes fluctuations de leur revenu.

La stabilisation des **salaires*** peut être achetée en quelque sorte par les salariés, qui acceptent un niveau de salaire plus faible que celui auquel ils pourraient prétendre (correspondant à leur **productivité marginale***), la différence constituant une prime d'assurance perçue par l'employeur. La rigidité des salaires découle alors de la double nature du contrat passé entre employeur et salarié, contrat de travail et d'assurance. Dans ce cas de figure, c'est **l'entreprise*** qui joue le rôle d'une « compagnie d'assurances » protégeant les salariés contre les risques de fluctuations excessives de leurs revenus.

On peut définir un « contrat optimal » dont les caractéristiques sont les suivantes :

○ Le contrat optimal stipule des salaires fixes : les rémunérations ne dépendent plus de l'état de la nature. La firme fournit une assurance complète à ses employés vis-à-vis des risques de fluctuations de leurs revenus. La valeur du salaire dépend des opportunités extérieures des salariés.

○ L'emploi qui résulte de ces contrats ne réalise pas l'égalité entre **productivité marginale du travail*** et **taux de salaire réel***, il est donc sous-optimal au regard du critère d'efficacité productive. Un travailleur qui accepte le contrat proposé (stabilité de ses rémunérations) accepte du même coup le risque de **chômage*** correspondant.

○ Il en résulte que l'objectif d'assurance vis-à-vis du risque et l'objectif d'efficacité productive entrent en conflit : c'est cette opposition qui explique la rigidité des salaires et le **chômage involontaire***.

☞ Concepts et corrélats

➤ Marché du travail ➤ Revenu du patrimoine

CONTREPARTIES DE LA MASSE MONÉTAIRE

Les contreparties de la masse monétaire sont les **créances** qui ont été monétisées au cours du processus de **création monétaire***. Ces créances se trouvent à l'actif du **bilan** des **Institutions financières monétaires***(IFM), la monnaie se trouvant au passif. Ces contreparties sont d'une part les créances des IFM sur les agents résidents (ménages, entreprises, administrations publiques), d'autre part les créances sur l'extérieur.

➪ L'évaluation des contreparties, comme l'évaluation de la **masse monétaire***, ont un caractère conventionnel. Au sein de la **Zone Euro***, c'est l'**agrégat monétaire** M3 qui sert de référence à la **politique monétaire*** et ce sont les contreparties de cet agrégat qui sont mesurées à partir du bilan consolidé des IFM.

☞ Concepts et corrélats

➤ Monnaie

CONTRIBUTION SOCIALE GÉNÉRALISÉE (CSG)

La contribution sociale généralisée est un prélèvement mis en place en France par la **Loi de finances*** en 1991 pour financer la **protection sociale***. Elle frappe les revenus d'activité et de remplacement ainsi que les revenus du **patrimoine***. Son taux est actuellement de 7,5 % ; il était de 1,1 % à la création de la CSG.

➪ La CSG est un **prélèvement obligatoire*** « hybride » : elle possède certaines caractéristiques des impôts d'État (elle relève de la Loi de finances) et se rapproche des **cotisations sociales*** dans la mesure où elle finance la protection sociale. L'augmentation de l'importance relative de la CSG et la baisse des taux de cotisations sociales des salariés traduit une tendance à la fiscalisation du financement de la **protection sociale***.

☞ Concepts et corrélats

➤ État ➢ Budget de l'État
➢ Prélèvements obligatoires

CONTRIBUTION POUR LE REMBOURSEMENT DE LA DETTE SOCIALE (CRDS)

La contribution pour le remboursement de la dette sociale (CRDS) est un impôt entré en vigueur depuis le 1er février 1996; sa durée est de 18 ans. Les recettes de la CRDS (versées à la Caisse d'amortissement de la dette sociale) sont destinées à prendre en charge les déficits cumulés du régime général de la Sécurité sociale depuis 1994.

Son taux actuel est de 0,5 % et s'applique:

– à tous les **revenus*** d'activité;

– à la quasi-totalité des revenus de placement (sauf les **revenus*** des livrets A et assimilés);

– à la quasi-totalité des revenus de remplacement (sauf les minima sociaux).

☞ Concepts et corrélats

➤ État ➢ Budget de l'État ➢ Prélèvements obligatoires

CONTRÔLE DES CHANGES

Le contrôle des changes est un dispositif règlementaire par lequel les **autorités monétaires*** d'un pays limitent, soumettent à certaines conditions (financement d'opérations commerciales), voire interdisent les opérations d'achats ou de ventes de **devises***.

➪ Depuis les années 1980, de très nombreux pays ont abandonné les politiques de contrôle des changes, ce qui a contribué à la **globalisation financière***.

☞ Concepts et corrélats

➤ Finances internationales ➢ Politique du change

CONVENTION COLLECTIVE

Dans l'**entreprise***, une convention collective est un accord conclu entre employeurs et **syndicats*** de salariés; elle traite de l'ensemble des conditions d'emploi et de travail et des garanties sociales applicables aux salariés. Différents niveaux d'application concerne une convention collective: elle peut être étendue par les pouvoirs publics, aux salariés d'une même **branche***, ou élargie à d'autres branches aux conditions économiques proches.

Toute convention collective doit être rédigée par écrit et le texte doit être transmis:

– au ministère chargé du Travail;

– au conseil de prud'hommes du lieu de la conclusion;

– au **comité d'entreprise***, aux **délégués du personnel*** et délégués syndicaux.

➪ Dans les entreprises privées de plus de 50 salariés, l'employeur doit prendre l'initiative d'engager chaque année une négociation sur les **salaires***, les effectifs, la **durée du travail***, l'évolution de l'**emploi*** dans l'entreprise.

☞ Concepts et corrélats

➤ Organisation du travail ➢ Rapport salarial ➢ Fordisme ➢ Syndicat

CONVENTIONNALISME

Le conventionnalisme est une conception épistémologique développée notamment par H. Poincaré (1854-1912) et P. Duhem (1861-1916) selon laquelle les **axiomes*** ou les propositions premières d'une science ne sont que des conventions dont il est impossible de dire si elles sont vraies ou fausses, mais qui sont plus ou moins commodes.

➪ Le conventionnalisme s'oppose au **réalisme épistémologique***.

☞ Concepts et corrélats

➤ Épistémologie économique ➤ Théories économiques

CONVERGENCE

Le concept de convergence a plusieurs significations:

– on dit qu'il y a convergence entre économies lorsqu'il y a réduction des écarts de niveau de vie (revenu par tête), ce qui suppose que les économies les plus pauvres ont un taux de croissance plus élevé que les économies les plus riches;

– dans le **modèle de Solow***, on parle de convergence lorsque le taux de croissance d'une économie se rapproche de son **sentier de croissance équilibrée*** de long terme. Les études empiriques conduisent à penser qu'il n'y pas convergence en ce sens au niveau de l'économie mondiale.

On parle de convergence conditionnelle entre les pays (clubs de convergence) qui ont le même sentier de croissance d'équilibre de long terme, ce qui suppose qu'ils ont les mêmes caractéristiques structurelles et institutionnelles (taux d'épargne, taux d'investissement, etc.) : un pays enregistre alors un taux de croissance par tête d'autant plus élevé qu'il est éloigné de ce sentier d'équilibre de long terme.

☞ Concepts et corrélats

➤ Croissance économique ➤ Économie du développement

CONVERTIBILITÉ

Le terme convertibilité a deux significations très différentes selon qu'il s'agit de la convertibilité envisagée sur le plan interne ou de la convertibilité envisagée sur le plan international.

❍ Sur le plan interne, une monnaie est dite convertible lorsqu'elle peut être librement échangée, à un cours déterminé, contre des métaux précieux (or ou argent) auprès de la **Banque centrale***. La libre convertibilité a disparu dans presque tous les pays avec la Première Guerre mondiale. Entre les deux guerres, une convertibilité limitée à l'échange de lingots a été provisoirement instaurée dans certains pays (*Gold Bullion Standard*). C'est ainsi que de 1925 à 1931 la livre sterling fut convertible en or sous forme de lingots de 400 onces.

❍ Sur le plan international, une monnaie est dite convertible lorsqu'elle peut être librement échangée contre des **devises***. La convertibilité peut être intégrale (la conversion en devise est possible quel que soit le type d'opération – biens et services ou capitaux – qui l'a rendue nécessaire). La convertibilité, peut être externe, elle est alors réservée aux non-résidents.

☞ Concepts et corrélats

➤ Finances internationales ➤ Monnaie ➢ Cours forcé ➢ Étalon-or

---

CONVEXITÉ DES PRÉFÉRENCES

La convexité des préférences est une hypothèse relative aux **courbes d'indifférence*** d'un **consommateur***. Elle signifie que les **paniers de consommation** intermédiaires sont préférés aux paniers extrêmes.

Un ensemble convexe a en effet cette propriété : pour toute paire de points appartenant à cet ensemble, le segment de droite qui relie ces deux points est entièrement inclus dans l'ensemble

.

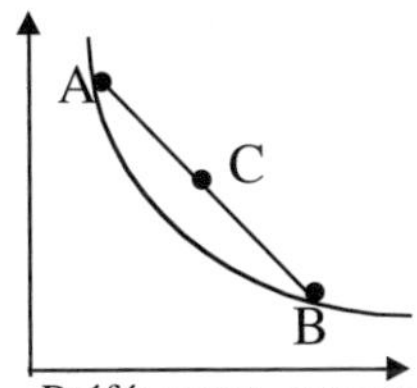

Préférences convexes : le panier C est préféré aux paniers A et B

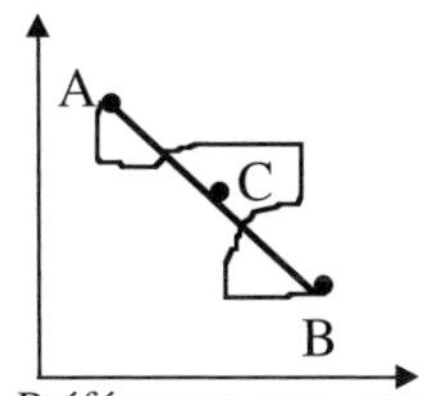

Préférences non convexes : les paniers A et B sont préférés au panier C

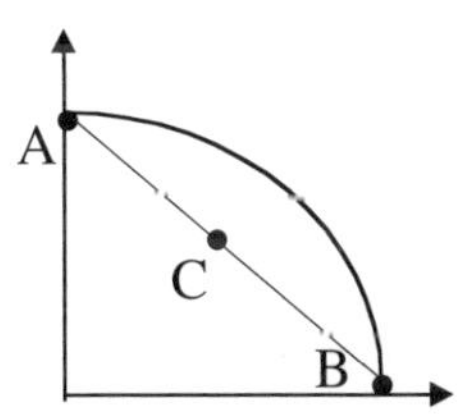

Préférences concaves.

➪ Stricte convexité des préférences : il s'agit d'une extension de l'hypothèse de convexité. Pour des préférences convexes, les courbes d'indifférence peuvent inclure des segments de droite alors que pour des préférences strictement convexes, les courbes d'indifférences ont toujours une allure « incurvée ». Cette hypothèse permet notamment de garantir l'unicité du point **d'équilibre du consommateur***.

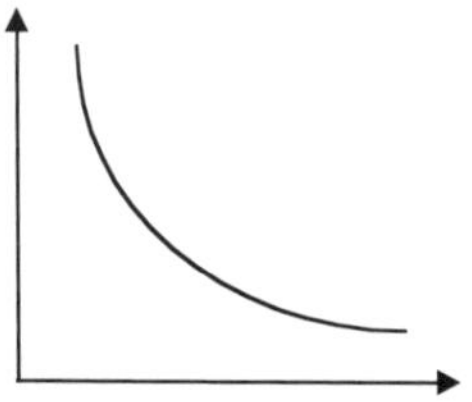

Préférences strictement convexes

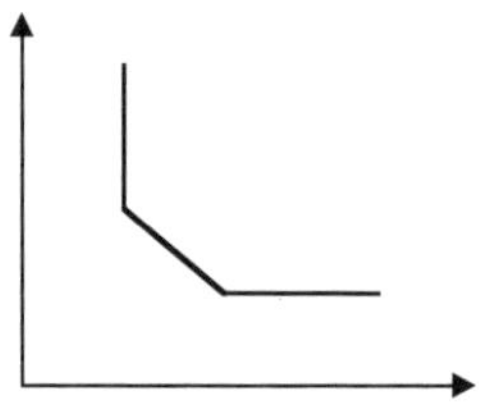

Préférences convexes

☞ Concepts et corrélats

➤ Marchés et prix➤ Consommation ➢ Microéconomie

COOPÉRATION ÉCONOMIQUE ASIE PACIFIQUE

(*ASIA PACIFIC ECONOMIC COOPERATION*, APEC en anglais)

La Coopération Économique Asie Pacifique est une organisation intergouvernementale constituée en 1989 à l'initiative des États-Unis et de l'Australie. Elle rassemble 18 pays de la région Asie-Pacifique (Australie, Brunei, Canada, Chili, Chine, Corée, États-Unis, Hongkong, Indonésie, Japon, Malaisie, Mexique, Nouvelle-Zélande, Nouvelle Guinée, Philippines, Singapour, Taiwan, Thaïlande). Depuis 1993, l'APEC est devenue un forum régional de négociation commerciale qui s'est prononcée en septembre 1999 (sommet d'Auckland), en faveur d'une libéralisation tarifaire anticipée dans huit secteurs économiques (environnement, équipements médical et énergétique, produits chimiques et forestiers, poissons, jouets, bijouterie). Cette initiative se heurte aux réticences des autres membres de l'**Organisation Mondiale du Commerce*** qui n'ont pas été associés au choix des secteurs.

☞ Concepts et corrélats

➤ Commerce International ➤ Intégration économique

COOPÉRATIVE

Une coopérative est une **société*** formée par un groupement de personnes. Bien que la propriété du **capital*** demeure privée, elle se distingue de l'**entreprise*** capitaliste par l'application d'un certain nombre de principes:

– l'adhésion est libre, chaque personne est admise dès qu'elle a réglé sa part;

– chaque coopérateur ne dispose que d'une voix quel que soit son apport en capital;

– l'apport en capital est rémunéré par un **intérêt*** et non par une part du **bénéfice***;

– le **profit*** ne constitue pas l'objectif de la coopérative. Elle vise à fournir des avantages à ses membres (emploi, prix réduits, etc.);

– à la dissolution, on restitue aux coopérateurs le montant de leur apport; mais si un excédent apparaît, il est attribué à d'autres coopératives ou à une cause d'intérêt général.

On distingue trois formes principales de coopératives:

– la société coopérative de production (SCOP), société à capital variable qui peut prendre la forme d'une **société anonyme*** ou d'une **société à responsabilité limitée*** et dont la fonction est de produire des biens et des services. C'est elle qui se rapproche le plus (en principe) de l'idéal autogestionnaire en tant que modèle alternatif;

– la coopérative de production où de petits entrepreneurs se regroupent pour obtenir de meilleurs prix pour leur approvisionnement, leur vente, etc. Les coopératives agricoles en fournissent un bon exemple;

– la coopérative de consommation dont l'objectif est de procurer aux sociétaires des biens ou des services dans les meilleures conditions.

Les SCOP connaissent une stagnation certaine aujourd'hui, mais elles continuent de jouer un rôle économique important dans l'agriculture et la distribution. Avec les mutuelles, les **syndicats*** et des associations gestionnaires, elles forment le secteur de l'**économie sociale*** ou **tiers secteur***.

☞ **Concepts et corrélats**
➤ Entreprise ➢ Système économique

CORPORATION

Le système des corporations est une organisation des rapports de travail dans l'Ancien Régime en France. Chaque artisan était tenu d'appartenir à une corporation qui le protégeait, mais lui imposait les « règles de l'art » ainsi que les prix et les autres conditions du **marché***. La hiérarchie interne était très stricte, de l'apprenti au maître, avec des modalités de passage très formalisées.

Progressivement les corporations sont devenues aussi bien un obstacle de principe à la liberté individuelle qu'un frein au développement des mécanismes de marché et à l'instauration d'un véritable **marché du travail***. A.R.Turgot (1727-1781) a cherché à supprimer les corporations en 1776, la Révolution française les a abolies en 1791.

Par extension, on parle parfois de corporation au sens de profession artisanale ou commerciale lorsqu'elle est fortement structurée: corporation des taxis ou des limonadiers.

➪ La notion de corporatisme a été utilisée dans certains régimes autoritaires (fascisme italien, régime de Vichy en France). L'organisation corporative y est présentée comme un moyen de mettre fin à la lutte des classes.

☞ **Concepts et corrélats**
➤ Organisation du travail ➢ Systèmes économiques ➢ Déréglementation

CORRÉLATION

La corrélation désigne la plus ou moins grande dépendance entre deux variables statistiques.

Elle est mesurée par le coefficient de corrélation (dont la valeur absolue est comprise entre 0 et 1).

➪ Un fort coefficient de corrélation linéaire ne permet pas d'établir de façon mécanique des liens de **causalité*** entre les variables. On ne peut pas savoir si x « agit » sur y ou si y « agit » sur x.

COTATION

Sur le **marché des changes***, la cotation est l'opération consistant à déterminer le **cours du change*** d'une **devise***.

Il existe deux écritures possibles des cotations:

– dans la cotation à l'incertain, la cote indique le nombre d'unités de monnaie nationale correspondant à une unité (ou 100 ou 1 000) de monnaie étrangère;

– dans la cotation au certain, la cote indique le nombre d'unités de monnaie étrangère correspondant à une unité de monnaie nationale. Sur le marché de Londres on pratique la cotation au certain.

➪À la **Bourse des valeurs*** et sur les marchés des matières premières, la cotation consiste à confronter l'offre et la demande pour déterminer le cours des titres ou des marchandises.

☞ **Concepts et corrélats**
➤ Finances internationales

COTATION ASSISTÉE EN CONTINU (CAC)

La cotation assistée en continu est le nom que l'on donne à la technique de **cotation*** utilisée à la **Bourse des valeurs*** de Paris. Il s'agit d'une **cotation en continu*** réalisée grâce à la centralisation et au traitement de l'ensemble des ordres de bourse par un logiciel de **cotation*** géré par Parisbourse SA.

➪ La cotation assistée en continu a remplacé en 1986 la cotation à la criée (autour de la « corbeille »).

➪ Toutes les bourses utilisent désormais cette méthode de cotation assistée par des moyens électroniques. La performance des logiciels de cotation est l'un des éléments de la **concurrence*** entre les places financières.

➪ Le principal **indice boursier*** de la Bourse de Paris est le CAC 40 qui porte sur les 40 valeurs principales cotées à Paris.

☞ **Concepts et corrélats**
➤ Monnaie ➢ Marché financier

COTATION EN CONTINU

La cotation en continu consiste, sur un **marché***, à laisser fluctuer en permanence le cours des titres ou des marchandises en fonction de l'arrivée des ordres d'achat et des ordres de vente. Le prix de l'actif faisant l'objet d'une cotation en continu varie donc tout au long de la séance de marché.

➪ La cotation en continu s'oppose au **fixage***.

➪ La cotation en continu est critiquée par certains économistes libéraux (M. Allais par exemple) car elle donne lieu au cours d'une même séance à des variations de prix que l'état fondamental du marché ne justifie pas toujours et laisse la possibilité aux opérateurs les mieux informés de réaliser des gains spéculatifs.

☞ Concepts et corrélats

➤ Marchés et prix ➤ Monnaie
➤ Finances internationales ➢ Cotation
➢ Cotation assistée en continu

COTISATIONS SOCIALES

Les cotisations sociales sont l'ensemble des versements que les individus et leurs employeurs versent aux administrations de **Sécurité sociale*** et aux régimes privés de la protection sociale. Les cotisations sociales sont payées par les salariés, les employeurs, les travailleurs indépendants et les personnes n'occupant pas d'emplois. Elles servent à financer le versement de prestations **sociales***.

➪ Il ne faut pas confondre les cotisations sociales et les **impôts***. Les cotisations sociales sont prélevées par des organismes de protection sociale (et non par l'État central) et ont pour contrepartie la couverture sociale de certains risques.

☞ Concepts et corrélats

➤ Protection sociale ➤ État
➢ Prélèvements obligatoires
➢ Contribution sociale généralisée
➢ Contribution au remboursement de la dette sociale ➢ Assurances sociales

COTISATIONS SOCIALES EFFECTIVES

Dans la Comptabilité nationale, les cotisations sociales effectives représentent l'ensemble des versements que les individus et leurs employeurs effectuent aux administrations de **Sécurité sociale*** et aux régimes privés. Elles se décomposent en cotisations à la charge des employeurs, à la charge des salariés, et à la charge des travailleurs indépendants et des personnes n'occupant pas d'emploi.

☞ Concepts et corrélats

➤ Comptabilité nationale ➢ Cotisations sociales

COTISATIONS SOCIALES IMPUTÉES À LA CHARGE DES EMPLOYEURS

Dans la Comptabilité nationale, les **cotisations sociales*** imputées à la charge des employeurs représentent la contrepartie des prestations sociales fournies directement par les employeurs à leurs salariés. Cette contrepartie est diminuée le cas échéant des cotisations sociales à la charge des salariés.

☞ Concepts et corrélats

➤ Comptabilité nationale

COURBE D'INDIFFÉRENCE

Une courbe d'indifférence représente l'ensemble des combinaisons de quantités de deux biens qui procurent au consommateur un niveau d'**utilité*** identique. Une courbe d'indifférence peut avoir des formes différentes selon que les biens sont complémentaires ou substituables.

Des biens sont strictement complémentaires lorsque l'utilisation de l'un entraîne l'utilisation de l'autre dans des proportions déterminées (thé et sucre). Les courbes d'indifférence de ce type de bien sont donc particulières. À partir du moment où l'on détermine une quantité pour l'un des deux biens sur un panier donné, le consommateur préfère une quantité correspondante du bien complémentaire et est indifférent une quantité supérieure du second bien.

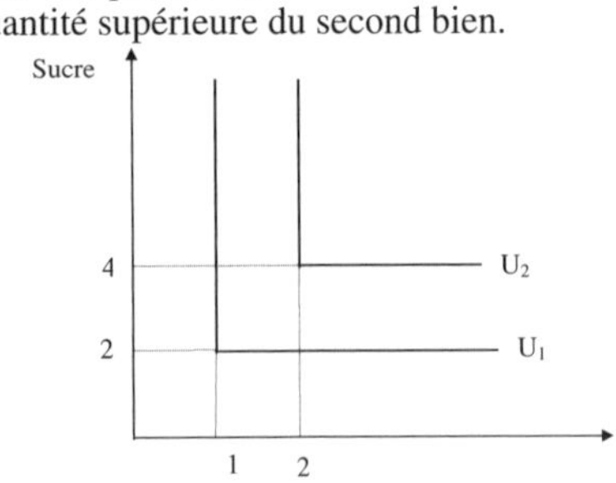

Biens strictement complémentaires

La théorie microéconomique néoclassique raisonne généralement à partir de l'hypothèse de biens substituables.

Une courbe d'utilité correspond à un degré d'utilité d'autant plus élevé qu'elle est plus éloignée de l'origine des axes.

☞ Concepts et corrélats

➤ Marchés et prix ➢ Carte d'indifférence ➢ Taux marginal de substitution ➤ Consommation

COURBE D'OFFRE

En **microéconomie***, la courbe d'offre d'un **producteur** représente l'ensemble des quantités offertes sur un **marché*** par ce producteur, aux différents prix possibles de ce bien.

La courbe d'offre est généralement croissante

.

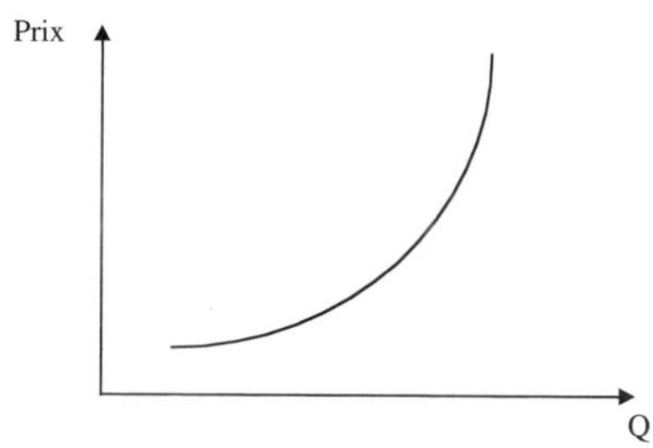

➩ À court terme, la courbe d'offre du producteur est donnée par la partie de la courbe de **coût marginal** située au-dessus de la courbe de coût variable moyen

.

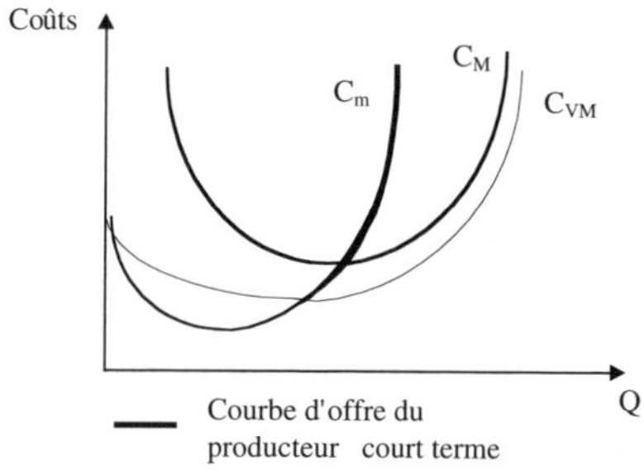

☞ Concepts et corrélats

➤ Marchés et prix ➢ Fonction d'offre ➢ Coût variable

COURBE DE BEVERIDGE

La courbe de Beveridge se présente comme une courbe décroissante qui illustre la relation normalement inverse qui s'établit entre le **taux de chômage*** et le taux d'emplois vacants.

En effet, lorsque le taux de chômage croît, les demandeurs d'emplois acceptent plus facilement tout emploi qu'on leur propose. Un déplacement de la courbe vers la droite (c'est-à-dire une augmentation du taux d'emplois vacants pour un même niveau de taux de chômage) traduit une augmentation du **chômage frictionnel***.

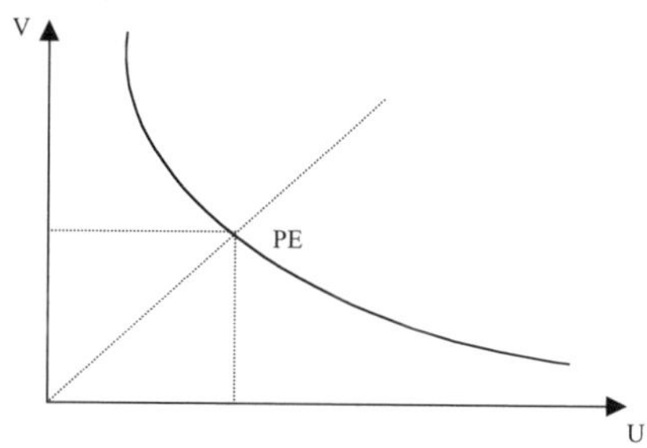

U : taux de chômage

V : taux de vacances d'emplois

PE : le taux de chômage de plein-emploi selon W. Beveridge.

☞ Concepts et corrélats

➤ Marché du travail

COURBE DE CONCENTRATION

La courbe de concentration (ou courbe de Lorenz) est une représentation graphique de la concentration de caractères statistiques continus.

On porte sur l'axe des abscisses les **fréquences cumulées*** des effectifs de la **distribution statistique*** et sur l'axe des ordonnées les fréquences cumulées de la masse globale du caractère (par exemple masse salariale si l'on étudie la concentration des salaires).

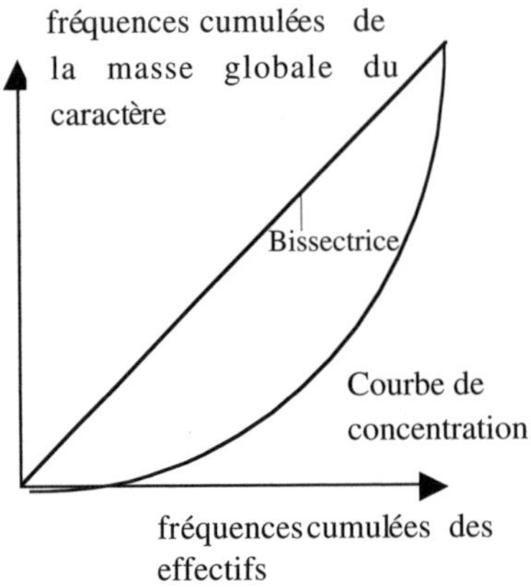

Dans le cas d'une distribution parfaitement égalitaire des salaires par exemple, 10 % des salariés se partagent 10 % de la masse salariale : la courbe de concentration est alors confondue avec la première bissectrice. Plus la distribution est concentrée au contraire, plus la courbe s'éloigne alors de cette bissectrice.

La mesure du degré de concentration d'une distribution est donnée par l'indice de Gini : il se calcule en faisant le rapport entre l'aire de concentration (surface comprise entre la courbe de concentration et la bissectrice) et le triangle ABC. L'aire de ce triangle (demi-carré de côté égal à 1) étant égale à 0,5, l'indice de Gini est donc le double de la surface de concentration.

Il est compris entre 0 (courbe de concentration confondue avec la bissectrice) et 1 (aire de concentration confondue avec l'aire du triangle).

La concentration est d'autant plus forte que l'indice de Gini est proche de 1.

COURBE DE DEMANDE

En **microéconomie**, la courbe de demande d'un **consommateur** représente l'ensemble des quantités demandées sur un **marché*** par ce consommateur, aux différents **prix*** possibles de ce bien.

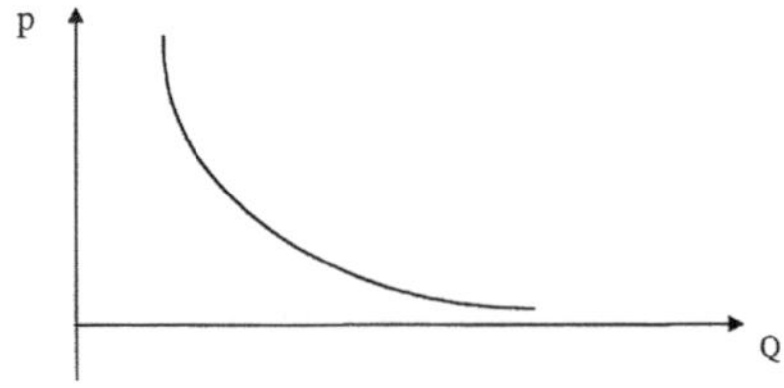

➪ En règle générale, la courbe de demande est décroissante, sauf dans le cas des **biens de Giffen***.

☞ Concepts et corrélats

➤ Marchés et prix ➤ Consommation

COURBE DE LAFFER

La courbe d'A. Laffer est une représentation graphique de la relation entre la pression fiscale (taux d'imposition ou encore le **taux de prélèvements obligatoires***) et les recettes fiscales (ou fiscales et sociales).

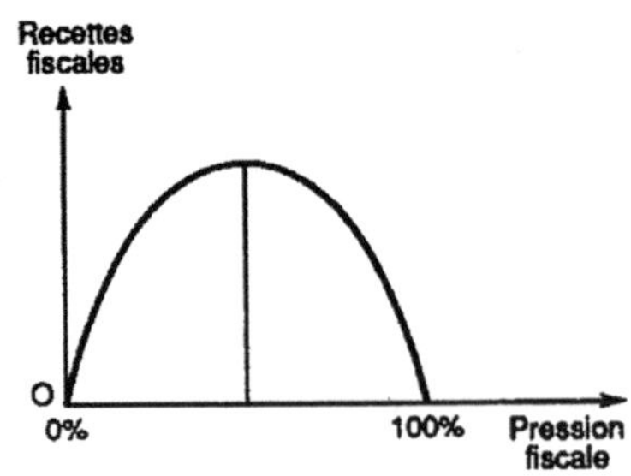

Lorsque le **taux d'imposition*** s'accroît, les recettes commencent par augmenter et atteignent un maximum (le taux d'imposition est alors optimal). Elles diminuent par la suite car, au-delà d'un taux d'imposition qu'ils jugent prohibitif, les agents économiques réduisent leur offre de **facteurs de production***. L'activité économique est donc découragée par une imposition excessive. Par ailleurs, les agents tentent d'échapper aux prélèvements par la fraude.

A. Laffer considérait qu'au début des années 1980, les pays occidentaux, et notamment les États-Unis, se trouvaient dans la zone prohibitive. Il était donc nécessaire de réduire les taux d'imposition.

Cette analyse a eu un grand succès politique et médiatique, mais a été sévèrement critiquée par la majorité des économistes.

A. Laffer ne prend en compte qu'un **effet-prix***: la baisse des rémunérations après impôt conduirait selon lui les agents à réduire leur offre de travail, leur épargne et leurs investissements. Les critiques avancent qu'il faut également prendre en compte un **effet-revenu***: la baisse des revenus après impôt peut inciter les agents à augmenter leur offre de travail, leur épargne et leurs investissements. Aucune corrélation négative significative n'a pu être établie entre le taux d'imposition et les indicateurs de performance économique (croissance de l'économie, gains de productivité).

☞ Concepts et corrélats

➤ État ➤ Politique économique
➤ Théories économiques ➢ Économie de l'offre ➢ État minimal ➢ Prélèvements obligatoires

COURBE DE LORENZ

➢ **Courbe de concentration**

COURBE DE PHILLIPS

La courbe de Phillips établit une relation décroissante entre le taux de croissance des salaires nominaux et le **taux de chômage***. Elle a été établie par l'économiste A. W. Phillips en 1958. Son étude statistique portait sur la Grande-Bretagne et la période 1867-1957.

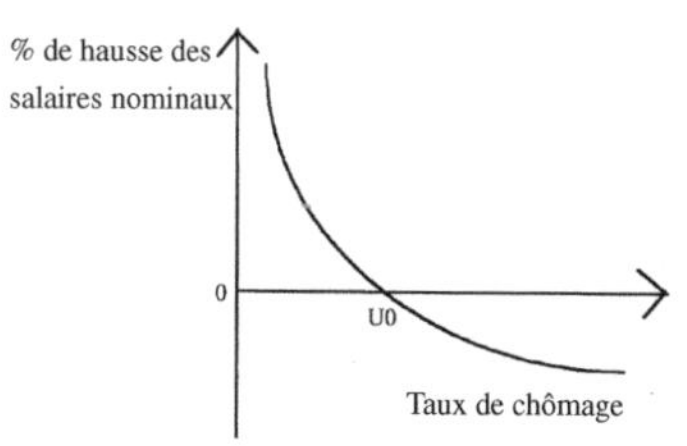

À la base du raisonnement, on trouve l'idée suivant laquelle lorsque le **travail*** se raréfie sur le marché du travail et que l'on se trouve en situation de demande excédentaire, le prix du travail (le **taux de salaire***) s'accroît. Au contraire, en situation d'abondance de main-d'œuvre, lorsque **l'offre de travail*** devient supérieure à la demande, le taux de croissance des salaires nominaux se ralentit, voire devient négatif: le taux de salaire peut baisser.

➪ U_0 est interprété par les économistes de l'offre comme étant le taux de chômage non inflationniste (NAIRU).

☞ Concepts et corrélats

➤ Marché du travail

COURBE EN J

La « courbe en J » décrit l'évolution que suit le plus souvent le solde des échanges de **biens*** et **services*** d'un pays à la suite d'une **dévaluation*** ou d'une dépréciation de sa **monnaie***.

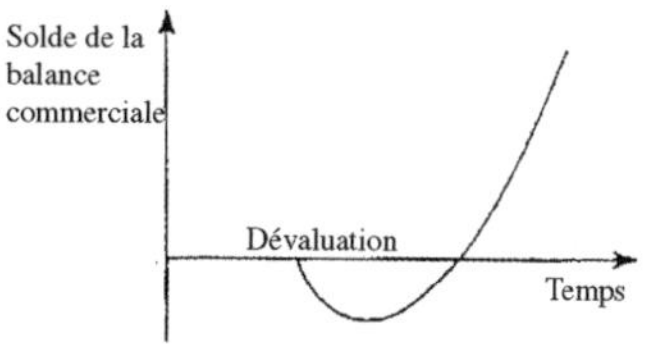

Toutes choses égales par ailleurs, une dévaluation (ou dépréciation) de la monnaie provoque:

– un effet-prix: les prix des produits nationaux exprimés en monnaies étrangères diminuent et les prix des produits étrangers exprimés en monnaie nationale augmentent; l'effet-prix équivaut à une détérioration des **termes de l'échange*** et dégrade le solde des échanges de biens;

– un effet-quantité: les modifications de prix vont induire des variations des volumes importés et exportés; ce mouvement va conduire à un redressement du solde des échanges de biens.

Suite à la dévaluation, le solde commercial continue à se dégrader (partie décroissante de la courbe). En effet, dans un premier temps, l'effet-prix l'emporte sur l'effet-quantité. Par la suite, on peut logiquement s'attendre à une amélioration du commerce extérieur. Les quantités exportées vont s'accroître et les quantités importées vont diminuer. Dans un second temps, l'effet-quantité est donc supérieur à l'effet-prix.

Cependant, l'amélioration du solde des échanges commerciaux n'est pas assurée. En effet:

– les modifications de prix induites par la dévaluation ne sont pas automatiquement répercutées, à la hausse ou à la baisse, par les entreprises. Les entreprises exportatrices peuvent ne pas baisser les prix et profiter de la dévaluation pour accroître leurs marges bénéficiaires. De façon symétrique, les prix des produits importés n'augmentent pas si les entreprises étrangères compriment leurs marges bénéficiaires. Les **comportements de marges*** des entreprises peuvent donc contrecarrer les variations de prix provoquées par la dévaluation;

– il n'est pas certain que l'effet-quantité soit supérieur à l'effet-prix. Tout dépend de la valeur de l'**élasticité*** des importations et des exportations par rapport aux prix (voir **théorème des élasticités critiques***);

– les quantités échangées ne dépendent pas seulement des prix. La différenciation des produits (apparence, qualité, etc.), l'adaptation des produits exportés et importés à la demande (nationale et mondiale) doivent être prises en compte. Ces derniers éléments qui définissent la **compétitivité*** structurelle ou encore compétitivité hors-prix tendent à prendre une importance croissante dans la détermination des flux d'échanges internationaux.

☞ Concepts et corrélats

➤ Commerce international ➤ Finances internationales ➢ Compétitivité ➢ Comportements de marge ➢ Dévaluation

COURS À TERME

Sur le **marché des changes***, le cours à terme d'une **devise*** est le cours du **change*** qui s'établit pour des opérations dont les conditions (prix et quantité) sont fixées immédiatement mais dont la livraison aura lieu à une date ultérieure (le terme) déterminée par les opérateurs.

Lorsque le cours à terme d'une devise est égal à son cours au comptant, on dit qu'elle est « à la parité du comptant ». Lorsque le cours à terme et au comptant sont différents, la devise cote un **report*** ou un **déport***.

➪ Des opérations à terme existent aussi sur le marché des **valeurs mobilières***, sur les marchés des matières premières.

☞ Concepts et corrélats

➤ Finances internationales ➢ Cotation ➢ Différentiel d'intérêt ➢ Marché à terme International de France ➢ Marché à terme ➢ Contrat futur ➢ Produits dérivés

COURS AU COMPTANT

Sur le **marché des changes***, le cours au comptant d'une **devise*** est le cours du **change*** d'une devise tel qu'il s'établit pour des opérations dont le dénouement a lieu immédiatement ou dans un délai très bref (24 h).

➪ Des opérations au comptant se déroulent aussi sur le marché des **valeurs mobilières*** et sur les marchés des matières premières.

☞ Concepts et corrélats

➤ Finances internationales ➢ Cours à terme ➢ Cotation

COURS DU CHANGE

➤ Finances internationales ➢ Taux de change

COURS FORCÉ

Une monnaie a cours forcé lorsque la banque émettrice n'assure pas sa **convertibilité*** en métal précieux.

☞ Concepts et corrélats

➤ Monnaie ➤ Finances internationales ➢ Cours légal ➢ Étalon-or

COURS LÉGAL

Une monnaie a cours légal lorsque les créanciers sont tenus de l'accepter en paiement.

➪ Lorsqu'une monnaie n'a pas cours légal, on dit qu'elle a cours libre, c'est-à-dire que les agents sont libres de l'accepter ou non en paiement.

☞ Concepts et corrélats

➤ Monnaie ➤ Finances internationales ➢ Cours forcé ➢ Loi de Gresham

COURS LIBRE

➤ Monnaie ➢ Cours légal

COURTE PÉRIODE

La courte période désigne, en économie, la période durant laquelle les structures de **production*** restent inchangées.

☞ Concepts et corrélats

➤ Fluctuations et crises ➤ Croissance ➢ Longue période ➢ Conjoncture économique

COÛT ASSURANCE-FRÊT (CAF)

L'expression Coût Assurance-Frêt désigne un mode de comptabilisation des importations. Ces dernières sont évaluées par les services des douanes à leur entrée dans le pays. Le prix intègre donc le coût de transport (frêt) et d'assurance.

☞ Concepts et corrélats

➤ Commerce international ➢ Balance des paiements ➢ Franco à bord ➢ Taux de couverture

COÛT D'OPPORTUNITÉ

Lorsqu'un agent économique effectue un choix, il renonce à des biens, services ou activités qui lui auraient procuré des satisfactions. Ce choix présente donc un coût, appelé coût d'opportunité, égal à la valeur des satisfactions auxquelles l'agent renonce du fait même de ce choix. Par exemple, le coût d'opportunité d'une heure de loisir est le salaire horaire auquel on renonce en ne travaillant pas.

☞ Concepts et corrélats

➤ Théories économiques ➢ Taux marginal de substitution

COÛT DE PRODUCTION

En **microéconomie***, les coûts de production représentent pour un **producteur*** l'ensemble des dépenses nécessaires à l'obtention d'une quantité donnée de produit.

☞ Concepts et corrélats

➤ Marchés et prix ➢ Coût total ➢ Coût moyen ➢ Coût marginal

COÛT DE ROTATION DE LA MAIN-D'ŒUVRE

Le coût de rotation de la main-d'œuvre désigne le coût (fixe) lié au remplacement d'un travailleur qui quitte une **entreprise*** par un autre. Les entreprises en effet subissent des coûts d'embauche, de licenciement ou encore de formation de leur personnel. Ces coûts sont donc liés à la rotation de la main-d'œuvre et augmentent le coût unitaire du travail.

☞ Concepts et corrélats

➤ Marché du travail➢ Salaire d'efficience➢ Insiders / outsiders (théorie)

COÛT DE TRANSACTION

Les coûts de transaction sont des coûts liés aux transactions sur le marché: coûts d'information, de négociation et de renégociation, de contrôle, etc., dès lors qu'on s'éloigne des conditions de la **concurrence pure et parfaite*** (concurrence entre acheteurs et vendeurs proposant des produits homogènes et disposant d'une information parfaite).

○ Une baisse des coûts de transaction favorise un recours au marché et un accroissement des volumes échanges.

○ Des coûts de transaction accrus pour l'**entreprise*** conduisent, selon l'approche de R. Coase (*La nature de la firme*, 1937) puis de O. Williamson (*Markets and hierarchies*, 1976), à des solutions alternatives au marché depuis les formes contractuelles (contrats de travail, contrat de **sous-traitance***, **franchisage***, etc.) jusqu'aux formes d'organisations hiérarchiques (entreprise, **entreprise multinationale***).

☞ Concepts et corrélats

➤ Entreprise ➢ Société anonyme ➢ Gouvernement d'entreprise

COÛT FIXE

En microéconomie, les coûts fixes sont des **coûts de production*** indépendants du volume de la **production*** (à court terme). Il s'agit par exemple des bâtiments, machines, véhicules... Les coûts fixes sont donc exprimés à l'aide d'une constante:

$$C_F = k.$$

☞ Concepts et corrélats

➤ Marchés et prix ➢ Coût total ➢ Coût moyen ➢ Coût marginal

COÛT FIXE IRRÉCUPÉRABLE

La notion de coûts irrécupérables est une notion centrale de la théorie des **marchés contestables***. Les coûts irrécupérables ou coûts irréversibles (« sunk costs ») sont les coûts des **investissements***qui ne peuvent pas être récupérés à la sortie de l'industrie (ils engendrent des gains sur longue période). Les coûts irrécupérables constituent donc une barrière à la sortie qui joue un rôle déterminant dans la décision des firmes de s'installer ou non dans un secteur. En l'absence de coûts irrécupérables, le marché est contestable et son fonctionnement conduit à des résultats proches de la concurrence parfaite.

☞ Concepts et corrélats

➤ Marchés et prix ➢ Coût fixe recouvrable

COÛT FIXE IRRÉVERSIBLE

➤ Marchés et prix➢ Coût fixe irrécupérable

COÛT FIXE RECOUVRABLE

Dans la théorie des marchés contestables, les coûts fixes recouvrables font partie des coûts d'entrée qu'une **entreprise*** peut récupérer à la sortie de l'industrie, du moins après avoir soustrait le coût d'usage des équipements employés; de ce fait, ils ne constituent pas une **barrière à l'entrée*** technologique.

☞ Concepts et corrélats

➤ Marchés et prix➢ Coût fixe irrécupérable

COÛT MARGINAL

Le coût marginal est le coût entraîné par la **production*** d'une unité supplémentaire de produit.

$$\text{Pour } Q > 0,\ C_m(Q) = \frac{\Delta C_T(Q)}{\Delta Q}$$

$$= \frac{C_T(Q+1) - C_T(Q)}{Q+1-Q} = C_T(Q+1) - C_T(Q)$$

Lorsqu'on raisonne sur des accroissements infinitésimaux de production (hypothèse de divisibilité), le coût marginal s'exprime par la dérivée de la fonction de **coût total***:

$$C_m(Q) = \frac{dC_T(Q)}{dQ} = C'_T(Q)$$

En appliquant la **loi des rendements décroissants***, l'allure généralement admise du coût marginal est la suivante:

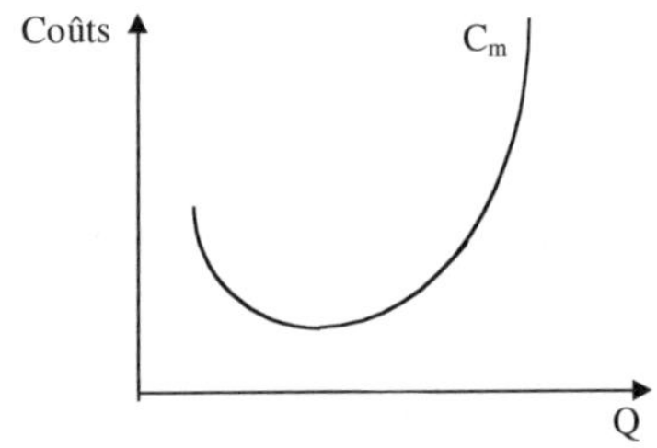

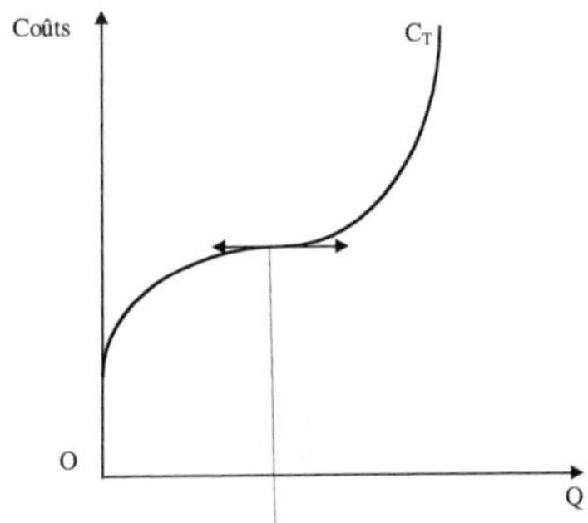

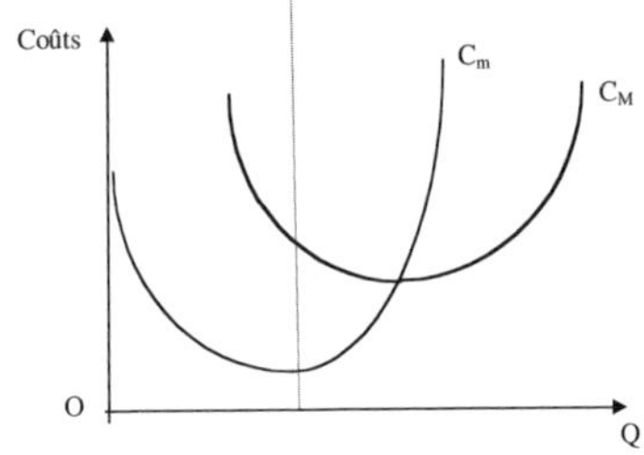

➪ Le coût marginal est donné par la pente de la tangente en un point de la courbe de coût total. La courbe de coût marginal coupe la courbe de coût moyen en un point dont l'ordonnée est le minimum du coût moyen.

☞ Concepts et corrélats

➤ Marchés et prix➢ Coût moyen

COÛT MOYEN

En **microéconomie***, le coût moyen de production (ou coût unitaire) est obtenu en divisant le **coût total*** par la quantité produite (non nulle).

$$C_M(Q) = \frac{C_T(Q)}{Q}$$

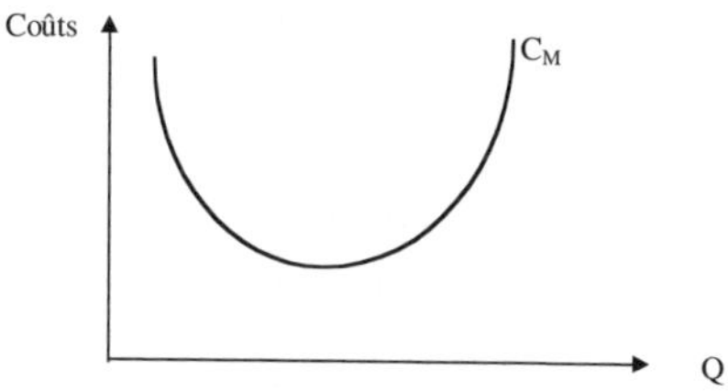

On peut définir un coût variable moyen (ou un coût fixe moyen) en faisant le rapport entre le coût variable (ou le coût fixe) et la quantité produite.

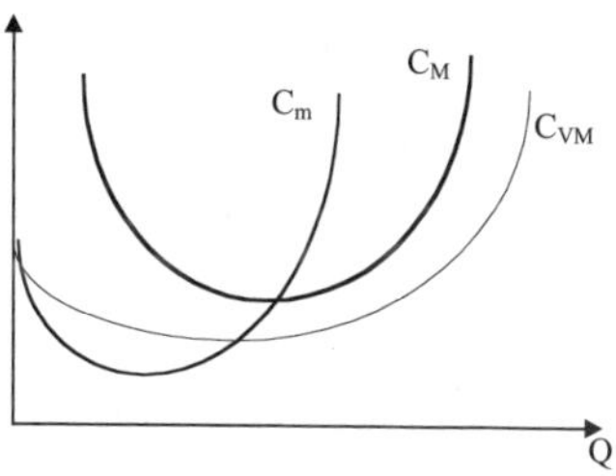

C_m est la courbe représentative du **coût marginal***

C_M est la courbe représentative du coût moyen

C_{VM} est la courbe représentative du coût variable moyen

➪ Construction de la courbe de coût moyen à partir de la courbe de coût total : soit M un point quelconque de la courbe de coût total. Les coordonnées du point M sont :

M (Q, C_T (Q)).

$$C_M(Q) = \frac{C_T(Q)}{Q} = \frac{C_T(Q) - 0}{Q - 0}$$

C_M (Q) Le coût moyen correspondant à la quantité Q est donc donné par la pente de la droite (OM).

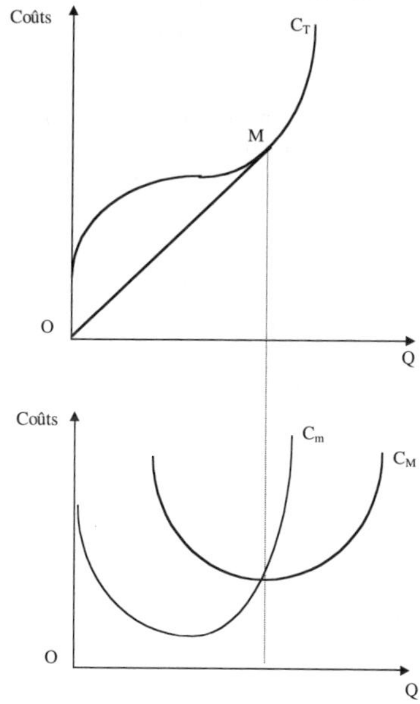

Le minimum du coût moyen est égal au minimum de la pente de la droite OM (M parcourant la courbe de coût total), qui est le coefficient directeur de la tangente à C_T passant par O.

☞ Concepts et corrélats

➤ Marchés et prix ➢ Coût total ➢ Courbe d'offre ➢ Économie d'échelle
➢ Déséconomie d'échelle

COÛT SALARIAL

Le coût salarial comprend l'ensemble des charges qui sont liées à l'utilisation du facteur travail. Outre le **salaire*** brut et les **cotisations sociales*** versées par l'employeur, il comprend les **impôts*** sur les salaires ou la main-d'œuvre, les sommes versées au comité d'entreprise et des compléments divers découlant d'obligations contractuelles de l'**entreprise*** vis-à-vis de son personnel.

☞ Concepts et corrélats

➢ Système productif ➤ Entreprise
➤ Marché du travail

COÛT TOTAL

En **microéconomie***, pour un **producteur***, le coût total de production (C_T) est la dépense qu'une entreprise doit engager pour atteindre un niveau de production donné. Il se calcule en faisant la somme des **coûts fixes*** (C_F) et des **coûts variables*** (C_V).

☞ Concepts et corrélats

➤➤ Marchés et prix ➣ Coût moyen ➣ Coût marginal

COÛT VARIABLE

En microéconomie, les coûts variables sont des **coûts de production*** qui dépendent des quantités produites :
$C_V = C_V(Q)$.

➩ On peut distinguer, parmi les coûts variables, ceux qui varient proportionnellement à la quantité produite (coûts variables proportionnels C_{VP}), tels que les matières premières, les consommations intermédiaires, et ceux qui varient non proportionnellement à la quantité produite (coûts variables non proportionnels C_{VNP}: par exemple, les heures supplémentaires de certains travailleurs qui sont payées à un tarif supérieur aux heures normales).

☞ Concepts et corrélats

➤ Marchés et prix ➣ Coût total ➣ Coût fixe ➣ Coût moyen ➣ Coût marginal

COÛT VARIABLE NON PROPORTIONNEL

➤ **Marchés et prix ➣ Coût variable**

COÛT VARIABLE PROPORTIONNEL

➤ **Marchés et prix ➣ Coût variable**

COÛTS DE L'HOMME

La notion de coûts de l'homme a été forgée par F. Perroux (1903-1987) et est utilisée dans l'analyse du sous-développement. Les coûts de l'homme correspondent aux besoins fondamentaux.

Pour F. Perroux, les coûts de l'homme se répartissent en trois groupes :

1) ceux qui empêchent les hommes de mourir (lutte contre la mortalité) ;

2) ceux qui permettent à tous les hommes une vie physique et mentale minima (soins médicaux, vieillesse, chômage) ;

3) ceux qui permettent à tous les hommes une vie spécifiquement humaine (connaissances et un minimum de loisirs).

Le sous-développement est alors la situation dans laquelle, involontairement, les coûts de l'homme ne sont pas couverts pour tout ou partie de la population.

☞ Concepts et corrélats

➤ Économie du développement
➤ Développement

COUVERTURE (HEDGING)

La couverture est une opération ou suite d'opérations de marché ayant pour but de se protéger, totalement ou partiellement, contre un **risque*** provenant d'une fluctuation des cours des titres, des marchandises, des **devises*** ou des **taux d'intérêts*.**

Sur le **marché des changes*** par exemple, un opérateur se couvre en fermant sa **position de change***. Le développement de nouveaux instruments financiers (options…) et des nouveaux marchés (**marché à terme international de France***…) est partiellement lié à la recherche de couverture par les agents économiques.

➩ Pour que certains opérateurs puissent adopter une stratégie de couverture, il faut que d'autres opérateurs accepter de courir un risque : ce sont les spéculateurs.

☞ Concepts et corrélats

➤ Finances internationales ➤ Monnaie ➣ Spéculation

COUVERTURE DE CHANGE À TERME

Une opération de couverture de change à terme est une opération consistant pour un agent à acheter (à vendre) à l'instant t les devises qu'il doit utiliser (recevoir) à l'instant t + n. Cette opération consiste donc pour un opérateur qui doit être débiteur ou créancier à terme en devises à fermer sa **position de change***. En effet les conditions de l'opération sont définitivement fixées à l'instant t et l'opérateur ne court plus aucun **risque de change*** entre l'instant t et l'instant (t + n).

☞ Concepts et corrélats

➤ Finances internationales ➣ Change ➣ Marché des changes

CRÉANCE

Une créance est un élément de l'**actif*** du bilan d'un agent économique. La créance est la contrepartie d'une dette et donne au créancier le droit d'exiger, à l'échéance, le remboursement de cette dette.

☞ Concepts et corrélats

➤ Monnaie ➤ Épargne ➤ Entreprise
➤ Finances internationales

CRÉATION DE TRAFIC

➢ **Unions douanières**

CRÉATION MONÉTAIRE

Il y a création monétaire chaque fois qu'une **institution financière monétaire*** monétise une **créance***. Les **banques*** ont donc un pouvoir de création monétaire *ex nihilo* puisqu'elles convertissent une créance qui n'est pas de la monnaie en une créance dotée d'un pouvoir libératoire général.

La monétisation de créance peut prendre des formes diverses: mobilisation d'effets de commerce, octroi d'un découvert bancaire, conversions de **devises*** en monnaie nationale, etc.

☞ Concepts et corrélats

➤ Monnaie ➢ Agrégats monétaires
➢ Multiplicateur de crédit ➢ Diviseur de crédit

CRÉDIT

Le crédit est une opération qui permet au débiteur de différer son paiement ou qui permet à un agent de disposer pendant un certains temps de fonds qui sont mis à sa disposition par un autre agent. Le plus souvent le créancier obtient une rémunération (le **taux d'intérêt***) versée par le débiteur. Il existe de nombreux types de crédits: crédit à la consommation accordé par un organisme spécialisé, découvert bancaire, crédit immobilier, délai de paiement accordé par le fournisseur à son client, etc.

➪ L'octroi d'un crédit suppose de la part du débiteur l'engagement de rembourser à l'échéance. Le créancier n'accorde donc le crédit que s'il a confiance dans la solvabilité du débiteur.

☞ Concepts et corrélats

➤ Monnaie ➢ Établissements de crédit

CRÉNEAU

Un créneau est un segment particulier d'un **marché***. Pour les **entreprises***, l'adoption d'une stratégie de créneau suppose la spécialisation sur les segments porteurs du marché (forte croissance de la **demande***) et l'abandon des activités moins dynamiques. En matière de politique **industrielle***, la politique de **créneau*** consiste à favoriser des firmes particulièrement dynamiques, **l'État*** accompagnant les restructurations industrielles (fermetures d'entreprises) qui découlent du désengagement sur les créneaux peu dynamiques.

☞ Concepts et corrélats

➤ Politique économique ➢ Filière
➢ Politique de filière

CRISE D'ACCUMULATION

Une crise d'accumulation est une crise qui résulte d'un excès de formation du **capital***.

Dans la **théorie marxiste***, la crise exprime les contradictions fondamentales du **capitalisme***. La crise d'accumulation découle de la baisse tendancielle du **taux de profit*** qui conduit, à terme, à un arrêt de l'**accumulation*** et à une **dévalorisation du capital*** (faillites).

Chez F. Hayek (1899-1992), la crise résulte d'un allongement excessif du **détour de production*** au regard du niveau d'épargne des agents économiques.

☞ Concepts et corrélats

➤ Fluctuations et crises ➢ Accumulation du capital ➢ Surinvestissement

CRISE DE SOUS-CONSOMMATION

Les crises de sous-consommation relèvent de l'insuffisance de la **demande***. De nombreux économistes prennent en compte cette dimension de l'explication des crises.

❍ Pour Th. Malthus (1766-1834), la crise peut résulter d'un excès d'**épargne*** des catégories privilégiées, ce qui conduit à une insuffisance de la **consommation***.

❍ Selon S. de Sismondi (1773-1842), cette insuffisance résulte d'une répartition des revenus défavorable aux salariés.

❍ Dans la **théorie marxiste***, la cause ultime des crises résulte de la sous-consommation ouvrière: « *la raison ultime de toutes les crises réelles, c'est la* *pauvreté et la consommation restreinte des masses, face à la tendance de l' économie capitaliste à développer les capacités productives comme si elles n'avaient pour limite que le pouvoir de consommation absolu de la société.* » (K. Marx, *Le capital*, 1867).

Dans une certaine mesure l'analyse keynésienne des crises relève de cette approche. Au cours de la dépression des années 1930, J.-M. Keynes (1883-1946) a incité les ménagères britanniques à consommer davantage dans l'intérêt de l'économie.

☞ Concepts et corrélats

➤ Fluctuations et crises ➢ Loi des débouchés

CRISE DE SOUS-PRODUCTION

➤ Fluctuations et crises ➢ Crise de subsistance

CRISE DE SUBSISTANCE

Les crises d'Ancien Régime sont des crises de subsistance liées au caractère aléatoire de la production agricole qui est soumise à des conditions climatiques imprévisibles face à:

– une faible capacité de stockage;

– une forte part de l'agriculture dans l'**activité économique***;

– des **droits de douane*** limitant les **importations*** en provenance d'autres régions ou pays;

– une spéculation qui aggrave la pénurie.

Une période de forte sécheresse par exemple, entraîne une chute brutale de la récolte annuelle de céréales et favorise l'apparition de disettes ainsi qu'une hausse des **prix*** venant toucher les populations les plus pauvres (on parle aussi de **crise frumentaire***). La chute des revenus provenant de l'agriculture retentit sur l'activité économique générale et débouche sur une générale de sous-production.

☞ Concepts et corrélats

➤ Fluctuations et crises ➢ Crise de surproduction ➢ Cycles économiques

CRISE DE SURPRODUCTION

Par opposition aux crises d'Ancien Régime (crises de **sous-production***), les crises de surproduction désignent les crises qui apparaissent au 19e siècle.

Dans la **théorie marxiste***, la crise de surproduction résulte d'une disproportion de la production par rapport à la demande **solvable***, disproportion accentuée par le phénomène de l'exploitation conduisant à la sous-consommation ouvrière.

☞ Concepts et corrélats

➤ Fluctuations et crises ➢ Crise de sous-consommation ➢ Cycle économique ➢ Loi des débouchés ➢ Crise de réalisation

CRISE DU FORDISME

Pour la **théorie de la régulation***, la crise du fordisme désigne le fait que la baisse de la **productivité apparente du capital***, connue par la plupart des pays capitalistes développés dès la fin des années 1960, tient essentiellement aux limites sociales rencontrées dans l'obtention des **gains de productivité*** (du fait de la résistance opposée par les travailleurs à l'intensification des méthodes tayloristes et fordistes de production).

Les employeurs ont réagi à la crise du fordisme en mettant en place de nouvelles formes d'organisation du travail ou en recherchant une plus grande **flexibilité du travail***.

Selon les théoriciens de l'**École de la Régulation***, la crise du fordisme est une composante essentielle de la crise du mode de **régulation monopoliste***.

☞ Concepts et corrélats

➤ Fluctuations et crises ➤ Organisation du travail ➢ Mode de régulation ➢ Taylorisme ➢ Fordisme ➢ Toyotisme

CRISE ÉCONOMIQUE

La notion de crise économique désigne:

– le retournement généralement assez brutal de la **conjoncture*** dans un **cycle économique** * se situant:

– entre une phase d'**expansion*** et une phase de **dépression***, c'est-à-dire le moment de retournement à la baisse de l'activité économique;

– entre une phase d'expansion et de **récession*** c'est-à-dire un ralentissement de l'activité (inflexion des **taux de croissance***). Cette définition est plus spécifique à la période postérieure à la Seconde Guerre mondiale;

– l'ensemble d'une phase de dépression ou de récession, par exemple, la « Grande dépression » de la fin du 19e siècle (1873-1896), la crise de 1929 ou le ralentissement de la croissance depuis fin 1973.

☞ **Concepts et corrélats**
➤ Fluctuations et crises ➤ Croissance économique ➢ Accélérateur ➢ Cycle Juglar ➢ Cycle Kitchin ➢ Cycle Kondratief ➢ Loi de Say

CRISE FRUMENTAIRE

➤ Fluctuations et crises ➢ Crise de subsistance

CRISE SYSTÉMIQUE

➤ Finances internationales ➤ Monnaie ➢ Risque systémique

CRITÈRES DE CONVERGENCE

Les critères de convergence sont définis par le **traité de Maastricht*** qui organise le passage à la monnaie unique européenne. Ces critères permettent d'apprécier la convergence macroéconomique des pays membres de **l'Union européenne***. Ils concernent:

– le taux d'inflation;
– le taux d'intérêt à long terme;
– le **déficit budgétaire***;
– la **dette publique***;
– la stabilité des changes.

Considérant que l'application de ces critères a conduit à une convergence suffisante, une liste de onze pays européens a été arrêtée (en mai 1998) et constitue la zone **Euro*** depuis le 1er janvier 1999. Il s'agit de l'Allemagne, l'Autriche, la Belgique, l'Espagne, la Finlande, la France, l'Irlande, l'Italie, le Luxembourg, les Pays-Bas et le Portugal.

➪ La Grèce a intégré la zone Euro le 1er janvier 2001.

➪ Certains économistes considèrent que la convergence nominale a été respectée (quelquefois au prix d'acrobaties statistiques) mais qu'il n'en est pas de même pour ce qui est de la convergence réelle (croissance, chômage).

☞ **Concepts et corrélats**
➤ Finances internationales ➤ Politique économique ➢ Politique budgétaire ➢ Politique monétaire ➢ Pacte de stabilité et de croissance ➢ Traité d'Amsterdam

CROISSANCE APPAUVRISSANTE

Le concept de croissance appauvrissante a été développé notamment par J. Bhagwati. Un pays qui connaît une **croissance économique*** en raison de sa **spécialisation*** dans la production d'un bien déterminé est susceptible de connaître une croissance appauvrissante si l'accroissement des **exportations*** de ce bien entraîne une baisse des **termes de l'échange*** et conduit à une baisse du revenu par tête.

Par exemple, un pays spécialisé dans la production d'un bien intensif en travail (le café ou le sucre) peut connaître une croissance économique en raison de l'augmentation de la quantité de facteur travail. Si cette augmentation de la production conduit à une détérioration du cours mondial et à une baisse des termes de l'échange, il y a une croissance appauvrissante.

☞ **Concepts et corrélats**
➤ Économie du développement
➤ Croissance économique

CROISSANCE DÉSÉQUILIBRÉE (STRATÉGIE DE)

La stratégie de croissance déséquilibrée, soutenue par A. O. Hirschman, G. Myrdal, F. Perroux et G. Destanne de Bernis, consiste à favoriser le développement accéléré d'une industrie ou d'une **branche***. Les partisans de cette stratégie considèrent que le « déséquilibre » (entre industries, entre branches) est un facteur de dynamisme de la croissance et du développement. Par exemple, l'accroissement de la production des filatures entraîne un déséquilibre dans l'industrie du tissage qui connaît des goulets d'étranglement et doit elle-même se moderniser.

La stratégie de croissance déséquilibrée préconise d'entretenir certains déséquilibres qui permettent un enchaînement de complémentarités dynamiques.

➪ Dans les années 1950, un débat a opposé les partisans de la croissance déséquilibrée à ceux de la **croissance équilibrée***.

☞ **Concepts et corrélats**
➤ Économie du développement
➣ Croissance équilibrée ➣ Politiques de développement ➣ Stratégie de développement ➣ Pôle de développement
➣ Effet d'agglomération

CROISSANCE ÉCONOMIQUE

Entre 1951 et 1973, la croissance du **Produit intérieur brut*** a été en France de 5,4 % en moyenne par an, rythme jamais atteint auparavant sur une période aussi longue. Il en a d'ailleurs été de même pour l'ensemble des pays industriels, à des rythmes variables toutefois. En outre, ces pays sont restés durant cette période proches du plein-emploi.

Cette phase de croissance consécutive à la Seconde Guerre mondiale a été désignée par l'expression les « Trente Glorieuses » (J. Fourastié). Pour J. Fourastié, la France a réalisé ce qui était « Le grand espoir du 20e siècle »: une élévation du niveau de vie et d'immenses progrès dans les domaines de la santé, de la durée du travail, de la dimension et du confort de l'habitat, de l'enseignement, de l'espérance de vie, de l'accès aux biens durables…

Cependant, en 1972, le Club de Rome publie un rapport intitulé *Halte à la croissance* qui dénonce le risque d'épuisement à terme des réserves de matières premières de la planète. Ce risque de pénurie ne s'est jamais traduit dans les faits, mais dès l'année suivante, le premier choc pétrolier frappe les pays développés au sommet d'une phase d'expansion. À partir de 1974, le ralentissement de l'activité économique conduit les gouvernements à rechercher des taux de croissance plus élevés.

• *Définitions et mesure de la croissance économique*

Qu'est-ce que la croissance économique?

Pour F. Perroux (1903-1987), « *la croissance est l'augmentation soutenue pendant une ou plusieurs périodes longues, d'un indicateur de dimension, pour une nation, le produit global en termes réels* ».

Il faut distinguer le phénomène de croissance d'un certain nombre d'autres concepts:

La croissance est différente de **l'expansion*** notamment, qui est davantage utilisée dans l'analyse des **fluctuations*** et des **cycles***.

Perroux distingue également la croissance du **progrès économique***. La croissance n'est en effet pas nécessairement progressive. Il peut y avoir augmentation du produit global (et même du produit moyen) et cependant creusement des inégalités économiques; c'est la situation qu'ont connu et que connaissent certains pays du tiers-monde. Mais, même dans les pays riches, des inégalités (régionales par exemple) peuvent se creuser.

La croissance doit être enfin distinguée du **développement économique***.

F. Perroux souligne ainsi que le « *développement englobe et soutient la croissance* ».

La mesure de la croissance

En France, l'indicateur le plus utilisé pour mesurer la croissance de l'économie nationale est le **produit intérieur brut***. Cet **agrégat*** se définit comme étant la somme des **valeurs ajoutées*** par les unités résidentes. L'évaluation des opérations est effectuée en termes bruts (les **amortissements*** inclus). La croissance est mesurée à partir des taux de croissance annuels du PIB en volume (c'est-à-dire à prix constants).

Mais la mesure de ce PIB pose des problèmes:

❍ La mesure de la production en volume suppose un déflateur, c'est-à-dire un **indice de prix*** par lequel on va diviser l'indice de la production en valeur (aux **prix courants***) pour obtenir un indice de la croissance en volume. Cela pose tout le problème de la construction des indices de prix.

❍ Même lorsque la mesure se fait à prix constants, la production est évaluée en termes monétaires, c'est-à-dire que l'agrégation de biens hétérogènes se fait grâce aux prix. En toute rigueur, cela n'est légitime que si les prix reflètent **l'utilité marginale*** et le **coût marginal*** des biens, à savoir si l'on est en présence d'un marché de **concurrence pure et parfaite***. Le calcul du Revenu National au coût des facteurs corrige l'évaluation aux prix du marché de l'effet de l'intervention de l'État, mais il ne prend pas en compte les autres distorsions (ententes, **oligopoles***, **monopoles***, rente de situation, etc.).

La Comptabilité nationale ne prend en compte que les phénomènes marchands. Certes, les services non marchands sont pris en compte dans le calcul du PIB, mais ils sont définis et mesurés par le fait qu'ils sont produits à partir de **facteurs de production*** et de **consommations intermédiaires*** eux-mêmes marchands.

Les biens que la Comptabilité nationale considère comme « libres », l'air, l'eau, l'espace, etc., ne sont pas comptabilisés. De sorte que, lorsqu'une production dégrade l'environnement, on ne mesure que la production et non le solde (production/valeur de l'environnement détruit). Les mesures prises pour lutter contre la pollution ou pour restaurer les espaces naturels sont comptabilisés comme une production supplémentaire (reboisement, systèmes de traitement des eaux, etc.). La prise en compte des **effets externes*** est rendue difficile non seulement en raison de l'intérêt exclusif accordé aux phénomènes marchands, mais aussi en raison d'une comptabilisation en termes de flux et non de stocks. Cependant il faut souligner que des efforts ont été accomplis pour prendre en compte ces phénomènes (compte et inventaire du patrimoine). Le problème est donc moins celui de la comptabilité que celui des caractéristiques de la société elle-même (consommations médicales, conséquences des accidents de la route, coûts publicitaires, etc.). L'intérêt exclusif accordé aux phénomènes marchands conduit à surestimer la croissance en longue période. Le déplacement de la frontière entre l'économie domestique et les activités marchandes est interprété comme une augmentation de la production. Les activités domestiques n'étant pas comptabilisées comme productives, tous les phénomènes qui concourent à leur substituer des activités marchandes conduisent à une augmentation de la mesure de la production: urbanisation, travail des femmes, modification de la norme de consommation, etc.

Enfin la Comptabilité nationale mesure l'économie visible ou officielle, toute **l'économie souterraine*** (licite ou non) échappe à l'évaluation. Ces problèmes revêtent une importance particulière dans les pays du tiers-monde.

Les instruments habituels de mesure conduisent donc à surestimer la croissance.

➭ J. Tinbergen (1903-1994), a proposé de calculer un BNB (Bonheur national brut) à partir de la différence **Produit national Brut*** (PNB) – nuisances.

➭ Des travaux récents de la Comptabilité nationale permettent de prendre en compte certains des phénomènes évoqués plus haut; par exemple, la construction des **comptes satellites*** et des **comptes du patrimoine naturel***.

Les facteurs de la croissance

Une des principales études portant sur les facteurs de la croissance, celle de J.-J. Carré, P. Dubois et E. Malinvaud (*La croissance française 1896-1963*, 1972), a chiffré la contribution des différents facteurs dans la croissance économique. Ils ont mesuré le rôle des facteurs matériels dans la croissance.

La **fonction de production*** utilisée est celle de **Cobb-Douglas***.

Carré, Dubois et Malinvaud utilisent cette fonction de production sous forme dérivée:

$$Q = L^{\alpha} \times K^{(1-\alpha)}$$

donc

$$\frac{dQ}{Q} = \alpha \times \frac{dL}{L} + (1-\alpha) \times \frac{dK}{K}$$

Cette formule donne directement le taux de croissance de la production (dQ/Q) en fonction des taux de croissance de la quantité de travail (dL/L) et de la quantité de capital (dK/K). On peut alors utiliser, comme le font Carré, Dubois et Malinvaud dans leur étude, les séries du PIB pour Q, les données concernant la population active et la durée du travail pour L, les chiffres concernant les nouveaux équipements, nets d'amortissements, pour K.

Dans le cas français, ils ont obtenu en données annuelles, sur la période 1951-1969:

dQ/Q = 5,0%;dL/L = - 0,14 %;dK/K = 3,93%

α = masse salariale/PIB = 0,72;d'où: 1 - α = 0,28

En introduisant ces données dans la formule du taux de croissance, on obtient:

Part du travail:

$$\alpha \times \frac{dL}{L} = -0,14 \text{ x } 0,72 = -0,1 \text{ point}$$

Part du capital

$$(1-\alpha) \times \frac{dK}{K} = 3,93 \text{ x } 0,28 = 1,1 \text{ point}$$

Le travail a donc joué un rôle légèrement négatif dans la croissance française du fait de la baisse de la durée du temps de travail sur la période considérée, alors que la population active stagnait (le renouveau démographique d'après-guerre a eu un impact sur l'emploi différé de quinze à vingt ans). Le capital explique 1,1 point de la croissance annuelle. Au total, on obtient: - 0,1 + 1,1 = 1 point, ce qui ne permet d'expliquer qu'une petite partie des 5 % de croissance annuelle.

Les facteurs matériels n'expliquent donc qu'une faible part de l'évolution du PIB sur longue période. Il faut donc introduire la prise en compte d'un **facteur résiduel***, le **progrès technique***.

• *Les théories de la croissance*

Les prémisses d'une théorie de la croissance: la dynamique classique

Les économistes classiques centrent essentiellement leur réflexion sur la dynamique économique. Ils mettent très vite en relation l'**accumulation du capital*** et la croissance économique.

C'est D. Ricardo (1772-1823) qui met le mieux en évidence ce type de lien entre les deux variables. Avant lui, A. Smith (1723-1790), en montrant l'existence de **gains de productivité*** liés à la **division du travail***, ouvrait la perspective d'un cercle vertueux de croissance. Mais Smith pensait que les progrès de la division du travail étaient limités par les débouchés (la taille du marché). L'analyse de Ricardo est fondée sur la **répartition des revenus***. Les classiques raisonnent en termes de **répartition fonctionnelle des revenus*** (et non en termes de **répartition personnelle des revenus***). Pour D. Ricardo, le revenu national est réparti entre les propriétaires fonciers (rente), les ouvriers (salaires) et les capitalistes ou entrepreneurs (le profit). Le montant de la masse totale des salaires est lié au taux de salaire naturel. Le montant de la rente foncière est lié à la différence de rendement entre la terre marginale (la moins fertile) et les autres unités de terre. Le **profit*** est défini comme un solde. La dynamique de croissance conduit à un **état stationnaire***. Mais des contre-tendances existent: la libre importation de blés permet à la fois une diminution du coût salarial et une diminution de la rente qui favorise la croissance. Il en va de même pour l'usage de machines dans la production agricole et industrielle.

L'analyse keynésienne de la croissance: le modèle Harrod-Domar

Le **modèle Harrod-Domar*** définit les conditions d'une **croissance équilibrée*** se traduisant par l'égalité entre les **taux de croissance effectif***, g, le taux de croissance garanti, g_w et le taux de croissance naturel, g_n.

Mais cette égalité est peu probable car les deux normes de croissance relatives à la pleine utilisation du capital (g_w) et à la pleine utilisation du travail (g_n) ont peu de chance d'être satisfaites simultanément. Le sentier de croissance défini par le modèle n'est donc pas stable: le système ne peut être ramené sur le **sentier de croissance équilibré*** par un processus autocorrecteur. Bien plus, tout écart par rapport à l'équilibre, au lieu de se corriger, aggravera les déséquilibres. C'est pourquoi la croissance au taux garanti est dite **équilibre au fil du rasoir*.**

Les adaptations du modèle Harrod-Domar: les contributions de N. Kaldor et J. Robinson

Le modèle Harrod-Domar ne fait pas place à la répartition des revenus. N. Kaldor (1908-1986) a proposé de distinguer P la masse totale des profits distribués et W la masse des salaires.

La propension à épargner des profits est supérieure à la **propension à épargner*** des salaires. Les modifications dans le partage des revenus sont susceptibles de modifier la propension à épargner de l'ensemble de l'économie. Pour N. Kaldor, la répartition des revenus est déterminée de façon exogène. « *Les travailleurs consommant une proportion plus forte de leur revenu que les capitalistes, si la répartition se modifie en leur faveur lorsque l'investis-*

sement est bas, et inversement, le système peut demeurer proche de l'équilibre et du plein-emploi. Cela explique sans doute l'évolution du salaire réel depuis un siècle : il ne pouvait stagner sans déséquilibrer définitivement le système, la part des profits devenant trop importante par rapport aux investissements rentables. L'apparition de forces sociales *tendant à maintenir ou augmenter la part des salaires dans le revenu national a joué, par conséquent, un rôle important.* »

J. Robinson a également développé l'idée selon laquelle un partage de la valeur ajoutée en faveur des salariés est favorable à la croissance, leur propension à épargner étant plus faible que celle des capitalistes, une modification du partage va induire une augmentation de la propension globale à consommer de l'économie et donc une augmentation de la demande globale. Cette reprise de la demande va elle-même avoir un impact favorable sur les **anticipations*** des entrepreneurs qui vont investir, augmenter la distribution des revenus et de l'emploi, et finalement augmenter l'épargne globale qui viendra s'ajuster à l'investissement préalablement réalisé.

Le modèle de croissance néoclassique

Le modèle néoclassique a été élaboré (principalement par R.M. Solow) pour montrer la possibilité d'une croissance équilibrée (alors que le modèle keynésien considère la croissance équilibrée comme une situation exceptionnelle). La possibilité d'un régime permanent de croissance équilibrée est liée à une régulation qui s'établit à travers la variation du **coefficient de capital***. Le modèle néoclassique repose sur les hypothèses habituelles (marché de **concurrence pure et parfaite***, rémunération des facteurs à leur **productivité marginale***, plein-emploi, etc.). Le **modèle de Solow*** est un modèle d'offre.

Dans le cadre de ces hypothèses, une économie atteint son **sentier de croissance équilibré*** grâce à la flexibilité des **prix*** et à l'existence d'une fonction de production à coefficients variables.

Les variations de prix relatif des facteurs vont conduire à des modifications de la **combinaison productive***et donc à une modification de la valeur du coefficient de capital.

Il faut souligner que les mécanismes de rééquilibrage automatique supposent la flexibilité à la baisse des salaires et la flexibilité du taux d'intérêt qui permet l'égalité de l'épargne désirée et de l'investissement.

Les critiques cambridgiennes du modèle néoclassique

L'essentiel de la critique porte sur la possibilité de mesurer le **capital***. Le capital est composé de biens hétérogènes, il n'est donc pas possible de mesurer sa productivité en termes physiques. Tout raisonnement qui conduit à une évaluation en valeur du capital est contradictoire car la valeur du capital dépend de son taux de rendement qu'il s'agit précisément de calculer.

Par ailleurs, les auteurs cambridgiens montrent qu'aucune analyse de la répartition du revenu ne peut reposer sur une analyse en termes de productivité marginale des facteurs. Il n'est pas possible de déterminer le choix des techniques de production (la combinaison productive) à partir des rapports de prix des facteurs. Pour les cambridgiens, la répartition des revenus est le résultat de rapports de forces et de procédures institutionnelles. Le **taux de profit*** et le **taux d'intérêt*** ne sont pas des indicateurs de la rareté relative du capital. Cela remet en cause la conception libérale selon laquelle l'investissement nécessaire à la croissance suppose une épargne préalable accrue permettant une baisse du taux d'intérêt : « *L'austérité n'est pas un prérequis à l'abondance* », selon M. Lavoie.

La nouvelle théorie de la croissance

Le qualificatif de « nouvelle théorie de la croissance » fait référence à un courant de pensée qui s'est développé aux États-Unis depuis le milieu des années 1980. Les deux articles fondateurs de ce courant sont ceux d'économistes formés à l'école de Chicago : P. M. Romer (1986) et R. E. Lucas (1988).

L'analyse de la « nouvelle théorie de la croissance » est fondée sur le résultat de travaux empiriques portant sur :

– la question de la **convergence*** : les preuves empiriques disponibles ne permettent pas de confirmer la thèse de la convergence, tant pour le produit par tête que pour le taux de croissance ;

– le rôle des politiques gouvernementales : l'incidence du rôle des politiques gouvernementales résulte des travaux de Reynolds (1983), portant sur la période 1950-1980. Dans ces travaux, Reynolds s'intéresse aux modifications « significatives » de la croissance économique, entendant par là une période de dix ans pendant laquelle une économie connaît une augmentation soutenue du taux de croissance par tête. Reynolds montre que ces modifications interviennent souvent comme le résultat de changements politiques significatifs dans le pays concerné, et ceci est particulièrement vrai des pays du tiers-monde;

– l'influence des facteurs démographiques : le modèle néoclassique traite la croissance de la population comme un facteur exogène. Il ne peut donc tenir compte de l'indéniable interaction intervenant, pendant le processus de développement économique, entre croissance économique et croissance de la population. Or, les données démographiques font apparaître une association systématique entre décroissance des **taux de mortalité*** et de **fécondité*** et croissance du revenu par tête au cours du « décollage » d'une économie qui la fait passer d'une situation de stagnation à bas revenu à un régime de croissance persistante.

Ainsi, pour les nouvelles théories, la croissance est un phénomène auto-entretenu par accumulation de quatre facteurs principaux : le capital physique, la technologie, le capital humain, le capital public.

Le capital physique

P. Romer a renouvelé l'analyse de l'investissement comme facteur de la croissance. Il propose en 1986 un modèle qui repose sur les phénomènes d'externalité entre les firmes : en investissant dans de nouveaux équipements, une firme se donne les moyens d'accroître sa propre production mais également celle des autres firmes, concurrentes ou non. En effet, l'investissement dans de nouvelles technologies est le point de départ de nouveaux apprentissages par la pratique : amélioration des équipements en place, travaux d'ingénierie (agencement des techniques existantes), augmentation de la compétence des travailleurs… Or, ce savoir ne peut être approprié par la firme qui le produit; il se diffuse inévitablement aux autres firmes.

La technologie

Les investissements en recherche/développement ont un double effet. Ils sont à l'origine de biens et services nouveaux, protégés par des brevets, et par conséquent source de revenus pour les innovateurs. Ils sont également pourvoyeurs d'idées qui serviront de point de départ à des **innovations*** ultérieures. Ces idées sont des biens publics, d'accès ouvert, permettant à des firmes autres que l'innovateur initial de faire progresser la technique.

C'est l'accumulation de ces connaissances nouvelles, issues de connaissances anciennes et de la recherche, qui fait progresser la technologie, et donc la productivité.

Le capital humain

Il a été mis en évidence par deux économistes de l'école de Chicago, Th. Schultz et G. Becker et est au centre des recherches menées par R. Lucas. Il désigne l'ensemble des capacités apprises par l'individu qui accroissent son efficacité productive. Chaque individu est en effet « propriétaire » d'un certain nombre de compétences, qu'il valorise en les vendant sur le marché du travail. Dans ce schéma, l'éducation est un investissement dont l'individu attend un certain retour. Il est alors naturel de souligner que la tendance plus que séculaire dans les pays occidentaux à un allongement de la durée moyenne de la scolarité est une cause non négligeable de la croissance.

Le capital public

Il correspond aux infrastructures de communication et de transport. Elles sont au cœur du modèle élaboré par R.J. Barro. Le capital public n'est qu'une forme de capital physique qui résulte des investissements opérés par l'État et les collectivités locales. Le capital public comprend donc également les investissements dans les secteurs de l'éducation et de la recherche.

En mettant en avant le capital public, les nouvelles théories de la croissance soulignent les imperfections du marché. Outre l'existence de situations de monopole, ces imperfections tiennent aux problèmes d'appropriation de l'innovation. Du fait de l'existence d'externalités entre les firmes, une innovation se diffuse d'une manière ou d'une autre. La moindre rentabilité de l'innovation qui en découle dissuade l'agent économique d'investir dans la recherche-développement. Dans ce contexte, il pourra incomber à l'État de créer des structures institutionnelles qui soutiennent la rentabilité des investissements privés et de subventionner les activité suffisamment rentables pour les agents économiques et pourtant indispensables à la société.

☞ Concepts et corrélats

➤ Comptabilité nationale ➤ Fluctuations et crises ➤ Investissement ➤ Théories économiques ➢ Destruction créatrice ➢ École de la régulation ➢ Mode d'accumulation ➢ Mode de régulation

☞ Bibliographie

● ARROUS J. (1999), *Les théories de la croissance*, coll. Points, Seuil.
BOSSERELLE E. (1999), *Les nouvelles approches de la croissance et du cycle*, coll. Topos, Dunod.
GUELLEC D. et RALLE P. (1997), *Les nouvelles théories de la croissance*, coll. Repères, La Découverte.
MUET P.-A. (1993), *Croissance et cycles*, coll. Économie Poche, Economica.
❍ ABRAHAM-FROIS G. (1999), *Dynamique économique*, coll. Précis, Dalloz.
ARROUS J. (1991), *Croissance et fluctuations*, coll. Mémentos, Dalloz.
DEVOLUY M. (1998), *Théories macroéconomiques*, coll. U, Armand Colin.
GAFFARD J.-L. (1994), *Croissance et fluctuations économiques*, Montchrestien.

CROISSANCE ENDOGÈNE

Les nouvelles théories de la croissance (ou croissance endogène) remettent en question l'idée d'un progrès technique exogène, et se développent sur la base d'une critique du **modèle de Solow***.

La théorie de la croissance endogène met ainsi en évidence quatre facteurs qui influent sur le taux de croissance d'une économie :

❍ Les premiers modèles sont ceux qui font des **rendements d'échelle*** croissants au niveau macroéconomique le fondement de la croissance. Dans la lignée des travaux de P. Romer, ces modèles attribuent la croissance à l'accumulation de capital physique. Ils ne rompent pas totalement avec l'hypothèse des rendements constants, car ils considèrent qu'il en va ainsi pour chaque entreprise, mais qu'en revanche, il existe des rendements d'échelle constants liés aux externalités (**effets externes***) positives des **investissements***. Les infrastructures publiques constituent donc un facteur de croissance qui engendre des rendements croissants à long terme en raison des économies internes qu'elles permettent pour les producteurs privés.

❍ L'intervention de **l'État*** qui investit dans des infrastructures peut conduire à l'amélioration de la **productivité*** des entreprises privées. Une analyse de R. Barro en 1990 a souligné ainsi que les infrastructures facilitent la circulation des informations, des personnes et des biens. **L'impôt*** (destiné à financer ces investissements) joue ici un rôle positif sur la croissance et non plus seulement un effet de désincitation sur le secteur privé.

❍ La recherche-développement, étudiée dans des travaux de P. Romer, est considérée comme une activité à rendement croissant du double fait que la connaissance est un **bien*** « non rival » et que le coût de son appropriation est, pour chaque chercheur, minimal. La croissance économique résulterait ainsi d'une activité **d'innovation***, engagée par des agents qui espèrent en tirer profit. Ces travaux rejoignent ceux de J. A. Schumpeter (1883-1950), puisque l'incitation fondamentale à l'innovation est liée au **monopole*** temporaire qu'elle confère aux producteurs de biens nouveaux.

❍ L'accumulation de **capital humain***, mise en valeur par R. Lucas (né en 1937, prix Nobel en 1995) en 1988 peut être volontaire (une accumulation de connaissances) ou involontaire (*learning by doing*). En outre, la productivité privée du capital humain a un effet externe positif car, en améliorant son niveau d'éducation et de formation, chaque individu augmente le stock de capital humain de la nation et, par là même, contribue à améliorer la productivité de l'économie nationale.

☞ Concepts et corrélats

➤ Croissance économique

CROISSANCE ÉQUILIBRÉE (STRATÉGIE DE)

Une stratégie de **croissance*** équilibrée, défendue par des auteurs comme R. Nurkse, A. Lewis (prix Nobel d'économie en 1979), P. Rosenstein-Rodan, consiste à provoquer « *une vague d'investissement en **capital*** dans un grand nombre de différentes industries pour que les gens qui travaillent avec des outils meilleurs et plus abondants dans un certain nombre d'activités deviennent les clients les uns des autres* » (R. Nurkse, *Les problèmes de la formation du capital dans les pays sous-développés*, 1952).

L'effort d'**investissement*** doit être rapide et massif (« *big push* ») et porter avant tout sur les infrastructures économiques et sociales et sur les branches productives. L'industrialisation simultanée de certaines branches créera des effets d'interdépendance pour ces branches et profitera également au reste de l'économie.

☞ Concepts et corrélats

➤ Économie du développement
➣ Croissance déséquilibrée ➣ Politiques de développement ➣ Stratégie de développement

CROISSANCE EXTENSIVE

La croissance extensive est une augmentation de la production qui repose principalement sur l'augmentation des quantités de **facteurs de production***.

Les **gains de productivité*** sont alors limités.

On accroît par exemple la production agricole en défrichant de nouvelles terres.

☞ Concepts et corrélats

➤ Croissance économique
➤ Investissement ➣ Croissance intensive

CROISSANCE EXTERNE

La croissance externe désigne un processus par lequel l'**entreprise*** s'agrandit par regroupement avec d'autres entreprises préexistantes dont elle prend le contrôle.

☞ Concepts et corrélats

➣ Système productif ➤ Entreprise ➤ Investissement ➣ Absorption ➣ Fusion
➣ Concentration ➣ Croissance interne

CROISSANCE INTENSIVE

La croissance intensive est une augmentation de la production qui repose principalement sur l'amélioration de l'efficacité de la **combinaison productive***; elle repose sur de forts **gains de productivité***.

Par exemple, dans la production agricole, l'utilisation de nouvelles plantes et de nouveaux assolements permet une augmentation de la production agricole à quantité de facteurs inchangés.

☞ Concepts et corrélats

➤ Croissance économique
➤ Investissement ➣ Croissance extensive

CROISSANCE INTERNE

La croissance interne est une forme de développement de la firme où celle-ci crée en son sein de nouvelles capacités de production.

➪ Ne pas confondre avec l'**autofinancement***.

☞ Concepts et corrélats

➤ Système productif ➤ Entreprise
➤ Investissement ➣ Croissance externe
➣ Concentration

CROISSANCE ZÉRO

La croissance zéro est une expression utilisée dans les années 1970 par un rapport du Club de Rome à la suite d'un débat portant sur les effets pervers de la croissance économique (pollution, épuisement des ressources naturelles) et le partage inégalitaire de ses fruits. Certains économistes se sont alors demandés s'il ne fallait pas « stopper » la croissance, en défendant l'hypothèse d'une « croissance zéro ».

☞ Concepts et corrélats

➤ Croissance économique

CULTURE D'ENTREPRISE

Ensemble des valeurs, des traditions, propres à chaque entreprise et produites par l'histoire particulière de cette entreprise: celle de la personnalité de ses fondateurs et de ses dirigeants, celle de son **organisation***, celle des discours sur ses savoirs et savoir-faire, celle de ses réussites et de ses échecs mais aussi celle des conflits qui l'ont traversée. La culture d'entreprise est un élément de socialisation, de sociabilité, de cohésion des identités sociales et professionnelles.

➪ Dans les années 1980, ce concept dérivé des analyses sociologiques a été utilisé dans une perspective managériale. La culture d'entreprise a souvent pris la forme d'une charte philosophique retenant certains aspects culturels de l'organisation (valeurs, symboles, mythes, rites, etc.) pour produire ou renforcer une cohésion sociale interne à l'entreprise. La culture d'entreprise s'est heurtée aux effets des politiques de **flexibilité*** mises en œuvre au sein des entreprises (précarisation de la main-d'œuvre).

☞ Concepts et corrélats

➤ Entreprise ➢ Organisation de la production ➢ Compétitivité ➢ Efficience ➢ Gouvernement d'entreprise ➢ Société anonyme

CUMULATIVITÉ

Il y a cumulativité des connaissances dans la mesure où, au cours du temps, les scientifiques constituent un stock croissant de **théories*** et de propositions qui sont confirmées ou ont résisté à des épreuves de **réfutation***. Les théories ou **hypothèses*** réfutées sont éliminées des connaissances scientifiques. La cumulativité peut résulter soit d'un progrès linéaire, soit d'une succession de **révolutions scientifiques***.

➪ J.A. Schumpeter (1883-1950) considère par exemple que l'histoire de l'analyse économique est caractérisée par un processus cumulatif de production de connaissances.

☞ Concepts et corrélats

➤ Épistémologie économique ➤ Théories économiques

CURRENCY PRINCIPLE

La thèse du *Currency principle* a été défendue en Grande-Bretagne au 19e siècle par des économistes qui considéraient que l'émission de billets devait être strictement liée à l'encaisse métallique de la **Banque centrale***. D. Ricardo (1772-1823) a été un défenseur particulièrement influent de ce point de vue qui l'a emporté sur le ***Banking Principle**** et a conduit à l'adoption de la loi bancaire britannique de 1844 (Acte de Peel).

☞ Concepts et corrélats

➤ Monnaie ➢ Convertibilité ➢ Étalon-or

CYCLE DE LA PRODUCTIVITÉ

Le cycle de la productivité est un **cycle*** lié aux décalages entre les variations du volume de la **production*** et l'ajustement du volume de l'**emploi***.

Au niveau microéconomique, les **entreprises*** ajustent avec lenteur l'emploi :

– quand la production se ralentit, l'emploi se maintient pendant un certain temps. Cela fait chuter les **gains de productivité*** ;

– quand il y a une **reprise***, l'emploi ne s'accroît qu'avec retard. Cela fait augmenter les gains de productivité.

La réglementation de l'emploi, l'**investissement*** en **capital humain***, l'incertitude des **entrepreneurs*** sont des facteurs qui jouent sur l'ampleur de ce cycle.

☞ Concepts et corrélats

➤ Fluctuations et crises ➢ Cycle Kitchin ➢ Cycle Juglar ➢ Cycle Kondratief ➢ Grappe d'innovations ➢ Hystérésis ➢ Oscillateur

CYCLE DE VIE

Le modèle du cycle de vie est un modèle de comportement patrimonial proposé par F. Modigliani (né en 1918, prix Nobel 1985) (articles écrits avec A. Brumberg en 1954 et A. Ando en 1963).

Le modèle considère qu'un agent consomme l'intégralité de son **revenu*** au cours de sa vie. L'**épargne*** ne répond plus alors qu'à un motif de trésorerie de longue période permettant de maximiser la **consommation*** sur la durée de vie.

On peut distinguer quatre périodes :

○ 1re période : l'agent emprunte pour acquérir logement et biens durables (épargne négative).

○ 2e période : l'agent épargne, rembourse ses dettes car sa consommation progresse moins que son revenu.

○ 3e période : le revenu ne progresse plus mais les charges sont plus faibles encore (enfants élevés) et le **ménage*** peut placer son épargne.

○ 4e période : dans sa vieillesse, l'agent utilise l'épargne accumulée pour satisfaire une consommation devenue supérieure à des revenus en déclin. Il y a alors **désépargne*** et tendance à la disparition du **patrimoine***.

Le modèle du cycle de vie a été critiqué dans la mesure où de nombreuses personnes ne consomment pas la totalité de leur patrimoine durant leur vie et décèdent en laissant un patrimoine conséquent. On considère donc que certaines personnes suivent plutôt un modèle dynastique et accumulent consciemment un patrimoine pour le léguer à leurs descendants.

☞ Concepts et corrélats

➤ Épargne ➢ Revenu permanent
➢ Théorème d'équivalence de Ricardo-Barro

CYCLE DU PRODUIT

Le cycle du produit est par analogie au modèle biologique, une approche de l'évolution de **marché*** d'un produit selon quatre phases caractéristiques :

1) le lancement du nouveau produit – les ventes sont faibles et progressent lentement ;

2) la croissance – le produit réalise sa percée et où les ventes progressent rapidement ;

3) la maturité – les consommateurs potentiels sont équipés et la demande plafonne ;

4) le déclin – le produit a vieilli : les ventes régressent puis la **production*** finit par s'arrêter.

R. Vernon (*International Investment and International Trade in the Product Cycle*, 1966) a utilisé ce schéma pour expliquer l'évolution du **commerce extérieur*** américain. L'**innovation*** confère un avantage à la **firme***, avantage qu'elle gère internationalement au cours de la **standardisation*** du produit.

❍ Dans la phase 1, les nouveaux produits sont fabriqués et écoulés sur le territoire américain.

❍ Au cours de la phase 2, les firmes exportent le produit à l'étranger, en particulier en Europe.

❍ Lors de la phase 3, la **concurrence*** devient de plus en plus vive, notamment par les **prix***, ce qui conduit les firmes américaines à installer des **filiales*** à l'étranger où le **coût*** de la main-d'œuvre est plus faible (**pays en développement*** par exemple). Les **exportations*** américaines se réduisent.

❍ Dans la phase 4, la production s'arrête aux USA et la **consommation*** américaine est assurée par des **importations***.

➪ Ne pas confondre avec la **théorie du cycle de vie***.

☞ Concepts et corrélats

➤ Fluctuations et crises ➤ Entreprise
➢ Internationalisation de la production
➢ Société transnationale

CYCLE ÉCONOMIQUE

Selon la définition de A.F. Burns et W.C. Mitchell, membres du Bureau National de Recherches Economiques (NBER), « *Un cycle consiste en une phase d'expansion simultanée de nombreux secteurs d'activité, période suivie d'une phase de contraction similaire, puis d'une reprise qui débouche sur la phase d'expansion du cycle suivant. Cette séquence est récurrente mais non périodique » (Measuring Business Cycles,* 1946).

Si plusieurs catégories de cycles économiques peuvent être distinguées en fonction de leur durée, un cycle comporte donc quatre phases présentées dans le schéma suivant :

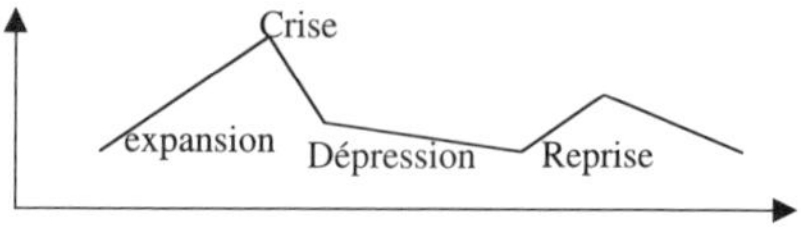

– la phase d'**expansion*** est marquée par la hausse de la **production*** en volume ;

– la crise correspond à un maximum ;

– la phase de **déflation*** est caractérisée par la contraction de la production ;

– la phase de **reprise*** correspond au minimum du cycle.

➪ L'existence de cycles variables par leur amplitude (écart entre le niveau d'activité le plus haut et le plus bas) et leur durée, génère des fluctuations de la **croissance économique***.

☞ Concepts et corrélats

➤ Fluctuations et crises ➢ Cycle Juglar
➢ Cycle Kitchin ➢ Cycle Kondratief

CYCLE JUGLAR

Le cycle Juglar ou cycle majeur (ou encore cycle des affaires) est un **cycle économique*** d'une durée de dix ans environ. Il est aussi qualifié de cycle majeur par opposition au **cycle Kitchin***. Ce retour périodique des crises tous les 8 à 11 ans, a été observé par C. Juglar (1819-1905) aux États-Unis en France et en Angleterre (1826, 1836-1837, 1847, 1857), à partir des **bilans*** bancaires. Juglar attachait une importance particulière au **crédit*** accordé par les **banques*** (facilités de l'**escompte*** puis réduction drastique) mais selon lui, c'est l'**investissement*** qui joue en définitive un rôle central.

Les analyses de ce cycle sont nombreuses mais on peut distinguer deux types d'explication:

– une explication monétaire et financière (**théorie monétariste*** et l'**école autrichienne***);

– une explication réelle.

Depuis 1945, ce cycle ne se traduit pas par des phases d'alternance d'**expansion*** et de **dépression*** mais par des fluctuations autour d'un **trend*** de **croissance*** (alternance de phases de croissance et de **récession***).

☞ Concepts et corrélats

➤ Fluctuations et crises ➤ Croissance économique ➢ Cycle économique

CYCLE KITCHIN

Le cycle Kitchin est un **cycle économique*** court d'une durée de quarante mois environ. (3 ans). Il est souvent lié à des opérations d'augmentation ou de liquidation des stocks. Ces pratiques de gestion de stocks conduisent en effet à des fluctuations de la **production***.

Ce cycle, repéré par l'américain J. Kitchin (*Cycles et tendances des variables économiques,* 1923), est souvent qualifié de « cycle mineur ».

☞ Concepts et corrélats

➤ Fluctuations et crises ➤ Croissance économique ➢ Cycle économique ➢ Cycle Juglar

CYCLE KONDRATIEF

Le cycle Kondratief désigne un **cycle économique*** long, d'une durée moyenne de 50 à 60 ans. Plusieurs économistes se sont penchés sur ce type de cycle durant la **dépression*** de 1873-1896, mais J.A. Schumpeter a donné à ce cycle le nom de l'économiste soviétique N. Kondratief (*Les grands cycles de la conjoncture,* 1920), fondateur en 1920 de l'Institut de la conjoncture à Moscou, qui a étudié les mouvements séculaires des **prix*** et des quantités réelles en France, en Grande-Bretagne et aux États-Unis. Ce cycle comporte deux phases:

– une phase A ascendante qui réunit des conditions favorables à la **croissance*** (découvertes modifiant radicalement les techniques et l'échange, accroissement des **investissements***, expansion de la circulation monétaire, diversification des activités, augmentation du **pouvoir d'achat*** agricole, apparition de nouveaux pays dans l'économie mondiale). Mais des forces agissent en sens inverse (augmentation des **prix***, retournement dans les commandes de biens de capitaux, **concurrence*** internationale plus intense, bouleversements sociaux et guerres, augmentation des capitaux improductifs);

– une phase B (ou dépression) qui s'accompagne d'une baisse des prix, des **taux d'intérêt*** et de l'activité économique notamment dans l'agriculture. Selon Kondratief, « *À mesure que la tendance à la baisse se développe les facteurs qui favorisent l'accumulation et la concentration du capital commencent à entrer en action* » (nombreuses inventions, **épargne*** abondante, remplacement des biens capitaux essentiels).

Deux grands cycles et demi ont été mis en lumière par Kondratief:

– le 1er Kondratief (1780-1790 à 1844-1851) correspond à la **Révolution industrielle*** et à l'expansion du textile, de la métallurgie et de la chimie, etc. Le retournement (début de la phase B) se situe vers 1844-1851;

– le 2e Kondratief (1844-1851 à 1890-1896) s'articule avec le développement du chemin de fer et de l'acier, associé à l'entrée des États-Unis dans le commerce mondial et aux découvertes d'or d'Australie et de Californie. Le retournement se situe vers 1870-1875;

– le 3e Kondratief (1891-1896 à?) se traduit par le développement des industries électriques, chimiques et des moteurs, l'apparition de l'Australie, l'Argentine et le Canada dans le commerce mondial, l'accroissement de l'extraction d'or et l'instauration de l'**étalon-or***. Le retournement se situa vers 1914-1920.

Pour Kondratief, l'explication du cycle se fonde surtout sur le renouvellement de certains **investissements*** lourds.

La thèse de J.A. Schumpeter (*Business Cycles*, 1939) conduit à associer à chaque Kondratief, des **innovations*** majeures. Prolongeant cette analyse, des économistes néo-schumpétériens (G. Mensch, Ch. Freeman) ont mis en lumière un quatrième Kondratief (1939-1996) avec un point de retournement en 1973. Comme chacune des précédentes révolutions industrielles couvre deux Kondratief, une troisième révolution industrielle se dessinerait avec un cinquième Kondratief dont la phase A s'amorcerait à la fin du 20e siècle.

Il existe d'autres explications du cycle qui reposent sur:

– des facteurs monétaires (place du crédit, de l'accroissement de la **masse monétaire***) pour G. Cassel (1866-1945) ou de la baisse des prix pour F. Simiand (1873-1935);

– facteurs politiques (tout mouvement de baisse de longue durée des prix est précédé par une guerre tandis que les phases descendantes ont été des périodes de paix).

Le cycle long permet une lecture de l'histoire économique que certains économistes contestent: ils ne reconnaissent qu'un cycle, le cycle majeur. D'autres auteurs se contentent de donner au cycle long, une portée heuristique mais les points de retournement diffèrent selon les auteurs.

☞ Concepts et corrélats

➤ Fluctuations et crises ➤ Croissance économique ➣ Cycle Juglar ➣ Cycle Kitchin ➣ Progrès technique

CYCLE LONG

➤ **Fluctuations et crises** ➣ **Cycle Kondratief**

CYCLE MAJEUR

➤ **Fluctuations et crises** ➣ **Cycle Juglar**

CYCLE MINEUR

➤ **Fluctuations et crises** ➣ **Cycle Juglar**

CYCLE RÉEL (THÉORIE DU)

La théorie du cycle réel est une approche du **cycle*** développée dans les années 1980 pour monter que face à un choc exogène, les fluctuations de l'activité économique sont la réponse optimale des agents à un choc temporaire de **productivité***.

À la suite des articles des économistes F. Kydland et E. Prescott (*Time to Build an Aggregate Fluctuations*, 1982) et J.R. Long et Ch. Plosser (*Real Business Cycles*, 1983), on considère un agent représentatif tout à la fois, consommateur et producteur (Robinson Crusoé) qui alloue tout au long de sa vie, son temps d'activité et de loisir de façon optimale. En réponse à un événement aléatoire (choc technologique non anticipé par exemple si les noix de coco sont plus abondantes aujourd'hui), Robinson peut avoir deux types de réponse:

– s'il ne se préoccupe pas du futur, il peut consommer plus aujourd'hui sans changer sa quantité de travail et son **investissement***;

– s'il se préoccupe du futur, sa réaction dépend du caractère durable ou transitoire du choc technologique (abondance de la récolte) et de sa préférence pour le loisir présent et futur.

Si le choc est temporaire, il est incité à modifier sa fonction de production en investissant davantage, sa fonction d'utilité intertemporelle peut jouer soit pour moins travailler dans le présent (**effet revenu***) soit pour travailler moins demain (substitution intertemporelle) en travaillant davantage aujourd'hui. Dans ce cas, Robinson travaille plus, consomme plus et investit plus aujourd'hui.

Si le choc est permanent, Robinson est incité à travailler moins et à investir moins (il obtient plus avec le même effort).

En conséquence, la production peut se situer au-dessus ou en dessous de la trajectoire optimale de la **tendance*** de long terme. Ce sont donc les chocs temporaires de **productivité*** qui entraînent une évolution cyclique de la consommation, de l'investissement et de l'emploi.

➪ Selon la théorie du cycle réel, les **fluctuations économiques*** ne résultent pas de rigidités à court terme des **prix***, des **salaires***, de l'**offre*** ou de l'information imparfaite des agents, mais de leur réponse optimale à un choc.

☞ Concepts et corrélats

➤ Fluctuations et crises ➢ Cycle Kitchin ➢ Cycle Juglar ➢ Cycle Kondratief ➢ Grappe d'innovations ➢ Oscillateur ➢ Toile d'araignée (*Cobweb*)

DÉCENTRALISATION

La décentralisation est une politique visant à transférer des compétences de l'État central aux collectivités territoriales (communes, départements, régions). En France, la réforme de 1982 a réalisé une importante décentralisation.

D'un point de vue économique, la décentralisation repose sur l'idée que la gestion des interventions publiques par des instances élues plus proches des usagers conduira à une plus grande effcacité.

➪ Ne pas confondre avec la déconcentration qui transfère la compétence à d'autres niveaux de l'administration centrale.

☞ Concepts et corrélats

➤ État

DÉCILE

Le premier décile D_1 d'une série statistique est la valeur du **caractère statistique*** telle que 10 % de la population étudiée a une modalité inférieure ou égale à D_1 et 90 % a une valeur supérieure à D_1. On définirait de même le 2e décile avec les proportions 20 %, 80 % et ainsi jusqu'au 9e décile, avec les proportions 90 %, 10 %. Il y a neuf déciles.

Par exemple, lorsqu'on étudie la répartition des ménages français en fonction de leur revenu, le premier décile sera la valeur du revenu telle que 10 % des ménages français ont un revenu inférieur ou égal à cette valeur, et 90 % ont un revenu supérieur ou égal à cette valeur.

➪ Il ne faut pas confondre les déciles (au nombre de 9) et les sous-ensembles (au nombre de 10) délimités par les déciles et contenant 10 % de la population statistique

➪ D'une manière générale, les **quartiles***, déciles, **centiles***, sont appelés des quantiles.

DÉCLOISONNEMENT

Sur les marchés des capitaux, on appelle décloisonnement la suppression des barrières entre les métiers de la finance, entre les différents produits et les différents **marchés**. Par exemple, la distinction entre banque d'affaire et banque de dépôts a progressivement disparu en France. De même, le **Marché à terme international de France*** concerne aussi bien des contrats sur produits financiers que des contrats sur marchandises, etc. Le décloisonnement a pour effet d'accroître l'interdépendance des différents marchés.

☞ Concepts et corrélats

➤ Monnaie ➤ Finances internationales ➢ Globalisation financière ➢ Règle des trois D

DÉCOLLAGE

➤ **Économie du développement**
➢ **Démarrage**

DÉCOUVERT

Le découvert est une technique de **crédit*** qui consiste pour un banquier à permettre à son client de tirer des sommes supérieures à ses avoirs en compte du moment. Le montant du découvert est négocié et les sommes utilisées dans ce cadre donnent lieu au paiement d'un **intérêt***.

➪ L'utilisation du découvert par le client entraîne la création de **monnaie scripturale*** par la banque.

☞ Concepts et corrélats

➤ Monnaie ➢ Banque ➢ Création monétaire

DÉDUCTION

La déduction est l'opération qui, à partir d'**axiomes*** ou de **conjectures*** consiste à formuler, à partir d'un raisonnement logique, d'autres propositions. Dans les disciplines logico-formelles (logique, géométrie, algèbre…), la valeur de vérité d'une proposition déduite est liée exclusivement au respect des règles de la logique interne du raisonnement. Dans les « sciences de l'empirie » (physique aussi bien que science économique), la validité des propositions déduites suppose à la fois la cohérence interne du raisonnement et la soumission des énoncés à des épreuves de **réfutation*** ou de **vérification***.

☞ Concepts et corrélats

➤ Épistémologie économique
➤ Théories économiques

DÉFICIT BUDGÉTAIRE

Le déficit budgétaire est un **solde budgétaire*** négatif. Son montant résulte de l'écart entre les dépenses (comptabilisées négativement) et les recettes (comptabilisées positivement) qui sont présentées dans la **Loi de finances***.

Certains économistes considèrent qu'il est indispensable de respecter un strict équilibre budgétaire alors que d'autres (le plus souvent keynésiens) estiment que le solde budgétaire est un instrument de **politique économique*** (en général, un déficit a un effet stimulant sur l'économie et un excédent un effet de freinage).

➪ Il faut distinguer le déficit de l'État et le déficit de l'ensemble des **administrations publiques***.

➪ Dans le cadre de l'**Union européenne***, et en particulier dans le cadre du **pacte de stabilité et de croissance***, le déficit public est le **besoin de financement*** de toutes les administrations publiques (administration centrale + administrations locales + administrations de Sécurité sociale).

➪ On peut aussi calculer un déficit primaire et un déficit structurel.

Le déficit primaire ne tient pas compte des charges d'intérêt liées au remboursement de la **dette publique*** (dépenses) ni des revenus d'actifs financiers reçus (recettes).

Le déficit structurel est calculé en retranchant du déficit effectif, un solde conjoncturel, mesurant l'impact mécanique de la conjoncture économique sur l'évolution des dépenses et des recettes. Le calcul du solde conjoncturel repose sur une estimation de l'écart entre le PIB effectif et le **PIB potentiel***.

➪ On peut également distinguer un déficit budgétaire actif, provoqué par un accroissement des dépenses publiques ou une réduction les impôts, et un déficit budgétaire passif résultant d'une baisse des recettes fiscales à la suite d'un ralentissement de la croissance économique.

☞ Concepts et corrélats

➤ État ➤ Politique économique ➢ Effet « boule de neige » ➢ Neutralité budgétaire➢ Multiplicateur des dépenses publiques ➢ Théorème de Haavelmo

DÉFLATION

La déflation est un processus de baisse cumulative du niveau général des prix. Cette baisse des prix s'accompagne d'une réduction massive de l'activité et d'un fort accroissement du **chômage***.

➪ La crise de 1929 a été marquée, notamment aux États-Unis, par une déflation

➪ Ne pas confondre avec **désinflation***.

☞ Concepts et corrélats

➤ Monnaie ➤ Fluctuations et crises
➢ Inflation ➢ Stagflation

DÉLÉGUÉ DU PERSONNEL

Un délégué du personnel est un représentant élu par les salariés d'une **entreprise***. Il est leur porte-parole auprès des employeurs pour toutes réclamations individuelles ou collectives relatives aux **salaires***, au Droit du travail et aux **conventions collectives*** applicables dans l'entreprise.

Les accord de Matignon (1936) prévoyaient un délégué du personnel dans les établissements de plus de 10 salariés. Selon l'ordonnance de 1945, l'élection d'un délégué est obligatoire dans les entreprises ayant au moins 50 salariés. La loi de 1982 fixe ce seuil à 11 personnes. De plus, pour permettre la représentation des entreprises employant moins de 11 salariés dans des zones où coexistent plusieurs entreprises de ce type (galeries marchandes, zones industrielles, rue commerçante, chantiers, etc.), la loi de 1982 a permis l'élection de délégués de site.

➪ Comme pour les membres du **comité d'entreprise*** et le **délégué syndical***, le délégué du personnel bénéficie d'une protection spécifique en matière de licenciement ou de sanctions disciplinaires.

☞ Concepts et corrélats

➤ Organisation du travail ➢ Convention collective ➢ Syndicat ➢ Rapport salarial
➢ Syndicat

DÉLÉGUÉ SYNDICAL

Un délégué syndical est un représentant du personnel auprès du chef d'**entreprise*** pour défendre les intérêts des salariés.

C'est la loi du 27 septembre 1968 (accords de Grenelle) qui a autorisé la section syndicale d'**entreprise*** dans les entreprises d'au moins 50 salariés et la désignation de délégués syndicaux.

➪ Un délégué syndical peut être aussi **délégué du personnel*** et membre du **Comité d'entreprise***.

☞ Concepts et corrélats

➤ Organisation du travail ➣ Convention collective ➣ Crise du fordisme
➣ Syndicat ➣ Rapport salarial
➣ Syndicat

DÉLOCALISATION DE LA PRODUCTION

On parle de délocalisation de la production lorsqu'une entreprise, dont la production était localisée dans un pays donné, décide de transférer tout ou partie de ses activités de production dans un autre pays.

La délocalisation peut être motivée, en particulier, par des problèmes de **barrières à l'entrée*** sur un **marché*** ou par des avantages de coûts (coûts de production, fiscalité…).

☞ Concepts et corrélats

➣ Firme multinationale ➣ Filiale-atelier

DEMANDE

➤ Marchés et prix ➣ Courbe de demande ➣ Fonction de demande
➣ demande notionnelle

DEMANDE D'EMPLOI

La demande d'emploi ou **offre de travail*** émane des travailleurs qui cherchent à occuper un **emploi*** ou à louer leur **force de travail***.

☞ Concepts et corrélats

➤ Marché du travail

DEMANDE DE MONNAIE

La demande de monnaie émane des agents économiques qui désirent détenir des avoirs liquides. La détention de ces avoirs a un **coût d'opportunité***: détenir des **liquidités***, c'est renoncer à l'**intérêt*** que l'on obtiendrait en plaçant la somme correspondante sur le **marché financier***. L'analyse économique s'est efforcée d'expliciter les déterminants de la demande de monnaie. L'approche keynésienne met l'accent sur les motifs de la **préférence pour la liquidité***. Pour M. Friedman (prix Nobel 1976), la monnaie est une composante du **patrimoine*** des agents et la quantité de monnaie détenue dépend de l'optimisation de la composition de ce patrimoine (arbitrage entre actifs réels, monnaie et titres). Au total, dans l'approche keynésienne comme dans l'approche monétariste, la demande de monnaie dépend pour l'essentiel du **taux d'intérêt*** et du **revenu*** (**revenu permanent*** chez Friedman).

➪ Une différence essentielle entre les deux approches réside dans le fait que les keynésiens considèrent que la fonction de demande de monnaie est instable, alors que les monétaristes considèrent qu'elle est stable.

☞ Concepts et corrélats

➤ Monnaie ➣ Offre de monnaie
➣ Politique monétaire ➣ Trappe à liquidité

DEMANDE DE TRAVAIL

La demande de travail ou **offre d'emploi*** émane des **entreprises*** qui cherchent à recruter de la main-d'œuvre.

☞ Concepts et corrélats

➤ Marché du travail

DEMANDE EFFECTIVE

La demande effective est la demande de **biens de consommation*** et de **bien de production*** anticipée par les producteurs. C'est cette demande anticipée qui détermine l'offre des producteurs, c'est-à-dire le niveau de la production et donc de l'emploi. La demande effective est déterminée par des informations économiques mais aussi par les « *esprits animaux des entrepreneurs* », c'est-à-dire par des facteurs psychologiques qui ne sont pas nécessairement rationnels. Rien ne garantit que le niveau de la demande effective se fixe au niveau qui assure le plein-emploi.

➪ Le concept de demande effective a été introduit par J.-M. Keynes dans la *Théorie générale de l'emploi de l'intérêt et de la monnaie* (1936).

➪ L. Walras (1834-1910) utilise aussi le concept de demande effective qui désigne chez lui la demande d'une marchandise à un **prix*** déterminé.

☞ **Concepts et corrélats**
➤ Théories économiques ➢ Équilibre de sous-emploi ➢ Théorie keynésienne ➢ Multiplicateur d'investissement ➢ Demande notionnelle ➢ Anticipation

DEMANDE NOTIONNELLE

La demande notionnelle désigne une intention d'achat d'une certaine quantité d'un **bien*** ou d'un **service*** à un **prix*** donné.

➪ Par un abus de langage, on utilise la notion de demande pour désigner la quantité demandée, par un **consommateur***, ou par l'ensemble des consommateurs, au **prix d'équilibre*** déterminé par le **marché***.

☞ **Concepts et corrélats**
➤ Marchés et prix➢ Courbe de demande

DEMANDE SOLVABLE

Une demande solvable est la demande qui se manifeste sur le **marché*** d'un **bien*** ou d'un **service*** et qui est formulée par un individu, un **ménage*** ou un autre agent économique disposant des moyens financiers suffisants pour payer le **prix du marché***.

☞ **Concepts et corrélats**
➤ Marchés et prix ➤ Revenu du patrimoine➢ Demande

DEMANDES D'EMPLOI EN FIN DE MOIS (DEFM)

Les demandes d'emploi en fin de mois (DEFM) recensent les personnes inscrites à **l'ANPE** * à la fin d'un mois donné. Cet indicateur de mesure du **chômage*** est fourni par le ministère de l'Emploi et de la Solidarité.

On distingue huit catégories de demandeurs d'emploi inscrits à l'ANPE:

– **catégorie 1 (DEFM)**: personnes sans emploi, immédiatement disponibles, à la recherche d'un emploi à temps plein à durée indéterminée (CDI) et n'ayant pas exercé une activité réduite de plus de 78 heures dans le mois. **C'est ce chiffre qui est publié chaque mois par le ministère**.

– **catégorie 2**: personnes sans emploi, immédiatement disponibles, à la recherche d'un emploi à durée indéterminée à temps partiel.

– **catégorie 3**: personnes sans emploi, immédiatement disponibles, à la recherche d'un emploi à durée déterminée (CDD), temporaire ou saisonnier, même de très courte durée.

– **catégorie 4**: personnes non immédiatement disponibles, à la recherche d'un emploi quelle que soit la caractéristique de celui-ci. Leur nombre ne fait pas l'objet d'une publication mensuelle.

– **catégorie 5**: personnes en activité, mais à la recherche d'un autre emploi (CDD, CDI, temps partiel, temps plein).

– **catégorie 6**: personnes ayant travaillé plus de 78 heures dans le mois cherchant un CDI à temps plein.

– **catégorie 7**: personnes ayant travaillé plus de 78 heures dans le mois, cherchant un emploi à durée indéterminée à temps partiel.

– **catégorie 8**: personnes ayant travaillé plus de 78 heures dans le mois, cherchant un autre emploi, à durée déterminée, temporaire ou saisonnier, même de très courte durée.

➪ La pluralité des critères qui conduisent à la définition de ces catégories, permettent la prise en compte et la mesure des phénomènes de **sous-emploi***.

☞ **Concepts et corrélats**
➤ Marché du travail

DÉMARRAGE (*TAKE OFF*)

Le démarrage économique (ou *take off*) est, selon W.W. Rostow (*Les étapes de la croissance économique*, 1960), la période cruciale pendant laquelle l'économie nationale s'engage dans la voie du développement auto-entretenu.

Selon W.W. Rostow, trois conditions permettent la réalisation du démarrage qui va s'étaler sur une période de vingt ans.

– une élévation importante du **taux d'investissement***;

– la création d'un ou de plusieurs **secteurs*** industriels jouant un rôle d'entraînement important du fait de leur croissance élevée;

– l'existence ou la mise en place d'un « appareil politique, social et institutionnel » qui facilite la poursuite de la croissance (en particulier les importations de capitaux en provenance des pays développés et constitution d'un système bancaire).

☞ **Concepts et corrélats**
➤ Croissance économique ➤ Économie du développement ➢ Étapes de la croissance ➢ Croissance déséquilibrée
➢ Croissance équilibrée

DÉPENDANCE

La dépendance est l'ensemble des liens de domination qui se sont tissés entre les **pays développés à économie de marché*** (PDEM) et les **pays en voie de développement*** (PVD).

Les théoriciens de la dépendance (marxistes comme C. Bettelheim ou hétérodoxes comme R. Prebisch) considèrent que les relations économiques internationales sont inévitablement des relations de dépendances et de domination.

☞ **Concepts et corrélats**
➤ Économie du développement

DÉPENSE DE CONSOMMATION DES MÉNAGES

La dépense de consommation des ménages est une évaluation de la **consommation*** des **ménages*** à partir des dépenses qu'ils ont effectivement supportées (dépenses non prises en charge par les **administrations*** ou non « socialisées »). C'est la **consommation effective des ménages*** après déduction des dépenses prises en charge par les **administrations publiques*** (remboursements des dépenses de santé par la Sécurité sociale, etc.).

☞ **Concepts et corrélats**
➤ Comptabilité nationale
➤ Consommation ➢ Consommation élargie➢ Consommation socialisée

DÉPENSES FISCALES

Les dépenses fiscales sont des pertes de recettes résultant d'une politique d'incitation par des déductions fiscales (par exemple réduction de l'impôt sur les sociétés pour les bénéfices réinvestis).

Le concept de dépenses fiscales permet d'évaluer certains coûts de la **politique budgétaire***. D'autres coûts peuvent résulter d'une politique d'incitation par le biais de **subventions***.

☞ **Concepts et corrélats**
➤ État ➤ Politique économique
➢ Politique keynésienne

DÉPENSES PUBLIQUES

Au sens strict, les dépenses publiques sont les dépenses financées par l'État. Au sens large, on prend en compte les dépenses des collectivités territoriales et des administrations de Sécurité sociale.

Les dépenses publiques sont liées :

– aux achats de biens et services nécessaires à la production par les **administrations publiques*** des **services collectifs***;

– au service de la **dette publique***;

– au paiement des **prestations sociales***;

– au versement de **subventions***.

☞ **Concepts et corrélats**
➤ État ➤ Politique économique
➢ Budget de l'État ➢ Dépenses fiscales
➢ Débudgétisation ➢ Effet « boule de neige »➢ Multiplicateur des dépenses publiques

DÉPORT

Une **devise*** cote un déport sur le **marché des changes*** lorsque son **cours au comptant*** est supérieur à son **cours à terme***.

☞ **Concepts et corrélats**
➤ Finances internationales➢ Cours de change ➢ Report

DÉPRÉCIATION

Le terme dépréciation a deux significations très différentes selon qu'il concerne la valeur internationale ou la valeur interne de la monnaie.

❍ Sur le plan international, la dépréciation désigne la baisse du cours d'une **devise*** sur le **marché des changes***.

➪ Ne pas confondre avec **dévaluation***.

❍ Sur le plan interne, la dépréciation désigne la perte de **pouvoir d'achat*** de la monnaie qui résulte de la hausse des **prix***.

☞ **Concepts et corrélats**
➤ Finances internationales ➤ Monnaie
➢ Inflation ➢ Appréciation

DÉPRESSION

La dépression désigne le moment d'un **cycle économique*** pendant lequel on assiste à une baisse de la **production***.

➪ Ne pas confondre avec la **récession***.

☞ Concepts et corrélats

➤ Fluctuations et crises

DÉRÉGLEMENTATION

La déréglementation est une composante des **politiques économiques*** d'inspiration libérale. Elle vise à donner plus de place à l'initiative individuelle et à la régulation par le **marché*** dans le fonctionnement de l'économie, en supprimant certaines dispositions réglementaires.

Cette politique repose sur l'idée que la réglementation (législation du travail, **encadrement du crédit***, réglementation de la **concurrence***, contrôle des **prix***, réglementation antipollution…) a des effets contre-productifs: la législation du travail serait un obstacle à l'embauche, le contrôle des prix ferait obstacle à la concurrence et donc à l'efficacité économique, etc.

La déréglementation est un aspect de la **politique de l'offre***; ses défenseurs considèrent qu'en libérant les agents des contraintes administratives, le système économique deviendra plus efficace et que la concurrence est le meilleur moyen de satisfaire les objectifs sociaux que la réglementation prétend atteindre.

Sur le plan monétaire et financier, le mouvement de déréglementation qui s'est amorcé à la fin des années 1970 a consisté par exemple à supprimer le contrôle des changes, à ouvrir le marché monétaire à l'ensemble des opérateurs, à laisser davantage jouer le marché dans la détermination des taux d'intérêt, etc.

➪ La notion de déréglementation ne signifie donc pas suppression totale de toute réglementation mais modification du cadre réglementaire de façon à instaurer plus de concurrence entre les agents.

➪ La déréglementation est une action de l'État qui ne se traduit pas par un accroissement des dépenses publiques et n'a pas d'incidence budgétaire directe.

☞ Concepts et corrélats

➤ État ➤ Politique économique
➤ Monnaie ➤ État ➤ Finances internationales ➤ Théories économiques
➢ Globalisation financière ➢ Libéralisme
➢ Règle des trois D ➢ Politique libérale

DÉSARTICULATION

La désarticulation de l'économie et de la société est (selon les théoriciens marxistes et hétérodoxes du développement et du **sous-développement*** comme A.G. Frank), la conséquence du processus de domination dans le cadre, du système mondial capitaliste.

Dans une perspective théorique différente, F. Perroux (1903-1987) préfère utiliser le terme d'inarticulation qui renvoie à un manque d'intégration de l'économie nationale: la croissance d'une **branche*** ne se propage pas à l'ensemble de l'économie.

☞ Concepts et corrélats

➤ Économie du développement
➢ Dualisme

DÉSÉCONOMIE D'ÉCHELLE

Il y a déséconomie d'échelle lorsque les **coûts*** unitaires s'accroissent à la suite d'une augmentation de la taille de l'unité de production; les **rendements d'échelle*** sont alors décroissants. En effet, au-delà d'une certaine taille critique, les firmes rencontrent des déséconomies d'échelle liées à des contraintes techniques de production, à l'alourdissement des frais de gestion administrative, des coûts d'information, etc.

☞ Concepts et corrélats

➤ Entreprise

DÉSÉPARGNE

La désépargne se définit selon les auteurs comme:

– le fait de transformer une épargne placée en **consommation***;

– le fait d'avoir une consommation supérieure à son **revenu***.

Dans les deux cas, la désépargne entraîne une diminution de la valeur nette du **patrimoine***.

☞ Concepts et corrélats

➤ Épargne ➤ Revenus
➢ Patrimoine ➢ Cycle de vie

DÉSINDEXATION

La désindexation désigne la remise en cause de l'**indexation*** des revenus nominaux, en particulier des salaires, sur les prix.

☞ Concepts et corrélats

➤ Politique économique ➤ Revenus
➢ Inflation ➢ Désinflation

DÉSINFLATION

La désinflation est le ralentissement du rythme de croissance du niveau général des prix.

➪ Ne pas confondre avec **déflation***.

☞ Concepts et corrélats

➤ Monnaie ➤ Politique économique
➢ Inflation

DÉSINTERMÉDIATION FINANCIÈRE

La désintermédiation financière est le processus qui conduit les agents économiques qui ont un **besoin de financement*** à réduire leur recours au crédit bancaire et à faire appel directement au **marché financier***.

➪ La désintermédiation financière se mesure par la baisse du **taux d'intermédiation financière***.

☞ Concepts et corrélats

➤ Monnaie ➢ Financement direct
➢ Financement intermédié

DÉSINVESTISSEMENT

Il y a désinvestissement lorsqu'un agent économique n'assure plus les **investissements de remplacement*** nécessaires au simple maintien du **capital*** existant.

☞ Concepts et corrélats

➤ Investissement ➢ Investissement brut/net

DESTRUCTION CRÉATRICE

La destruction créatrice est un concept créé par J. Schumpeter (*Capitalisme, socialisme et démocratie*, 1942) pour rendre compte du rajeunissement permanent du tissu productif d'une **économie capitaliste***. Tout **monopole*** d'**innovation*** par un **entrepreneur***est remis en cause par l'imitation et la diffusion des innovations. Cette évolution des **économies de marché*** accroît la **concurrence***, ce qui favorise de nouvelles innovations. Chaque **grappe d'innovations***en détruisant les éléments vieillis et en créant des neufs donne à la croissance une nature cyclique d'autant plus forte que cette destruction créatrice impulse des changements profonds. Ainsi s'explique le fait que se superposent en permanence des **cycles*** d'ampleur et de durée extrêmement variables, dont la combinaison aboutit aux fluctuations que l'on observe au niveau macroéconomique.

➪ Le concept de destruction créatrice s'oppose à une vision de l'économie en termes **concurrence pure et parfaite*** et en termes d'**équilibre*** statique.

☞ Concepts et corrélats

➤ Fluctuations et crises ➤ Croissance économique ➢ Cycle Juglar ➢ Cycle Kitchin ➢ Cycle Kondratief
➢ Déséquilibre ➢ Dynamique
➢ Révolution industrielle

DESTRUCTION DE MONNAIE

La destruction de monnaie résulte, pour l'essentiel, du remboursement des **crédits*** qui ont donné naissance à la **création de monnaie***. Lorsque, à l'échéance, le débiteur rembourse sa **dette***, **l'Institution financière monétaire*** fait disparaître de l'actif de son bilan la créance qu'elle détenait en même temps qu'elle fait disparaître du passif de son bilan l'engagement qu'elle avait à l'égard de ce client du fait du crédit accordé.

➪ Les sorties d'or (en système d'**étalon-or***) et les achats de devises sont aussi l'occasion d'une destruction de monnaie.

➪ Dans les économies en croissance, les crédits nouveaux (**création de monnaie***) sont plus importants que les crédits remboursés (destruction de monnaie): il y a donc création nette de monnaie et augmentation de la **masse monétaire***.

➪ La destruction de monnaie, au sens de la théorie monétaire, n'a rien à voir avec la destruction matérielle des billets usagés.

☞ Concepts et corrélats

➤ Monnaie ➢ Multiplicateur de crédit
➢ Diviseur de crédit ➢ Contreparties de la masse monétaire

DÉSUTILITÉ

La désutilité fait référence au caractère pénible que présentent les efforts fournis ou les nuisances subies par les individus dans la lutte contre la rareté et qui constituent la contrepartie des satisfactions (ou **utilité***) procurées par les **biens***.

Par exemple, dans la nouvelle microéconomie néoclassique, le consommateur opère un arbitrage en comparant l'utilité d'une unité supplémentaire de **consommation*** à la réduction d'une unité supplémentaire de son temps de loisir, c'est-à-dire à la désutilité marginale du travail.

☞ Concepts et corrélats

➤ Consommation ➣ *Homo œconomicus*
➣ Taux marginal de substitution
➣ Théorie néoclassique

DÉTOUR DE PRODUCTION

Le concept de détour de production désigne le fait que, pour se procurer les **biens de consommation*** dont ils ont besoin, les hommes consacrent une partie de leur activité non pas à produire directement ces biens mais à fabriquer des **biens de production*** non directement consommables qui vont leur permettre ensuite d'obtenir plus facilement (et/ou en plus grande quantité) les biens de consommation.

Ce concept élaboré par les théoriciens de l'**École autrichienne*** fait référence à leur analyse de la nature du **capital***. Ainsi, pour E. Böhm-Bawerk (*La théorie positive du capital,* 1888), allonger les détour de production signifie multiplier des étapes intermédiaires pour rendre plus productifs les « facteurs originels » que sont le **travail*** et la terre. Les économies contemporaines se caractérisent selon cette approche, par un allongement du détour de production. À long terme, l'**accumulation*** et la **croissance*** sont déterminées par un **prix***, celui du temps, qui est évalué par le **taux d'intérêt***. F. Hayek (*Prix et Production,* 1931) situe l'origine des **crises*** (et notamment celle de 1929) dans un allongement du détour de production financé par **création de monnaie*** et non par recours à l'**épargne***.

➪ C'est bien le capital (un **stock***) qui constitue un détour de production, l'**investissement*** (un **flux***) fait seulement varier la longueur du détour de production.

☞ Concepts et corrélats

➤ Capital ➤ Fluctuations et crises
➤ Investissement ➤ Théories économiques

DÉTOURNEMENT DE TRAFIC

➣ **Unions douanières**

DETTE DU TIERS-MONDE

La dette du **tiers-monde*** est la somme de l'endettement public et privé (en proportion très variable selon les pays) qui pèse sur l'économie des **pays en voie de développement***. Si les problèmes d'endettement sont moins graves aujourd'hui que dans les années 1980, ils n'ont pas pour autant disparu. Le montant de la dette du tiers-monde a en effet été multiplié par 4 au cours des vingt dernières années.

La répartition de la dette du tiers-monde est inégale selon les régions. L'Amérique latine-Caraïbes et l'Asie de l'Est concentrent près de 60 % de la dette du tiers-monde. L'importance de la dette, par rapport au **PNB***, varie selon le niveau de développement et selon la région. La valeur de ce rapport est de 36 % du PNB pour l'ensemble des pays du tiers-monde, mais il est de 92 % pour les **PMA*** et de 22 % pour l'Asie de l'Est.

Le ratio du **service de la dette*** permet d'évaluer la soutenabilité de la dette. Les experts estiment qu'au-delà de 15 %, le service de la dette est quasiment impossible à honorer. Ce ratio est actuellement supérieur à 15 % pour l'ensemble des PVD. Certains pays sont ainsi pris dans un « cercle vicieux de l'endettement ».

➪Le processus d'allègement de la dette des pays les plus pauvres s'est accéléré depuis 1999.

➪Entre 1985 et 1990, les flux financiers allant des pays riches vers les pays pauvres ont été inférieurs à ceux allant des pays pauvres vers les pays riches. Depuis le milieu de la décennie 1990, le mouvement s'est inversé, mais les capitaux ont afflué surtout vers les PED dont la situation est la meilleure et vers les **pays émergents***.

☞ Concepts et corrélats

➤ Économie du développement
➤ Finances internationales

DETTE PUBLIQUE

La dette publique est constituée de l'encours total des titres d'emprunt publics (titres d'emprunt d'État, bons du Trésor...). La dette publique résulte du financement par l'emprunt plutôt que par l'**impôt*** des déficits publics.

➪ Il faut distinguer la dette publique et la dette de l'État.

➪ Il faut distinguer la dette brute et la dette nette. La dette nette est la dette brute diminuée des créances détenues par ailleurs par les entités publiques.

➪ La charge de la dette désigne le remboursement du capital emprunté et des intérêts.

☞ Concepts et corrélats

➤ État ➤ Monnaie ➢ Déficit budgétaire ➢ Théorème d'équivalence de Ricardo ➢ Solde budgétaire

DÉVALUATION

La dévaluation est la diminution de la **parité*** officielle d'une monnaie. La dévaluation découle d'une décision des pouvoirs publics.

➪ Ne pas confondre avec **dépréciation***.

☞ Concepts et corrélats

➤ Finances internationales ➢ Politique du change

DÉVALUATION COMPÉTITIVE

Une dévaluation compétitive est une **dévaluation*** qui vise, pour le pays qui dévalue, à obtenir un avantage de compétitivité-prix (les produits de ce pays deviennent moins chers à l'exportation). Une telle opération se caractérise par un taux de dévaluation qui va bien au-delà de ce qui serait nécessaire pour tenir compte du différentiel de prix.

➪ Les dévaluations compétitives sont une forme de protectionnisme déguisé. Elles visent à reporter les difficultés économiques d'un pays sur ses partenaires commerciaux.

➪ En système de **changes flottants***, les pays peuvent pratiquer une politique de dépréciation compétitive (on parle parfois de dumping monétaire pour désigner le comportement des pays qui cherchent à gagner des parts de marché à l'exportation grâce à la sous-évaluation de leur monnaie).

☞ Concepts et corrélats

➤ Finances internationales ➢ Politique du change ➢ Politique de désinflation compétitive

DÉVELOPPEMENT

Selon la définition classique de F. Perroux (1903-1987), le développement est « *la combinaison des changements mentaux et sociaux d'une population qui la rendent apte à faire croître, cumulativement et durablement son produit réel global* » (*L'Économie du 20e siècle*, 1961).

La croissance apparaît ainsi comme phénomène économique alors que le développement est un processus qui articule des transformations économiques et financières et des transformations psychologiques, sociales, politiques et institutionnelles.

Plus récemment, A. Sen (né en 1933, prix Nobel en 1998) appréhende le développement « *comme un processus intégré d'expansion des libertés substantielles, en corrélation les unes avec les autres (...) Cette approche permet d'apprécier, de façon simultanée, le rôle vital des structures, par nature diverses, dans le processus de développement, qu'il s'agisse des marchés ou des institutions qui s'y rattachent, des gouvernements ou des autorités locales, des partis politiques ou d'autres groupements intervenant sur le terrain des droits civiques, du système éducatif ou des possibilités de débat et de dialogue ouvert* (à travers les médias ou d'autres moyens de communication) » (*Un nouveau modèle économique, développement, justice, liberté*, 2000).

☞ Concepts et corrélats

➤ Croissance ➤ Économie du développement ➢ Coûts de l'homme ➢ Indicateur de développement humain ➢ Progrès économique

DÉVELOPPEMENT AUTOCENTRÉ

Le **développement*** autocentré est une **stratégie de développement*** économique qui privilégie la création, puis le renforcement d'un **système productif*** national pour satisfaire le **marché*** intérieur, avant d'affronter les marchés internationaux. Cette stratégie s'accompagne la plupart du temps de la mise en place de barrières protectionnistes, en principe temporaires.

➪ Les stratégies de développement autocentré se sont souvent heurtées à l'étroitesse du marché qui rend difficile la réalisation d'**économies d'échelle***. La **compétitivité*** des industries nationales reste alors insuffisante, ce qui rend nécessaire le maintien des barrières protectionnistes.

☞ Concepts et corrélats

➤ Économie du développement
➢ Développement extraverti
➢ Protectionnisme éducateur

DÉVELOPPEMENT DURABLE

Le **développement*** est durable si la satisfaction des **besoins*** des générations présentes ne compromet pas la satisfaction des besoins des générations futures. Le concept de développement durable recouvre à la fois l'idée du nécessaire équilibre entre la satisfaction des besoins humains et l'équilibre des écosystèmes, et l'idée de la permanence de cet équilibre.

➪ Le concept de développement durable a été développé dans le cadre des conférences des Nations unies sur l'environnement (Rapport Bruntland, 1987).

☞ Concepts et corrélats

➤ Économie du développement

DÉVELOPPEMENT EXTRAVERTI

Le développement extraverti est une **stratégie de développement*** des **pays en voie de développement*** qui privilégie l'insertion sur les marchés mondiaux.

Une stratégie d'extraversion est préconisée par les libéraux qui s'appuient sur la théorie des **avantages comparatifs*** pour justifier le choix des créneaux d'exportation.

☞ Concepts et corrélats

➤ Économie du développement
➢ Développement autocentré

DÉVELOPPEMENT HUMAIN

Selon le premier Rapport des Nations unies pour le Développement (PNUD) publié en 1990, « *Le développement humain est un processus qui conduit à l'élargissement de la gamme des possibilités qui s'offrent à chacun. En principe, elles sont illimitées et peuvent évoluer avec le temps. Mais quel que soit le stade de développement, elles impliquent que soient réalisées trois conditions essentielles: vivre longtemps et en bonne santé, acquérir un savoir et avoir accès aux ressources nécessaires pour jouir d'un niveau de vie convenable. Si ces conditions ne sont pas satisfaites, de nombreuses possibilités restent inaccessibles. Mais le concept de développement humain ne se limite pas à cela et "englobe également des notions aussi capitales que la liberté politique, économique ou sociale, et aussi importantes que la créativité, la productivité, le respect de soi et la garantie des droits humains fondamentaux".* »

☞ Concepts et corrélats

➤ Économie du développement
➢ Développement ➢ Indicateur de développement humain ➢ Coûts de l'homme

DÉVELOPPEMENT INÉGAL

Le concept de développement inégal a été forgé par les auteurs **néo-marxistes*** (S. Amin, A.G. Frank) dans les années 1960. Pour ces auteurs, l'**accumulation du capital*** à l'échelle mondiale produit à la fois le développement pour les pays du centre et le développement du **sous-développement*** pour le **tiers-monde***.

☞ Concepts et corrélats

➤ Économie du développement
➢ Théorie marxiste ➢ Échange inégal

DEVISE

Une devise est une **créance*** libellée en monnaie étrangère.

➪ Il ne faut donc pas employer l'expression « devise nationale » et l'expression « devise étrangère » est redondante.

☞ Concepts et corrélats

➤ Finances internationales

DEVISE CLÉ

Une devise clé est une monnaie nationale utilisée au sein des échanges internationaux comme monnaie internationale. Elle est unité de compte pour les agents privés qui facturent leurs échanges dans cette monnaie, instrument de règlement pour les agents privés comme pour les **banques centrales***, instrument de réserve pour les banques centrales. La livre sterling était la devise clé dans le système de l'**étalon-or***; le dollar lui succéda dans le système issu des accords de **Bretton Woods***.

☞ Concepts et corrélats

➤ Finances internationales ➣ Devise

DICHOTOMIE

La dichotomie est la conception théorique des économistes qui considèrent qu'il y a séparation entre la sphère réelle et la sphère monétaire de l'économie. Dans cette perspective les grandeurs réelles se déterminent entre elles grâce à l'information fournie par la structure des **prix relatifs***. La quantité de monnaie en circulation détermine de son côté le niveau général des prix, c'est-à-dire les prix absolus. La **loi des débouchés*** de J.-B. Say (1763-1832) et la **théorie quantitative de la monnaie***, par exemple, s'inscrivent dans la conception dichotomiste. Selon cette conception, la monnaie n'est qu'un voile, il n'y a donc pas de différence de nature entre une économie monétaire et une économie de troc.

➪ Les auteurs marxistes et la plupart des keynésiens, les théoriciens du circuit et de l'**économie monétaire de production*** rejettent la dichotomie. Celle-ci est aussi rejetée par certains libéraux, en particulier les théoriciens de l'**École autrichienne***.

☞ Concepts et corrélats

➤ Monnaie ➣ École circuitiste ➣ Théorie keynésienne ➣ Illusion monétaire ➣ Monétarisme ➣ Neutralité de la monnaie

DIFFÉRENTIEL D'INFLATION

Le différentiel d'inflation est l'écart de **taux d'inflation*** entre deux pays ou entre deux zones économiques (l'**Union européenne*** et les États-Unis par exemple). Le différentiel d'inflation est l'un des facteurs explicatifs des **taux de change***. Toutes choses égales par ailleurs, un pays dont le taux d'inflation est supérieur à celui de ses partenaires devrait voir sa monnaie se déprécier sur le **marché des changes***.

☞ Concepts et corrélats

➤ Monnaie ➣ Inflation ➣ Parité des pouvoirs d'achat

DIFFÉRENTIEL D'INTÉRÊT

Le différentiel d'intérêt est l'écart de **taux d'intérêt*** entre deux pays ou deux zones géographiques. C'est l'un des facteurs explicatifs des **taux de change***. Toutes choses égales par ailleurs, un pays dont les taux d'intérêt réels sont supérieurs à ceux de ses partenaires devrait voir sa monnaie s'apprécier sur le **marché des changes***.

☞ Concepts et corrélats

➤ Monnaie ➤ Finances internationales ➣ Parité des taux d'intérêt

DIFFÉRENTIEL DE CHANGE

Le différentiel de change est la différence entre le **cours au comptant*** et le cours à terme d'une **devise*** exprimée en pourcentage du cours au comptant.

☞ Concepts et corrélats

➤ Finances internationales ➣ Change ➣ Marché des changes

DILEMME DE TRIFFIN

➤ Finances internationales
➣ Paradoxe de Triffin

DIRECTOIRE

Le directoire est l'organe de direction d'une **société anonyme***, élu par l'Assemblée générale des **actionnaires***, et responsable devant elle. Assurant une direction collégiale, il est chargé de désigner le Président directeur général (PDG) de l'**entreprise***. Contrairement aux administrateurs, il ne peut être mis fin au mandat de ses membres que devant l'Assemblée générale ou pour un motif juste. Mais il est lui-même contrôlé par un **Conseil de surveillance***.

☞ Concepts et corrélats

➤ Entreprise ➣ Capitalisme ➣ Gouvernement d'entreprise

DISCRIMINATION NON TARIFAIRE

Les discriminations non tarifaires consistent à mettre en place des obstacles aux importations qui ne sont pas des **droits de douane***. Étant donné que les **quotas*** font l'objet d'une vigilance particulière de la part des institutions internationales comme l'**Organisation Mondiale du Commerce*** (OMC), les discriminations non tarifaires prennent aujourd'hui la forme d'**accords d'autolimitation des exportations***, de normes techniques, sanitaires, etc. Elles constituent des formes déguisées de **protectionnisme***.

☞ Concepts et corrélats

➤ Commerce international ➤ Intégration économique ➢ Accord Général sur les Tarifs et le Commerce ➢ Protectionnisme

DISPARITÉ

La disparité consiste à mesurer l'écart existant entre la valeur moyenne d'un **caractère statistique*** de deux groupes différents.

Pour étudier la disparité des salaires entre hommes et femmes par exemple, on comparera le salaire moyen des femmes et le salaire moyen des hommes à une date donnée.

➪ Ne pas confondre avec **dispersion***.

DISPERSION

La dispersion permet de mesurer l'écart existant entre les valeurs extrêmes prises par un **caractère statistique*** d'une **distribution statistique*** donnée.

Par exemple, on peut mesurer entre quelles valeurs extrêmes s'étendent les revenus de l'ensemble des ménages français.

L'indicateur de dispersion le plus fréquemment utilisé est le rapport interdécile D9/D1, rapport du dernier **décile*** au premier.

➪ Ne pas confondre avec **disparité***.

DISTRIBUTION STATISTIQUE

Une distribution statistique étudie la répartition d'une **population statistique*** suivant un ou plusieurs critères appelés **caractères statistiques***.

Elle se présente généralement sous la forme d'un tableau statistique simple (étude selon un seul caractère) ou à double entrée (étude selon deux caractères).

DIVERSIFICATION

La diversification est une stratégie d'**entreprise*** qui consiste à développer la **production*** ou la commercialisation de plusieurs produits ou de plusieurs groupes de produits.

La diversification peut être plus ou moins prononcée selon les produits, les **marchés*** et elle peut obéir à plusieurs logiques (logique productive, logique commerciale, logique financière). Elle peut aussi se réaliser dans un cadre multinational.

☞ Concepts et corrélats

➤ Entreprise ➢ Analyse stratégique ➢ Conglomérat ➢ Cycle de vie du produit ➢ Économie de variété ➢ Établissement ➢ Filiale ➢ Firme multinationale ➢ Groupe ➢ Holding

DIVIDENDE

Le dividende est l'ensemble des **bénéfices*** distribués par une société à ses **actionnaires*** La rémunération est établie par **action***. Les bénéfices distribués étant soumis à **l'impôt***, la législation française considère que l'actionnaire qui perçoit le dividende a droit à un **avoir fiscal*** ou crédit d'impôt puisque l'entreprise a déjà versé l'impôt.

☞ Concepts et corrélats

➤ Revenus ➤ Capital ➢ Coefficient de capitalisation des résultats (CCR ou *price earning ratio*, PER en anglais)

DIVISEUR DE CRÉDIT

Le diviseur de crédit est un concept qui permet d'analyser la relation entre le comportement de **création monétaire*** des **banques de second rang*** et l'émission de **monnaie centrale***. L'analyse en termes de diviseur de crédit considère que l'initiative de la création de monnaie appartient aux banques de second rang qui décident de l'octroi des **crédits***. Ce n'est que dans un second temps que ces banques cherchent à se procurer la monnaie centrale qui est nécessaire à leur **refinancement***. La quantité de monnaie centrale que doit offrir la **Banque centrale*** est donc égale à la quantité totale de monnaie créée par les banques de second rang, divisée par un coefficient qui est le diviseur de crédit.

☞ Concepts et corrélats

➤ Monnaie ➢ Multiplicateur de crédit

DIVISION DU TRAVAIL

La division du travail désigne le fait que les hommes et les espaces économiques se spécialisent chacun dans un nombre limité d'activités différentes, ce qui permet d'accroître la **productivité*** et la **croissance*** de la **production***.

❍ Pour A. Smith (1723-1790), « *les plus grandes améliorations dans la puissance productive du travail (..) sont dues, à ce qu'il semble, à la division du travail » (Recherches sur la nature et les causes de la richesse des nations*, 1776). Smith met l'accent sur la division technique du travail dans l'**entreprise*** (décomposition de l'activité productive en séquences simples dans la **manufacture*** d'épingles) qui accroît l'habileté des ouvriers, supprime les temps morts et facilite la mécanisation. La division du travail assure la richesse des nations en suscitant le **développement*** des échanges et au sein des économies nationales et sur le plan international.

❍ A. Young (*Increasing Returns and Economic Progress*, 1928) prolonge l'approche de Smith en mettant l'accent sur la dimension macroéconomique : la division du travail se traduit par un « *recours à des méthodes détournées de production* » qui se prêtent à l'utilisation de machines et par la spécialisation croissante des **branches***. J.A. Schumpeter (1883-1950) montre que le tissu industriel connaît par là même un processus de **destruction créatrice***.

La division du travail apparaît alors comme un facteur de croissance et un facteur de **crises économiques***. Elle peut susciter de nombreux **conflits du travail***.

☞ Concepts et corrélats

➤ Fluctuations et crises ➣ Avantages absolus ➣ Avantages relatifs ➣ Crise du fordisme ➣ Détour de production ➣ Division internationale du travail ➣ Fordisme ➣ Organisation scientifique du travail (OST) ➣ Taylorisme ➣ Toyotisme

DIVISION INTERNATIONALE DU TRAVAIL (DIT)

La division internationale du travail désigne la répartition de la production de biens et services entre les différents pays et zones économiques qui se spécialisent dans une ou plusieurs productions.

Pour les économistes radicaux, la DIT est le résultat de phénomènes de dépendance et de dominations engendrés par le développement du capitalisme. De leur côté, les économistes néoclassiques interprètent la DIT comme la conséquence d'un système de marché mondialisé et préfèrent parler de **spécialisation économique internationale***.

☞ Concepts et corrélats

➤ Commerce international ➤ Économie du développement ➤ Intégration économique ➣ Centre ➣ Délocalisation de la production ➣ Investissement direct à l'étranger ➣ Périphérie

DOCTRINE ÉCONOMIQUE

Une doctrine économique est un discours normatif à propos de l'organisation économique et sociale. Une doctrine indique ce qui doit être alors qu'une théorie économique a une visée positive et indique ce qui est en dehors de tout jugement de valeur.

➩ Le terme doctrine est partiellement tombé en désuétude. Par contre, le débat sur la place respective de l'**économie normative*** et de l'économie positive subsiste.

➩ La distinction théorie/doctrine doit être relativisée. Par exemple, pour un marxiste, le marxisme est une théorie, pour un non-marxiste, c'est une doctrine. Certaines approches qui se présentent comme positives (la théorie de l'**équilibre général*** par exemple) sont implicitement normatives ou font l'objet d'une utilisation normative.

☞ Concepts et corrélats

➤ Épistémologie économique ➤ Théories économiques ➣ Science économique

DOMESTIC SYSTEM

Le *Domestic system* est un mode d'organisation de la **production*** qui s'appuie sur le travail à domicile dont l'indépendance est formelle: un marchand **entrepreneur*** livre des matières premières, donne des ordres de production, contrôle la qualité du produit qu'il distribue lui-même.

Ce système très fréquent dans le secteur du textile aux 17e et 18e siècles s'oppose à la **fabrique*** où le procès de travail est placé sous la responsabilité directe d'un **capitaliste***.

☞ Concepts et corrélats

➤ Organisation du travail ➤ Entreprise ➢ Division du travail ➢ Manufacture ➢ Protoindustrialisation ➢ Révolution industrielle

DOMINATION

➤ Économie du développement ➢ Effet de domination

DOTATION EN FACTEURS DE PRODUCTION

La dotation en facteurs de production ou dotation factorielle désigne la quantité de facteurs de production disponibles dans un pays.

➪ Le **théorème HOS*** démontre que chaque pays doit choisir sa spécialisation en fonction de sa dotation factorielle.

☞ Concepts et corrélats

➤ Commerce international ➤ Économie du développement ➢ Fonction de production

DOTATION FACTORIELLE

➤ Commerce international ➢ Dotation en facteurs de production

DOUBLE MARCHÉ DES CHANGES

L'instauration d'un double **marché des changes*** est une réponse possible des **autorités monétaires*** à la **spéculation***. La réglementation consiste à distinguer:

– un **marché*** où les opérateurs peuvent acheter ou vendre des **devises*** en liaison avec des opérations commerciales ou des opérations invisibles; sur ce marché, la Banque centrale intervient pour stabiliser le cours;

– un marché librement accessible à tous les opérateurs, en particulier aux opérateurs qui veulent réaliser des mouvements de capitaux; sur ce marché, le cours fluctue librement, en fonction de l'offre et de la demande.

➪ Un système de double marché des changes suppose une politique de contrôle des changes. La **déréglementation*** et l'ouverture croissante des marchés de capitaux qui sont à l'œuvre depuis les années 1980 sont incompatibles avec une telle **politique du change***.

☞ Concepts et corrélats

➤ Finances internationales ➤ Politique économique ➢ Politique du change

DOUCE NÉGLIGENCE
(*BENIGN NEGLECT*)

La douce négligence est un terme utilisé pour caractériser l'attitude des autorités monétaires américaines qui se montrent indifférentes aux effets des fluctuations du dollar sur le système économique mondial et sur les économies nationales de leurs partenaires.

Ce terme peut s'appliquer aussi bien à la période 1971-1979 au cours de laquelle les États-Unis jouent la **dépréciation*** du dollar qu'à la période 1979-1985 où la surévaluation du dollar perturbe gravement le système économique international.

☞ Concepts et corrélats

➤ Finances internationales ➢ Bretton Woods ➢ Accords du Louvre ➢ Accords du Plaza

DROIT DE DOUANE

Un droit de douane est une taxe prélevée à l'occasion de l'importation d'un bien.

On distingue:

– les droits de douane spécifiques qui correspondent à des droits fixes par unité de bien importé (par exemple trois francs par unité);

– les droits de douane *ad valorem* qui correspondent à un pourcentage de la valeur du bien importé (5 % du prix du bien importé).

Dans les deux cas, le prix du bien importé est augmenté du droit de douane, ce qui avantage les productions nationales.

➪ Les droits de douane, avant d'être les instruments des politiques protectionnistes, ont d'abord été utilisés comme source de recettes fiscales pour l'État (États-Unis au 19e siècle par exemple) jusqu'à ce que d'autres sources de recettes fiscales soient instaurées. C'est également dans le but d'obtenir des ressources fiscales que certains pays en développement ont mis en place des droits de douane sur les produits exportés.

➪Les droits de douane peuvent être aménagés dans le cadre d'accords commerciaux régionaux. Les droits peuvent être réduits ou supprimés entre les pays signataires de l'accord; un tarif extérieur commun peut être instauré dans le cadre d'une **Union douanière***.

☞ Concepts et corrélats

➤ Commerce international ➤ Intégration économique ➢ Protectionnisme ➢ Protectionnisme éducateur ➢ Accord Général sur les Tarifs et le Commerce ➢ Organisation mondiale du commerce

DROITE D'ISOCOÛT

En **microéconomie***, la droite d'isocoût représente l'ensemble des **combinaisons productives***, qui, compte tenu des **prix*** des **facteurs de production***, correspondent à un budget donné pour le producteur. Si on appelle D la dépense que le **producteur*** affecte à l'achat des facteurs de production (travail et capital), w le prix du facteur travail et r le prix du facteur capital, on peut écrire la contrainte de budget du producteur de la façon suivante:

$$D = wL + rK$$

ou encore:

$$K = -\frac{w}{r}L + \frac{D}{r}$$

L'équation de la droite d'isocoût est donc celle d'une droite dont la pente est égale à l'opposé du rapport des prix des facteurs de production.

➪ La droite d'isocoût est la représentation de la **contrainte de budget*** du **producteur***.

☞ Concepts et corrélats

➤ Marchés et prix➢ Droite de budget

DROITE DE BUDGET

La droite de budget représente l'ensemble de combinaisons de **biens*** (ou de **facteurs de production***) qui peuvent être achetées avec un revenu donné, compte tenu du prix des biens. Toute combinaison de biens située sur la droite de budget épuise le budget.

➪ La pente de la droite de budget est égale (en valeur absolue) au rapport du prix des biens. Une variation du revenu provoque un déplacement de cette droite vers le haut (hausse) ou vers le bas (baisse du revenu). Une modification du prix des biens provoque un pivotement de la droite autour de l'ordonnée ou de l'abscisse.

☞ Concepts et corrélats

➤ Consommation ➢ Marchés et prix ➢ Équilibre du consommateur ➢ Carte d'indifférence ➢ Courbe d'indifférence ➢ Effet prix ➢ Effet revenu

DROITS DE PROPRIÉTÉ

Le droit de propriété sur un **actif*** se définit à partir de trois attributs:

– le droit de disposer cet actif (*usus*);

– le droit d'en tirer un revenu (*fructus*);

– le droit de le céder de manière définitive à un tiers (*abusus*).

Chacun de ces droits peut être l'objet de limitations. On peut ainsi différencier des formes de propriété:

1) la propriété privée individuelle (droit assigné à un individu, attaché à un actif aliénable par l'échange);

2) la propriété privée sous une forme sociétaire;

3) la propriété communale (plusieurs individus ont simultanément le droit d'usage d'un même actif que chacun utilise individuellement, comme une prairie ou une source d'eau, ils peuvent en tirer un revenu);

4) la propriété collective (l'usage de l'actif est géré collectivement, ce qui implique une procédure de décision collective);

5) la propriété mutuelle (plusieurs individus ont des droits conjoints sur une même ressource, ils peuvent transférer leur droit à un autre agent avec la permission des autres membres du « club » qu'ils constituent);

6) La propriété publique (l'**État*** ou une collectivité publique a un droit de propriété sur cet actif) ;

7) la propriété commune (personne ne possède de droit exclusif sur une ressource, il y a libre accès).

Le développement de nos sociétés peut être vu comme un processus de création de droits de propriété plus complexes.

☞ Concepts et corrélats

➤ Entreprise ➤ État ➢ Enclosures ➢ Gouvernement d'entreprise ➢ Théorie de l'agence

DROITS DE TIRAGE

Les droits de tirages (ou possibilité d'emprunt) résultent des statuts du **Fonds monétaire international***. Dans le système de **changes fixes*** mis en place à Bretton Woods, ces possibilités d'emprunt étaient destinées à aider les pays membres à défendre la **parité*** de leur monnaie par des interventions sur le **marché des changes***. Aujourd'hui, les emprunts auprès du FMI sont plutôt destinés à aider les pays emprunteurs à défendre ou à restaurer leur équilibre macroéconomique.

☞ Concepts et corrélats

➤ Finances internationales ➢ Droits de tirages spéciaux

DROITS DE TIRAGE SPÉCIAUX (*SPECIAL DRAVING RIGHTS*)

Les Droits de Tirages spéciaux (DTS) sont un actif de réserve émis par le **Fonds monétaire international (FMI)***. À l'origine, leur valeur était définie par un poids d'or équivalent à celui du dollar (35 DTS pour une once d'or fin). Actuellement les DTS sont un panier de monnaies dont la composition est révisée tous les cinq ans.

La création des Droits de Tirages spéciaux a été décidée par la conférence de Rio du FMI en 1967. La mise en œuvre de ces nouveaux instruments de crédit a débuté en 1969 après l'adoption d'un amendement aux Statuts du Fonds monétaire international. Les DTS constituent une **liquidité internationale*** scripturale créée *ex nihilo* par décision du FMI. Selon Jacques Rueff (1896-1978), favorable au retour à l'**étalon-or***, les DTS sont « *du néant habillé en monnaie* ».

☞ Concepts et corrélats

➤ Finances internationales

DUALISME

Pour les théoriciens de l'**économie du développement***, le dualisme est analysé en termes de **secteur*** traditionnel et secteur moderne. Essentiellement rural, le « secteur traditionnel » reflète les structures pré-capitalistes. La **productivité*** y est faible, la stagnation et le **sous-emploi*** le caractérisent. Sa logique est celle de l'économie de subsistance : l'économie monétaire est peu développée, l'essentiel des échanges se réalise à l'intérieur du secteur. Dans le « secteur moderne », l'**intensité capitalistique*** des unités de production est élevée du fait de l'utilisation des technologies occidentales ; l'expansion de ce secteur est rapide et souvent tournée vers l'extérieur (production orientée vers l'exportation).

Dans une optique libérale assez optimiste (modèle d'A. Lewis, 1954), le dualisme doit se combler avec la croissance du secteur moderne qui permettra d'absorber l'excédent de main-d'œuvre du secteur archaïque. Cette interprétation du dualisme n'est pas incompatible avec les analyses en termes de retard de développement.

Le dualisme peut également être interprété de façon plus critique en termes d'inarticulation (F. Perroux) ou de désarticulation (auteurs néo-marxistes).

☞ Concepts et corrélats

➤ Économie du développement ➢ Étapes de la croissance ➢ Démarrage

DUALISME MÉTHODOLOGIQUE

Le dualisme méthodologique est une conception, défendue notamment par W. Dilthey (1833-1911), selon laquelle les sciences de la nature produisent des explications des phénomènes alors que les « sciences de l'esprit » adoptent une démarche compréhensive. Il n'y a donc pas d'unité de la **science***, mais deux types de démarches totalement différentes.

☞ Concepts et corrélats

➤ Épistémologie économique ➤ Théories économiques ➢ École historique allemande

DUMPING

Le dumping est une pratique qui consiste à vendre à perte un produit (prix inférieur au coûtde production). Dans le cadre du commerce international, il est interdit et réprimé par l'**Organisation Mondiale du Commerce*** (OMC).

➪ On parle aussi de dumping social (lorsque la concurrence entre entreprises passe par l'utilisation d'une main-d'œuvre bon marché), de dumping monétaire (sous-évaluation systématique et volontaire d'une monnaie) et de dumping fiscal.

☞ Concepts et corrélats

➤ Commerce international ➣ Accord Général sur les Tarifs et le Commerce

DUOPOLE

Le duopole est une situation de **marché*** dans laquelle deux vendeurs rencontrent un grand nombre d'acheteurs.

De nombreux modèles théoriques se sont développés, concernant les comportements (en termes de quantités produites) des duopoleurs. Ces modèles ont un fondement commun: ils introduisent en effet l'idée de « fonction de réaction » (variable conjecturale). Cette fonction exprime la façon dont une entreprise donnée réagit aux décisions de ses rivales. Quelle est la production décidée par l'entreprise A pour tel niveau de production de B ? L'entreprise A a-t-elle un comportement de « maître », cherchant à dominer le marché ou de « satellite » (situation de dépendance), s'adaptant aux décisions de l'entreprise B ?

Différents modèles de duopoles peuvent être ainsi recensés, selon le type de comportement retenu par les auteurs:

- **duopole de Bowley***;
- **duopole de Cournot***;
- **duopole de Stackelberg***;

		Producteur B	
		comportement de dépendance	comportement de maîtrise
	comportement de dépendance	Équilibre de Cournot (double dépendance)	Équilibre de Stackelberg (duopole asymétrique)
Producteur A	comportement de maîtrise	Équilibre de Stackelberg (duopole asymétrique)	Équilibre de Cournot (double dépendance)

➪ Il est à noter qu'un auteur, J. Bertrand, s'est intéressé à une situation de duopole dans laquelle les entreprises annoncent d'abord les prix, les quantités venant ensuite.

☞ Concepts et corrélats

➤ Marchés et prix ➣ Oligopole

DUOPOLE DE BOWLEY

Dans le modèle de **duopole*** de Bowley (1924), on considère que les deux duopoleurs adoptent simultanément un comportement de maîtrise, en pensant que l'autre va s'adapter et se comporter en satellite.

Chacun des producteurs fixe donc son niveau de production et on aboutit alors à une surproduction qui vient de ce que chacun des « duellistes » a fixé son niveau d'offre sans prendre en considération le comportement réel de l'autre. À l'ajustement par les quantités va alors se substituer la guerre des prix, qui peut déboucher soit sur la faillite de l'un des producteurs et son contrôle par l'autre, soit sur l'entente.

☞ Concepts et corrélats

➤ Marchés et prix ➣ Duopole de Cournot

DUOPOLE DE COURNOT

Les modèles de **duopole*** sont généralement abordés à partir de celui exposé par A. Cournot (1838). Dans ce modèle, deux entreprises produisent le même bien (et pas des biens substituables, comme dans le cas de la **concurrence monopolistique***). La forme d'organisation sous-jacente à ce modèle se rapproche très fortement de celle de la concurrence parfaite: les agents formulent des demandes et des offres à un **commissaire-priseur***, qui propose des prix (seuls les prix qui égalisent les quantités offertes et demandées sont envisagés et ces prix sont supposés connus des duopoleurs).

Au moment où elles décident de leur offre, les deux entreprises en présence n'ignorent donc qu'une seule chose: l'offre de l'autre. Pour prendre leur décision, elles doivent donc, non seulement anticiper ce que sera l'offre de leur concurrent, mais anticiper également la réaction de l'autre à leur propre offre (conjecture sur la fonction de réaction de l'autre duopoleur). Dans le modèle de Cournot, cette conjecture est très simple: chacun des duopoleurs enregistre l'offre de l'autre et pense qu'il ne la modifiera pas en fonction de l'offre qu'il peut faire lui-même (comportement myope).

Chacun d'entre eux cherche alors à maximiser son profit à la manière du **monopole***, en égalisant son **coût marginal*** à sa **recette marginale***, calculée à partir de la demande résiduelle (c'est-à-dire la demande totale à laquelle elle soustrait l'offre de l'autre).

Chaque entreprise détermine donc la quantité qui lui permet de maximiser son profit en anticipant l'offre de l'autre entreprise. Si cette anticipation s'avère fausse, il n'y a pas d'équilibre de duopole possible (le profit ayant été calculé sur la base d'une prévision erronée).

➯ Pour B. Guerrien, la seule justification de l'équilibre de Cournot « *consiste à dire que chacun prévoit correctement, mais tout à fait par hasard, le choix de l'autre* ».

☞ Concepts et corrélats

➤ Marchés et prix ➣ Concurrence

DUOPOLE DE STACKELBERG

Dans le modèle de **duopole*** de Stackelberg (1934), on introduit une hypothèse de domination (de maîtrise) pour l'un des deux protagonistes, l'autre cherchant à s'adapter. Le modèle de Stackelberg a la même structure que le modèle du **duopole de Cournot***: il n'en diffère que par l'hypothèse selon laquelle l'un des duopoleurs connaît la fonction de réaction de l'autre. A sait comment B réagit à chacune de ses offres: il détermine donc celle qui maximise son profit, compte tenu des réactions de B.

☞ Concepts et corrélats

➤ Marchés et prix

➣ Duopole ➣ Duopole de Cournot

DUOPSONE

Un duopsone est une situation de **marché*** dans laquelle deux acheteurs (demandeurs) sont confrontés à un grand nombre de vendeurs (offreurs).

☞ Concepts et corrélats

➤ Marchés et prix ➣ Oligopsone

DURÉE DU TRAVAIL

La durée du travail peut être fixée par la loi (durée légale du travail) ou par un accord collectif (**convention collective***) qui définit une durée égale ou inférieure à la durée légale. La durée du travail peut être fixée par jour, par semaine ou par an. Au-delà de la durée légale, sont effectuées des heures supplémentaires.

➯ La réduction du temps de travail (RTT) a toujours constitué une revendication majeure des salariés dans les **conflits du travail***. Elle a été institutionnalisée au 20e siècle. En France, la durée légale du travail est de 35 heures dans les **entreprises*** de plus de 20 salariés (plafond de 1 600 heures sur l'année). La durée maximale du travail ne doit pas (sauf dérogations) dépasser 10 heures par jour, 48 heures par semaine.

➯ La durée effective du travail correspond au temps de présence sur le lieu de travail compte tenu de l'absentéisme, des **grèves***, des congés annuels, du **chômage*** partiel ou des heures supplémentaires.

☞ Concepts et corrélats

➣ Gains de productivité

ÉCART-TYPE

L'écart-type d'une **série statistique*** est la racine carrée de la variance de cette série.

On appelle variance V de la série statistique $(x_i, n_i)_{i\,£\,i\,£\,p}$ la moyenne arithmétique des carrés des écarts des termes de la série à leur moyenne arithmétique pondérée.

On a donc :

$$V = \frac{1}{n}\sum_{i=1}^{p} n_i(x_i - \overline{x})^2 = \sum_{i=1}^{p} f_i(x_i - \overline{x})^2$$

Remarque : x_i désigne les observations dans une série discrète et les centres de classe dans une série continue.

ÉCHANGE

L'échange désigne l'acte économique aboutissant à la cession d'un **bien*** ou d'un **service*** entre deux agents économiques, cette cession étant assortie d'une contrepartie.

L'échange peut être non monétaire (on parle alors de troc) ou monétaire. Dans ce cas, l'échange est alors divisé en deux opérations : dans un premier temps, on cède un bien ou un service contre de la monnaie ; dans un deuxième temps, on utilise la monnaie ainsi obtenue contre un autre bien ou un autre service.

☞ Concepts et corrélats

➤ Marchés et prix

ÉCHANGE INÉGAL

La théorie de l'échange inégal a été exposée par Arghiri Emmanuel en 1969. Elle a pour ambition de montrer que le commerce international est défavorable aux pays du tiers-monde. L'auteur prolonge ainsi une intuition de Marx pour qui une nation pouvait s'enrichir au détriment d'une autre par le jeu des échanges internationaux.

Selon Arghiri Emmanuel, si deux marchandises produites dans deux pays (développé et sous-développé) nécessitent une même quantité de travail, leur valeur théorique est identique (dans la théorie marxiste, la valeur des biens dépend de la quantité de travail socialement nécessaire à leur production). Pourtant, lors de l'échange international, le prix du produit fabriqué dans un pays développé, où les salaires sont hauts, sera plus élevé que le prix du produit fabriqué dans un pays en développement où les salaires sont bas. Une heure de travail d'un pays développé s'échange donc contre plusieurs heures de travail d'un pays en développement. Ainsi, par les différences de rémunération de la force de travail et de taux d'exploitation, s'opère un transfert de surplus des pays du tiers-monde vers les pays industrialisés. En apparence équivalent, l'échange international est en réalité inégal.

☞ Concepts et corrélats

➤ Commerce international ➤ Économie du développement ➤ Théories économiques ➤ Impérialisme

ÉCHANGES FINANCIERS

(*SWAP*)

Un échange financier est une opération par laquelle deux ou plusieurs entités économiques (**Banques centrales***, **eurobanques***, **entreprises***, États) échangent des éléments de leurs créances et de leurs dettes, celles-ci pouvant être libellées dans la même **monnaie*** ou dans des monnaies différentes. L'échange peut notamment porter sur les **taux d'intérêt*** (*Interest Swap*) ou sur les **devises*** (*Currency Swap*).

➭ Les échanges financiers sont utilisés par les agents économiques pour optimiser la gestion de leurs risques. Par exemple, une **entreprise*** endettée à taux fixe peut juger avantageux d'échanger sa dette contre une dette à taux variable.

➭ Le terme « échange financier » est la traduction officielle (et exacte) du terme « *swap* » mais beaucoup d'auteurs continuent à utiliser l'expression « crédit croisé ».

☞ Concepts et corrélats

➤ Finances internationales ➤ Monnaie

ÉCOLE AUTRICHIENNE

L'École autrichienne est un courant de l'analyse économique qui a pris naissance à Vienne sous l'impulsion de C. Menger (1840-1921) et qui a été illustrée par les travaux de E. von Böhm-Bawerk (1851-1914), de L. von Mises (1881-1973) et de F. Hayek (1899-1992).

L'École autrichienne a joué un rôle très important dans la théorisation de l'**individualisme méthodologique*** et dans le développement du **marginalisme***. Elle a élaboré une **théorie*** du **capital** comme détour de production et une théorie monétaire qui refuse la **dichotomie***. L'école autrichienne est favorable au **libéralisme***, elle se montre très hostile à tout empiètement de l'**État*** qui constitue une menace pour les libertés individuelles.

➪ À la différence de l'**École de Lausanne***, l'École autrichienne ne met pas l'accent sur l'équilibre économique, mais sur l'aptitude du **marché*** à gérer l'information et les déséquilibres.

➪ La remise en cause de la **théorie keynésienne*** à partir de la fin des années 1970 a conduit à un regain d'intérêt pour l'École autrichienne.

☞ Concepts et corrélats

➤ Épistémologie économique
➤ Théories économiques ➣ Équilibre général

ÉCOLE CIRCUITISTE

On parle d'École circuitiste pour désigner des économistes qui analysent l'économie en terme de circuit et non en termes de **marché***.

L'École circuitiste met l'accent sur:

○ Le caractère monétaire des économies de marché (alors que chez J.-B. Say ou L. Walras, il n'y a pas de différence de nature entre économie monétaire et économie de troc). La **monnaie*** de la théorie du circuit est une **monnaie de crédit***.

○ La prise en compte du temps et des irréversibilités (alors que dans le modèle walrasien, les équilibres sont instantanés et les phénomènes réversibles comme dans la mécanique classique).

○ La hiérarchie entre les agents. Dans la théorie du circuit, les **banques*** jouent un rôle essentiel en créant la monnaie et en rendant possible de ce fait le lancement des opérations de production.

La mise en évidence des relations entre le **profit*** et les **crises***.

➪L'approche en termes de circuit est ancienne. On la trouve par exemple chez F. Quesnay (1694-1774), chez K. Marx (1818-1883) et chez J.-M. Keynes (1883-1946). Parmi les économistes français contemporains qui développent une telle approche, on peut citer B. Schmitt, F. Poulon et A. Parguez.

☞ Concepts et corrélats

➤ Comptabilité nationale ➤ Théories économiques ➣ Théorie keynésienne ➣ Théorie marxiste➣ École physiocratique ➣ Macroéconomie

ÉCOLE CLASSIQUE

L'École classique est composée des économistes qui ont fondé l'**économie politique*** au 18ᵉ et au 19ᵉ siècles. L'École classique a forgé (par opposition aux thèses de l'**École physiocratique***) la théorie de la **valeur-travail***. Selon l'École classique, un **système économique*** fondé sur l'initiative individuelle et le **marché*** concurrentiel, aboutit à une situation conforme à l'intérêt général (théorie de la **main invisible***). En opposition au **mercantilisme***, l'École classique défend le **libre-échange***.

On distingue:

– L'École classique anglaise: A. Smith (1723-1790), D. Ricardo (1772-1823), Th. R. Malthus (1766-1834), etc.

– L'École classique française: J.-B. Say (1767-1832), F. Bastiat (1801-1850), P. Leroy-Beaulieu (1843-1916), etc.

➪ On classe parfois K. Marx (1818-1883) dans les économistes classiques en raison de fondements analytiques communs (**valeur travail***, analyse de la dynamique du **capitalisme***, etc.). Mais Marx ne considère pas que le marché conduit à l'harmonie des intérêts.

➪Lorsque J.-M. Keynes (1883-1946) utilise l'expression « économistes classiques », il désigne à la fois la tradition classique au sens strict, mais aussi la tradition néoclassique, la synthèse de ces deux derniers courants étant représentée par A. Marshall (1842-1924).

☞ Concepts et corrélats

➤ Théories économiques
➤ Épistémologie économique ➣ Théorie marxiste ➣ École classique ➣ Théorie néoclassique

ÉCOLE DE CAMBRIDGE

Le terme École de Cambridge est utilisé pour désigner deux groupes d'auteurs très différents:

– des auteurs libéraux qui ont joué un rôle important dans le développement de l'approche néoclassique: S. Jevons (1835-1882), A. Marshall (1842-1924), A. C. Pigou (1877-1959);

– des économistes hétérodoxes, souvent liés à J.-M. Keynes (1883-1924), qui contestent la **théorie néoclassique***. J. Robinson (1903-1983) a, en particulier, contesté la théorie néoclassique de la répartition et de la croissance. Parmi les économistes cambridgiens on peut citer N. Kaldor (1908-1986) (qui a entre autre critiqué le **monétarisme***) et P. Sraffa (1898-1983) (qui a critiqué les analyses de F. Hayek et qui est l'éditeur des œuvres complètes de D. Ricardo).

➪ On a parlé de « querelle des deux Cambridge » à propos du débat entre les keynésiens hétérodoxes de Cambridge (Grande-Bretagne) et les défenseurs de la théorie néoclassique de la croissance de Cambridge (États-Unis).

☞ Concepts et corrélats

➤ Théories économiques ➤ Croissance économique

ÉCOLE DE CHICAGO

Plusieurs Écoles de Chicago se sont succédé au sein de l'université de cette ville:

❍ La première École de Chicago se forme dans les années 1930 autour de F. Knight (1885-1972). Ce courant développe une analyse microéconomique de type néoclassique, mais s'oppose à l'économie quantitative et à l'**économétrie***.

❍ La seconde École de Chicago se forme au lendemain du second conflit mondial et se consacre notamment à l'étude du **développement*** économique, ce qui conduira Th. W. Schultz (prix Nobel 1979) à développer la théorie du **capital humain*** qui sera reprise par G. Becker (prix Nobel 1992).

❍ La troisième École de Chicago est celle qui se constitue autour de M. Friedman (prix Nobel 1976) et du **monétarisme*** dans les années 1960-1970.

❍ La quatrième École de Chicago regroupe les théoriciens des **anticipations rationnelles*** comme R. Lucas (prix Nobel 1995).

☞ Concepts et corrélats

➤ Théories économiques ➤ Monnaie ➢ Nouvelle économie classique

ÉCOLE DE LA RÉGULATION

➤ Théories économiques ➢ Théorie de la régulation ➢ Régulation

ÉCOLE DE LAUSANNE

L'École de Lausanne désigne les auteurs qui se situent dans la lignée de L. Walras (1834-1910) et V. Pareto (1848-1923). Il s'agit donc d'un sous-ensemble de la **théorie néoclassique*** qui met l'accent sur les concepts d'**équilibre général*** et d'**optimum***.

☞ Concepts et corrélats

➤ Théories économiques

➤ Épistémologie économique ➢ École autrichienne

ÉCOLE DES CHOIX PUBLICS

(*PUBLIC CHOICE*)

L'école des choix publics (ou école du *public choice*) analyse l'intervention de l'**État*** dans l'économie en utilisant les concepts de la **théorie néoclassique***. À la différence de l'**économie du bien-être***, elle ne considère pas que les insuffisances du **marché*** (**effets externes*** par exemple) rendent nécessaire l'intervention de l'État.

J. Buchanan (prix Nobel 1986), G. Tullock, W. Niskanen contestent l'idée selon laquelle l'État est le représentant de l'intérêt général. À travers la théorie du marché politique, ils montrent que les hommes politiques sont des agents économiques qui cherchent à maximiser leur satisfaction (élection ou réélection) et que les décisions publiques sont le résultat de l'agrégation de décisions privées (promesses faites aux électeurs). De même, à travers la théorie économique de la bureaucratie, ils montrent que cette dernière n'est pas l'incarnation de la **rationalité*** mais que les agents du système administratif cherchent à maximiser leurs revenus ou leur pouvoir, ce qui conduit à un accroissement injustifié des **dépenses publiques***. Par conséquent, rien ne garantit que les décisions du système politique et du système bureaucratique sont efficientes et conformes aux intérêts de la collectivité; bien mieux, l'intervention publique produit des effets pervers, en particulier une croissance illégitime de l'État.

☞ Concepts et corrélats

➤ État ➤ Théories économiques ➢ École de Chicago ➢ Libéralisme ➢ Loi de

Wagner ➢ État minimal ➢ Interventionnisme ➢ Théorème d'Arrow

ÉCOLE HISTORIQUE ALLEMANDE

Au 19e siècle, l'École historique allemande est constituée d'économistes qui rejettent l'approche déductive et abstraite de l'**École classique*** anglaise et qui considèrent que l'on ne peut accéder à la connaissance économique que par **induction*** sur la base d'observations historiques. Les historistes mettent l'accent sur les spécificités nationales des différentes économies et contestent l'existence de **lois économiques*** universelles.

La contestation du libre-échange par F. List (1798-1846) et sa thèse du **protectionnisme éducateur*** sont un bon exemple de l'approche de l'École historique. Le **socialisme de la chaire*** se rattache à cette école qui a aussi influencé l'**École institutionnaliste***.

☞ Concepts et corrélats

➤ Épistémologie économique ➤ Théories économiques ➢ École autrichienne

ÉCOLE MONÉTARISTE

➤ Monnaie ➢ Monétarisme
➤ Théories économiques

ÉCOLE PHYSIOCRATIQUE

L'École physiocratique jette les bases de l'approche libérale des phénomènes économiques.

Pour les physiocrates, la source de la valeur réside dans la terre (« *don gratuit de la nature* ») et F. Quesnay (1694-1774) étudie la circulation et la répartition des richesses entre les trois classes (classe productive, classe des propriétaires et classe stérile). Son *Tableau économique* (1758) préfigure les analyses en termes de circuit.

☞ Concepts et corrélats

➤ Théories économiques ➢ École circuitiste ➢ Libéralisme

ÉCONOMÉTRIE

L'économétrie consiste à traiter, par des méthodes mathématiques et statistiques, des données d'observation afin d'en inférer des **lois*** ou des relations auxquelles obéissent les phénomènes économiques. L'économétrie est notamment utilisée pour estimer les paramètres des équations qui constituent les modèles de prévision macroéconomiques.

☞ Concepts et corrélats

➤ Épistémologie économique ➤ Théories économiques ➢ Modèle

ÉCONOMIE

Le terme économie est ambigu. Il désigne à la fois :

– la réalité économique : l'économie française par exemple;

– un système économique : l'économie capitaliste, par exemple;

– l'analyse économique dans son ensemble : enseigner l'économie, par exemple;

– une théorie économique : l'**économie des conventions*** ou l'**économie de l'offre**, par exemple.

☞ Concepts et corrélats

➤ Théories économiques ➢ Économie politique ➢ Science économique

ÉCONOMIE APPLIQUÉE

L'économie appliquée est une composante de la **science économique*** (ou **économie politique***) qui s'efforce de résoudre des problèmes concrets à la lumière des concepts et des théories économiques. L'économie des transports, l'économie de l'énergie, par exemple, relèvent de l'économie appliquée.

➪ L. Walras (1834-1910) considère que l'**économie pure*** précède l'économie appliquée qui est un art, c'est-à-dire une discipline qui sert de guide pour l'action.

➪ La distinction entre économie pure et économie appliquée est tombée en désuétude car l'analyse économique dans son ensemble utilise à la fois des **modèles*** théoriques et des études de cas.

☞ Concepts et corrélats

➤ Épistémologie économique
➤ Théories économiques ➢ Théorie néoclassique

ÉCONOMIE D'ÉCHELLE

Les économies d'échelle désignent la baisse du **coût moyen*** résultant d'une augmentation du volume (de l'échelle) de **production***. Elles s'expliquent fondamentalement par l'existence de **coûts fixes*** qui entraînent une baisse du coût unitaire lorsque la production augmente. Les économies d'échelle résultent essentiellement des processus de production modernes et de leurs caractéristiques d'**indivisibilité*** (processus de production continus par exemple): il s'agit alors d'économies d'échelle technologiques. Mais elles peuvent également provenir des coûts de gestion qui, jusqu'à un certain point, progressent moins vite que la quantité produite.

➪ Les économies d'échelle correspondent à des **rendements d'échelle*** croissants.

➪ Les économies d'échelle sont un facteur décisif du phénomène de **concentration*** (moyens financiers importants consacrés aux **investissements*** et à l'extension du réseau commercial). Mais les **déséconomies d'échelle*** constituent une limite à l'accroissement de la taille des **entreprises***.

☞ Concepts et corrélats

➤ Entreprise ➣ Barrières à l'entrée ➣ Monopole naturel

ÉCONOMIE D'ENDETTEMENT

Une économie d'endettement est une économie où le financement des agents s'opère principalement par des **crédits*** accordés par les **institutions financières***. Ces dernières collectent l'**épargne*** des agents qui ont des **capacités de financement*** et accordent des crédits aux agents à **besoin de financement***. Les institutions financières opèrent à cette occasion une **transformation*** de l'épargne liquide et à court terme en crédits à moyen et long terme. La **création monétaire*** contribue aussi au financement de l'économie.

➪ L'économie française de la période des Trente Glorieuses était une économie d'endettement. Les réformes engagées à partir de 1969 (Rapport Marjolin-Sadrin-Wormser) et surtout à partir des années 1980 (Loi bancaire de 1984) ont conduit à un financement dans lequel les marchés financiers jouent un rôle beaucoup plus important.

➪ Dans la mesure où la monnaie est une dette (elle est inscrite au passif des institutions financières monétaires), toute économie monétaire est une économie d'endettement.

➪ Dans une économie d'endettement, la **politique monétaire*** vise principalement à contrôler la quantité de crédits accordée.

➪ Il ne faut pas confondre la distinction entre **économie d'endettement*** et économie de marchés financiers avec la distinction entre **financement direct*** et **financement intermédié** *.

☞ Concepts et corrélats

➤ Monnaie ➣ Économie de marché financier ➣ Économie monétaire de production ➣ Désintermédiation financière ➣ Intermédiation financière

---

ÉCONOMIE D'ENVERGURE

➣ **Économie de variété**

ÉCONOMIE DE GAMME

➣ **Économie de variété**

ÉCONOMIE DE L'OFFRE

L'économie de l'offre est un courant du **libéralisme*** contemporain qui s'inspire notamment de l'approche de J.-B. Say (1767-1832). Ce dernier, en formulant la **loi des débouchés*** fait apparaître le rôle déterminant de l'**offre*** des biens et services par les producteurs, la **demande*** en découlant automatiquement.

➪ L'économie de l'offre a inspiré les politiques économiques conduites par R. Reagan aux États-Unis et M. Thatcher en Grande-Bretagne pendant les années 1980. Il s'agissait, en baissant les **impôts***, en déréglementant la vie économique, en donnant plus de flexibilité au **marché du travail***, de stimuler l'offre.

☞ Concepts et corrélats

➤ Théories économiques ➣ École classique ➣ Courbe de Laffer

ÉCONOMIE DE MARCHÉ

Le terme économie de marché a au moins deux significations:

❍ Sur le plan théorique, il désigne un **modèle*** où la **régulation*** s'opère par la confrontation de l'**offre*** et de la **demande*** sur un **marché***. Plusieurs types de marché peuvent faire l'objet d'une modélisation théorique: marché de **concurrence pure et parfaite***, **monopole***, **oligopole***, **concurrence impar-**

faite*. Dans une économie de marché, les **prix*** sont un véhicule d'information, leur flexibilité joue un rôle important (variable selon le type de marché).

○ Sur le plan historique, il désigne des économies qui fonctionnent principalement sur la base de la régulation par le marché. Par exemple l'expression « Pays développés à économie de marché » désigne les États-Unis, le Japon, l'Union européenne, etc.

➪ Aucun **système économique*** n'est régulé que par le marché. K. Polanyi (*La grande transformation* 1944) a montré (à partir de l'exemple de la Grande-Bretagne) qu'une société soumise aux seules formes de marché ne serait pas viable. Les économies de marché sont donc des systèmes économiques complexes où la logique du marché est certes dominante, mais où existent d'autres formes de régulation (interventions publiques, économie sociale, etc.).

☞ Concepts et corrélats

➤ Marchés et prix ➤ Théories économiques ➢ Capitalisme ➢ Économie marchande ➢ Équilibre général

ÉCONOMIE DE MARCHÉ FINANCIER

Une économie de marché financier est une économie où le financement des activités économiques s'opère principalement par l'émission de **titres*** sur les **marchés financiers***.

➪ Dans une économie de marché financier, la **politique monétaire*** vise principalement à contrôler le niveau des **taux d'intérêt***.

➪ La distinction entre économie d'endettement et économie de marché financier a été introduite par J.R. Hicks; elle doit être utilisée avec prudence car il existe des marchés financiers même dans les économies où le financement bancaire joue une rôle essentiel.

➪ Il ne faut pas confondre la distinction entre **économie d'endettement*** et économie de marché financier avec la distinction entre **financement direct*** et **financement intermédié** *.

☞ Concepts et corrélats

➤ Monnaie ➢ Économie monétaire de production ➢ Désintermédiation financière ➢ Intermédiation financière

ÉCONOMIE DE TYPE SOVIÉTIQUE

L'expression économie de type soviétique a été utilisée pour désigner l'URSS et les « démocraties populaires ». Cette expression se voulait descriptive, alors que les expressions « économies socialistes », « pays communistes », « économies centralement planifiées » comportaient des jugements de valeur ou faisaient l'objet de controverses.

➪ Ces économies se sont engagées à la fin des années 1980 dans un processus de transition vers l'**économie de marché***.

☞ Concepts et corrélats

➤ Théories économiques ➢ Planification ➢ Communisme ➢ Économie planifiée ➢ Économie dirigée ➢ Économies en transition ➢ Socialisme

ÉCONOMIE DE VARIÉTÉ

Une économie de variété ou encore économie de gamme ou économie d'envergure est une diminution du **coût de production*** moyen ayant pour origine la production de plusieurs biens par la même **entreprise*** (firme multiproduit). C'est donc la variété des biens produits par l'entreprise qui permet la baisse du coût moyen. Les économies de variété sont obtenues lorsque les mêmes **facteurs de production*** sont partageables et peuvent être utilisés dans la production de plusieurs produits. Par exemple, des équipements productifs indivisibles (générateur électrique, bâtiments) peuvent servir à produire des biens différents (économies de variété technologiques). C'est aussi le cas de certains **actifs*** immatériels (recherche, expertise managériale, etc.).

☞ Concepts et corrélats

➢ Économie d'échelle

ÉCONOMIE DES CONVENTIONS

L'économie des conventions est un courant d'analyse qui s'est constitué dans les années 1980. Les économistes et les sociologues qui participent à ce **programme de recherche*** se fondent sur l'**individualisme méthodologique***, mais ils considèrent que la **théorie néoclassique** accorde une place trop importante au **postulat*** de rationalité et à la **régulation*** par le **marché***. Une convention est un mécanisme non marchand sans lequel la régulation marchande ne peut pas fonctionner. Par exemple, un contrat de travail ne peut décrire de façon exhaustive tous les comportements attendus des salariés et les contreparties de ces comportements. Les **entreprises*** fonctionnent donc grâce à des conventions de productivité qui font appel à des relations d'autorité, de confiance, de loyauté à l'égard de l'entreprise, etc.

➪ Selon A. Orléan une convention « *désigne l'organisation sociale au travers de laquelle la communauté se dote d'une référence commune, produit une représentation collective extériorisée qui fonde les anticipations individuelles* ».

➪ Les conventionalistes s'appuient donc aussi bien sur la **théorie néoclassique*** que sur la **théorie keynésienne*** ou sur l'**institutionnalisme***.

☞ Concepts et corrélats

➤ Épistémologie économique ➤ Théories économiques

ÉCONOMIE DIRIGÉE

Une économie dirigée est une économie dans laquelle l'**État*** intervient pour se substituer plus ou moins largement au **marché***.

➪ Ce terme a surtout été utilisé dans la première partie du 20e siècle pour désigner à la fois les **économies de type soviétique*** et les économies fascistes en raison de leur hostilité commune à la régulation par le marché. L'expression économie dirigée est tombée en désuétude et a pris un sens péjoratif.

➪ Pour l'**École autrichienne***, les économies dirigées sont la manifestation du constructivisme social et elles illustrent le fait qu'**économie de marché*** et démocratie sont étroitement liées: remettre en cause le marché, c'est s'engager dans « *la route de la servitude* » (F. Hayek).

☞ Concepts et corrélats

➤ Théories économiques ➢ Planification ➢ Socialisme ➢ Communisme

ÉCONOMIE DOMESTIQUE

On parle d'économie domestique pour désigner les activités de **production*** et de **consommation*** qui se déroulent dans le cadre de l'unité de résidence (de *domos*, maison en grec) et donc, le plus souvent, dans le cadre familial (la famille pouvant être plus ou moins large selon la société considérée). La plupart des sociétés traditionnelles sont fondées sur l'économie domestique qui a été étudiée, pour l'essentiel, par l'anthropologie économique.

➪ L'historien F. Braudel (1902-1985) distingue trois « étages » de la vie économique: la vie matérielle (qui relève dans les sociétés traditionnelles de l'économie domestique), l'**économie de marché*** (qui suppose des échanges marchand avec l'environnement proche), l'économie capitaliste (qui repose sur le rassemblement de capitaux, les opérations de commerce lointain, etc.).

☞ Concepts et corrélats

➤ Théories économiques ➢ Capitalisme ➢ Économie solidaire ➢ Économie souterraine

ÉCONOMIE DOMINANTE

Au sens le plus courant, une économie est dominante du fait de la conjonction de sa puissance économique, financière et monétaire. Historiquement, l'économie dominante du capitalisme a été l'Angleterre au 19e siècle et les États-Unis pendant la majeure partie du 20e siècle.

Pour les **théories marxistes*** et hétérodoxes du **développement***, une économie dominante est une économie du **centre*** qui exploite les économies de la **périphérie*** (les **pays en voie de développement**). Parmi les économies capitalistes du centre, il existe une hiérarchie qui va de la première puissance (les États-Unis) aux autres pays capitalistes développés.

☞ Concepts et corrélats

➤ Économie du développement ➢ Sous-développement ➢ Échange inégal ➢ Domination

ÉCONOMIE DU BIEN-ÊTRE

La publication par A. C. Pigou de son livre *L'économie du bien-être* (1920) inaugure une approche en vertu de laquelle l'intervention de l'État dans l'économie est légitime dès lors qu'il s'agit de pallier les conséquences d'imperfections et de défaillances du **marché*** (**monopoles naturels***, **effets externes***, etc.). Cette approche étudie notamment les critères d'une redistribution des revenus qui rapprocherait la situation économique de l'optimum.

☞ Concepts et corrélats

➤ Théories économiques ➣ Optimum de Pareto ➣ Théorème d'Arrow

ÉCONOMIE DU DÉVELOPPEMENT

• *Définitions et typologies*

L'économie du développement

Beaucoup d'économistes considèrent que l'économie du développement, en tant que partie de la science économique ne se justifie plus à cause de la diversité des pays en développement. Il y aurait d'un côté des principes généraux de l'économie et d'un autre côté des entités particulières et spécifiques (les PED) qui requièrent des analyses pluridisciplinaires spécifiques. Pour P. Guillaumont, l'économie du développement se situe entre ces deux perspectives. Elle a justement pour but d'expliquer ou d'adapter les principes généraux de l'économie à des situations spécifiques sur le plan social, géographique ou historique.

Selon P. Guillaumont, l'économie du développement « *s'intéresse aux caractères généraux, ainsi qu'aux variétés du sous-développement, aux raisons générales, mais aussi particulières, qui font qu'une économie se développe ou ne se développe pas* ».

Selon E. Assidon, (*Les théories économiques du développement*, 1992), « *les théories du développement se sont affirmées comme un corpus distinct de la science économique dès lors qu'elles ont postulé l'existence de spécificités communes à un ensemble de pays, en même temps qu'elles ont adopté l'idée que le développement ne se réduisait pas à la croissance* ».

Dans la typologie d'A.O. Hirschman (né en 1915), l'appellation « économie du développement » est réservée à l'un des courants théoriques qui analysent les problèmes de **développement*** et de **sous-développement***. Pour cet économiste, l'économie du développement se caractérise par le refus du monoéconomisme (conception unique de l'économie) et l'affirmation d'une communauté d'intérêt entre les pays riches et les pays pauvres (réciprocité des avantages).

Unité ou diversité du tiers-monde ?

De nombreux ouvrages analysent le sous-développement à partir de ses traits dominants (stagnation économique, pauvreté, démographie galopante, etc.) et créent ainsi une sorte d'archétype du pays en développement. Cette image est renforcée par une certaine terminologie utilisée par des économistes radicaux « pays périphériques », « pays dominés ») ou par les organismes internationaux (« pays sous-développés » dans les années 1960, « pays en voie de développement » (PVD) dans les années 1970, « pays en développement » (PED) depuis les années 1980).

À l'heure actuelle, la plupart des économistes considèrent que l'idée d'un tiers-monde homogène est très réductrice : on ne peut pas analyser les problèmes du développement comme s'il n'existait qu'un tiers-monde regroupant des pays qui auraient atteint le même niveau de développement et qui seraient confrontés aux mêmes problèmes. En effet, à la suite des **stratégies de développement*** mises en œuvre dans les pays en développement, les appareils productifs ont évolué et se sont considérablement diversifiés. L'industrialisation a progressé, la **division internationale du travail*** s'est infléchie, mais ces évolutions se sont produites à des rythmes et des degrés différents selon les pays.

Depuis le milieu de la décennie 1980, le processus de **mondialisation***, par le biais d'investissements directs dans les PVD, accentue toujours plus l'hétérogénéité relative des pays du tiers-monde.

Les classifications des PED

<u>Classification de la Banque Mondiale</u>

La Banque mondiale opère chaque année une classification des pays selon le niveau du **Produit Intérieur Brut (PIB)*** ou du **Produit National Brut (PNB)*** par individu. Elle distingue :

– les économies à faible revenu incluant la Chine et l'Inde ;

– les économies à revenu intermédiaire subdivisées en une tranche inférieure et une tranche supérieure ;

– les économies à revenu élevé.

La Banque Mondiale considère que les pays en développement sont réunis dans deux premiers groupes : (faible revenu et revenu intermédiaire) alors que les pays développés figurent dans le groupe des pays à revenu élevé.

Classification de la CNUCED

La CNUCED découpe des sous-ensembles à l'intérieur du bloc du tiers-monde en fonction de leur originalité socio-économique.

Le groupe des Pays les moins avancés (PMA) créé en 1971 (vingt-quatre pays en 1971 et quarante-trois en 2000) se trouve au bas de l'échelle du développement du point de vue de plusieurs indicateurs: revenu par habitant, part de la production industrielle dans le PNB (inférieure à 10 %), taux d'alphabétisation, espérance de vie, rations caloriques.

Les **nouveaux pays industriels*** (NPI) correspondent aux pays qui ont connu un essor de l'industrie manufacturière (textile, sidérurgie, chantiers navals...) et de l'exportation de produits industriels à partir de la décennie 1970. Il s'agit en particulier de certains PVD d'Asie du Sud-Est (les quatre « dragons » (Corée du Sud, Taïwan, Hong Kong, Singapour) et d'autres pays qui furent ensuite intégrés à ce groupe, tels que le Brésil, le Mexique et l'Argentine. À partir des années 1980, il a été question d'une deuxième génération de pays en développement exportateurs de produits manufacturés en Asie du Sud-Est (Thaïlande, Philippines, Malaisie).

On peut aujourd'hui caractériser les NPI en considérant que:

– ils font partie des pays à revenu intermédiaire;

– le secteur manufacturier représente au moins 25 % du PIB;

– la croissance économique y est forte;

l'économie est orientée vers l'exportation de produits manufacturés.

Puis sont apparus les « **pays émergents***» qui suivent les traces des NPI: plusieurs pays d'Asie (Chine, Inde...) et quelques autres (Maroc...).

Classification du PNUD

Dans ses Rapports sur le Développement Humain, le PNUD classe les pays selon la valeur de leur **Indicateur de développement humain*** (valeur comprise entre 0 et 1) et distingue 3 groupes:

– les pays à faible développement humain: l'IDH est inférieur à 0,5;

– les pays à développement humain moyen: l'IDH est compris entre 0,5 et 0,799;

– les pays à développement humain élevé: l'IDH est supérieur à 0,8.

➩ On peut remarquer que les frontières entre développement et sous-développement sont différentes d'une classification à l'autre. Par exemple, le classement des pays pétroliers à faible population varie sensiblement selon la classification utilisée.

• *Explications théoriques*

Il est possible de distinguer trois grands types d'analyses du sous-développement:

(1) une analyse en termes de retard de développement;

(2) une analyse qui insiste sur les spécificités des pays en développement;

(3) une analyse qui met en relation les caractéristiques du sous-développement avec l'expansion internationale du capitalisme.

➩ Une autre classification, proposée par C.P. Oman et G. Wignaraja (*L'évolution de la pensée économique du développement depuis 1945*, 1991), oppose les analyses « orthodoxes » regroupant (1) et (2) aux analyses « hétérodoxes » qui adoptent le paradigme centre-périphérie (3).

Les retards de développement

La théorie des étapes de la croissance

W.W. Rostow (né en 1916) dans sa théorie des **étapes de la croissance***, expose une vision libérale de l'histoire des sociétés. Selon cet auteur, les différentes sociétés humaines se trouvent situées, à un moment donné de leur histoire, sur un axe de développement qui va des sociétés traditionnelles aux économies les plus développées. Chaque société passerait par les différentes étapes du développement économique.

Les étapes de la croissance sont en fait les étapes du développement. Selon ce schéma général de l'évolution des sociétés, les pays en voie de développement se trouvent, pour la plupart, dans la deuxième et la troisième étapes. Les économies sous-développées se trouveraient donc « en retard » par rapport aux économies développées. Certains obstacles, essentiellement économiques (**épargne*** et **investissement***), et socioculturels, freinent le développement, mais l'analyse est optimiste: le retard se comblera. Il suffirait de prendre modèle sur les pays « en avance » pour progresser sur la voie du développement.

Plusieurs critiques ont été adressées à cette analyse.

Rostow ne fait aucune allusion aux facteurs qui entretiennent le sous-développement. Pour lui, le sous-développement est tout simplement synonyme de retard. L'étape de la société traditionnelle une fois franchie, toute société passera obligatoirement par les autres étapes.

Les voies autres que capitalistes sont ignorées.

La principale critique concerne l'analogie supposée entre l'Europe et l'Amérique au 19e et les pays en développement au 20e siècle. La démographie, les **revenus***, le niveau des techniques, les coûts des investissements, les coûts du transport, les structures politiques, etc., ne sont pas comparables.

Malgré ces critiques, les auteurs libéraux adoptent, dans leur grande majorité, le schéma évolutionniste de W.W. Rostow. Un pays peut progresser à condition de mettre en œuvre un cadre approprié dans lequel le rôle du marché apparaît comme essentiel. Affirmer que l'économie de marché est la seule voie possible n'exclut pas tout interventionnisme de l'État qui doit impulser le processus de croissance, notamment en favorisant l'accroissement de l'investissement et l'épargne pour ensuite s'effacer et laisser libre cours aux forces du marché. L'aide financière et les **transferts de technologie*** occidentale doivent permettre de raccourcir les délais d'évolution et atténuer les difficultés de passage d'une étape à une autre.

➭ L'analyse de W.W. Rostow, la plupart du temps qualifiée de libérale, ne se confond pas avec la **théorie néoclassique***. Cette dernière, dont l'ambition est universaliste, considère que ses concepts permettent de traiter tous les problèmes théoriques, y compris ceux du développement.

<u>La spécialisation internationale et la théorie de la croissance transmise</u>

Au niveau international, les pays en développement souffriraient essentiellement de leur mauvaise **spécialisation internationale***. Il leur suffirait alors de trouver les bons « **créneaux***» de spécialisation sur le marché mondial, en particulier en se spécialisant dans des productions incorporant beaucoup de travail et peu de capital* selon le **théorème HOS*** pour progresser sur la voie du développement.

De plus, la théorie de la **croissance*** transmise montre que le **commerce international*** permet de transmettre la croissance des pays développés vers les pays sous-développés (qui combleront leur retard) à la seule condition que le libre-échange et ses conséquences (la spécialisation internationale) soient respectés.

Selon cette théorie, tout progrès dans les économies développées va se transmettre aux pays en développement par le jeu de trois mécanismes:

– par les mouvements de marchandises. Les pays développés qui enregistrent les plus forts taux de croissance vont accroître leurs **importations***, et donc les **exportations*** des PED; de plus, ces derniers ont la possibilité d'importer des technologies plus efficaces;

– par les **prix***. Dans les économies développées, le **progrès technique*** est plus rapide. La croissance de la **productivité*** se traduit par une diminution des coûts de production et donc des prix (concurrence pure et parfaite) ce qui rend les importations du tiers-monde moins chères;

– par les mouvements de capitaux. Dans les économies avancées, le développement fait apparaître une épargne abondante qui se dirigera vers les pays du tiers-monde où les **taux de profit*** potentiels sont plus élevés; par ailleurs, l'endettement extérieur des pays du tiers-monde facilitera le développement.

La prise en compte des spécificités des PED

Certains auteurs insistent sur ce qui différencie les PVD des pays développés.

○ Le **sous-emploi*** généralisé est dû à une insuffisance de la **demande effective*** et à une faible **efficacité marginale du capital***. Dans ces conditions, le jeu du **multiplicateur*** serait moins efficace, et ces économies seraient victimes de **cercles vicieux de la pauvreté*** (R. Nurkse 1907-1959) ou en situation **d'équilibre de pauvreté*** (J.K. Galbraith, né en 1908).

○ D'autres auteurs ont avancé une explication du sous-développement en termes de **dualisme***. Les économies des pays pauvres seraient caractérisées par la juxtaposition d'une économie « moderne » et d'une économie « traditionnelle ». Alors qu'A. Lewis (1915-1991) ne voit dans le dualisme qu'une situation transitoire, d'autres comme R. Nurkse, considèrent que le dualisme peut constituer une entrave sérieuse et bloquer les transformations du secteur traditionnel. F. Perroux (1903-1987) reprend cette idée et parle d'« inarticulation » des économies: la croissance du secteur moderne ne se propage pas au secteur traditionnel.

➩ Le dualisme nécessite la mise en place des politiques de **développement***: aide extérieure pour les uns (A. Lewis), politique de **croissance équilibrée*** (P. Rosenstein-Rodan et R. Nurkse) ou de **croissance déséquilibrée*** (F. Perroux. A O. Hirschman) pour les autres. Les plus radicaux estiment nécessaire une **planification*** étatique des investissements ainsi qu'un certain **protectionnisme*.**

Le paradigme centre-périphérie

L'analyse structuraliste: dégradation des termes de l'échange et dualisme

L'analyse du sous-développement à partir des concepts de centre et périphérie prend naissance avec l'école structuraliste; elle est à l'origine d'une des thèses fondatrices de l'économie du développement: la thèse de la **dégradation des termes de l'échange***.

R. Prebisch (1901-1986) au début des années 1950, expose une analyse dans laquelle il montre que les termes de l'échange se détériorent pour les PVD. Ceci résulte de l'affectation différente des **gains de productivité*** dans les pays développés et dans les PED. En effet, dans les pays développés où les marchés du travail et des produits sont des marchés oligopolistiques, les **gains de productivité*** sont affectés à l'augmentation de la rémunération des **facteurs de production***, d'où une hausse du prix moyen des produits manufacturés. Dans les pays en développement, la croissance de la productivité se traduit par une baisse des **salaires*** en raison de l'absence d'organisation collective des salariés et du vaste secteur traditionnel qui exerce une pression à la baisse des salaires; les prix moyens des produits primaires ont donc tendance à diminuer. Les PED ne peuvent donc pas bénéficier des gains de productivité qu'ils réalisent et ceux-ci sont transférés aux pays industrialisés.

À l'opposé des théories de la spécialisation internationale et de la croissance transmise, le commerce international devient alors une source d'appauvrissement puisque l'augmentation des possibilités de production entraîne pour les pays exportateurs de matières premières une baisse des revenus réels perçus à l'exportation.

Un certain protectionnisme se justifie, limité à certains secteurs (ceux concernés par la **substitution d'importations***), dans le cadre d'une éventuelle planification. Une **intégration économique*** régionale, notamment sur le plan industriel, est préconisée pour remédier au problème de l'étroitesse du marché.

➩ La thèse de la dégradation des termes de l'échange a fait l'objet de controverses depuis les années 1950. Les principales critiques ont porté en particulier sur les choix méthodologiques de R. Prebisch. Ainsi, selon P. Bairoch (1930-1999), entre 1914 et 1929 les prix des matières premières ont baissé par rapport aux produits manufacturés, mais en prenant une plus longue période, 1876-1958, on observe une amélioration des résultats. Le débat n'est cependant pas clos puisque certains auteurs concluent à une amélioration depuis la Seconde Guerre ou une stabilité en longue période. La controverse a néanmoins perdu une partie de son intérêt car le tiers-monde exporte désormais plus de produits manufacturés que de produits primaires.

L'analyse structuraliste articule **dualisme*** et **division internationale du travail*.** Les auteurs structuralistes sont logiquement conduits à préconiser des politiques de **développement autocentré*** et en particulier des politiques d'**industrialisation par substitution d'importations***. Ces dernières nécessitent une planification (indicative) des investissements, et des barrières protectionnistes.

L'École de la dépendance

Reprenant à son compte le paradigme **centre***–**périphérie***, l'École de la dépendance développe la thèse selon laquelle le centre est le seul responsable du sous-développement de la périphérie.

❍ L'analyse de C. Furtado est axée sur les obstacles internes que connaissaient les pays périphériques et en particulier la faiblesse de la consommation qui se répercute sur l'investissement. L'**effet de démonstration*** conduit à une imitation des modèles de **consommation*** occidentaux par des élites locales.

En fin de compte, dualisme et dépendance extérieure se renforcent. Le sous-développement n'est donc pas une étape du développement mais un processus autonome qui tend à se pérenniser.

Les politiques de développement préconisées par ce courant reposent sur les éléments suivants : réformes agraires ; diversification des exportations ; renforcement du contrôle sur les firmes multinationales ; création **d'entreprises publiques*** ; renforcement de l'industrialisation par substitution d'importations et de l'**intégration économique*** régionale.

❍ L'analyse d'A. G. Frank, s'inscrit dans une perspective plus radicale. Dans *Capitalisme et sous-développement en Amérique latine* (1967), il considère que les pays périphériques sont devenus capitalistes dès le 16e siècle car produisant pour le marché et le **profit*.** Ainsi se serait créé le système centre-périphérie dans lequel les métropoles s'approprient tout ou partie du surplus économique créé dans les colonies. Les causes du développement sont avant tout externes et le développement des uns produit le sous-développement des autres. Cette thèse est prolongée par la théorie de l'**échange inégal*** d'A. Emmanuel.

L'analyse marxiste du sous-développement

L'analyse marxiste des relations entre centre et périphérie est basée sur l'articulation des modes de production. Dans un premier temps, l'expansion du capitalisme a pour conséquence d'intensifier, sinon de créer, des sphères de production pré-capitalistes dans la périphérie (« pillage » des hommes et des richesses). Ce processus implique une alliance avec la classe dirigeante autochtone. Dans une seconde étape, le capitalisme s'installe en l'emportant sur le mode de production pré-capitaliste. L'agriculture se transforme, les industries artisanales locales reculent. Toutefois, la pénétration du capitalisme est lente, notamment dans l'agriculture. Le troisième stade, que le tiers-monde n'a pas encore atteint, se caractérise par la disparition totale des rapports de production pré-capitalistes. Le caractère désarticulé de l'appareil productif correspond ainsi à un stade particulier du développement dans les pays du tiers-monde. Il ne s'agit pas d'un retard mais d'une difficile phase de transition vers le capitalisme qui se caractérise par une prolétarisation et une pauvreté croissantes (**accumulation primitive***).

L'ajustement structurel; une nouvelle orthodoxie du développement ?

Dès le début des années 1980, la crise de la dette et sa gestion ont introduit avec force les institutions de Bretton-Woods dans le débat sur le développement. Les analyses théoriques aussi bien que les politiques mises en œuvre s'inspirent dès lors des recommandations du **Fonds monétaire international*** et de la **Banque mondiale***. Le « **consensus de Washington*** », très directement inspiré des analyses libérales, devient la nouvelle orthodoxie du développement. Les *Chicago boy's* (économistes monétaristes) deviennent les maîtres à penser le développement en Amérique latine.

Après les plans de stabilisation (freinage de la demande) visant à rétablir à court terme le solde positif de la **balance des paiements***, se généralisent les politiques **d'ajustement structurel***, privilégiant les réformes de structures et l'action sur l'offre qui est réorientée vers le marché mondial.

Mais dès la fin des années 1980, et surtout du début des années 1990, le consensus de Washington est remis en cause. Dans les pays où elles ont été appliquées, les politiques d'ajustement structurel (PAS) n'ont pas réussi à impulser une dynamique de croissance. De plus, les conséquences sociales de ces politiques ont été négatives : hausse du chômage, de la précarité sociale et des inégalités. La détérioration des conditions de vies des franges les plus pauvres des populations du tiers-monde, s'est accompagnée d'un accroissement de la pauvreté entre 1987 et 1993 (*Rapport sur le développement humain*, 1997).

Ces résultats négatifs ont donné lieu à des critiques des politiques d'ajustement structurel. Les analyses keynésiennes (et aussi structuralistes) ont connu une plus grande audience. Une attention particulière a été portée au rôle de l'État, en particulier dans les expériences de développement asiatique.

Dans une optique microéconomique, certaines analyses qualifie de néo – institutionnalistes, ont mis en avant le rôle des institutions dans le développement. J. Stiglitz retient, à propos des PED, les caractéristiques suivantes :

– les marchés sont étroits ou inexistants, donc les prix ne peuvent pas être de bons indicateurs de rareté ;

– la faiblesse des marchés signifie aussi que les prix ne peuvent pas jouer leur rôle de coordination, ce qui rend nécessaire une intervention de l'État dans la coordination des activités économiques ;

– l'acquisition des nouvelles technologies comporte des risques qui découragent les entreprises ;

– la taille trop faible des **entreprises*** ne leur permet pas de réaliser des **économies d'échelle***.

Le faible développement des marchés, le caractère imparfait de l'information et de la concurrence limitent la pertinence des analyses néoclassiques lorsqu'elles sont appliquées au tiers-monde.

Divergence et convergence

Selon une étude de la Banque mondiale (1995), sur la période 1960-1990, les revenus ont augmenté en moyenne de 2,6 % par an dans les pays de l'OCDE contre 1,8 % pour le reste du monde. Le *Rapport sur le développement dans le monde* de 1995 précise qu'entre 1980 et 1993, plus de la moitié des PED ont connu une croissance négative. Si les autres PED ont connu une croissance positive, elle est demeurée inférieure à la moyenne des pays à revenus élevés dans 80 % des cas. Seul un petit groupe de pays a « convergé » (NPI mais aussi l'Inde et la Chine) et dix pays seulement ont eu un taux de croissance supérieur d'un point à la moyenne des pays à revenu élevé.

Ces conclusions remettent en cause l'hypothèse d'une **convergence*** des taux de croissance avancée par le modèle de croissance néoclassique des années 1950 et 1960 (progrès technique exogène).

Le paradigme du développement humain

Croissance économique et développement humain

La croissance économique et le **développement humain*** sont étroitement liés. D'un côté, la croissance économique fournit les ressources nécessaires au développement humain ; d'un autre côté, l'amélioration de la qualité de la main-d'œuvre contribue fortement à la croissance économique. Cependant, le lien n'est pas automatique. Pour exploiter pleinement les possibilités d'amélioration des conditions de vie qu'offre la croissance, il faut orienter cette dernière dans des directions précises.

Les différents rapports du PNUD, mettent en avant :

○ La nécessité de réduire les inégalités de revenus (la hausse des revenus des plus pauvres accroît les dépenses en produits de développement humain tels que la nourriture, l'eau potable, l'éducation, la santé, etc.).

○ Le rôle essentiel des dépenses sociales, qu'il s'agisse d'interventions générales (par exemple, les programmes d'éducation primaire ou les programmes d'immunisation) ou d'interventions ciblées sur certains groupes sociaux (par exemple, programmes de bons alimentaires pour les groupes à bas revenus).

○ L'amélioration du statut des femmes : lorsque les femmes contrôlent les revenus du ménage, il apparaît que les habitudes de dépenses sont orientées vers des produits favorisant le développement humain, tels que la nourriture et l'éducation.

Liberté et développement

L'importance des libertés dans le développement est au centre de l'analyse d'A. Sen (né en 1933, prix Nobel en 1998). Pour lui, (*Un nouveau modèle économique, Développement, Justice, Liberté*, 2000), le développement peut être appréhendé « *comme un processus d'expansion des libertés réelles dont jouissent les individus. En se focalisant sur les libertés humaines, on évite une définition trop étroite du développement, qu'on réduise ce dernier à la croissance du produit national brut, à l'augmentation des revenus, à l'industrialisation, aux progrès technologiques ou encore à la modernisation sociale. Il ne fait aucun doute que la croissance du PNB ou des revenus revêtent une grande importance en tant que moyens d'étendre les libertés dont jouissent les membres d'une société. Mais d'autres facteurs déterminent ces libertés: les dispositions économiques ou sociales, par exemple (il peut s'agir de tous les moyens qui facilitent l'accès à l'éducation ou à la santé) et, tout autant, les libertés politiques et civiques (pensons ici à la liberté de participer au débat public ou d'exercer un droit de contrôle). De la même manière, l'industrialisation, le progrès technique ou les avancées sociales contribuent, dans une large mesure, à étendre la liberté humaine, mais d'autres influences, là encore, sont aux sources de la liberté* ».

Dans cette optique, le développement exige la suppression des principaux facteurs qui s'opposent aux libertés: « *la pauvreté aussi bien que la tyrannie, l'absence d'opportunités économiques comme les conditions sociales précaires, l'inexistence de services publics autant que l'intolérance ou la répression systématique exercée par les États autoritaires* ».

A. Sen considère comme fondamentale la liberté d'accès au marché. « *La liberté d'échanges et de transactions constitue, en elle-même, une de ces libertés élémentaires auxquelles les gens ont raison d'aspirer. Déclarer son opposition, de façon génétique, aux marchés, reviendrait à peu près à postuler une opposition de principe aux conversations entre les individus.* » Le débat sur les effets à long terme (positifs selon les uns ou négatifs selon les autres) ainsi que sa contribution à la croissance économique, est secondaire dès lors qu'est admise l'importance directe de la liberté d'échanger.

Les droits démocratiques jouent un rôle central dans son analyse. Il constate que « *le libre fonctionnement de la démocratie peut contribuer à éviter les famines ou d'autres catastrophes économiques. Dans la mesure où les classes dirigeantes ne sont guère affectées par la famine et les autres calamités, rien ne pousse les gouvernements autoritaires à se préoccuper de ces fléaux en temps voulu. Dans les régimes démocratiques, à l'inverse, la survie politique dépend des revirements de l'opinion, et cela constitue, pour les élus, une forte incitation à mettre en œuvre des mesures préventives efficaces* ». A. Sen critique tout particulièrement la thèse selon laquelle les « valeurs asiatiques » (notamment le confucianisme) seraient spécifiques et justifieraient des gouvernements autoritaires ainsi que le refus de toute forme d'ouverture démocratique, afin de faciliter le développement économique.

A. Sen s'oppose également à la thèse du déterminisme culturel de la croissance économique. Cette thèse est souvent avancée pour expliquer les performances économiques de l'Asie orientale: la culture asiatique, en particulier le confucianisme, jouerait ainsi un rôle central dans la réussite économique de ces pays. Pour Sen, l'interprétation des performances économiques à partir des valeurs est souvent arbitraire, et l'histoire asiatique ne fait pas exception. Le seul constat important est que la voie occidentale n'est pas la seule voie du développement économique.

• *Les stratégies de développement*

Les grands choix

○ La priorité a été le plus souvent accordée à l'industrie, considérée comme activité novatrice et moteur du développement, au détriment de l'agriculture, considérée comme traditionnelle et peu dynamique. Ce choix est désormais remis en cause; les organismes internationaux s'intéressent de plus près aux programmes de développement agricole.

○ Le choix entre un **développement autocentré*** ou un développement « **extraverti** »* dépend des conditions locales. Le premier suppose un large marché intérieur et une épargne nationale substantielle; il donne lieu à une forte intervention de **l'État***. Le second vise à insérer au mieux les pays dans le marché mondial.

En fait, la plupart des stratégies de développement sont des combinaisons de ces deux logiques. Seuls les pays-continents (Chine, Inde, Brésil) ont pu espérer un développement essentiellement autocentré; de même, seuls quelques micro-États

(Singapour...) n'ont que le choix de l'extraversion.

❍ Le choix des **transferts de technologie*** peut se révéler capital pour la réussite de politiques de développement. L'importation de « technologies avancées » peut se heurter à l'obstacle du manque de main-d'œuvre qualifiée. De plus, les technologies avancées impliquent des investissements économisant le travail (*labour saving)* alors que les économies du tiers-monde se caractérisent par un chômage endémique. Certains prônent alors la mise en œuvre de « technologies intermédiaires » (ou « appropriées ») adaptées aux problèmes spécifiques des populations concernées (expériences de « micro-développement »).

❍ La « stratégie des besoins essentiels », préconisée par la Banque mondiale sous la présidence de R. Mac Namara (dans les années 1970), est centrée sur l'augmentation de la croissance et la diminution de la pauvreté. Dès la fin des années 1960, un courant « réformiste » avance que le développement ne suffit pas à diminuer la pauvreté. La croissance économique n'a ni amélioré la situation de la grande masse des pauvres (analphabétisme, maladie...), ni réduit le dualisme. L'emploi, le développement rural et la lutte contre les inégalités de revenus sont les domaines d'action à privilégier les ressources pour canaliser les ressources vers les populations les plus défavorisées. Une importance décisive est accordée au rôle de l'État ainsi qu'au **secteur informel***.

La stratégie la plus couramment préconisée dans les années 1980 est d'inspiration néoclassique : il s'agit de celle de **l'ajustement structurel*** (privatisations, rétablissement des équilibres macro-économiques, assainissement financier...). L'aide est alors liée à un strict respect de la politique économique préconisée par la Banque Mondiale.

Les politiques d'industrialisation

La politique d'industrialisation par **promotion des exportations*** s'inscrit, le plus souvent, dans une stratégie d'extraversion. Il s'agit de s'appuyer sur les dotations factorielles (matières premières, énergie, faible coût en main-d'œuvre) pour déterminer les spécialisations les plus profitables.

La politique d'industrialisation par **substitutions d'importations*** (développement autocentré*).

La politique d'industrialisation par **substitution d'exportations*** peut être adoptée par des pays qui ont construit les bases d'une industrie nationale.

Les politiques agricoles

Les politiques agricoles se sont orientées autour de trois axes : l'accroissement de la productivité (la « révolution verte »), la redistribution des terres (les réformes agraires).

La révolution verte

Il s'agit de mettre en place une agriculture basée sur des variétés de céréales à haut rendement mises au point par la recherche biologique moderne et adaptées aux climats tropicaux et semi tropicaux. La révolution verte, qui consiste donc à « industrialiser » l'agriculture, s'est développée dès les années 1950 en Amérique latine, à partir des années 1960 en Asie et dans les années 1980 en Afrique. Les améliorations techniques se sont traduites par la diffusion de variétés résistantes à la maladie et à la sécheresse et, aujourd'hui, plus respectueuses de l'environnement (révolution « doublement verte »).

La révolution verte a ainsi largement participé à l'accroissement de la production agricole des PVD mais plusieurs critiques lui ont été adressées :

– les inégalités se sont accrues. Les nouvelles techniques, mieux adaptées aux grandes exploitations, ont été appliquées dans les régions fertiles bénéficiant d'un bon réseau d'irrigation ;

– les techniques de production capitalistiques ont limité les besoins en main-d'œuvre ;

– la dépendance extérieure vis-à-vis des industries agroalimentaires et de matériel agricole s'est accrue.

<u>Les réformes agraires : redistribuer les terres</u>

Les réformes agraires visent à opérer une redistribution des terres en faveur des paysans les plus pauvres. L'élimination de la misère rurale devient prioritaire sur l'augmentation de la productivité (révolution verte). Les petites exploitations familiales utilisent des techniques traditionnelles ou « appropriées » (économie de **capital***, facteur de production rare).

Les principaux obstacles aux réformes agraires sont sociopolitiques car la redistribution des terres se fait au détriment des intérêts des grands propriétaires fonciers entre les mains desquels est concentrée une partie importante des terres. Dans les pays où les structures foncières sont très inégalitaires (Amérique latine), les grands propriétaires s'opposent à la réforme agraire, qui équivaut à une « révolution rouge » (Brésil par exemple). Lorsque la répartition des terres est plus égalitaire, les chance de succès sont plus élevées, comme en attestent les exemples de la Corée et de Taiwan.

• *Enjeux et problèmes actuels du développement*

L'équilibre population-ressources est loin d'être atteint dans certaines zones où la croissance démographique est souvent supérieure à la croissance économique (cas de l'Afrique). Même dans les zones où une stabilisation de la croissance démographique se conjugue avec une croissance économique réelle, des concentrations urbaines provoquent des problèmes insurmontables (Amérique latine, Asie). Par ailleurs, l'exploitation inconsidérée des ressources naturelles conduit à une inquiétante dégradation de l'environnement.

Les progrès agricoles sont très inégaux d'une région à l'autre, notamment lorsque l'on tient compte de la croissance démographique: par exemple, la production agricole par habitant a diminué en Afrique au cours de ces vingt dernières années.

La malnutrition progresse en valeur absolue (recul en valeur relative) et touche plus de 800 millions de personnes. Selon le Rapport du PNUD 2000, dans les PVD, 31 % des enfants de moins de 5 ans ont une insuffisance pondérale.

Les famines n'ont pas disparu car elles deviennent de plus en plus un moyen de pression socio-politique (Somalie, Soudan, Liberia, Corée du Nord, Birmanie, etc.)

Des progrès ont été réalisés dans la production alimentaire:

La sous-nutrition a reculé: elle est passée de 1 milliard de personnes en 1970 aux environs 800 millions actuellement (source FAO); l'apport calorique journalier a progressé de près de 25 % depuis 1970 et dépasse les 2 500 calories. Mais ces chiffres positifs doivent être relativisés.

Par ailleurs, si certains pays ou certaines zones ont pu développer une industrie solide (NPI), l'ensemble des pays du tiers-monde ne représente qu'une faible part de l'industrie mondiale (environ 25 %).

La place du tiers-monde dans le **commerce international*** reste marginale et seuls quelques pays y jouent un rôle notable (NPI d'Asie, Inde, Chine, Brésil...).

L'endettement du **tiers-monde*** reste un problème important. La plupart des pays sont endettés auprès des organismes financiers privés et publics des pays riches. Le poids de la **dette*** est très inégalement réparti; quelques pays en concentrent la majeure partie (Brésil, Mexique...), alors que les pays les plus pauvres d'Afrique ont à supporter la charge relative la plus lourde par rapport à leur PIB.

L'objectif des 1 % du PNB des pays riches pour l'**aide au développement*** que s'était fixé l'ONU n'a jamais été atteint (sauf pour les pays nordiques). L'aide stagne actuellement à moins de 0,4 % et consiste souvent en des aides liées.

Les crises financières qui ont touché les pays émergents à partir de 1997 ont montré la vulnérabilité de ces économies et leur dépendance. Des négociations sont à l'œuvre pour résoudre le problème de l'endettement, en particulier celui des pays les plus pauvres.

☞ Concepts et corrélats

➤ Croissance économique

☞ Bibliographie

● ABDELMALKI L., MUNDLER P. (1995), *Économie du développement*, coll. Supérieur, Hachette.

ASSIDON E. (2000), *Les Théories économiques du développement*, coll. Repères, La Découverte.

BRASSEUL J. (1989), *Introduction à l'économie du développement*, Armand Colin.

BRUNEL S. (1994), *Le Sud dans la nouvelle économie mondiale*, PUF.

RAFFINOT M. (1999), *Dette des tiers-mondes*, coll. Repères, La Découverte.

SEN A. (2000), *Un nouveau modèle économique, Développement, Justice, Liberté*, Odile Jacob.
❍ BEN HAMMOUDA H. (1999), *L'économie politique du post-ajustement*, Karthala.
GUILLAUMONT P. (1985), *Économie du développement, dynamique interne du développement*, PUF.
OMAN C.P., WIGNARAJA G. (1991), *L'évolution de la pensée économique du développement depuis 1945*, OCDE.

ÉCONOMIE DU TRAVAIL

L'économie du travail désigne un champ de l'analyse économique.

Dans sa version étroite, l'économie du travail se cantonne à l'analyse du **travail*** au sens strict, des **salaires***, de **l'emploi*** et du **chômage***.

Dans sa version large, au contraire, elle s'étend aux **revenus salariaux*** et **non salariaux*** liés à l'activité, et s'intéresse à l'amont et à l'aval des phénomènes d'emploi: éducation et formation, **protection sociale*** des actifs, sortie d'activité, conditions de vie dans leurs liens avec l'activité.

Depuis le milieu des années 1970, les développements de **l'économie industrielle***, de l'économie du travail et de **l'économie publique*** se sont attachés à comprendre certains événements, qu'on appelle des « faits stylisés » (constats d'ordre empirique, jugés caractéristiques du fonctionnement d'une économie).

C'est ainsi que la « nouvelle économie du travail » tente de fournir, à l'aide des méthodes et des concepts de la théorie néoclassique, des explications de ces faits. On peut en donner trois exemples:

– **sous-emploi*** massif et persistant que connaissent la plupart des économies industrielles;

– rémunérations qui subissent des fluctuations moins amples que ne le « prédit » une vision purement concurrentielle des marchés,

– entreprises qui recourent à des formes particulières d'organisation du travail.

L'explication de ces faits doit être recherchée à l'aide de raisonnements centrés sur la représentation du marché du travail et menés en équilibre partiel, c'est-à-dire « *toutes choses égales par ailleurs* ».

Il s'agit donc, pour la nouvelle économie du travail, de rechercher des fondements théoriques satisfaisant à certaines observations empiriques.

☞ Concepts et corrélats

➤ Marché du travail

ÉCONOMIE EN TRANSITION

Le terme économie en transition a été utilisé à partir de la fin des années 1980 pour désigner les pays qui ont rompu avec le système des **économies de type soviétique*** et se sont engagés dans un processus de passage à l'**économie de marché***.

➪ Ce processus se révèle long et difficile car ces économies, même si elles ont mis fin au monopole du Parti communiste et à la **planification*** centralisée, ne disposent pas des institutions nécessaires au bon fonctionnement du **marché*** (règles juridiques, tribunaux, dispositifs de formation, **protection sociale***, etc.), ce qui provoque de nombreux effets pervers (développement de mafias, crise industrielle, creusement des inégalités, etc.).

☞ Concepts et corrélats

➤ Économie du développement
➤ Comptabilité nationale ➤ Théories économiques ➢ Capitalisme ➢ Socialisme ➢ Communisme ➢ Économie mixte ➢ Économie informelle ➢ Secteur informel

ÉCONOMIE MARCHANDE

Une économie marchande est une économie où les décisions relatives à l'**allocation des ressources productives*** sont des décisions individuelles qui ne sont donc pas coordonnées ***ex ante**** (alors que dans économie non marchande, la coordination est assurée par les traditions, les normes sociales, les relations de pouvoir ou de parenté). Le **marché*** est donc la procédure qui assure la coordination de ces décisions individuelles par le mécanisme des **prix***.

➪ Le terme économie marchande est plutôt utilisé par des auteurs marxistes ou hétérodoxes, les auteurs libéraux préfèrent généralement **économie de marché***.

☞ Concepts et corrélats

➤ Marchés et prix ➤ Théories économiques ➢ Capitalisme

ÉCONOMIE MIXTE

Une économie mixte est un **système économique*** qui fait coexister l'intervention économique de l'**État*** (**entreprises publiques***, **planification indicative***, **protection sociale***...) et la **régulation*** par le **marché***.

➪ L'Économie mixte est souvent présentée comme une troisième voie entre l'**économie de marché*** et le **socialisme***.

➪ La plupart des Pays développés à économie de marché sont, à des degrés divers, des économies mixtes.

☞ Concepts et corrélats

➤ Théories économiques ➢ Capitalisme ➢ Économie solidaire ➢ Économie sociale

ÉCONOMIE MONDE

Le concept d'économie monde a été forgé par l'historien F. Braudel (1902-1985) et repris par I. Wallerstein (*Le capitalisme historique,* 1985) qui parle plutôt pour sa part de « système-monde ». Pour ces auteurs, au cours de l'histoire, l'économie mondiale a été structurée par un ensemble de relations productives, marchandes et financières organisées autour d'une région, d'un pays ou d'une ville. Anvers, Venise, les Pays-Bas, la Grande-Bretagne, les États-Unis se sont ainsi succédé comme centres des économies-monde.

☞ Concepts et corrélats

➤ Théories économiques ➢ Capitalisme

ÉCONOMIE MONÉTAIRE DE PRODUCTION

Les théoriciens de l'économie monétaire de production s'opposent à la **théorie néoclassique*** dans la mesure où celle-ci analyse en fait une économie d'échange (commissaire-priseur walrasien) sans **monnaie*** (monnaie neutre, **dichotomie***). Ils considèrent qu'il faut analyser la production en accordant une grande importance au temps et aux **anticipations*** et qu'il n'est pas possible de séparer phénomènes réels et phénomènes monétaires (la monnaie est active, la création de monnaie joue un rôle décisif dans le financement de la production).

La plupart des auteurs qui se réclament de l'économie monétaire de production sont keynésiens et mettent l'accent sur l'hétérodoxie de J.-M. Keynes (1883-1946). D'autres considèrent que K. Marx (1818-1883) est lui aussi un théoricien de l'économie monétaire de production et que F. Hayek lui-même s'inscrit dans ce type d'analyse lorsqu'il publie *Prix et production.*

☞ Concepts et corrélats

➤ Monnaie ➤ Théories économiques ➢ École circuitiste ➢ École autrichienne

ÉCONOMIE NORMATIVE

L'économie normative est un domaine de l'analyse économique qui ne se limite pas à formuler des jugements de faits, mais qui vise à fonder rationnellement des jugements de valeur portant sur des questions économiques. L'étude de la **justice sociale***, par exemple, relève de l'économie normative. Alors que l'**économie positive*** énonce ce qui est, l'économie normative énonce ce qui devrait être.

☞ Concepts et corrélats

➤ Épistémologie économique ➤ Théories économiques

ÉCONOMIE PLANIFIÉE

Une économie planifiée est un **système économique*** au sein duquel la coordination des décisions des agents économiques (en particulier des producteurs) est organisée de façon consciente et ***ex ante**** par un organisme de **planification***.

Dans une économie intégralement planifiée, les relations marchandes sont totalement inexistantes. Dans la plupart des économies planifiées qui ont effectivement fonctionné, des marchés existaient, soit de façon clandestine (**économie souterraine***), soit de façon officielle.

➪ Il existe différentes formes de planification : **planification indicative***, **planification impérative***, planification centralisée, planification décentralisée notamment.

➪ Une controverse a opposée l'**École autrichienne*** (L. von Mises en particulier) et les défenseurs de la planification (O. Lange en particulier). Pour L. von Mises (1881-1973), le calcul économique est impossible dans une économie socialiste, car les prix ne résultent pas de la libre confrontation de l'**offre*** et de la **demande*** et, par conséquent, l'information qu'ils véhiculent est de mauvaise qualité. Les Autrichiens considèrent qu'il faut non seulement un marché libre des **biens de consommation***, mais aussi des **biens de production***. Pour eux, il n'existe pas de moyen terme entre **économie de marché*** et **socialisme***, par conséquent aucune **économie mixte*** ne peut fonctionner correctement. Pour O. Lange (1904-1965) au contraire, le planificateur peut jouer le rôle du **commissaire-priseur*** et fixer un système de prix qui est à la fois rationnel (c'est-à-dire qui assure **l'efficience*** dans l'**allocation des ressources productives***) et conforme aux choix collectifs.

☞ Concepts et corrélats

➤ Théories économiques ➣ Communisme ➣ Socialisme ➣ Économie dirigée

ÉCONOMIE POLITIQUE

Au 19e siècle, le terme économie politique est employé pour désigner la discipline qui a pour objet l'étude des questions économiques (production, répartition, échange). D. Ricardo (1772-1823), K. Marx (1818-1883), J.-B. Say (1767-1832), A. Marshall (1842-1924), C. Menger (1840-1921), S. Jevons (1835-1882), L. Walras (1834-1910), par exemple, utilisent ce terme dans les titres de leurs ouvrages.

Cette formulation qui marque le lien de la discipline économique avec les choix politiques (donc les choix sur des valeurs ou choix éthiques) est progressivement critiquée et abandonnée par les économistes libéraux. La publication du livre de L. Robbins *Essai sur la nature et la signification de la science économique* (1932) marque un tournant en faveur de l'expression **science économique***. Certains libéraux distinguent en effet la politique (qui concerne les fins) et la science économique (qui porte sur le choix des moyens).

➪ L'opposition entre le terme science économique et le terme économie politique ne doit donc pas être exagérée. Aujourd'hui, des auteurs marxistes ou radicaux utilisent l'expression économie politique, mais c'est aussi le cas d'économistes comme G. Abraham-Frois ou E. Phelps.

☞ Concepts et corrélats

➤ Épistémologie économique ➤ Théories économiques

ÉCONOMIE POSITIVE

L'économie positive a pour objectif de formuler des **lois***, de construire des **modèles*** visant à rendre compte au mieux de la réalité. Toute analyse économique comporte donc nécessairement une dimension positive. Certains auteurs considèrent cependant que l'analyse économique ne doit en aucun cas prendre en compte des considérations relatives à l'éthique ou aux choix politiques. Elle doit s'en tenir strictement à énoncer des jugements de faits.

➪ Ne pas confondre avec **positivisme***.

☞ Concepts et corrélats

➤ Épistémologie économique ➤ Théories économiques

ÉCONOMIE PURE

Le concept d'économie politique pure a été rendu célèbre par L. Walras (*Éléments d'économie politique pure*, 1874). Pour Walras, l'économie pure est une **science***, elle observe et explique, elle est tout à fait comparable aux sciences physico-chimiques. Elle se distingue de l'**économie appliquée*** et de l'**économie sociale***.

☞ Concepts et corrélats

➤ Épistémologie économique ➤ Théories économiques ➣ Théorie néoclassique

ÉCONOMIE SOCIALE

Le terme économie sociale a deux significations principales :

❍ En ce qui concerne l'analyse économique, on considère à la suite de L. Walras (1834-1910) que l'économie sociale est la partie de l'**économie politique*** qui se consacre à l'étude de la répartition des revenus et des richesses d'un point de vue normatif : « *son critère est le juste* » selon Walras.

❍ En ce qui concerne les **systèmes économiques***, l'économie sociale (on dit aussi tiers-secteur ou économie solidaire) désigne un ensemble d'activités économiques qui ne relèvent ni de la logique capitaliste (recherche du **profit***), ni de la logique étatique (administrations et entreprises publiques). Les **coopératives***, les mutuelles, les associations gestionnaires, relèvent de l'économie sociale. Elles se caractérisent par leur but non lucratif (on ne rémunère pas le **capital***) et par leurs principes de fonctionnement démocratiques (chaque mutualiste ou coopérateur peut participer aux décisions et chacun dispose d'une voix).

➪ Après la Seconde Guerre mondiale, la République fédérale d'Allemagne s'est organisée sur la base de l'économie sociale de marché. Cette **doctrine économique***, développée notamment par W. Röpke et L. Ehrard, peut se résumer par la formule « *autant de marché que possible, autant d'État que nécessaire* ». Elle s'accompagnait de la pratique de la cogestion avec les **syndicats*** au sein des **entreprises***.

☞ Concepts et corrélats

➤ Théories économiques ➢ Science économique ➢ Économie solidaire ➢ Économie de marché

ÉCONOMIE SOLIDAIRE

L'économie solidaire recouvre des activités qui relèvent d'une logique non marchande et qui reposent sur des relations de réciprocité et de proximité. Les relations au sein des unités domestiques (prêts ou dons, échanges de services...) ou les relations de voisinage relèvent de l'économie solidaire. De façon plus générale, on considère qu'il existe des services de proximité qui seraient nécessaires à la cohésion sociale et dont la demande n'est pas solvable: le développement de l'économie solidaire, en solvabilisant ce type de demande, pourrait donc permettre à la fois d'améliorer la situation économique (prise en charge des personnes âgées à domicile par exemple) et la cohésion sociale. Une partie de l'**économie souterraine*** (ou économie informelle) relève donc de l'économie solidaire.

➪ Il existe un lien évident entre l'économie sociale et l'économie solidaire. Cependant, les entreprises de l'**économie sociale*** interviennent dans la sphère marchande et les plus importantes d'entre elles sont de grandes structures gérées de façon verticale, alors que l'économie solidaire met l'accent sur la gestion en réseau, sur la décentralisation des décisions, sur le primat de la proximité.

➪ Le concept d'économie solidaire a été développé en liaison avec l'étude des problèmes de développement des pays du **tiers-monde*** et en liaison avec les difficultés sociales rencontrées au sein des pays riches (crise urbaine, chômage, pauvreté).

☞ Concepts et corrélats

➤ Économie du développement
➤ Théories économiques ➢ Économie de marché ➢ Économie marchande

ÉCONOMIE SOUTERRAINE

L'économie souterraine est constituée de l'ensemble des activités économiques qui ne sont pas (ou très mal) enregistrées par la Comptabilité nationale ou les statistiques officielles. On parle aussi d'économie cachée ou d'économie non officielle.

L'économie souterraine est constituée de trois types d'activités:

– les activités non marchandes (activités domestiques, activités communautaires et certaines activités associatives);

– les activités marchandes dissimulées (travail au noir, fraudes fiscales, etc.);

– les activités marchandes illicites (trafic de drogue ou de devises, prostitution...).

L'existence de cette économie souterraine conduit en particulier à sous-estimer la production et à surestimer le chômage.

Dans certains cas, l'existence de l'économie souterraine constitue un élément important de régulation de l'économie (**secteur informel*** dans les pays du tiers-monde, marché noir dans les économies de l'Est...).

☞ Concepts et corrélats

➤ Comptabilité nationale➤ Marché du travail ➢ Économie sociale ➢ Économie solidaire

ÉCONOMIES D'AGGLOMÉRATION

➢ **Effets d'agglomération**

EFFET « BOULE DE NEIGE »

L'effet « boule de neige » désigne le mécanisme par lequel les charges d'intérêt de la **dette publique*** augmentent de façon cumulative. Cet effet tend à se mettre en place dans une situation où le taux de **croissance économique*** est plus faible que le **taux d'intérêt***.

Dans un tel contexte, un processus d'auto-alimentation de la dette (l'effet « boule de neige ») peut se mettre en place:

– la faiblesse de la croissance freine les rentrées fiscales et aggrave le **déficit budgétaire***, ce qui alourdit la dette;

– les taux d'intérêt élevés augmentent le service de la dette (paiement des intérêts), donc le déficit budgétaire et la dette, etc.

Dans cette situation, il faut dégager un **solde budgétaire*** primaire positif (recettes supérieures aux dépenses hors charges d'intérêt) pour pouvoir seulement stabiliser le ratio dette publique/PIB. L'excédent du solde primaire doit être d'autant plus élevé que le taux de croissance est faible par rapport au taux d'intérêt.

➪ L'effet « boule de neige » pose donc le problème de la « soutenabilité » de la dette publique. Au cours des années 1980 et au début des années 1990, la plupart des pays industrialisés connaissaient des taux d'intérêt supérieurs aux taux de croissance. Il n'est donc pas surprenant que ces pays se soient lancés dans des processus de réduction des dépenses publiques.

☞ Concepts et corrélats

➤ État ➤ Politique économique
➢ Politique budgétaire

EFFET D'APPRENTISSAGE (*LEARNING BY DOING*)

On appelle effet d'apprentissage l'accroissement de la **productivité*** d'un agent (salarié, **entrepreneur***, **entreprise***, etc.) avec le temps grâce à l'expérience productive et grâce à des effets cumulatifs. L'effet d'apprentissage peut être lié au **stock*** de **capital*** au niveau microéconomique. Il peut avoir un effet sur l'**efficience*** de l'**entreprise***. Il peut aussi jouer au niveau macroéconomique à travers des **externalités*** positives qui sont prises en compte dans les modèles de **croissance endogène***.

☞ Concepts et corrélats

➤ Croissance économique ➢ Capital humain ➢ Compétitivité ➢ Productivité ➢ Progrès technique

EFFET D'ENCAISSE RÉELLE

L'effet d'encaisse réelle (ou effet Pigou) repose sur l'hypothèse d'une relative stabilité de la valeur réelle des encaisses monétaires détenues par les agents. A.C. Pigou (1877-1959) considère alors que l'effet d'encaisse réelle constitue un élément de stabilisation endogène de l'économie, ce qui limite la nécessité d'une intervention stabilisatrice des pouvoirs publics. En effet, en cas de baisse du niveau général des prix (**récession***, voire **dépression***), la valeur réelle des encaisses nominales des agents augmente, ces derniers peuvent donc réduire le montant nominal de leurs encaisses, ils augmentent leur demande de biens et services, ce qui a un effet de stimulation de l'activité économique. À l'inverse, en cas de hausse du niveau général des prix, les agents doivent restaurer la valeur réelle de leurs encaisses, ils réduisent donc leur demande de biens et services, ce qui freine l'**inflation***.

☞ Concepts et corrélats

➤ Monnaie ➤ Politique économique
➢ Dichotomie

EFFET D'ENTRAÎNEMENT

Il y a effet d'entraînement d'une activité économique sur une autre lorsque le **développement*** de la première entraîne le développement de la seconde.

L'effet d'entraînement le plus courant concerne la relation client-fournisseur. Par exemple au 19e siècle, l'essor du chemin de fer, par ses commandes, a induit une forte expansion des mines de charbon et de fer (rails, construction mécanique) mais aussi de l'exploitation forestière et de scieries (traverses des rails).

☞ Concepts et corrélats

➤ Économie du développement ➢ Pôle de développement ➢ Pôle de croissance ➢ Effet d'agglomération

EFFET D'ÉVICTION

Il y a effet d'éviction sur un marché lorsque la **demande*** de certains agents est rationnée du fait de la présence d'autres agents plus puissants ou offrant plus de garanties qui se trouvent servis en priorité.

On parle en particulier de l'effet d'éviction exercé par le **Trésor public*** sur le **marché financier*** lorsqu'il doit lever des capitaux importants. Dans ce cas, il assèche le **marché*** au détriment d'agents privés n'offrant pas sa qualité de signature. Il y a à la fois **effet-quantité*** par l'ampleur de la ponction et **effet-prix*** par la hausse des taux d'intérêt qui en résulte.

La mise en évidence des effets d'éviction est l'une des composantes de la critique libérale de l'intervention économique de l'État et du déficit budgétaire.

☞ **Concepts et corrélats**
➤ Monnaie ➤ État ➤ Politique économique

EFFET D'IMITATION

L'effet d'imitation, mis en évidence par S. Duesenberry (*Income saving and the theory of consumer behavior,* 1949) dans son analyse de la **consommation***, traduit le fait que le comportement du consommateur dépend de son revenu relatif, c'est-à-dire que le consommateur se détermine par comparaison avec le groupe social de référence. Un **ménage*** a tendance à adopter le modèle de consommation des catégories plus favorisées que lui lorsque son revenu s'élève. Le niveau de consommation des ménages s'élève donc avec leur revenu, ce qui permettrait d'expliquer que l'on n'ait pas observé de baisse significative de la **propension à consommer*** avec l'augmentation du revenu réel de l'après-guerre, comme le laissait prévoir la loi psychologique fondamentale de Keynes.

☞ **Concepts et corrélats**
➤ Consommation ➣ Effet de cliquet
➣ Effet prix ➣ Effet revenu
➣ Consommation ostentatoire

EFFET D'HYSTÉRÉSIS

➤ Marché du travail ➣ Hystérésis

EFFET DE CLIQUET

Introduit par J.-S. Duesenberry (*Income saving and the theory of consumer behavior*, 1949) dans sa théorie de la **consommation***, l'effet de cliquet traduit la quasi-impossibilité de réduire de manière significative le niveau de consommation auquel les agents économiques se sont habitués. Le consommateur « mémorise » le plus haut niveau de consommation déjà atteint et il réagit à une réduction de son revenu par une augmentation de sa **propension à consommer*** pour préserver son **niveau de vie***.

➪ La notion d'effet de cliquet a été étendue à d'autres phénomènes économiques lorsque l'on a observé le caractère irréversible d'une évolution, par exemple en matière de progression des salaires.

☞ **Concepts et corrélats**
➤ Consommation ➣ Effet d'imitation
➣ Effet revenu ➣ Hystérésis
➣ Propension marginale à consommer

EFFET DE DÉMONSTRATION

➣ Effet d'imitation

EFFET DE DOMINATION

Selon F. Perroux (1903-1987), il y a effet de domination de A sur B, lorsque « *abstraction faite de toute intention particulière de A, A exerce une influence sur B sans que la réciproque soit vraie ou sans qu'elle le soit au même degré* » (*L'Économie du 20e siècle,* 1961).

En insistant sur l'effet de domination, F. Perroux remet en cause l'approche **néoclassique*** de la **concurrence pure et parfaite*** qui est, selon lui, le « monde du contrat sans combat ». Les rapports économiques ne sont pas des rapports entre agents qui se situent sur un pied d'égalité. Il considère par exemple que les centres et unités qui décident de l'**investissement*** sont dominants par rapport aux centres et unités qui décident de l'**épargne***; de même, l'**offre*** exerce plus d'influence sur la demande que la **demande*** n'en exerce sur l'offre.

☞ **Concepts et corrélats**
➤ Économie du développement
➣ Croissance déséquilibrée ➣ Pôle de croissance

EFFET DE FLEXION

On appelle effet de flexion les variations dans l'effectif de la **population active*** qui découlent de modifications dans la situation de **l'emploi***. Par exemple, l'aggravation du **chômage*** peut conduire certains chômeurs (âgés ou découragés) à se retirer du **marché du travail***. N'étant plus comptabilisés comme chômeurs au sens du BIT, ils ne figurent plus dans les effectifs de la population active.

À l'inverse, un accroissement des **offres d'emplois*** (**demandes de travail***) peut inciter certains actifs potentiels à se présenter sur le marché du travail, ce qui conduit à une baisse du chômage inférieure à la création d'emplois (taux de flexion) et même, dans certains cas, à une augmentation du chômage.

☞ **Concepts et corrélats**

➤ Marché du travail

EFFET DE LEVIER

Le terme « effet de levier » est utilisé dans deux cas:

○ Sur les marchés **financiers***, on désigne sous ce terme l'effet d'amplification des gains ou des pertes lié à certains types d'opérations en **bourse***. Par exemple sur un **marché à terme*** une opération peut être réalisée avec un dépôt de 20 % au comptant, ce qui permet de jouer 5 fois la mise. Pour acheter à terme 100 actions de la société X à 1000 F un agent économique se contente de déposer 20000 F auprès des autorités de tutelle. Si l'action monte de 5 %, il gagnera dans l'opération (100 [5/100 x 100]) soit 5000 F ou 25 % par rapport à son dépôt initial (5000 F/20000 F). Le rendement de l'opération atteint cinq fois le taux de variation du cours. Si au contraire, le cours baisse de 5 %, il sera appelé en marge (il devra déposer 5000 francs supplémentaires), l'effet de levier joue en sens inverse, créant une tension sur les liquidités de l'agent.

○ En matière de financement des **investissements***, lorsque le **taux d'intérêt*** réel est inférieur au **taux de rentabilité économique***, le recours à un financement par endettement accroît la **rentabilité financière***. Par exemple, soit une **entreprise*** qui dispose d'un capital de 1 million de francs dont la **rentabilité économique*** est de 10 % alors que le taux d'intérêt n'est que de 5 %. Si elle double son capital en empruntant, son bénéfice passe de 100 000 F (soit 10 % de 1000000 F) à 150 000 F compte tenu des frais financiers de 50 000 F (soit {[10 %.200 0000,00 F]-[(5%.1 000 000 F)]}, elle obtient une rentabilité des **fonds propres*** de 15 % soit (150 000 F/ 1 000 000 F). En cas de hausse des taux d'intérêts réels, l'effet de levier se retourne et joue à la baisse de l'investissement en mettant en difficulté les débiteurs.

☞ **Concepts et corrélats**

➤ Investissement ➤ Monnaie
➤ Fluctuations et crises ➤ Investissement
➢ Efficacité marginale de l'investissement ➢ Q de Tobin ➢ Rentabilité
➢ Rentabilité économique ➢ Taux de rentabilité financière ➢ Taux interne de rendement ➢ Théorème Modigliani-Miller ➢ Valeur actualisée nette (VAN)
➢ Théorie de l'agence

EFFET DE PATRIMOINE

L'effet de patrimoine, ou effet de richesse, traduit le fait qu'une variation de la valeur de leurs actifs patrimoniaux incite les agents à modifier leur demande. Ils l'accroissent en cas de hausse de la valeur du **patrimoine***, ils la réduisent en cas de baisse.

☞ **Concepts et corrélats**

➤ Consommation

EFFET DE RICHESSE

➢ **Effet de patrimoine**

EFFET DE SIGNE

➢ **Effet d'imitation** ➢ **Effet Veblen**

EFFET DE SUBSTITUTION

On désigne par effet de substitution les variations de la **demande*** d'un produit résultant de la modification de son **prix relatif***. Par exemple, si le **prix*** d'un bien A ne change pas et que le prix des autres produits augmente, le prix relatif de A diminue. Sa demande va s'accroître car des consommateurs vont préférer A qui leur offre une satisfaction comparable à d'autres biens devenus relativement plus onéreux.

☞ **Concepts et corrélats**

➤ Consommation ➤ Marchés et prix
➢ Biens de Giffen ➢ Bien inférieur
➢ Bien normal ➢ Bien supérieur
➢ Équilibre du consommateur ➢ Effet prix ➢ Effet revenu

EFFET EXTERNE (EXTERNALITÉS)

Un effet externe, ou externalité, est une conséquence (positive ou négative) d'une activité économique qui n'est pas prise en compte par le **marché***. La pollution liée aux rejets atmosphériques est un effet externe négatif. L'augmentation de la valeur d'un terrain à la suite de la création d'une activité économique (station de sports d'hiver par exemple) est un effet externe positif.

En cas d'externalités, le système des **prix*** ne guide plus les agents vers les décisions socialement optimales et il en résulte des formes d'inefficacités dans l'organisation des activités de production et de consommation. Par exemple, la demande de certains biens dont la production augmente la pollution de l'environnement peut s'accroître (et donc accroître également la pollution) car il n'existe aucun « prix » de marché de l'environnement qui entre en compte dans le calcul économique des producteurs et qui les incite à réduire leur production. Il y a donc dans ce cas défaillance du marché et nécessité d'une intervention des pouvoirs publics, comme l'avait montré A.C. Pigou (1877-1959) dès 1920, en énonçant la théorie du bien-être.

Pour trouver une solution à ce problème, il faut internaliser l'effet externe et l'intervention de l'État est alors nécessaire (**économie du bien-être***). L'action de l'État peut alors consister à réintroduire l'effet externe dans le calcul économique des agents par un système de taxation (effet externe négatif) ou de subvention (effet externe positif). L'État peut aussi édicter des normes et des règlements. Une autre forme d'intervention de l'État consiste à ce qu'il prenne à sa charge tout ou partie de l'internalisation (élargissement des routes par exemple) ou pour réparer directement les dommages (nettoyage des plages polluées par une marée noire par exemple). Une dernière forme d'intervention de l'État consiste, dans certains cas comme l'environnement, à établir des **droits de propriété*** (droits à polluer par exemple) et mettre en place les institutions permettant d'organiser un marché sur lequel ces droits seront échangés. Ces droits auront alors un prix de marché. Il y a ici internalisation des effets externes par le recours au marché.

☞ Concepts et corrélats

➤ État ➤ Théories économiques
➢ Interventionnisme ➢ Libéralisme

EFFET GERSCHENKRON

L'effet Gerschenkron désigne le fait que lorsqu'un pays connaît un **démarrage*** économique tardif, son taux de croissance est d'autant plus élevé que son retard par rapport aux pays leaders est plus important. Ce phénomène, étudié par l'économiste américain d'origine russe A. Gerschenkron, est lié au fait que les pays « jeunes » utilisent les technologies les plus récentes et les plus productives.

La croissance industrielle de l'Allemagne au 19e siècle, comparée à celle de la Grande-Bretagne, est une illustration de l'effet Gerschenkron.

☞ Concepts et corrélats

➤ Économie du développement
➤ Croissance économique

EFFET GIFFEN

L'effet Giffen désigne le fait que, pour certains produits, la quantité demandée s'élève avec le **prix***. Ce phénomène apparaît pour un type très spécifique de **biens inférieurs***.

☞ Concepts et corrélats

➤ Consommation ➢ Biens de Giffen
➢ Bien normal ➢ Bien supérieur ➢ Effet de substitution ➢ Effet prix ➢ Effet revenu ➢ Élasticité-prix ➢ Équilibre du consommateur

EFFET KING

À la fin du 17e siècle, l'économiste anglais G.M.A. King (1648-1712) a mis en évidence une loi selon laquelle la baisse des **prix*** agricoles était corrélée avec l'augmentation du volume de la **production*** agricole.

On désigne par effet King, le fait qu'une variation de production entraîne une variation plus que proportionnelle des prix. L'**élasticité-prix*** est inférieure à 1 en valeur absolue. Par exemple, en cas de croissance de la production de 10 %, il faudra une baisse des prix de plus de 10 % pour que la production soit totalement vendue (ce qui entraîne l'appauvrissement des producteurs).

➩ L'effet King conduit à une situation où le **progrès technique*** peut jouer contre le producteur, tel est souvent le cas dans l'agriculture).

☞ **Concepts et corrélats**

➤ Consommation ➤ Marchés et prix
➢ Politique Agricole Commune

EFFET PRIX

L'effet prix est la modification de la **consommation*** résultant d'une variation de prix. On peut décomposer cette modification en deux effets qui se conjuguent :

– un **effet revenu***, par exemple une diminution du prix du produit accroît le pouvoir d'achat du revenu, ce qui se traduit par une consommation plus importante et inversement ;

– un **effet de substitution***, par exemple une augmentation du prix accroît le prix relatif' du produit, ce qui amène à le remplacer en partie par un autre et inversement.

☞ **Concepts et corrélats**

➤ Consommation ➢ Bien de Giffen
➢ Bien normal ➢ Bien supérieur
➢ Équilibre du consommateur

EFFET QUALITÉ

L'expression d'effet qualité fait référence à l'influence des variations de la qualité des produits sur leur **prix***. Pour mesurer rigoureusement la variation de prix d'un produit, il faudrait que sa qualité demeure inchangée, condition rarement remplie aujourd'hui, même à court terme. Il faut estimer la part de la hausse du prix qui est imputable à la variation de la qualité.

➪ L'effet qualité influe sur l'évolution de la structure de la **consommation***.

☞ **Concepts et corrélats**

➤ Consommation ➢ Loi d'Engel

EFFET REVENU

L'effet revenu traduit le fait qu'une variation de **prix*** (toutes choses étant égales par ailleurs) modifie le **pouvoir d'achat*** du revenu* et donc la demande des agents.

☞ **Concepts et corrélats**

➤ Consommation ➢ Effet de substitution
➢ Effet prix

EFFET VEBLEN

Selon l'effet Veblen, la demande est d'autant plus élevée que le bien X est onéreux (à la limite on ne consomme le bien x que parce qu'il est onéreux et qu'il produit une distinction).

☞ **Concepts et corrélats**

➤ Consommation ➢ Consommation ostentatoire ➢ Effet de démonstration
➢ Effet prix

EFFETS D'AGGLOMÉRATION

Les effets d'agglomération sont des **effets externes*** liés à la concentration géographique des activités économiques qu'A. Marshall (1842-1924) avait remarqués dès 1920.

La *Silicon Valley* en Californie ou la *Silicon Glen* en Écosse sont des exemples de concentration géographique du secteur informatique.

Lorsque les effets d'agglomération sont positifs, on parle d'économies d'agglomération.

Ces dernières peuvent avoir plusieurs origines car les entreprises localisées dans un même lieu peuvent bénéficier :

– d'un bassin d'emploi plus vaste ;

– de prix moins élevés pour les biens de production (marchés d'équipements productifs d'occasion par exemple);

– d'un réseau étendu de **sous-traitants*** ;

– des effets de retombées positifs en matière d'activités de recherche liés à une meilleure circulation de l'information.

L'origine des effets d'agglomération peut s'expliquer par :

– les avantages spécifiques d'un territoire géographique (existence de mines, de fleuves, de plaines, etc.);

– le hasard historique : une firme s'est établie à un endroit donné puis a provoqué, par sa présence, des économies d'agglomération.

➪ Les économies d'agglomération sont limitées par les coûts d'encombrement et de gestion liés à la concentration géographique. Il peut alors y avoir des déséconomies d'agglomération ou des effets de désagglomération.

☞ **Concepts et corrélats**

➤ Commerce international ➤ Croissance économique

EFFICACITÉ MARGINALE DU CAPITAL

L'efficacité marginale du capital est un **concept*** forgé par J.M. Keynes (1883-1946) qui la définit comme : « *le taux d'escompte qui, appliqué à la série d'annuités constituée par les rendements escomptés de ce capital pendant son existence entière, rend la valeur actuelle des annuités égales au prix d'offre de ce capital* ». L'efficacité marginale du capital est synonyme de **taux de rendement interne*** (TIR ou TRI), c'est un indicateur de **rentabilité*** anticipée. L'**entrepreneur*** investit des unités successives de capital jusqu'au moment où l'efficacité marginale du capital est égale au **taux d'intérêt***.

➭L'efficacité marginale du capital permet de choisir entre différents projets d'**investissement***; elle incite d'autant plus à investir qu'elle est élevée et que le taux d'intérêt est faible.

☞ Concepts et corrélats

➤ Capital ➤ Investissement
➢ Anticipation ➢ Placement
➢ Rentabilité économique ➢ Rentabilité financière ➢ Théorie keynésienne

EFFICIENCE

L'efficience concerne les conditions d'utilisation des **facteurs de production***. Des **gains de productivité*** ou de rendements conduisent à une utilisation plus efficiente des facteurs de production.

➭ Ne pas confondre avec « efficacité ». Une action est plus ou moins efficace au regard des objectifs visés. L'efficience s'apprécie au regard des conditions de mise en œuvre des moyens de production.

☞ Concepts et corrélats

➤ Théories économiques ➢ Marché efficient ➢ Optimum de Pareto

EFFICIENCE DU MARCHÉ

➤ Marchés et prix ➢ Marché efficient

EFFICIENCE X

Le concept d'efficience X a été introduit en 1966 par H. Leibenstein pour analyser le fonctionnement des organisations productives. La **théorie néoclassique*** étudie l'**allocation des ressources productives*** par le **marché*** et suppose que chaque organisation productive utilise de la façon la plus efficiente les facteurs de production dont elle dispose. Or, il n'existe pas de marché à l'intérieur des organisations, les conditions d'utilisation des facteurs dépendent donc du comportement des individus qui font des efforts plus ou moins importants et qui s'impliquent plus ou moins dans le fonctionnement des **entreprises***. Leibenstein baptise inefficience X le fait que la production réalisée est généralement inférieure à celle qui découlerait de l'utilisation optimale des facteurs.

☞ Concepts et corrélats

➤ Entreprise ➤ Théories économiques

EFFORT À L'EXPORTATION

L'effort à l'exportation mesure la part de la production nationale qui est exportée. Il se calcule en faisant le rapport :

$$\frac{\text{Exportations}}{\text{PIB}} \times 100$$

☞ Concepts et corrélats

➤ Commerce international ➢ Taux d'ouverture ➢ Compétitivité ➢ Part de marché

ÉLARGISSEMENT DES TÂCHES

Dans le cadre de l'organisation taylorienne du travail, l'élargissement des tâches consiste à regrouper des opérations d'exécution jusque-là réparties sur plusieurs postes successifs pour les confier à un même opérateur (ouvrier spécialisé) ou à une équipe de travail.

L'objectif est de rendre un certain intérêt au travail.

☞ Concepts et corrélats

➢ Crise du fordisme ➢ Enrichissement des tâches ➢ Fordisme ➢ Organisation scientifique du travail (OST) ➢ Taylorisme ➢ Toyotisme

ÉLASTICITÉ

L'élasticité est le rapport des variations relatives simultanées de deux grandeurs (par exemple, la demande et les prix ou le revenu et la consommation).

☞ Concepts et corrélats

➤ Consommation ➢ Effet de substitution
➢ Effet prix ➢ Élasticité croisée
➢ Élasticité prix ➢ Élasticité revenu
➢ Élasticité des exportations ➢ Élasticité des importations

ÉLASTICITÉ CROISÉE

Soient deux biens *a* et *b*, l'élasticité croisée exprime la variation de la demande du bien *a* en fonction de la variation relative du prix du bien *b*.

$$eQa/Pb= \frac{\Delta Qa/Qa}{\Delta Pb/Pb}$$

Une élasticité croisée positive signifie que ce sont des **biens substituables***. Par exemple, une augmentation du prix du café entraîne, toutes choses égales par ailleurs, une augmentation de la quantité demandée de thé.

❍ Une élasticité croisée négative signifie que ce sont des **biens com-plémentaires***.

❍ Une élasticité croisée nulle signifie que les deux biens sont indépendants.

☞ Concepts et corrélats

➤ Consommation ➢ Effet de substitution ➢ Effet prix ➢ Élasticité ➢ Élasticité prix ➢ Élasticité revenu ➢ Élasticité des exportations ➢ Élasticité des importations

ÉLASTICITÉ DES EXPORTATIONS

L'élasticité des exportations (ou élasticité-prix des exportations) mesure la sensibilité des quantités exportées (X) par rapport à une variation des prix des exportations (p). Elle se définit par le rapport :

$$\frac{\text{Variation relative du volume des exportations}}{\text{Variation relative des prix des exportations}} = \frac{\Delta X/X}{\Delta p/p}$$

☞ Concepts et corrélats

➤ Commerce international ➢ Élasticité-prix

ÉLASTICITÉ DES IMPORTATIONS

L'élasticité des importations (ou élasticité-prix des importations) mesure la sensibilité des quantités importées (X) par rapport à une variation des prix des importations (p). Elle se définit par le rapport :

$$\frac{\text{Variation relative du volume des importations}}{\text{Variation relative des prix des importations}} = \frac{\Delta M/M}{\Delta p/p}$$

➯ L'élasticité des importations peut aussi se calculer par rapport au revenu national.

☞ Concepts et corrélats

➤ Commerce international ➢ Élasticité-prix

ÉLASTICITÉ-PRIX

L'élasticité-prix exprime la sensibilité de la **demande*** (ou de l'**offre***) par rapport aux **prix***. Elle se calcule en faisant le rapport entre la variation relative de la quantité demandée (offerte) d'un bien quelconque (D) et la variation relative du prix de ce même bien (P).

$$e = \frac{\Delta D/D}{\Delta P/P}$$

– En règle générale, l'élasticité prix est négative.

– Une élasticité nulle signifie que la demande (offre) est rigide (les quantités sont indépendantes du prix).

– Une élasticité <-1 signifie que la demande est élastique (elle varie en sens inverse des prix). Pour l'offreur, une faible modification de prix fait gagner ou perdre des clients. C'est le cas des produits banalisés, des biens de consommation courante en concurrence avec ceux des pays à bas salaires.

– L'**effet Giffen*** est un cas très particulier d'élasticité-prix positive.

➯ Pour un agent, l'élasticité prix dépend :
– de son degré de rationalité;

– de l'importance du bien dans son budget;

– du degré de substituabilité du bien;

– du plus ou moins grand nombre d'usages alternatifs du bien.

☞ **Concepts et corrélats**
➤ Consommation ➤ Marchés et prix
➢ Bien de Giffen ➢ Effet de substitution ➢ Effet prix ➢ Élasticité ➢ Élasticité croisée ➢ Élasticité-revenu ➢ Élasticité des exportations ➢ Élasticité des importations

ÉLASTICITÉ-REVENU

L'élasticité-revenu désigne la sensibilité de la **consommation*** des ménages à une variation du **revenu***. Elle se calcule en faisant le rapport entre la variation relative de la consommation d'un ménage et la variation relative du revenu du ménage considéré.

$$e = \frac{\Delta C/C}{\Delta R/R}$$

Le résultat permet de connaître la variation de la consommation des ménages consécutive à une augmentation de 1 % du revenu.

Sauf cas particulier (**biens inférieurs***), l'élasticité -revenu est positive.

☞ **Concepts et corrélats**
➤ Consommation ➤ Marchés et prix
➢ Bien de Giffen ➢ Bien inférieur
➢ Bien normal ➢ Bien supérieur ➢ Effet revenu ➢ Élasticité croisée ➢ Élasticité-prix ➢ Élasticité des exportations ➢ Élasticité des importations ➢ Loi d'Engel

EMBARGO

Au sens moderne du terme, l'embargo est synonyme de boycottage. Il désigne l'interdiction, totale ou partielle, des importations et exportations en provenance et à destination de certains États. Dans un sens plus restrictif, il ne vise que les exportations à destination de certains États. Il résulte d'une décision prise soit par un organisme international (l'ONU à l'encontre de l'Irak en 1990), soit par un État.

➪ L'embargo se distingue du blocus car il n'implique pas de rupture des communications maritimes.

➪ À l'origine, le terme « embargo » désigne une mesure de force consistant à immobiliser temporairement les navires de commerce étrangers.

☞ **Concepts et corrélats**
➤ Commerce international ➢ Politiques commerciales

EMPIRISME

L'empirisme est une conception épistémologique, défendue notamment par F. Bacon (1561-1626) et D. Hume (1711-1776), selon laquelle nos connaissances ont comme unique source nos perceptions et nos sensations. Les empiristes accordent donc un primat aux faits, ils s'opposent au **rationalisme**.

➪ Au sein du courant empiriste, certains auteurs reconnaissent cependant le rôle actif du sujet connaissant dans la construction du savoir.

➪ Il ne faut pas confondre l'empirisme avec la nécessaire confrontation aux faits qui caractérise toute démarche scientifique.

☞ **Concepts et corrélats**
➤ Épistémologie économique
➢ Positivisme ➢ Positivisme logique
➢ Rationalisme critique

EMPLOI

L'emploi est défini par D. Gambier et M. Vernières comme la *« combinaison des éléments sociaux et juridiques qui institutionnalisent la participation des individus à la production de biens et services socialement valorisés »*. J. Freyssinet précise pour sa part que la notion d'emploi renvoie à celle de travail rémunéré.

L'étude des normes, des règles et des institutions est au cœur de l'analyse de l'emploi.

➪ Il est important de distinguer l'emploi ainsi défini du poste de travail qui identifie, à un moment donné, la place occupée par le travailleur dans le processus productif.

☞ **Concepts et corrélats**
➤ Marché du travail ➢ Travail

EMPLOI TYPIQUE

On appelle emploi typique (ou emploi type) l'emploi tel qu'il résulte, après la Seconde Guerre mondiale, de la législation, des conquêtes syndicales et des modes de gestion de la main-d'œuvre.

Ses caractéristiques sont les suivantes:

– c'est un emploi salarié;

– le lien entre l'employeur et le salarié est ferme: il s'agit d'un statut, d'un contrat sans limitation de durée, s'intégrant le plus souvent dans des conventions collectives;

– il est stable; il s'intègre le plus souvent dans un système de promotion;

– c'est un emploi à temps plein; c'est le vecteur principal d'identification et d'insertion sociale de l'individu;

– il relève d'un seul employeur, et s'exerce sur un lieu de travail spécifique.

☞ Concepts et corrélats

➤ Marché du travail

EMPLOIS

➤ Comptabilité nationale ➢ Équilibre emplois-ressources

EMPLOYABILITÉ

L'employabilité désigne la probabilité de retrouver un **emploi***. Elle décroît avec l'âge des chômeurs et la durée du **chômage***. Elle croît avec la qualification.

☞ Concepts et corrélats

➤ Marché du travail

ENCADREMENT DU CRÉDIT

L'encadrement du crédit est une technique de **politique monétaire*** qui vise à contrôler la progression du volume des **crédits*** accordés par les **banques***. L'encadrement du crédit, exercé par voie réglementaire, est considéré comme très efficace car il s'attaque à la source même de la **création monétaire***.

➪ Les effets pervers de l'encadrement du crédit ont été critiqués: on considère notamment qu'il fait obstacle à la **concurrence*** entre les banques et au financement des entrepreneurs les plus innovants.

➪Au cours des années 1980, la déréglementation bancaire et financière a entraîné l'abandon de l'encadrement du crédit dans la plupart des pays.

☞ Concepts et corrélats

➤ Monnaie ➢ Inflation ➢ Économie d'endettement

ENCLOSURES

Le mouvement de clôture des terres ou *enclosures* a consisté, pour les grands propriétaires anglais, à clore les parcelles de terre communales pour interdire la vaine pâture et accroître les rendements. Les lois d'enclosures (*Enclosure acts)* autorisés par le Parlement anglais dès le 13e siècle, ont connu dans ce pays une accélération et une extension après 1760.

La reconnaissance de ce **droit de propriété*** modifie les structures agraires: on passe d'un régime assis sur l'*openfield* (et ses servitudes collectives) au régime de l'« individualisme agraire » (M. Bloch).

☞ Concepts et corrélats

➤ Entreprise ➤ État ➢ Droits de propriété ➢ Loi sur les pauvres ➢ Révolution industrielle ➢ Théorie des droits de propriété

ENDETTEMENT INTÉRIEUR TOTAL (EIT)

L'endettement intérieur total est un **agrégat*** large de financement qui inclut l'ensemble des financements, hors actions*, des agents non financiers résidents, obtenus soit auprès des **institutions financières monétaires*** ou d'autres **intermédiaires financiers***, soit sur les **marchés des capitaux***, tant en France qu'à l'étranger. L'EIT retrace donc l'encours de dettes de l'ensemble des agents non financiers, quelle que soit la procédure par laquelle ils se sont endettés.

➪ Ne pas confondre avec **agrégat monétaire***.

➪ La Banque de France calcule cet agrégat pour l'économie française. La mise en place d'un agrégat comparable pour l'ensemble de la **Zone Euro*** est à l'étude.

☞ Concepts et corrélats

➤ Monnaie

ENDETTEMENT INTERNATIONAL

L'endettement international d'un pays est égal à la somme des créances détenues sur ce pays par des agents non résidents.

☞ Concepts et corrélats

➤ Économie du développement
➤ Finances internationales ➢ Dette du tiers-monde ➢ Économie internationale d'endettement

ENRICHISSEMENT DES TÂCHES

L'enrichissement des tâches désigne une forme d'**élargissement des tâches*** au sein de l'**entreprise*** en attribuant aux opérateurs certaines tâches plus qualifiées qu'auparavant. Il combine donc des tâches répétitives et peu motivantes avec des opérations plus nobles (préparation et réglage des machines, etc.).

➪Ce mode d'organisation du travail se développe à partir du milieu des années 1960. Il vise à répondre à la crise du **fordisme*** en remettant partiellement en cause les principes de la division taylorienne du travail. Il s'appuie sur l'**automation***.

☞ Concepts et corrélats

➢ Équipe de travail semi-autonome

ENSEMBLE BUDGÉTAIRE

En **microéconomie***, l'ensemble budgétaire du consommateur est constitué par l'ensemble des **paniers de consommation*** accessibles pour des prix (p_1, p_2) et un revenu R donnés.

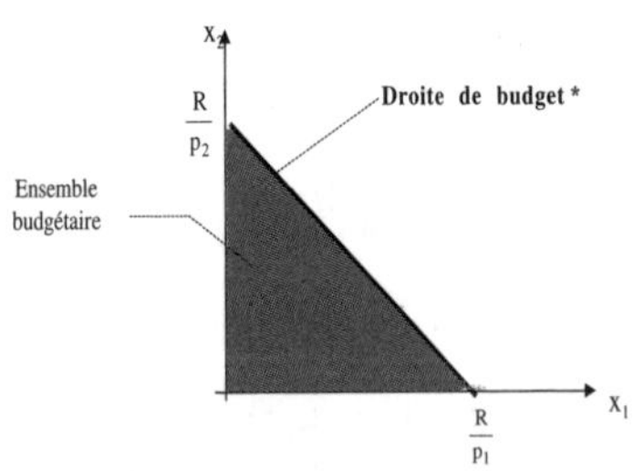

Il est formalisé par la relation:

$$p_1 x_1 + p_2 x_2 \leq R$$

p_1 et p_2 représentent les prix unitaires respectifs des deux biens X_1 et X_2, x_1 et x_2 représentent les quantités consommées des deux biens et R est le montant total que le consommateur peut dépenser.

☞ Concepts et corrélats

➤ Marchés et prix ➤ Consommation

ENSEMBLE DE PRODUCTION

Dans la théorie microéconomique du **producteur***, l'ensemble de production est constitué de l'ensemble de toutes les combinaisons de **facteurs de production*** et de produits qui correspondent à un processus de production techniquement réalisable. En effet, la nature impose aux entreprises des contraintes techniques: seules certaines combinaisons de facteurs de production permettent de produire une quantité donnée de produits et l'entreprise doit se limiter à des plans de production techniquement réalisables.

☞ Concepts et corrélats

➤ Marchés et prix ➢ Fonction de production

ENTREPRENEUR

L'entrepreneur est un agent économique qui dirige l'**entreprise***. Il peut être propriétaire de l'entreprise (**entreprise individuelle***) ou non. L'entrepreneur est souvent présenté comme la figure emblématique de l'esprit d'entreprise et du **capitalisme***. Mais il peut être appréhendé de façon contradictoire:

❍ Il perçoit selon R. Cantillon (1697-1734) des revenus variables liés aux risques inhérents à l'activité d'entreprise. Mais, dans l'approche marxiste, il est assimilé au capitaliste qui s'approprie la **plus-value*** créée par les travailleurs.

❍ L'approche de J.B.Say (1767-1832) et la **théorie néoclassique*** voient dans l'entrepreneur un agent rationnel, non propriétaire de l'entreprise qui recherche le maximum de **profit***. Mais la vision autrichienne de L. Von Mises (1881-1973) ou de F. Hayek (1899-1992), donne à l'entrepreneur un rôle de « réducteur d'ignorance » sur le marché qui fait émerger les préférences des agents. J. Schumpeter (*Théorie de l'évolution économique*, 1919) fait jouer un rôle différent à l'entrepreneur: traversé par des motivations plutôt extra-économiques, il introduit l'**innovation*** (nouveaux procédés, nouveaux produits, nouvelles matières premières, nouveaux moyens de transport, nouvelle organisation). Il apparaît comme une interface entre l'environnement externe et interne de l'organisation.

○ Pour J.K. Galbraith, (*Le nouvel État industriel*, 1967), l'entrepreneur devient un membre de la **technostructure*** qui n'a pas d'intérêt particulier à la maximisation du profit. Au contraire selon la **théorie de l'agence**, si la logique propre de l'entrepreneur ne se confond pas avec celle de l'entreprise, il est possible de concilier et de se rapprocher les points de vue entre les dirigeants et les actionnaires qui ont une logique de **rentabilité*** maximale de l'entreprise.

☞ Concepts et corrélats

➤ Entreprise ➣ Entreprise artisanale ➣ Entreprise unipersonnelle à responsabilité limitée ➣ Petite et moyenne Entreprise ➣ Gouvernement d'entreprise

---

ENTREPRISE

L'entreprise est une unité économique dotée d'une autonomie juridique qui combine des **facteurs de production*** (capital et travail) pour produire des **biens*** ou des **services*** destinés à être vendus sur un **marché***.

L'entreprise assure des fonctions d'approvisionnement, de production et de vente : elle est l'unité fondamentale de l'**économie de marché***. Elle peut être appréhendée à travers quatre dimensions :

– l'esprit d'entreprise, c'est-à-dire, l'initiative volontaire et risquée de ses dirigeants qui se démarque d'une activité routinière (l'**entrepreneur*** est la figure emblématique de ce projet économique) ;

– une relation marchande qui la différencie de l'activité des **administrations*** ou de l'activité domestique. L'entreprise transforme des facteurs de production en biens et services vendus sur le marché. La recherche du **profit*** constitue une motivation essentielle de l'activité des entreprises privées et de certaines **entreprises publiques***. Mais la fonction objectif peut être plus complexe pour les entreprises publiques (**services publics***), pour celles du **tiers secteur*** (**coopératives***, mutuelle, **association***, etc.) mais aussi pour les entreprises privées (recherche de la survie, du **pouvoir de marché***, intérêt personnel des dirigeants etc.) ;

– l'autonomie de décision. Dans ce cas, l'entreprise privée se différencie de **l'établissement*** qui n'a pas d'autonomie juridique ;

– la **division du travail*** qu'elle induit et l'organisation relativement stable et structurée qu'elle implique : quelle que soit sa taille (de l'échoppe du cordonnier à la firme multinationale), l'entreprise se distingue radicalement des activités de foire, manifestations exceptionnelles, etc.).

En général, les définitions de l'entreprise mettent l'accent sur son rôle de centre de production et sur l'organisation humaine en fonction de ce rôle.

L'entreprise est enserrée dans un réseau de relations socio-économiques qui conduisent à des approches plurielles qui concernent des champs disciplinaires différents (économie, finance et gestion, sociologie et psychologie, etc.). Certaines approches de l'entreprise s'efforcent d'intégrer plusieurs de ces dimensions.

• *Les formes d'entreprises*

Il existe aujourd'hui plus de trois millions d'entreprises en France qui forment un ensemble hétérogène. Toute classification reste délicate. Mais on différencie habituellement les entreprises en tenant compte de certains critères comme la taille et le statut juridique.

La classification par taille

La taille peut être mesurée à l'aide de plusieurs indicateurs (l'effectif employé, le **chiffre d'affaires***, la **valeur ajoutée***). Cela pose le problème des limites entre les différentes catégories d'entreprises (où commence la petite entreprise ?). En France, l'INSEE a établi une classification basée sur le nombre de salariés qui permet de différencier les **entreprises de type artisanal***, les **petites et moyennes entreprises*** (PME) et les grandes entreprises. La taille de l'entreprise se révèle liée à :

– la nature de l'activité. Par exemple, la prestation de services domestiques et la fabrication en petites séries conviennent bien aux PME dont les structures légères permettent souplesse de fonctionnement et adaptabilité ; par contre les activités dans lesquelles un effort massif de recherche ou des équipements lourds sont nécessaires ne sont abordables qu'à partir d'une certaine taille (ou « taille critique ») ;

– la nature des rapports humains. L'implication personnelle du chef d'entreprise et les techniques de gestion du personnel sont très différentes entre une grande et une petite entreprise. En conséquence, dès lors qu'une PME se développe, elle est contrainte à des transformations radicales de son organisation. Mais si la concurrence et la nécessité de réduire les coûts joue en faveur de l'accroissement de la taille des entreprises, des contre-tendances d'origine organisationnelle opèrent toujours.

La classification juridique

Il existe en France, plusieurs statuts juridiques des entreprises.

On différencie d'abord les entreprises privées des entreprises publiques.

Pour les entreprises privées, le choix d'un statut juridique répond à deux problèmes principaux:

– les modalités de prise de décisions dans l'entreprise et les rapports de pouvoir;

– la responsabilité envers les tiers.

Pour pouvoir réunir des moyens financiers plus importants, **l'entreprise individuelle*** peut changer de statut et s'orienter vers la formation d'une **société***. Le degré de responsabilité des propriétaires de l'entreprise envers les tiers différencie:

– les **sociétés de personnes*** (**société en nom collectif*** et les **sociétés en commandite*** simple) dont la responsabilité est illimitée, y compris sur leurs biens personnels (sauf pour les commanditaires de la société en commandite);

– des **sociétés de capitaux*** (**SARL***, **société anonyme***) où la responsabilité des associés est limitée à un montant défini ou à l'apport en capital du sociétaire.

Le législateur s'est efforcé de limiter le risque économique en séparant de plus en plus le **patrimoine*** de la société de celui des sociétaires pour faciliter la mobilisation par les entreprises d'une épargne plus modeste (en France, la création de l'**entreprise unipersonnelle à responsabilité limitée***, en 1985, s'inscrit dans la logique de cette évolution). En contrepartie, des obligations d'information (publication de documents comptables) ont été instituées au bénéfice des créanciers.

Aujourd'hui encore, les entreprises individuelles représentent la majeure partie des entreprises, ce qui recoupe le classement par taille. Certaines grandes entreprises, à dominante familiale, restent attachées à la formule de la société de personnes où, du fait des responsabilités supportées, le pouvoir des dirigeants est très protégé contre les prises de contrôle extérieures hostiles (les règles de cession des parts entre associés sont très strictes, le consentement des autres associés est fréquemment requis).

➪ Cependant, le droit français ne reconnaît pas l'entreprise mais seulement l'activité commerciale.

• *Aspects historiques de l'entreprise*

L'entreprise et la dynamique capitaliste

L'entreprise peut apparaître comme indissociable du **capitalisme***. Elle est selon l'expression de F. Perroux (1903-1987), « l'institution cardinale du capitalisme ». Des formes diversifiées de l'entreprise accompagnent l'évolution économique et sociale capitaliste.

Avant 1850, les entreprises sociétaires se développent sous la forme de la société en nom collectif. La forme anonyme ne concerne, outre celles des chemins de fer et des mines, qu'un nombre limité d'entreprises.

Après 1850, avec la suppression d'une autorisation préalable (1856 au Royaume-Uni, 1867 en France, 1870 en Allemagne), le nombre de sociétés anonymes s'accroît.

Selon l'historien F. Caron (*Histoire économique de la France 19e-20e siècle*, 1981), les sociétés en nom collectif et les sociétés anonymes sont plus favorables à la croissance par autofinancement alors que les commandites étaient plutôt gérées dans le sens de la maximisation des profits distribués.

Dès les années 1880, l'entreprise moderne apparaît aux États-Unis selon l'his-torien américain, A.D. Chandler (*Stratégie et structure*, 1962). Elle se caractérise par une dissociation croissante entre la propriété de l'entreprise et sa gestion par des **managers***. L'accroissement de la taille des marchés aux États-Unis (baisse du **coût*** de transport, **innovations*** techniques et hausse du pouvoir d'achat moyen) conduit à une rationalisation de la production. L'**investissement*** devient essentiel pour faire face aux variations de la demande. La « production » du **progrès technique*** résulte plus directement de l'entreprise notamment dans la **recherche-développement*** (entrée du laboratoire dans l'entreprise). La complexité des décisions à prendre favorise des formes organisationnelles nouvelles (organisation plus décentralisée en centres de profits autonomes – forme M – se substituant à une organisation centralisée autour d'une direction générale unique – forme U). La firme Du Pont de Nemours est une des premières (durant la crise de 1920-1921) à opérer cette restructuration qui permet de différencier les tâches de gestion au jour le jour des stratégies à long terme (commerciales, recherche-développement, etc.). La « **main visible** *» des managers l'emporte sur la « **main invisible** *» du marché. Les entreprises britanniques, plus lentes à évoluer vers l'entreprise « moderne », plus efficiente, voient s'effriter leur **compétitivité*** face aux concurrents américains ou allemands.

• *Les théories de l'entreprise*

De l'approche standard à la prise en compte des structures de marché

L'analyse néoclassique standard

C'est à travers le producteur que l'entreprise est appréhendée pour ce courant d'analyse. Le producteur est rationnel par rapport à un but, non pas la recherche de la production maximum mais celle du maximum de profit. Ses choix concernent deux marchés:

– sur le **marché des facteurs**, disposant d'une information parfaite sur toutes les techniques de production, il choisit parmi toutes les combinaisons possibles de capital et de travail, celle dont le **prix relatif*** est le plus faible compte tenu de la **productivité marginale*** de chacun des facteurs;

– sur le **marché des produits***, disposant d'une information parfaite sur le prix de vente de ses produits (il est **preneur de prix***), il choisit le volume de son **offre*** en fonction du volume de facteurs qu'il peut acheter (contrainte budgétaire) et du prix de vente sur le marché des produits.

L'entrepreneur qui n'est pas propriétaire des moyens de production selon cette approche, paie un salaire aux travailleurs et un profit au capital. En conséquence, comme le fait remarquer W. Baumol (1959), la place du marché est déterminante: l'entreprise est « un calculateur passif » qui réagit mécaniquement aux changements imposés par des événements extérieurs, sans chercher à exercer une quelconque influence (firme automate).

Le modèle structure-comportement-performance

À partir des années 1930, se développe une approche des situations de marché intermédiaires entre la concurrence et le **monopole*** (**concurrence imparfaite*** et **concurrence monopolistique***). E.S. Mason (1938) et J.M. Clark (1940) analysent les contraintes structurelles du marché selon les caractéristiques techniques de l'offre qui conduisent, selon ces auteurs, à un certain degré de concentration. Ils évaluent la **rentabilité** sur le marché à partir de ces données et en déduisent le **pouvoir de marché*** des entreprises. Cette approche appelée « structure-comportement-performance » constitue l'approche dominante de l'**économie industrielle*** mais elle a été enrichie par l'introduction de comportements stratégiques de la firme et des contraintes de la concurrence potentielle.

L'efficience X

H. Leibenstein (*Beyond economic man*, 1976) montre qu'il existe pour des firmes en apparence identiques tant du point de vue de la technologie que de la composition de la main-d'œuvre, de sensibles différences de productivité. La différence entre l'efficience allocative telle que l'appréhende l'approche néoclassique standard et l'efficience incitative créée par les « conventions » explicites ou implicites (systèmes de salaires et de mode de rémunération, etc.) expliquerait, selon lui, ces différences de performances. Ainsi, selon la qualité de l'organisation mise en œuvre, une entreprise peut ou non favoriser la mobilisation de la force de travail.

L'approche contractuelle de la firme

L'entreprise et les coûts de transaction sur les marchés

❍ C'est à travers les défaillances du marché que R. Coase rend compte de l'existence de la firme (*La nature de la firme*, 1937). La prise en compte des **coûts de transaction*** conduit à appréhender l'entreprise comme une forme d'organisation économique efficiente, alternative au marché. À l'intérieur de la firme, la coordination est assurée par la hiérarchie et non par un système de prix. Mais, toute entreprise peut décider de produire un bien ou un service, de l'acheter ou de le vendre sur un marché.

❍ O. Williamson (1975) développe cette approche dans un environnement traversé par l'incertitude. Il s'appuie sur un modèle de **rationalité limitée*** développée par H. Simon (prix Nobel d'économie, 1978); les dirigeants de l'entreprise ne disposent pas de l'éventail complet des possibilités de choix. L'identification des situations futures est difficile ou coûteuse, rendant impossibles des **contrats*** complets. En conséquence, certains savoirs et savoir-faire (**actifs spécifiques***) du producteur lui font supporter un risque élevé (comportement opportuniste des autres agents, aléas de la qualité, délais de livraison, défaillance d'un fournisseur ou d'un distributeur, etc.). En conséquence:

– des transactions portant fréquemment sur des actifs spécifiques conduisent à l'**internalisation***;

– des coûts organisationnels élevés sont favorables à l'**externalisation***. Mais des formes d'organisation peuvent être intermédiaires entre le marché et la hiérarchie (**sous-traitance***, **franchisage***, etc.), chacune comportant avantages et inconvénients face aux contraintes de l'adaptation;

– l'efficience du marché repose sur sa capacité d'incitation (il offre la possibilité de changer de partenaire sans coût et sans délai).

<u>La théorie de l'agence</u>

L'entreprise, selon la théorie de l'agence, est un nœud de contrats (cette approche est complémentaire de celle des **droits de propriété***). Elle cherche à contourner les difficultés de la relation contractuelle marchande décentralisée et à assurer la motivation de ses membres (pour accroître les **gains de productivité***). Dans les sociétés par action par exemple, l'agent non propriétaire n'est pas toujours incité à gérer la firme au mieux des intérêts de ses propriétaires (**principal***), mais contrairement à la célèbre étude de A. Berle et G. Means (*The modern corporation and private property,* 1932), la gestion de l'entreprise peut, selon une approche en termes de nœud de contrats, rester proche de l'objectif de la maximisation du profit. L'efficience de l'entreprise repose sur sa permanente capacité à s'adapter en combinant des relations hiérarchiques (relations fortes) et des relations de marché (relations faibles), et en adaptant les modalités de rémunération de ses dirigeants (incitations à l'efficience par des bonus, actions et options).

Les firmes H et J de Aoki

M. Aoki (*Towards an Economic theory of the Japanese firm,* 1990) oppose les performances:

– de la firme H (américaine) qui se caractérise par des relations contractuelles de court terme;

– à celles de la firme J (japonaise) qui combine une coordination hiérarchique à des mécanismes de marché. Dans la firme J, les relations sont stables avec les travailleurs de l'entreprise, avec les sous-traitants et avec les actionnaires (relations de long terme mettant les managers à l'abri d'**OPA***) mais la concurrence joue entre les travailleurs (pour obtenir des primes et des promotions), entre les sous-traitants (pour conserver leur rang dans la liste des fournisseurs), entre les managers (les financiers et les propriétaires interviennent dans la gestion en cas de crise avérée).

Lorsque la demande est différenciée et variable (segmentation marquée du marché automobile dans les années 1970 par exemple, et sensibilité au marché du renouvellement après 1975), les performances de la firme J sont bien meilleures que celle de la firme.

L'approche managériale

<u>Le fonctionnel et l'opérationnel au sein de l'entreprise</u>

H. Fayol (1841-1925) s'est attaché à la centralisation organisationnelle au sein de l'entreprise. Selon lui, toute entreprise doit assurer impérativement quelques fonctions fondamentales: fonction technique (production), fonction commerciale, fonction financière (trouver et gérer des capitaux), fonction de sécurité (préserver les personnes et les biens), fonction comptable (contrôle des résultats), fonction administrative (coordination et contrôle).

F.W. Taylor (1856-1915) s'est consacré à l'efficacité productive. Des spécialistes pratiquant l'observation et la mesure méthodique des gestes (bureau des méthodes) ont à élaborer la meilleure division du travail possible dans les ateliers (les ouvriers de production étant considérés comme des exécutants). À travers cette **organisation scientifique du travail***, il est possible selon F.W. Taylor, d'assurer le maximum de prospérité à l'employeur et au salarié.

Les logiques informelles dans l'entreprise

Dans les années 1920, la célèbre expérience conduite par E. Mayo et l'École des relations humaines à l'usine Hawthorne de la Western Electric montre que le dialogue et la coopération sont un facteur d'efficience. L'environnement (éclairage, température, plages de repos) est progressivement modifié ainsi que les primes. À chaque modification d'une des variables, un dialogue s'instaure entre les chercheurs et des ouvrières volontaires pour cette expérience. L'accroissement de la productivité, alors même que les conditions ergonomiques initiales de production sont recréées, montre l'influence du groupe sur la productivité des travailleurs. De nombreuses enquêtes ont corroboré cette conclusion, mais aussi l'extrême complexité des phénomènes de groupe à l'intérieur des entreprises, ce qui n'a que très rarement permis de dégager des résultats généraux.

L'approche systémique

S'inspirant des modèles issus de la biologie, cette approche développée par J. Forrester dans les années 1960, décompose l'entreprise en sous-systèmes (différentes fonctions de l'entreprise). Cette approche élargit l'entreprise à son environnement (l'entreprise subit des contraintes de l'extérieur mais dispose de la capacité de modifier son environnement). Elle permet d'élaborer une **stratégie*** de l'entreprise en tenant compte de son métier, des conséquences de ses choix sur l'ensemble des sous-systèmes. L'entreprise est ici un acteur à part entière confronté à d'autres acteurs dans le cadre du marché, capable de choisir des filières technologiques, de se recentrer sur des savoir-faire professionnels valorisant son métier, de mettre en œuvre librement telle ou telle alliance (B. Ramanantsoa, R. Reitter et Ph. Schwebig).

La théorie de la contingence

Selon R. M. Cyert et J.G. March (*A behavioral theory of the firm,* 1963), les firmes sont un groupe de participants aux demandes disparates. Elles sont orientées soit vers une conception taylorienne (les individus au travail sont considérés comme des êtres passifs), soit vers une valorisation de la motivation des individus (conception de l'École des Relations Humaines). Les choix sont fondamentalement ambigus et les organisations sont nécessairement « imparfaites » (hypothèse d'une rationalité limitée).

Pour le courant de la contingence structurelle, toutes les structures d'organisation ne sont pas aussi efficientes: la performance d'une entreprise dépend de l'adaptation de son organisation à la structure de l'environnement. Selon P. R. Lawrence et J. W. Lorsch (1969), les entreprises qui parviennent aux meilleures performances sont celles qui gèrent le mieux l'équilibre entre les processus d'intégration assurant la coordination de l'action et de différenciation des sous-systèmes (logiques propres des différents services et ateliers) qui permettent l'adaptation.

L'approche sociologique

L'entreprise: une organisation bureaucratique

– Les premiers éléments de cette analyse ont été appréhendés par M. Weber (1864-1920). La légitimation de l'autorité se rattache à trois modèles:

– le type charismatique repose sur les qualités personnelles du chef;

– le type traditionnel s'appuie sur les coutumes (le chef est en quelque sorte un héritier);

– le type bureaucratique se fonde sur la rationalité de l'organisation des tâches. Il débouche sur une hiérarchie clairement définie et des règles impersonnelles.

Cette typologie s'applique encore à l'entreprise qui connaît aussi bien le chef charismatique à la H. Ford que le technocrate froid (éventuellement transfuge de la haute fonction publique).

Selon M. Crozier (L'acteur et le système, 1977), l'entreprise rassemble des acteurs poursuivant des objectifs pas toujours cohérents avec ceux affirmés explicitement. Comme toute organisation bureaucratique, l'entreprise peut être paralysée par un excès de procédures et de règlements.

Culture d'entreprise et culture sociétale

❍ H. Weber (*Histoire du patronat français*, 1999) distingue deux types de culture d'entreprise:

– celle à dominante patrimoniale cherche à conserver l'autonomie de la firme (faible prise de risque, tendance à défendre des marges commerciales en comprimant les coûts de main-d'œuvre et recherche d'une protection tutélaire de l'État);

– celle qui s'inscrit dans la filiation saint-simonienne recherche l'action sur son environnement. Il s'agit des capitaines d'industries et des bâtisseurs d'empire mus par la volonté de puissance et le modèle de la compétition sportive.

❍ C'est autour de la cohésion de certains objectifs et valeurs de l'entreprise que des managers s'appuient pour développer dans les années 1980, la mobilisation des salariés de l'entreprise et plus particulièrement l'implication des cadres. Ainsi s'élabore une culture de l'efficience autour du sentiment d'appartenance communautaire. (*Corporate Culture*).

❍ Mais le fonctionnement des entreprises est aussi dépendant des cultures « sociétales ». Les systèmes de formation ont, dans l'étude de M. Maurice, F. Sellier et J. J. Silvestre (1989), des répercussions sur le fonctionnement des entreprises en termes de qualification ouvrière (compétences disponibles) et de relations dans l'entreprise (fortes relations interpersonnelles et coopération ou forte domination des structures de contrôle et d'administration).

❍ Pour Ph. d'Iribarne (La logique de l'honneur, 1995), chaque tradition nationale privilégie une façon de s'affronter ou de coopérer qui s'inscrit dans ses institutions et dans ses mœurs. Les valeurs à l'intérieur de l'entreprise sont souvent divergentes quant à ce qui est légitime et illégitime. Les mêmes mots (tels ordres ou profit), les mêmes actions (chronométrer, restructurer) sont chargés d'un sens différent. En conséquence, les conflits dans l'entreprise, mettent en jeu des visions du monde différentes plutôt que des seuls conflits d'intérêt.

Les approches hétérodoxes

L'approche régulationniste

Selon l'approche régulationniste, l'entreprise est reliée aux autres institutions à travers le **rapport salarial***: perçu ici comme un lieu de conflits d'intérêts entre capital travail notamment dans la distribution des revenus (filiation ricardienne et marxiste). Soumise à des contraintes juridiques (contrat de travail, salaires, licenciement, formation, sécurité, qualité, pollution, etc.), l'entreprise participe de façon originale à travers les contrats qu'elle génère, à l'élaboration d'une forme structurelle de l'**accumulation***. Ainsi l'entreprise fordienne de grande taille a permis une accumulation intensive (recherche d'économies d'échelle, intégration verticale, organisation scientifique du travail et redistribution d'une partie des gains de productivité). Facilitant la diffusion des normes de production et de consommation de masse, elle a élargi les sources des gains de productivité.

L'approche évolutionniste

Selon l'approche évolutionniste, l'attribut essentiel de la firme repose sur ses compétences. Or ses capacités se construisent avec le temps à travers des procédures d'apprentissage collectif qui résultent d'interactions entre les membres qui la composent (R. Nelson, 1991). Elles conduisent à des connaissances cumulatives, tacites et non transférables (R. Nelson, S. Winter, *An Evolutionary Theory of Economic Change*, 1982). Ainsi, la compétitivité de la firme n'est pas indépendante des routines accumulées par les agents au cours de leurs interactions. Celles-ci se modifient lentement et favorisent une trajectoire spécifique de croissance. Néanmoins, des opportunités technologiques peuvent faire surgir une configuration de changement et des réorientations de l'activité principale vers certains actifs secondaires (complémentaires à l'activité principale).

• *Les débats autour de l'entreprise*

L'entreprise face à la crise du modèle taylorien-fordien

Les limites du modèle

Durant les Trente Glorieuses, la croissance de la production et du niveau de vie est liée à la fabrication standardisée. La taille des unités de production croît même si dans des pays comme la France, les PME restent la forme d'entreprise dominante.

L'organisation de l'entreprise se caractérise par l'importance de la ligne hiérarchique (apport de Fayol) et par une séparation prononcée entre les services fonctionnels et les services de production, même si, à l'intérieur des groupes, les unités parviennent à conserver une certaine autonomie. Dans les ateliers d'assemblage, la division du travail conduit à des tâches limitées à quelques gestes élémentaires (il suffit parfois de 48 heures pour former un OS).

Ce modèle tayloro-fordien donne des signes d'épuisement à la fin des années 1960. L'image sociale de l'entreprise est plus ou moins valorisée selon les périodes. Elle apparaît comme un lieu **d'aliénation*** et d'extorsion de la **plus-value***, d'où une contestation parfois vigoureuse de sa légitimité sociale. Les plus modérés prônaient sa réforme (rapport Sudreau en France). L'entreprise doit faire face à un triple problème:

– l'arrivée des générations du baby-boom plus instruites et élevées dans la civilisation de consommation de masse, a modifié les exigences de la main-d'œuvre;

– les ménages déjà équipés recherchent des produits différenciés;

– un nouveau modèle émerge avec le développement de l'informatique dans tous les équipements productifs.

Les voies d'un dépassement

Dans les années 1970. dans la ligne des réflexions de G. Friedmann, les entreprises industrielles ont tenté de dépasser la parcellisation des tâches (enrichissement et **élargissement des tâches***, **groupes semi-autonomes***) pour pallier les méfaits du **taylorisme*** (chute de la productivité, taux élevé de rotation de la main-d'œuvre, absentéisme et grèves d'OS). L'automation des tâches s'accroît en commençant par les plus pénibles (néofordisme). Avec l'informatisation des entreprises (modifications du système d'information), le modèle japonais qui tire parti des ressources humaines (responsabilisation du personnel et adhésion aux objectifs de la firme à travers des cercles de qualité, une information et une écoute du personnel) devient une référence (**toyotisme***). Ce système connaît à son tour des difficultés, notamment dans certaines branches (automobile et électronique) quand les grandes firmes doivent licencier (fragilisant le modèle d'emploi à vie, une des bases du consensus social). Mais dans le processus de **mondialisation***, l'entreprise reste source d'efficience. Le terme de **nouvelle économie*** fait, entre autres, référence à sa capacité d'innovation et à une accélération de **la croissance**. Dans les années 1990, le modèle anglo-saxon du **gouvernement d'entreprise*** (*Corprate gouvernance*) devient la nouvelle référence pour accroître l'efficience du conseil d'administration des entreprises sociétaires et le revenu des actionnaires.

L'entreprise et l'espace territorial

L'internationalisation des entreprises à travers le développement de la recherche et de la production à l'étranger ainsi que des flux d'**investissement direct à l'étranger***, accompagne l'ouverture des économies. Les plus grandes firmes ont tendance à instaurer une organisation de la division du travail et de la recherche à l' échelle internationale. Les liens entre entreprises tendent à dépasser l'espace national (réseaux d'approvisionnements et de distribution, liens juridiques, financiers, administratifs, informationnels, etc.). Cette évolution a conduit dans la plupart des nations industrialisées, à poser un débat sur la relation entre l'entreprise et son espace territorial.

Beaucoup d'entreprises privées ont pour objectif de rechercher une rentabilité économique de long terme (accroître la valeur de ses actifs). Mais les actionnaires ont eux des objectifs de rentabilité à plus court terme. Les années 1980 ont participé à reconnaître à l'entreprise sa place d'acteur de la société à part entière. Au niveau macroéconomique, l'entreprise favorise la coopération entre les fournisseurs de ressources (capital, travail, collectivités locales, consommateurs, etc.) et l'instauration de relations de confiance (conventions tacites qui vont bien au-delà du simple jeu du marché). Elle participe à la réalisation des objectifs nationaux (emplois, revenus, approvisionnement, recettes fiscales). La dynamique de la création d'entreprises est essentielle au fonctionnement d'une économie (dynamisme local, dynamisme de l'emploi). Elle suit dans une certaine mesure la croissance macroéconomique (le recul de la conjoncture, en 1990, s'accompagne en France d'un recul de la création d'entreprises et d'un accroissement des défaillances) mais surtout, la densité des entreprises en un lieu donné (externalités positives). Les pouvoirs publics ont tendance à prendre des mesures incitant à la création (en France, aides aux chômeurs créateurs d'entreprise depuis 1977) mais aussi à responsabiliser l'entreprise (santé, sécurité, protection de l'environnement et de l'emploi). En ce sens, on peut parler d'entreprise citoyenne.

Mais les interdépendances entre processus productifs rendent plus complexe la nationalité de l'entreprise quelle que soit sa taille ou son activité (la nationalité résulterait alors d'une combinaison de critères). Néanmoins, il y aurait plutôt une complémentarité nouvelle entre l'État national et les entreprises (G. Lafay *et alii*, *Nations et mondialisation*, 1999). Les États (ou ensembles d'États) restent attentifs à la compétitivité des entreprises mais en retour leur action n'est légitime que s'ils parviennent à articuler la promotion des intérêts nationaux et la compétitivité des entreprises. Les entreprises privées influenceraient les choix politiques. Cette interaction dynamique pose le problème de l'adaptation des politiques à mettre en œuvre (politique technologique, territoriale, fiscale, de la concurrence, commerciale).

☞ Bibliographie

● ALBERTO T., COMBEMALE P. (1993), *Comprendre l'entreprise*, Circa Nathan.

BAUDRY B. (1995), *L'économie des relations interentreprises*, La Découverte.

BOUTILLIER S., UZUNIDIS D. (1999), *La légende de l'entrepreneur*, Alternatives économiques, Syros.

BRESSY G., KONKUYT C. (2000), *Économie d'entreprise*, Sirey.

COHEN E. (1994/2000), *Dictionnaire de gestion*, coll. Repères, La Découverte.

CORIAT B., WEINSTEIN O. (1995), *Les nouvelles théories de l'entreprise*, Références, Le livre de poche.

DRANCOURT M., (1998) *Leçons d'histoire sur l'entreprise de l'Antiquité à nos jours*, PUF.

FLEUTOT D. (1999), *L'entreprise et ses enjeux*, Les économiques, Ellipses.

MARTINET A-Ch., SILEM A. (sous la direction de) (2000), *Lexique de gestion*, Dalloz

RICHET X. (1994), *Économie de l'entreprise*, Hachette, Fondamentaux.

❍ BIGAY J.-F. (sous la direction de) (1999), *La nouvelle nationalité de l'entreprise*, Rapport du Commissariat Général du Plan, La Documentation française.

LINHART D. (1994), *La modernisation des entreprises*, coll. Repères, La Découverte.

SAINSAULIEU R. (sous la dir.) (1987), *Sociologie de l'organisation et de l'entreprise*, Presse de la Fondation nationale des Sciences politiques, Dalloz.

THUDEROZ Ch. (1997), *La sociologie des entreprises*, La Découverte, coll. Repères.

L'entreprise fin de siècle, nouveaux défis? (1998), *Problèmes économiques,* n°2591-2592, 18-25 novembre.

☞ Concepts et corrélats

➢ Groupe ➢ Holding ➢ Politique de la concurrence ➢ Société

ENTREPRISE ARTISANALE

Les entreprises artisanales regroupent des activités de **production***, de réparation, de transformation, de prestation de **services***, qui n'emploient pas plus de 10 salariés. Elles sont inscrites au Répertoire des Métiers.

➪ Elles représentent environ 30 % des entreprises de France métropolitaine. Les deux-tiers des entreprises artisanales sont individuelles.

☞ Concepts et corrélats

➤ Entreprise ➢ Entreprise individuelle ➢ Entreprise unipersonnelle à responsabilité limitée ➢ Entrepreneur ➢ Ménage

---

ENTREPRISE D'INVESTISSEMENT

Les entreprises d'investissement sont des personnes morales autres que les **établissements de crédit*** qui ont pour profession habituelle de fournir à leur clientèle des **services d'investissement***.

➪ Le statut des entreprises d'investissement résulte de la loi du 2 juillet 1996 relative à la modernisation des activités financières. Cette loi transpose en droit français une directive européenne de 1993. L'objectif est de regrouper sous un statut juridique unique les prestataires de services d'investissement afin de favoriser la concurrence (y compris au niveau européen) et de renforcer le contrôle de ces activités.

➩ On trouve parmi les entreprises d'investissement des sociétés de bourse, des agents du marché interbancaire, des maisons de titres, etc. On trouve aussi sous ce statut des sociétés qui se sont constituées afin d'assurer des transactions sur valeurs mobilières par internet.

☞ Concepts et corrélats

➤ Monnaie

ENTREPRISE INDIVIDUELLE

L'entreprise individuelle est une unité de production où un sujet (personne physique) est à la fois propriétaire des capitaux et dirigeant d'entreprise (artisans, commerçants, industriel, professions libérales). Il y a confusion entre le **patrimoine*** de la personne et celui de l'entreprise. La responsabilité y est pleinement assurée: elle est illimitée sauf pour la **société unipersonnelle*** qui a une responsabilité limitée comme les entreprises sociétaires.

Dans la **Comptabilité nationale***, les entreprises individuelles (hors **Sociétés unipersonnelles***) sont incluses dans le **secteur institutionnel*** «Ménage» car leur comptabilité est difficile à dissocier des comptes du **ménage***.

➩Ne pas confondre avec les **petites et moyennes entreprises*** ou avec l'**entreprise unipersonnelle à responsabilité limitée***.

☞ Concepts et corrélats

➤ Entreprise ➢ Entreprise artisanale
➢ Entrepreneur

ENTREPRISE PUBLIQUE

L'entreprise publique est une **entreprise*** placée sous le contrôle de l'**État*** (ou d'une collectivité publique) qui peut exercer une influence dominante en raison d'une participation majoritaire ou de la majorité des voix attachées aux parts émises.

Les entreprises publiques appartiennent au **secteur marchand*** et sont soumises au droit commercial dans leurs relations avec leurs clients (établissement public à caractère industriel et commercial, sociétés nationalisées, sociétés d'**économie mixte***).

Elles disposent d'une autonomie de gestion plus ou moins importante et se différencient des **administrations*** qui sont financées par voie budgétaire (Éducation nationale).

Certaines entreprises publiques sont en situation de **monopole*** ou de quasi monopole (EDF, SNCF, etc.).

Un certain nombre d'entreprises publiques a été privatisé en France dans les années 1990 (Renault, Compagnie Générale Maritime, Assurance Générale Fraçaise, Banque Française du Commerce Extérieur, la Compagnie Française de Navigation, etc.).

☞ Concepts et corrélats

➤ Entreprise ➤ État ➢ Nationalisation
➢ Privatisation ➢ Secteur public
➢ Théorie du *Public Choice*

ENTREPRISE UNIPERSONNELLE À RESPONSABILITÉ LIMITÉE (EURL)

Une entreprise unipersonnelle à responsabilité limitée est une forme particulière d'**entreprise individuelle***. Elle a été créée en 1985 pour permettre à un **entrepreneur*** individuel de conserver son indépendance, tout en bénéficiant comme dans les **sociétés***, de la séparation du **patrimoine*** personnel de celui de son entreprise).

☞ Concepts et corrélats

➤ Entreprise ➢ Société anonyme
➢ Société à responsabilité limitée
➢ Société en commandite ➢ Société en nom collectif

EONIA

L'EONIA (*Euro Overnight Index Average*) est une mesure du **taux du marché au jour le jour*** sur le **marché interbancaire*** de la **Zone Euro***. L'EONIA est la moyenne pondérée des taux d'intérêt pratiqués sur les prêts interbancaires au jour le jour. Il est calculé chaque jour par la Fédération bancaire européenne à partir d'une enquête auprès d'un panel représentatif de banques.

☞ Concepts et corrélats

➤ Monnaie ➢ Refinancement

ÉPARGNE

• *Définitions, formes et motifs de l'épargne*

Définitions

L'épargne est la fraction du **revenu*** d'un agent économique qui n'est pas consommée immédiatement. Comme le revenu, l'épargne est un **flux*** qui vient modifier la valeur du **patrimoine*** (qui est un **stock***).

➩ Contrairement au sens courant, l'épargne ne correspond donc pas à la seule épargne placée (caisses d'épargne, acquisition d'actifs financiers...). Il existe une autre forme de l'épargne qui est la **thésaurisation***.

La **désépargne*** désigne le fait de transformer une épargne en **consommation***. Le terme de désépargne concerne en général l'épargne placée. Lorsque l'épargne thésaurisée diminue et que les signes monétaires oisifs sont remis en circulation, on emploie plutôt le terme de déthésaurisation.

➩ L'épargne nationale ne se limite pas à celle des **ménages***; il faut aussi intégrer celles des **entreprises*** et celle des administrations.

Les formes de l'épargne

On distingue deux formes principales de l'épargne:

– l'**épargne liquide*** qui correspond au motif de précaution et de consommation différée. On la retrouve le plus souvent dans des comptes à vue et des comptes sur livrets;

– l'épargne longue répond en général à un objectif patrimonial. Elle s'oriente soit vers des emplois financiers (**épargne financière*** sous forme d'**actions*,** d'**obligations*,** d'actions de **Sociétés d'Investissement à Capital Variable***, de contrats d'assurance vie), soit vers des actifs réels (**épargne non financière***).

Les motifs de l'épargne

On retient trois motifs principaux de l'épargne:

– la consommation différée pour satisfaire ultérieurement des dépenses de consommation relativement importantes par rapport au **revenu***;

– la précaution pour faire face à des dépenses aléatoires;

– la constitution d'un **patrimoine***.

• *Les déterminants de l'épargne*

Le revenu

Selon les analyses économiques, les auteurs insistent sur le revenu courant, le revenu relatif ou le **revenu permanent***.

La **théorie keynésienne*** a d'abord cherché à expliquer l'épargne globale par le niveau absolu du revenu national (Y). Le volume global d'épargne (S) dépend de la **propension moyenne à consommer*** (s): $S = sY$.

➩ Le partage entre épargne placée et épargne thésaurisée dépend du **taux d'intérêt***. Une hausse de ce dernier favorise l'épargne placée au détriment de l'épargne thésaurisée, mais n'augmente pas le volume global de l'épargne.

Selon J.-M. Keynes (1883-1946), la **propension marginale à consommer*** est croissante: l'épargne globale a tendance à croître avec le revenu national, ce qui peut conduire à une insuffisance de la consommation. Cependant les études réalisées après la Seconde Guerre ont mis en évidence une stabilité des **taux d'épargne*** malgré la forte hausse du niveau de vie constatée en longue période.

De nouvelles analyses, développées notamment par J. Duesenberry, sont basées sur l'hypothèse du revenu relatif. Le taux d'épargne d'un individu dépend, non du niveau absolu de son revenu, mais de sa situation relative dans l'échelle des revenus (revenu relatif). Lorsque tous les revenus progressent (période de **croissance économique*** d'après-Seconde Guerre mondiale), la situation relative des individus ne change pas (si les revenus progressent tous dans la même proportion). Il en résulte une stabilité des taux d'épargne.

Une autre théorie a été développée par M. Friedman (né en 1912) sous le nom de théorie du revenu permanent. Elle fait dépendre l'épargne d'un individu du revenu attendu par celui-ci au cours de son existence. Dans cette optique, la consommation d'une période donnée peut être plus grande ou plus petite que le revenu courant de la même période. L'épargne ou la désépargne d'une période sert seulement à compenser la désépargne ou l'épargne d'une autre période. Le motif de l'épargne est alors un motif de trésorerie de longue période, doublé d'un motif de sécurité ou de prévoyance. Il s'y ajoute un motif de spéculation ou de rendement.

➩ On peut remarquer que la **théorie du cycle de vie*** de F. Modigliani (né en 1918), R. Brumberg et A. Ando avait déjà introduit l'idée d'un arbitrage intertemporel concernant l'épargne et permettant d'introduire l'**espérance de vie*** et l'âge de la retraite dans cet arbitrage.

Le taux d'intérêt et le taux d'inflation

❍ Lorsque l'**inflation*** s'accroît, les ménages s'efforcent de maintenir la valeur de leurs réserves; ils augmentent alors leur épargne et inversement (**effet d'encaisse réelle***).

➩ Cette analyse permet de comprendre pourquoi la **désinflation*** s'est accompagnée d'une diminution du taux d'épargne.

❍ Le taux d'intérêt détermine pour les néoclassiques les arbitrages intertemporels (consommation présente /consommation différée). La hausse des taux stimule l'effort d'épargne (**effet de substitution*** lié à une meilleure rémunération); mais d'un autre côté, elle permet de recevoir un revenu équivalent pour un effort d'épargne plus faible (**effet revenu***). Il y a donc *a priori* incertitude sur le résultat. Par ailleurs, les études empiriques montrent que l'effet du taux d'intérêt serait peu marqué.

En fait, le taux d'inflation et le taux d'intérêt sont pris en compte simultanément dans le calcul économique des agents. En effet, la valeur des éléments du **patrimoine*** se modifie en fonction:

– de l'accumulation des **dividendes*** et des intérêts créditeurs ou débiteurs (rôle du taux d'intérêt);

– des plus-values ou des moins-values de **bilan*** provoquées par les variations de la structure des prix relatifs et du taux d'inflation.

Si l'on suppose qu'un ménage s'efforce au minimum de conserver la valeur réelle de son patrimoine, il orientera ses décisions d'épargne de telle sorte que la valeur nominale moyenne du patrimoine, augmente à un rythme au moins égal à celui du niveau général des prix.

La variation de la valeur du patrimoine aura donc des effets sur le taux d'épargne. Une augmentation de cette valeur tend à faire baisser le taux d'épargne qui aura tendance à baisser (la consommation augmente). Le taux d'épargne augmentera si la valeur du patrimoine tend à baisser (la consommation baisse).

Les régimes de retraite

Selon certains, contrairement au régime par répartition, les régimes de retraite par capitalisation stimuleraient l'épargne dans la mesure où le montant de la retraite de l'agent apparaît directement lié à son effort personnel d'épargne. Toutefois à long terme dans une perspective macroéconomique, les deux systèmes aboutissent à un résultat équivalent. En effet, quel que soit le système (répartition ou capitalisation), les retraites représenteront toujours une partie du produit national de la période où elles seront versées.

➩ La plupart des analyses s'accordent aujourd'hui pour considérer que les variations du taux d'épargne doivent être insérées dans une analyse plus large du comportement patrimonial. Dans cette optique, les modifications des comportements d'épargne en Occident s'expliquent par les adaptations des ménages à leur environnement qui s'est considérablement modifié avec la libéralisation financière.

• *L'évolution des taux d'épargne*

Le ralentissement de la croissance à partir de 1974 s'était traduit par une chute du taux d'épargne dans la plupart des pays industrialisés. En effet, face au ralentissement de la progression de leur revenu réel, les ménages ont d'abord sacrifié leur épargne et maintenu leur niveau de consommation. Ce mouvement semble arrêté et une certaine remontée du taux d'épargne est observée au début des années 1990, notamment en France.

Plusieurs facteurs ont été évoqués pour rendre compte de l'évolution des comportements des ménages:

– la désinflation qui permet de moins épargner;

– les difficultés d'accès au logement avec les taux d'intérêt réels très élevés des années 1980;

– les effets de la libéralisation financière. D'une part en effet, avec la généralisation de l'accès des ménages aux OPCVM de trésorerie, l'épargne serait devenue plus sensible au niveau des taux d'intérêt réels: ceux-ci ayant été très élevés entre 1990 et 1995 en France, les ménages auraient sacrifié une part de leur consommation présente au profit d'une consommation future nettement accrue;

– le développement d'une épargne de précaution à partir de la récession du début des années 1990. Leurs revenus étant devenus plus incertains, les ménages auraient décidé d'en épargner une part plus importante pour faire face à un risque accru de baisse des revenus. Selon certains, la crise du Golfe aurait en 1990 déclenché ce processus, relayé par les inquiétudes suscitées par l'avenir des retraites et la hausse du chômage.

Depuis le milieu des années 1990, les évolutions du taux d'épargne sont à nouveau cohérentes avec les évolutions des revenus et des prix (stabilité des prix et reprise de la croissance économique).

• *Les enjeux de l'épargne*

La relation épargne-investissement

Depuis le début de l'économie politique, le rôle de l'épargne est au cœur de l'analyse économique. En effet, l'épargne a toujours été pensée en relation avec l'investissement qui est lui-même au cœur de la dynamique économique. L'insuffisance de l'épargne est l'un des facteurs explicatifs de la faiblesse de l'investissement (analyse libérale). À l'opposé, l'excès d'épargne est avancé pour justifier la faiblesse de la consommation et donc de la demande (analyse keynésienne). Ainsi, deux points de vue s'opposent sur le rôle de l'épargne dans l'économie.

Dans l'analyse économique libérale, l'épargne est une fonction du taux d'intérêt. Ce dernier récompense la renonciation à une consommation immédiate et détermine donc le partage entre la consommation et l'épargne. Les consommateurs, compte tenu de leurs goûts, procèdent à des choix intertemporels entre les biens présents et les biens futurs. L'épargne est donc indispensable pour un financement sain de l'investissement. Elle constitue une offre de fonds prêtables confrontée à la demande de fonds des entreprises qui désirent investir. Grâce à la variation du taux d'intérêt, l'épargne est automatiquement investie (si la consommation diminue, la hausse de l'épargne qui en résulte fait baisser le taux d'intérêt, d'où une hausse de l'investissement et inversement).

Dans les années 1930, F. Hayek (1899-1992), reprenant la thèse de l'École autrichienne sur le **capital*,** montre que l'investissement doit être financé par une épargne préalable volontaire des agents économiques qui renoncent à une consommation immédiate. L'acte d'épargne détermine le montant des ressources disponibles pour l'investissement (allongement du **détour de production***), ce qui se traduira à terme par une consommation plus forte.

Par contre, si l'on finance l'investissement par recours au crédit bancaire sans épargne préalable, d'une part, on aboutit à un détour de production plus long que celui souhaité par les agents (situation de surcapitalisation), d'autre part, l'**inflation*** entraînera une **épargne forcée***. Cette situation ne peut se dénouer que par une crise qui entraînera une réallocation des ressources conforme au comportement d'**épargne spontanée*** des agents.

Un second courant considère l'épargne avec plus de suspicion. Ce courant, qui aboutit au keynésianisme, est surtout sensible au risque d'excès d'épargne. Cette tendance s'exprime sous des formes diverses chez des auteurs aussi différents que Th.R. Malthus (1766-1834) ou S. Sismondi (1773-1842), un des premiers théoriciens de la sous-consommation. L'idée générale est que le volume d'épargne peut être excessif à un moment du **circuit*,** ce qui entraîne un fléchissement de la demande induisant lui-même un processus déflationniste.

Dans l'analyse de J. M. Keynes, l'épargne et la consommation sont des fonctions du revenu et non du taux d'intérêt. Ce dernier permet de départager l'épargne thésaurisée (affectée à la liquidité) et l'épargne placée. Pour les keynésiens, une hausse de l'épargne ne peut pas être considérée comme la promesse d'une dépense future. En effet, elle réduit la consommation et donc la production et les revenus, d'où une nouvelle baisse de la consommation. Finalement, les décisions microéconomiques d'augmentation de l'épargne provoquent au niveau macroéconomique une contraction du revenu national et de l'épargne globale.

Pour J.-M. Keynes (1883-1946), contrairement à F. Hayek, l'épargne et l'investissement s'ajustent nécessairement *ex-post*, l'investissement supplémentaire entraînant (par le processus du **multiplicateur d'investissement***), l'apparition d'un supplément de revenu générateur d'une épargne équivalente à l'investissement initial. L'égalité entre l'épargne et l'investissement est compatible avec le sous-emploi, ce qui est une conclusion opposée à la **loi de débouchés*.**

Faut-il favoriser l'épargne ou la consommation ?

Du point de vue de la **politique économique***, le problème (récurrent) est de savoir s'il faut relancer la consommation ou s'il vaut mieux inciter les ménages à épargner pour financer l'investissement. Faut-il relancer la consommation au risque d'entraver l'investissement par défaut d'épargne ou au contraire faut-il encourager l'épargne dans la perspective d'une croissance future malgré le freinage de l'activité par l'insuffisance de la consommation ?

Pour les libéraux dans l'ensemble, l'épargne et le patrimoine doivent être systématiquement encouragés par une fiscalité favorable, la constitution d'un marché financier libre et actif permettant une allocation optimale de cette épargne. Les keynésiens considèrent que les mesures d'encouragement de l'épargne, dans un contexte de **sous-emploi***, ont des effets négatifs. Depuis longtemps, J.-M. Keynes avait montré les conséquences d'une finance débridée et les risques d'une « économie de casino ». Dans un contexte de déréglementation et de libéralisation financières, les placements financiers peuvent l'emporter sur les investissements productifs.

☞ Concepts et corrélats

➤ Consommation ➤ Croissance économique ➤ Fluctuations et crises ➤ Monnaie ➤ Revenus ➢ Effet d'encaisse réelle ➢ Théorème d'équivalence Ricardo-Barro ➢ Désintermédiation

☞ Bibliographie

● AGLIETTA M. (1995), *Macroéconomie financière,* coll. Repères La Découverte.

VILLIEU P. (1997), *Consommation et épargne,* coll. Repères, La Découverte.

ÉPARGNE BRUTE

Dans le **système européen de comptabilité (SEC 95)***, l'épargne brute est le solde du **compte d'utilisation du revenu disponible*** et **du compte d'utilisation du revenu disponible ajusté***. Pour les **ménages***, l'épargne brute représente la différence entre le revenu disponible et la dépense de **consommation*** ou celle entre le revenu disponible ajusté et la **consommation effective***.

☞ Concepts et corrélats

➤ Comptabilité nationale ➢ Compte d'utilisation du revenu ➢ Comptes de secteurs

ÉPARGNE CONTRACTUELLE

L'épargne contractuelle est une modalité de l'épargne dans laquelle l'agent économique s'engage par contrat à fournir un effort d'épargne d'un montant donné sur une certaine période. Cet engagement assure à l'organisme collecteur un flux d'épargne relativement régulier qu'il récompense par divers avantages (taux créditeurs plus élevés, accès à des prêts à taux plus favorable, bonification d'intérêt, etc.).

En France, les plans d'épargne logement et les plans d'épargne populaire (PEP), certains contrats d'assurance vie en constituent les formes les plus fréquentes.

☞ Concepts et corrélats

➤ Épargne ➢ Épargne financière ➢ Épargne liquide

ÉPARGNE FINANCIÈRE

L'épargne financière est la partie de l'épargne qui est placée sous forme de **valeurs mobilières*** ou d'**actifs*** financiers.

☞ Concepts et corrélats

➤ Épargne ➢ Épargne liquide

ÉPARGNE FORCÉE

L'épargne forcée désigne le renoncement à consommer qui est imposé aux agents économiques par divers moyens :

– l'**autofinancement*** qui impose aux **actionnaires*** minoritaires d'affecter une partie du bénéfice de l'entreprise à des investissements (et non pas à la distribution de **dividendes***) ;

– la hausse des **prix*** qui constitue un prélèvement sur les consommateurs puisque la **consommation*** se trouve réduite en terme réel ;

– l'épargne publique lorsqu'elle est affectée à des programmes d'**investissement***.

☞ **Concepts et corrélats**
➤ Épargne ➢ Épargne spontanée

ÉPARGNE LIQUIDE

L'épargne liquide est une épargne placée à vue ou à très court terme, par exemple les comptes sur livret.

☞ **Concepts et corrélats**
➤ Épargne ➢ Épargne contractuelle ➢ Épargne financière

ÉPARGNE NETTE

L'épargne nette représente **l'épargne brute*** à laquelle on a retranché la **consommation de capital fixe***.

☞ **Concepts et corrélats**
➤ Comptabilité nationale ➢ Compte d'utilisation du revenu ➢ Comptes de secteurs

ÉPARGNE NON FINANCIÈRE

L'épargne non financière est la partie de l'épargne qui est affectée à l'acquisition de logements et de terrains, c'est-à-dire d'un patrimoine non financier (ou patrimoine réel).

☞ **Concepts et corrélats**
➤ Épargne ➢ Épargne liquide ➢ Épargne financière ➢ Patrimoine ➢ Placement

ÉPARGNE SPONTANÉE

L'épargne spontanée est celle qui résulte du libre comportement des agents. Elle découle soit d'un calcul économique soit d'un excédent involontaire du **revenu*** sur la **consommation***.

☞ **Concepts et corrélats**
➤ Épargne ➢ Épargne forcée

ÉPISTÉMOLOGIE ÉCONOMIQUE

Selon A. Lalande, l'épistémologie est « l'étude critique des principes, des hypothèses et des résultats des diverses sci*ences, destinée à déterminer leur origine logique, leur valeur et leur portée objective* ». S'il existe une épistémologie générale (proche de la philosophie des sciences), il existe aussi autant d'épistémologies que de disciplines scientifiques. L'épistémologie économique est donc la discipline qui se consacre à l'étude critique de la production et de la validation des connaissances en sciences économiques.

On distingue parfois l'épistémologie économique et la méthodologie économique. Cette dernière étudierait plutôt les techniques de recherche, les outils d'investigation (économétrie, techniques d'enquêtes, etc.) alors que l'épistémologie se consacrerait à une réflexion plus fondamentale sur le statut scientifique des connaissances économiques.

Cette distinction doit être nuancée. En pratique, le terme « méthodologie » est souvent utilisé comme synonyme du terme « épistémologie ». Par exemple, les livres de M. Blaug, de C. Mouchot ou de Cl. Meidinger dont les titres font référence à la méthodologie ou aux méthodes sont en fait des ouvrages d'épistémologie.

• *Épistémologie générale et épistémologie économique*

L'épistémologie économique a puisé dans les réflexions des spécialistes de l'épistémologie générale ou de l'épistémologie des sciences de la nature.

○ G. Bachelard (1884-1962), dont les travaux ont surtout porté sur l'épistémologie de la physique, est un des auteurs fréquemment cités en épistémologie économique. On retiendra de Bachelard sa critique de l'**empirisme***: pour lui le « *vecteur épistémologique* » va du rationnel au réel. Le fait scientifique est « *construit, conquis, constaté* » et la connaissance scientifique s'élabore contre les idées reçues. Il faut donc opérer une « *rupture épistémologique* », franchir un « *obstacle épistémologique* » constitué parce que l'on sait déjà (ou que l'on croit savoir), pour accéder à une meilleure compréhension du monde. La démarche scientifique ne consiste pas à partir des faits, mais à partir des problèmes. Dépassant le débat entre **empirisme*** et **rationalisme***, Bachelard plaide pour une « *épistémologie concordataire* » reposant sur un « *matérialisme rationnel* ». Contre le **positivisme*** et le **scientisme***, Bachelard considère que la connaissance scientifique est une connaissance approchée et que tout savoir scientifique doit être à tout moment reconstruit.

○ K. Popper (1902-1994) a eu une influence encore plus grande dans les débats entre économistes en raison du caractère international de son influence. La contribution majeure de Popper est sa critique de l'induction. Prolongeant les réflexions de D. Hume (1711-1776), Popper montre qu'il est impossible de fonder logiquement une proposition générale à partir d'une inférence inductive. Le fait d'avoir observé un très grand nombre de cygnes blancs ne permet pas d'induire la proposition « Tous les cygnes sont blancs ». Cette approche remet en cause les démarches fondées sur la **vérification***. La confirmation d'une proposition par un grand nombre de vérifications, ne garantit pas la validité de cette proposition. Par contre, une proposition peut être réfutée (ou infirmée). Pour Popper, une proposition est scientifique si elle est réfutable, c'est-à-dire si l'on peut réaliser ou au moins concevoir une expérience ou une observation susceptible de montrer que la proposition est fausse. Le travail des scientifiques consiste donc à formuler des **conjectures** et à les soumettre à des épreuves de **réfutation**. Les conjectures qui résistent à ces épreuves constituent un savoir scientifique qui a un caractère à la fois inachevé et provisoire.

Le successeur de Popper à la London School of Economics, I. Lakatos (1922-1974) considère que l'approche de Popper ne rend pas compte de la réalité du travail des scientifiques et qu'elle a un caractère trop normatif. Pour Lakatos, l'activité scientifique s'organise au sein de **programmes de recherche scientifiques***. Un programme de recherche est un ensemble de théories constitué d'un **noyau dur*** et d'une **ceinture protectrice***. Les savants qui travaillent dans le cadre d'un programme de recherche ne soumettent à réfutation que les propositions qui figurent dans la ceinture protectrice. Lakatos considère par ailleurs que même si, à un moment donné, un programme de recherche peut être dominant, l'histoire des sciences montre que plusieurs programmes de recherche existent simultanément au sein d'une même discipline. Parmi les programmes de recherche, certains sont progressifs, c'est-à-dire qu'ils mettent en évidence des faits nouveaux et/ou qu'ils rendent compte de façon plus satisfaisante de faits anciens, d'autres sont régressifs (ou dégénératifs) et se contentent d'illustrer des propositions déjà démontrées.

○ L'œuvre de Th. Kuhn (1922-1996) se situe aussi dans la mouvance de K. Popper, mais l'originalité de Kuhn réside dans une approche qui est plus sociologique que philosophique sur la production des connaissances scientifiques. Pour Kuhn, l'histoire des sciences voit se succéder des périodes de **science normale*** et des périodes de **révolutions scientifiques***. Une période de science normale est caractérisée par le fait qu'il existe, dans la discipline considérée, un **paradigme*** au sein duquel travaille la communauté scientifique considérée, celle-ci ne cherche donc pas à réfuter ce paradigme, mais à en améliorer la cohérence interne et la portée empirique. L'apparition d'un certain nombre d'anomalies dont le paradigme ne peut rendre compte conduit à une période de révolution scientifique au sein de laquelle s'affrontent différents paradigmes alternatifs. L'un de ces paradigmes va finalement s'imposer et rallier autour de lui une proportion croissante de la communauté scientifique, ce qui conduit progressivement à une nouvelle période de science normale.

Les problématiques de ces auteurs offrent un cadre de débat aux économistes à propos de l'épistémologie de leur discipline : le critère de réfutabilité est-il pertinent en sciences économiques ? Peut-on parler de révolution scientifique dans l'histoire de la pensée économique ? Quels sont les paradigmes (ou les programmes de recherche) qui caractérisent la science économique ?

• *Le statut scientifique de la science économique*

Science économique et/ou économie politique

On utilise aujourd'hui le plus souvent le terme « sciences économiques » (au singulier ou au pluriel). À l'origine pourtant (chez les économistes classiques par exemple), on parlait d'économie politique. Certains auteurs considèrent aujourd'hui que l'abandon du vocable « économie politique » est le symptôme d'un appauvrissement du discours économique qui négligerait l'histoire, les conflits d'intérêts, l'analyse du changement économique et social pour se limiter à une approche permettant de « faire science » en imitant le modèle des sciences de la nature. Il ne faut sans doute pas accorder une importance excessive à cette querelle de vocabulaire. Certes des débats existent quant à l'objet et à la méthode de l'analyse économique, quant à la place des **doctrines économiques*** par rapport aux **théories économiques***, mais ces débats ne peuvent se limiter au choix d'un terme plutôt que d'un autre.

Les sciences économiques et la visée scientifique

En 1970, W. Leontiev pouvait écrire « *La science économique est actuellement au faîte de son prestige intellectuel et de sa popularité* », (*Essais d'économie*, 1re éd., 1966). Il n'en va plus de même aujourd'hui. La portée scientifique de la science économique est fréquemment mise en cause.

On conteste tout d'abord l'impérialisme du discours économique que l'on identifie à une « pensée unique » cherchant à justifier « scientifiquement » le règne sans partage du marché. On critique les économistes pour leurs erreurs de prévisions et pour leur incapacité à proposer des solutions aux grands problèmes de l'heure. On dénonce l'abstraction du savoir économique et son incapacité à rendre compte du réel.

Toutes ces critiques reposent largement sur une méconnaissance de ce qu'est l'activité scientifique et sur une approche partielle de ce que sont les résultats produits par la science économique.

La connaissance scientifique (en économie comme en tout autre discipline) n'est jamais une vérité définitive, mais une connaissance approchée. Un **modèle*** ou une théorie ne sont pas une reproduction de la réalité, mais une machine à poser des questions. Une théorie doit donc être jugée en fonction de la pertinence des questions qu'elle pose et non en fonction de sa « ressemblance » avec la réalité. Par exemple, le modèle d'équilibre général de concurrence pure et parfaite n'est pas « réaliste »: les marchés réels ne sont pas parfaitement concurrentiels. Mais le modèle permet précisément de repérer les écarts entre la réalité et le modèle et de construire une typologie des marchés (**monopole***, **duopole***, **monopsone***...). Par ailleurs, un modèle ne vise pas à démontrer la supériorité de tel ou tel **système économique***, il permet de tester des hypothèses, de préciser dans quelles conditions un énoncé peut être considéré comme valide. Par exemple, la majorité des travaux de recherche ont contribué à montrer que les conditions nécessaires pour atteindre un équilibre général de concurrence pure et parfaite qui soit aussi un optimum sont très restrictives et que la stabilité d'un tel équilibre ne peut pas être démontrée (dans l'état actuel de nos connaissances). Le programme de recherche néoclassique, loin de pouvoir servir à justifier le recours sans limite à la régulation par le marché, montre qu'une telle régulation n'est possible que dans des conditions qui ne sont jamais réunies dans la réalité. Enfin, nombre de critiques adressées à l'analyse économique portent sur un état dépassé ou sur une version abusivement vulgarisée de la théorie économique. Par exemple, s'il est vrai que le modèle walrasien de base repose sur l'hypothèse d'information parfaite des agents, de très nombreux travaux récents portent sur l'information imparfaite, sur l'existence d'asymétries d'information, sur la prise de décision dans l'incertitude...

On refusera donc l'interprétation scientiste de la science économique (qui considère qu'il existe une vérité absolue et définitive en matière économique), comme le relativisme (qui nie la production de savoirs scientifiques en économie) et on adoptera la posture plus modeste consistant à considérer que l'analyse économique s'inscrit dans une « visée scientifique » telle qu'elle est définie par G.G. Granger. Cette visée scientifique repose sur trois propositions:

– la science est « *visée d'une réalité* »;

– la science « *vise les objets en vue de décrire et d'expliquer, non directement d'agir* »;

– la science a « *un souci constant des critères de validation* ».

Science économique et sciences sociales

On oppose parfois la science économique aux sciences sociales. Cette opposition n'est guère pertinente, dans la mesure où la science économique (comme la sociologie, la psychologie sociale, l'ethnologie...) est une science sociale. Les sciences sociales, comme les sciences de la nature, sont marquées par un processus de spécialisation qui conduit à un découpage disciplinaire de plus en plus fin. Certes le social forme un tout inextricablement économique, politique, religieux, etc., mais chaque discipline se dote de son propre point de vue, découpe et construit son objet. L'institution familiale, par exemple, peut être étudiée par le sociologue, par l'économiste (travaux de G. Becker notamment), par le politologue (étude des politiques familiales). Il n'y a donc pas des faits économiques par nature étudiés par la science économique et des faits sociaux étudiés par les autres sciences sociales. Mais le fait que le social forme un tout, n'est pas incompatible avec l'existence de plusieurs disciplines, dont la science économique, qui rendent compte, chacune de son point de vue, du même objet.

Les sciences sociales obéissent aussi à une logique d'hybridation: des disciplines nouvelles surgissent à l'intersection de deux ou plusieurs disciplines existantes afin de construire un point de vue spécifique. La sociologie économique, la géographie économique, l'histoire économique sont le résultat de tels processus d'hybridation.

• *L'objet et la méthode de la science économique*

La tradition classique

○ Adam Smith (1723-1790), le père de l'économie politique, a donné une définition de la discipline qui est souvent citée: « *L'économie politique, considérée comme une branche des connaissances des législateurs et de l'homme d'État, se propose deux objets distincts: le premier, de procurer au peuple un revenu ou une subsistance abondante, ou, pour mieux dire, de le mettre en état de se procurer lui-même ce revenu ou cette subsistance abondante; le second, de fournir à l'État ou à la communauté un revenu suffisant pour le service public: elle se propose d'enrichir à la fois le peuple et le souverain!* » (*Recherches sur la nature et les causes de la richesse des nations*, 1776).

○ Pour J. B. Say (1767-1832), l'économie politique est la science qui « *enseigne comment se forment, se distribuent et se consomment les richesses qui satisfont aux besoins des sociétés* » (*Traité d'économie politique*, 1803). Affirmant la nécessité de distinguer l'économie politique de la politique, Say considère qu'il faut partir des faits (à l'exemple de la physique). Cependant son empirisme est nuancé. Il affirme par exemple: « *Et qu'est-ce que la pratique sans la théorie, c'est-à-dire l'emploi des moyens sans savoir pourquoi ni comment ils agissent? Ce n'est qu'un empirisme dangereux, par lequel on applique les mêmes méthodes à des cas opposés qu'on croit semblables, et par où l'on parvient où l'on ne voulait pas aller.* » (*id.*) On considère généralement que c'est D. Ricardo (1772-1823) qui inaugure une nouvelle tradition épistémologique en économie dans son œuvre majeure *Des principes de l'économie politique et de l'impôt* (1817). Mais ce sont les membres de l'école ricardienne qui vont expliciter cette méthode et la systématiser. Les contributions essentielles sont celles de N. W. Senior (1790-1864), J.-S. Mill (1806-1873), J.E. Cairnes (1823-1875), H. Sydgwick (1838-1900) et J.N. Keynes (1852-1949). Selon M. Zouboulakis, « *Être ricardien signifie non pas adopter sans réserve les doctrines du "maître" Ricardo, mais être d'accord avec lui sur le problème fondamental de l'économie politique (l'étude de la répartition dans un système de production sous la contrainte de la reproduction) et avoir la même "vision" du monde économique: une société constituée de classes, avec la propriété privée des moyens de production, une approche macrodynamique, la prédominance du secteur agricole, etc.* » (*La science économique à la recherche de ses fondements*, 1993).

Cette tradition épistémologique ricardienne est résumée ainsi par M. Zouboulakis: « *une approche objective des phénomènes sociaux, un type particulier de construction d'un objet économique autonome à l'intérieur du champ social, et une méthode de recherche en trois étapes qui combine l'explication déductive avec des modes inductifs, pour l'établissement des hypothèses et la vérification des résultats.* » (*id.*)

L'approche objective du social repose sur la distinction entre la science (qui dit ce qui est) et l'art (qui dit ce qu'il faut faire). Sur ce point, les ricardiens prennent leurs distances avec A. Smith qui continue à confondre l'art et la science dans la définition de l'économie politique. Cette approche objective introduit une coupure entre ce qui relève de la science et ce qui relève de la morale. R. Wathely (1787-1863) écrit: « *Les investigations relatives à la production et à la distribution des richesses, n'ont pas plus de lien avec l'égoïsme grossier que les recherches du chimiste ou du physiologiste sur le processus de digestion et d'absorption n'en ont avec l'excès glouton.* » Enfin, la conception objective du social doit conduire à la neutralité politique. S'opposant à J.-B. Say, Cairnes considère que la théorie de la richesse n'a pas à rechercher « *la justification des institutions existantes* ».

S'agissant de l'objet de l'économie politique, les ricardiens théorisent l'autonomisation du champ économique à l'intérieur du champ social. Par exemple, ils pensent que l'économie politique doit considérer comme données les caractéristiques psychologiques des individus et qu'elle n'a pas à prendre en compte les facteurs sociologiques. Les ricardiens ne contestent pas que ces facteurs influencent la vie économique, mais ils affirment vouloir procéder par abstraction afin de construire des connaissances solides.

Enfin, s'agissant de la méthode, les ricardiens proposent une méthode déductive enrichie. Ils refusent le dualisme (c'est-à-dire l'opposition entre sciences de la nature et sciences sociales), mais ils considèrent que la science économique doit construire sa propre méthode sans imiter la physique ou la biologie. Cette méthode consiste à encadrer une démarche déductive (qui joue un rôle décisif) par des démarches inductives: en amont pour circonscrire les faits auxquels l'économie politique s'applique, en aval pour vérifier les énoncés en les confrontant aux faits.

Marx et la dialectique

Pour K. Marx (1818-1883), il s'agit avant tout de fonder une critique de l'économie politique, car le discours des économistes de son temps lui semble lié aux idées et aux intérêts de la bourgeoisie. Pour autant, Marx souligne la contribution scientifique importante des grands auteurs classiques (Smith, Ricardo), il critique par contre très sévèrement ceux qui, loin de faire progresser la science, n'expriment que leurs convictions idéologiques. Cette critique vise les libéraux (Bastiat ou Say), mais aussi les socialistes utopistes (Proudhon, Sismondi...).

Pour Marx, il s'agit d'approfondir les acquis scientifiques des classiques (théories de la valeur travail) en poussant leur logique jusqu'à ses conséquences ultimes (théorie de l'exploitation) et de s'appuyer sur une méthode dialectique héritée de Hegel mais affranchie de son idéalisme. Le **matérialisme dialectique*** (méthode scientifique générale) se traduit par le **matérialisme historique*** dans l'étude des **modes de production***.

Marx adopte par ailleurs **un point de vue holiste**; pour lui, il faut partir de la totalité sociale pour en comprendre les composants et la dynamique.

Marx accorde une grande importance à la dynamique historique. Il n'existe pas de catégorie universelle ou éternelle, ni de loi économique valable en tout temps et en tout lieu. Critiquant Malthus, il affirme qu'il n'y pas de loi de population en général, mais une loi de population propre à chaque mode de production. La **surpopulation*** dont parle R. Malthus, n'est pas une surpopulation absolue, mais une surpopulation relative aux besoins en main-d'œuvre du **capitalisme***. Marx s'oppose en particulier à l'idée selon laquelle il existerait une nature humaine invariable qui se traduirait par des comportements humains indépendants du contexte social: *«...l'essence humaine n'est pas inhérente à l'individu isolé. Dans sa réalité c'est l'ensemble des rapports sociaux. » (Thèses sur Feuerbach)*

Marx critique l'empirisme: pour lui, il faut partir des concepts généraux les plus abstraits pour construire progressivement un « *concret pensé* ».

Contre les idées reçues positivistes en matière de méthode scientifique, Marx affirme qu'il faut « *s'élever de l'abstrait au concret* ».

Ce point de vue anti-empiriste repose sur le refus par Marx de toute idée de vérité manifeste. Si le détour par la théorie est indispensable, c'est parce que, au-delà des apparences, il faut percer l'essence des choses: « *Toute science serait superflue si l'apparence et l'essence des choses se confondaient.* » (Le Capital, Livre III).

Walras et la tradition néoclassique

L. Walras (1834-1910) distingue:

– l'économie pure, qui est une discipline déductive comparable à la physique et à la chimie. Une science observe, expose, explique: son critère est le vrai;

– l'économie appliquée qui est un art. Elle conseille, prescrit, dirige: son critère est l'utile;

– l'économie sociale qui concerne la répartition de la richesse sociale, c'est une science morale, son critère est le bien.

Pour Walras, les diverses approches sont complémentaires. Il a d'ailleurs publié un ouvrage sur chacun des trois domaines, même si ce sont ses travaux d'économie politique pure qui ont surtout retenu l'attention des économistes. « *Sans le recours de la science, l'art ne peut marcher qu'à tâtons, en trébuchant à chaque pas. D'un autre côté, c'est l'art qui met en valeur les vérités que la science a découvertes et qui, sans lui, demeureraient stériles.* » (*Éléments d'économie politique pure*, 1874)

S'agissant de l'économie politique pure, L. Walras souligne qu'elle étudie des « types idéaux » et non la réalité empirique: « *L'économie politique pure doit emprunter à l'expérience des types d'échange, d'offre, de demande, de marché, de capitaux, de revenus, de services producteurs, de produits. De ces types réels, elle doit abstraire, par définition des types idéaux, et raisonner sur ces derniers, pour ne revenir à la réalité que la science une fois faite, et en vue des applications. Nous aurons ainsi sur un marché idéal, des prix idéaux qui seront dans un rapport rigoureux avec une demande et une offre idéales.* » (id.). Il y a donc bien modélisation de la part de l'économiste. Le recours aux mathématiques (très contesté à l'époque par les économistes libéraux français) est destiné, selon Walras, à assurer la rigueur des déductions effectuées.

V. Pareto (1848-1923) adopte pour l'essentiel le même point de vue. Si L. Walras a une formation de mathématicien, Pareto a une formation d'ingénieur et les métaphores empruntées à la physique sont nombreuses dans son œuvre. Pour Pareto, l'étude de l'économie politique peut se fixer trois buts: la recherche de recettes pour la vie pratique, la défense d'une doctrine visant à réaliser telle ou telle fin jugée souhaitable, et la recherche des lois qui régissent les phénomènes. Dans ce dernier cas le but est « *exclusivement scientifique; on veut connaître, savoir, sans plus* » (*Manuel d'économie politique*, 1906). Comme Walras, Pareto insiste sur le fait que la science étudie des « phénomènes idéaux » : « *Nous ne devons jamais juger de la valeur d'une théorie en recherchant si elle s'écarte en quelque manière de la réalité, parce qu'aucune théorie ne résiste et résistera jamais à cette épreuve.* » (*id.*) Contre les membres de l'**École historique allemande***, Pareto affirme que l'on peut définir des **lois*** en économie. Il faut pour cela avoir recours à la méthode expérimentale, c'est-à-dire faire appel à l'observation et/ou à l'expérimentation. Mais, contre l'**empirisme***, il insiste sur le fait que « *l'abstraction constitue pour toutes les sciences la condition préliminaire et indispensable de toute recherche* » (*id.*).

A. Marshall (1842-1924) donne une définition de la science économique qui s'inspire à la fois de l'approche classique et de l'approche néoclassique: « *L'économie politique ou économique est une étude de l'humanité dans les affaires ordinaires de la vie; elle examine la partie de la vie individuelle et sociale qui a le plus particulièrement trait à l'acquisition et à l'usage des choses matérielles, nécessaires au bien-être. Elle est donc d'un côté, une étude de la richesse, de l'autre, et c'est le plus important, elle est une partie de l'étude de l'homme.* » (*Principes d'économie politique*, 1890)

A. Marshall adopte un point de vue éclectique: évoquant la querelle des méthodes, il considère pour sa part que toutes les méthodes peuvent être utilisées en économie politique, si elles sont utilisées de façon pertinente. Cet éclectisme est bien représenté par la formule suivante: « *l'économiste doit être avide de faits, mais les faits par eux-mêmes n'apprennent rien.* » (*id.*)

Au total, on pourra retenir la définition synthétique proposée par E. Malinvaud (*Leçons de théorie microéconomiques*, 1986): *« L'économie est la science qui étudie comment des ressources rares sont employées pour la satisfaction des besoins des hommes vivant en société; elle s'intéresse, d'une part, aux opérations essentielles que sont la production, la distribution et la consommation des biens, d'autre part, aux institutions et aux activités ayant pour objet de faciliter ces opérations.* »

• La querelle des méthodes en sciences économiques

La querelle des méthodes est clairement présentée par l'économiste français A. Marchal: « *Déduire, c'est essentiellement tirer, par une chaîne de raisonnements logiques, les conséquences d'un principe. Induire, c'est remonter de l'observation des faits à une proposition générale. Entre ces deux méthodes, les économistes ont longtemps hésité. Si, par-delà les nuances et les détails, on retient seulement les grands courants de pensée, on se rend compte que ce conflit n'est autre que celui qui a mis aux prises l'école classique et l'école historique allemande.* » (*Méthode scientifique et science économique*, 1952)

L'école historique allemande

Une des premières oppositions systématiques à l'école classique émane de F. List (1789-1846). Dénonçant le « cosmopolitisme » de l'école anglaise, il affirme la nécessité d'élaborer un « *Système national d'économie politique* » (titre de son livre de 1841). Derrière la contestation du libre-échange et de la domination britannique, c'est une divergence méthodologique qui s'exprime. Ce que List reproche aux économistes classiques anglais, c'est de tirer par déduction des conclusions qui se veulent universelles à partir d'hypothèses qui sont irréalistes. Par exemple, la théorie ricardienne des avantages comparatifs néglige la réalité nationale et raisonne comme si le globe ne formait qu'une seule nation. Les conclusions tirées de cette hypothèse irréaliste (la suppression des droits de douane) ne sont donc pas recevables.

Une attaque plus systématique et plus explicitement épistémologique est formulée par la première École historique allemande: W. Roscher (1817-1894), puis K. Knies (1821-1898) et B. Hildebrand (1812-1878).

W. Roscher, dans son ouvrage *Précis d'un cours d'économie politique d'après la méthode historique* (1843), formule des critiques relativement modérées. Sans mettre en cause globalement les travaux de l'école anglaise, il affirme la nécessité de leur juxtaposer une analyse des faits historiques et de formuler les maximes que les gouvernements doivent suivre dans les différentes époques et les différentes nations. B. Hildebrand (*L'économie politique du présent et de l'avenir*, 1848) et K. Knies (*L'économie politique envisagée au point de vue historique*, 1853) se montrent plus radicaux. Ils contestent l'existence de toute loi universelle et fixent à l'économie politique une mission de « description » de la réalité historique et de son évolution. Knies relance la polémique contre le « *cosmopolitisme* »; pour lui, il existe un « esprit national » propre à chaque peuple. Il n'existe donc aucun principe général à partir duquel on puisse développer une méthode déductive.

La « jeune école historique », incarnée notamment par G. Schmöller (1838-1917) va se montrer encore plus critique à l'égard de l'école classique en contestant le rôle des mécanismes de marché, y compris sur le plan interne aux nations. A. Wagner (1835-1917), l'un des membres de cette école, formule la célèbre loi qui porte son nom à propos de la croissance de l'intervention économique de l'État. Cependant, cette deuxième génération de l'École historique se montre favorable à un compromis sur le plan épistémologique en ne niant pas l'existence de lois et en reconnaissant l'importance de la **théorie***.

L'école autrichienne

Réagissant aux attaques des historistes, C. Menger publie en 1883 ses *Investigations sur les méthodes des sciences sociales.* Il y affirme le primat de la théorie: « *Nous comprenons un phénomène concret d'une manière théorique en le reconnaissant comme un cas spécial d'une certaine régularité (conformité de loi) de succession ou de coexistence de phénomènes.* » Il souligne que toute tentative de décrire la réalité, de construire des typologies suppose une grille de lecture théorique. Menger développe des conceptions aprioristes qui sont reprises dans une large mesure par L. von Mises.

Selon L. von Mises (1881-1973), « *Il faut étudier les lois de l'agir humain et de la coopération sociale, comme le physicien étudie les lois de la nature* » (*L'action humaine*, 1949). En dépit de cette affirmation, qui vise à souligner l'ambition scientifique de la science économique, Mises est un partisan du dualisme méthodologique : les sciences de la nature se fondent, d'après lui, sur l'induction et l'expérimentation. La connaissance des activités humaines relève par contre de l'histoire ou de la praxéologie. L'histoire étudie des événements uniques et il n'est donc pas possible d'en tirer, par induction, des propositions générales concernant l'agir humain. L. von Mises, fidèle à la perspective autrichienne, s'oppose donc à toute fécondité de la « méthode historique ». L'agir humain relève donc de la **praxéologie***. Celle-ci est une connaissance *a priori*, elle repose sur l'introspection pour élaborer des propositions initiales à partir desquelles on déduit d'autres propositions qui constituent une connaissance exacte de la réalité. Pour Mises, « *l'agir humain est nécessairement toujours rationnel* » (*id.*), comme tous les hommes ont la raison en partage, l'introspection peut conduire à des propositions qui sont généralisables et qui peuvent servir de base à une connaissance déductive. La praxéologie est une connaissance de l'action, qui dit action dit intention, but à atteindre et moyens pour réaliser ces fins. « *La praxéologie est indifférente aux buts ultimes de l'action. Ses conclusions valent pour toute espèce d'action quelles que soient les fins visées. C'est une science des moyens et non des fins.* » (*id.*). La praxéologie étudie donc l'ensemble des actions humaines. Mises propose de nommer **catallactique***, le sous-ensemble de la praxéologie qui se consacre à l'étude des comportements proprement économiques.

L. von Mises est aussi un défenseur de l'individualisme méthodologique : « *Car une collectivité n'a pas d'existence et de réalité, autres que les actions des individus membres.* » (id.)

La définition de L. Robbins (1898-1984), qui est devenue classique, s'inscrit dans la tradition autrichienne. Elle est souvent citée, même par des économistes qui ne partagent pas pour autant l'ensemble des conceptions autrichiennes.

« *L'économie est la science qui étudie le comportement humain en tant que relation entre des fins et des moyens rares à usages alternatifs.* » (*La nature et la signification de la science économique*, 1932)

• *La question du réalisme des hypothèses*

Les modèles construits par la théorie économique reposent (comme tout modèle) sur un certain nombre d'hypothèses. Comment ces hypothèses sont-elles choisies ? Doivent-elles être réalistes ?

On dispose sur ce point de trois types de réponses :

1) Pour les tenants de l'**apriorisme*** (en particulier l'École autrichienne), les hypothèses sont des propositions que nous connaissons par introspection, qui relèvent de l'évidence. Dès lors, les propositions qui sont valablement déduites de ces hypothèses sont vraies et n'ont même pas besoin d'être vérifiées.

2) M. Friedman, dans un célèbre article de 1953 (« *La méthodologie de l'économie positive* »), repousse la conception a prioriste et adopte un point de vue conventionnaliste. Une hypothèse n'a pas besoin d'être réaliste. Elle doit être jugée à partir des prévisions que le modèle permet de réaliser. Si un modèle formule des prévisions correctes, les hypothèses sur lesquelles il repose doivent être considérées comme validées. Friedman écrit : « *Le seul test pertinent de la validité d'une hypothèse est la confrontation de ses prévisions avec l'expérience. L'hypothèse est rejetée si ses prévisions sont contredites (« fréquemment » ou plus souvent que des prévisions provenant d'une hypothèse alternative) ; elle est validée si ses prévisions ne sont pas contredites ; elle est considérée comme très fiable si elle a survécu à de nombreuses occasions d'être contredite. Les données factuelles ne peuvent jamais "prouver" une hypothèse, elles peuvent seulement ne pas réussir à la réfuter...* » (*La méthodologie de l'économie positive*, 1953). À la limite, pour Friedman, une théorie est d'autant plus féconde qu'elle repose sur des hypothèses irréalistes. En effet, une hypothèse considérée comme « réaliste » risque de n'être qu'une idée reçue correspondant à l'impression immédiate. La position de

Friedman est aussi une conception instrumentaliste. La seule légitimité d'une théorie résiderait dans la formulation de prévisions. F. Hahn conteste ce point de vue: « *Il est patent que nous pouvons prétendre comprendre un événement sans prétendre que nous pouvons le prédire. Les géophysiciens, par exemple, croient qu'ils comprennent les tremblements de terre mais ne peuvent les prédire.* » (*Equilibrium and Macroeconomics*, 1984)

3) La critique la plus radicale de la position de M. Friedman a été formulée par P.A. Samuelson. Celui-ci dénonce humoristiquement le « *F Twist* » (que l'on peut traduire librement par « distorsion Friedman »). Pour Samuelson, toute théorie est tautologique: la validité de conclusions logiquement déduites d'hypothèses est subordonnée à la validité des hypothèses. On ne peut tirer des conclusions empiriquement vraies à partir d'hypothèses fausses. Pour Samuelson, les théories et les modèles doivent reposer sur des hypothèses empiriquement testables. En réalité, le débat Friedman/Samuelson porte sur le sens qu'il faut donner au terme « réalisme ». Il semble largement admis parmi les économistes qu'on ne peut valablement construire un modèle sur une ou des hypothèses empiriquement réfutées. Par contre, il est légitime d'avoir recours à des hypothèses abstraites qu'il n'est pas possible de réfuter directement.

• *La pluralité des paradigmes*

R. di Ruzza (*Éléments d'épistémologie pour économistes*, 1988), développe le point de vue selon lequel les sciences de la Nature sont des disciplines « *à l'intérieur desquelles les théories sont universelles et universellement acceptées* » et les sciences sociales sont des disciplines « *à l'intérieur desquelles il y a lutte entre des théories contradictoires* ».

On peut considérer en effet qu'à chaque moment de l'histoire des sciences de la nature correspondant à une phase de **science normale*** (au sens de Th. Kuhn), l'accord entre les scientifiques est très large, alors qu'on s'interroge pour savoir si le concept de science normale est pertinent pour la science économique et les sciences sociales en général. De même, beaucoup d'épistémologues soulignent que les sciences de la nature apparaissent comme beaucoup plus cumulatives que les sciences sociales.

Cependant, il ne faut pas surestimer cette distinction. On constate en effet que certaines sciences de la nature sont caractérisées par de longues périodes de coexistence conflictuelle entre paradigmes et que certaines sciences sociales sont marquées par des périodes de science normale. C'est ainsi que la démographie est caractérisée aujourd'hui par la domination du paradigme de la **transition démographique***.

Il n'est pas contestable cependant que les sciences sociales, et la science économique en particulier, sont caractérisées par la pluralité des paradigmes, mais il n'est pas certain qu'il s'agisse là d'un critère de distinction pertinent entre sciences de la nature et sciences sociales.

De même, on peut se demander si la pluralité des paradigmes est une caractéristique permanente des sciences sociales ou si elle est transitoire et liée à la « jeunesse » de ces disciplines.

Quoi qu'il en soit, si l'on s'interdit les simplifications abusives et si l'on n'aborde pas la question sous le seul angle idéologique, la confrontation de paradigmes concurrents est une source de progrès des connaissances. On sait par exemple que les critiques adressées par Hayck au *Traité sur la monnaie* ont conduit Keynes à préciser et à approfondir ses analyses à travers la rédaction de la *Théorie générale de l'emploi de l'intérêt et de la monnaie*. De la même façon, les critiques adressées par les économistes hétérodoxes au modèle d'équilibre général ont contraint les auteurs qui s'inscrivaient dans ce programme de recherche à introduire des hypothèses nouvelles (marchés imparfaits, incertitude, etc.).

• *Formalisation et « attraction formaliste »*

Le débat qui oppose les tenants de l'approche littéraire aux tenants de l'approche mathématique en économie semble désormais tranché en faveur des seconds. Ce débat se pose déjà au 19e siècle. Si L. Walras a enseigné l'économie politique à Lausanne, c'est que les économistes qui contrôlaient l'accès à la profession en France (P. Leroy-Beaulieu et ses disciples) s'opposaient à l'usage des mathématiques. Certes ils s'opposaient aussi aux sympathies « socialistes » de Walras, mais l'argument méthodologique était fort. Cette tradition française est restée influente. L'économie politique s'enseignait dans les Facultés de droit, on cultivait le goût de l'histoire et de la sociologie, on craignait l'appauvrissement du discours lié à la mathématisation.

Au 20e siècle cependant, l'usage des mathématiques s'est imposé. En France, ce sont souvent des ingénieurs et non des économistes universitaires traditionnels qui ont contribué au développement de l'économie mathématique. Citons A. Cournot (1801-1877), J. Dupuit (1804-1866) et plus tard M. Allais (né en 1911). Mais c'est principalement sous l'influence anglo-saxonne que la mathématisation est devenue la norme de la discipline.

Soulignons tout d'abord que l'analyse économique porte très souvent sur des données quantitatives (prix, quantités produites, exportations…) qui se prêtent bien au traitement mathématique. Soulignons ensuite que les progrès de la science économique ont conduit à accroître considérablement les données statistiques disponibles. L'approche macroéconomique présentée par Keynes (sous forme littéraire) dans la *Théorie générale* a conduit à la mise au point de la **Comptabilité nationale*** (recueil et mise en forme des données). La volonté de mettre en œuvre des politiques économiques s'est accompagnée de la création de **modèles*** macroéconomiques.

En suivant la présentation de B. Walliser et Ch. Prou (*La science économique*, 1988), on peut présenter ainsi les apports de la formalisation :

– « *La formalisation est d'abord un langage d'exposition précis et rigoureux qui permet, dans un cadre cohérent, de définir les concepts de façon si possible unique et d'énoncer les propositions sous une forme souvent ramassée* ».

– « *La formalisation est un instrument puissant de démonstration et de calcul, qui permet de mieux cerner les conditions de validité logique des énoncés théoriques et d'engendrer des propositions nouvelles* ».

– « *La formalisation permet d'exprimer des théories différentes dans un langage formel commun et donc de les confronter voire de dégager une théorie synthétique* ».

– « *La formalisation est un support utile pour confronter les théories aux observations* ».

La formalisation présente cependant des dangers et notamment le danger de succomber à l'attraction formaliste (J.Y. Caro). Dans ce cas l'économiste ne se préoccupe plus du contenu empirique de ses travaux, mais seulement de son élégance formelle. R. Clower et P. Howitt mettaient récemment en garde leurs collègues : « *Si l'économie doit se contenter d'être une subdivision des mathématiques qui utilise une terminologie particulière, alors elle ne mérite pas d'exister.* » (*L'économie devient-elle une science dure ?*, 1995)

La même idée se trouvait déjà chez J.-M. Keynes (auteur par ailleurs d'un *Traité de probabilités*) : « *Une beaucoup trop grande part de travaux récents d'économie mathématique consiste en des élucubrations aussi imprécises que les hypothèses de base sur lesquelles ces travaux reposent, qui permettent à l'auteur de perdre de vue les complexités et les interdépendances du monde réel, en s'enfonçant dans un dédale de symboles prétentieux et inutiles.* » (*Théorie générale de l'emploi, de l'intérêt et de la monnaie*, 1936)

C'est pourquoi de nombreux économistes, dont certains sont d'excellents mathématiciens (M. Allais, E. Malinvaud par exemple) insistent pour qu'on ne perde pas de vue la nécessaire confrontation avec les faits. C'est ainsi que W. Leontief (créateur de l'analyse input/output) écrivait dès 1953 :« *L'économie, l'économie mathématique en particulier, a acquis très tôt dans son évolution les attitudes et les manières des sciences empiriques exactes sans être réellement passée par la dure école de la recherche directe et détaillée des faits. Cela nous fera peut-être du bien de revenir en arrière pour rattraper l'expérience qui nous a manqué. Et quand on a pris la peine, on ne peut s'empêcher d'éprouver une satisfaction particulière en voyant ces masses de faits sans forme apparente se plier aux commandements d'une pensée mathématique ordonnée et ordonnante.* » (« *Les mathématiques et l'économique* », conférence de 1953 rééditée dans *Essais d'économique*, 1966)

☞ **Bibliographie**

● BLAUG M. (1994/1992), *La méthodologie économique*, Economica.

CHALMERS A.F. (1987/1976), *Qu'est-ce que la science ?*, La Découverte.

MOUCHOT C. (1996), *Méthodologie économique*, Hachette, coll. HU.

❍ D'AUTUME A. et CARTELIER J. (éds) (1995), *L'économie devient-elle une science dure ?*, Economica.

BONNAFOUS A. (1974), *Le siècle des ténèbres de l'économie*, Economica.

DI RUZZA R. (1988), *Éléments d'épistémologie pour économistes*, PUG.

FRIEDMAN M. (1995), *Essais d'économie positive*, Litec.

KOLM S.C. (1986), *Philosophie économique*, Seuil,

MEIDINGER C. (1994), *Science économique : question de méthode*, Vuibert.

MINGAT A., SALMON P., WOLFESPERGER A. (1985), *Méthodologie économique*, PUF, coll. Thémis.

ÉQUATION DE CAMBRIDGE

Pour A. C. Pigou (1877-1959), la **demande de monnaie*** des agents (M) est proportionnelle à leur revenu réel (Y): M = kPY (où P est le niveau général des prix). On en déduit que la valeur réelle des encaisses monétaires (M/P) est égale (à une constante près (k) au revenu réel :

M/P = kY

Où k est une constante qui est égale, à court terme, à l'inverse de la vitesse de circulation de la monnaie.

Cette équation signifie que les agents s'intéressent au pouvoir d'achat de leurs encaisses, on retrouve donc l'**effet d'encaisse réelle***.

☞ **Concepts et corrélats**

➤ Monnaie ➢ Demande de monnaie

ÉQUATION DE FISHER

L'équation de Fisher est une reformulation de la **théorie quantitative de la monnaie***. Cette dernière met en relation le volume des transactions (T), le niveau général des prix (P), la vitesse de circulation de la monnaie (V), et la **masse monétaire*** (M). I. Fisher (1867-1947) généralise cette approche en introduisant une distinction entre la monnaie fiduciaire (M) et sa vitesse de circulation (V) d'une part et les dépôts à vue (M') qui ont leur propre vitesse de circulation (V') d'autre part.

On obtient : M. V + M'.V' = P. T

➩ Dans cette approche, il y a **dichotomie*** et la **monnaie*** n'est considérée que comme un instrument de transaction.

☞ **Concepts et corrélats**

➤ Monnaie ➢ Monétarisme

ÉQUILIBRE

En science économique, un équilibre est une situation dans laquelle les agents n'ont aucune raison de modifier leurs comportements compte tenu des informations dont ils disposent et des contraintes (notamment techniques) qui pèsent sur eux.

➩ Le concept d'équilibre n'est pas propre à la **théorie néoclassique*** : on parle d'**équilibre de sous-emploi*** chez Keynes, de croissance équilibrée (ou déséquilibrée) dans l'**économie du développement***, etc.

➩ On oppose parfois l'équilibre (lié à une analyse statique) et la croissance ou le développement (liés à une analyse dynamique).

☞ **Concepts et corrélats**

➤ Marchés et prix ➤ Théories économiques ➢ Équilibre général ➢ Équilibre partiel ➢ Équilibre de marché ➢ Équilibre de Nash

ÉQUILIBRE À PRIX FIXES

➢ **Théorie des équilibres à prix fixes** ➤ **Théories économiques**

ÉQUILIBRE AU FIL DU RASOIR

Dans le **modèle de Harrod***, pour qu'il y ait croissance équilibrée de plein-emploi, il faut qu'un équilibre s'instaure à la fois sur le marché des produits et sur le marché du travail. Il faut donc obtenir l'égalité entre les trois taux de croissance : **taux de croissance effectif*** (g), taux de croissance garanti ou justifié (g_w) et taux de croissance naturel (g_n).

$$g = g_W = g_n \text{ ou } \frac{s}{v} = \frac{s}{\beta} = n$$

avec s = propension marginale à épargner, v = **coefficient de capital***, β = **coefficient d'accélération***.

Cette égalité risque de ne pas être obtenue, car il est peu probable que les deux normes de croissance relatives à la pleine utilisation du capital (g_w) et à la pleine utilisation du travail (g_n) soient satisfaites simultanément.

Le sentier de croissance défini par R. Harrod (1900-1978) n'est donc pas stable: le système ne peut-être ramené sur le sentier d'équilibre par un processus autocorrecteur. Bien plus, tout écart par rapport à l'équilibre, au lieu de se corriger, aggravera les déséquilibres. C'est pourquoi la croissance au taux garanti est dite équilibre au fil du rasoir.

☞ Concepts et corrélats

➤ Croissance économique

ÉQUILIBRE BUDGÉTAIRE

Il y a équilibre budgétaire dans une unité de production lorsque le montant des produits est égal au montant des charges. Dans le cas du **budget de l'État*** l'équilibre budgétaire signifie que les recettes et les dépenses inscrites dans la **Loi de finances*** sont d'un montant identique.

☞ Concepts et corrélats

➤ État ➢ Solde budgétaire ➢ Théorème de Haavelmö ➢ Impasse budgétaire

---

ÉQUILIBRE CONCURRENTIEL

L'équilibre sur un **marché*** en situation de **concurrence pure et parfaite*** résulte de la confrontation des offre et demande totales.

La courbe de demande totale sur un marché s'obtient par sommation horizontale de l'ensemble des **courbes de demande*** individuelles. Elle indique les quantités totales du bien concerné qui seront demandées par l'ensemble des consommateurs pour les différents prix possibles.

La courbe d'offre totale est obtenue par sommation horizontale des courbes de **coût marginal*** (au-dessus des minima des courbes de coût moyen variable) des différentes entreprises produisant le bien concerné.

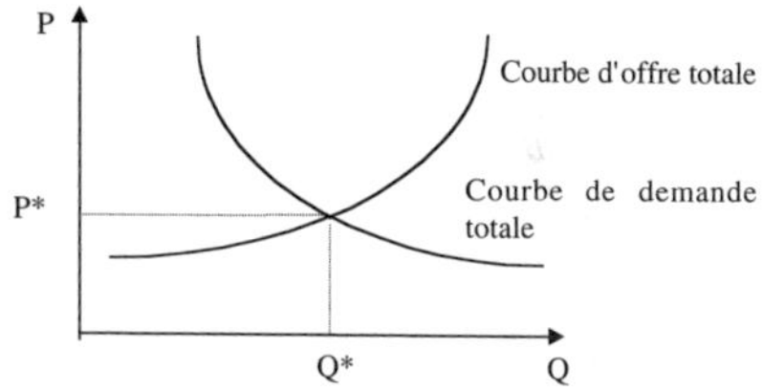

➪ L'expression d'équilibre concurrentiel est généralement réservée aux marchés en situation de concurrence pure et parfaite. Mais on peut également rencontrer des situations d'équilibre sur des marchés en **concurrence imparfaite***: **équilibre de Nash***...

☞ Concepts et corrélats

➤ Marchés et prix ➢ Courbe d'offre

ÉQUILIBRE DE LONG TERME (DU PRODUCTEUR)

En **microéconomie**, à long terme, les perspectives de **profit*** attirent de nouveaux **producteurs*** sur le **marché***. Les producteurs utilisent la meilleure technique de production et les **fonctions de coûts*** sont alors identiques pour tous les producteurs. L'accroissement de l'offre provoque une baisse du prix de marché et donc du profit, jusqu'au niveau du seuil de rentabilité (minimum du **coût moyen***). À ce niveau, le profit global est nul et il n'y a donc plus d'incitation à entrer sur le marché.

☞ Concepts et corrélats

➤ Marchés et prix

ÉQUILIBRE DE MARCHÉ

➤ Marchés et prix ➢ Équilibre concurrentiel

ÉQUILIBRE DE MONOPOLE

En **microéconomie***, en situation de **monopole pur*** comme en situation de **concurrence pure et parfaite***, le producteur recherche toujours la **maximisation du profit***. Pour atteindre cet objectif, le producteur doit donc produire une quantité telle que sa **recette marginale*** est égale à son **coût marginal***.

Mais, alors qu'en concurrence pure et parfaite, le prix est imposé par le marché et égal à la recette marginale, en monopole le producteur détermine le prix et ce dernier est supérieur à la recette marginale. Cette situation a deux conséquences, d'une part la règle de la tarification au coût marginal n'est pas respectée, d'autre part on voit apparaître une **rente de monopole***.

➪ Si l'on compare l'équilibre de monopole avec l'équilibre de concurrence pure et parfaite, on constate qu'en monopole le prix est plus élevé et la quantité offerte plus faible. La situation de monopole est donc défavorable au **consommateur***.

☞ **Concepts et corrélats**

➤ Marchés et prix ➢ Fonction de coût ➢ Maximisation du profit ➢ Monopole naturel

ÉQUILIBRE DE NASH

L'équilibre de Nash est une solution de théorie des jeux proposée en 1951 par le mathématicien américain J.F. Nash (prix Nobel 1994). Cet équilibre d'un jeu non coopératif correspond à une combinaison de stratégies dans laquelle aucun des acteurs ne peut espérer améliorer sa situation par un changement unilatéral de stratégie. Un jeu peut présenter plusieurs équilibres de Nash et il est fréquent que de tels équilibres ne soient pas des **optimums de Pareto***.

➪ Ces propriétés présentent un grand intérêt théorique car elles montrent que, lorsque certaines hypothèses de la **concurrence pure et parfaite*** ne sont pas réalisées, des comportements d'agents rationnels sur un marché peuvent conduire à un équilibre qui n'est ni unique, ni optimal.

☞ **Concepts et corrélats**

➤ Marchés et prix ➢ Théories économiques ➢ Duopole ➢ Optimum de Pareto

ÉQUILIBRE DE PAUVRETÉ

Le concept d'« équilibre de pauvreté » développé par J.K. Galbraith rejoint l'idée de **cercle vicieux du sous-développement***. Dans *Théorie de la pauvreté de masse* (1980), cet auteur insiste sur la **rationalité*** des comportements individuels par rapport à un « équilibre de pauvreté ». Pour lui, en l'absence de possibilités d'**investissements***, les techniques agricoles traditionnelles ont atteint ou approché un optimum. De même, l'absence d'**innovations*** résulte de « *modalités du calcul des risques dans une population pauvre* ». En effet, « *toute innovation implique un jour ou l'autre un risque d'échec...(...) Pour une famille vivant aux limites de la survie, l'échec signifie la famine et peut-être la mort. Le risque, dans ces conditions, ne saurait s'accepter à la légère (...) Si la pauvreté est cruelle, une lutte perpétuelle et perpétuellement vaine pour y échapper le serait plus encore.* »

De nombreux comportements économiques et culturels, considérés comme des freins au développement, dépendent également de la situation de pauvreté. Cette dernière explique le maintien de la communauté comme axe essentiel de l'organisation sociale car elle protège les individus en situation difficile. De même le **chômage*** massif explique le parasitisme social de la famille élargie par rapport à celui qui possède un emploi. L'absence de moyens financiers pour investir explique l'absence d'esprit d'entreprise. Les difficultés d'accès aux sources de financement maintiennent le rôle des usuriers, etc.

☞ **Concepts et corrélats**

➤ Économie du développement

ÉQUILIBRE DE SOUS-EMPLOI

Dans la **théorie keynésienne***, le principe de la **demande effective*** conduit les entreprises à anticiper une **demande*** et à réaliser la **production*** correspondante. L'économie est en situation d'équilibre. Mais cette production nécessite un volume d'emploi qui ne correspond pas forcément à la population active disponible. Cet équilibre est alors un équilibre de sous-emploi.

☞ **Concepts et corrélats**

➤ Marché du travail ➢ Chômage involontaire ➢ Chômage keynésien

ÉQUILIBRE DU CONSOMMATEUR

L'équilibre du consommateur est le **panier de consommation***, traditionnellement nommé X*, qui rend maximale la **fonction d'utilité*** tout en étant compatible avec la **contrainte de budget***.

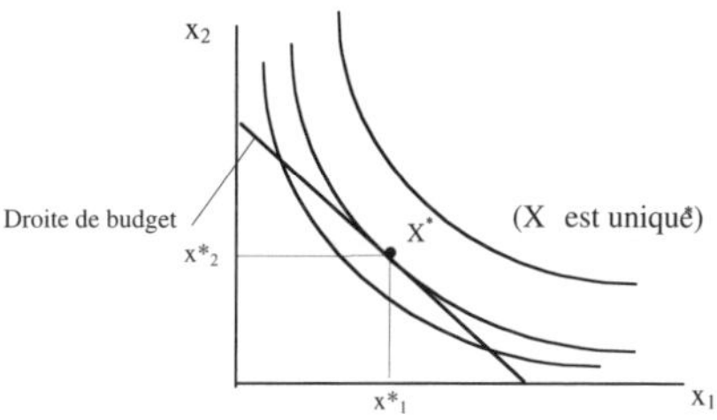

Le panier (x^*_1, x^*_2) constitue l'équilibre du consommateur.

En effet, la droite de budget sépare l'ensemble des paniers de consommation en deux sous-ensembles.

Les paniers situés au-dessus de la **droite de budget*** sont préférés par le consommateur, puisqu'ils se situent sur des **courbes d'indifférence*** plus élevées. Mais ils ne sont pas accessibles car ils correspondent à une dépense supérieure au budget du consommateur.

Les paniers situés au-dessous de la droite de budget sont accessibles mais ne maximisent pas **l'utilité*** du consommateur.

Il faut donc choisir un point situé sur la droite de budget. Il en existe une infinité. Tant qu'il y a deux points d'intersection entre une courbe d'indifférence et la droite de budget, il existe une courbe d'indifférence située plus haut qui reste accessible au consommateur. La situation d'équilibre est le point de tangence entre la droite de budget et une courbe d'indifférence.

➪ Si les courbes d'indifférence sont strictement convexes, c'est-à-dire si elles ne comprennent pas de segments de droite, il n'y a qu'un seul panier optimal pour une droite de budget donnée.

☞ Concepts et corrélats

➤ Marchés et prix ➤ Consommation ➤ Convexité des préférences

ÉQUILIBRE DU PRODUCTEUR (COURT TERME)

En **microéconomie***, l'équilibre du producteur en **concurrence pure et parfaite*** à court terme est atteint lorsque le **producteur*** maximise son profit. Il s'agit donc de la quantité produite (Q*) telle que le **coût marginal*** est égal au **prix de marché***.

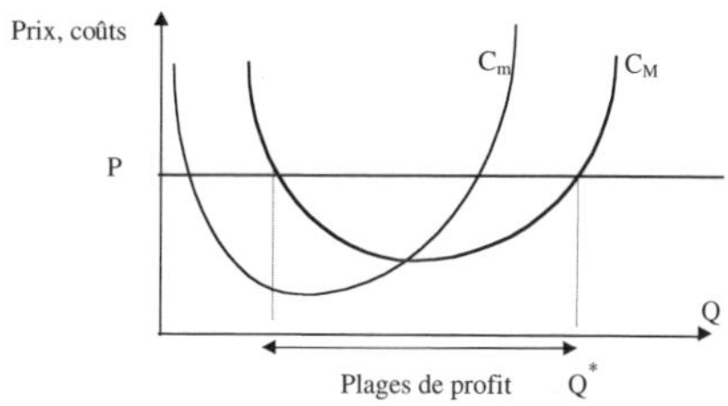

➪ En concurrence pure et parfaite, le prix s'impose au producteur et il est égal à la recette moyenne et à la recette marginale.

☞ Concepts et corrélats

➤ Marchés et prix ➢ Fonction de coût ➢ Maximisation du profit

ÉQUILIBRE EMPLOIS-RESSOURCES

En Comptabilité nationale, l'équilibre Emplois-Ressources permet de décrire la manière dont ont été utilisés les biens et services au sein d'une économie. C'est une égalité comptable qui ne signifie pas forcément que l'économie soit équilibrée. Il peut y avoir un **déficit commercial*** ou une insuffisance de l'**investissement***.

Ressources = Emplois.

Production* + **importations*** = **consommations intermédiaires*** + **consommation finale*** + **formation brute de capital fixe*** + **variation des stocks*** + **exportations***.

Ou encore **Produit intérieur brut*** + **importations*** = **consommation finale*** + **formation brute de capital fixe*** + **variation des stocks*** + **exportations***.

☞ Concepts et corrélats

➤ Comptabilité nationale

ÉQUILIBRE GÉNÉRAL

Une situation d'équilibre général est une situation où tous les **marchés*** (des biens, du travail, du capital) sont simultanément en équilibre. L'équilibre général résulte à la fois de la confrontation de l'offre et de la demande sur chaque marché (ce qui conduit à un **prix d'équilibre***) et des comportements des agents qui arbitrent entre les marchés en fonction de leurs préférences (consommateurs) et de leur volonté de maximisation du profit (producteurs).

La théorie de l'équilibre général explique donc comment les décisions d'individus poursuivant des fins qui leur sont propres aboutit non à l'anarchie mais à une situation socialement satisfaisante. Selon la formule de F. Hahn: « *Les prix d'équilibre imposent l'ordre dans un chaos potentiel* ».

➪ La théorie de l'équilibre général a été formulée par L. Walras (1834-1910). Sa présentation la plus achevée a été proposée par J. Arrow (prix Nobel 1972) et G. Debreu (prix Nobel 1983).

➪ Pour les théoriciens néoclassiques, une économie tend spontanément vers un équilibre général lorsque certaines conditions sont remplies (en particulier **concurrence pure et parfaite*** et absence de **rendements croissants***).

➪Tous les économistes libéraux n'adoptent pas cette approche en termes d'équilibre général. En particulier, les économistes qui se réclament de l'**École autrichienne*** défendent une conception du marché comme processus et une vision dynamique de la **concurrence*** qui les distinguent du caractère statique de l'équilibre général.

☞ Concepts et corrélats

➤ Marchés et prix ➤ Théories économiques ➢ Équilibre concurrentiel ➢ Équilibre du producteur ➢ Équilibre du consommateur ➢ Équilibre partiel ➢ Loi de Walras

ÉQUILIBRE PARTIEL

À la différence de l'approche en termes d'**équilibre général***, l'approche en termes d'équilibre partiel étudie les conditions de la formation de l'équilibre sur un seul **marché***. L'étude porte notamment sur la détermination des **fonctions d'offre*** et des **fonctions de demande***.

➪ Cette approche a été développée en particulier par A. Marshall (1842-1924).

☞ Concepts et corrélats

➤ Marchés et prix ➢ Théories économiques ➢ Équilibre concurrentiel ➢ Équilibre du producteur ➢ Équilibre du consommateur

ÉQUIPE SEMI-AUTONOME

Une équipe semi-autonome est une forme collective d'**enrichissement des tâches***. On considère qu'il y a un groupe semi-autonome à partir du moment où un groupe de travailleurs, dépourvu de responsabilité hiérarchique en son sein, organise le travail qui lui est fixé et le répartit librement entre ses membres.

☞ Concepts et corrélats

➢ Crise du fordisme ➢ Élargissement des tâches ➢ Fordisme ➢ Organisation scientifique du travail (OST) ➢ Taylorisme

ÉQUITÉ

Est équitable un comportement ou une situation conforme à la justice. On ne peut donc se prononcer sur l'équité qu'à condition d'expliciter le principe de justice auquel on se réfère.

➪ Étymologiquement, équité signifie égalité, mais les deux termes, dans leur sens contemporain, ne doivent pas être confondus. Il existe des inégalités justes (et donc équitables), par exemple, l'application du principe « donner plus à ceux qui ont le moins » constitue une inégalité juste si on considère que la justice consiste à réduire les inégalités.

☞ Concepts et corrélats

➤ Revenus et patrimoines ➤ Théories économiques ➢ Justice sociale ➢ Justice corrective ➢ Justice commutative➢ Justice distributive

ÉQUITÉ FISCALE

Le principe d'équité fiscale signifie que chaque citoyen doit payer sa juste part dans le financement des activités publiques.

L'équité fiscale peut être interprétée de deux façons:

– selon le principe d'équivalence, chaque contribuable doit payer en proportion des avantages qu'il retire des **services publics***. Dans cette perspective, le rapport entre l'État et les agents privés est assimilé à un contrat volontaire;

– selon le principe de la capacité contributive, chaque contribuable doit payer en fonction de ses aptitudes à contribuer au financement. Cette aptitude est évaluée par l'un et/ou l'autre des critères suivants: **revenu***, **patrimoine***, **consommation***.

☞ **Concepts et corrélats**
➤ Politique économique ➤ État
➤ Revenus ➢ Équité
➢ Fiscalité➢ Budget de l'État

ÉQUIVALENCE RICARDIENNE

➤ Théories économiques ➢ Théorème d'équivalence

ESCOMPTE

L'escompte est une opération de mobilisation des **effets de commerce***. L'entrepreneur qui possède des effets de commerce les cède à sa **banque*** qui lui remet en contrepartie des **liquidités***. L'opération a un coût: le taux de l'escompte qui est un **taux d'intérêt*** débiteur.

➪ L'escompte est une opération de monétisation de **créance*** qui conduit à une **création monétaire***.

☞ **Concepts et corrélats**
➤ Monnaie ➢ Lettre de change
➢ Réescompte

ESPACE ÉCONOMIQUE EUROPÉEN (EEE)

L'Espace économique européen est un **marché commun*** créée entre l'**Union européenne*** (UE) et les pays de l'**Association économique de Libre-Échange*** (AELE) à l'issue d'un traité signé en 1992. Les marchandises, les services, les capitaux et les travailleurs peuvent circuler librement à l'intérieur de cette zone. La Suisse n'a pas adhéré à l'EEE après un rejet de cette adhésion par référendum. L'entrée en vigueur effective de l'EEE a été reportée au 1er janvier 1994. Mais le 1er janvier 1995, l'adhésion de trois États membres de l'AELE à l'Union européenne a réduit l'importance de l'EEE.

☞ **Concepts et corrélats**
➤ Intégration économique

ÉTABLISSEMENT

L'établissement est une unité technique (usine, magasin, dépôt, agence) de **l'entreprise***. Il n'est pas doté de la personnalité juridique.

La plupart des entreprises ne comprennent qu'un seul établissement, mais les plus grandes en compte plusieurs dizaines.

➪ Ne pas confondre avec l'entreprise.

☞ **Concepts et corrélats**
➤ Entreprise ➢ Concentration

ÉTABLISSEMENTS DE CRÉDIT

Les établissements de crédit sont des prestataires de **services d'investissement*** qui ont été agréés pour exercer à la fois des activités bancaires et des activités financières. Parmi les établissements de crédit on distingue:

– les banques au sens strict (adhérentes à l'**Association française des banques***);

– les banques mutualistes et coopératives (y compris désormais les caisses d'épargne et de prévoyance);

– les caisses de crédit municipal;

– les **sociétés financières***;

– les **institutions financières spécialisées***.

➪ Alors que les **banques*** (AFB ou mutualistes et coopératives) peuvent réaliser toutes les opérations bancaires et services d'investissement, les autres établissements de crédit ne peuvent réaliser que les opérations prévues dans leur statut et pour lesquelles ils ont été agréés.

☞ **Concepts et corrélats**
➤ Monnaie ➢ Banque

ÉTALON DE CHANGE OR (GOLD EXCHANGE STANDARD, GES)

Un système d'étalon de change or est un système de **changes fixes*** où une ou plusieurs **devises*** (**devises clés***) sont utilisées comme monnaie(s) internationale(s) en complément voire en substitut à l'or. La ou les devise(s) clé(s) bénéficie(nt) de la libre **convertibilité*** en or et surtout d'une confiance basée sur le rôle économique du pays émetteur de cette **monnaie***.

Les systèmes mis en place à la **conférence de Gênes*** (1922) puis à la conférence de **Bretton Woods*** (1944) étaient des systèmes de GES.

☞ **Concepts et corrélats**
➤ Finances internationales ➢ Étalon dollar ➢ Étalon Or

ÉTALON-DOLLAR

L'expression « **étalon-dollar** » (qui n'a pas un caractère officiel) a été utilisée par de nombreux économistes pour désigner le fait que depuis le 15 août 1971 (inconvertibilité du dollar en or), le dollar est l'étalon du **système monétaire international***. Jusqu'à cette date, dans le cadre de l'**étalon de change or*** mis en place à **Bretton Woods***, l'or était la référence ultime du système même si le dollar en était la **devise clé***.

☞ Concepts et corrélats

➤ Finances internationales ➣ Étalon-or ➣ Étalon-DTS

ÉTALON-DTS

Depuis les **accords de la Jamaïque*** (démonétisation de l'or), les **droits de tirages spéciaux*** sont théoriquement l'instrument de réserve et l'instrument de règlement entre banques centrales des pays membres du **Fonds Monétaire International (FMI)***. Les DTS jouent donc, en théorie, le rôle de l'or dans le système de **Bretton Woods***. Le dollar, principale monnaie internationale, est officiellement défini en DTS depuis la **dévaluation*** du dollar du 13 février 1973.

☞ Concepts et corrélats

➤ Finances internationales ➣ Étalon-or ➣ Étalon de change or ➣ Étalon dollar ➣ Système monétaire international

ÉTALON-OR

Le système de l'étalon-or est un système de **changes fixes*** où chaque **monnaie*** est définie par un poids d'or (on parle de parité-or). Le rapport des poids d'or de deux monnaies permet de définir le **pair du change***. Le **cours du change***, déterminé sur le **marché des changes***, varie dans des marges étroites qui correspondent aux points d'entrée et de sortie d'or.

➪Le fonctionnement de l'étalon-or suppose la libre convertibilité, interne et externe, des monnaies en or.

☞ Concepts et corrélats

➤ Finances internationales ➣ Points d'or

ÉTAPES DE LA CROISSANCE

Les *étapes de la croissance économique*, titre de l'ouvrage de W.W. Rostow, publié en 1960, constitue un modèle de référence auquel se rattachent implicitement de nombreux travaux théoriques sur le **développement***. Ce dernier relève d'un processus historique universel ponctué par des étapes qui sont des points de passage obligatoires.

W.W. Rostow distingue les cinq étapes suivantes:

– la société traditionnelle;
– les conditions préalables du démarrage;
– le **démarrage*** (ou *take-off*);
– le progrès vers la maturité;
– l'ère de consommation de masse.

➪ La théorie des étapes de la croissance relève d'une vision linéaire de l'histoire.

➪Le sous-développement est avant tout perçu comme un retard de développement.

☞ Concepts et corrélats

➤ Économie du développement
➤ Croissance économique

ÉTAT

Depuis les débuts de la science économique, la question du rôle de l'État est un thème central de cette discipline. A. Smith, dans *Recherches sur les causes et la nature de la richesse des nations* (1776), pose les bases théoriques d'un État minimal qui se met en place tout au long du 19è siècle. Après la période interventionniste de l'après Seconde Guerre mondiale, les thèses économiques libérales ont connu un regain de succès dans les pays industrialisés mais aussi dans les pays du tiers-monde. C'est également vrai dans les pays de l'Est depuis l'effondrement économique et politique des **économies de type soviétique***. La période actuelle se caractérise par une remise en question du rôle et de la place de l'État dans l'économie. L'histoire de l'interventionnisme économique de l'État et les débats théoriques qu'il a provoqués conduisent à nuancer les oppositions simplificatrices sur le rôle économique de l'État.

• *Définition et mesure*

Définition

La **Comptabilité nationale*** définit l'État par l'ensemble des Administrations publiques (APU). Les administrations publiques produisent des biens ou des services non marchands, c'est-à-dire fournis gratuitement ou à un prix inférieur à 50 % du coût. Elles sont composées :

– des administrations publiques centrales (désignant l'État au sens strict) ;

– des collectivités locales (régions, départements, communes) ;

– des organismes avec comptabilité com-plète et personnalité juridique, produisant des services non marchands et financés par l'État ou les collectivités locales ;

– des administrations de Sécurité sociale.

➪ Les administrations publiques ne sont pas les seules à produire des services non marchands. Les **Institutions sans but lucratif au service des ménages (ISBL)*** comme, par exemple, les syndicats de travailleurs, les comités d'entreprise, les partis politiques ou les fondations à caractère humanitaire, produisent des biens et des services non marchands destinés aux ménages.

Mesure de l'intervention de l'État

L'intervention économique de l'État se mesure fréquemment à l'aide de deux indicateurs : la part des dépenses publiques dans le **Produit Intérieur Brut*** et le **taux de prélèvements obligatoires***.

Les prélèvements obligatoires sont de deux types : les impôts et les taxes (prélevés par l'État, les collectivités locales et **l'Union européenne***) et les prélèvements sociaux. Ces derniers correspondent aux **cotisations sociales*** essentiellement, mais aussi dans le cas de la France à la **contribution sociale généralisée*** (CSG) et la contribution pour le remboursement de la dette sociale (CRDS). Les impôts financent le budget de l'État et le budget des collectivités locales, et contribuent notamment aux dépenses d'éducation, de défense, de justice, d'infrastructures routières. Ils ne sont pas assortis d'une contrepartie immédiate ou directe individualisable. Les cotisations sociales sont des sommes versées à des organismes de **protection sociale***.

En résumé, les prélèvements obligatoires servent à financer le fonctionnement de l'État, mais ils ont aussi une fonction de **redistribution*** des revenus.

➪ Les indicateurs utilisés pour mesurer l'intervention économique de l'État renvoient soit à des dépenses, soit à des prélèvements, mais certaines mesures, en particulier les mesures de nature réglementaire, ne donnent lieu à aucune dépense ou prélèvement tout en ayant une influence considérable sur l'évolution économique et sociale (législation du travail par exemple).

Le **taux de prélèvements obligatoires*** est l'indicateur le plus utilisé pour les comparaisons internationales. Il a pris une place de premier plan dans les débats politico-économiques des pays industrialisés, mais doit être interprété avec prudence. En effet :

– la somme des prélèvements obligatoires qui figure au numérateur n'est pas consolidée et n'élimine pas les impôts que les administrations locales ou les administrations de Sécurité sociale payent aux administrations centrales ; il en est de même pour les cotisations sociales que les administrations publiques centrales et locales payent aux administrations de Sécurité sociale ;

– certains prélèvements ne figurent pas dans les statistiques de tous les pays. En France, les prélèvements obligatoires sont définis comme les sommes perçues par les administrations publiques au sens de la Comptabilité nationale. En conséquence, certains prélèvements comme, par exemple les cotisations de retraites complémentaires, y sont comptabilisées alors que ce n'est pas le cas au Royaume-Uni ou en Allemagne, pays dans lesquels les retraites complémentaires relèvent de régimes privés ;

– le taux de prélèvements obligatoires est sensible au degré de socialisation de certaines consommations importantes comme la santé ou l'éducation. Lorsque ces fonctions sont assurées plus largement par le secteur privé (États-Unis par exemple), le taux de prélèvements obligatoires est plus faible et inversement lorsque ces fonctions relèvent des administrations publiques ;

– le taux de prélèvements obligatoires est sensible à l'importance de l'appareil de **redistribution*** des revenus. Une partie importante des prélèvements obligatoires est en effet redistribuée sous forme de **revenus de transfert*.** Une protection sociale élevée se traduit par un taux de prélèvements obligatoires élevé.

• *L'évolution de l'intervention de l'état*

L'évolution des indicateurs, quels qu'ils soient, confirme une tendance à la croissance de l'intervention de l'État dans l'économie. On remarque également que cette croissance s'effectue par paliers correspondant à certains évènements historiques importants. C'est le cas à la suite des deux guerres mondiales et de la crise de 1929.

Le constat du passage d'un **État-gendarme*** à un **État-providence*** est une façon commode de résumer l'évolution de l'intervention de l'État. On peut y voir une confirmation de la **loi de Wagner***. Cependant, une telle vision est assez réductrice: l'État-gendarme n'est pas aussi libéral qu'on le dit parfois et on assiste aujourd'hui à une remise en cause de l'État-providence.

Comme le souligne P. Coulbois: « *L'intervention de l'État dans l'économie est un phénomène de tous les temps.* » Dès l'Antiquité, la puissance publique est intervenue pour réglementer le commerce, organiser le stockage des produits alimentaires, prélever des taxes, gérer l'émission de monnaie.

Si l'on se limite aux époques moderne et contemporaine, il faut souligner l'importance du **mercantilisme***, qui justifie un rôle très actif de l'État. Mais l'action économique de l'État ne s'est pas limitée à la politique mercantiliste, dans de nombreux pays (en particulier en Grande-Bretagne) des dispositifs de lutte contre la pauvreté (lois élisabéthaines, dès le 17e siècle, renforcées par l'**Acte de Speenhamland***, 1795) ont été mis en œuvre.

L'État libéral

Le **libéralisme*** économique, comme le libéralisme politique, naît d'une opposition au rôle excessif de l'État. Le « Laisser-faire, laisser-passer » des Physiocrates ou encore la métaphore de la « main invisible » résument l'opposition à l'intervention de l'État, sauf pour mettre en place ou préserver le marché concurrentiel.

Les mesures concernant le **marché du travail*** permettent d'illustrer le type d'intervention de l'État libéral. La loi *Le Chapelier* (1791) en France et les *combination acts* britanniques (1799) interdisent les corporations. En 1834, l'acte de Speenhamland est supprimé et un marché du travail « libre » peut désormais se constituer en Angleterre puisque la main-d'œuvre n'est plus condamnée à demeurer dans sa paroisse d'origine pour bénéficier des « **lois sur les pauvres*** ». Pour ce qui est de l'agriculture, les **enclosures***, imposées par l'État entre le 16e et 18e siècles, ont provoqué la ruine d'une partie de la paysannerie. Certains auteurs comme Marx voient dans ce processus une des conditions indispensables de la naissance du capitalisme en Grande-Bretagne.

La monnaie et les échanges internationaux sont également des domaines marqués par l'intervention de l'État. Le laisser-faire monétaire est refusé. En Angleterre, le Bank Charter Act (1844) voit le triomphe des thèses orthodoxes de D. Ricardo (1772-1823) en matière d'émission de monnaie (**currency principle***). Les lois de 1844 en Grande-Bretagne et 1848 en France fondent les banques centrales modernes: monopole d'émission de **monnaie fiduciaire***, réglementation, contrôle étroit. En 1846, en Grande-Bretagne, le **libre-échange*** est instauré par la suppression des **lois sur les blés*** (corn laws). En France, Napoléon III signe en 1860 un traité de libre-échange avec la Grande-Bretagne.

C'est le triomphe du **marché*** autorégulateur. Cependant, comme le montre K. Polanyi (1887-1964), le besoin d'une réglementation et d'une intervention de l'État apparaît rapidement. Au cours de la seconde moitié du 19e siècle se met en place un début de législation sociale ayant pour but de réglementer la durée du travail, le travail des femmes et des enfants, le travail de nuit, etc. Dès 1883, l'Allemagne de Bismarck crée les premières assurances sociales qui vont par la suite s'étendre à d'autres pays.

Enfin, l'État libéral du 19e siècle intervient dans la construction des infrastructures économiques. Cette fonction, contrairement à une idée répandue, était l'un des « trois devoirs du souverain » prévu par A. Smith.

Les lois de 1856 en Angleterre et 1867 en France créent les sociétés anonymes et assurent le financement de l'infrastructure ferroviaire. En France, avec la loi de 1842, l'État acquiert le terrain et finance l'infrastructure, puis concède l'exploitation aux entreprises privées. Plus tard, face au déficit d'exploitation, l'État ira même jusqu'à nationaliser les entreprises déficitaires comme les Chemins de fer de l'ouest en 1908. Aux États-Unis, l'État finance les lignes et les concède par la suite aux firmes privées en y ajoutant une bande de terrain de part et d'autre de la voie ferrée.

Dans les pays à industrialisation tardive (après 1850: Allemagne, États-Unis, Japon et Russie), l'intervention de l'État est plus poussée (analyses de A. Gerschenkron, dans *Economic backwardness in historical perspective,* 1962). De façon générale, on peut considérer, à la suite de J. Ch. Asselain, que l'action de l'État est à la fois substitut et complément de l'initiative privée; elle s'exerce dans quatre directions principales, étroitement liées entre elles.

1. L'État contribue à réunir les capitaux nécessaires à la modernisation et à l'industrialisation.
2. L'État intervient directement dans l'infrastructure.
3. Il contribue par ses commandes à assurer des débouchés à la production nationale pour compenser l'étroitesse du marché intérieur.
4. Il s'efforce de stimuler l'initiative privée: par des mesures plus ou moins directes d'incitation, de protection, de création d'entreprises modernes.

➩ Il est donc difficile de généraliser le modèle libéral britannique. La France, assez proche du modèle libéral, est pourtant marquée par une intervention très active de l'État pendant la période du second Empire (influence du **saint-simonisme***). Les pays de la deuxième vague d'industrialisation connaissent un développement économique et social caractérisé par un interventionnisme étatique plus important. C'est d'ailleurs dans certains de ces pays que se développent des doctrines interventionnistes: **l'École historique allemande*** et l'institutionnalisme américain.

L'État-Providence

Cependant, c'est à travers l'expérience de la crise de 1929 et sous l'influence des idées de J.-M. Keynes, que l'**État-Providence*** va s'épanouir après la Seconde Guerre mondiale. La période des « Trente Glorieuses » correspond à une forte croissance de l'intervention étatique à laquelle le keynésianisme, particulièrement influent pendant cette période, donne un fondement théorique solide. Par ailleurs, à la suite des rapports de W. Beveridge en Grande-Bretagne, les idées keynésiennes élargissent leur champ d'action au domaine social. Plus généralement, le contexte politique, social et intellectuel de l'époque, est largement favorable à une régulation intentionnelle du système économique et social par l'État. On peut parler de consensus keynésien.

R. Musgrave (*Théorie des Finances publiques*, 1959) synthétise l'intervention économique et sociale de l'État en mettant en évidence trois fonctions:

- la **fonction d'allocation***;
- la **fonction de redistribution***;
- la **fonction de stabilisation***.

L'intervention de l'État s'accroît dans le domaine social avec le développement des régimes de **protection sociale*** mais aussi dans le domaine des **politiques structurelles*** (**nationalisations***, **planification***, **aménagement du territoire***...). En matière de régulation conjoncturelle, la politique économique connaît un véritable âge d'or. L'efficacité de ses instruments permet un réglage fin de la conjoncture (*fine tuning*) et l'idée même de **crise économique*** ou de **cycle*** semblent avoir disparu des préoccupations des économistes.

La fin de l'État-Providence ?

Pourtant, la crise économique de 1974 va provoquer une remise en cause des fonctions de l'État. L'échec relatif des politiques économiques conjoncturelles keynésiennes va faciliter l'émergence des critiques libérales. Le **monétarisme*** considère en effet que ce sont les politiques conjoncturelles discrétionnaires qui sont responsables de la **stagflation***; dans une autre direction, l'**Économie de l'offre*** dénonce l'excès des prélèvements obligatoires qui réduit les propensions à travailler, à épargner et à investir. Le consensus keynésien recule et les thèses libérales connaissent un renouveau.

La fonction de redistribution est également contestée. Le ralentissement de la **croissance économique*** conduit à une crise financière de la **protection sociale*** et remet en question le versement de

revenus de transfert*. Les économistes libéraux insistent sur les effets désincitatifs de la protection sociale (assistanat, etc.) qui rigidifient le **marché du travail***.

Au-delà des critiques libérales, l'État-Providence traverse, selon P. Rosanvallon (*La crise de l'État-Providence*, 1981), une triple crise:

– une crise financière;

– une crise d'efficacité: en dépit d'efforts financiers considérables, les inégalités en matière de santé, d'éducation, de logement, etc. ne sont pas réduites. À côté des poches de **pauvreté*** endémique se développe une nouvelle pauvreté. Quarante ans après le plan Beveridge, il semble difficile de « libérer l'homme du besoin et du risque » ;

– une crise de légitimité: l'affirmation de la liberté individuelle conduit à remettre en cause le rôle tutélaire de l'État. De même, des interrogations apparaissent quant aux rapports de l'efficacité et de la justice, de l'égalité et de la démocratie.

Enfin, la fonction d'allocation assurée par l'État fait l'objet de contestations. Ainsi, l'**École des choix publics*** applique la logique microéconomique aux hommes publics et aux gestionnaires des administrations et entreprises publiques. Leur objectif est de maximiser leur fonction d'utilité individuelle et non de rechercher l'intérêt général. Cette école développe ainsi une analyse critique des prises de décisions politiques et administratives. D'autres économistes néoclassiques (J. Stigler en 1971) vont insister sur la mauvaise qualité de l'information dont dispose l'État pour réglementer et contrôler les entreprises publiques en situation de **monopole***. Ces thèses ouvrent la voie à la **déréglementation*** (monopoles publics, marché du travail, marchés financiers) et aux **privatisations*** qui se développent à partir des années 1980.

Un débat renouvelé

Un désengagement de l'État a bien eu lieu depuis le milieu des années 1970, mais les thèses libérales font aujourd'hui l'objet de critiques renouvelées. En effet, depuis les années 1990, on perçoit mieux les effets négatifs du désengagement étatique.

En matière de politique économique, la marche vers l'Union économique et monétaire et le respect des critères de convergence prévus par le **traité de Maastricht***, a mis à jour l'opposition en France entre les partisans d'une politique économique orthodoxe (politiques restrictives en matière de salaires, de budget et de monnaie) et leurs opposants pour lesquels il faut sortir de la « pensée unique » et mettre en œuvre une autre politique.

Pour ce qui est de la protection sociale, les débats restent vifs et concernent le financement de la **protection sociale*** (augmentation du financement par les usagers) et le freinage de certaines dépenses dans les domaines de la santé, des retraites et du chômage. Le débat sur les retraites (répartition/capitalisation) résume ces questions et introduit les risques de privatisation des assurances sociales. La tendance à la libéralisation de la protection sociale et la montée des inégalités qui en résulte sont réelles, mais n'ont pas conduit à la suppression de la protection sociale universelle. La France a ainsi créé le **Revenu Minimum d'Insertion*** (RMI) et la Couverture Maladie Universelle (CMU) pour lutter contre la pauvreté et l'exclusion.

Enfin, les privatisations et la déréglementation ne signifient pas l'abandon de toute d'intervention étatique. Par exemple, la déréglementation des **monopoles*** publics s'accompagne d'un maintien des obligations de service public pour les anciens monopoles qui se retrouvent désormais en situation concurrentielle. La mise en place d'instances de régulation montre bien que l'État est le garant du bon fonctionnement des marchés ouverts désormais à la concurrence (télévision, télécommunications, électricité). Dans certains cas, la déréglementation est freinée. Par exemple, en France, la loi Aubry de 1993 limite les licenciements abusifs et contraint les entreprises à accompagner les licenciements économiques d'un « plan social ». Il s'agit d'une remise en cause partielle de la suppression de l'autorisation administrative de licenciement de 1986.

Le rôle de l'État reste donc indispensable pour assurer un fonctionnement concurrentiel des marchés et améliorer la productivité des services publics, la qualité des relations avec les usagers, la visibilité des services rendus. L'État devient le soutien du marché (mise en place d'institutions qui facilitent son fonctionnement) et le « gendarme » (surveille les comportements de collusion et l'installation de barrières à l'entrée sur le marché).

➪ Les derniers rapports annuels de la **Banque mondiale*** et du Programme des Nations unies pour le Développement (PNUD) fournissent des arguments en faveur d'une réhabilitation de l'État. Ce dernier joue un rôle décisif dans la lutte contre la pauvreté et la corruption ainsi que l'accélération de la croissance et du développement (politiques de santé, d'éducation, réduction des inégalités, etc.).

• *Les débats théoriques*

Cette évolution du rôle de l'État s'est accompagnée (et, dans une certaine mesure, est le résultat) d'un débat théorique : aux partisans du marché autorégulateur qui souhaitent une faible intervention de l'État s'opposent les auteurs qui jugent indispensable une régulation consciente de l'économie.

Le marché autorégulateur : de A. Smith à L. Walras et F. Hayek

La théorie économique, en tant que discipline autonome, naît avec l'œuvre d'A. Smith (1723-1790) et l'**École classique***. A. Smith donne un fondement rigoureux à la maxime des Physiocrates : « Laisser-faire, laisser-passer » Il va montrer en effet que, dans une économie concurrentielle, les comportements d'individus poursuivant leurs objectifs strictement égoïstes aboutissent spontanément à la satisfaction de l'intérêt général. Tout se passe comme s'ils étaient conduits par une « main invisible ». Ce résultat est obtenu grâce au marché concurrentiel qui conduit à la meilleure utilisation possible des ressources productives et à un **équilibre*** automatique (**loi de l'offre et la demande***). Si le marché est autorégulateur, l'intervention de l'État ne se justifie pas ; en particulier les **monopoles*** publics ne peuvent que nuire au bon fonctionnement du marché.

Ce qui est vrai à l'intérieur d'une économie est vrai aussi sur le plan international : A. Smith jette les bases de la théorie libérale du commerce international. Il critique vivement le colonialisme surtout lorsque celui-ci consiste pour l'État à donner à une compagnie le monopole du commerce avec un territoire conquis. D. Ricardo (1772-1823) complète cette analyse, participe à la campagne pour le **libre-échange*** et défend l'**étalon-or*** qui constitue un mécanisme de régulation automatique de l'offre de monnaie.

Th. R. Malthus (1766-1834) dénonce les lois sur les pauvres, en considérant qu'elles constituent un encouragement à l'oisiveté et au vice ; l'aide aux pauvres véritables relève, selon lui, de la charité privée.

Les classiques français se montrent encore plus vigoureux dans la dénonciation de l'État. J. B. Say (1767-1832), avec la **loi des débouchés***, renforce l'idée selon laquelle une économie soumise à la concurrence ne nécessite pas l'intervention de l'État. F. Bastiat (1801-1850) et P. Leroy-Beaulieu vont encore plus loin dans le rejet de l'État (suspect de contribuer au triomphe des idées socialistes).

Sur ce point, le courant néoclassique (en dépit des opinions personnelles de L. Walras (1834-1910) favorable à la nationalisation de la terre et des chemins de fer et responsable d'une banque coopérative) systématisera et formalisera la théorie du marché autorégulateur en déterminant les conditions de la **concurrence pure et parfaite***, en montrant que sous ces conditions un **équilibre général*** s'établit. V. Pareto montrera que tout équilibre général de concurrence est aussi un optimum (**optimum de Pareto***). Dans cette perspective aussi l'intervention de l'État est au mieux inutile, au pire nuisible.

Une autre approche a été développée par l'**École autrichienne***, en particulier par F. Hayek (1899-1992) et L. von Mises (1881-1973). Pour ces auteurs, le marché ne conduit pas à l'équilibre, mais il constitue la seule procédure qui permet de rendre compatibles les décisions individuelles des agents en respectant leur liberté. Cette école rejette l'hypothèse néoclassique de transparence du marché (information parfaite des agents) et considère que les capacités cognitives des individus sont limitées. Selon F. Hayek, le marché est avant tout une « procédure de découverte », c'est-à-dire un mécanisme de création, de mobilisation et de diffusion d'informations dont bénéficie toute la société. En effet, selon cet auteur, la masse des informations nécessaires à la coordination d'un grand nombre de projets et d'actions individuelles est dispersée entre un très grand nombre d'agents économiques et dépasse les capacités cognitives d'un individu. Dans cette perspective, les procédures de marché sont celles qui permettent à chacun, et à la société tout entière, de bénéficier d'une somme d'informations, de connaissances et de savoirs sans aucune mesure avec ce dont il serait possible de disposer dans un autre système d'organisation.

Le courant autrichien se montre très hostile à l'intervention de l'État. Lorsque ce dernier modifie le jeu naturel des comportements individuels par ses interventions dans l'économie, même au nom d'une certaine conception de l'intérêt général, il contraint les agents à adopter un type de comportement qui n'est pas celui auquel conduirait le libre jeu du marché. L' « **ordre spontané*** » est alors perturbé. Or, cet ordre spontané est le résultat de l'évolution de la société qui a sélectionné le marché comme meilleur moyen d'organisation. Dans *La Route de la servitude* (1944), F. Hayek montre que la socialisation de l'économie ne peut que déboucher sur la suppression totale des libertés, y compris des libertés politiques. Le socialisme est donc structurellement incompatible avec la démocratie. L'« **ordre construit*** » ne peut se substituer à l'ordre spontané qu'au détriment de la liberté.

Les justifications libérales de l'intervention de l'État

Il serait toutefois erroné d'identifier en totalité le courant libéral à la critique de l'intervention de l'État. Certains économistes, à partir des concepts de la théorie libérale, ont montré qu'un certain degré d'intervention de l'État était nécessaire.

C'était déjà le cas d'A. Smith qui, outre les fonctions régaliennes, considérait que l'État devait construire des infrastructures trop peu rentables pour provoquer l'initiative privée et qui plaidait aussi pour la prise en charge par l'État de l'éducation des enfants issus des catégories défavorisées.

Mais ce sont les concepts néoclassiques qui constitueront la base la plus solide de cette approche. Certains auteurs, et en particulier C.A. Pigou (1877-1959) dans *L'économie du bien-être* (1920), puis P.A. Samuelson (né en 1915), vont montrer que concurrence et efficacité ne coïncident pas nécessairement, ce qui nécessite une action correctrice de l'État dans plusieurs cas.

❍ L'existence de **rendements croissants*** dans certaines activités conduit à la constitution de **monopoles naturels***; dès lors, les conditions de la concurrence ne sont plus respectées. L'intervention correctrice de l'État est justifiée, en particulier la nationalisation des monopoles naturels et la tarification au **coût marginal***.

❍ L'existence de **biens ou de services collectifs indivisibles*** rend impossible l'exclusion par les prix. L'intervention de l'État est alors nécessaire pour produire des services qu'aucun producteur privé n'est en mesure d'offrir.

❍ L'existence d'**effets externes*** (ou externalités) conduit à des gains ou à des pertes qui ne font pas l'objet d'une prise en compte par le marché. Là encore, l'intervention de l'État est légitime; il peut, par exemple, contraindre, par la réglementation, les producteurs d'effets externes négatifs à les supprimer ou à indemniser les victimes.

❍ À partir d'une situation non optimale de l'Économie, il existe une infinité de situations optimales possibles. Comment la collectivité peut-elle choisir entre ces solutions? Les théoriciens de **l'économie du bien-être*** ont considéré qu'il n'était pas toujours satisfaisant de s'en remettre aux mécanismes du marché, et qu'une fonction de préférence collective pouvait exister. Le rôle de l'État et de la décision politique sont alors décisifs, en particulier lorsque toutes les conditions de l'optimum de Pareto ne sont pas réunies et qu'il faut choisir un **optimum de second rang***.

Ces justifications libérales de l'intervention de l'État conduisent cependant à une intervention de l'État assez limitée et complémentaire du marché. Si elles légitiment certaines interventions réglementaires et la production de certains biens publics, elles ne justifient pas les politiques économiques discrétionnaires.

La révolution keynésienne

L'analyse keynésienne (certains parlent même de « **révolution keynésienne*** ») marque une rupture radicale avec la conception libérale de l'État. Critiquant la loi des débouchés de J.-B. Say et la conception dichotomiste de la **monnaie***, J.-M. Keynes montre que l'équilibre, tel que le conçoivent les néoclassiques, est improbable et instable. Pour lui, le **plein-emploi*** est « rare autant qu'éphémère » et l'**équilibre de sous-emploi*** est la situation la plus probable. Certains de ses disciples, en formulant la théorie keynésienne de la croissance, parleront de modèle du « fil du rasoir » pour désigner le modèle de croissance équilibrée. Si l'économie est fondamentalement instable, c'est que les **anticipations*** des agents, (en particulier les anticipations des entrepreneurs concernant l'**investissement***), jouent un rôle essentiel dans la détermination du niveau d'activité. Rien ne garantit que le niveau d'activité découlant des décisions d'investissement des entrepreneurs conduise spontanément au plein-emploi. Cela justifie une intervention active de l'État par une politique économique visant à maintenir l'économie au voisinage du plein-emploi. De la fin de la Seconde Guerre mondiale au début des années 1970, le keynésianisme est le **paradigme*** dominant en économie; il constitue le fondement des modèles macroéconomiques et l'inspirateur des **politiques économiques***.

Crise du keynésianisme et retour au libéralisme ?

<u>La crise des politiques économiques keynésiennes</u>

En 1974, face aux premières manifestations de la crise, les gouvernements réagissent par des politiques keynésiennes de soutien de la demande globale. L'échec relatif des politiques keynésiennes est l'occasion d'un retour en force des analyses néoclassiques. Progressivement cependant, le consensus keynésien est remis en cause.

Le **monétarisme*** considère en effet que ce sont les politiques conjoncturelles discrétionnaires qui sont responsables de la stagflation; dans une autre direction, l'**Économie de l'offre*** (**courbe de Laffer***) dénonce l'excès des prélèvements obligatoires qui réduit les propensions à travailler, à épargner et à investir. De plus, l'interdépendance croissante des économies fait apparaître le poids de la **contrainte extérieure***. Il est de plus en plus difficile pour un pays de conduire une politique économique indépendamment du contexte mondial. Les politiques de **relance*** butent sur le déficit extérieur; la baisse des taux d'intérêt, qui vise à stimuler l'investissement, provoque des effets pervers en matière monétaire, etc. À la contrainte extérieure s'ajoute une contrainte financière: il faut limiter l'endettement pour éviter l' « **effet boule de neige*** ». Or les déficits publics pratiqués en période de récession font augmenter très rapidement l'endettement public, ce qui conduit tôt ou tard à une hausse des prélèvements de plus en plus mal acceptée par les agents. Les attaques libérales visent également le système de **redistribution*** qui, dans une logique keynésienne, est favorable à une hausse de la demande grâce à la réduction des inégalités.

Logiquement, les critiques néoclassiques et les contraintes (extérieure et financière) ont conduit à la mise en place de politiques restrictives afin de freiner l'accroissement des salaires, du taux d'inflation et des déficits publics. Par ailleurs, dans le cas des pays européens participant à l'Union économique et monétaire, les politiques de rigueur sont devenues indispensables à partir de 1995 afin de respecter les critères de convergence.

Assiste-t-on à la crise du keynésianisme, voire à la « mort de Keynes » ? Probablement pas en raison des résultats des politiques restrictives. Si la stabilité a été obtenue en ce qui concerne l'inflation, les changes (politique du « franc fort » en France) et le commerce extérieur, les résultats sont plus mauvais pour ce qui est de la **croissance économique*** et de l'**emploi***. Les keynésiens (comme J.P. Fitoussi en France) font remarquer que ces résultats sont liés en grande partie à l'insuffisance de la demande qui s'explique elle-même par les politiques économiques de rigueur menées depuis les années 1980. La reprise de la croissance et la réduction du chômage semblent confirmer l'analyse keynésienne. La contrainte extérieure peut être surmontée par un keynésianisme à l'échelle régionale (Europe) ou mondiale (aide au tiers-monde).

➩ De nombreux keynésiens font observer que ce ne sont pas les analyses keynésiennes qui sont caduques, mais leur version vulgarisée qui a fait perdre de vue l'originalité de la pensée keynésienne. J.-M. Keynes, par exemple, a toujours accordé une grande importance aux problèmes monétaires et financiers internationaux et il est donc erroné de prêter au keynésianisme une position étroitement nationale.

Les keynésiens considèrent également que la réduction des inégalités est nécessaire à la cohésion sociale et en fin de compte à la **compétitivité*** d'un pays. Ils remettent ainsi à l'ordre du jour la nécessité des politiques sociales et s'opposent à la remise en cause du salaire minimum et plus généralement aux excès de la flexibilité sur le marché du travail.

➩ En France, un groupe d'économistes très critique à l'égard des politiques restrictives a publié un *Appel des économistes pour sortir de la pensée unique*, (1995). La « pensée unique » correspond à un ensemble d'analyses qui considèrent que dans un contexte de mondialisation*, il n'est possible de mettre en œuvre qu'un type de politique économique: une politique restrictive.

<u>De nouvelles analyses des décisions publiques</u>

Les critiques libérales émanent en particulier de l'**École des choix publics*** (*public choice*). Cette dernière remet en cause la théorie du bien-être qui, dans une perspective néoclassique, admet l'intervention de l'État en cas de défaillances du marché. La théorie du bien-être suppose implicitement que l'État est une entité bénévole qui cherche à mettre en œuvre des affectations des ressources optimales au sens de Pareto. C'est le caractère bénévole d'une telle entité que critiquent les théoriciens du *Public choice*. Selon eux, il faut appliquer sans réserve, les principes de l'**individualisme méthodologique***. En effet, l'hypothèse de comportements de maximisation ne peut se cantonner aux seuls comportements économiques privés. Ils doivent également concerner les comportements des hommes politiques ainsi que ceux des fonctionnaires et des « bureaucrates » (**théorie économique de la bureaucratie***) qui n'agissent qu'en fonction de leur propre intérêt. À la différence de l'économie du bien-être, l'École des chois publics intègre dans son raisonnement l'analyse du processus de décision et d'action de l'État. La perspective de l'École des choix publics remet radicalement en cause l'idée d'un État qui intervient (monopoles naturels, effets externes, biens collectifs, redistribution) au service de l'intérêt général. L'État ne serait alors qu'une coalition d'intérêts privés, corporatifs, ou encore un moyen de promotion pour les hommes politiques.

<u>Réglementation, déréglementation, privatisations</u>

❍ Dans l'optique de la théorie du bien-être, la réglementation est mise en œuvre pour prendre en compte les effets externes (par exemple, taxation des entreprises qui polluent) afin de donner une contrepartie pécuniaire effective à un effet externe (ici négatif). Les externalités font entrer en jeu les collectivités locales et les administrations publiques en général. Il faut alors édicter des normes qui, par des lois et des règlements, imposeront aux pollueurs de cesser leurs émissions polluantes. Il en est de même dans le cas d'une indemnisation. Toutefois l'évaluation du dommage pose des problèmes théoriques et pratiques (identification du pollueur, niveau optimal de taxe-subvention ou de réglementation, etc.).

C'est pourquoi s'est développée depuis quelques années l'idée originale de créer un marché des droits à polluer. Elle dérive des recherches menées par R. Coase (né en 1910), dans un article publié en 1960 (*The problem of social cost).* La démarche relève de la logique des **droits de propriété***. Un droit de propriété doit être exclusif, comme tout bien économique privé, et doit être transférable par l'intermédiaire d'un marché. Les externalités proviennent du fait qu'il n'y a pas de droit de propriété clairement établis sur l'environnement. Selon R. Coase, on peut résoudre le problème des externalités en organisant des transactions directes entre les parties concernées. Il faut donc créer un marché afin de tarifer les usages de l'environnement: marché et droits de propriété sont indissociables. Dans cette optique, l'État devrait faciliter la création de « marchés de droits de propriété » en développant la tarification d'usages qui étaient auparavant gratuits. Cette solution par le marché permettrait donc de parvenir, comme en **concurrence pure et parfaite***, à une situation efficiente (selon le critère de Pareto).

Le raisonnement conduit à retrouver une logique marchande, mais la création de ce type de marché nécessite l'intervention de l'État qui pose des problèmes délicats. En effet, comment déterminer le montant et le nombre des droits à polluer ainsi que leur répartition ? C'est d'autant plus vrai que les problèmes d'environnement sont désormais mondiaux et non nationaux.

➪ Les conférences internationales sur l'environnement envisagent la mise en place des marchés de droits à polluer. Les pays signataires de la conférence de Kyoto en 1997 se sont retrouvés en novembre 2000 à La Haye pour compléter le dispositif mis en place à Kyoto et en particulier fixer les règles devant permettre le fonctionnement des échanges de permis d'émission de gaz à effet de serre.

❍ D'autres économistes néoclassiques ont ciblé leurs attaques sur l'action de réglementation des monopoles naturels. G. Stigler (prix Nobel d'économie en 1982) défend la thèse selon laquelle l'intervention publique finit en général par donner aux entreprises contrôlées une rente de situation. Alors que la théorie du bien-être considérait que le contrôle du monopole naturel était nécessaire pour restituer aux consommateurs la rente de monopole, Stigler soutient que cette rente est « capturée » par le monopole (théorie de la « capture de la rente »). Ce résultat est en grande partie lié au caractère imparfait de l'information (rejet de l'hypothèse de transparence) qui rend difficile le contrôle étatique. En effet, le monopole naturel dissimule de l'information ou transmet aux pouvoirs publics une information incomplète. La solution consiste alors à déréglementer le monopole naturel et introduire une certaine dose de concurrence.

❍ La **théorie des marchés contestables*** qui affirme la nécessité de lever toute barrière à l'entrée et à la sortie du marché fournit une argumentation décisive justifiant la suppression de tout monopole et l'ouverture à la concurrence.

➪ Dans certains secteurs, les monopoles naturels sont supprimés. En France, le monopole de l'entreprise France Télécom ne concerne plus que les communications locales et sera supprimé au début de l'année 2001. Le monopole de distribution de l'électricité est également remis en question.

Il est important de noter que ces formes de déréglementation sont souvent rendues possibles par les progrès technologiques. Par exemple, l'invention des fibres optiques dont la capacité de transport de télécommunications est très supérieure à celle des câbles traditionnels, a rendu possible l'utilisation simultanée d'un même réseau téléphonique par plusieurs entreprises.

➪ D'une façon plus générale, les réglementations existantes dans les secteurs concurrentiels (banques, transport aérien, sidérurgie, etc.) ont été progressivement assouplies ou supprimées.

<u>La théorie de la croissance endogène et la réhabilitation du rôle de l'État</u>

La perspective ultra-libérale des écoles autrichienne et du *Public choice* doit cependant être tempérée par certaines conclusions de la théorie néoclassique de la **croissance endogène***. Cette dernière s'est développée sous l'impulsion de quelques économistes appartenant à l'École des **anticipations rationnelles***. Cette théorie montre, sous certaines hypothèses, les effets positifs sur le taux de croissance de certaines interventions étatiques : aides à la reherche, dépenses de formation, financement d'infrastructures et de biens publics. La reconnaissance de ces effets positifs ne signifie pas pour autant l'acceptation d'une hausse systématique des dépenses publiques et la théorie de la croissance endogène insiste sur les effets négatifs de la fiscalité sur le taux de croissance.

La théorie marxiste de l'État

Après avoir développé une critique purement philosophique de l'État, Marx, dans *L'Idéologie allemande*, pose les fondements d'une théorie de l'État basée sur le **matérialisme historique***. L'existence de l'État est liée à la division de la société en classes sociales et l'État est au service de la classe dominante et non au service de l'intérêt général. Marx et Engels considèrent que la construction de la société socialiste suppose la conquête du pouvoir d'État par la classe ouvrière, la destruction de l'appareil d'État bourgeois et la construction d'un État prolétarien transitoire (dictature du prolétariat). Cependant, la mise en place d'un État prolétarien marque le début du processus de dépérissement de l'État.

La fin du pouvoir d'État coïncidera avec la réalisation de la société sans classes, ce qui suppose un important développement des **forces productives***.

➩ On trouve donc deux approches de la question de l'État dans l'œuvre de Marx: d'une part, une contestation de l'État qui se rapproche de l'anarchisme (société sans État) et, d'autre part, une affirmation de la nécessité de la dictature du prolétariat et donc d'un État fort.

Dans le cadre du système capitaliste, les interventions économiques visent à surmonter les contradictions de ce système, en particulier la tendance à la baisse du taux de profit. En prenant à sa charge le coût de formation de la main-d'œuvre, en nationalisant les activités caractérisées par une **composition organique du capital*** élevée, l'État cherche à sauvegarder le **profit*** des entrepreneurs privés. Les marxistes considèrent que le capitalisme de monopoles (le stade impérialiste du capitalisme) est lié à une intervention particulièrement importante de l'État; cependant cette intervention ne peut empêcher l'accentuation des contradictions du capitalisme.

L'approche régulationniste

Les théoriciens de la **régulation*** accordent une grande importance aux **formes institutionnelles*** et en particulier à l'intervention de l'État. Ils adoptent un point de vue positif et non normatif: constatant l'intervention économique de l'État, son accroissement quantitatif, la modification de ses modalités et de ses objectifs, ils tentent d'expliquer ces transformations en les mettant en relation avec la dynamique des **modes de régulation***.

Pour rendre compte des caractéristiques des formes institutionnelles étatiques, il faut donc les mettre en relation avec les autres formes institutionnelles, avec le **régime d'accumulation*** et avec les procédures de régulation. La forme et le degré de l'intervention de l'État (État-gendarme ou État-providence) résultent des contradictions économiques et sociales du moment: l'État est un « compromis institutionnalisé ».

☞ Concepts et corrélats

➤ Politique économique ➤ Protection sociale ➤ Marché du travail

☞ Bibliographie

●CROZET Y. (1991), *Analyse économique de l'État*, coll. Cursus, Armand Colin.

ESPING-ANDERSEN Gosta (1999), *Les trois mondes de l'État-Providence*, coll. Le lien social, PUF.

LAFFERRIÈRE A. (1998), *Les finances publiques*, Le Livre de Poche.

MERRIEN F.X. (1998), *L'État-Providence*, coll. QSJ, PUF.

ROSANVALLON P. (1981), *La crise de l'État-Providence*, coll. Points, Seuil.

VALLÉE A. (2000), *Les systèmes fiscaux*, coll. Points, Seuil.

❍EWALD F. (1986), *Histoire de l'État-Providence*, coll. Biblio-essais, Le Livre de Poche, 1996.

GREFFE X. (1994) *Économie des politiques publiques*, Précis Dalloz.

ROSANVALLON P. (1990), *L'État en France de 1789 à nos jours*, coll. Points, Seuil.

WEBER L. (1997), *L'État, acteur économique*, Economica (3e édition).

WOLFELSBERGER A. (1995), *Économie publique*, coll. Thémis, PUF.

ÉTAT-GENDARME

On désigne par le terme « État-Gendarme » une intervention de l'État se limitant à assurer les fonctions régaliennes traditionnelles (armée, justice, police, diplomatie), et s'abstenant d'intervenir dans l'économie.

On oppose souvent l'État-Gendarme, caractéristique du **capitalisme*** libéral du 19e siècle, à l'**État-Providence*** qui s'est mis en place dans le capitalisme contemporain.

➩ L'opposition entre État-Gendarme et État-Providence doit être nuancée. En effet, les seules fonctions régaliennes ne conduisent pas à une absence d'intervention de l'État dans l'économie car ces fonctions sont indispensables au fonctionnement des marchés. Par ailleurs, l'intervention des pouvoirs publics est loin d'être négligeable au 19e siècle, en particulier dans les pays à industrialisation tardive (financement de l'industrialisation, mise en place d'infrastructures, monnaie, etc.).

☞ Concepts et corrélats

➤ État ➤ Politique économique
➤ Théories économiques ➢ État minimal
➢ Interventionnisme

ÉTAT MINIMAL

Un État minimal est un État dont la fonction doit se limiter à assurer la sécurité et le respect des droits des individus. Selon certains théoriciens libéraux, la croissance de l'intervention de l'État dans l'économie et dans l'ensemble de la vie sociale viole les droits individuels et conduit à de nombreux effets pervers. Ils opposent l'État minimal à l'**État-Providence***. Cette approche trouve certains de ses fondements dans les théories de **l'École autrichienne***.

☞ Concepts et corrélats

➤ État ➤ Théories économiques
➢ Courbe de Laffer ➢ État-Gendarme
➢ Anarchocapitalisme

ÉTAT-PROVIDENCE

La notion d'État-Providence est apparue dans la seconde moitié du 19e siècle. Elle a d'abord un sens péjoratif, car elle est forgée par des libéraux qui affirment le primat de l'individu et la nécessité du risque en dénonçant un État qui prétend se substituer à la Providence.

La notion est aujourd'hui employée comme traduction de l'expression anglaise de « welfare state » (État du bien-être). Elle désigne le financement public des dépenses sociales permettant de « libérer l'homme du besoin et du risque » (Lord Beveridge).

Dans un sens plus large, le terme est parfois utilisé pour désigner l'État interventionniste de la seconde moitié du 20e siècle par opposition à l'**État-Gendarme*** du 19e siècle.

☞ Concepts et corrélats

➤ État ➤ Théories économiques
➢ Fonction d'allocation ➢ Fonction de redistribution ➢ Fonction de stabilisation
➢ Protection sociale

ÉTAT STATIONNAIRE

D'après D. Ricardo (1772-1823), les économies tendraient vers un état stationnaire du fait de l'évolution de la **répartition des revenus*** et de l'accroissement de la part de la **rente différentielle*** dans le revenu global. Ce revenu global est partagé selon Ricardo entre les trois classes sociales (propriétaires fonciers, capitalistes et salariés) de la façon suivante :

– le **salaire*** est un **salaire naturel***, fixé pour une période donnée ;

– la **rente*** naît des différences de **productivité*** entre les terres et rémunère les propriétaires des terres les plus rentables ;

– le **profit*** est alors défini comme un solde.

Sous l'effet du mécanisme de la rente différentielle et de la **loi de Malthus***, la part des profits dans le revenu global diminue. À long terme, la part des profits va finalement tendre vers zéro ; Or, les capitalistes n'investissent qu'en vue d'obtenir un profit. Le stock de capital va donc se stabiliser à un niveau donné, l'État stationnaire.

➪ D. Ricardo montre que le **libre-échange*** peut permettre de dépasser cet état stationnaire : il donne les moyens de se procurer des céréales à moindre coût et de baisser le salaire de subsistance. Par ailleurs l'**importation*** de céréales permet également d'interrompre le processus d'accroissement de la rente et donc d'impulser à nouveau une augmentation des profits.

☞ Concepts et corrélats

➤ Croissance économique

EURIBOR

L'Euribor est la moyenne pondérée des taux d'intérêt pratiqués sur le **marché interbancaire*** de la Zone Euro. L'Euribor concerne les opérations à un mois, 3 mois, six mois, neuf mois et un an.

Il est calculé par la Fédération bancaire européenne à partir d'une enquête auprès d'un panel représentatif de **banques***.

☞ Concepts et corrélats

➤ Monnaie

EURO

L'Euro est le nom retenu au Sommet Européen de Madrid (15 et 16 décembre 1995) pour désigner la monnaie européenne. Ce nom se substitue au terme générique **Ecu*** utilisé jusque-là au sein de la **Communauté européenne*** puis de **l'Union européenne***.

☞ Concepts et corrélats

➤ Monnaie ➤ Intégration économique
➢ Union européenne ➢ Traité de Maastricht

EURO-CRÉDIT

Un eurocrédit est un **crédit*** à moyen ou long terme accordé en **eurodevises***. Il s'agit en général de crédits importants accordés par des groupements d'euro-banques (on parle habituellement de « syndicats » de banques, la **syndication*** ayant but de répartir les risques de l'opération entre les banques).

☞ Concepts et corrélats

➤ Finances internationales

EUROBANQUE

Une eurobanque est une **banque*** qui intervient sur les **euromarchés***.

☞ Concepts et corrélats

➤ Finances internationales ➢ Eurocrédit ➢ Eurodevise ➢ Eurodollar ➢ Euro-obligation

EURODEVISE

Une eurodevise est une créance en monnaie étrangère déposée dans les comptes d'une **banque*** en dehors du pays d'émission de la **monnaie***. Des dollars déposés dans une des banque de Tokyo sont **eurodollars***.

➪ Le préfixe « euro » ne doit pas conduire à croire que ces marchés sont seulement européens. Le terme « xéno-devise », qui serait plus exact, n'est pas vraiment entré en usage.

☞ Concepts et corrélats

➤ Finances internationales

EURODOLLAR

Un eurodollar est un avoir monétaire en dollars déposé dans une **banque*** hors des États-Unis par un non-résident américain. Le développement du **marché*** des **eurodollars*** (et au-delà des **eurodevises***) à partir des années 1950-1960 est lié à l'**internationalisation*** croissante des économies et des **marchés financiers***.

☞ Concepts et corrélats

➤ Finances internationales ➢ Eurobanque

EUROMARCHÉS

Les euromarchés sont les **marchés*** sur lesquels se négocient les **eurocrédits***. Il s'agit de marchés « *off shore* », c'est-à-dire qu'ils échappent aux contrôles des **autorités monétaires*** et financières des divers marchés nationaux.

☞ Concepts et corrélats

➤ Finances internationales ➢ Place extraterritoriale

EURO-OBLIGATIONS

Les euro-obligations sont des titres émis sur les **euromarchés***. Les euro-obligations sont émises par les résidents d'un pays et placées par un syndicat de **banques*** dans un ou des pays autres que celui de la **monnaie*** qui leur sert de support. Par exemple, des **obligations*** libellées en dollars et placées sur le marché financier luxembourgeois pour le compte d'une entreprise française sont des euro-obligations.

➪ Ne pas confondre avec **obligation étrangère***.

☞ Concepts et corrélats

➤ Finances internationales ➢ Obligation internationale ➢ Syndication

EUROSYSTÈME

L'Eurosystème comprend la **Banque centrale européenne*** et les Banques centrales nationales des États qui ont adopté l'**Euro*** comme monnaie unique au 1er janvier 1999.

➪ Le 1er janvier 2001, la Grèce a adopté l'Euro et intégré de ce fait l'Eurosystème.

➪ Ne pas confondre avec **Système Européen de Banques Centrales.**

☞ Concepts et corrélats

➤ Monnaie ➤ Intégration économique ➢ Union européenne ➢ Traité de Maastricht

EX ANTE

Dans l'analyse des phénomènes économiques, lorsque l'on prend en compte le temps, on est conduit à analyser certaines relations *ex ante*, c'est-à-dire avant le déroulement d'un processus. Par exemple, on considère généralement que l'égalité entre l'**épargne*** et l'**investissement*** est la condition d'**équilibre*** d'une économie. Pour les libéraux, il s'agit d'une égalité *ex ante*, c'est-à-dire qu'elle doit être réalisée *a priori* et l'épargne doit donc être un préalable à l'investissement.

☞ Concepts et corrélats

➤ Théories économiques ➢ *Ex post*

EX POST

Dans l'analyse des phénomènes économiques, lorsque l'on prend en compte le temps, on est conduit à analyser certaines relations *ex post*, c'est-à-dire *a posteriori*. Par exemple, pour G. Myrdal (1898-1987, prix Nobel 1974) et pour certains keynésiens, l'égalité entre l'**épargne*** et l'**investissement*** est une égalité *ex post*. Toute **croissance économique*** suppose *ex ante* un investissement supérieur à l'épargne de la période précédente, cet investissement déclenche le mécanisme du multiplicateur et fait naître un surcroît de revenu et une épargne additionnelle égale à l'investissement qui a déclenché le processus.

☞ Concepts et corrélats

➤ Théories économiques ➢ *Ex ante*

EXCÉDENT BUDGÉTAIRE

Dans une unité de production, un budget est en excédent lorsque les recettes sont supérieures aux dépenses. Dans le cas du **budget de l'État***, l'excédent budgétaire signifie que les recettes sont supérieures aux dépenses inscrites dans la **Loi de finances***.

☞ Concepts et corrélats

➤ État ➤ Politique économique ➢ Solde budgétaire ➢ Théorème de Haavelmö ➢ Impasse budgétaire ➢ Équilibre budgétaire ➢ Déficit budgétaire ➢ Politique budgétaire

EXCÉDENT BRUT D'EXPLOITATION

En comptabilité privée, l'excédent brut d'exploitation est le solde du **compte de résultat***. Il mesure la capacité bénéficiaire de l'entreprise.

Dans la **Comptabilité nationale*** l'excédent brut d'exploitation (EBE) est le solde du **compte d'exploitation*** pour les sociétés. Il est égal à la **valeur ajoutée***, diminuée de la rémunération des salariés et des impôts sur les produits, et augmentée des subventions d'exploitations sur les produits. Pour les entreprises individuelles, le solde du compte d'exploitation est le **revenu mixte***.

☞ Concepts et corrélats

➤ Entreprise ➤ Comptabilité nationale ➢ Comptes de secteurs

EXPANSION

L'expansion désigne un phénomène d'accélération conjoncturelle du rythme de croissance de l'économie par rapport au taux moyen de croissance de longue période

➩ Ne pas confondre avec croissance économique.

☞ Concepts et corrélats

➤ Croissance économique ➢ Taux de croissance de l'économie

EXPLOITATION

Dans la **théorie marxiste***, l'exploitation réside dans le fait que la **plus-value*** est appropriée par l'**entrepreneur*** capitaliste.

➩ Chez Marx, ce concept n'a pas de connotation morale. La **force de travail*** est payée à sa valeur marchande. L'exploitation découle d'une caractéristique particulière de la marchandise force de travail: sa **valeur d'usage*** est supérieure à sa **valeur d'échange***.

☞ Concepts et corrélats

➤ Théories économiques ➢ Taux de profit ➢ Taux de plus-value ➢ Capitalisme

EXPORTATION

Une exportation est, au sens strict, une vente de marchandise par un résident à un non-résident. La sortie de la marchandise du territoire national donne lieu à une entrée correspondante de **devises*** au bénéfice de l'agent économique résident.

Au sens large, on parlera aussi d'exportations de **services*** ou de **capitaux***.

☞ Concepts et corrélats

➤ Commerce international ➢ Balance des paiements

EXTERNALITÉ

➤ **État** ➢ **Effet externe**

EXTRANT

(*OUTPUT*)

Un extrant est un produit qui sort du processus de **production***. Il peut s'agir d'un **bien*** final, ou d'un produit semi-fini qui servira comme **consommation intermédiaire*** dans un processus de production ultérieur.

☞ Concepts et corrélats

➤ Entreprise ➣ Facteur de production ➣ Fonction de production ➣ Intrant ➣ TES

FACILITÉ DE DÉPÔT

La facilité de dépôt est une **facilité permanente*** de l'**Eurosystème*** permettant aux **institutions financières*** d'effectuer auprès d'une **Banque centrale nationale***, des dépôts à vue rémunérés à un **taux d'intérêt*** prédéterminé.

➪ Dans le cadre de la politique monétaire de la **Banque centrale européenne***, la facilité de dépôt constitue le taux plancher du **marché monétaire***.

☞ Concepts et corrélats

➤uMonnaie ➣ Opérations principales de refinancement ➣ Refinancement

FACILITÉ DE PRÊT MARGINAL

Facilité permanente de l'**Eurosystème*** permettant aux **institutions financières*** d'obtenir d'une **Banque centrale nationale*** des crédits à vue rémunérés à un **taux d'intérêt*** prédéterminé. Pour obtenir ces **liquidités***, les institutions financières doivent offrir en garantie des actifs financiers, il s'agit donc d'**accords de pension***.

➪ Dans le cadre de la **politique monétaire*** de la **Banque centrale européenne***, la facilité de prêt marginal constitue le taux plafond du **marché monétaire***.

☞ Concepts et corrélats

➤ Monnaie ➣ Opérations principales de refinancement ➣ Refinancement

FACILITÉS PERMANENTES

Les facilités permanentes sont un instrument de **politique monétaire*** de l'**Eurosystème***.

Les facilités permanentes permettent de fournir ou de retirer des **liquidités*** au jour le jour.

Il existe deux facilités permanentes : la **facilité de dépôt*** et la **facilité de prêt marginal***. Les taux appliqués par l'Eurosytème à ces deux types d'opération encadrent, en situation normale, le **taux du marché au jour le jour*** qui se détermine sur le **marché interbancaire***.

☞ Concepts et corrélats

➤ Monnaie ➣ Politique monétaire ➣ Refinancement

FACTEUR DE PRODUCTION

Les facteurs de production sont les moyens mis en œuvre dans la **combinaison productive***. La **théorie économique*** distingue habituellement deux facteurs principaux : le **capital*** et le travail. Certains auteurs prennent en compte de manière spécifique les ressources naturelles.

☞ Concepts et corrélats

➤ Croissance économique ➣ Fonction de production ➣ Combinaison productive ➣ Facteur résiduel

FACTEUR RÉSIDUEL

Dans l'analyse économique des facteurs de la croissance, certains auteurs (J.J. Carré, P. Dubois et E. Malinvaud, s'inspirant des travaux de l'économiste américain Denison) ont montré qu'à côté des facteurs « traditionnels », le **capital*** et le **travail***, il existait un résidu expliquant plus de la moitié de la croissance. Ce résidu a été associé au **progrès technique*** et il a alors fallu expliquer ce progrès technique.

Ces auteurs ont donc cherché à « dynamiser » la **fonction de production*** macroéconomique traditionnelle et à l'écrire en conséquence sous la forme :

$Y = f(K, L, H)$.

On fait donc apparaître à côté des deux facteurs de production traditionnels (capital et travail) un « troisième facteur » . Ce troisième facteur a été qualifié de « progrès technique autonome » en réunissant sous cette dénomination tout ce qui, à productivité de la main-d'œuvre et de l'équipement supposés constantes, permet d'accroître la production nationale.

En supposant que le progrès technique vient en quelque sorte multiplier la production par un facteur H, la fonction de production de type Cobb-Douglas peut s'écrire :

$Q_t = H_t L_t^{\alpha} K_t^{1-\alpha}$ avec $0 < \alpha < 1$.

Les exposants α et $(1 - \alpha)$ correspondent respectivement à la contribution du travail et du capital au produit. Si l'on suppose que les facteurs de production sont rémunérés à leur **productivité marginale*** (P_m), conformément à l'analyse néoclassique (l'embauche se fait jusqu'au point où le coût d'un supplément de main-d'œuvre est égal à la recette du supplément de production correspondant).

P_m (du travail) =

$$\frac{\delta Q}{\delta L} = \alpha \times L^{(\alpha-1)} \times K^{(1-\alpha)} = \alpha \times \frac{Q}{L}$$

Si w et p représentent respectivement la rémunération du travail et le prix des produits, on obtient :

$$w/p \text{ (salaire réel)} = \alpha \times \frac{Q}{L}$$

d'où

$$\alpha = \frac{w \times L}{p \times Q} = \frac{\text{masse salariale}}{\text{production en valeur}}$$

Sous l'hypothèse d'un trend de progrès technique constant et de rendements d'échelle constants, on peut écrire :

$$\frac{\Delta Q}{Q} = \frac{\Delta H}{H} + (1-\alpha)\frac{\Delta K}{K} + \alpha\frac{\Delta L}{L}$$

$\frac{\Delta Q}{Q}$, $\frac{\Delta K}{K}$ et $\frac{\Delta L}{L}$ peuvent être calculés, α et $(1-\alpha)$ sont donnés par la répartition du revenu entre revenus du capital et revenu du travail.

$\frac{\Delta H}{H}$ est bien un résidu, c'est la partie du taux de croissance qui n'est pas expliquée par la croissance des facteurs de production.

➪ Pour la France, l'étude de J.-J. Carre, P. Dubois et E. Malinvaud, fait apparaître un « résidu » qui explique la moitié (2,5 points) du taux de croissance. Les auteurs ont intégré des éléments qualitatifs (instruction, mobilité professionnelle, etc.) dans l'évaluation des facteurs de production. Ce « résidu » est expliqué par des facteurs structurels : rôle de la planification et de l'information économique par exemple.

☞ Concepts et corrélats

➤ Croissance économique ➢ Paradoxe de Solow

FAISEUR DE PRIX

(*PRICE-MAKER*)

Un agent économique est dit « faiseur de prix » (*price-maker*) pour un **produit*** donné, s'il dispose d'un pouvoir de **marché*** important qui lui permet de fixer son **prix***. Un agent économique « faiseur de prix » peut par exemple répercuter l'intégralité de l'augmentation de ses **coûts*** de **production*** sur le prix de vente.

➪Un producteur en situation de **monopole*** est « faiseur de prix ». Dans une moindre mesure, cela est aussi vrai dans les situations de **duopole*** et d'**oligopole***.

➪Si l'on raisonne au niveau des échanges internationaux, une forte **compétitivité*** structurelle peut mettre un pays en situation de « faiseur de prix » sur les marchés extérieurs .

☞ Concepts et corrélats

➤ Marchés et prix ➤ Commerce international

FAITS STYLISÉS DE LA CROISSANCE

À la fin des années 1950, N. Kaldor (1908-1986) met en évidence un certain nombre de régularités, de « faits stylisés », qu'un modèle de croissance devait prendre en compte :

– une croissance continue et relativement régulière de la **production***, de **l'emploi*** et de la **productivité du travail** *;

– une croissance continue du **capital*** par travailleur (ou de l'intensité capitalistique) : le **stock*** de capital croît régulièrement à un taux supérieur à celui de l'emploi ;

– un **coefficient de capital***, v, relativement stable au cours de la croissance ;

– un **taux de profit*** relativement stable ;

– enfin, la stabilité de la **répartition des revenus*** entre **salaires*** et **profits*** qui est la conséquence des deux caractéristiques précédentes.

☞ Concepts et corrélats

➤ Croissance économique

FALSIFICATIONNISME

➤ **Épistémologie économique**
➢ **Réfutationisme**

FÉDÉRALISME BUDGÉTAIRE

Le débat sur le fédéralisme budgétaire résulte de la création d'une **Union économique et monétaire*** européenne : est-il nécessaire ou non d'opérer des transferts de ressources des États-nations vers le budget communautaire, voire de créer des ressources budgétaires spécifiques et beaucoup plus importantes pour l'**Union européenne*** ?

❍ Les partisans du fédéralisme budgétaire s'appuient sur deux types de considérations économiques :

– d'une part, le processus d'intégration peut se traduire par des chocs asymétriques entre les États membres, ce qui suppose certaines formes de transferts entre les États et entre les Régions pour faire face aux déséquilibres qui peuvent apparaître. Or pour l'**Union européenne***, le budget communautaire est en proportion du **Produit intérieur brut***, nettement plus faible par exemple, qu'aux États-Unis. La conduite d'une **politique budgétaire*** au niveau européen ne peut donc pas exercer une réelle influence sur les équilibres économiques ;

– d'autre part, le passage à l'**euro*** conduit à la mise en œuvre d'une **politique monétaire*** unique pour les pays de cette zone alors que dans le même temps, la politique budgétaire est laissée à la discrétion des États membres. Il est donc difficile de mettre en œuvre une **politique mixte*** (*policy mix*) au service de la croissance et de l'emploi sans créer une instance politique capable de conduire et la politique monétaire et la politique budgétaire.

❍ Les opposants au fédéralisme budgétaire s'appuient sur des considérations politiques : le fédéralisme budgétaire conduirait à un **fédéralisme politique***.

➪ Le débat sur le fédéralisme budgétaire s'accompagne donc d'un débat sur le fédéralisme fiscal.

☞ Concepts et corrélats

➤ Intégration économique ➤ Politique économique ➢ Pacte de stabilité et d'emploi ➢ Traité de Maastricht

FÉDÉRALISME POLITIQUE

Le fédéralisme politique est un système politique dans lequel un gouvernement fédéral partage les compétences constitutionnelles (pouvoirs exécutif, législatif, judiciaire) avec les gouvernements des différentes collectivités qui forment cet **État***. J. Althusius (1562-1638) a été l'un des premiers juristes à proposer une définition de ce mode d'organisation.

Un processus d'**intégration économique et monétaire*** peut conduire à une intégration politique sous une forme fédérale. Ainsi, en Europe, s'opposent actuellement deux visions divergentes, voire incompatibles :

– les partisans d'une défense de l'autonomie des États-nations souhaitent que les décisions restent soumises à l'accord de chacun des pays membres. Ils s'appuient sur des règles de décision à l'unanimité ou à la majorité qualifiée ;

– les partisans de la construction d'une Europe fédérale voudraient une réforme des institutions de l'**Union européenne*** venant parachever l'Union économique selon un scénario coopératif et fédératif. Cette optique est, pour eux, un moyen de créer des marges de liberté face à un processus de **mondialisation***.

☞ Concepts et corrélats

➤ Intégration économique ➢ Multilatéralisme ➢ Fédéralisme budgétaire

FILIALE

Une filiale est une **société*** dont une autre société détient plus de 50 % du **capital social***

➪ Une forte dispersion du capital social entre un grand nombre d'**actionnaires*** offre la possibilité de contrôler une société avec une participation nettement inférieure à 50 %.

➪ Ne pas confondre avec un **établissement*** (une filiale conserve une personnalité juridique propre).

☞ **Concepts et corrélats**

➤ Entreprise ➢ Action ➢ Analyse stratégique ➢ Conglomérat ➢ Cycle de vie du produit ➢ Filiale atelier ➢ Filiale relais ➢ Firme multinationale ➢ Groupe ➢ Holding

FILIALE-ATELIER

Dans le cadre d'un processus de **délocalisation de la production***, une **entreprise*** (**firme multinationale***) crée des filiales-ateliers où ses produits seront fabriqués en tout ou partie.

La création de ces filiales-ateliers dépend de la stratégie mondiale de l'entreprise qui pourra ainsi contourner des **barrières à l'entrée*** sur des marchés et/ou profiter d'avantages de coûts.

☞ **Concepts et corrélats**

➤ Entreprise

FILIALE-RELAIS

Une filiale-relais permet à une **firme multinationale*** d'être présente sur des **marchés*** en fonction de sa stratégie mondiale de commercialisation. À l'inverse des **filiale-atelier**, les **filiales-relais** ne sont pas une conséquence d'un processus de **délocalisation de la production***, mais s'inscrivent dans le cadre d'un réseau de diffusion des produits de la firme.

☞ **Concepts et corrélats**

➤ Entreprise

FILIÈRE

Une filière est formée d'un ensemble d'activités complémentaires liées entre elles par des opérations d'achat et de vente. Ces activités contribuent à la **production*** d'un ensemble de **biens*** et de **services*** finals. Cette chaîne peut être décomposée en segments qui vont de l'extraction des matières premières en amont jusqu'à la distribution et les services liés en aval.

☞ **Concepts et corrélats**

➤ Branche ➢ Politique de filière ➢ Politique industrielle ➢ Politique structurelle ➢ Secteur d'activité

FILIÈRE INVERSÉE

La filière inversée est selon J.K. Galbraith, (*Le nouvel état industriel*, 1967) une capacité de la grande **entreprise*** à « *exercer une action sur les prix auxquels elle vend et auxquels elle achète* » et à « *manœuvrer le consommateur pour qu'il achète aux prix dont elle est maîtresse.* ». Le contrôle des **prix*** et le conditionnement du consommateur sont indispensables à la **planification*** de la production et des ventes de la grande entreprise.

☞ **Concepts et corrélats**

➤ Entreprise ➢ Manager ➢ Souveraineté du consommateur ➢ Technostructure

FINANCEMENT DE L'ÉCONOMIE

Le financement de l'économie désigne l'ensemble des mécanismes par lesquels les agents économiques (**ménages***, **entreprises***, administrations…) satisfont leurs **besoins de financement***. Le financement de l'économie peut se réaliser par mobilisation de l'**épargne*** existante (financement non monétaire) ou par création monétaire (financement monétaire). Le **marché financier*** et les **institutions de crédit*** jouent un rôle essentiel dans le financement en dépit du mouvement de **désintermédiation***.

☞ **Concepts et corrélats**

➤ Monnaie ➤ Épargne ➢ Économie de marché financier ➢ Économie d'endettement ➢ Intermédiation financière

FINANCEMENT DIRECT

On appelle financement direct l'opération qui consiste, pour un agent à **besoin de financement***, à s'adresser directement à un agent à **capacité de financement***.

➪Dans bien des cas, l'opération qui consiste à faire un appel public à l'**épargne** (par exemple l'émission d'**actions*** ou d'**obligations***) se réalise sur un **marché*** (par exemple la **bourse des valeurs***). Elle suppose néanmoins l'intervention d'un **intermédiaire financier***.

☞ **Concepts et corrélats**

➤ Monnaie ➢ Intermédiation financière ➢ Économie d'endettement ➢ Économie de marché financier

FINANCEMENT EXTERNE

Le financement externe regroupe l'ensemble des moyens de financement de l'entreprise autres que l'**autofinancement***, à savoir :

– l'appel au **marché financier*** qui peut se faire par **augmentation de capital*** (émission d'actions nouvelles) ou par emprunt obligataire ;

– le recours au crédit bancaire.

➪Certaines formes d'**innovations*** financières des années 1980, comme les titres participatifs, ont créé des moyens de financement intermédiaires entre le **crédit*** et l'augmentation de capital (mais ils sont intégrés aux **fonds propres***).

☞ Concepts et corrélats

➤ Investissement ➢ Obligation ➢ Bourse des valeurs ➢ Crédit ➢ Désintermédiation

FINANCEMENT INTERMÉDIÉ

Le financement intermédié est l'opération qui consiste pour un agent à **besoin de financement*** à s'adresser à un **intermédiaire financier*** pour se procurer les capitaux qui lui sont nécessaires. L'intermédiaire financier se chargeant pour sa part de collecter des fonds auprès des épargnants.

☞ Concepts et corrélats

➤ Monnaie ➢ Intermédiation financière ➢ Taux d'intermédiation Financement direct

FINANCEMENT INTERNE

Pour une entreprise, le financement interne désigne le recours à l'**autofinancement*** de ses **investissements***.

☞ Concepts et corrélats

➤ Investissement ➤ Monnaie

FINANCES INTERNATIONALES

Les économies nationales sont dotées de monnaies différentes. Dès lors qu'existent entre elles des opérations économiques (**commerce international***, mouvements de capitaux) des problèmes de règlement se posent entre les différents espaces monétaires, c'est ce qui explique l'existence d'opérations de **change*** et donc d'un **marché des changes***.

Au cours de l'histoire contemporaine, les relations monétaires internationales ont connu diverses formes d'organisation : **étalon-or***, première forme de l'**étalon de change or*** entre les deux guerres mondiales, système de **Bretton Woods***.

L'organisation des paiements internationaux est en crise depuis les années 1960. Cette crise n'est pas sans rapport avec le ralentissement de la croissance économique mondiale qui se manifeste à partir de 1974. Des projets de réforme existent et la coopération monétaire internationale se renforce depuis le milieu des années 1980.

Les questions monétaires internationales sont d'autant plus aiguës qu'elles sont étroitement articulées au financement de l'économie mondiale.

• *Les relations monétaires internationales*

Le marché des changes

Une monnaie, dès lors qu'elle est convertible, peut être offerte et demandée sur un marché particulier le marché des changes. C'est sur ce marché que sont déterminés les **cours du change*** ou **taux de change*** **(prix relatifs*** des devises). Lorsqu'une **devise*** est très demandée elle s'apprécie par rapport aux autres et réciproquement.

<u>Les compartiments du marché des changes</u>

Il existe plusieurs compartiments sur le marché des changes :

– deux compartiments traditionnels : le marché des changes au comptant et le marché des changes à terme ;

– deux compartiments dont le développement est plus récent : le marché des contrats futurs sur devises et le marché des options sur devises.

<u>Les opérateurs du marché des changes</u>

Sur ces marchés, des **cambistes***, (professionnels du marché), interviennent pour le compte de leurs clients (entreprises pour l'essentiel) ou pour le compte de la **banque*** dans laquelle ils travaillent. Ce sont les cambistes qui confrontent (grâce à des moyens de communication et d'information de plus en plus perfectionnés) les offres et les demandes de devises, (le marché se déroulant en continu à l'échelle de la planète et les cours variant en permanence).

<u>Les stratégies en présence sur le marché des changes</u>

Diverses stratégies se confrontent sur le marché des changes qui visent toutes à gérer la **position de change*** des opérateurs :

– la stratégie de **couverture*** vise à fermer la position de change afin de ne pas courir le **risque de change***;

– la stratégie d'**arbitrage*** cherche à tirer profit de différences de cours (par exemple, différence de cours à un moment donné sur différentes places financières) ;

– la stratégie de **spéculation*** consiste à rester en position de change ouverte en fonction des anticipations que l'on forme (par exemple, vendre à terme des devises que l'on ne possède pas si on anticipe une baisse du cours).

Les déterminants des cours du change

Plusieurs variables explicatives peuvent rendre compte de la détermination et de l'évolution des cours du change :

– les prix (théorie de la parité du pouvoir d'achat) : la monnaie d'un pays dont le taux d'inflation est supérieur à celui de ses partenaires doit (toutes choses égales par ailleurs) se déprécier ;

– les **taux d'intérêt*** (théorie de la **parité des taux d'intérêt***) : il existe une relation inverse entre le taux d'intérêt réel et le cours du change (si une monnaie est faible, les agents n'accepteront de la détenir que moyennant un taux d'intérêt élevé) ;

– le solde courant : la monnaie d'un pays dont le solde courant est négatif doit (toutes choses égales par ailleurs) se déprécier.

Ces explications traditionnelles ne rendent cependant pas compte de toutes les évolutions cambiaires (en particulier des variations erratiques des cours du change qui se produisent depuis 1973). C'est pourquoi de nouvelles approches se développent : théories des **bulles spéculatives*** notamment. Ces nouvelles approches prennent en compte l'importance de la dimension financière des relations monétaires internationales (les mouvements de capitaux sont beaucoup plus importants que le règlement des transactions courantes). Elles prennent en compte aussi la marchéisation du change et le rôle décisif du comportement des professionnels du marché

Historique des systèmes monétaires internationaux

L'étalon-or

L'**étalon-or***, en tant que système monétaire international, a fonctionné de 1870 à 1914. Il importe de distinguer le fonctionnement théorique de l'étalon-or et son fonctionnement réel :

En théorie, l'étalon-or est un système qui impose une discipline interne dans l'émission de monnaie et un mécanisme autorégulateur dans les relations économiques internationales. Par exemple, un pays dont la **balance des paiements*** est structurellement déficitaire voit sa monnaie se déprécier sur le marché des changes. Compte tenu du mécanisme des **points d'or*** et de la **théorie quantitative de la monnaie***, les sorties d'or provoqueront une baisse du niveau général des prix et un retour automatique à l'équilibre de la balance des paiements. En réalité, les règles du jeu de l'étalon-or ont été constamment violées, les autorités monétaires intervenant pour influencer ou neutraliser les mouvements d'or. La livre sterling était dotée de fait du statut de monnaie internationale : on a pu dire que l'étalon-or était un étalon sterling déguisé.

L'étalon de change or : l'entre-deux-guerres

La guerre de 1914, en conduisant les pays belligérants à suspendre la libre convertibilité en or de leur monnaie marque la fin de l'étalon-or. La période de l'entre-deux-guerres marque l'échec des tentatives de mise en place d'un nouveau système monétaire international. La **conférence de Gênes*** (1922) pose certes le principe de l'**étalon de change or***, mais ne conduit pas au fonctionnement effectif d'un nouveau système international. Sous l'effet de la crise de 1929, l'économie mondiale se fragmente en zones monétaires distinctes : strict **contrôle des changes***, montée du **protectionnisme***, voire de l'**autarcie***, développement des **accords de compensation***…

Au cours de la même période, la Grande-Bretagne et l'Allemagne échouent dans leur volonté de revenir à la valeur or de leur monnaie d'avant-guerre. Ces tentatives s'accompagnent de sévères politiques déflationnistes entraînant des faillites d'entreprises et la montée du chômage. En France, la stabilisation Poincaré (1926-1928), qui est en fait une **dévaluation***, contribue à retarder l'entrée en crise de l'économie française.

L'étalon de change or : le système de Bretton Woods et sa crise

Constatant les ravages de la désorganisation monétaire de l'entre-deux-guerres, les alliés mettent en place à la conférence de **Bretton Woods*** (1944), une nouvelle organisation internationale des paiements. Le système de Bretton Woods est un système de **changes fixes***. C'est un étalon de change or puisque le dollar est officiellement considéré comme monnaie de réserve sur la base de 35 dollars pour une once d'or. La convertibilité en or est donc à deux degrés : toutes les monnaies sont convertibles en dollars et les États-Unis s'engagent en 1947 à assurer la convertibilité des dollars en or pour les autres banques centrales.

Les accords de Bretton Woods créent le **Fonds monétaire international*** chargé d'assurer la gestion du système. C'est auprès du FMI que chaque **État*** membre doit déclarer le **pair*** de sa monnaie. Les accords de Bretton Woods prévoient des marges de fluctuation de plus ou moins 1 % autour des parités officielles bilatérales. La stabilité des changes résulte de l'intervention des banques centrales sur les marchés. Pour défendre les parités, les pays membres peuvent avoir recours à des mécanismes de crédit dans le cadre du FMI.

Tout le système repose en fait sur la confiance dans le dollar. Dès le début des années 1960, cette confiance va s'éroder sous l'effet de la réduction de la couverture-or de la monnaie américaine et de la réduction progressive de la supériorité économique des États-Unis. Malgré de nombreuses conférences internationales et rapports d'experts, et en dépit de décisions (d'ailleurs controversées) comme la création des **Droits de Tirages spéciaux*** (1967), le système de Bretton Woods cesse, de fait, de fonctionner le 15 août 1971, lorsque le président des États-Unis (R. Nixon) annonce l'inconvertibilité du dollar en or. L'élargissement des marges de fluctuation décidé lors de la conférence de Washington (**Accords du *Smithsonian Institue****, décembre 1971) n'empêchera pas l'instauration du flottement général des monnaies (1973).

L'intégration monétaire en Europe

L'**intégration économique*** européenne suppose la stabilité des changes entre les pays membres. Lors de la signature du **traité de Rome***, cette stabilité était assurée par le système de Bretton Woods. L'élargissement des marges de fluctuation, décidé à la Conférence de Washington, constitue donc pour la **Communauté économique européenne*** une difficulté redoutable et une incitation à l'intégration monétaire. Lors de la conférence de Bâle (avril 1972), les pays membres de la CEE décident d'organiser un flottement concerté de leurs monnaies à l'intérieur des nouvelles marges de fluctuations (le « tunnel » de plus ou moins 2,25 % conforme aux accords de Washington) : c'est la naissance du **Serpent monétaire européen***. Avec le flottement général des monnaies (« le Serpent sort du tunnel »), les tensions s'accentuent au sein du Serpent. Certaines monnaies (dont le franc) quittent et réintègrent le Serpent au gré de la conjoncture. L'expérience est donc peu concluante. La conférence de Brême (juillet 1978) décide de la création du **Système monétaire européen*** qui entre en vigueur le 13 mars 1979. Organisé autour de l'ECU, le nouveau système se révèle à l'usage beaucoup plus stable. C'est un système de changes fixes mais ajustables et la défense des parités est organisée dans le cadre d'une coopération communautaire.

La signature de l'**Acte unique européen*** (février 1986) et la persistance de l'instabilité monétaire internationale conduisent la communauté à rechercher un approfondissement de l'intégration monétaire. Cette question, qui touche à un élément essentiel de la souveraineté des États, suscite d'importants débats.

Sur la base des propositions du rapport de J. Delors adopté par le sommet de Madrid (juin 1989), le **traité de Maastricht*** est signé le 7 février 1992. La première étape du plan Delors (libération complète des mouvements de capitaux) s'est appliquée dès le 1er juillet 1990. Conformément au traité de Maastricht, la deuxième étape est entrée en vigueur le 1er janvier 1994; elle se caractérise par la mise en place de l'**Institut monétaire européen*** chargé de préparer la mise en place de la **Banque centrale européenne*** et le **Système européen de banques centrales***. En mai 1998, lors du sommet européen de Bruxelles, le passage à la troisième étape (mise en place de la monnaie unique dénommée Euro) a été décidée pour 11 pays membres de l'Union à partir du 1er janvier 1999. Depuis cette date, il existe au sein de l'**Eurosystème*** une politique monétaire unique conçue et mise en œuvre par le SEBC. Le 1er janvier 2001, la Grèce a rejoint la Zone Euro* et le 1er janvier 2002, l'Euro deviendra la monnaie fiduciaire et scripturale utilisée par tous les agents économiques de la Zone.

• *Le financement de l'économie mondiale*

Les opérations de financement international sont anciennes. Sans remonter au Moyen Âge et au rôle des banquiers génois, vénitiens, lyonnais et flamands, on constate dès la période de l'étalon-or le gonflement des balances sterling (avoir en livres détenus par des non-résidents britanniques). De même, les épargnants français de la Belle Époque ont contribué au financement des pays neufs. Les États-Unis pour leur part ont été emprunteurs nets auprès du reste du monde jusqu'à la Première Guerre mondiale.

À partir du début des années 1960, une évolution très significative se produit : l'internationalisation des activités bancaires et financières accompagne l'internationalisation de la production. Les banques suivent les implantations industrielles de leurs clients et cherchent à mobiliser les ressources nécessaires aux **investissements directs*** internationaux. C'est dans ce contexte que naissent et se développent les **euromarchés***. La crise pétrolière de 1974 va marquer une nouvelle étape, l'économie mondiale devient une économie à découvert (H. Bourguinat) : le concept d'économie d'endettement forgé par J.-R. Hicks s'applique désormais à l'économie mondiale. En effet les banques collectent des dépôts importants de la part des agents économiques bénéficiaires de la rente pétrolière et elles recyclent ces « pétrodollars » en accordant des prêts aux pays qui souhaitent se développer et qui offrent des perspectives de remboursement.

À partir du début des années 1980, la **globalisation financière*** s'amplifie, la **règle des 3 D*** conduit au développement de nombreuses innovations financières : émergence ou développement de nouveaux produits financiers (**swaps***, **options***...), essor de nouveaux marchés financiers de plus en plus interdépendants, nouvelles technologies de la communication qui facilitent la circulation internationale des capitaux. Toutes ces évolutions sont présentées comme le moyen de faire face aux ajustements rendus nécessaires par les chocs réels subis par l'économie mondiale : politiques macroéconomiques divergentes, soldes extérieurs structurellement excédentaires pour certains et structurellement déficitaires pour d'autres, déséquilibres démographiques, effondrement du système soviétique et réunification allemande, émergence des **nouveaux pays industrialisés***, etc.

Les crises financières des années 1980 et 1990

Le changement de l'orientation de la politique monétaire américaine en 1979 provoque une hausse spectaculaire des taux d'intérêt réels et une forte appréciation du dollar. Cette situation sert de révélateur des tensions financières qui traversent l'économie mondiale. En 1982, le Mexique annonce qu'il est dans l'impossibilité de faire face aux remboursements de sa dette extérieure. La crise de solvabilité menace de s'étendre à d'autres pays en développement et les banques créancières sont menacées de faillite. Pour éviter ce scénario catastrophe, la **Banque des règlements internationaux*** accorde un crédit relais au Mexique. Puis, plus fondamentalement, le Fonds monétaire international pousse les pays du tiers-monde à adopter des **politiques d'ajustement structurel*** afin de dégager des surplus exportables et de rembourser leurs dettes. L'administration du Trésor des États-Unis intervient aussi pour résoudre cette première crise de la dette (plan Baker en 1985 et plan Brady en 1989).

En octobre 1987, un krach financier de grande ampleur se déclenche à la Bourse de New York. Là encore, la contagion est évitée : la Réserve Fédérale américaine et les autres banques centrales injectent massivement des liquidités pour éviter les faillites bancaires en chaînes. Cela n'empêche pas de nombreuses banques locales et des caisses d'épargne de faire faillite aux États-Unis.

En 1992 et 1993, c'est au tour du Système monétaire européen de faire l'objet d'attaques spéculatives.

À partir du début des années 1990, des placements importants sont à nouveau effectués au sein des pays émergents (Asie de l'Est et Mexique pour l'essentiel). Il ne s'agit plus de prêts bancaires comme à la fin des années 1970, mais d'**investissements directs*** et d'**investissements de portefeuille*** attirés par des rendements élevés et rassurés par les politiques libérales mises en œuvre sous l'égide du FMI. Mais en 1994-1995, une nouvelle crise se déclenche au Mexique suivie, en 1997, d'une crise en Asie (Thailande, Malaisie, Corée, etc.). En 1998, c'est au tour de la Russie de laisser se déprécier sa monnaie, ce qui occasionne des pertes très importantes aux créanciers de ce pays. Ces crises financières affectent ensuite d'autres économies émergentes : le Brésil en 1999, la Turquie en 2001.

Une nouvelle architecture financière internationale ?

La récurrence des crises financières, la volatilité des cours du change, les difficultés rencontrées par l'économie japonaise, les problèmes soulevés par l'existence de paradis fiscaux et de places financières extraterritoriales sont autant de signes du dysfonctionnement du système monétaire et financier international. Certes, le FMI et d'autres institutions internationales sont intervenues pour limiter les conséquences des crises au risque de créer des situations d'**aléa moral***, mais les problèmes fondamentaux demeurent. De nombreuses voix s'élèvent pour réclamer la mise en place d'un régime monétaire et financier international plus stable et mieux contrôlé.

Trois approches sont concevables et peuvent être articulées :

❍ La première met l'accent sur le renforcement de la coopération internationale des politiques économiques. Les mouvements de capitaux résultent de conjonctures macroéconomiques divergentes et cherchent à tirer partie des différences de rythmes de croissance. Un cadre macroéconomique plus stable, des signaux cohérents adressés aux marchés en matière de convergence nominale (lutte contre l'inflation) mais aussi réelle (croissance économique, emploi...) seraient de nature à limiter l'ampleur des déstabilisations financières. Ce renforcement de la coopération pourrait se situer au niveau mondial (sommets du G8), mais aussi au niveau régional (projet de mise en place d'un Fonds monétaire asiatique par exemple).

❍ La seconde met l'accent sur le renforcement des règles prudentielles. Il y a déséquilibre entre l'essor des marchés de capitaux et leur internationalisation d'une part et le caractère national (et parfois très insuffisant) des règles prudentielles d'autre part. Le Forum pour la stabilité financière et la Banque des règlements internationaux élaborent des propositions visant à améliorer l'information des opérateurs sur le fonctionnement des marchés et sur les risques correspondant aux différentes opérations.

❍ La troisième approche est plus volontariste. Elle vise à juguler les mouvements spéculatifs par exemple par la mise en place d'un système de zones cibles dans le cadre d'un système multi-devises ou encore à mettre en place une taxation des mouvements de capitaux pour dissuader les spéculateurs (**taxe Tobin***). Dans cette perspective, on peut envisager aussi la mise en place d'un **prêteur en dernier ressort*** au niveau international.

☞ Bibliographie

● AGLIETTA M. (2001), *Macroéconomie financière*, coll. Repères, La Découverte.

BASSONI M., BEITONE A. (1997), *Problèmes monétaires internationaux*, coll. Cursus, Armand Colin.

DROUIN M. (2001), L*e système financier international*, coll. Cursus, Armand Colin.

LELART M. (2000), *Le système monétaire international*, coll. Repères, La Découverte.

PATAT J. -P. (1998), *Histoire de l'Europe monétaire*, coll. Repères, La Découverte.

❍ ALLÉGRET J.-P. (1997), *Économie monétaire internationale*, coll. HU, Hachette.

BOURGUINAT H. (1999), *Finance internationale*, coll. Thémis, PUF.

FERRARI J.-B. (2000), *Économie financière internationale*, Bréal.

GIRAUD P.-N. (2001), *Le commerce des promesses*, Seuil.

FIRME

Firme est un terme synonyme d'**entreprise***. Ce terme est emprunté à la littérature anglo-saxonne.

☞ Concepts et corrélats

➤ Entreprise

FIRME MULTINATIONALE

D'après J.-L. Mucchielli, « *on peut considérer comme multinationale toute entreprise possédant au moins une unité de production à l'étranger* ». Cette unité de production est alors sa **filiale***. C'est donc la logique de la **production*** qui domine. Une **entreprise*** peut avoir des représentations commerciales à l'étranger, mais elle n'est vraiment multinationale que si elle réalise au moins une partie de sa production à l'extérieur de son territoire national.

➪Certains auteurs préfèrent parler de Firme transnationale.

☞ Concepts et corrélats

➢ Investissement direct à l'étranger

FIRME TRANSNATIONALE

➢ **Firme multinationale**

FISCALITÉ

La fiscalité est l'ensemble des **impôts*** et des taxes perçus par une collectivité publique. On parle, par exemple, de la fiscalité locale pour désigner l'ensemble des impôts et taxes perçus par les collectivités locales.

☞ Concepts et corrélats

➤ État ➤ Revenus ➤ Politique économique ➢ Impôt direct ➢ Impôt indirect ➢ IRPP ➢ TVA ➢ Impôt progressif ➢ Impôt proportionnel ➢ Impôt sur le capital ➢ Impôt à la production ➢ Impôt sur la consommation ➢ Pression fiscale

FIXAGE (*FIXING*)

Le fixage est une procédure de **cotation*** par laquelle est déterminé le cours d'une **valeur mobilière***, de l'or, d'une **devise*** ou d'une **marchandise***. Le cours est établi à un moment précis par confrontation de l'ensemble des offres et des demandes préalablement collectées. C'est le cours du fixage qui est utilisé pour toutes les transactions jusqu'à la prochaine séance de cotation.

➪Le fixage se distingue de la **cotation en continu***.

➪Certains auteurs libéraux, comme M. Allais (prix Nobel 1988) par exemple, considèrent que le fixage est une méthode de cotation qui assure la détermination du prix dans de meilleures conditions (centralisation d'un grand nombre d'offres et de demandes) et une plus grande égalité entre les différents opérateurs (accès à l'information dans des conditions identiques).

☞ Concepts et corrélats

➤ Monnaie ➤ Finances internationales

FLEXIBILITÉ DU TRAVAIL

La montée du chômage depuis la fin des années 1970 a suscité un débat parmi les économistes sur la flexibilité du travail.

Pour R. Boyer, la flexibilité est un concept « protéiforme », qui peut revêtir plusieurs formes :

❍ La première est constituée par la plus ou moins grande adaptabilité de l'organisation productive *(« Atelier flexible »)*.

❍ La deuxième concerne l'aptitude des travailleurs à changer de poste de travail au sein d'une organisation d'ensemble donnée (polyvalence de la main-d'œuvre). La flexibilité correspondante fait appel au savoir-faire et à la compétence de la main-d'œuvre, et tout particulièrement à son aptitude à maîtriser divers segments d'un même processus productif (« *Ouvrier proudhonien* »).

❍ La troisième mesure la flexibilité à la faiblesse des contraintes juridiques régissant le contrat de travail et en particulier les décisions de licenciement. Cette malléabilité du volume de l'emploi peut aussi être atteinte par la variation sans contraintes de la durée hebdomadaire du travail, de la répartition des horaires annuels en fonction du volume des commandes… Le contrat de travail qui en découle est révisable au jour le jour et cette forme de flexibilité s'accomplit ainsi par l'extension à l'ensemble de la société du « S*alariat intérimaire* ».

❍ La quatrième désigne la sensibilité des salaires (nominaux et/ ou réels) à la situation économique, propre à chaque firme, ou générale concernant le marché du travail. Cette conception de la flexibilité conduit donc à demander en retour plus de concurrence sur le marché du travail, une différenciation des salaires selon la situation financière de la firme et la productivité individuelle, ou encore une suppression ou une atténuation de la législation sur le salaire minimum (institution par exemple pour les jeunes d'un salaire minimum notablement inférieur à celui des adultes). La logique de cette flexibilité n'est autre qu'une forme de *« Salaire au rendement »*.

○ Enfin, la cinquième désigne la possibilité pour les entreprises de se soustraire à une partie des prélèvements sociaux et fiscaux et plus généralement de s'affranchir des réglementations publiques qui limitent leur liberté de gestion. Le symbole de cette flexibilité pourrait être le retour à un « *État minimal* » ou à un salariat à deux vitesses.

⇨ Pour les auteurs libéraux, la flexibilité du travail n'est souvent qu'un cas particulier de la flexibilité des prix : elle désigne la capacité des variations du **taux de salaire*** à réduire les déséquilibres sur le **marché du travail***. Dans cette perspective, tous les facteurs de rigidité à la baisse des taux de salaire (allocation chômage, salaires minimums, etc.) sont dénoncés comme une entrave au libre fonctionnement du marché du travail.

⇨Les débats concernant la flexibilité du travail se sont surtout développés à partir du début des années 1980. Ils reviennent à l'ordre du jour aujourd'hui, notamment avec les propositions du MEDEF (Mouvement des Entreprises de France) d'instaurer des contrats de travail à durée variable.

☞ Concepts et corrélats

➤ Marché du travail

FLOTTEMENT DES MONNAIES

➤ Finances internationales ➢ Changes flottants

FLOTTEMENT IMPUR

➤ Finances internationales ➢ Changes flottants

FLUCTUATION ÉCONOMIQUE

La notion de fluctuation désigne l'ensemble des mouvements de baisse ou de hausse de l'activité économique ; ces mouvements d'**expansion*** et de ralentissement de l'activité sont repérés à l'aide de quelques indicateurs comme le niveau de la **production***, des stocks, du **chômage***, de l'**emploi*** et des **prix***.

Si à moyen terme, l'économie est caractérisée par une **tendance*** (*trend*) de **croissance***, à court terme, certaines fluctuations sont qualifiées de « cycliques » et peuvent s'articuler à des fluctuations plus longues, mais la constance de leur fréquence et de leur amplitude sont l'objet de débats.

☞ Concepts et corrélats

➤ Fluctuations et crises ➢ Accélérateur
➢ Cycle économique ➢ Cycle Kitchin
➢ Cycle Juglar ➢ Cycle Kondratief
➢ Multiplicateur ➢ Oscillateur

FLUCTUATIONS ET CRISES

L'analyse économique statique met l'accent sur l'équilibre économique ; la dynamique économique étudie le mouvement de l'activité qui intervient selon des rythmes et des modalités spécifiques : dans ce cas, on analyse la croissance et les fluctuations. Le ralentissement de la croissance économique à partir de 1974 a conduit à un renouvellement des analyses sur les crises économiques.

• *Analyse statistique et typologie des cycles*

La composante cyclique de l'activité économique

La composante cyclique n'est pas donnée d'emblée par le mouvement général de l'activité économique, elle est mise en évidence à partir de l'étude d'un certain nombre d'indicateurs.

<u>La pluralité des indicateurs</u>

A.F. Burns et W.C. Mitchell, *(Measuring Business Cycles,* 1946) ont essayé d'énu-mérer les meilleurs indicateurs à retenir :

– indice d'activité (nombre de faillites, **production*** de **biens durables**, contrats de construction, **investissement**, **chiffre d'affaires*** de la grande distribution, emploi total, etc.);

– indice des prix (prix de gros);

– indicateurs financiers (prix des **actions*** industrielles).

Les indicateurs statistiques utilisés sont, le plus souvent, des agrégats en **valeur*** (**Produit Intérieur Brut*** par exemple).

On utilise en général une approche en termes de **flux*** mais certaines approches tiennent compte des **stocks*** (stocks de marchandises, de **capital***, d'**actifs***, de passifs). En France, l'Institut de la Statistique et des Études Économiques définit un indicateur de retournement conjoncturel calculé à l'aide de soldes d'opinions tirées de l'enquête mensuelle sur l'activité dans l'industrie française, ainsi qu'un indice synthétique du climat des affaires.

Extraire la composante cyclique pure

L'activité économique peut être décomposée en trois éléments :

1) une tendance* de la **croissance économique*** à partir des évolutions passées ou à partir de la **croissance potentielle***;

2) une composante saisonnière (fluctuations à l'intérieur de l'année);

3) une composante cyclique pure : l'écart entre le niveau observé (ou prévu) du PIB et son niveau tendanciel est un indicateur de la phase du cycle dans laquelle on se trouve.

➪La mise en évidence des cycles dépend des méthodes statistiques utilisées, ce qui conduit certains auteurs à considérer que le cycle long est un artefact statistique.

La pluralité des cycles

L'analyse cyclique renvoie à des horizons temporels différents :

❍ Pour J.A. Schumpeter (*Business cycles*, 1939), il existe trois cycles économiques :

un cycle long ou **cycle Kondratief*** de 50 à 60 ans ;

– un cycle majeur ou **cycle Juglar*** de 8 à 11 ans. On compte en moyenne 6 cycles Juglar dans un Kondratief ;

– un cycle court ou **cycle Kitchin*** d'environ 42 mois (soit environ 3 cycles Kitchin dans un Juglar et 18 dans un Kondratief).

❍ Des fluctuations séculaires ont été mises en lumière par un certain nombre d'auteurs, par exemple L. Dupriez *(Des mouvements économiques généraux,* 1947) ou encore D.H. Fisher (*The Great Wave, Price Revolutions and the Rhythm of History*, 1996).

Un déséquilibre de marché peut conduire à un cycle prix-quantité

Ce type de déséquilibre est décrit par le modèle de la **toile d'araignée*** (*cobweb*) :

– les marchés agricoles ont une composante cyclique (le cycle du porc, ou cycle Hanau, a une durée similaire au cycle Kitchin) ;

– le cycle des biens d'équipement de S. Kuznets *(Secular Movements in Production and price,* 1930) ou le cycle du bâtiment observé par A. Hansen (*Fiscal Policy and Business Cycles*, 1941) ont une durée d'une vingtaine d'années.

• *Crises et cycles : approche historique*

Jusqu'au 18e siècle, les crises sont encore des **crises de subsistance*** liées aux fluctuations de la production agricole (aléas climatiques, guerres, etc.). Comme le montre l'**école physiocratique***, la récolte commande l'ensemble de l'économie. La **loi de King*** explique l'occurrence de fortes variations de prix. Au 19e siècle, les crises se modifient progressivement avec l'**industrialisation*** : le point de départ frumentaire se signale encore par une explosion du prix du grain (1847-1848 notamment), mais il est souvent accompagné d'un **krach*** boursier ou financier (qui devient le catalyseur du retournement à partir de 1866) affectant certaines branches industrielles. Le ralentissement de la demande conduit à la baisse des prix (la courbe des prix devient parallèle à celle de l'activité).

Cycles et crises industrielles au 19e siècle

C. Juglar (*Des crises commerciales et de leur retour périodique en France, en Angleterre et aux États-Unis*, 1862) relève que les crises se déclenchent à peu près simultanément dans les pays qui s'industrialisent (1816, 1826, 1836-1837, 1847, 1857).

Les crises industrielles se caractérisent par un ralentissement du **crédit***, une forte baisse des prix (beaucoup plus forte pour les prix agricoles) et d'une hausse du taux de l'escompte (en 1853-54, le taux d'escompte à New York monte à 40 %, et en France à 10 %). La baisse de l'emploi, du **taux de salaire*** et des **profits*** aggrave la mévente et les défaillances d'**entreprises***. La conjoncture ferroviaire exerce à partir des années 1830-1840, de puissants effets d'entraînement sur les industries d'amont (sidérurgie, biens d'équipement, etc.) mais aussi des crises, ce qui affecte un grand nombre de **branches***.

La « Grande dépression » 1873-1896

Cette **dépression*** correspond à la phase B du deuxième Kondratief. Le retournement de l'activité économique en 1873, fait coïncider pour certains auteurs, une crise de cycle Juglar et l'entrée dans la phase B du cycle Kondratief. Le krach boursier à Vienne et la faillite du *Kreditanstalt* conduisent à une défiance des investisseurs dans les chemins de fer en Allemagne et aux États-Unis (faillites de la *Northern Pacific*, et de Jay Cooke & Cie). La surproduction agricole crée de lourdes difficultés agraires. Des réactions protectionnistes se manifestent en Allemagne (dès 1878), puis en Russie, aux États-Unis et en France (tarif Méline en 1892).

La France est touchée en 1882 avec la faillite de l'Union Générale. Une panique des chemins de fer gagne de nouveau les États-Unis en 1884. En 1890 en Angleterre, la faillite de la banque Baring, engagée dans des opérations financières en Argentine où il y a de mauvaises récoltes et une révolution politique, se propage aux États-Unis (la *Cleveland panic*).

Les crises du début du 20e siècle

La phase ascendante d'un troisième cycle Kondratief joue favorablement pour raccourcir la durée des crises et leur amplitude. Certaines économies émergentes sont affectées par l'éclatement de **bulles spéculatives*** (la crise de 1900 touche aussi la Russie). La « nouvelle économie » de l'époque (chimie, construction électrique) et la sidérurgie sont plus touchées (on assiste à de grands mouvements de **concentration*** par exemple, la constitution en Allemagne de deux géants de l'industrie électrique, AEG et Siemens).

La crise de 1907 est sévère aux États-Unis (explosion d'une bulle spéculative sur le cuivre, faillites de compagnies de chemins de fer et de tramways, faillites bancaires notamment *Knickerbocker Trust & Co*). En France, la crise de 1907 est d'abord une grave crise de surproduction viticole dans le Midi.

La spécificité de la crise de 1929

La crise boursière et financière

Le jeudi 24 octobre 1929 le krach boursier commence comme dans toutes les crises industrielles (éclatement d'une bulle spéculative) mais la baisse des cours boursiers se poursuit sur plusieurs séances (16 millions de titres vendus), affectant sévèrement les sociétés d'investissement (chute de 50 % des cours). Les pratiques d'achat de titres avec règlement partiel au comptant (10 % des valeurs acquises payées au courtier, le reste étant financé à crédit) développent une grave crise de liquidité. L'indice Dow Jones s'effondre (indice 115 en 1929 et 26 en 1932). Le *Federal Reserve Board* à Washington resserre le crédit mais le *Federal Reserve Bank* de New York continue de financer la bourse : cette divergence de vue entre les autorités monétaires conduit, selon M. Friedman, à une pénurie de crédits dans l'industrie alors que la spéculation dispose toujours de moyen financiers. La panique boursière conduit à une défiance contagieuse (multiplication des faillites bancaires).

La diffusion internationale de la crise et l'effet en retour sur l'économie américaine

Le rapatriement des capitaux américains investis à l'étranger et la baisse des importations américaines diffusent les difficultés aux autres économies. Les pays débiteurs (pays d'Amérique latine notamment) subissent cette mauvaise conjoncture, la chute des cours des matières premières et des produits agricoles. L'Allemagne est particulièrement touchée : en effet, la hausse des taux d'intérêt pour freiner les sorties de capitaux favorise la déflation. La montée du **protectionnisme*** (dès 1930 aux États-Unis) puis sa généralisation et les **dévaluations compétitives*** à partir de 1931 dépriment les échanges internationaux. Cette situation internationale a un effet en retour sur l'économie américaine.

L'indice de la production industrielle se dégrade : base 100 en 1929, l'indice est à 52 en 1932. Les secteurs les plus affectés sont l'automobile, les biens d'équipement et la construction de logements. Le **taux d'investissement*** s'effondre (15,4 % du PIB en 1929, 1,5 % en 1932).

La crise agricole est encore plus sévère : la chute de 50 % des prix agricoles entre 1929 et 1933 met en difficulté les banques. Le taux de chômage s'accroît avec la baisse des prix.

• *Les théories du cycle*

Parmi les très nombreuses approches du cycle, on peut distinguer :

La dynamique de l'innovation

Pour J.A. Schumpeter (1883-1950), le cycle est lié à l'**innovation*** des **entrepreneurs*** qui modifient les fonctions de production par une rupture plus ou moins radicale avec la routine. Schumpeter s'appuie sur trois considérations pour justifier l'emboîtement des trois cycles (Kitchin, Juglar et Kondratief) :

1) une innovation a une durée de gestation et de diffusion différente selon son importance pour l'évolution économique (il existe une multiplicité de fluctuations) ;

2) une innovation majeure (le lancement des chemins de fer, l'électrification) n'émerge jamais sous sa forme définitive mais par étapes selon le degré de réceptivité (économique, sociale et psychologique) ;

3) plusieurs cycles vont s'emboîter selon le décalage qui se crée entre l'accroissement de la demande résultant de l'innovation et la variation de l'offre.

Pour Schumpeter, le crédit favorise le déplacement des facteurs de production vers de nouvelles utilisations (d'où l'apparition de **grappes d'innovations**). La réaction des firmes anciennes favorise une **destruction créatrice***. La fréquence des innovations se ralentit. Les mouvements spéculatifs se développent, conduisant à des déséquilibres (grappes cycliques d'erreurs) puis à la récession. Le retour à l'équilibre est progressif.

La dynamique de l'investissement

L'**accumulation du capital*** joue un rôle fondamental dans l'apparition des cycles.

Les biens d'équipement (et dans une moindre mesure les biens durables) qui sont soumis à des variations de la demande, subissent des fluctuations de l'activité très marquées.

<u>L'investissement et les anticipations des entrepreneurs</u>

C. Juglar (*Des crises commerciales et de leur retour périodique,* 1862) a analysé le cycle à travers un décalage entre la hausse de la demande et celle des capacités de production:

1) la hausse des prix doit être durable pour être interprétée comme l'annonce d'une phase de prospérité;

2) le délai de mise en service exagère l'apparence du manque de capacités durant la phase d'expansion, alors qu'il est en train de se résorber, ce qui provoque une surcapacité qui déclenche le retournement. C'est ce type de mécanisme que l'on retrouve dans l'**accélérateur*** mis en lumière par A. Aftalion (1874-1956) et J.-M. Clark (1884-1963).

J.M. Keynes (1883-1946) et J.R. Hicks (*A contribution the Theory of the Trade cycle*, 1951) ont ouvert la voie à des modèles dynamiques combinant l'accélérateur et le **multiplicateur d'investissement***. P. Samuelson (prix Nobel 1970) a montré à travers l'**oscillateur***, la possibilité selon la force de l'effet d'accélération relativement à l'effet multiplicateur, la possibilité d'oscillations plus ou moins amorties ou plus ou moins explosives.

<u>Cycle économique et répartition des revenus</u>

Selon la **théorie postkenésienne***, les fluctuations cycliques s'expliquent par la répartition des revenus. Pour M. Kalecki (*Théorie de la dynamique économique*, 1966), l'investissement réalisé détermine le revenu des entrepreneurs et leurs décisions d'investir, mais l'accroissement du stock de capital tend à dégrader le taux de profits.

Le modèle de R. Goodwin (*A growth cycle*, 1967) retient deux hypothèses centrales : le taux de salaire réel est une fonction décroissante du taux de chômage selon la **courbe de Phillips*** et le **taux d'épargne*** sur les salaires est nul alors que les profits sont intégralement réinvestis. En début de cycle, des **profits*** élevés se traduisent par un fort investissement qui accélère la croissance économique et fait diminuer le taux de chômage mais la diminution du taux de chômage débouche sur une hausse des salaires réels et une baisse de la part des profits, l'investissement se contracte ainsi que la croissance.

<u>L'effet des anticipations et du crédit</u>

Dans le modèle de H.P.Minsky (*Can « it » happen again* ?, 1982), prêteurs et emprunteurs sous-estiment les risques d'un développement du **financement externe*** de l'investissement (paradoxe de la tranquillité) dans la phase de croissance. Les charges de la dette tendent à progresser plus rapidement que les profits bruts escomptés. Lorsque l'évaluation des risques se modifie, les prêteurs limitent le crédit. Le besoin de liquidités accroît la vente d'**actifs*** et conduit à l'effondrement de leur prix relatif. Sur les marchés financiers, les agents se montrent plus pessimistes quant à l'évolution future du rendement des actifs. Les entreprises les plus endettées arrêtent leur programme d'investissement. Une spirale déflationniste s'installe jusqu'à ce que se profilent les conditions d'une reprise de l'investissement.

Le cycle et la nature monétaire des chocs

Les explications purement monétaires des cycles adoptent implicitement les hypothèses de la **théorie quantitative de la monnaie***. Les fluctuations de la masse monétaire commandent l'alternance de phases de prospérité et de dépression.

La théorie monétaire du cycle est surtout associée à R.G. Hawtrey (*Currency and credit*, 1928). Pour ce dernier, ce ne sont pas les anticipations des agents mais les contraintes institutionnelles créées par l'étalon-or qui sont responsable des crises périodiques. Dans un premier temps, en offrant des crédits à faible taux d'intérêt, les banques favorisent l'activité économique et le gonflement des stocks. Par la suite, l'emballement du crédit accélère la croissance de la **masse monétaire*** et la **spéculation***. Le portefeuille d'effets escomptés par les banques s'accroît, mais leur encaisse-or diminue, leur refinancement par l'Institut d'émission est limité en régime d'**étalon-or*** et le taux d'escompte s'élève, la contrainte métallique des banques diffuse une contraction cumulative du crédit puis le déstockage et à la dépression économique. La phase d'expansion suivante ne s'amorce que lorsque les fonds s'accumulent de nouveau, dans les banques. Comme depuis 1914, l'étalon-or cesse de jouer, il en résulte, d'après Hawtrey, que la régularité des cycles s'atténue.

L'explication monétaire du cycle a été renouvelée par la **théorie monétariste*** : selon M. Friedman (prix Nobel 1976), les cycles économiques américains ont tous été précédés d'un accroissement du stock monétaire. L'origine des fluctuations conjoncturelles réside dans les chocs monétaires crées par une **politique monétaire*** discrétionnaire.

Le cycle et les chocs exogènes

S. Jevons (1835-1882) s'appuyait sur le retour périodique des tâches solaires tous les 10 ans environ pour proposer une théorie des cycles agricoles liés aux chocs climatiques. Cette approche exogène du cycle se retrouve dans l'analyse de l'**École des choix publics*** et dans le courant de la **nouvelle économie classique***.

❍ W.S. Nordhaus (*The Political Business Cycle*, 1975) propose un modèle d'instabilité lié aux choix de **politique économique***. La politique de soutien de la croissance est nécessaire pour assurer une réélection, la politique de freinage suit les élections.

❍ Selon la **théorie du cycle réel***, le progrès technique est appréhendé comme un processus aléatoire agissant dans le cadre d'une autorégulation spontanée par le marché. Le cycle reflète la réaction optimale des agents rationnels à des chocs technologiques aléatoires. Cette analyse rend inutile toute politique économique puisque le cycle est un cycle d'équilibre.

• *Les théories des crises*

La montée de la pauvreté en Angleterre dans la crise qui suit la fin des guerres napoléoniennes a conduit S. de Sismondi (1773-1842) à critiquer la **loi des débouchés*** de J.B. Say en envisageant, contrairement à D. Ricardo, une insuffisance de la demande (sous-consommation).

L'approche marxiste du mode de production capitaliste

Pour K. Marx (1818-1883), c'est le caractère intrinsèquement instable du **mode de production*** capitaliste qui génère des crises. Selon K. Marx, *« la raison ultime de toutes les crises réelles c'est toujours la pauvreté et la consommation restreinte des masses, face à la tendance capitaliste à développer les forces productives »*. La tendance à une **reproduction élargie*** accélère le mouvement de substitution du capital constant au capital variable et la **baisse tendancielle des taux de profit***. Chaque crise tente (provisoirement) de rétablir une proportionnalité entre la section I (celle des moyens de production) et le secteur II (celui des moyens de consommation).

Les crises dans l'approche régulationniste

La **théorie de la régulation*** distingue deux types de crise :

– certaines crises se développent à l'intérieur d'un **mode de régulation*** sans le remettre en cause ;

– d'autres crises (« grandes crises ») remettent en cause le du fait de l'épuisement des formes institutionnelles. Par exemple, la crise de 1929, apparaît comme le moment de transition entre le modes de régulation concurrentiel et le mode de régulation monopoliste.

• *Quelques explications du ralentissement de la croissance économique à partir de 1974*

Le ralentissement de la croissance à partir de 1974 ouvre une période marquée par une synchronisation de la conjoncture dans les pays de l'**Organisation coopération et de développement économique*** (OCDE). Les chocs pétroliers (quadruplement du baril de pétrole en décembre 1973 puis doublement entre 1979-1980) agissent comme un choc d'offre (hausse des coûts). L'inflexion durable des taux de croissance économique par rapport aux Trente Glorieuses (+4,5% entre 1970-1973, +2,8% entre 1974-1979 dans les pays de l'OCDE) s'accompagne d'une accélération de l'inflation (avec des écarts non négligeables entre les pays) et une hausse du taux chômage (situation de **stagflation***). À partir de 1979, les États-Unis adoptent une politique d'inspiration monétariste qui provoque une hausse des taux d'intérêt et du cours du dollar. Pendant les années 1980, l'Europe connaît une période de ralentissement de la croissance, alors que les États-Unis et les **pays émergents*** bénéficient d'une croissance soutenue.

Ce ralentissement de la croissance depuis trente ans est donc marqué par des récessions et des reprises économiques soutenues (+3,2% entre 1986-1990, +2,6% entre 1997-2000) mais différenciées entre les économies selon l'inflexion de leur politique économique.

Les explications libérales

Les théoriciens libéraux ont attribué le ralentissement de la croissance économique à des facteurs exogènes puis aux politiques keynésiennes antérieures.

La crise s'explique par des coûts de production trop élevés qui réduisent la **rentabilité*** des entreprises. Le salaire réel croît plus vite que la **productivité marginale du travail***, ce qui induit une baisse du **taux de marge*** des entreprises. Dès lors, celles-ci ne sont plus incitées à accroître leur production, à investir, à augmenter leurs effectifs. L'investissement se contracte et à terme l'emploi aussi avec un certain décalage (**cycle de productivité***). La réduction des coûts apparaît comme essentielle à une reprise de l'activité. C'est pourquoi les économistes libéraux attribuent le chômage à des taux de salaires trop élevés (dus notamment à une trop grande intervention de l'État dans leur détermination) et considèrent que la réduction du chômage passe par une diminution des salaires.

Pour les monétaristes, la crise est le produit du laxisme antérieur en matière de politiques monétaires (politiques de crédit trop facile ...). Selon eux, les politiques de relance keynésienne ne pouvaient que conduire à la stagflation des années 1970.

L'approche keynésienne de la crise

Les économistes keynésiens insistent sur la demande. Celle-ci constitue selon eux, la principale motivation qui détermine le comportement des entreprises. Faute d'une demande suffisante, c'est-à-dire d'une possibilité d'écouler leur production, les entreprises réduisent leurs investissements et l'économie s'enfonce dans la récession.

Les keynésiens mettent l'accent sur le transfert de revenu opéré par le prélèvement pétrolier. Certains bénéficiaires de la rente pétrolière ayant privilégié la thésaurisation et les placements financiers, c'est l'ensemble de la demande mondiale qui s'est trouvé déprimé.

Les politiques keynésiennes nationales de soutien de la demande se heurtent à la conjonction d'une ouverture croissante des économies et de coûts de production excessifs par rapport aux concurrents étrangers. Par ailleurs, il n'existe pas d'instance internationale susceptible d'organiser une relance de l'économie au niveau mondial.

À l'exception des États-Unis, les politiques conduites dans les pays de l'OCDE ont pour priorité la **désinflation*** dans les années 1980, tandis que les pays endettés sont contraints à des **politiques d'ajuste-**

ment*. Les **pays émergents*** et les **pays en transition*** subissent de nouveau de fortes contraintes d'ajustement dans les années 1990 (crise mexicaine en 1994, crise asiatique en 1997, crise russe en 1998).

L'approche régulationniste et l'évolution du régime international

Pour les régulationnistes, le ralentissement de la croissance renvoie à une crise structurelle du mode de régulation monopoliste remettant en cause le compromis des Trente Glorieuses (**crise du taylorisme***, crise du **rapport salarial*** fordiste). L'internationalisation croissante des économies conduit à une évolution du régime international qui aggrave la remise en cause de certaine formes institutionnelles (les hausses nationales de salaires ne peuvent pas ne pas tenir compte de l'évolution des coûts salariaux étrangers). Les bases de l'évolution des normes nationales de production et de consommation de masse sont ainsi fragilisées. Si dans une optique libérale, la déréglementation des marchés financiers, en décloisonnant l'ensemble des marchés, s'inscrit dans une réorientation plus efficiente de l'épargne, dans une optique régulationniste, elle a surtout permis aux États de financer plus aisément leurs déficits et aux grandes entreprises, d'assurer le de leurs activités internationales. La déconnexion entre la valeur des actifs sur les marchés financiers et leur rentabilité réelle introduit un **risque systémique*** non négligeable.

Cycle long et troisième révolution industrielle : l'interprétation néoshumpéterienne de la crise

N. Kondratief (1892-1938) avait souligné que les grands investissements requièrent des montants considérables de fonds prêtables qui exigent une forte **propension à épargner***, une offre importante de capitaux à faible taux d'intérêt et un faible coût des biens capitaux. Avec l'accumulation du capital lors de phases de croissance, les taux d'intérêt et les prix de ces biens capitaux augmentent, alors que les fonds prêtables diminuent. G. Mensch (*L'impasse technologique,* 1976) considère que depuis deux siècles, toutes les innovations fondamentales donnant lieu à des industries nouvelles sont apparues au creux des grandes dépressions (décennies 1760, 1820, 1880 et 1930). Les périodes de récession sont riches en découvertes parce que les investisseurs ne sont disposés à engager d'importants capitaux dans des entreprises à haut risque que lorsque les débouchés traditionnels ne sont plus rentables. Ainsi, la phase de hausse du dernier Kondratief s'est étendue entre 1933 et 1973. 1973 marque le retournement du cycle à la baisse : premier choc pétrolier, forte poussée inflationniste, fin du système de **Bretton Woods***, baisse du taux moyen de la croissance de la productivité. Dans cette optique, des innovations devraient déclencher une phase A d'un nouveau Kondratief à la fin du 20e siècle.

Pour C. Freeman, les innovations constituent un « *nouveau système technologique* », elles sont liées entre elles par de multiples liens qui tiennent beaucoup moins à leur date d'émergence qu'à leur champ d'application, à la durée et à l'ampleur de leurs effets de diffusion.

L'existence de cycles de plusieurs décennies s'explique par le caractère révolutionnaire des mutations techniques, capables de bouleverser de fond en comble les perspectives d'investissement.

L'interprétation de la période d'après-guerre comme l'alternance d'une phase A du Kondratief (Trente Glorieuses) puis d'une phase B (1975-2000) conduit à envisager la reprise de la croissance de la fin des années 1990 comme une nouvelle phase de croissance économique durable (et non comme une simple reprise conjoncturelle).

☞ Concepts et corrélats

➤ Croissance économique ➤ Investissement ➢ Finances internationales ➢ Expansion ➢ Récession ➢ Dépression ➢ Politique économique ➢ Politique conjoncturelle

☞ Bibliographie

● ARROUS J. (1991), *Croissance et fluctuations*, Mémento Dalloz.

BOSSERELLE E. (1999), *Les nouvelles approches de la croissance et du cycle*, coll. Topos, Dunod.

KRUGMAN P. (2000), *Pourquoi les crises reviennent toujours*, Seuil.

VOISIN M. (2001), *Les fluctuations économiques*, coll. Synthèse, Armand Colin.

❍ ABRAHAM-FROIS G. (1995), *Dynamique économique*, coll. Précis, Dalloz.

MUET P-A. (1993), *Croissance et cycles*, coll. Poche, Economica.
GAFFARD J. L (1998), *Croissance et fluctuations économiques*, Montchrestien.

FLUIDITÉ

➤ Marchés et prix ➢ Concurrence pure et parfaite

FLUX

Un flux est un mouvement réel ou monétaire au cours d'une période déterminée dans un circuit économique. La production d'un pays, la consommation, l'émission de **monnaie***, l'émission de titres, l'octroi de nouveaux crédits, au cours d'une période donnée sont des flux.

Le flux s'oppose au **stock**. Par exemple, un flux **d'investissements*** nets réalisés en cours d'année vient s'ajouter au stock de **capital*** dont disposait une **entreprise*** ou une économie nationale en début d'année.

➪ La Comptabilité nationale est essentiellement une analyse des flux macroéconomiques ; il existe néanmoins des analyses en termes de stocks : comptes de **patrimoine***.

➪ Le plus souvent, un flux réel autonome (acquisition de biens et services par exemple) a pour contrepartie un flux monétaire induit (paiement immédiat ou décalé dans le temps). Mais certains flux sont uniquement monétaires (flux financiers), et d'autres uniquement réels (troc).

☞ Concepts et corrélats

➤ Comptabilité nationale

FONCTION D'ALLOCATION

La fonction d'allocation est l'une des trois fonctions de l'État définies par l'économiste américain R. Musgrave (*Théorie des Finances publiques*, 1959). Dans cette optique, l'État doit intervenir sur l'allocation des ressources productives pour atteindre des objectifs jugés économiquement et/ou socialement plus satisfaisants que ceux qui résultent du **marché***. L'État peut agir en faveur de l'**investissement*** (déductions fiscales, investissements publics…), il peut favoriser l'**aménagement du territoire***, il peut conduire une politique d'immigration…

☞ Concepts et corrélats

➤ État ➤ Politique économique ➢ Fonction de redistribution ➢ Fonction de stabilisation

FONCTION D'OFFRE

La fonction d'offre d'un **bien*** est la fonction qui associe à chaque niveau de **prix*** possible la quantité offerte. C'est, en général, une fonction croissante du prix. En effet, lorsque les prix augmentent, **l'offre*** s'accroît également car des offreurs dont les **coûts de production*** étaient trop élevés jusqu'alors pourront entrer sur le **marché***.

☞ Concepts et corrélats

➤ Marchés et prix ➢ Courbe d'offre ➢ Équilibre concurrentiel ➢ Fonction de demande

FONCTION D'UTILITÉ

La fonction d'utilité désigne l'outil mathématique permettant de mettre en relation la quantité de biens consommée par un individu avec la satisfaction (ou l'**utilité**)* qu'il retire de cette consommation.

☞ Concepts et corrélats

➤ Marchés et prix

FONCTION DE COÛT

En **microéconomie***, la fonction de coût exprime la relation existant entre les quantités produites et les **coûts de production***.

☞ Concepts et corrélats

➤ Marchés et prix ➢ Coût total ➢ Coût moyen ➢ Coût marginal ➢ Efficience

FONCTION DE DEMANDE

En **microéconomie***, La fonction de demande d'un **bien*** est la fonction qui associe à chaque niveau de **prix*** possible la quantité demandée. C'est, en général, une fonction décroissante du prix.

☞ Concepts et corrélats

➤ Marchés et prix ➢ Courbe de demande ➢ Équilibre du consommateur ➢ Fonction d'offre

FONCTION DE PRODUCTION

En **microéconomie***, la fonction de production indique le niveau maximal de **production*** qui peut être obtenu par les différentes combinaisons de **facteurs de production***, la technologie étant donnée. La forme générale pour une firme quelconque est :

$Q = f(X_1, X_2, ...X_j)$.

Dans cette expression, Q est la quantité du bien produite (*output*) par la firme considérée et (X_1, X_2, ...X_j) sont les facteurs (*inputs*) utilisés par cette firme.

En général, on désigne par L le facteur **travail***, par K le facteur **capital***et par Q la quantité produite à l'aide d'une **combinaison productive*** de ces deux facteurs. On a donc : Q = f (L, K)

☞ Concepts et corrélats

➤ Marchés et prix➢ Cobb-Douglas

FONCTION DE PRODUCTION DE TYPE COBB-DOUGLAS

➤ Marchés et prix➢ Cobb-Douglas

FONCTION DE REDISTRIBUTION

La fonction de redistribution est l'une des trois fonctions de l'État définies par l'économiste américain R. Musgrave (*Théorie des Finances publiques*, 1959).

La fonction de redistribution signifie que l'État doit agir (au moyen de **prélèvements obligatoires*** et de **transferts***) sur la distribution des **revenus primaires*** afin d'aboutir à une répartition jugée plus équitable.

⇨ La redistribution concerne les **ménages*** mais aussi les **entreprises*** qui peuvent par exemple recevoir des subventions.

☞ Concepts et corrélats

➤ État ➤ Revenus ➤ Politique économique ➢ Fonction d'allocation ➢ Fonction de stabilisation ➢ Équité

FONCTION DE STABILISATION

La fonction de stabilisation est l'une des trois fonctions de l'État définies par l'économiste américain R. Musgrave (*Théorie des Finances publiques*, 1959). L'État doit assurer une croissance équilibrée au voisinage du **plein-emploi***. La fonction de stabilisation suppose la mise en œuvre de **politiques économiques conjoncturelles*** (**politique budgétaire***, **politique monétaire***).

☞ Concepts et corrélats

➤ État ➤ Revenus ➤ Politique économique ➢ Fonction d'allocation ➢ Fonction de redistribution

FONDS COMMUN DE PLACEMENT (FCP)

Un fonds commun de placement est un **organisme de placement collectif en valeurs mobilières*** dont les membres possèdent en copropriété le portefeuille de **valeurs mobilières*** du FCP. Les titres des FCP se nomment des parts. À la différence des **sociétés d'investissement en capital variable***, les FCP n'ont pas accès au **marché monétaire*** et ils sont plutôt utilisés par les **entreprises*** que par les particuliers.

☞ Concepts et corrélats

➤ Monnaie ➤ Épargne ➢ Marché des capitaux

FONDS DE COHÉSION

Le Fonds de cohésion créé en 1993, gère l'aide financière de l'**Union européenne*** à la réalisation de projets concernant l'environnement, l'infrastructure et les transports. Le fonds contribue à la réalisation d'objectifs structurels visant à réduire les **disparités*** entre les économies nationales des États membres. Seuls les quatre pays les plus pauvres de la **Communauté européenne*** (Grèce, Espagne, Irlande et Portugal) en bénéficient.

⇨L'élargissement à des pays plus pauvres risque de poser un problème de financement.

☞ Concepts et corrélats

➤ Intégration économique ➤ Politique économique ➢ Fonds Européen de Développement (FED) ➢ Fonds Européen de Développement Régional (FEDER) ➢ Fonds européen d'investissement (FEI) ➢ Fonds Européen d'Orientation et de Garantie Agricole (FEOGA) ➢ Fonds Social Européen (FSE)

FONDS DE PENSION

Les fonds de pension sont des organismes financiers qui gèrent les systèmes des **retraites par capitalisation***. Ils gèrent l'épargne longue des salariés de certaines **entreprises*** ou certaines administrations (les enseignants américains par exemple) en vue de la retraite.

Les partisans des fonds de pension justifient leur introduction pour plusieurs raisons :

– remédier aux problèmes financiers que connaissent les systèmes de **retraites par répartition*** (régime de base et régimes complémentaires obligatoires) ;

– améliorer le niveau de la retraite de ceux qui souscrivent ;

– assurer un meilleur financement de l'économie (épargne placée sur les **marchés financiers***). Ceux qui s'opposent aux fonds de pension considèrent que leur introduction provoquera de fortes inégalités entre retraités ; ils avancent également les risques que font peser sur les retraites la possibilité de crises financières.

⇨Les fonds de pension sont des investisseurs institutionnels et jouent un rôle de plus en plus important sur les **marchés financiers***. Ils sont quelquefois accusés de favoriser, dans les **entreprises***, une gestion orientée vers la perspective de profits à court terme.

⇨ Les fonds de pension doivent être distingués d'autres investisseurs institutionnels comme :

– les Fonds communs de placement (FCP) ou les Sociétés d'investissement à capital variable (SICAV) qui gèrent l'épargne privée et individuelle des ménages ;

– les fonds spéculatifs (*hedge funds*).

☞ Concepts et corrélats

➤ Protection sociale ➤ Épargne
➢ Retraites ➢ Marchés financiers

FONDS DE ROULEMENT

Le fonds de roulement est constitué des capitaux nécessaires pour combler l'écart entre dépenses déjà engagées par l'**entreprise*** (ou tout autre organisation) et les recettes non encore réalisées (par exemple pour financer les stocks).

☞ Concepts et corrélats

➤ Entreprise ➢ Analyse financière
➢ Bilan

FONDS EUROPÉEN DE COOPÉRATION MONÉTAIRE (FECOM)

Le Fonds européen de coopération monétaire était une institution chargée d'organiser la collaboration des pays membres du **Système monétaire européen***, notamment en ce qui concerne la défense de la stabilité des changes. Il a fonctionné du 24 avril 1972 au 31 décembre 1993 (création de l'**Institut Monétaire Européen*** au 1er janvier 1994).

☞ Concepts et corrélats

➤ Finances internationales ➤ Intégration économique

FONDS EUROPÉEN DE DÉVELOPPEMENT (FED)

Le Fonds européen de développement, créé en 1957 par le **traité de Rome***, est un fonds de solidarité de l'**Union européenne*** pour financer des mesures propres à promouvoir le développement économique et social des pays de l'ACP (Asie Caraïbes Pacifique) : coopération technique, actions visant à faciliter la commercialisation et la promotion des ventes des produits d'exportation, mesures exceptionnelles d'assistance. Une partie des ressources du FED est consacrée au système **STABEX***.

☞ Concepts et corrélats

➤ Intégration économique ➤ Développement ➤ Politique économique ➢ Fonds de cohésion ➢ Fonds Européen de Développement Régional (FEDER) ➢ Fonds européen d'investissement (FEI) ➢ Fonds Européen d'Orientation et de Garantie Agricole (FEOGA) ➢ Fonds Social Européen (FSE)

FONDS EUROPÉEN DE DÉVELOPPEMENT RÉGIONAL (FEDER)

Le Fonds européen de développement régional, créé en 1975, octroie des aides structurelles dans le cadre de la politique régionale de l'**Union européenne***, afin d'aider au développement des régions défavorisées de la **Communauté européenne** et réduire les déséquilibres régionaux. En termes de ressources financières, le FEDER est de loin le fonds structurel le plus important.

☞ Concepts et corrélats

➤ Intégration économique ➤ Politique économique ➢ Fonds de cohésion ➢ Fonds européen d'investissement (FEI) ➢ Fonds Européen d'Orientation et de Garantie Agricole (FEOGA) ➢ Fonds Social Européen (FSE)

FONDS EUROPÉEN D'INVESTISSEMENT (FEI)

Le Fonds européen d'investissement créé en 1994, à l'issu du **traité de Maastricht***, à partir d'une initiative pour la croissance et l'emploi, gère les aides structurelles de l'**Union européenne*** pour promouvoir la création de réseaux trans-européens et le développement des **petites et moyennes entreprises*** par l'octroi de garanties d'emprunts.

Face à la montée du chômage des années 1990, ce Fonds devait encourager la reprise économique dans les États membres.

☞ Concepts et corrélats

➤ Intégration économique ➤ Politique économique ➢ Fonds de cohésion ➢ Fonds Européen de Développement Régional (FEDER) ➢ Fonds Européen d'Orientation et de Garantie Agricole (FEOGA) ➢ Fonds Social Européen (FSE)

FONDS EUROPÉEN D'ORIENTATION ET DE GARANTIE AGRICOLE (FEOGA)

Le Fonds Européen d'Orientation et de Garantie Agricole, créé en 1962, est l'instrument de financement de la **politique agricole commune***. Il est chargé de soutenir le marché et de promouvoir les restructurations de l'agriculture de l'**Union européenne***. Il comporte :

– une section « garantie » qui finance des mesures de soutien des prix et des restitutions à l'exportation, qui garantissent aux agriculteurs la stabilité des prix;

– une section « orientation » qui contribue par des subventions à la rationalisation, à la modernisation et à l'amélioration des structures du secteur agricole.

☞ Concepts et corrélats

➤ Intégration économique ➤ Politique économique ➢ Fonds de cohésion ➢ Fonds Européen de Développement Régional (FEDER) ➢ Fonds européen d'investissement (FEI) ➢ Fonds Social Européen (FSE)

FONDS MONÉTAIRE INTERNATIONAL (FMI)

Le Fonds monétaire international (FMI) est un organisme créé à la conférence de **Bretton Woods*** qui a son siège à Washington.

Les statuts du FMI constituent le code de bonne conduite des pays membres en matière de règlements monétaires internationaux. Le FMI a pour but de promouvoir la coopération monétaire internationale et la stabilité financière, de soutenir la croissance de la production et du commerce mondial. Il réalise des études économiques et conseille les pays membres pour l'orientation et la mise en œuvre de leur **politique économique***. Le FMI gère aussi un système de crédit mutuel. Chaque pays membre contribue à la constitution du capital du Fonds en fonction de quotes-parts négociées. Les sommes ainsi collectées sont utilisées pour accorder des prêts aux pays qui en font la demande pour défendre leur monnaie et/ou mettre en œuvre des **politiques de stabilisation***.

Depuis la seconde moitié des années 1970, le FMI a été conduit à jouer un rôle de plus en plus actif dans le financement de l'économie mondiale. Des dispositifs destinés à financer des stocks régulateurs des cours des matières premières ont été mis en place, de même que des crédits destinés à accompagner les **politiques d'ajustement structurel*** et la transition au marché des anciennes **économies de type soviétique***.

Dans les années 1990, le FMI est intervenu de façon très active pour éviter que les crises financières (crise mexicaine de 1994, crise asiatique de 1997, etc.) ne se transforment en **crises systémiques***.

➪ L'action du FMI fait l'objet de nombreuses critiques. On lui reproche d'être au service d'une **mondialisation*** libérale et d'imposer, notamment aux pays du **tiers-monde***, des politiques économiques fondées sur l'orthodoxie libérale. À l'inverse, certains auteurs libéraux considèrent qu'en intervenant pour sauver les débiteurs défaillants et pour accorder des prêts à des États incapables d'éviter les crises, le FMI contribue à faire naître une situation d'**aléa moral***.

☞ Concepts et corrélats

➤ Finances internationales ➢ Système monétaire international

FONDS PROPRES

➢ **Capitaux propres**

FONDS SOCIAL EUROPÉEN (FSE)

Le fonds social européen, créé en 1960, est le principal instrument de la politique sociale de l'**Union européenne***. Il soutient financièrement des actions d'aide structurelle au niveau communautaire en faveur de la formation, de la mobilité géographique, de la reconversion professionnelle et de la création d'emplois pour lutter contre le chômage, des jeunes en particulier.

Dans le cadre des propositions formulées en février 1992 par J. Delors (ce que l'on appelle aussi « Paquet Delors II »), ce Fonds a été réorienté vers l'amélioration du fonctionnement des marchés du travail et l'adaptation des travailleurs aux mutations industrielles ainsi que la réinsertion professionnelle des chômeurs.

☞ Concepts et corrélats

➤ Intégration économique ➤ Politique économique ➢ Fonds de cohésion ➢ Fonds Européen de Développement Régional (FEDER) ➢ Fonds européen d'investissement (FEI) ➢ Fonds Européen d'Orientation et de Garantie Agricole (FEOGA)

FORCE DE TRAVAIL

K. Marx (1818-1883) distingue le travail et la force de travail. Le travail est inhérent à l'espèce humaine, il constitue une puissance créatrice qui se manifeste dans tous les systèmes sociaux. La force de travail est la mise en œuvre du travail dans des conditions déterminées, pour un temps déterminé. Le **capitalisme*** se caractérise par le fait que la force de travail est une marchandise qui est achetée (par le capitaliste) et vendue (par le salarié). Comme tout autre marchandise, la force de travail a une **valeur d'échange*** et une **valeur d'usage***. C'est la puissance créatrice du travail qui fait de la marchandise force de travail la source de la **plus-value***.

☞ Concepts et corrélats

➤ Théories économiques ➢ Systèmes économiques ➢ Formation économique et sociale ➢ Exploitation ➢ Capitalisme

FORCES PRODUCTIVES

Dans la **théorie marxiste***, les forces productives sont l'une des composantes de l'**infrastructure*** d'un **mode de production***.

Pour les marxistes, les forces productives ne sont pas des « choses » mais des rapports entre les travailleurs (la **force de travail***) et les moyens de production (**capital constant*** fixe et circulant). Dans le long terme, les forces productives sont déterminantes pour l'évolution de l'infrastructure économique et, donc, du mode de production. Quand le niveau des forces productives entre en contradiction avec les rapports de production, le mode de production entre en crise.

☞ Concepts et corrélats

➤ Théories économiques ➢ Systèmes économiques ➢ Formation économique et sociale ➢ Baisse tendancielle du taux de profit

FORDISME

À la suite d'A. Gramsci (1891-1937), on a pris l'habitude d'appeler fordisme le mode d'**organisation** du **travail*** dans l'**entreprise*** qui a été inauguré aux États-Unis avant la Première Guerre mondiale, par le constructeur automobile américain H. Ford (1863-1947) et qui repose sur deux principes :

– une organisation du travail basée sur l'approfondissement de l'**organisation scientifique du travail*** (OST). Avec l'instauration du chronométrage du **travail à la chaîne***: l'ouvrier doit « *parvenir autant que possible à faire une seule chose d'un seul mouvement* ». Avec le convoyage des produits, il s'agit « d'*apporter le travail à l'ouvrier au lieu d'amener l'ouvrier au travail* » (Ford, *Ma vie, mon œuvre*, 1942) ;

– une rémunération du travail d'exécution relativement plus élevée que celle en vigueur sur le **marché du travail*** (le *five dollars a day* correspond à un doublement du **salaire*** moyen en 1913) et la volonté que Ford a théorisé de vendre aux ouvriers les voitures produites (les hauts salaires ouvrent des débouchés aux produits de l'entreprise).

➪ Ford avait d'abord en vue de stabiliser sa main-d'œuvre sans expérience industrielle.

Dans la **théorie de la régulation***, le terme fordisme a un sens plus général. Il désigne le **rapport salarial*** dans le **mode de régulation monopoliste***, c'est-à-dire une situation où l'institutionnalisation du rapport salarial permet une **consommation de masse*** qui sert de débouché à la **production de masse*** rendue possible par l'accumulation intensive. C'est ce mode de régulation qui a prévalu pendant les Trente Glorieuses.

☞ Concepts et corrélats

➤ Fluctuations et crises ➤ Croissance économique➤ Théories économiques
➢ Crise du fordisme ➢ Organisation scientifique du travail (OST) ➢ Régulation
➢ Régulation monopoliste ➢ Taylorisme

FORMATION BRUTE DE CAPITAL FIXE

Dans la Comptabilité nationale, la formation brute de capital fixe (FBCF) correspond à la valeur des **biens durables*** neufs acquis par les unités de production pour être utilisés pendant au moins un an dans leur processus de production.

➪Dans le nouveau système de Comptabilité nationale (SEC 95), la FBCF a été étendue aux logiciels.

☞ Concepts et corrélats

➤ Comptabilité nationale
➤ Investissement ➤ Capital

FORMATION ÉCONOMIQUE ET SOCIALE

Dans la **théorie marxiste***, une formation économique et sociale est un système économique qui est une combinaison de plusieurs **modes de production*** dont l'un est dominant.

☞ Concepts et corrélats

➢ Capitalisme

FORME INSTITUTIONNELLE

Dans la **théorie de la régulation***, une forme institutionnelle (ou forme structurelle) est la « *codification d'un ou plusieurs rapports sociaux fondamentaux* » (R. Boyer). Dans le **mode de production*** capitaliste, les principales formes institutionnelles sont : la forme de la contrainte monétaire, la configuration du **rapport salarial***, la forme de l'**État***, les modalités d'adhésion au régime international.

☞ Concepts et corrélats

➢ Mode de régulation ➢ Régime d'accumulation

FORUM SUR LA STABILITÉ FINANCIÈRE

Le Forum sur la stabilité financière (FSF) a été créé lors du sommet du G7 de Bonn (février 1999). Il a pour objectif d'améliorer la coordination et l'échange d'informations entre les autorités financières afin de renforcer les **règles prudentielles*** et de favoriser la solvabilité des **institutions financières*** et la stabilité des **marchés financiers***.

➪ Outre les membres du G7, sont membres du FSF les représentants de places financières importantes : Pays-Bas, Singapour, l'Australie et Hong Kong.

☞ Concepts et corrélats

➤ Finances internationales ➢ Spéculation
➢ Ratio Cooke

FRANCHISAGE

Le franchisage est un contrat par lequel une **entreprise*** concède à des entreprises indépendantes, en contrepartie d'une redevance, le droit de se présenter sous sa raison sociale et sa marque pour vendre des produits ou services. Ce contrat s'accompagne généralement d'une assistance technique et de services publicitaires.

☞ Concepts et corrélats

➤ Entreprise ➢ Coûts de transaction

FRANCO À BORD (FAB)

L'expression Franco à bord désigne un mode de comptabilisation des **exportations***. Les exportations sont évaluées par les services des douanes à leur sortie du territoire national. Le prix n'intègre donc pas les dépenses de transport et d'assurance puisque le prix est évalué au moment du chargement sur un moyen de transport.

☞ Concepts et corrélats

➤ Commerce international ➢ Coût Assurance-Fret

FUSION

La fusion est une technique **de concentration*** dans laquelle deux ou plusieurs **entreprises*** décident de réunir leurs **patrimoines*** pour ne plus former qu'une seule entreprise. Les entreprises participantes disparaissent et sont remplacées par la nouvelle entreprise issue de l'opération.

☞ Concepts et corrélats

➢ Absorption

GAINS DE PRODUCTIVITÉ

Les gains de productivité correspondent à une augmentation de la **productivité***.

➪Il ne faut pas confondre les gains de productivité avec le niveau de la productivité. Ainsi le fait que plusieurs pays enregistrent des gains de productivité supérieurs à ceux des États-Unis ne signifie pas qu'ils aient dépassé le niveau de la productivité américaine.

➪Ne pas confondre une baisse de la productivité (par exemple – 2 % d'une année sur l'autre) et un ralentissement des gains de productivité (par exemple + 5 % puis + 2 % seulement l'année suivante).

☞ Concepts et corrélats

➤ Croissance économique

GATT

(*GENERAL AGREEMENT ON TARIFFS AND TRADE*)

➤ Commerce international ➢ Accord Général sur les Tarifs et le Commerce

GENRE DE VIE

Le genre de vie désigne l'ensemble des manières de vivre d'un individu ou d'un groupe. Le genre de vie dépend du niveau des ressources mais surtout de l'ensemble de facteurs difficilement mesurables comme la nature des rapports humains. Certains auteurs comme J. Fourastié lui donnent un sens très large : « *le domaine du genre de vie va ainsi de l'hygiène aux loisirs et à la* ***durée du travail**** *en passant par toute une série d'éléments non chiffrables comme le climat, l'urbanisme, l'environnement…* ».

☞ Concepts et corrélats

➤Consommation ➢ Consommation ostentatoire ➢ Effet de démonstration ➢ Niveau de vie

GLOBALISATION

La globalisation concerne aussi bien la sphère réelle (investissements productifs des **firmes multinationales***) que la finance. La globalisation contient l'idée selon laquelle le marché mondial doit être considéré comme une totalité. Ceci n'est possible que si les différentes réglementations tenant à l'existence des États-nations sont fortement atténuées, ce qui conduit à une plus grande unification du marché mondial. La déréglementation sous toutes ses formes (contrôle des implantations sur un territoire, réglementation des changes, discriminations fiscales, etc.) permet alors à un **groupe*** d'appréhender les déterminants de ses implantations ou de ses placements par rapport à un marché mondial déterminé comme un tout. Globalisation et déréglementation sont donc étroitement liées.

☞ Concepts et corrélats

➤ Commerce international
➢ Internationalisation des économies
➢ Internationalisation de la production

GLOBALISATION FINANCIÈRE

La globalisation financière désigne l'état d'intégration très poussé qui caractérise les **marchés des capitaux*** dans l'ensemble de l'économie mondiale. Le mouvement général de **déréglementation*** financière des années 1980 a abouti à une grande liberté de circulation des capitaux qui se déplacent massivement d'une place à une autre, parfois pour des modifications très modestes des paramètres financiers (taux d'intérêt, taux de change), rendant les différents marchés complètement interdépendants. À cela s'ajoute le fait que la plupart des gestionnaires de fonds ont fait de la diversification internationale de leur portefeuille un principe de base de leur gestion. L'interconnexion informatique des réseaux financiers a renforcé le phénomène en facilitant les transactions, au point que l'on se trouve aujourd'hui en présence d'un marché unique des capitaux (longs et courts) ouvert en permanence compte tenu des décalages horaires entre les places financières.

☞ **Concepts et corrélats**

➤ Finances internationales
➣ Globalisation ➣ Règle des trois D

GOUVERNEMENT D'ENTREPRISE

Le gouvernement d'entreprise est la traduction approximative de l'expression « *Corporate governance* » qui désigne les dispositifs de direction, d'incitation et de contrôle dans les **sociétés anonymes***.

Le problème principal posé est celui de la relation entre les actionnaires et la direction de l'entreprise. Cela fait référence à un débat des années 1970 aux États-Unis. Avec le développement des **entreprises*** managériales, les actionnaires délèguent la responsabilité de la gestion au **Conseil d'administration***. Cela peut conduire à des dérapages opportunistes des dirigeants qui peuvent priver les actionnaires du contrôle effectif sur la gestion et la **stratégie*** de l'entreprise compte tenu de la dispersion de la propriété de l'entreprise (chaque actionnaire détient une faible part du **capital social*** de l'entreprise). Ce débat prend une nouvelle extension dans les années 1990 aux États-Unis et en Grande-Bretagne, alors que les gestionnaires de **fonds collectifs*** disposent d'une influence considérable en devenant les principaux actionnaires des plus importantes sociétés cotées en **Bourse***.

Pour s'assurer que les dirigeants de l'entreprise tiennent compte de leurs intérêts, ils soulignent l'importance de l'articulation de plusieurs types de dispositifs :

– les dispositifs d'incitation formels et informels (stock-options par exemple);

– les dispositifs institutionnels fondés sur le contrôle (fonctionnement plus professionnel du **Conseil d'Administration*** avec l'adoption d'un **Comité de Surveillance***). Ce contrôle plus strict des dirigeants concerne leur gestion des informations, leur mode de rémunération. Il s'appuie également sur la nomination d'administrateurs extérieurs n'entretenant aucune relation avec l'entrepris. Il impose aussi le principe d'une limitation du cumul des mandats entre administrateurs et dirigeants qui siègent dans les mêmes conseils d'administration lorsque les participations croisées entre entreprises sont importantes. Il s'appuie aussi sur des dispositifs de marché (surveillance du cours de l'action en **bourse*** et des menaces d'**Offres publiques d'achat***).

☞ **Concepts et corrélats**

➤ Entreprise ➣ Capitalisme
➣ Directoire ➣ Fonds de pension

GRAPPES D'INNOVATIONS

(*CLUSTERING*)

Élaborée par J.A. Schumpeter (1883-1950), la notion de grappe d'innovations désigne la mise en œuvre d'un ensemble d'**innovations*** centrées autour d'une innovation majeure. Par exemple, au début du 18e siècle, on assiste à la mise en œuvre d'une grappe d'innovations centrées autour de la machine à vapeur. Ce caractère groupé des innovations (innovations en cascade) dans le temps et dans l'espace est lié pour Schumpeter à :

– la diffusion de l'imitation à partir de la réussite d'un **entrepreneur***;

– aux nouvelles possibilités ouvertes par chaque développement (elle induit souvent **la construction de nouveaux équipements**, de nouvelles activités qui remettent en cause les positions acquises et stimulent la concurrence.

Les grappes d'innovations sont à l'origine de trois **cycles*** (Kitchin, Juglar, Kondratieff) par la puissance de la **destruction créatrice*** qu'elles génèrent.

☞ **Concepts et corrélats**

➤ Croissance économique ➣ Progrès technique ➣ Révolution industrielle

GROUPE D'ENTREPRISES

Un groupe est un ensemble d'**entreprises*** qui, en raison de relations patrimoniales, est dépendant d'un même centre de décision sans être lui-même contrôlé par un autre groupe d'entreprises. Il comprend en général une société mère (tête du groupe) et un ensemble de sociétés dépendantes. En droit français, les sociétés dans lesquelles une société mère détient 50% et plus du **capital social*** sont appelées **filiales***, lorsqu'elles ne sont contrôlées que par la détention de 10 à 50% du capital social, il ne s'agit que d'une prise de participation.

La détention de plusieurs participations, chacune minoritaire peuvent néanmoins, procurer au groupe le contrôle de certaines sociétés.

Un groupe public est un groupe dont la société mère est contrôlée directement ou indirectement par l'**État***.

☞ Concepts et corrélats

➤ Entreprise ➢ Bilan consolidé
➢ Capitalisme ➢ Conseil d'administration
➢ Conseil de surveillance ➢ Directoire
➢ Fonds de pension

HALO DU CHÔMAGE

Le halo du chômage est formé par les personnes qui gravitent autour du noyau central des **chômeurs*** au sens du **BIT*** et qui ne satisfont pas à toutes les conditions pour être classées «chômeur» .

On peut distinguer toute une gradation de situations :

– Certains individus qui se déclarent chômeurs au moment de l'enquête indiquent ensuite au cours de l'entretien, qu'ils ne recherchent pas **d'emploi*** (proportion relativement élevée chez les personnes âgées de 50 ans et plus ou chez les femmes qui ont quitté leur emploi pendant un certain temps pour s'occuper de leurs enfants).

– Certains individus ne sont pas disponibles pour travailler immédiatement : par exemple les élèves ou étudiants peuvent rechercher un emploi tout en n'étant disponibles qu'à la fin de l'année scolaire en cours.

– D'après la définition internationale enfin, les personnes ayant travaillé la semaine précédant l'enquête, même occasionnellement, même pour un temps très court, sont considérées comme pourvues d'un emploi et ne sont donc pas comptabilisées comme chômeurs, même si, par ailleurs, elles cherchent un emploi à temps plein. Les stagiaires sont classés actifs occupés au sens du BIT, de même que les personnes exerçant des «petits boulots», et sont donc exclus de la mesure du chômage.

☞ Concepts et corrélats

➤ Marché du travail ➢ Sous-emploi

HEURISTIQUE

Le terme heuristique désigne l'ensemble de la démarche d'investigation permettant de faire progresser les connaissances scientifiques. On dira par exemple d'une **théorie*** qu'elle a une plus ou moins grande portée heuristique en fonction de la fécondité des interrogations qu'elle permet de produire et de l'étendue du domaine qu'elle couvre.

☞ Concepts et corrélats

➤ Épistémologie économique
➢ Programme de recherche scientifique

HOLDING

Une holding est une **société*** financière dont l'**actif*** est essentiellement composé de titres d'une autre société. Elle ne produit pas de **biens*** ou des **services*** par elle-même mais elle gère le portefeuille de titres qu'elle contrôle. Lorsqu'elle est tête de **groupe***, une holding conduit la stratégie de l'ensemble du groupe qu'elle dirige.

☞ Concepts et corrélats

➤ Entreprise ➢ Analyse stratégique
➢ Conglomérat ➢ Établissement
➢ Filiale ➢ Firme multinationale

HOLISME MÉTHODOLOGIQUE

Le holisme méthodologique considère que le tout est différent de la somme des parties. Par conséquent, lorsqu'on veut rendre compte du fonctionnement d'une économie ou du comportement des agents économiques, il faut conduire l'analyse au niveau macroscopique. La **théorie marxiste***, la **théorie keynésienne*** ou la **théorie de la régulation*** reposent sur le holisme méthodologique.

➲L'opposition holisme méthodologique/individualisme méthodologique doit être nuancée, un auteur comme K. Marx (1818-1883) prend en compte les comportements individuels et leur agrégation et des courants nouveaux en analyse économique (l'**économie des conventions*** par exemple) tentent de dépasser cette opposition.

☞ Concepts et corrélats

➤ Épistémologie économique
➢ Individualisme méthodologique

HOMO ŒCONOMICUS

L'*homo œconomicus* est une représentation abstraite de l'agent dans l'**École classique*** et la **théorie néoclassique***. Cet agent est rationnel et parfaitement informé. Le consommateur cherche à maximiser sa satisfaction sous la contrainte de **prix*** et de **revenu*** et le producteur cherche à maximiser son profit sous la contrainte de prix et de coûts de production.

➪ Ce modèle de l'agent économique a souvent été critiqué pour deux raisons : il ne prend pas en compte des caractéristiques sociales (appartenance sociale notamment) qui jouent un grand rôle dans les choix et il n'a pas de véritable comportement stratégique (à la différence par exemple de l'entrepreneur schumpétérien).

☞ Concepts et corrélats

➤ Épistémologie économique ➤ Marchés et prix ➢ Rationalité ➢ Entrepreneur

HOMOGÉNÉITÉ DE DEGRÉ K

Une **fonction de production*** est homogène de degré k, si, lorsqu'on multiplie les quantités de facteurs utilisées par un réel λ, on multiplie la quantité produite par λ^k :

$f(\lambda L, \lambda K) = \lambda^k f(L, K)$

➪La notion d'homogénéité permet d'étudier la façon dont varie la **production*** lorsque tous les **facteurs de production*** augmentent dans la même proportion.

☞ Concepts et corrélats

➤ Marchés et prix➢ Cobb-Douglas

HOMOGÉNÉITÉ DES PRODUITS

➤ **Marchés et prix** ➢ **Concurrence pure et parfaite**

HYPOTHÈSE

Une hypothèse est un énoncé portant sur la réalité empirique, que l'on soumet à examen et que l'on cherche à confirmer ou à infirmer. Une hypothèse peut concerner la relation entre deux variables, une loi causale, etc.

➪Il ne faut pas confondre **postulat*** et hypothèse. Une hypothèse est une proposition qui est déduite d'une théorie et que l'on cherche à tester empiriquement. Par exemple, la théorie du consommateur, qui repose sur le postulat de rationalité, permet de faire l'hypothèse qu'une hausse du **prix relatif*** du pétrole conduira à une baisse ou à une moindre croissance de la consommation de carburant.

☞ Concepts et corrélats

➤ Épistémologie économique ➢ Réfutationnisme ➢ Réalisme des hypothèses ➢ Conjecture ➢ *Ceteris paribus*

HYSTÉRÉSIS

Selon l'hypothèse d'hystérésis, le taux de chômage d'aujourd'hui est d'autant plus élevé qu'il l'a été hier. Une telle hypothèse implique que les salaires réels évoluent en fonction de la variation du chômage et non de son niveau.

On peut parler d'hystérésis lorsque le comportement d'un système dépend non seulement de ses déterminants actuels, mais également de son évolution passée. Ce concept a été appliqué au phénomène du chômage par E.S. Phelps (1972) et S.P. Hargreaves Heap (1980). La notion d'hystérésis en économie a, par la suite, fait l'objet d'analyses approfondies. O. Blanchard et L. Summers écrivent notamment en 1986: « *parler d'hystérésis en matière de chômage signifie que la valeur du* ***taux de chômage naturel*** ** est fonction de celle des taux de chômage effectifs observés dans le passé* ».

La théorie de l'hystérésis du chômage remet en cause les affirmations de M. Friedman relatives au **taux de chômage naturel*** (une valeur d'équilibre unique, invariante à court et moyen termes ; stabilité de l'équilibre et mécanismes automatiques de retour à l'équilibre en cas de perturbation exogène) sont remises en cause :

– la valeur naturelle du **taux de chômage*** est variable car elle dépend de l'évolution de ce taux au cours des périodes antérieures ;

– il peut donc y avoir plusieurs possibilités d'équilibres ;

– l'équilibre est instable. Lorsque le taux de chômage augmente, il n'a que peu tendance à revenir à sa valeur antérieure.

La théorie de l'hystérésis est ainsi une analyse des « équilibres fragiles ».

☞ Concepts et corrélats

➤ Marché du travail

ILLUSION MONÉTAIRE

On dit que les agents économiques sont victimes d'illusion monétaire lorsqu'ils raisonnent en valeur nominale, c'est-à-dire sans tenir compte des variations futures du **pouvoir d'achat*** de la **monnaie***.

➪ Dans la **théorie keynésienne***, les agents sont victimes d'illusion monétaire, c'est-à-dire qu'ils ne tirent aucun enseignement de leur expérience passée de l'**inflation***. Cette **hypothèse*** d'illusion monétaire a été critiquée par des auteurs qui considèrent qu'elle est incompatible avec l'hypothèse de **rationalité*** des agents.

☞ Concepts et corrélats

➤ Monnaie ➤ Politique économique
➢ Anticipations ➢ Monétarisme ➢ Anticipations adaptatives ➢ Anticipations rationnelles ➢ Monétarisme

IMMOBILISATIONS

Les immobilisations sont des biens ou des valeurs destinés à servir de façon durable l'activité de **l'entreprise*** et qui ne se consomment pas par le premier usage.

Les immobilisations sont portées dans le haut de l'**actif*** du **bilan***.

On distingue trois catégories d'immobilisation :

– les immobilisations incorporelles (droits de l'entreprise sur des éléments incorporels comme le fonds de commerce, le droit au bail et les frais d'établissement, les brevets, etc.);

– les immobilisations corporelles (biens meubles et immeubles sur lesquels s'exerce un droit de propriété comme les terrains, les constructions, le matériel, et les outillages);

– les immobilisations financières (**actions***, titres de participation, titres immobilisés destinés à exercer un contrôle sur une entreprise).

Selon le Plan Comptable, certaines immobilisations donnent lieu à un **amortissement*** quand elles doivent être renouvelées d'autres ne sont pas amortissables (terrains à l'exception des carrières, titres de participation).

☞ Concepts et corrélats

➤ Entreprise ➤ Investissement

IMPÉRIALISME

➤ **Commerce international**

IMPORTATION

Une importation est, au sens strict, un achat de marchandise par un résident à un non-résident. L'entrée de la marchandise sur le territoire national donne lieu à une sortie correspondante de **devises*** au bénéfice d'un non-résident.

Au sens large, on parlera aussi d'importations de **services*** ou de **capitaux***.

☞ Concepts et corrélats

➤ Commerce international ➢ Balance des paiements

IMPÔT

L'impôt est une prestation pécuniaire requise des membres de la collectivité (personnes physiques et morales). Elle est perçue par voie d'autorité et à titre définitif, sans contrepartie, en vue de la couverture des dépenses publiques.

➪ Il ne faut pas confondre impôt et **cotisations sociales***. Ces dernières ont pour contrepartie la couverture de risques sociaux.

☞ Concepts et corrélats

➤ État ➤ Politique économique
➢ Budget ➢ Fiscalité ➢ Impôt
➢ Prélèvements obligatoires ➢ Pression fiscale ➢ Taux d'imposition ➢ Taxe

IMPÔT DIRECT

Un impôt direct est un **impôt*** qui est effectivement supporté par le contribuable qui le paye directement à l'administration du Trésor. L'**impôt sur le revenu des personnes physiques***, l'**impôt sur les bénéfices des sociétés***, sont par exemple des impôts directs.

☞ Concepts et corrélats

➤ État ➢ Impôt indirect ➢ Fiscalité

IMPÔT INDIRECT

Un impôt indirect est un impôt qui peut être répercuté sur un autre agent par celui qui le verse. Les impôts indirects sont donc payés au fisc par un redevable, qui ne joue qu'un rôle d'intermédiaire. Ainsi la **taxe sur la valeur ajoutée*** (TVA), qui est versée au Trésor par les entreprises, est répercutée par elles dans leurs prix de vente, de sorte qu'en réalité elle est acquittée indirectement par le consommateur final.

➪ La distinction impôts directs/impôts indirects doit être relativisée, les impôts directs payés par les entreprises peuvent en fait être répercutés.

☞ Concepts et corrélats

➤ État ➢ Impôt direct ➢ Fiscalité

IMPÔT NÉGATIF SUR LE REVENU

Le principe de l'impôt négatif sur le revenu consiste à fixer un **seuil de pauvreté*** et à verser aux familles dont le revenu est inférieur à ce seuil une allocation. Cette dernière est égale à l'écart entre leur revenu et le seuil de pauvreté. Au-delà du seuil de pauvreté, le revenu est imposable.

Ce système est défendu par certains économistes libéraux qui y voient un moyen d'unifier le système social et le système fiscal et qui privilégient les prestations en espèces.

☞ Concepts et corrélats

➤ État ➢ Revenu minimum d'insertion ➢ Aide sociale ➢ État-Providence ➢ Acte de Speenhamland

IMPÔT PROGRESSIF

Un impôt progressif est un **impôt*** dont le taux augmente avec le montant de l'**assiette***. En France, l'**impôt sur le revenu des personnes physiques*** (IRPP) est un impôt progressif.

☞ Concepts et corrélats

➤ État ➢ Fiscalité ➢ Impôt proportionnel

IMPÔT PROPORTIONNEL

Un impôt proportionnel est un **impôt*** dont le taux est fixe et dont le montant est proportionnel au montant de l'**assiette*.**

➪ Ne pas confondre avec **impôt progressif***.

☞ Concepts et corrélats

➤ État ➢ Fiscalité

IMPÔT SUR LA CONSOMMATION

Un impôt sur la **consommation*** est un **impôt*** qui frappe les dépenses de consommation (alors qu'un impôt sur le revenu frappe l'ensemble du revenu quelle qu'en soit l'utilisation). En France, la **taxe sur la valeur ajoutée*** (TVA), bien qu'elle soit classée en Comptabilité nationale parmi les impôts à la production, est en fait un impôt sur la consommation, dans la mesure où elle est répercutée par les entreprises sur le consommateur final.

☞ Concepts et corrélats

➤ État ➢ Fiscalité ➢ Impôt sur le revenu des personnes physiques

IMPÔT SUR LA PRODUCTION

Un impôt sur la production est un **impôt*** dû par les entreprises du fait de leur activité de production et indépendamment de la réalisation de **bénéfice*** d'exploitation. En France, la **taxe sur la valeur ajoutée*** (TVA), les **droits de douane*,** la taxe professionnelle (impôt local) et la taxe d'apprentissage, par exemple sont des impôts à la production.

☞ Concepts et corrélats

➤ État ➤ Comptabilité nationale ➢ Fiscalité

IMPÔT SUR LE CAPITAL

Un impôt sur le **capital*** est un **impôt*** qui frappe la détention d'actifs patrimoniaux, donc un stock (à la différence de l'**impôt sur le revenu*** qui frappe un flux). En France, l'impôt de solidarité sur la fortune et les droits de succession sont des impôts sur le capital.

☞ Concepts et corrélats

➤ État ➢ Fiscalité ➢ Impôt à la production

IMPÔT SUR LE REVENU

Un impôt sur le revenu frappe la perception d'un revenu (c'est-à-dire un flux) à la différence d'un impôt sur la dépense qui frappe l'utilisation du **revenu*** ou d'un **impôt sur le capital*** qui frappe la détention d'un **patrimoine*.** En France, l'**impôt sur le revenu des personnes physiques*** et l'**impôt sur les sociétés*** sont des impôts sur le revenu.

☞ Concepts et corrélats

➤ État uPolitique économique ➢ Fiscalité ➢ Impôt direct

IMPÔT SUR LE REVENU DES PERSONNES PHYSIQUES (IRPP)

L'impôt sur le revenu des personnes physiques (IRPP) est un impôt sur le **revenu*** des ménages. Il est progressif car le **taux d'imposition*** augmente avec le niveau du revenu.

☞ **Concepts et corrélats**
➤ État ➢ Fiscalité

IMPÔT SUR LES SOCIÉTÉS

L'**impôt sur les sociétés*** est un impôt qui frappe le bénéfice réalisé par les **sociétés de capitaux***, les sociétés civiles et les établissements* publics se livrant à une activité à but lucratif. Le **bénéfice*** imposable est le bénéfice net, c'est-à-dire après déduction des frais généraux, des dotations aux **amortissements*** et des provisions.

☞ **Concepts et corrélats**
➤ État ➤ Politique économique
➢ Fiscalité ➢ Impôt progressif

INACTIF

Un inactif est un individu n'appartenant pas à la **population active***.

Font ainsi partie des inactifs, la population scolaire, les étudiants, les retraités, les femmes ou les hommes « au foyer » .

➪ Ne pas confondre avec chômeur.

☞ **Concepts et corrélats**
➤ Marché du travail➢ Actif ➢ Population inactive

INCERTITUDE

Un agent économique est dans une situation d'incertitude lorsqu'il ne dispose pas de toutes les informations relatives à une situation future à propos de laquelle il doit prendre une décision.

Le **modèle*** microéconomique néoclassique de base ne comporte aucune incertitude : l'information des agents est parfaite (rôle du **commissaire-priseur***), les échanges ne se réalisent qu'à l'**équilibre*** (pas d'incertitude sur les prix), le temps n'existe pas (tous les ajustements sont instantanés).

À partir des travaux de J. Von Neumann et O. Morgenstern (1947), une théorie des choix individuels dans l'incertitude s'est développée. Cette théorie étudie des situations de choix dans lesquelles ont peut associer une probabilité de réalisation à chaque événement envisagé.

À la suite de Keynes, d'autres économistes utilisent le concept d'incertitude pour désigner une situation qui n'est pas probabilisable. Pour Keynes, le gain à une loterie ou l'espérance de vie ne sont pas sujets à incertitude. Par contre, le taux d'intérêt dans vingt ans constitue une incertitude, car il n'existe pas de moyen d'associer une probabilité à tel ou tel niveau du **taux d'intérêt*** à cet horizon temporel.

➪ Ne pas confondre avec **risque***.

➪La distinction entre risque et incertitude a fait l'objet d'une contribution décisive de F. Knight (*Risque, incertitude et profit*, 1921).

☞ **Concepts et corrélats**
➢ Anticipations ➢ Théorie keynésienne

INDEXATION

Une grandeur économique (le **salaire nominal*** par exemple) est indexée sur une autre (par exemple sur le **niveau général des prix***) lorsque les variations de la première dépendent des variations de la seconde.

☞ **Concepts et corrélats**
➤ Revenus ➤ Politique économique
➤ Monnaie ➢ Inflation

INDICATEUR DE DÉVELOPPEMENT HUMAIN (IDH)

Depuis 1990, le PNUD publie un *Rapport mondial sur le développement humain* qui classe les pays en fonction d'un **indicateur de développement humain (IDH)**. Cet indicateur repose sur trois éléments essentiels :

– la durée de vie ; l'indicateur retenu est l'**espérance de vie à la naissance*** (cet indicateur a l'avantage d'être aussi le reflet d'autres variables du développement humain, telles que la situation alimentaire ou l'état de santé d'une population) ;

– le niveau d'éducation ; l'indicateur retenu prend en compte pour deux tiers le taux d'alphabétisation des adultes et pour un tiers le taux brut de scolarisation tous niveaux confondus;

– le niveau de vie : ce troisième élément est mesuré par le **PIB*** réel par habitant exprimé en **parités de pouvoir d'achat*** .

La valeur de l'IDH est comprise entre 0 (développement humain très faible) et 1 (développement humain maximum).

☞ Concepts et corrélats

➤ Économie du développement ➣ Coûts de l'homme ➤ Développement

INDICATEUR DE PAUVRETÉ HUMAINE (IPH)

L'indicateur de pauvreté humaine (IPH) prend en compte les mêmes critères (au nombre de trois) que l'**Indicateur de Développement Humain*** mais en envisageant ces aspects sous l'angle des manques, c'est-à-dire des atteintes à la possibilité d'avoir une vie décente. Pour chaque type de manque est calculé un indicateur partiel dont l'IPH fait la synthèse.

1er aspect : la longévité de l'existence ; l'indicateur partiel est le pourcentage de la population dont l'espérance de vie n'atteint pas 40 ans.

2ème aspect : l'accès au savoir ; l'indicateur partiel est le pourcentage d'analphabètes dans la population adulte.

3ème aspect : les conditions matérielles de vie ; l'indicateur partiel est une combinaison de trois éléments : le pourcentage de la population n'ayant pas accès aux services de santé, le pourcentage de la population n'ayant pas accès à l'eau potable et le pourcentage d'enfants de moins de cinq ans souffrant de malnutrition.

La valeur de l'IPH mesure la proportion de la population d'un pays affectée dans ces trois domaines essentiels.

➪ Il existe un IPH spécifique pour les pays industrialisés.

☞ Concepts et corrélats

➤ Économie du développement
➤ Développement ➣ Coûts de l'homme

INDICE

➣ **Indice élémentaire** ➣ **Indice de valeur globale** ➣ **Indice de Laspeyres** ➣ **Indice de Paasche**

INDICE DE FISHER

L et P étant les **indices de Laspeyres*** et de **Paasche*** , on appelle indice de Fischer le nombre :

$$F = \sqrt{LP}$$

☞ Concepts et corrélats

➣ Indice de valeur globale

INDICE DE GINI

➣ **Courbe de concentration**

INDICE DE LASPEYRES

Un indice de Laspeyres est la **moyenne arithmétique*** des **indices élémentaires*** de n grandeurs $G_1, G_2, \dots G_n$ pondérées par les valeurs globales de ces grandeurs base 100 à l'année de base.

On peut calculer un indice de Laspeyres des prix et un indice de Laspeyres des quantités .

Indice de Laspeyres des prix

On calcule un indice de Laspeyres des prix entre t_1 et t_0 à l'aide du calcul suivant :

$$L_p \, {}^{t_1}\!/_{t_0} = \frac{\sum_{i=1}^{n} v_i^{t_0} I_{p\,t_1/t_0}(G_i)}{\sum_{i=1}^{n} v_i^{t_0}}$$

v_i représente la valeur globale du bien i (produit des quantités par les prix).

(G_i) représente **l'indice simple*** des prix de la grandeur G entre t_1 et t_0.

Exemple : L'indice des prix d'un pays est composé de trois groupes de produits A, B et C dont les coefficients budgétaires sont respectivement de 10%, 60% et 30%. Entre le 1/01/99 et le 1/01/2000, le prix du bien A a augmenté de 20%, le bien B a vu son prix passer de 220 francs à 253 francs et le prix du bien C a diminué de 10%. Pour calculer l'indice des prix de Laspeyres au 1/01/2000 base 100 au 1/01/99, on commence par calculer les indices élémentaires des trois produits :

$$I_{2000/99}(A) = 120$$

$$I_{2000/99}(B) = \frac{253}{220} \times 100 = 115$$

$$I_{2000/99}(C) = 90$$

et on en tire

$$L_p\ 2000/99 = \frac{(10 \times 120) + (60 \times 115) + (30 \times 90)}{10 + 60 + 30} = 108$$

Indice de Laspeyres des quantités

$$L_q\ t_1/t_0 = \frac{\sum_{i=1}^{n} v_i^{t_0} I_{q\,t_1/t_0}(G_i)}{\sum_{i=1}^{n} v_i^{t_0}}$$

➪ Si on connaît les prix et les quantités aux dates t_1 et t_0, les formules (1) et (2) deviennent

$$L_p\ t_1/t_0 = \frac{\sum_{i=1}^{n} (p_i^{t_0} q_i^{t_0}) \left(\frac{p_i^{t_1}}{p_i^{t_0}} \times 100\right)}{\sum_{i=1}^{n} (p_i^{t_0} q_i^{t_0})}$$

$$= \frac{\sum_{i=1}^{n} (p_i^{t_1} q_i^{t_0})}{\sum_{i=1}^{n} (p_i^{t_0} q_i^{t_0})} \times 100$$

$$L_q\ t_1/t_0 = \frac{\sum_{i=1}^{n} (p_i^{t_0} q_i^{t_0}) \left(\frac{q_i^{t_1}}{q_i^{t_0}} \times 100\right)}{\sum_{i=1}^{n} (p_i^{t_0} q_i^{t_0})}$$

$$= \frac{\sum_{i=1}^{n} (q_i^{t_1} p_i^{t_0})}{\sum_{i=1}^{n} (q_i^{t_0} p_i^{t_0})} \times 100$$

Exemple :

	Prix unitaire		quantités	
	1999	2000	1999	2000
Bien 1	11	13	120	130
Bien 2	16	14	110	150
Bien 3	20	25	80	100

$$L_p\ 2000/99 = \frac{(13 \times 120) + (14 \times 110) + (25 \times 80)}{(11 \times 120) + (16 \times 110) + (20 \times 80)} \times 100 \approx 108{,}97$$

☞ Concepts et corrélats

➢ Indice de valeur globale ➢ Indice de Fisher

INDICE DE PAASCHE

Un indice de Paasche est la **moyenne harmonique*** des **indices élémentaires*** pondérés par les valeurs globales de l'année d'arrivée.

Indice de Paasche des prix

$$P_p\ t_1/t_0 = \frac{\sum_{i=1}^{n} v_i^{t_1}}{\sum_{i=1}^{n} v_i^{t_1} \dfrac{1}{I_{p\,t_1/t_0}(G_i)}} \qquad (1)$$

v_i représente la valeur globale du bien i (produit des quantités par les prix).

(G_i) représente **l'indice simple*** des prix de la grandeur G entre t_1 et t_0.

Indice de Paasche des quantités

$$P_q\ t_1/t_0 = \frac{\sum_{i=1}^{n} v_i^{t_1}}{\sum_{i=1}^{n} v_i^{t_1} \dfrac{1}{I_{q\,t_1/t_0}(G_i)}} \qquad (2)$$

Exemple : L'indice des prix d'un pays est composé de trois groupes de produits A, B et C dont les coefficients budgétaires sont respectivement de 10%, 60% et 30% le 1/01/1999 et de 50%, 25% et 25% le 1/01/2000.

Entre le 1/01/99 et le 1/01/2000, le prix du bien A a augmenté de 20%, le bien B a vu son prix passer de 220 francs à 253 francs et le prix du bien C a diminué de 10%. Pour calculer l'indice des prix de Paasche au 1/01/2000 base 100 au 1/01/99, on commence par calculer les indices élémentaires des trois produits :

$$I_{2000/99}(A) = 120$$

$$I_{2000/99}(B) = \frac{253}{220} \times 100 = 115$$

$$I_{2000/99}(C) = 90$$

$$P_p\ 2000/_{99} = \frac{50+25+25}{50 \times \frac{1}{110} + 25 \times \frac{1}{115} + 25 \times \frac{1}{90}} \approx 105{,}29$$

➩ Si on connaît les prix et les quantités aux dates t_1 et t_0, les formules (1) et (2) deviennent

$$P_p\ {}^{t_1}/_{t_0} = \frac{\sum_{i=1}^{n} p_i^{t_1} q_i^{t_1}}{\sum_{i=1}^{n} p_i^{t_1} q_i^{t_1} \frac{1}{\frac{p_i^{t_1}}{p_i^{t_0}}}} \times 100$$

$$= \frac{\sum_{i=1}^{n} p_i^{t_1} q_i^{t_1}}{\sum_{i=1}^{n} p_i^{t_0} q_i^{t_1}} \times 100$$

$$P_q\ {}^{t_1}/_{t_0} = \frac{\sum_{i=1}^{n} p_i^{t_1} q_i^{t_1}}{\sum_{i=1}^{n} p_i^{t_1} q_i^{t_1} \frac{1}{q_i^{t_1}}} \times 100$$

$$= \frac{\sum_{i=1}^{n} q_i^{t_1} p_i^{t_1}}{\sum_{i=1}^{n} q_i^{t_0} p_i^{t_1}} \times 100$$

Exemple :

	Prix unitaire		quantité	
	1999	2000	1999	2000
Bien 1	11	13	120	130
Bien 2	16	14	110	150
Bien 3	20	25	80	100

☞ Concepts et corrélats

➢ Indice de valeur globale ➢ Indice de Fisher

INDICE DE VALEUR GLOBALE

On considère un ensemble de grandeurs G_1, G_2, ... G_n. On appellera valeur globale (prix × quantité) de la grandeur G_i à la date t : $V_i^t = p_i^t q_i^t$ et valeur globale du « panier » de grandeurs envisagées à la date t :

$$I_{va} = \sum_{i=1}^{n} p_i^t q_i^t$$

L'indice de valeur globale des grandeurs G entre t_1 et t_0 s'écrit :

$$I_{t_1/t_0}(v) = \frac{\sum_{i=1}^{n} p_i^{t_1} q_i^{t_1}}{\sum_{i=1}^{n} p_i^{t_0} q_i^{t_0}} \times 100$$

Mais si cet indice augmente entre t_0 et t_1 on ne peut pas dire si cet accroissement est lié :

– à une augmentation des prix exclusivement;

– à une augmentation des quantités exclusivement;

– à une combinaison d'augmentations des prix et des quantités.

Pour tenter de saisir les évolutions des prix d'un panier de biens entre deux dates, on essaiera alors de neutraliser les quantités. Selon que l'on considérera les quantités de l'année de référence ou de l'année courante, on construira alors un **indice de Laspeyres des prix*** ou un **indice de Paasche des prix***. De la même façon, les indices de quantités (ou de volume) se conçoivent à prix constants.

☞ Concepts et corrélats

➢ Indice élémentaire

INDICE DES PRIX

L'indice des prix est un **indice synthétique*** calculé pour mesurer l'évolution **du niveau général des prix***.

En France, l'INSEE calcule un Indice des prix à la consommation (IPC), pour mesurer **l'inflation*** : il s'agit d'un indicateur qui permet d'estimer, entre deux périodes données, la variation moyenne des prix des biens et services consommés par les ménages sur le territoire.

L'IPC repose notamment sur trois conventions :

❍ La période de référence choisie est la période initiale : on construit donc un **indice de Laspeyres***.

❍ La deuxième convention est celle qui a trait au choix des biens et services entrant dans la composition du panier. En France, on est ainsi passé d'un indice de 34 articles en 1914 à un indice de 265 postes en 1993. Aujourd'hui, plus de 90% des dépenses de consommation sont couvertes par l'IPC.

❍ La dernière convention porte sur la définition du ménage consommateur, dite population de référence. L'IPC en France était, jusqu'en 1993, calé sur la consommation des familles puis des ménages urbains dont le chef est ouvrier ou employé. Constatant que les structures de consommation avaient tendance à s'homogénéiser, l'INSEE calcule l'IPC depuis 1993 à partir de la consommation de l'ensemble des ménages, tout en publiant l'ancien indice qui continue de servir de référence pour certaines indexations.

☞ Concepts et corrélats

➤ Marchés et prix

INDICE ÉLÉMENTAIRE

Soit une grandeur G prenant la valeur $G_i \neq 0$ à la date t_i.

On appelle indice élémentaire de G à la date t_1, base 1 à la date t_0, le nombre : $\frac{G_1}{G_0}$

On appelle indice élémentaire de G à la date t_1 base 100 à la date t_0 le nombre :

$$I_{t_1/t_0} = \frac{G_1}{G_0} \times 100$$

⇨ Les nombres

$$\frac{G_1}{G_0} \text{ et } \frac{G_1}{G_0} \times 100$$

sont des nombres sans unité.

Exemple : Si un objet A vaut 120 francs en 1998 et 150 francs en 2000, alors :

$$I_{2000/98} = \frac{150}{120} \times 100 = 125$$

On dit : « l'indice élémentaire du prix de l'objet A, base 100 en 1998, passe à 125 en 2000 ».

☞ Concepts et corrélats

➢ Indice de valeur globale

INDICES BOURSIERS

Les indices boursiers sont des instruments de référence constitués d'un panier d'**actions*** représentatif de la **capitalisation boursière*** d'un secteur, d'un pays, d'un type de valeurs. Ils servent de baromètre de l'activité boursière et permettent d'évaluer les performances d'une place financière.

Parmi les indices boursiers français, le CAC 40 (quarante sociétés) est le plus connu.

Depuis la fusion des Bourses d'Amsterdam, Bruxelles et Paris et la création d'Euronext (22 septembre 2000) de nouveaux indices Euronext ont été crées. On peut citer en particulier :

– Top stocks (250 plus fortes capitalisations) ;

– Euronext 100 regroupe les 100 premières valeurs (63 sociétés françaises, 28 sociétés néerlandaises et 9 sociétés belges). L'ensemble de ces sociétés représente environ 84% de la capitalisation boursière. Cet indice est révisé tous les trimestres (dernier jour des mois de février, mai, août et novembre) et diffusé en continu sur les sites Internet de chacune des entités d'Euronext ;

– Euronext 150 regroupe les 150 sociétés figurant après celles d'Euronext 100 ;

Next Economy concerne les entreprises des secteurs des télécoms, des médias, des technologies de l'information, du câble, du satellite, de la diffusion, du matériel électrique et électronique, des biotechnologies et du commerce électronique ;

– M-Prime regroupe les secteurs considérés comme plus traditionnels.

☞ Concepts et corrélats

➤ Monnaie ➢ Bourse des valeurs
➢ Marché des capitaux

INDIVIDUALISME MÉTHODOLOGIQUE

L'individualisme méthodologique est une démarche qui consiste à prendre pour point de départ l'analyse des comportements individuels et à considérer que le fonctionnement global de l'économie résulte de l'agrégation de ces comportements individuels. Cette approche accorde une grande place aux effets d'agrégation ou effets émergents, c'est-à-dire aux résultats collectifs involontaires des actions individuelles rationnelles.

La **théorie néoclassique*** et l'**École autrichienne*** reposent sur l'individualisme méthodologique.

➪ En sciences économiques (comme en sociologie), l'opposition holisme/individualisme tend à être relativisée. Par exemple, de nombreux travaux d'inspiration keynésienne visent à construire des fondements microéconomiques (individualistes) à la macroéconomie (holisme).

☞ Concepts et corrélats

➤ Épistémologie économique ➤ Théories économiques ➢ Holisme méthodologique

INDIVISIBILITÉS

Les indivisibilités permettent de caractériser les **biens collectifs***.

On distingue les indivisibilités d'usage et les indivisibilités d'offre.

Une indivisibilité d'usage correspond à une situation où il est impossible de sélectionner les usagers qui seraient prêts à payer des autres. Cette impossibilité peut provenir :

– de problèmes purement techniques (comment faire payer à chaque usager l'utilisation de l'éclairage public ?) ;

– de problèmes économiques (la mise en place d'un système de paiement peut se traduire par un coût exorbitant ; les usagers adoptent un comportement de « **passager clandestin*** » ou de « resquilleur » : pouvant bénéficier de l'usage d'un bien gratuitement, ils ne révèlent pas leurs préférences).

Une indivisibilité d'offre correspond à une situation ou la production n'est pas divisible et ne peut se faire qu'en bloc. Il est impossible de la calibrer en fonction de la demande. Il en résulte deux conséquences importantes :

– le coût minimal de production du bien peut s'avérer très élevé (tunnel, pont) ;

– une fois le bien produit, le **coût marginal*** est nul (aussi longtemps que l'on n'atteint pas la saturation), d'où l'impossibilité d'établir un **prix*** puisque celui-ci, selon la **théorie néoclassique***, doit être égal au coût marginal.

☞ Concepts et corrélats

➤ État ➢ Bien collectif ➢ Économie d'échelle

INDUCTION

L'induction consiste à formuler des **lois*** ou des propositions par généralisation d'observations ou d'expériences singulières. Le **vérificationnisme*** repose sur l'idée que l'inférence inductive peut fonder la validité d'une proposition.

➪ L'induction a été sévèrement remise en cause par les travaux de D. Hume (1711-1776) et surtout de K. Popper (1902-1994).

☞ Concepts et corrélats

➤ Épistémologie économique ➢ Réfutationnisme

INDUCTIVISME

L'inductivisme est une doctrine épistémologique selon laquelle on ne peut fonder des connaissances valides que sur la base d'une **induction*** conduite avec méthode et sans **théorie*** ou grille de lecture préalable. Les propositions scientifiques doivent donc reposer sur les faits et sur eux seuls.

➪ L'épistémologie contemporaine a formulé de nombreuses critiques à l'encontre de l'inductivisme, notamment à partir de l'argument selon laquelle aucune expérience et aucune observation ne peuvent être conçues sans une théorie préalable.

☞ Concepts et corrélats

➤ Épistémologie économique ➤ Théories économiques ➢ Réfutationnisme

INDUSTRIALISATION

Le terme « industrialisation » peut désigner :

– un processus qui consiste à accroître la part relative du **secteur*** industriel dans l'**économie***. On peut alors parler de l'industrialisation d'une région, d'une économie nationale ou d'une zone de l'économie mondiale. Le processus historique d'industrialisation de certaines zones géographiques depuis la fin du 17e siècle est souvent qualifié de **révolution industrielle*** ; celui que connaissent actuellement certaines économies du **tiers-monde*** leur permet de devenir des «**nouveaux pays industrialisés*** » (NPI);

– l'augmentation de l'importance relative du **capital technique*** dans l'activité de **production*** d'un **bien*** ou d'un **service***. On parlera alors d'industrialisation de l'agriculture ou des services.

☞ Concepts et corrélats

➤ Économie du développement
➢ Industries industrialisantes ➢ Développement autocentré ➢ Pôles de développement ➢ Pays émergents

INDUSTRIALISATION PAR PROMOTION DES EXPORTATIONS

L'industrialisation par promotion des exportations est une **stratégie de développement*** qui consiste à développer les **exportations*** du pays par diverses mesures (**subventions***, publicité...).

Généralement, l'expression « promotion des exportations » est réservée aux **pays en voie de développement*** qui choisissent un **développement extraverti***, de préférence à une politique de **substitution des importations*** plus autocentrée, qui cherche à renforcer le tissu productif national.

➪ Certains auteurs distinguent l'industrialisation par promotion des exportations qui, selon eux, ne concerne que les seuls produits primaires et l'industrialisation par substitution d'exportations qui consiste à substituer l'exportation de produits manufacturés à l'exportation des produits primaires. L'exemple actuellement le plus achevé de cette politique est celui des pays nouvellement industrialisés d'Asie du Sud-Est.

☞ Concepts et corrélats

➤ Économie du développement
➢ Substitution aux importations

INDUSTRIALISATION PAR SUBSTITUTION D'IMPORTATION

L'industrialisation par substitution d'**importations*** est une **stratégie de développement*** qui consiste à produire localement des **biens*** qui, précédemment, étaient importés. Sur le principe, cette stratégie permet d'économiser les **devises***, de réduire la dépendance du pays par rapport aux importations et de renforcer le potentiel productif national. Elle s'inscrit la plupart du temps dans une logique de **remontée de filière***, c'est-à-dire que les productions locales doivent d'abord concerner les **biens de consommation*** (industrie légère), puis se tourner vers la production de biens intermédiaires et enfin de **biens d'équipement***. Par ailleurs, la mise en place d'une stratégie de substitution d'importation nécessite presque mécaniquement des mesures protectionnistes pour protéger l'industrie « dans l'enfance ».

☞ Concepts et corrélats

➤ Économie du développement ➢ Développement autocentré ➢ Développement extraverti ➢ Sous-développement ➢ Remontée de filière ➢ Industrialisation par promotion des exportations

INDUSTRIALISATION PAR SUBSTITUTION D'EXPORTATIONS

➢ **Industrialisation par promotion d'exportations**

INDUSTRIE

L'industrie est l'ensemble des activités qui assurent la transformation des matières premières (ou produits semi-finis) en biens (produits semi-finis ou finis).

On distingue :

– l'industrie manufacturière (biens intermédiaires, biens d'équipements professionnels, biens d'équipements ménagers, automobile et transport terrestre, **biens de consommation*** courante) ;

– les industries agricoles, alimentaires ;

– l'énergie ;

– le bâtiment et les travaux publics.

Certaines études du **système productif*** portent sur les seules industries manufacturières ; d'autres adoptent une conception plus large.

➪ Le mot industrie est parfois utilisé de façon ambiguë : on parle ainsi de l'industrie touristique alors que le tourisme fait partie des services.

➪ Dans un sens utilisé aux 18e et 19e siècles, l'industrie désigne l'ensemble des activités humaines qui concourent à la **production*** et la circulation des richesses. Par exemple, J.-B. Say (1763-1832) distinguait « *l'industrie agricole, l'industrie manufacturière et l'industrie commerciale* » (*Traité d'économie politique*, 1803).

☞ Concepts et corrélats

➢ Industrialisation

INDUSTRIE MANUFACTURIÈRE

➢ **Industrie**

INDUSTRIES INDUSTRIALISANTES

La théorie des industries industrialisantes a été proposée dans les années 1960 par G. Destanne de Bernis comme la stratégie la plus efficace pour démarrer un **développement autocentré***. Quelques industries judicieusement choisies devaient entraîner l'ensemble de l'économie nationale dans un processus de développement.

☞ Concepts et corrélats

➤ Économie du développement
➢ Croissance déséquilibrée ➢ Pôle de développement

INFLATION

L'inflation est un processus durable et général de hausse cumulative du niveau général des prix.

☞ Concepts et corrélats

➤ Monnaie ➢ Monétarisme ➢ Courbe de Phillips ➢ Stagflation ➢ Théorie quantitative de la monnaie

INFLATION CONTENUE

Dans la **théorie du déséquilibre*** développée par E. Malinvaud, l'inflation contenue est caractérisée par un rationnement des acheteurs (offre insuffisante) sur les marchés du travail et des biens. Les quantités offertes correspondent aux quantités réellement échangées. Mais il y a une pression inflationniste, et **l'inflation*** est en quelque sorte contenue du fait que les prix sont rigides en courte période.

➪ L'inflation contenue est un des trois équilibres avec rationnement définis par E. Malinvaud. Les deux autres sont le **chômage keynésien*** et le **chômage classique***.

☞ Concepts et corrélats

➤ Marché du travail ➢ Chômage classique ➢ Chômage keynésien

INFLATION GALOPANTE

Le terme inflation galopante a été utilisé pour désigner les périodes d'**inflation*** à deux chiffres par exemple dans les pays occidentaux au cours de la décennie 1970.

☞ Concepts et corrélats

➤ Monnaie ➢ Hyperinflation
➢ Stagflation

INFLATION IMPORTÉE

L'inflation importée désigne l'augmentation du niveau général des prix consécutive à une augmentation du coût des produits importés (matières premières notamment). Les **entreprises*** répercutent ces hausses de coût de production sur leur **prix*** de vente et l'économie risque d'entrer dans une spirale inflationniste.

☞ Concepts et corrélats

➤ Monnaie ➢ Inflation ➢ Inflation par les coûts

INFLATION PAR LA DEMANDE

L'inflation par la demande désigne l'augmentation du niveau général des prix qui résulte d'une demande globale supérieure à l'offre globale. C'est donc lorsque l'offre est insuffisamment élastique par rapport à la demande que l'inflation par la demande se manifeste.

L'augmentation de la demande peut provenir de plusieurs facteurs : augmentation autonome de la vitesse de circulation de la monnaie, entrée de **devises***, rapatriement de **revenus*** en provenance du reste du monde, **déficit budgétaire***, déthésaurisation, etc.

➪ Dans cette perspective (d'inspiration keynésienne) l'augmentation de la quantité de monnaie n'est inflationniste que lorsque l'offre n'est pas en mesure de répondre à un surcroît de demande.

☞ **Concepts et corrélats**
➤ Monnaie ➢ Inflation ➢ Inflation par la monnaie ➢ Inflation importée

INFLATION PAR LA MONNAIE

L'inflation par la monnaie est la hausse du niveau général des prix qui résulte d'une augmentation excessive de la quantité de monnaie. Cette conception, d'inspiration monétariste, repose sur la **théorie quantitative de la monnaie***.

➪ Pour M. Friedman (prix Nobel 1972) : « *la cause de l'inflation est partout et toujours la même : un accroissement anormalement rapide de la quantité de monnaie par rapport au volume de la production.* »

☞ **Concepts et corrélats**
➤ Monnaie ➢ Inflation ➢ Inflation par la demande ➢ Inflation importée ➢ Inflation par les coûts ➢ Monétarisme

INFLATION PAR LES COÛTS

L'inflation par les coûts est la hausse du niveau général des prix qui résulte d'une augmentation des coûts de production répercutée par les **entreprises*** sur leurs prix de vente.

L'augmentation des coûts de production peut avoir plusieurs causes. Il peut s'agir d'une **inflation importée*** qui découle d'une hausse des prix mondiaux (l'énergie par exemple) ou des conséquences d'une **dévaluation*** ou d'une **dépréciation*** de la monnaie.

Il peut s'agir aussi d'une hausse des revenus des **facteurs de production*** plus rapide que les **gains de productivité***.

➪ Les tenants de cette théorie ont souvent mis l'accent sur la hausse excessive des salaires et les politiques de **désinflation*** des années 1980 avaient notamment pour objectif la **désindexation salariale***.

☞ **Concepts et corrélats**
➤ Monnaie ➢ Inflation ➢ Inflation par la demande ➢ Inflation par les coûts

INFLATION RAMPANTE

On appelle inflation rampante une situation durable mais modérée de hausse du niveau général des prix.

➪ Les pays de l'OCDE ont connu une telle inflation au cours des Trente Glorieuses.

➪ Certains économistes considèrent qu'une telle **inflation*** exerce un effet stimulant sur l'activité économique, alors qu'une inflation nulle ou une **déflation*** risque de conduire à une **récession***.

☞ **Concepts et corrélats**
➤ Monnaie

INFRASTRUCTURE

Dans la **théorie marxiste***, l'infrastructure est la base économique d'un **mode de production***, c'est-à-dire la combinaison de **forces productives*** et de **rapports de production***.

☞ **Concepts et corrélats**
➢ Formation économique et sociale
➢ Superstructure

INNOVATION

L'innovation peut se définir comme une nouvelle combinaison des facteurs dans la **fonction de production***. Elle se traduit selon la classification de J.A Schumpeter (1883-1950) par :

1) de nouvelles techniques de production (innovation de procédés) ;

2) de nouveaux **biens*** destinés à la clientèle;

3) de nouvelles sources de matières premières;

4) de nouveaux débouchés économiques (nouveaux moyens de transport, nouvelles méthodes de distribution);

5) de nouvelles formes de gestion des **entreprises*** (**concentration*** comme l'émergence des grands **trusts*** , délocalisation).

La dynamique de l'innovation est assumée au niveau microéconomique par l'**entrepreneur*** qui reçoit en contrepartie un **profit*** lié à cette prise de **risque***.

Au niveau macroéconomique, l'innovation détourne des **facteurs de production*** de leur emploi habituel et conduit à un processus de **destruction créatrice***. La dimension discontinue des innovations (**innovation en grappe***) donne à la **croissance économique*** une allure cyclique d'autant plus marquée que l'innovation est plus importante et qu'elle conduit à une expansion monétaire cumulative à base de **crédit***.

➪ L'innovation qui concerne la mise en valeur des inventions scientifiques ne doit donc pas être confondue avec l'invention.

☞ Concepts et corrélats

➤ Fluctuations et crises ➤ Croissance économique ➢ Cycle Kitchin ➢ Cycle Juglar ➢ Cycle Kondratief ➢ Progrès technique ➢ Révolution industrielle

INSIDERS/OUTSIDERS (THÉORIE)

Dans la théorie des « insiders/outsiders », développée par A. Lindbeck et D. Snower, les insiders sont les salariés de l'entreprise et les outsiders sont les chômeurs candidats à l'embauche. Leur intégration dans les entreprises, et par conséquent leur accès à **l'emploi*** peut être retardé, voire empêché, par le comportement des insiders .

Le cœur de l'argumentation de la théorie des Insiders/Outsiders est la présence de **coûts de rotation de la main-d'œuvre***, qui deviennent ici le fondement du pouvoir de négociation des « insiders », qui peuvent délibérément les accroître, en refusant de coopérer avec des travailleurs nouvellement recrutés et adopter des tactiques de harcèlement à leur égard. Cela conduit à une baisse de la productivité des nouveaux arrivants, à retarder leur intégration et donc à accroître les coûts de rotation supportés par l'entreprise. Les insiders peuvent alors exiger des hausses de salaires sans craindre d'être licenciés, en contrepartie de leur « collaboration » à l'intégration des outsiders. Le salaire maximal auquel peuvent prétendre les insiders est donc celui à partir duquel l'entreprise trouvera préférable d'embaucher des candidats extérieurs, quitte pour elle à payer le coût de leur intégration.

Mais tant que les insiders ne vont pas jusqu'à cette extrémité, leur emploi n'est pas remis en cause. On retrouve alors le coût de rotation de la main-d'œuvre comme facteur explicatif d'une rigidité salariale : si les « insiders » sont coûteux à remplacer, l'entreprise est incitée à leur verser des salaires plus élevés que leur productivité marginale, et surtout elle ne prend pas en considération les propositions plus basses que pourraient lui faire les chômeurs. Il y a donc une déconnexion des salaires et des interactions concurrentielles d'offre et de demande, les salaires reflétant les coûts de rotation propres à chaque entreprise et la capacité des « insiders » à capter ce qui est une véritable rente de situation.

☞ Concepts et corrélats

➤ Marché du travail

INSTITUT MONÉTAIRE EUROPÉEN

L'Institut Monétaire Européen (IME) était une institution temporaire créée au début de la phase II de l'**Union Économique et Monétaire*** (le 1er janvier 1994). Les deux principales missions de l'IME étaient de renforcer la coordination entre les **banques centrales*** et de préparer la mise en place du **Système Européen de Banques Centrales (SEBC)*** en vue de la création de la monnaie unique. L'IME a été mis en liquidation le 1er juin 1998 après la création de la **Banque centrale européenne*.**

☞ Concepts et corrélats

➤ Monnaie ➤ Intégration économique

INSTITUTIONS FINANCIÈRES

On appelle institutions financières des entreprises qui produisent et vendent des services financiers : **banques***, **établissements de crédit*** non bancaires, **entreprises d'investissements***, entreprises d'assurance.

☞ Concepts et corrélats

➤ Monnaie ➢ Intermédiation financière ➢ Désintermédiation

INSTITUTIONS FINANCIÈRES SPÉCIALISÉES (IFS)

Les Institutions financières spécialisées sont des **établissements de crédit*** auxquels l'État a confié une mission permanente d'intérêt public. Elles ne sont autorisées à pratiquer des opérations de banque que dans le cadre de leur mission. Ce sont par exemple le Crédit Local de France, les Sociétés de développement régional, le Crédit d'équipement des Petites et Moyennes Entreprises, etc.

☞ Concepts et corrélats

➤ Monnaie ➢ Banques ➢ Entreprises d'investissement ➢ Sociétés financières

INSTITUTIONNALISME

L'institutionnalisme est un courant de l'analyse économique qui s'est développé aux États-Unis à la fin du 19e siècle et au début du 20e. Les auteurs marquants de ce courant sont Th. Veblen (1857-1929), J.R. Commons (1862-1945) et W.C. Mitchell (1874-1948). L'institutionnalisme, en rupture avec l'approche orthodoxe, met l'accent sur l'action collective, sur les institutions au sein desquelles se déroulent l'action économique et sociale. Une institution est un ensemble de « coutumes cristallisées », de règles (juridiques ou non), de routines. Les institutionnalistes contestent la démarche déductive et abstraite de l'économie orthodoxe, ils rendent hommage à l'**École historique allemande*** mais ont une ambition plus théorique. Ils se sont intéressés aux pratiques de consommation (concept de **consommation ostentatoire*** de Veblen), à l'évolution économique, à la monnaie comme institution, aux crises, à l'entreprise, à l'intervention réformatrice de l'**État** (selon Commons il faut « *sauver le capitalisme en le rendant meilleur* »).

☞ Concepts et corrélats

➤ Épistémologie économique

INSTITUTIONS FINANCIÈRES MONÉTAIRES

Les institutions financières monétaires sont les **institutions financières*** qui disposent d'un pouvoir de création monétaire. Au sein de la **Zone Euro***, les IFM comprennent :

– l'**Eurosystème***;

– Les institutions financières dont l'activité consiste à recevoir des dépôts et/ou de proches substituts des dépôts et qui consentent des **crédits*** et/ou effectuent des **placements*** en **valeurs mobilières*** (OPCVM monétaires).

☞ Concepts et corrélats

➤ Monnaie ➢ Banques

INSTITUTIONS SANS BUT LUCRATIF AU SERVICE DES MÉNAGES (ISBLSM)

En Comptabilité nationale, les institutions sans but lucratif au service des **ménages*** sont des unités privées (dotées de la personnalité juridique) qui produisent des biens et services non marchands destinés aux ménages.

☞ Concepts et corrélats

➤ Comptabilité nationale ➢ Secteurs institutionnels

INTÉGRATION ÉCONOMIQUE

L'intégration économique est un processus qui conduit plusieurs économies distinctes à former un seul espace économique.

Il existe cependant des différences de degré dans l'intégration. B. Balassa (*The theory of economic integration,* 1961) en distingue cinq :

– **La zone de libre-échange*** se limite à un accord qui élimine les droits de douane et les restrictions au commerce entre des nations qui conservent cependant des barrières nationales particulières dans les échanges avec le monde extérieur à la zone.

– L'**Union douanière*** s'accompagne, de plus, d'un tarif extérieur commun.

– Le **Marché commun*** est une Union douanière au sein de laquelle est organisée la mobilité des facteurs de production (libre circulation des hommes et des capitaux).

– **L'Union économique*** complète le marché commun par une harmonisation des politiques économiques des pays membres.

– **L'Union économique et monétaire*** (UEM) ajoute une monnaie commune.

On oppose, en général, deux processus d'intégration : l'un à partir des mécanismes de **marché*** comme dans la **CEE*** puis dans l'**UE***, l'autre, à partir d'une **planification*** comme ce fut le cas dans le **CAEM***.

Dans le cadre des économies de marché, les voies de l'intégration sont elles-mêmes divergentes. Trois conceptions peuvent être mises en lumière:

– L'intégration par le **multilatéralisme*** selon les principes de l'**Accord**

Général sur les Tarifs et le Commerce* (AGETAC ou GATT) puis de l'**Organisation Mondiale du Commerce***(OMC): ce processus d'intégration découle de l'instauration du libre-échange. Le seul jeu de la concurrence qui s'exerce directement au niveau mondial, conduit à la constitution d'un espace mondial homogène.

– L'intégration par des accords régionaux à condition qu'ils soient compatibles avec les règles de l'AGETAC puis de l'OMC, par exemple, en se limitant à une zone de libre-échange. Considérant que l'objectif d'une intégration mondiale directe est trop éloigné à court terme, cette approche privilégie une articulation régionale au service du multilatéralisme. L'**Association de libre-échange de l'Atlantique Nord*** (ALENA) se rapprocherait de cette vision : aucune évolution vers un marché commun n'est prévu mais des dispositions relatives à la libéralisation de l'investissement et des services financiers sont inclus dans ce Traité.

– L'intégration économique comme un choix et une étape vers une intégration politique régionale. C'est la voie choisie par l'Union européenne qui peut apparaître comme une suite logique d'approfondissements successifs depuis le **traité de Rome*** jusqu'à la création d'une monnaie unique.

• *Le processus d'intégration économique : aperçu historique*

Au 19e siècle

Dans le processus d'industrialisation du 19e siècle, on peut opposer les processus d'intégration régionale évoluant vers une forme fédérative à ceux qui se sont limités à des accords préférentiels de libre-échange. Trois voies de l'intégration peuvent être mises en évidence :

– La première part de l'intégration commerciale pour déboucher vers une intégration monétaire puis politique. L'Allemagne en est une bonne illustration. L'espace allemand vers 1820 est morcelé par la multiplicité des monnaies, la médiocrité des voies de communication et les douanes intérieures. La nécessité d'une union économique est perçue par les commerçants et fabricants et s'exprime dans la thèse de F. List (1789-1846) qui considère que l'Union douanière permet la mise en place d'un territoire économique propice à la protection des industries naissantes. Des accords préférentiels de libre-échange entre la Prusse et les petites principautés enclavées dans l'espace prussien vont s'étendre à d'autre États de 1828 à 1833, jusqu'à la formation d'une union douanière en 1834 (le **Zollverein***). Des ralliements successifs jusqu'en 1851 ont fait que la quasi-totalité de l'Allemagne y a adhéré. La Prusse, puissance régionale dominante, a pu imposer sa propre monnaie (le thaler prussien devient le thaler de l'Union). L'intégration économique débouche sur une unification politique en 1870.

– La deuxième suit un processus d'intégration politique, puis économique. C'est le modèle d'intégration des États-Unis pour s'opposer à la domination coloniale britannique. Néanmoins les États du Nord et du Sud ont des vues divergentes sur l'Union. La question douanière a occupé une place importante dans le débat. Le Nord dont l'industrialisation s'affirme, est favorable au protectionnisme. Le Sud connaît une forte extension du coton qui le rend plus dépendant économiquement et financièrement des pays européens. Au cours de la guerre de Sécession (1861-1865), des réformes institutionnelles (*Homestead Act* en 1862, *Banking Act* en 1863) renforcent l'intégration régionale. Elles sont propices au développement des moyens de communication entre les États de l'Union. Cependant la question douanière reste un enjeu électoral important exprimant des intérêts différenciés des États (vote des droits de douane Mac Kinley en 1890, Mac Dingley en 1897).

– La troisième est représentée par les pays qui ont choisi de s'engager dans des accords préférentiels de libre-échange sans aucune visée d'intégration régionale. Tel est le cas du Royaume-Uni et de la France qui ont signé un traité de libre-échange en 1860. À partir d'accords commerciaux, l'application de la **clause de la nation la plus favorisée*** a instauré un « désarmement tarifaire » en Europe continentale entre 1861 et 1866. Pratiquement tous les pays européens sont entrés dans ce qu'on a appelé le « réseau Cobden ». Dans ce cas, non seulement l'intégration régionale n'a pas progressé, mais le libre-échange a été remis en question au cours de la « Grande dépression du 19e siècle », à l'exception du Royaume-Uni. L'intégration s'est alors reportée sur les empires coloniaux malgré le faible poids du commerce colonial (13% des exportations françaises).

L'Entre-deux-guerres

En 1921, la Belgique et le Luxembourg ont formé une union économique. Pour les autres économies industrialisées à économie de marché, l'intégration régionale va s'orienter de façon plus marquée vers les colonies avec la crise de 1929 :

– la Grande Bretagne resserre ses liens avec le Commonwealth au sein d'une zone sterling (accords d'Ottawa en 1932) ;

– les États-Unis vont encourager la création d'une zone dollar dans le continent latino-américain ;

– la France recentre ses échanges sur son empire colonial : alors que les exportations françaises vers l'étranger diminuent de moitié entre 1930 et 1936, la part des exportations françaises vers les colonies ne fléchit que faiblement.

De l'Après-guerre aux années 1980

La période qui s'ouvre avec **Bretton Woods*** est exceptionnelle. Le rapprochement douanier du Bénélux préparé à Londres dès 1944, est mis en place en 1948 avec circulation libre des hommes, des biens, des capitaux en 1955 suivi d'un traité d'union économique en 1960.

Dans les pays européens à économie de marché, l'aide Marshall a conduit à un regroupement des pays bénéficiaires au sein de l'**Organisation européenne de coopération économique*** (OECE) en 1948 et de l'**Union européenne des paiements***(UEP) en 1950. L'acte constitutif de l'OECE prévoyait la possibilité d'unions douanières tout comme celui de l'AGETAC) en admet la légitimité.

En réaction à la création de l'OECE, l'URSS a mis en place le **Conseil d'assistance économique mutuel*** (CAEM ou COMECON) en 1949. Ce processus d'intégration politique a rassemblé au départ toutes les démocraties populaires. C'est la Gosbank soviétique qui a servi d'organisme de crédit aux pays membres.

L'intégration des pays d'Europe occidentale s'est progressivement institutionnalisée dans la **Communauté du Charbon et de l'Acier*** (CECA) pour relancer l'économie allemande et assurer les approvisionnements. Son succès a favorisé la création de la CEE et de l'Euratom le 27 mars 1957 **(traité de Rome*).**

De leur côté, les 11 membres européens de l'OECE restés en dehors de ce mouvement, se sont engagés dans un désarmement douanier (traité de l'**Association économique de libre-échange*** ou AELE, signé le 15 avril 1960).

Le traité de Rome a eu pour but, dès l'origine, la création d'une union douanière avec des tarifs extérieurs faibles. Celle-ci est créée en 1968. À partir de 1969, la CEE est devenue un organisme à compétence internationale négociant au nom des États membres au sein de l'AGETAC. D'une part, dès 1971, des accords sont signés avec des partenaires en développement (« système de préférences généralisées » en faveur de 91 pays en développement) puis avec les 46 États d'Afrique, des Caraïbes et du Pacifique (26-27 juillet 1973), ce qui a conduit à la convention de Lomé I sur les questions de coopération commerciale et technique et d'assistance financière (28 février 1975). D'autre part, l'ouverture de la Communauté aux pays développés européens se concrétise le 1er janvier 1973 (élargissement à 9 membres avec la Grande-Bretagne, l'Irlande et le Danemark).

Intégration économique depuis les années 1980

Si l'intégration régionale concernait exclusivement dans l'Après-guerre des arrangements Nord-Nord ou Sud-Sud, on observe depuis les années 1980 plusieurs initiatives qui associent des pays du Nord à des pays du Sud (ALENA, élargissement de l'Europe aux pays du Sud, **Forum de coopération économique Asie-Pacifique*** (ou APEC). Cette dynamique va de pair avec la mondialisation de l'économie. La régionalisation des échanges s'accentue dans les années 1990 autour de trois grands pôles :

– L'Union européenne, qui regroupe, pour l'essentiel, des pays de niveau de développement voisin, est l'espace le plus avancé sur la voie de l'intégration économique: les élargissements et les procédures d'harmonisation économique se sont intensifiés (Europe à 10 en 1981, à 12 en 1986, à 15 en 1995). La libre circulation des capitaux est achevée en 1989. Le processus d'intégration monétaire s'affirme depuis la création du **Système monétaire européen*** (SME) en 1979, jusqu'à la monnaie commune (1999). Mais la construction européenne, demeure fondamentalement libre-échangiste. Des accords avec l'**Association des nations de l'Asie du Sud-Est*** (ANASE ou ASEAN en anglais) en 1980, puis avec le **Marché Commun Sud-Américain*** ou MERCOSUR (1995) poursuivent une coopération avec les pays en développement.

– L'ALENA consacre une certaine intégration industrielle et des flux d'échanges. Certains économistes ont fait remarquer que cette intégration résulte en partie des stratégies de division internationale du travail mises en place par les firmes transnationales (par exemple les *maquiladoras* à la frontière américano-mexicaine).

– L'intégration de l'Amérique latine est un processus ancien qui a été relancé au début des années 1990 avec le Marché commun du cône sud-américain. Des considérations politiques traversent la constitution du MERCOSUR: la conversion au libéralisme économique des gouvernements et des économistes latino-américains a coïncidé avec la consolidation des nouveaux régimes démocratiques (1983 pour l'Argentine, 1985 pour le Brésil et l'Uruguay, 1989 pour le Paraguay et le Chili). Mais, les échanges économiques entre les partenaires se sont renforcés (le Brésil est devenu le premier fournisseur et le premier client de l'Argentine).

L'intégration régionale asiatique reste limitée (ANASE, APEC). Il n'existe pas d'organisation asiatique réunissant les grands États de la zone (Chine et Japon). Or le commerce d'un certain nombre de pays est tourné vers ces deux grandes puissances.

• *Théorie de l'intégration*

L'intégration par le marché dans l'approche classique et néoclassique standard

Selon la vision classique, le libre-échange pour produire des effets positifs, doit être multilatéral. Les auteurs classiques considèrent que les accords bilatéraux sont susceptibles de pénaliser un pays tiers plus performant. Dans cette perspective favorable au libre-échange multilatéral, l'intégration régionale préconisée par F. List est, elle aussi, critiquée.

Pour la théorie néoclassique, l'intégration régionale n'apparaît pas non plus comme un processus légitime. En conséquence, les accords régionaux préférentiels apparaissent plutôt comme un pis-aller.

Le protectionnisme régional comme solution optimale : petites et grandes nations

Dès lors que l'on tient compte des différences de taille des nations, l'intégration commerciale peut offrir des avantages. R. Mundell (*International economics*, 1968) montre qu'un processus d'intégration entre pays pauvres peut être favorable à la mobilité internationale du capital vers ces nations. L'apport de capitaux étrangers rapproche les dotations en capital et en travail des petites et des grandes nations. Les unions douanières entre pays pauvres sont donc susceptibles de créer les conditions d'une compétitivité internationale ultérieure.

La théorie des unions douanières et les conditions d'une intégration régionale efficiente

L'approche statique

C'est dans les années 1950 que la théorie des unions douanières a été élaborée par J. Viner (*The Customs Union Issue*, 1950) et développée par J. Tinbergen (*Customs unions : influence of their size on their effect,* 1954), J. Meade (*The Theory of Customs unions,* 1955), T. Scitovsky (*Economic theory and Western European integration*, 1958).

Comme l'Union douanière supprime des obstacles à l'échange entre pays membres et instaure un tarif extérieur commun, elle peut entraîner :

– des détournements de trafic : les importations en provenance d'un pays extérieur à la zone sont remplacées par des importations plus coûteuses en provenance d'un pays de la zone ;

– des créations de trafic : une production nationale est remplacée par une autre moins coûteuse en provenance d'un pays membre de la zone.

La prise en compte concrète des effets de création et détournement de trafic permet d'analyser les conditions pour qu'une union douanière soit un **optimum de second rang*** : dans ce cas, les effets de création l'emportent sur les détournements d'échange. Si les effets d'une union douanière sont *a priori* indéterminés, certains facteurs peuvent la rendre d'autant plus avantageuse que :

– le niveau initial des droits de douane est élevé (possibilités de création de trafic);

– le tarif extérieur commun est bas (diminution des risques de détournement de trafic);

– les coûts de transport sont faibles (forts gains de l'intégration);

– la taille de l'union est large (le grand nombre de participants favorise la création potentielle de trafic);

– la structure de la production des pays participants est proche (les possibilités de voir se créer de nouvelles spécialisations sont plus nombreuses);

– le commerce est déjà plus fort avec les partenaires qu'avec le reste du monde (détournement potentiel de trafic faible);

– la circulation des facteurs (hommes et capitaux) est élevée dans l'union (forte concurrence stimulant la spécialisation).

L'approche dynamique

D'autres économistes considèrent qu'un processus d'intégration est susceptible de modifier les conditions de la croissance économique. Plusieurs effets sont distingués:

– la création d'**économies d'échelle*** conduit à des gains de productivité et à la diminution des coûts de production grâce à la concentration (effets des seuils techniques, **effets d'apprentissage***, etc.);

– la stimulation de la concurrence est favorable à la diminution des prix à l'intérieur de la zone et l'implantation de filiales de firmes multinationales appuie ce mouvement;

– la diminution des **coûts de transaction*** est favorable à l'extension des marchés (diminution des droits de douane, des délais en douane, harmonisation des normes techniques);

– les anticipations plus optimistes des entrepreneurs soutiennent la croissance des marchés potentiels (articulation avec l'analyse keynésienne).

Ainsi pour l'UE, le rapport Padoa-Schioppa (1987) précisait que le commerce entre pays européens relevait d'une spécialisation axée essentiellement sur les économies d'échelle. Le rapport Cecchini *(Le coût de la non-Europe*, 1988) évaluait les avantages du marché unique européen à un supplément du PIB de l'union de l'ordre de 4,5% et à 1,8 million d'emplois créés.

• *Débats et enjeux autour de l'intégration économique*

Mondialisation et intégration régionale

La mise en place de blocs commerciaux est devenue une tendance de structuration de l'économie mondiale. J-M. Siroën différencie trois modèles:

– un multilatéralisme régional : le cas typique serait l'ALENA. Il s'agit de reproduire au niveau régional certaines modalités de l'OMC. L'initiative de libre-échange pour les Amériques prévoyait un élargissement à certains pays d'Amérique latine;

– une intégration confédérale : le cas typique serait le MERCOSUR. L'accord autorise des exceptions dans la libéralisation interne des échanges. S'il n'impose pas les mêmes disciplines que l'ALENA en matière de services et d'investissement, il prévoit un certain nombre de structures politiques et administratives intergouvernementales. Les politiques économiques sont coordonnées dans certains secteurs (agriculture et automobile);

– une intégration fédérative : le cas typique serait l'Union européenne. La démarche européenne s'accompagne d'une vision idéaliste d'intégration politique, comme en témoigne la création d'instances supranationales, la constitution d'un droit européen, l'existence de politiques commune, voire d'une monnaie commune.

Régionalisme ou multilatéralisme ?

Quel bilan peut-on établir de la croissance des accords d'intégration régionale ? On peut émettre trois hypothèses :

– La constitution de blocs régionaux éloigne du multilatéralisme et de la clause de la nation la plus favorisée. La Banque Mondiale a reproché au MERCOSUR de pratiquer en 1996 un détournement de trafic aux dépens des pays tiers. Cela concerne notamment les exportations d'automobiles (premier poste du commerce entre les quatre pays) pour lesquelles les États membres n'auraient aucun avantage comparatif alors qu'ils ont davantage réduit les barrières entre eux qu'avec le reste du monde. Mais les importations du MERCOSUR en provenance du reste du monde ont triplé en valeur depuis 1990, malgré les différences de tarifs. La Communauté européenne a sou-vent été présentée comme nettement moins ouverte sur le reste du monde depuis le traité de Rome : la part des échanges intra-communautaires dans le PIB a doublé sur la période 1958-1990 (elle est passée de 6% à 13,5% entre 1960 et 1993) alors que l'ouverture de la CEE sur le reste du monde (importations ou exportations sur PIB) a baissé (les exportations extracommunautaires dans le PIB sont passées de 8,7% à 8,5% sur la même période). Le commerce intra-communautaire est essentiellement un commerce intra-branche. Si l'on ne tient pas compte des échanges intra-communautaires, le **taux d'ouverture*** de l'UE est inférieur de moitié à celui de chacun des pays membres, cependant, il est voisin de celui des USA et du Japon (autour de 10%). De plus, comme la baisse du niveau de protection externe de la Communauté a été forte, le bien-être des pays tiers n'a pas vraiment été affecté par l'intégration européenne à l'exception des branches agricoles.

– La constitution de blocs régionaux est une alternative aux difficultés rencontrées par l'approfondissement du multilatéralisme. L'AGETAC et l'OMC n'ont pas réussi à endiguer les barrières administratives, les accords d'autolimitation des importations, etc. (**protectionnisme non tarifaire***). À l'intérieur des ensembles régionaux, la régionalisation s'ouvre à de nouvelles dimensions concernant les investissements extérieurs, la mobilité du travail, la protection de l'environnement, les infrastructures et la coordination des politiques et des réglementations. L'intégration prend certes le pas sur l'ouverture (G. Kebabdjian, 1997), mais les **investissements directs*** des firmes multinationales contrarient l'intégration régionale : ils se traduisent par l'expansion de échanges intra-firmes. D'ailleurs les **multinationales*** européennes ont des stratégies mondiales plutôt que limitées aux frontières des quinze pays membres. De plus, l'adhésion de nouveaux pays au sein d'une union douanière accroît les gains à l'intégration des pays non membres. Cela favorise de nouvelles candidatures (théorie des dominos de Baldwin, 1992) et une dynamique de l'élargissement comme en témoigne l'Union européenne.

– Le multilatéralisme et le régionalisme sont-ils alors conflictuels ? La plupart des observateurs de l'économie mondiale soulignent que le monde contemporain combine une **globalisation*** et une fragmentation et que ces deux tendances sont liées. Le développement des **firmes transnationales*** met en lumière les limites du pouvoir des États-nations mais accroît aussi le besoin d'un enracinement dans des communautés particulières. Il convient de considérer que le Mexique a d'abord adhéré à l'AGETAC dans les années 1980. Ce serait cette adhésion qui aurait rendu possible l'accord régional de l'ALENA. À l'inverse dans le passé, les accords régionaux conçus comme une alternative à la libéralisation des échanges ont échoué en Afrique et en Amérique latine. Néanmoins les négociations bilatérales entre blocs commerciaux peuvent être plus ou moins conflictuelles, comme en témoigne la multiplication des différends commerciaux agricoles entre l'UE et l'ALENA. La difficulté de pénétration de certains marchés (caractère déloyal de la concurrence) tend à s'élargir aux comportement des consommateurs, des distributeurs, des épargnants, aux politiques agricoles ou aux politiques industrielles au Japon ou dans certains pays de l'ANASE. Selon P. Krugman (Annexe du rapport Padoa Schioppa, 1987), dans les négociations entre blocs régionaux, chacun tend à adopter un comportement stratégique pour orienter les **termes de l'échange*** à son profit.

Conflits à l'intérieur des unions douanières : l'exemple de l'Union européenne

Plusieurs sources de conflits sont liées à l'intégration européenne :

– Une intégration rapide induit des modifications des conditions de la concurrence entre les firmes, entre les travailleurs et entre les régions. Malgré la faible mobilité des personnes et du capital productif (liée à une construction politique décentralisée et des obstacles linguistiques), les régions les plus fragiles risquent de subir des ajustements difficiles.

– Les programmes d'ajustement pour aider les reconversions et financer les transitions nécessaires (fonds régional, assurance chômage, programmes de reconversion professionnelle, de formation, etc.) peuvent être un moyen d'atténuer les conflits. Les partisans de ce type d'intervention avancent que chaque fois que la Communauté européenne apporte 100 euros au Portugal par exemple, les autres États membres en récupèrent près de la moitié grâce à un accroissement de leurs exportations. Le budget de l'Union européenne devrait s'accroître, alors qu'il est très inférieur à la masse des budgets nationaux (il est plafonné à 1,27% des PNB combinés des États membres). Les adversaires mettent en avant les comportements opportunistes des nations et une orientation des aides qui est inefficace et conduit selon les approches du Public Choice, à un accroissement des **dépenses publiques*** supportées par le budget communautaire.

– Les partisans d'une intégration libérale rejettent une **Europe sociale*** qui définirait des objectifs communs de politique d'emploi et de revenus, alors que certains économistes soulignent que cela favoriserait une amélioration de la productivité de la main-d'œuvre des pays moins favorisés et une dynamique économique durable. Ainsi l'Europe sociale et la politique agricole commune (PAC) sont-elles l'objet de critiques. Les divergences entre pays sont marquées : le Danemark a depuis longtemps fiscalisé ses cotisations sociales et le Royaume-Uni n'avait pas de salaire minimum jusqu'en 1999. Or, comme le souligne G. Kebabdjian, la globalisation redonne paradoxalement du poids aux petites nations en raison de la complexité du système mondial : le Luxembourg peut bloquer l'émergence d'une fiscalité européenne sur les revenus du capital.

En conséquence, l'expérience historique de la construction européenne rappelle que l'intégration européenne a été menacée de recul chaque fois qu'elle a cessé de progresser dans le sens d'un approfondissement (J.-M. Guéhenno). Selon P.-A. Muet et l'OFCE, c'est l'inadéquation entre l'intégration économique et l'intégration politique qui est problématique. L'UEM devrait aller dans le sens d'un renforcement :

– des règles du jeu communes pour éviter un **dumping*** social ;

– d'une convergence des structures productives grâce à des fonds structurels (convergence réelle des économies plutôt qu'une convergence nominale des taux d'inflation, taux d'intérêt, déficit et dette publiques) ;

– d'une coordination plus forte des politiques économique, sociale et militaire. Avec les élargissements à venir, l'intégration européenne ne se dirigerait pas vers une **Europe à géométrie variable*** mais vers un **fédéralisme*** européen dont le noyau dur serait l'Allemagne, le Bénélux et la France.

☞ Bibliographie

● HOUTEER Ch. (2000), *La construction européenne : Étapes, objectifs, réalisation*, coll. 128, Nathan.

SIROËN J.M. (2000), *La régionalisation de l'économie mondiale*, coll. Repères, La Découverte.

TROTIGNON J. (1997), *Économie Européenne*, coll. Sup. Hachette.

○ FAUGÈRE J.P. (1999), *Économie européenne*, Presses de Sciences Po et Dalloz.

FITOUSSI J.-P. (2000), *Rapport sur l'État de l'Union européenne*, Fayard Presses de Science Po.

GUEHENNO J.-M (1999), *Le modèle européen, Ramsès 2000 : l'entrée dans le 21e siècle*, Ifri, Dunod.

KRUGMAN P.R. et OBSTFELD M. (1992), *Économie internationale*, De Boeck.

ROLLET Ph. (1987), *Spécialisation internationale et intégration européenne*, Economica.

☞ Concepts et corrélats

➤ Commerce international ➤ Monnaie

➢ Avantages comparatifs

INTENSITÉ CAPITALISTIQUE

L'intensité capitalistique (K/L) mesure la part relative du capital et du travail dans la **combinaison productive***. On dit qu'une combinaison productive est capitalistique lorsqu'elle utilise relativement plus de **capital*** que de travail.

➩ L'intensité capitalistique est souvent considérée comme fixe en **courte période*** mais variable en **longue période***.

☞ Concepts et corrélats

➤ Capital ➤ Croissance économique ➢ Régime d'accumulation ➢ Progrès technique ➢ Théorie néoclassique

INTERMÉDIATION FINANCIÈRE

L'intermédiation financière est l'activité qui consiste pour les **institutions financières*** :

– à assurer la satisfaction du **besoin de financement*** des agents qui souhaitent se procurer des capitaux;

– à permettre aux agents à capacité de financement d'effectuer le placement de leur **épargne***.

Il existe deux types d'intermédiation financière :

– l'intermédiation de bilan, dans laquelle l'institution financière devient créancière de l'agent qui emprunte et débitrice de l'agent qui effectue un **placement***;

– l'intermédiation de marché, dans laquelle l'institution financière se contente de mettre en relation les opérateurs (par exemple en plaçant auprès de sa clientèle des **actions***, des **obligations*** ou des **billets de trésorerie***).

☞ Concepts et corrélats

➤ Monnaie ➢ Banques ➢ Établissement de crédit ➢ Marché des capitaux ➢ Taux d'intermédiation ➢ Désintermédiation ➢ Financement intermédié ➢ Financement direct

INTERNATIONALISATION DE LA PRODUCTION

L'internationalisation de la production est le processus qui conduit à dépasser le cadre économique national pour organiser la production directement au niveau mondial (sous-traitance, **filiale-atelier*** , **filiale-relais***...).

⇨ L'internationalisation de la production s'articule à la croissance du commerce mondial et à la globalisation financière dans le cadre de la mondialisation.

☞ Concepts et corrélats

➢ Internationalisation du capital
➢ Firmes multinationales

INTERNATIONALISATION DES ÉCONOMIES

L'internationalisation des économies ou internationalisation tout simplement désigne un processus conduisant à l'intensification des échanges de biens et services entre États nationaux. L'internationalisation relie des marchés nationaux qui possèdent des caractéristiques différentes, notamment en ce qui concerne la réglementation.

☞ Concepts et corrélats

➤ Commerce international
➢ Globalisation ➢ Internationalisation de la production

INTERNATIONALISATION DU CAPITAL

L'internationalisation du capital est une expression utilisée par les auteurs marxistes pour désigner le processus de diffusion mondiale du **mode de production capitaliste** (MPC)* .

☞ Concepts et corrélats

➢ Internationalisation de la production
➢ Firmes multinationales
➢ Globalisation financière

INTERVALLE INTERCENTILE

➢ **Intervalle interquantile**

INTERVALLE INTERDÉCILE

➢ **Intervalle interquantile**

INTERVALLE INTERQUANTILE

Un intervalle interquantile est la différence entre le dernier **quantile*** et le premier quantile.

On peut ainsi calculer un intervalle interquartile en faisant la différence entre le troisième **quartile*** et le premier : $Q_3 - Q_1$, un intervalle interdécile en faisant la différence entre le neuvième **décile*** et le premier : $D_9 - D_1$, un intervalle intercentile en faisant la différence entre le dernier **centile*** et le premier : $C_{99} - C_1$.

Avec les intervalles interquantiles, on perd de l'information, mais on gagne en homogénéité : l'intervalle interquartile contient 50 % des informations, l'intervalle interdécile 80 % et l'intervalle intercentile 98%.

➪ Le recours aux intervalles interquantiles en statistique descriptive, permet d'écarter de l'analyse les valeurs extrêmes d'une série.

INTERVALLE INTERQUARTILE

➢ **Intervalle interquantile**

INTERNALISATION

L'internalisation peut concerner :

– les **sociétés multinationales***. On parle d'internalisation des échanges lorsque les **filiales*** d'une même société réalisent des échanges qui sont comptabilisés comme « internationaux », mais qui sont en fait internes au **groupe***. Ces échanges peuvent être réels ou financiers ; ils sont parfois même fictifs entre des filiales de l'entreprise. L'internalisation permet à l'entreprise de contourner les obstacles juridiques que posent les États et/ou de profiter de leur existence (différences de taxes et de réglementation);

– les activités de production d'une **entreprise***. Pour le néo-institutionnalisme (O. Williamson), l'internalisation désigne, pour une firme, l'action qui consiste à « faire », plutôt que « faire faire ».

➪ Par opposition, l'externalisation consiste, pour une firme, à renoncer à certaines productions et à s'adresser alors à des firmes extérieures.

☞ Concepts et corrélats

➤ Entreprise ➢ Société multinationale

INTERVENTIONNISME

L'interventionnisme est une doctrine économique favorable à l'intervention de l'État* dans l'économie.

☞ Concepts et corrélats

➤ État ➢ État minimal ➢ Doctrine économique ➢ État-Gendarme ➢ État-Providence ➢ Théorie keynésienne.

INTRANT (*INPUT*)

Un intrant est un élément qui entre dans le processus de **production*** ; les matières premières, les **consommations intermédiaires*** sont des intrants.

☞ Concepts et corrélats

➢ Facteur de production ➢ Fonction de production ➢ Extrant ➢ TES

INVESTISSEMENT

Le terme investissement concerne le plus souvent le **capital fixe*** : investir, c'est créer ou acquérir des **biens de production*** ou d'équipement. En un sens plus large, investir, c'est, pour une entreprise ou un pays, augmenter, le stock des moyens de production (machines, équipements de tous types) et développer les infrastructures, l'acquisition de connaissances et la formation des hommes. L'investissement est alors l'acte qui permet d'accroître ou de renouveler tout type de **capital***, on prend donc en compte l'**investissement immatériel***.

La **Comptabilité nationale*** définit un agrégat, la **formation brute de capital fixe*** (FBCF), qui permet de quantifier l'effort d'investissement des **différents secteurs institutionnels***. Au sein de cet agrégat, l'investissement immatériel est très faiblement pris en compte.

L'effort d'investissement de la nation est mesuré par le **taux d'investissement***.

➪ L'investissement est un **flux*** alors que le capital est un **stock***.

➪ Il ne faut pas confondre l'investissement avec la **consommation intermédiaire***, la **consommation effective des ménages*** ou avec un **placement***.

• *La fonction d'investissement au niveau macroéconomique*

Au niveau de l'entreprise, l'investissement permet un accroissement de la **capacité de production*** et/ou une modification de la **combinaison productive***. Il engage de façon plus ou moins irréversible sur le long terme : il implique donc un **risque*** face aux modifications de l'environnement économique. Un grand nombre de variables jouent sur la décision d'investir de l'entreprise.

Classification selon sa destination dans l'entreprise

L'investissement d'une **entreprise*** peut répondre à plusieurs objectifs :

– l'augmentation de la production (**investissement de capacité***);

– la modernisation (**investissement de productivité***) ;

– le maintien en l'état du stock de capital (**investissement de remplacement***).

En pratique, cette distinction n'est jamais aussi tranchée : l'investissement compensant l'usure ou l'**obsolescence*** du capital n'exclut pas une certaine rationalisation des moyens de production.

Les déterminants de l'investissement

Le coût relatif des facteurs

Selon la **théorie néoclassique***, l'entreprise envisagée comme un **producteur*** rationnel, n'investit que dans la mesure où elle escompte retirer un **profit***. Lorsqu'une entreprise, par exemple, acquiert un bien d'équipement, elle évalue la contribution de la machine au produit de l'entreprise (sa **productivité marginale***) relativement à son coût. Cela conduit aussi à comparer le **prix relatif*** du capital par rapport à celui du travail. Pour un niveau de demande donné, si le taux de salaire diminue, le coût relatif du capital augmente et l'entrepreneur choisit une technique moins capitalistique inversement une augmentation du coût relatif du travail modifie la combinaison productive en faveur du capital.

L'investissement et les préférences intertemporelles

Selon I. Fisher (*Théorie de l'intérêt,* 1930), la décision d'investir consiste à établir une préférence intertemporelle et donc à quantifier la valeur du temps (renoncement à une satisfaction immédiate pour une satisfaction future). La décision d'investir est assimilée à un arbitrage entre plusieurs projets (entre deux investissements, entre un investissement et un placement, entre un investissement et la distribution de dividendes). Le producteur choisit d'investir s'il peut obtenir avec un **taux d'actualisation*** au moins égal au taux d'intérêt, une **valeur actualisée nette*** positive. Plus le taux d'intérêt réel est élevé plus le producteur est sélectif dans ses projets.

Concurrence imparfaite et investissement stratégique

Dans un modèle de **concurrence imparfaite***, l'**analyse stratégique*** de l'environnement de l'entreprise a une vision plus complexe de la fonction d'investissement qui tient compte de sa capacité à améliorer sa **compétitivité*** :

– rajeunissement des équipements;

– investissements en capital humain pour le recrutement, la formation, la motivation des travailleurs, la prospection commerciale, etc.;

– mise en œuvre d'**innovations*** (**recherche-développement***, nouveaux procédés de fabrication, lancement de nouveaux produits, etc.);

– diversification des activités (**investissement direct***, **investissement de portefeuille***).

Le degré d'**aversion pour le risque*** de l'entrepreneur est une variable à prendre en compte.

Les contraintes du financement de l'investissement

La décision d'investir doit être mise en relation avec les modalités de financement. Le profit n'a pas qu'un rôle de motivation, il fournit également à l'entreprise les moyens d'investir (**autofinancement***). Pour une petite entreprise qui n'a qu'un accès limité au **financement externe**, la **capacité d'autofinancement*** reste un critère de la décision d'investissement.

L'entreprise peut aussi financer l'investissement par emprunt. Le concept de **profitabilité***, utilisé en France par E. Malinvaud, confronte la **rentabilité financière*** de l'entreprise et le taux d'**intérêt réel***. En période de taux d'intérêt réels faibles, dans la mesure où la **rentabilité économique*** du capital physique est supérieure au taux d'intérêt, l'entreprise peut faire jouer l'**effet de levier*** pour améliorer sa **rentabilité financière*** mais un retournement de cet effet entraîne une crise de l'endettement (accroissement des charges de la dette, remise en cause de la confiance des banques, risque de défaillance).

Si l'entreprise a accès au **marché financier***, la **capitalisation boursière*** est un élément de la décision d'investir (**Q de Tobin***). Si l'on considère que l'information des actionnaires est parfaite et que les marchés financiers sont efficients, le choix de l'investissement est lié à la rentabilité escomptée par le marché (**théorème Modigliani-Miller***). L'**asymétrie d'information*** entre **actionnaires*** et dirigeants peut modifier la structure de financement et cela renvoie à la nature des incitations à l'efficience des dirigeants de l'entreprise (**technostructure***, **théorie de l'agence***).

La fonction d'investissement apparaît donc comme relevant d'objectifs multiples et complexes qui doivent aussi intégrer l'influence de la politique fiscale.

• *Aspects macroéconomiques : investissement et croissance :*

L'investissement, une composante déterminante de la demande globale selon l'approche keynésienne

L'efficacité marginale du capital

Pour J.M. Keynes (1883-1946) dans *La théorie générale de l'emploi et de l'intérêt et de la monnaie* (1936), l'investissement courant est « *l'addition à la valeur de l'équipement résultant de l'activité productrice de la période* ». L'investissement net suppose que « *l'on déduise la dépréciation normale* » (sur la base de prévisions courantes). L'incitation à investir dépend « *en partie de la courbe de la demande de capital et en partie du taux de l'intérêt* ». L'**efficacité marginale du capital*** est exprimée en pourcentage, c'est un taux de rendement par rapport au coût (ou **taux de rentabilité interne***), elle dépend du revenu escompté sur la durée de vie totale de l'input. L'entrepreneur tente d'évaluer la valeur moyenne du bénéfice actualisé qu'il peut atteindre et de la dispersion des résultats possibles. Keynes insiste sur l'importance du rôle des croyances au moment de la décision d'investir. En situation d'incertitude, l'évaluation des recettes escomptées est liée aux anticipations et à la personnalité de l'**entrepreneur*** : des capacités de production inemployées ou l'atonie de la demande peuvent conduire à des comportements mimétiques renforçant le pessimisme de chaque entrepreneur (**désinvestissement***).

L'investissement et l'équilibre économique

Dans la **théorie keynésienne***, c'est la demande qui détermine le revenu. L'investissement et la consommation sont les deux composantes de la demande globale en économie fermée auxquelles il faut ajouter les exportations en économie ouverte. L'investissement est crucial : il détermine par son niveau (toutes choses égales par ailleurs) celui de la demande effective : par exemple, en contrepartie d'un investissement, les entreprises fabriquant des biens d'équipement, distribuent des revenus qui sont dépensés à leur tour, en fonction de la **propension marginale à consommer***. Si l'investissement est insuffisant l'économie est en **sous-emploi***.

Investissement , croissance et instabilité de la croissance

L'investissement est aussi la composante la plus dynamique de la demande globale. Il n'y a croissance économique que si l'investissement courant est supérieur à l'épargne de la période précédente. Le **multiplicateur d'investissement*** est d'autant plus élevé que la **propension marginale à épargner*** est faible. Dans la version du multiplicateur flexible, une nouvelle vague de dépenses a ainsi lieu, conduisant à la distribution de nouveaux revenus et ainsi de suite.

Cependant, la stabilité de la croissance économique ne dépend pas du niveau d'investissement mais des variations de celui-ci. Dans le modèle Harrod-Domar (1947), l'investissement est à la fois stimulant de la demande et moyen d'extension des capacités de production. Il importe de rendre compatible l'investissement induit par la variation du revenu (l'effet de l'**accélérateur*** qui dépend du **coefficient marginal de capital*** , en général supérieur à 1) et la variation de l'investissement liée à l'effet multiplicateur. Lorsque les anticipations des investisseurs conduisent l'économie à une **expansion*** (ou à une **récession***), le rythme de l'investissement s'accélère jusqu'à la barrière du **plein-emploi*** (ou se réduit en amenant un chômage croissant). À long terme, le taux de croissance de l'investissement doit assurer la compatibilité entre le taux de croissance garanti (rapport du taux d'épargne et du coefficient marginal de capital) et le taux de variation de la population active (taux de croissance naturel):

L'introduction de décalages dans l'adaptation de l'investissement aux variations de la demande conduit à une dynamique basée sur les inégales vitesses de réaction de l'investissement et de la consommation : la croissance de l'investissement peut s'accompagner dans le modèle de l'**oscillateur***, de **fluctuations*** amorties, d'oscillations explosives ou de croissance exponentielle.

Les modèles post-keynésiens considèrent que pour un taux d'accumulation donné I/K, il existe un taux de profit qui garantit l'existence d'un sentier équilibré, ce taux de profit dépend de la répartition du revenu national entre profits et salaires, ce qui produit le montant d'épargne requis pour assurer un sentier de **croissance équilibrée***.

Le modèle de base au niveau macroéconomique : le couple accélérateur profit

Les principaux modèles de la macroéconomie considèrent que l'investissement est déterminé par l'accélérateur mais d'autres variables interviennent : le profit, la rentabilité, les tensions sur les capacités de production.

Investissement et partage de la valeur ajoutée

Au niveau macroéconomique, la relation entre investissement et profit conduit à s'intéresser plus particulièrement au partage de la **valeur ajoutée*** et à la **productivité du capital***.

Si l'on appelle K le stock capital en volume et P_k le prix du capital, *EBE* l'**excédent brut d'exploitation*** des entreprises (au sens de la **Comptabilité nationale***), Y la production en volume et P_{va} le prix moyen de la valeur ajoutée (ce qui donne $VA = Y.P_{va}$). On peut écrire alors :

$$\frac{EBE}{K} = \frac{EBE}{VA} \times \frac{VA}{K}$$

soit :

$$\frac{EBE}{K} = \frac{EBE}{VA} \times \frac{Y.P_{va}}{K.P_k}$$

Le **taux de profit*** (rentabilité économique) est égal au **taux de marge*** (EBE/VA) que multiplie le produit de la productivité du capital (Y/K) par l'inverse du prix relatif du capital. Le taux de profit dépend essentiellement (sauf modification importante du système de **prix relatif***) des variations du taux de marge et de la productivité du capital.

Dans le cas de la France, jusqu'à la fin des années 1970, la demande et le coût relatif des facteurs constituent les déterminants les plus satisfaisants de l'investissement. Les deux chocs pétroliers sont marqués par une chute de l'investissement plus ou moins prononcée selon les secteurs d'activité. La formation brute de capital fixe en volume diminue de façon quasi continue sur une dizaine d'années (malgré une légère reprise entre 1978-1980, l'investissement ne retrouve son niveau d'avant la crise qu'en 1987). Pour de nombreux économistes, face aux impératifs de compétitivité, l'investissement de productivité l'emporte sur l'investissement de capacité et il devient destructeur net d'emploi. Quant à l'investissement immatériel, il ne progresse que dans quelques banches (aéronautique, matériels électroniques, pharmacie, pneumatiques notamment). Pour d'autres économistes, la baisse de la productivité du capital, la déformation du partage de la valeur ajoutée au profit des salariés a conduit à une dégradation des résultats financiers des entreprises. La restauration de la capacité d'autofinancement des entreprises devient un objectif central du gouvernement de R. Barre (entre 1976 et 1980). Or, entre 1981 et 1983, la part des salaires dans la valeur ajoutée s'accroît de nouveau (50,3 à 51,7% de la valeur ajoutée). Selon l'approche libérale, la législation du travail freine les adaptations des effectifs, la réduction de la durée du travail en 1982 n'a pas de contrepartie salariale, les revalorisations du **Salaire minimum interprofessionnel de croissance (SMIC)*** tirent les autres rémunérations vers la hausse et alourdissent les coûts. À partir de 1983 , la politique économique s'oriente vers un partage de la valeur ajoutée plus favorable aux entreprises. De 1985 à 1990, les investissements enregistrent une reprise nette (modernisation des équipements et dynamisme de la demande).

Mais, alors que le taux d'autofinancement des entreprises dépasse le seuil de 90% entre 1993 et 1999, on observe en France, une baisse durable des taux d'investissement de 1990 jusqu'en 1998. Le pouvoir explicatif du modèle accélérateur coût relatif des facteurs tend à s'affaiblir.

Selon des économistes comme V. Lévy-Garboua et G. Maarek, les taux d'intérêt réels très élevés enregistrés dans les années 1980-1996 ont joué défavorablement sur la profitabilité des entreprises. Bien qu'au début des années 1990, le taux de marge ait retrouvé le niveau atteint au début des années 1970, cette amélioration est affectée en priorité au désendettement des entreprises (reconstitution des **fonds propres***) et aux placements financiers (voire au rachats de leurs propres actions pour faire monter les cours).

Selon E. Malinvaud, le maintien prolongé d'un partage favorable aux entreprises peut compromettre à terme l'investissement par insuffisance des débouchés. La faiblesse de l'investissement des entreprises serait liée à une plus forte incertitude des entreprises sur leurs perspectives de croissance. Une reprise de la croissance (comme entre 1998-2000 en France) doit être plus soutenue et durable pour s'accompagner d'une reprise de l'investissement . Le modèle accélérateur - profit apparaît plus instable au cours de la décennie 1990. Il y aurait un effet d'**hystérèse*** de l'endettement avec une montée des primes de risque liées à l'instabilité des variables financières (taux d'intérêt, taux de change) que certains modèles prennent en compte aujourd'hui.

☞ Bibliographie

● ANANOU Th. (1997), *Capital et investissement*, coll. Memo, Seuil.

VILLIEU P. (2000), *Macroéconomie. L'investissement*, coll. Repères, La Découverte.

❍ INSEE, *La Croissance retrouvée*, Rapport sur les comptes de la Nation, 1989.

D'AUTUME A. (1990), *Capital et investissement, Encyclopédie économique*, Economica, (tome 1, chap. 26).

☞ Concepts et corrélats

➤ Croissance ➤ Fluctuations et crises ➢ Taux d'investissement ➢ Formation brute de capital fixe (FBCF)

INVESTISSEMENT AUTONOME

L'investissement autonome est un investissement qui est indépendant des variations de la **demande***. On range dans cette catégorie :

– les programmes d'investissements publics contracycliques;

– les investissements liés aux grands programmes d'équipement à long terme visant à accroître l'efficacité et la **compétitivité*** de l'économie nationale ou les investissements stratégiques des **entreprises*** privées;

– des investissements liés à la mise en œuvre de l'**innovation*** (construction de laboratoires).

☞ Concepts et corrélats

➤ Investissement ➤ Politique économique ➢ Multiplicateur d'investissement ➢ Investissement induit

INVESTISSEMENT DE CAPACITÉ

L'investissement de capacité est un investissement qui permet d'accroître la **production*** comme par exemple la construction de nouvelles unités de production. Il est porteur de créations d'**emplois***, toutes choses égales par ailleurs.

➪ L'opposition entre les investissements de capacité et les **investissements de productivité*** doit être nuancée puisque les investissements de capacité s'accompagnent eux aussi d'un rajeunissement et d'une modernisation de l'outil de production conduisant à des **gains de productivité***.

☞ Concepts et corrélats

➤ Investissement ➢ Investissement de remplacement ➢ Investissement de productivité

INVESTISSEMENT DE FORME

Certains économistes et sociologues (L. Thévenot, L. Boltanski, A. Desrosières, O. Favereau...), considérant que le **marché*** n'est pas le seul instrument de régulation sociale, insistent sur le rôle joué par les « formes » qui peuvent être aussi bien des objets techniques que des règles, des **conventions*** ou des catégories cognitives (nomenclature socioprofessionnelle).

La notion d'investissement de forme qui constitue une extension du concept d'investissement au sens d'**accumulation du capital*** technique désigne les dépenses qui visent à fixer des formes sociales assurant des relations stables au sein d'un système ou d'un sous-système économique.

Ainsi les dépenses consenties par une **entreprise*** pour aboutir à un accord avec son personnel (**conventions collectives***, règlement intérieur) lui évitent ultérieurement les inconvénients et les **coûts*** liés à une relation instable ou mal définie. De même les dépenses effectuées pour établir et diffuser une nomenclature sont sources à terme de gain de temps et de réduction des coûts d'information.

☞ **Concepts et corrélats**
➤ Investissement ➢ Économie des conventions

INVESTISSEMENT DE PORTEFEUILLE

L'investissement de portefeuille est une prise de participation minoritaire dans le **capital social*** d'une **entreprise***. Selon la définition du Fonds monétaire international (FMI), *« il n'a pas en général pour but d'acquérir un intérêt durable dans une entreprise ou d'avoir un pouvoir de décision effectif dans la gestion de l'entreprise »*.

➪ Ne pas confondre avec **l'investissement direct*** et avec un portefeuille de titres.

➪ L'investissement de portefeuille répond en général à des motifs de **placement***. Mais le seuil permettant de le distinguer de l'investissement direct est variable selon les législations nationales. Pour les comparaisons internationales, le seuil adopté par le FMI est une prise de participation inférieure à 10% du **capital social*** d'une entreprise.

☞ **Concepts et corrélats**
➤ Investissement ➢ Investissement direct ➢ Balance des paiements

---

INVESTISSEMENT DIRECT À L'ÉTRANGER

L'investissement direct à l'étranger (IDE) peut se définir comme une opération par laquelle un investisseur basé dans un pays (pays d'origine) acquiert un actif dans un autre pays (pays d'accueil) avec l'intention de le gérer.

Il recouvre trois formes d'opérations :

– la participation au capital (par fusion, acquisition ou création de nouvelles installations) à un niveau suffisant pour pouvoir exercer un contrôle ;

– le réinvestissement sur place des bénéfices d'une **filiale*** implantée à l'étranger ;

– les prêts à court ou à long terme réalisés entre la société mère et sa filiale.

Le seuil de contrôle est difficile à définir : la Banque de France, conformément aux décision du FMI, considère qu'il y a investissement direct lorsque l'investisseur contrôle 10% ou plus du capital du capital de l'entreprise dont il a acquis les actions.

➪ Ne pas confondre avec **investissement de portefeuille***.

☞ **Concepts et corrélats**
➤ Investissement ➤ Commerce international ➢ Firme multinationale

---

INVESTISSEMENT DE PRODUCTIVITÉ

L'investissement de productivité est un **investissement*** qui a pour objectif une réduction des **coûts*** de **production*** pour une capacité inchangée. En font partie tous les investissements qui ont pour but d'économiser les facteurs : **travail***, énergie, matières premières, etc.

L'investissement de productivité est donc un investissement de rationalisation et de modernisation. Il se traduit souvent (mais pas toujours) par des suppressions d'**emplois*** à court terme. À long terme ; il permet une amélioration du **niveau de vie***.

☞ **Concepts et corrélats**
➤ Investissement ➢ Gains de productivité ➢ Investissement de capacité ➢ Investissement de remplacement ➢ Productivité

INVESTISSEMENT DE REMPLACEMENT

L'investissement de remplacement désigne un **investissement*** destiné à compenser le déclassement d'un matériel usé ou obsolète (soit la consommation annuelle de capital fixe).

☞ **Concepts et corrélats**
➤ Investissement ➢ Amortissement ➢ Investissement brut ➢ Investissement net ➢ Obsolescence

---

INVESTISSEMENT DIRECT

L'investissement direct désigne la création ou la prise de contrôle majoritaire d'une **entreprise*** existante.

Les **investissements directs à l'étranger*** (IDE) sont enregistrés dans la **balance des paiements***.

☞ **Concepts et corrélats**
➤ Investissement ➢ Investissement de portefeuille

INVESTISSEMENT EN CAPITAL HUMAIN

➤ **Marché du travail** ➢ **Capital humain**

INVESTISSEMENT IMMATÉRIEL

L'investissement immatériel désigne selon l'**Organisation de Coopération et de développement économique*** (OCDE) des dépenses de **services*** qui doivent améliorer la capacité de **production*** ou l'efficacité de l'**entreprise***.

Le ministère de l'Industrie retient spécialement :

– les dépenses de **recherche-développement***;

– les dépenses de formation du personnel;

– certaines dépenses de mercatique *(marketing)* et de publicité;

– les dépenses de logiciels, de prospection, etc.

Pour la **Comptabilité nationale***, il ne s'agit pas d'investissement mais de **consommation intermédiaire*** à l'exception de certains services (achat de logiciels destinés à être utilisés dans la production pendant plus d'un an, dépenses de prospections minières, par exemple) qui ont été intégrés à la **Formation brute de capital fixe*** (FBCF).

☞ Concepts et corrélats

➤ Investissement ➢ Investissement productif

INVESTISSEMENT INDUIT

L'investissement induit désigne un **investissement*** effectué en raison d'un accroissement constaté ou anticipé de la **demande***. C'est cette catégorie d'investissement qui intervient dans le **mécanisme de l'accélérateur***. On le distingue de l'**investissement autonome***.

☞ Concepts et corrélats

➤ Investissement ➤ Politique économique➢ Théorie keynésienne ➢ Investissement autonome

INVESTISSEMENT MATÉRIEL

L'investissement matériel est un type d'**investissement*** qui concerne dans la comptabilité privée de l'**entreprise***, l'acquisition de **biens de production*** physiques : terrains, construction, machines, outillage. Cette catégorie d'investissement correspond à une partie seulement des **immobilisations*** de l'entreprise.

☞ Concepts et corrélats

➤ Investissement ➤ Politique économique ➢ Investissement immatériel ➢ Investissement productif

INVESTISSEMENT PRODUCTIF

Au niveau macroéconomique, la **Comptabilité nationale*** définit l'**investissement*** productif comme l'acquisition par les **entreprises*** de **biens durables*** intervenant pendant un an au moins dans le processus de production (machines, outils, etc.) ainsi que certains services (achat de logiciels destinés à être utilisés dans la production pendant plus d'un an, acquisitions d'œuvres littéraires dans les entreprises de l'audiovisuel, etc.).

➪ L'investissement productif est un indicateur de l'effort de modernisation à travers le rajeunissement du **capital*** productif. Il est sensible aux variations de la **conjoncture***.

➪ L'investissement productif n'est pas calculé pour tous les pays, ce qui est un biais dans les comparaisons internationales.

☞ Concepts et corrélats

➤ Investissement ➢ Formation brute de capital fixe (FBCF) ➢ Investissement non productif ➢ Taux d'investissement ➢ Investissement immatériel ➢ Taux d'investissement

INVESTISSEMENT NON PRODUCTIF

L'investissement non productif est **l'investissement*** en logement et en équipement sociaux.

☞ Concepts et corrélats

➤ Investissement ➢ Formation brute de capital fixe (FBCF) ➢ Investissement productif ➢ Taux d'investissement ➢ Investissement immatériel

IS-LM

➤ **Monnaie** ➢ **Schéma IS-LM**

ISOQUANT

Un isoquant (ou courbe d'isoproduit) est une courbe indiquant l'ensemble des combinaisons de capital (K) et de travail (L) qui, pour un état donné des techniques, permettent de produire une même quantité (Q).

Il y a une infinité d'isoquants, chacun correspondant à un niveau de **production*** différent, qui est d'autant plus élevé qu'on s'éloigne de l'origine.

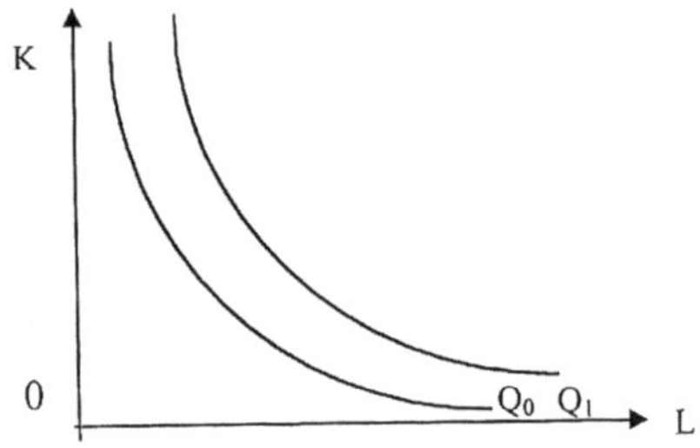

☞ **Concepts et corrélats**
➤ Marchés et prix

JOINT VENTURE
➢ **Co-entreprise**

JUGLAR (CYCLE)
➤ **Fluctuations et crises** ➢ **Cycle Juglar**

JUSTICE COMMUTATIVE
La justice commutative correspond à l'idée d'égalité des droits. C'est l'égalité arithmétique chez Aristote. Par exemple dans un échange libre, lorsque les deux participants acceptent d'échanger une certaine quantité du bien A contre une certaine quantité du bien B, la justice commutative est assurée : l'échange se fait « à l'équivalent ». La théologie médiévale, lorsqu'elle avance les concepts de « juste prix » et de « juste salaire » fait référence à la justice commutative.

☞ **Concepts et corrélats**
➤ Revenu du patrimoines ➤ Protection sociale ➢ Justice distributive ➢ Justice corrective

JUSTICE CORRECTIVE
La justice corrective peut s'entendre en deux sens :

– d'une part, le terme peut désigner le fait que la puissance publique assure le respect par tous des « *règles de juste conduite* » et sanctionne les contrevenants;

– d'autre part, le terme peut désigner la redistribution organisée par l'**État*** lorsqu'on considère que la répartition des revenus (et/ou des patrimoines) qui découlent des mécanismes de marché n'est pas conforme à tel ou tel principe de justice adopté par les pouvoirs publics. La création du **Revenu Minimum d'Insertion*** en France (1988) relève de la justice corrective.

☞ **Concepts et corrélats**
➤ Revenus et patrimoines ➤ Protection sociale ➢ Justice distributive ➢ Justice commutative ➢ Équité

JUSTICE DISTRIBUTIVE
La justice distributive correspond chez Aristote à l'égalité proportionnelle, c'est-à-dire que chaque individu a droit à une rémunération qui est proportionnelle à sa contribution à la production. Par exemple, à qualification égale, un individu qui travaille huit heures a droit à un salaire deux fois plus élevé qu'un individu qui travaille quatre heures. De même, la revendication : « *à travail égal salaire égal* » (qui implique « *à travail inégal, salaire inégal* ») relève de la justice distributive. La rémunération des **facteurs de production*** à leur **productivité marginale*** est conforme à la justice distributive.

☞ **Concepts et corrélats**
➤ Revenus et patrimoines ➤ Protection sociale ➢ Justice commutative ➢ Justice corrective

JUSTICE SOCIALE
Selon Aristote, « *tous les hommes sont d'avis que le juste consiste dans une certaine égalité* ». Toute la question est de savoir de quelle égalité : Égalité devant la loi ? Égalité des chances ? Égalité des situations ? Égalité des patrimoines ou des revenus ?, etc. Il existe donc divers « principes de justice » au regard desquels telle ou telle situation sera jugée socialement juste ou injuste.

➪ J.-M. Keynes, par exemple, considérait que si une certaine inégalité est inévitable et sans doute utile (comme incitation à l'effort), la situation qu'il observait à son époque était caractérisée par une inégalité excessive : la justice sociale impliquait donc, de ce point de vue, de réduire les inégalités (*Théorie générale de l'emploi de l'intérêt et de la monnaie*, 1936).

➪ La *Théorie de la justice* de J. Rawls (1971) propose une théorie de « *justice comme équité* » qui s'efforce d'être compatible avec la pluralité des conceptions du bien à partir de deux principes de justice :

– Les individus doivent bénéficier d'un droit égal pour tous aux libertés de base (liberté d'expression, liberté d'aller et de venir, liberté religieuse, etc.).

– Les inégalités sociales doivent être attachées à des positions ouvertes à tous dans des conditions de « *juste égalité des chances* » et ces inégalités doivent être au plus grand avantage des membres les plus défavorisés de la société.

➪ Pour F. Hayek, au contraire, l'idée de justice sociale est vide de sens et constitue un mirage (*Le mirage de la justice sociale*, 1976).

☞ Concepts et corrélats

➤ Revenus et patrimoines ➤ Protection sociale ➢ Justice commutative ➢ Justice corrective ➢ Justice distributive

KITCHIN (CYCLE)

➤ **Fluctuations et crises** ➢ **Cycle Kitchin**

KONDRATIEV (CYCLE)

➤ **Fluctuations et crises** ➢ **Cycle Kondratief**

KRACH

Un krach est un terme utilisé pour désigner un effondrement des cours sur un **marché*** (marché boursier, marché immobilier, **marché des changes***, etc.). Par exemple, le krach boursier de 1987. Un krach boursier peut conduire à un retournement de la **conjoncture*** ou à une crise financière et économique qui débouche sur une **dépression***.

☞ Concepts et corrélats

➤ Fluctuations et crises ➢ Cycle économique ➢ Cycle Juglar ➢ Cycle Kitchin ➢ Cycle Kondratief

LETTRE DE CHANGE

La lettre de change est un effet de commerce, c'est-à-dire un titre de **créance*** qui peut circuler par endossement qui sert de support à des opérations de **crédit***.

Par exemple, un industriel A qui livre des marchandises à un commerçant B, accepte en contrepartie une lettre de change au terme de laquelle la banque C paiera dans 90 jours le montant de la dette de B à l'égard de A. A est le « bénéficiaire » de la lettre de change, B le « tireur » et la banque C est le « tiré ».

➪ Si A souhaite obtenir des liquidités avant l'échéance, il peut mobiliser sa lettre de change auprès d'une banque : c'est une opération d'**escompte***.

➪ Aujourd'hui, les lettres de change circulent le plus souvent sur support magnétique, ce qui est moins coûteux que les traditionnels supports papier.

☞ Concepts et corrélats

➤ Monnaie

LIBÉRALISME

Le libéralisme est une **doctrine économique*** qui considère que la **régulation*** par le **marché*** est la meilleure modalité de gestion de l'économie. Le libéralisme repose aussi sur l'affirmation de la souveraineté individuelle et la méfiance ou l'hostilité à l'égard de l'intervention de l'État.

➪ Il existe de nombreuses variantes du libéralisme. Certains libéraux se déclarent favorables à une certaine intervention économique de l'État et à une redistribution des revenus. D'autres sont au contraire favorable à un État minimum et à une généralisation des mécanismes de marché (par exemple pour résoudre les problèmes de sécurité ou de justice).

➪ Il ne faut pas confondre le libéralisme en tant que **doctrines économiques*** et les théories économiques classiques ou néoclassiques.

☞ Concepts et corrélats

➤ État ➢ Main invisible ➢ Économie de marché ➢ Équilibre général ➢ Optimum de Pareto

LIBRE-ÉCHANGE

Le libre-échange est une **politique commerciale*** qui vise à réduire tous les obstacles à la circulation internationale des biens et des services.

☞ Concepts et corrélats

➤ Commerce international ➤ Intégration économique ➢ Accord Général sur les Tarifs et le Commerce ➢ Avantages absolus ➢ Avantages comparatifs ➢ Contingentement ➢ Discrimination non tarifaire ➢ Droits de douane ➢ Spécialisation économique internationale

LIFFE

Le « *London International Financial Future Exchange* » est le marché à terme des instruments financiers de Londres.

☞ Concepts et corrélats

➤ Finances internationales ➢ Matif

LIQUIDITÉ

La liquidité est la caractéristique d'un **actif*** qui peut être transformé rapidement et sans **coût de transaction*** en monnaie. La monnaie au sens strict (agrégat monétaire M1) est donc la liquidité par excellence, les autres actifs étant plus ou moins liquides.

➪ On parle de la liquidité des **banques*** pour désigner leurs disponibilités en **monnaie Banque centrale*.** Une banque en situation d'illiquidité est donc conduite à se refinancer soit sur le **marché interbancaire***, soit auprès de la **Banque centrale***.

☞ Concepts et corrélats

➤ Monnaie

LIQUIDITÉS INTERNATIONALES

Les liquidités internationales sont constituées par l'ensemble des disponibilités (DTS, monnaies de réserves, crédits internationaux aisément mobilisables..) dont disposent les banques centrales pour régler le déficit éventuel de leur balance des paiements et pour intervenir sur le marché des changes.

☞ Concepts et corrélats

➤ Finances internationales ➢ Politique de change

LOGEMENT (SERVICE DE)

En Comptabilité nationale, l'usage d'un logement est considéré comme un **service** *, dont le **producteur*** est le propriétaire de ce logement et le **consommateur*** l'occupant. Le service lié à la propriété d'un logement est un service marchand s'il est produit par un bailleur, et le loyer versé par le locataire mesure le **prix*** de ce service.

Pour un propriétaire occupant, l'usage du logement qu'il possède représente une économie de loyer équivalente au loyer d'un logement similaire du parc locatif. Pour les propriétaires occupants, la production du service de logement, effectuée pour leur propre compte, est une activité non marchande.

☞ Concepts et corrélats

➤ Comptabilité nationale ➢ Production marchande ➢ Production non marchande

LOI

Une loi est, selon la formule de Montesquieu, une relation nécessaire qui découle de la nature des choses. On dira qu'une loi est universelle lorsque la relation qu'elle met en évidence entre deux variables est toujours vraie. Une loi est conditionnelle lorsqu'elle n'est vraie que dans certaines conditions. Par exemple, pour K. Marx (1818-1883), une **loi économique*** n'est vraie que pour un **mode de production*** donné. On parle de loi tendancielle lorsque la relation que l'on formule est vraie à long terme mais est susceptible de connaître des contre-tendances à court ou moyen terme. En physique comme en sciences sociales, on formule surtout aujourd'hui des lois statistiques ou probabilistes du type : « si l'événement a se produit, alors, il y a x % de chance que l'événement b se produise ».

➪ Il ne faut pas confondre les lois scientifiques dont il est question ici et les lois au sens juridique. Les premières visent à rendre compte de la réalité par une analyse positive. Les secondes sont des règles édictées par la puissance publique.

☞ Concepts et corrélats

➤ Épistémologie économique ➢ Positivisme ➢ Baisse tendancielle du taux de profit

LOI D'AIRAIN DES SALAIRES

La loi d'airain des salaires, formulée par F. Lassalle (1825-1864) et vivement critiquée par K. Marx (1818-1883), affirme que le taux de salaire a tendance à se fixer au niveau du minimum physiologique de subsistance.

☞ Concepts et corrélats

➤ Revenus ➢ Exploitation ➢ Loi économique

LOI D'ENGEL

« *La part relative des dépenses alimentaires dans la consommation diminue lorsque le revenu augmente* ». Cet énoncé constitue la **loi*** d'Engel : c'est la seule que l'auteur ait dégagée lui-même. E. Engel (1821-1896) a en effet conduit une étude des budgets de famille (*Les Conditions de la production et de la consommation du Royaume de Saxe*, 1857) en utilisant les données recueillies par E. Dupectiaux (*Les Budgets économiques des classes ouvrières en Belgique*, 1855) et de F. Le Play *(Les Ouvriers européens*, 1856) et a appliqué les méthodes de la « Statistique morale », c'est-à-dire en ventilant les dépenses en neuf **postes de consommation***.

Par la suite, on a souvent attribué à Engel sous la dénomination de deuxième, troisième et même quatrième lois, des résultats qui sont ceux de ses continuateurs comme C. Wright qui constatait aux États-Unis, en 1875 :

– une deuxième « loi », la part des dépenses consacrées aux vêtements est à peu près la même quel que soit le revenu ;

– une troisième « loi », le pourcentage des dépenses relatives à l'habitation est invariante quel que soit le revenu ;

– une quatrième « loi », la part des dépenses diverses s'accroît avec le revenu.

Mais si la loi d'Engel a été universellement vérifiée, les autres résultats se sont révélés plus fragiles.

Engel a constaté en 1891 que la diminution du **coefficient budgétaire*** de l'alimentation est moins importante que prévu lorsque le revenu s'élève : les ménages ont tendance à consommer des produits plus coûteux (**effet qualité***). Mais la deuxième enquête d'Engel introduit des changements méthodologiques (chaque famille est convertie en **unités de consommation*** et les postes de consommation sont presque deux fois plus nombreux).

➪ Les conclusions d'Engel résument aujourd'hui encore assez correctement l'évolution de la consommation. Actuellement, la part de l'alimentation dans la consommation des ménages européens continue de baisser, mais elle reste à un niveau élevé.

☞ Concepts et corrélats

➤ Consommation ➣ Effet revenu
➣ Élasticité

LOI D'OKUN

La Loi d'Okun (A. Okun, 1928-1980, économiste américain d'obédience keynésienne, a été président du conseil économique de Kennedy) étudie la relation macroéconomique entre le **taux de chômage*** et le rythme de la croissance : à toute baisse du **taux de croissance de l'économie*** est associée une augmentation du taux de chômage et inversement. Le taux de croissance détermine donc le rythme de création ou de suppression des emplois et indirectement le niveau de chômage.

➪ Une formulation plus précise de la loi d'Okun nécessite l'introduction de la notion de gap d'Okun : il s'agit de l'écart entre le **Produit Intérieur Brut potentiel*** et le PIB effectif. La loi d'Okun affirme alors que le chômage s'accroît lorsque le gap d'Okun s'accroît.

☞ Concepts et corrélats

➤ Croissance économique ➤ Politique économique

LOI DE FINANCES (INITIALE)

La loi de finances, couramment appelée « budget de l'État », est un texte de loi qui prévoit et autorise, pour chaque année civile, l'ensemble des recettes et dépenses de l'État. La loi de finances doit respecter les **règles budgétaires***.

➪ La loi de finances annuelle regroupe le budget général de l'État, les budgets annexes (qui décrivent des ressources et des dépenses à caractère définitif) et les comptes spéciaux du Trésor (qui décrivent des ressources et des dépenses à caractère temporaire). Le budget général est la partie du budget regroupant les recettes et les dépenses des services publics administratifs.

Les budgets annexes retracent les dépenses et les recettes d'un service de l'État dont l'activité tend avant tout à produire des biens ou à rendre des services donnant lieu à paiement (Imprimerie nationale, Journaux officiels, Légion d'honneur, Ordre de la Libération, Monnaies et médailles, etc.).

☞ Concepts et corrélats

➤ État ➢ Déficit budgétaire ➢ Loi de finances rectificative ➢ Politique budgétaire ➢ Déséquilibre budgétaire ➢ Impasse budgétaire

LOI DE FINANCES RECTIFICATIVE

Une loi de finances rectificative, appelée aussi « collectif budgétaire », est une loi qui modifie en cours d'année la loi de finances initiale. Les modifications touchant les recettes et/ou les dépenses sont souvent liées aux évolutions conjoncturelles et aux décisions de la **politique économique***.

☞ Concepts et corrélats

➤ État ➤ Politique économique ➢ Déficit budgétaire ➢ Loi de finances (initiale) ➢ Politique budgétaire ➢ Déficit budgétaire ➢ Déséquilibre budgétaire ➢ Impasse budgétaire

LOI DE FINANCES DE RÈGLEMENT

Une loi de finances de règlement, ou loi de règlement budgétaire, est une loi qui constate *a posteriori* les résultats financiers de l'année civile et qui approuve les différences entre les résultats et les prévisions de la loi de finances initiale, complétée éventuellement par une loi de finances rectificative.

☞ Concepts et corrélats

➤ État ➢ Loi de finances (initiale) ➢ Loi de finances rectificative

LOIS DE GOSSEN

H.H. Gossen (1810-1858) a exprimé le principe de l'**utilité marginale*** décroissante, repris par la **théorie néoclassique***. Il postule que la jouissance supplémentaire décroît avec les doses additionnelles consommées (1re loi de Gossen).

Selon la deuxième loi de Gossen, pour obtenir le maximum de satisfaction, le consommateur doit égaliser les utilités marginales des **biens*** pondérées par les **prix***.

Selon la troisième loi de Gossen, les biens se répartissent entre les individus de telle sorte que la satisfaction procurée par la dernière unité de bien reçue par chaque individu soit égale.

☞ Concepts et corrélats

➤ Consommation ➤ Marché et prix ➢ Utilité

LOI DE GRESHAM

Selon la loi de Gresham, « *la mauvaise monnaie chasse la bonne* ». Cet énoncé, attribué au chancelier britannique Th. Gresham (1519-1579), signifie que dans une économie, lorsque deux **monnaies*** circulent parallèlement et que pour des raisons diverses l'une d'entre elles s'apprécie aux yeux du public, elle est thésaurisée. De ce fait, elle disparaît plus ou moins rapidement de la circulation. Seule demeure alors, pour assurer les transactions, la monnaie considérée comme « mauvaise ».

➪ La loi de Gresham ne joue qu'en situation de **cours légal*** (par exemple en système bi-métalliste). En situation de **cours libre***, les agents sélectionnent au contraire la bonne monnaie puisque la mauvaise sera refusée en paiement.

☞ Concepts et corrélats

➤ Monnaie ➤ Théories économiques ➢ Thésaurisation

LOI DE KALDOR-VERDOORN

La loi de Kaldor-Verdoorn met en évidence le fait que le taux de croissance de la **productivité*** est une fonction croissante du taux de croissance du stock de capital par travailleur.

➪ Cette **loi économique*** repose sur l'hypothèse d'un **progrès technique*** incorporé au capital.

☞ Concepts et corrélats

➤ Croissance économique ➤ Capital

LOI DE L'OFFRE ET DE LA DEMANDE

On appelle loi de l'offre et de la demande le processus par lequel la flexibilité du **prix*** conduit à l'égalité des quantités offertes et demandées sur un marché.

➪ Bien que consacrée par l'usage, l'expression « loi de l'offre et de la demande » n'est pas justifiée puisqu'elle n'énonce pas une **loi*** scientifique.

☞ Concepts et corrélats

➤ Marchés et prix ➢ Commissaire-priseur ➢ Théorème de Sonnenschein

LOI DE WAGNER

L'économiste allemand A. Wagner (1835-1917), personnalité marquante de ce que l'on a nommé le **socialisme de la chaire***, a formulé une loi (souvent invoquée pour rendre compte de l'augmentation de l'intervention publique) selon laquelle : «*une portion relative toujours plus grande et plus importante des besoins collectifs d'un peuple civilisé en progrès se trouve satisfaite par l'État* » (*Finanzwissenschaft*, 1883).

Wagner avançait trois explications :

– le développement économique rend nécessaire l'accroissement des fonctions d'administration publique comme l'adduction et l'épuration des eaux, transports publics, éclairage, sécurité, etc. ;

– un pays dont le niveau de développement est élevé a des besoins importants dans les domaines de l'éducation, de la santé et de la culture ;

– la **croissance économique*** entraîne dans certains **secteurs*** la création d'oligopoles ou de monopoles qui justifie le contrôle de ces entreprises par l'État. A. Wagner cite le cas des chemins de fer en Allemagne où seul l'État pouvait financer les investissements coûteux.

Dans toutes les situations envisagées par A. Wagner, l'intervention croissante de l'État est liée à la hausse du niveau de développement économique et social.

➪ La loi de Wagner fait l'objet de controverses. Cette loi sous-entend en effet que l'intervention croissante de l'État dans l'économie (qui est une « offre » de biens publics) est liée à une « demande » d'État de la part des agents économiques. Certains économistes considèrent que le fonctionnement même de l'État conduit à une augmentation de l'offre de biens publics alors même que la demande des agents ne s'accroît pas.

☞ Concepts et corrélats

➤ État ➤ Politique économique ➢ École des choix publics ➢ État-providence ➢ Fonctions d'allocation ➢ Fonction de redistribution ➢ Fonction de stabilisation

LOI DE WALRAS

La loi de Walras, formulée dans le cadre du modèle d'**équilibre général***, indique qu'en situation de **concurrence pure et parfaite***, la somme nette des demandes excédentaires est nulle à l'équilibre. En effet, si on constate une offre supérieure à la demande sur un marché, il y aura une demande supérieure à l'offre sur un autre marché, de telle sorte que la somme des demandes excédentaires est nulle.

Par extension, la loi de Walras indique que, lorsqu'il y a équilibre sur (n-1) marchés, il y a nécessairement équilibre sur le nième marché.

☞ Concepts et corrélats

➤ Marchés et prix ➤ Épistémologie économique ➢ Loi économique

LOI DES DÉBOUCHÉS

La loi des débouchés a été formulée par J.-B. Say (1767-1832). Pour lui « *les produits s'échangent contre des produits* », c'est-à-dire que l'**offre*** crée sa propre **demande***. En effet, la contrepartie de la valeur de la production est intégralement distribuée sous forme de **revenu*** et les agents ne thésaurisent pas.

La loi des débouchés (ou Loi de Say) fonde l'**économie de l'offre*** selon laquelle il n'y a pas lieu de craindre une insuffisance des débouchés. Le niveau de l'activité économique dépend des conditions de l'offre, la demande en découle automatiquement.

Cette conception repose aussi sur la **dichotomie*** réel/monétaire. Pour J.-B. Say, la **monnaie*** est neutre, les grandeurs réelles se déterminent entre elles et toute économie est en fait une économie de troc.

➪ Les adversaires de la dichotomie ont coutume d'affirmer que la loi de Say est toujours vraie en économie de troc et toujours fausse en économie monétaire.

☞ Concepts et corrélats

➢ Loi économique ➢ Libéralisme ➢ Neutralité de la monnaie ➢ Nouveaux classiques ➢ Thésaurisation ➢ Économie monétaire de production

LOI DES RENDEMENTS MARGINAUX DÉCROISSANTS

La loi des rendements marginaux décroissants concerne l'évolution de la **productivité*** des **facteurs de production***. Lorsque l'on augmente la quantité d'un facteur (l'autre restant fixe) on constate que :

– dans un premier temps, la **productivité marginale*** de ce facteur augmente, c'est la phase des rendements marginaux croissants ;

– dans un second temps, la productivité marginale diminue, c'est la phase des rendements marginaux décroissants.

Établie très tôt par les économistes classiques, notamment par D. Ricardo (1772-1823), dans son analyse de la **rente foncière***, cette loi traduit un effet de seuil à partir duquel le facteur fixe se trouve progressivement saturé, ce qui entraîne une perte d'efficacité.

➪ Il ne faut pas confondre les rendements marginaux dont traite cette loi (un facteur reste fixe, l'autre varie) et les **rendements d'échelle*** (les deux facteurs sont variables).

☞ Concepts et corrélats

➢ Productivité marginale

LOI DES TROIS SECTEURS

La loi des trois secteurs met en relation le niveau de **développement*** économique et la modification de la part respective des trois **secteurs d'activités***. Elle a été formulée par C.G. Clark dans son ouvrage *Les Conditions du progrès économique* en 1941.

Selon cette loi, toute économie suit le schéma d'évolution suivant :

– dans un premier temps, le **secteur secondaire*** se développe, rattrape puis dépasse le **secteur primaire***, il devient l'activité la plus importante ; la **population active*** du secteur primaire diminue au profit du secondaire (**exode agricole*** puis **exode rural***) ;

– dans un deuxième temps, le **secteur tertiaire*** se développe à son tour pour devenir progressivement le secteur le plus important ; une partie des **actifs*** du secondaire passe alors dans le tertiaire.

Cette idée d'un glissement des activités vers le secteur tertiaire avait déjà été introduite par A.G.B. Fisher dans un ouvrage de 1934. Cette loi a été assez vivement critiquée pour sa prétention à proposer un modèle universel de développement.

➪ La loi des trois secteurs a été popularisée en France par J. Fourastié.

☞ Concepts et corrélats

➤ Développement ➢ Tertiarisation
➢ Secteurs d'activité

LOI DU PRIX UNIQUE

Selon la loi du prix unique, sur un marché concurrentiel, chaque bien doit avoir un **prix*** et un seul. Si pour une raison quelconque un bien avait deux prix (par exemple en deux lieux différents), cela déclencherait des stratégies d'arbitrages, certains opérateurs achetant le bien là où il est le moins cher pour le revendre là où il est le plus cher jusqu'à ce que la différence de prix s'annule.

➪ La loi du prix unique ne joue que si l'information est parfaite (donc gratuite) et si les **coûts de transaction*** sont nuls.

☞ Concepts et corrélats

➤ Marchés et prix ➤ Intégration économique ➢ Commissaire-priseur
➢ Tâtonnement walrasien

LOI ÉCONOMIQUE

La **science économique*** a formulé de nombreuses **lois***. **Loi de débouchés***, **loi de Wagner***, **loi d'Engel***, **loi de Gresham***, **loi de Malthus***, **loi psychologique fondamentale***, **etc.** Le statut épistémologique de ces lois est discuté. La loi des débouchés n'est vraie que dans une économie de troc (ou si l'on considère que la **monnaie*** est neutre) ; la prétention à l'universalité de la loi de Malthus a été contestée par Marx, la loi psychologique fondamentale est vraie en analyse transversale, mais non en analyse longitudinale, etc.

➪ En toute rigueur, il serait préférable de parler de conjectures plutôt que de lois. Ces **conjectures*** ont une indiscutable portée **heuristique***, elles ne peuvent prétendre à une validité universelle.

☞ Concepts et corrélats

➤ Épistémologie économique
➢ Positivisme ➢ Modèle

LOI PSYCHOLOGIQUE FONDAMENTALE

La loi psychologique fondamentale est un **postulat*** formulé par J.M. Keynes (1893-1946) qui exprime « *qu'en moyenne et la plupart du temps, les hommes tendent à accroître leur consommation à mesure que le revenu croît, mais non d'une quantité aussi grande que l'accroissement du revenu* » (Théorie Générale de l'emploi, de l'intérêt et de la monnaie, chapitre VIII section 3). Selon Keynes, cette loi repose sur la nature humaine et il n'en donne aucune justification empirique.

La loi psychologique fondamentale a donné lieu à plusieurs interprétations de la fonction de consommation keynésienne selon les rapports entre la **propension moyenne à consommer*** et la **propension marginale à consommer***.

☞ Concepts et corrélats

➤ Consommation ➢ Théorie keynésienne ➢ Théorie monétariste

LOIS SUR LES BLÉS (*CORN LAWS*)

Les lois sur les blés (ou « corn laws ») sont un ensemble de réglementations en vigueur en Grande-Bretagne à partir de la deuxième moitié du 18e siècle. Elles établissaient des interdictions d'**importations*** et des **droits de douane*** très élevés sur les entrées de blés étrangers sur le territoire anglais. Ces lois protégeaient les propriétaires fonciers qui profitaient de la hausse des prix des céréales provoquée par la pression démographique.

Les partisans du **libre-échange***, conduits par R. Cobden, parvinrent à supprimer les *corn laws* en 1846. Il en résulta une chute du prix du blé et des **taux de salaires*** (lié au prix du blé).

☞ Concepts et corrélats

➤Commerce international ➢ État-stationnaire ➢ Libre-échange ➢ Protectionnisme ➢ Rente foncière ➢ Théorème Stolper-Samuelson

LOIS SUR LES PAUVRES (*POOR LAWS*)

Les lois sur les pauvres ont été mises en place en Angleterre entre 1601 et 1795 (loi de **Speenhamland***).

❍ La loi de 1601 (*Old Poor law*) confère un droit à l'**assistance*** à tout habitant d'une paroisse : en argent, s'il s'agit d'un enfant ou d'un invalide, sous forme de travail s'il s'agit d'un indigent valide (travail à domicile ou dans des *workhouses*, sortes d'ateliers collectifs). Le refus d'exécuter un travail proposé relève de la prison.

❍ La loi du domicile de 1662 (*Act of settlement)* oblige les assistés à résider dans leur paroisse, tout en contraignant ces dernières à les prendre en charge. Selon K. Polanyi (1887-1964), cette loi établit un servage paroissial.

❍ La loi de 1782 (*Gilbert's act*) assouplit les principes précédents sauf en ce qui concerne la loi du domicile ; la distinction entre pauvres invalides et valides s'atténue en faisant interner les enfants et les handicapés dans les *workhouses* et en autorisant à verser des subsides à certains hommes capables de travailler.

❍ Le *Speenhamland Parliament Act*, donne à tout travailleur un **revenu*** de subsistance dépendant du **prix*** du blé et du nombre de ses enfants, obligeant ainsi les communes à verser un complément de revenu à tous ceux qui ne gagnaient pas ce minimum.

❍ La loi de Speenhamland est abrogée en 1834, ce qui met fin à deux siècles de lois sur les pauvres et rend possible la création d'un **marché du travail*** « libre ».

➪ La mise en place des lois sur les pauvres correspond à une double logique :

– une logique de prise en charge institutionnelle de la pauvreté par la mise au travail des pauvres (devoir d'assistance) ;

– une logique de protection contre une population virtuellement dangereuse.

☞ Concepts et corrélats

➤ Protection sociale ➢ Acte de Speenhamland ➢ École classique

LONGUE PÉRIODE

Dans la **théorie économique***, la longue période se caractérise par le fait que la **combinaison productive*** et la capacité de production peuvent être modifiées : les biens d'équipement en place et les techniques qu'ils incorporent deviennent un élément du choix des **entreprises***.

☞ **Concepts et corrélats**

➤ Fluctuations et crises ➤ Croissance économique ➢ Courte période ➢ Demande ➢ Économies d'échelle ➢ Marché ➢ Offre ➢ Progrès technique

MANAGEMENT

Le management est une organisation du processus décisionnel dans **l'entreprise***. Le management stratégique concerne les produits et les marchés vers lesquels la **firme*** doit dans un horizon plus ou moins proche, s'orienter pour valoriser ses compétences et sa compétitivité.

☞ **Concepts et corrélats**

➤ Entreprise ➢ Analyse stratégique ➢ Gouvernement d'entreprise ➢ Société anonyme ➢ Stratégie

MANUFACTURE

Une manufacture est une unité de production privée ou publique, regroupant des artisans sur un même lieu de production.

La manufacture des Gobelins, créée par Colbert en 1662 pour éviter les importations coûteuses, est une des plus connues.

➯ Ne pas confondre avec le **Domestic System*** ou avec l'**entreprise***.

➯ Lorsque A. Smith (1723-1790) parle de la manufacture d'épingles, il désigne en fait une entreprise. Pour K. Marx (1818-1883), le passage de la manufacture à la grande entreprise est une étape du **capitalisme***.

☞ **Concepts et corrélats**

➤ Entreprise ➢ Proto-industrialisation

MARCHÉ

Au sens économique, le marché représente le lieu, souvent abstrait, où se confrontent une **offre*** et une **demande*** pour aboutir à des échanges (achats et ventes) caractérisés par des prix de marché. Il existe un marché pour chaque type de bien et chaque marché donne lieu à l'émergence d'un prix.

➯ F. Perroux lie le marché à **l'entreprise*** : « *L'entreprise et le marché sont réciproquement liés. Pas d'entreprise sans marché. Pas de marché sans entreprise. Le marché est constitué par plusieurs centres d'intérêt économique distincts reliés entre eux par un réseau d'échanges* (...) »

☞ **Concepts et corrélats**

➤ Marchés et prix ➢ Économie de marché ➢ Économie des organisations

MARCHÉ À TERME

Sur un marché à terme, les contrats sont passés à un instant t et sont exécutables à une date ultérieure. Les conditions du contrat, notamment le prix et la quantité, sont fixées de façon irrévocables au moment où le contrat est conclu. Les marchés à terme les plus anciens fonctionnent pour les matières premières. Ces techniques se sont étendues aux **marchés financiers*** et au **marché des changes***.

☞ **Concepts et corrélats**

➤ Monnaie ➤ Finances internationales ➢ Marché au comptant ➢ Couverture de change à terme ➢ Marché à terme international de France (MATIF)

MARCHÉ À TERME INTERNATIONAL DE FRANCE (MATIF)

Le marché à terme international de France est un marché organisé de **produits dérivés*** qui a été créé à Paris en 1986. Trois types de contrats sont échangés sur le Matif : des contrats à terme sur marchandises (qui permettent de se couvrir contre les fluctuations des cours des matières premières), des contrats à terme sur produits financiers (qui permettent de se couvrir contre le risque de taux d'intérêt) et des **options négociables***. Depuis 1999, le Matif est géré par Paribourse SBF SA qui assure le fonctionnement du marché et joue le rôle de chambre de compensation (contrepartie unique des acheteurs et des vendeurs et responsable de la bonne fin des opérations).

☞ **Concepts et corrélats**

➤ Monnaie ➤ Finances internationales ➢ Marchés dérivés ➢ Risque

MARCHÉ AU COMPTANT

Le marché au comptant est un marché où les contrats sont exécutés dès leur conclusion ou dans un délai très bref (24 ou 48 heures).

☞ **Concepts et corrélats**

➤ Monnaie➤ Finances internationales ➢ Marché à terme

MARCHÉ AUTORÉGULATEUR

Dans la **théorie néoclassique***, la notion de marché autorégulateur signifie que l'agrégation des comportements des agents conduit spontanément à l'équilibre grâce au jeu de la flexibilité des prix. L'expression « marché autorégulateur » désigne le fait que l'économie est régulée grâce à la flexibilité des **prix*** (**loi de l'offre et de la demande***). Le marché autorégulateur peut être étudié en **équilibre partiel*** ou en **équilibre général***.

☞ Concepts et corrélats

➤ Marchés et prix ➤ État ➢ Équilibre concurrentiel ➢ Concurrence

MARCHÉ COMMUN

Un marché commun est le troisième des cinq degrés d'**intégration économique*** défini par B. Balassa (1961). Il se caractérise essentiellement par la mise en œuvre :

– d'une **union douanière*** c'est-à-dire, l'élimination des droits de douane et l'établissement d'un tarif douanier commun à l'égard des pays tiers;

– de la libre circulation des personnes des services et des capitaux.

Le Marché Commun (devenu depuis **Marché unique européen*** ou Grand marché) en est un exemple.

☞ Concepts et corrélats

➤ Commerce international ➤ Intégration économique

MARCHÉ COMMUN SUD-AMÉRICAIN (MERCADO COMMÚN DEL SUR, MERCOSUR en espagnol, MERCADO COMÚN DEL SUL, MERCOSUL, en portugais)

Le Marché Commun Sud-Américain est une **union douanière*** instituée par le traité d'Asunción le 26 mars 1991. Il est entré en vigueur officiellement le 1er janvier 1995. Il réunit l'Argentine, le Brésil, l'Uruguay et le Paraguay. Une **zone de libre-échange*** a été instaurée entre le MERCOSUR, le Chili, la Bolivie (depuis 1996), le Pérou (1997) et probablement l'**Union européenne*** en 2001 (accords de coopération de 1995 et 1999).

Le MERCOSUR comporte des dispositions qui vont plus loin que l'union douanière comme l'harmonisation des législations et la coordination des politiques économiques. De plus, les quatre pays membres auxquels se sont joints le Chili et la Bolivie ont décidé de se fixer des objectifs de convergence économique (dettes, déficits publics, taux d'inflation et d'intérêt).

Mais le MERCOSUR reste un **marché commun*** incomplet. Un certain nombre de secteurs demeurent soumis à des régimes spécifiques (automobile, sucre, etc.) ou à des taxes (sur des produits agricoles à l'entrée du Brésil ; papiers, chaussures, meubles, jus d'orange, aux frontières argentines ; aciers ou plastiques pour l'Uruguay, etc.). Le tarif extérieur commun comporte des exceptions (matériels informatiques et de télécommunications, produits admis en franchise, etc.).

☞ Concepts et corrélats

➤ Commerce international ➤ Intégration économique

MARCHÉ CONTESTABLE

➤ Marchés et prix ➢ Marché disputable

MARCHÉ DES CAPITAUX

Le marché des capitaux regroupe le **marché financier*** (marché des capitaux à long terme) et le **marché monétaire*** (marché des capitaux à court terme).

☞ Concepts et corrélats

➤ Monnaie ➢ Bourse des valeurs

MARCHÉ DES CHANGES

Le marché des changes est le **marché*** où se confrontent les offres et les demandes de **devises*** et où se forment les **taux de change***.

⇨ Ne pas confondre avec **marché monétaire*** ou marché des **valeurs mobilières***.

☞ Concepts et corrélats

➤ Finances internationales

MARCHÉ DES OPTIONS NÉGOCIABLES DE PARIS (MONEP)

Le marché des options négociables de Paris est un **marché*** organisé d'**options négociables*** créé à Paris en 1987. Trois types de contrats sont négociés sur ce marché :

des options sur **actions***, des options sur indice (il existe par exemple un contrat d'option sur l'indice CAC 40) et des contrats à terme fermes. Depuis 1999, le MONEP est géré par Paribourse SBF SA qui assure le fonctionnement du marché et joue le rôle de chambre de compensation (contrepartie unique des acheteurs et des vendeurs et responsable de la bonne fin des opérations).

☞ Concepts et corrélats

➤ Monnaie ➤ Finances internationales
➢ Marchés dérivés

MARCHÉ DISPUTABLE

Le **marché*** d'un **bien*** ou d'un **service*** est disputable (ou contestable) si, d'une part, l'entrée sur ce marché est complètement libre, et si, d'autre part, la sortie de ce marché se fait sans coût :

– L'entrée est libre si plusieurs conditions sont satisfaites. Il faut d'abord que les concurrents éventuels aient un accès identique aux marchés des facteurs de production, aux techniques disponibles, aux infrastructures. Il faut en outre que les consommateurs puissent choisir librement entre les différents concurrents.

– L'hypothèse de sortie sans coût signifie que le risque que prend une entreprise en entrant sur un marché est faible, voire inexistant ; une entreprise peut « entrer » dans la branche, installer un équipement, produire et vendre pendant une certaine période en ne supportant aucun coût que celui correspondant à l'usage et à la dépréciation de l'équipement utilisé. Cela correspond au cas où l'équipement est vendable ou réutilisable à d'autres fins.

La notion de marché disputable (W. Baumol, J. Panzar et B. Willig, 1982) apparaît comme une généralisation de la notion de marché de **concurrence pure et parfaite** *: l'atomicité n'est pas nécessaire pour que les effets bénéfiques de la concurrence se manifestent.

La présence de coûts fixes importants, qui sont le plus souvent la source des économies d'échelle dans la production, était traditionnellement considérée comme la principale barrière à l'entrée technologique. La théorie des marchés disputables introduit la distinction entre **coûts fixes recouvrables*** et **coûts fixes irrécupérables*** (ou irréversibles).

Seuls les coûts fixes irréversibles constituent un obstacle à la concurrence car leur non-recouvrement en cas de sortie de l'activité limite les possibilités d'une entrée temporaire rentable.

☞ Concepts et corrélats

➤ Marchés et prix ➢ Économies d'échelle

MARCHÉ DU TRAVAIL

Au sein de la population totale d'un pays, on trouve :

– la **population active*** qui regroupe les personnes ayant un **emploi*** (actifs occupés) et les personnes disponibles à la recherche d'un emploi (**chômeurs***), la population inactive.

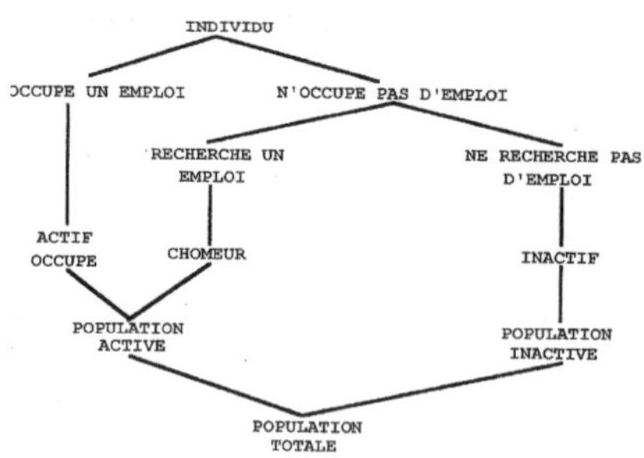

• *L'emploi : définition et évolutions*

L'utilisation fréquente du concept d'emploi par les économistes apparaît après la **crise économique*** de 1929. Cet intérêt nouveau peut être symbolisé par la *Théorie générale de l'emploi, de l'intérêt et de la monnaie* publiée en 1936 par J.-M. Keynes.

L'entre-deux-guerres est en effet caractérisé par une profonde mutation des sociétés occidentales. Les relations de travail, contrairement à la situation du 19e siècle, sont de moins en moins individualisées. L'État, par la mise en place progressive d'un droit du travail et de la protection sociale, et les syndicats confèrent aux rapports de travail une dimension de plus en plus collective et organisée.

Définition

L'emploi est défini par D. Gambier et M. Vernières comme la «*combinaison des éléments sociaux et juridiques qui institu-*

tionnalisent la participation des individus à la production de biens et services socialement valorisés». Cette définition implique que l'étude des normes, des règles et des institutions est au cœur de l'analyse de l'emploi. Par ailleurs, cette analyse ne saurait se limiter aux activités des seuls salariés ; les travailleurs indépendants sont également pris en compte.

➭ Il est important de distinguer l'emploi ainsi défini du poste de travail qui identifie, à un moment donné, la place occupée par le travailleur dans le processus productif.

Modification des normes de l'emploi

Aujourd'hui les normes et les règles sociales existant en matière d'emploi (législation du travail, mode de gestion de la main-d'œuvre par les firmes, modalités de l'action syndicale...) sont contestées. La forme bien établie de l'emploi à durée indéterminée et à temps plein est concurrencée par l'émergence de formes d'emplois « atypiques ».

Les formes particulières d'emploi, dans leur diversité, présentent au moins deux points communs :

– elles signifient une moins grande intégration du salarié dans **l'entreprise** *; c'est pour cela qu'on les qualifie souvent de formes « précaires » ;

– elles assurent une plus grande souplesse dans l'organisation de la **production** *; l'entreprise suit au plus près la **conjoncture économique***.

Ainsi, après une période où s'est imposé le concept homogène d'emploi, s'ouvre une nouvelle étape qui exige de prendre en compte la diversité des formes d'emplois : l'extension du salariat, qui paraissait irréversible, a été stoppée dans l'industrie ; elle a même fait place à un retournement dans certains secteurs industriels, et tout particulièrement dans le bâtiment.

• *Le chômage : origine du concept*

Le **chômage***, ainsi que le souligne R. Salais *(L'invention du chômage,* 1982*)* n'est pas une catégorie immuable, mais un phénomène historique, daté, et qui évolue au gré des représentations du travail et du non travail.

La genèse du chômage au 19e siècle

Le chômage ne peut en effet naître que dans des formes spécifiques d'organisation sociale, caractérisées par la généralisation du salariat comme forme dominante de mise en œuvre du travail rémunéré. Au 19e siècle, trois mécanismes principaux vont aboutir au déversement sur le marché du travail de catégories nouvelles de demandeurs d'emploi :

– la destruction des formes de production précapitalistes (agriculture familiale, artisanat, petit commerce) « libère » une main-d'œuvre qui ne peut trouver de solution alternative que dans la recherche d'un travail salarié ;

– les périodes de réduction du **salaire réel*** rendent le travail du chef de famille insuffisant pour couvrir les besoins d'une famille ouvrière ; ils contraignent donc d'autres membres de la famille (femmes, enfants) à se présenter sur le marché du travail ;

– le rythme et les modalités **d'accumulation du capital*** peuvent enfin dans certaines phases devenir destructeurs d'emplois, soit par des crises cycliques qui provoquent la chute du niveau d'activité, soit par l'introduction de techniques plus mécanisées qui réduisent les besoins de main-d'œuvre.

La combinaison de ces trois mouvements engendre un volant de chômage permanent mais d'ampleur variable qui, dans un marché du travail fortement concurrentiel, permet d'exercer une pression sur le niveau des **salaires*** et les conditions de travail (**armée industrielle de réserve*** chez Marx).

L'apparition d'une catégorie « statistique » de chômeur

L'identification du chômage en tant que « statut » social et institution statistiquement mesurable ne se réalise que progressivement. Elle suppose une double condition :

– l'impossibilité de repli sur des activités de type « précapitaliste » ou sur des formes de travail domestique ;

– l'apparition d'institutions spécialisées, bureaux de placement ou mécanismes d'assurance chômage, qui créent un intérêt à se déclarer comme chômeur. En effet aussi longtemps que les chômeurs sont privés de tout droit et de tout revenu, aussi longtemps qu'ils sont victimes d'un opprobre social qui les désigne comme paresseux ou incapables, ils n'ont aucun avantage à faire reconnaître leur situation. Une large partie d'entre eux cherche des palliatifs dans des statuts non salariés ou encore, en l'absence de possibilités d'emploi, se maintient dans la population inactive (jeunes et femmes).

On dispose ainsi de nombreuses descriptions de la situation des chômeurs au 19e siècle, mais il n'existe aucune mesure statistique satisfaisante durant cette période.

C'est dans le recensement de 1896 qu'on trouve pour la première fois une série de questions permettant d'isoler les «chômeurs». Dans ce recensement, la mesure du chômage passe par la combinaison de deux critères, l'âge et la durée de la suspension de travail.

• *Définitions et mesures*

La mesure du chômage

La mesure du chômage suppose une définition qui ne peut être que conventionnelle. Le Bureau International du travail (BIT) s'est préoccupé dès 1925 d'émettre des recommandations en matière de statistiques du chômage. De nouvelles règles méthodologiques ont été adoptées en 1982. En France, sur cette base, on mesure le **chômage au sens du BIT*** notamment à l'occasion de l'enquête annuelle sur l'emploi réalisée par l'Institut National de la Statistique et des Études Économique (INSEE). On dispose par ailleurs d'une source administrative : les **demandes d'emplois fin de mois (DEFM)*** enregistrées par l'**Agence Nationale de l'Emploi*.**

L'effacement des frontières de l'emploi et du chômage

Autour du noyau central des chômeurs BIT gravitent des personnes qui ne satisfont pas à toutes les conditions pour être classées « chômeur ». Elles forment le **halo du chômage***. La dégradation progressive depuis une vingtaine d'années de la situation sur le marché du travail de même que les dispositifs de lutte contre le chômage ont conduit à l'apparition de situations nouvelles à la frontière entre inactivité, emploi et chômage :

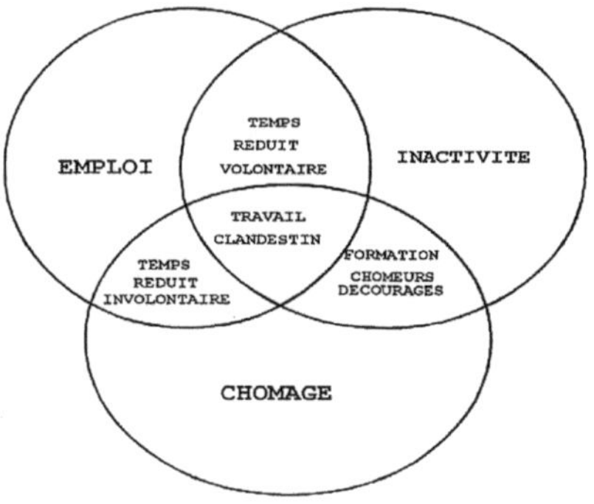

Source : Jacques Freyssinet (1998), *Le Chômage*, La Découverte, coll. Repères.

• *Les théories du marché du travail*

L'analyse néoclassique du marché du travail

Dans le modèle néoclassique de base, une fonction **d'offre de travail*** croissante coupe une fonction de **demande de travail*** décroissante.

L'intersection des deux courbes au point d'équilibre détermine alors simultanément le taux de salaire réel d'équilibre et le niveau d'emploi d'équilibre. Il s'agit d'un point d'équilibre puisqu'il égalise les quantités offertes et demandées, en excluant du marché tous les offreurs qui se seraient manifestés pour un **taux de salaire*** plus élevé et tous les demandeurs qui espéraient un taux de salaire plus faible.

Dans cet univers d'agents rationnels et en situation d'information parfaite, si le prix des « services producteurs du travail » est parfaitement flexible, le **chômage involontaire*** est impossible.

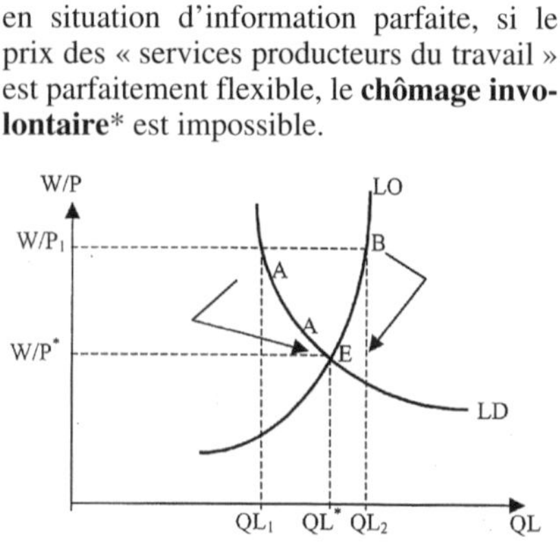

Explication du mécanisme autorégulateur à partir d'une situation de déséquilibre :

Pour un taux de salaire réel W/P_1, la quantité demandée par les entreprises est de QL_1 tandis que la quantité offerte est de QL_2 (avec $QL_1 < QL_2$).

Les salariés entrent en compétition puisque tous ne peuvent pas avoir un emploi au taux de salaire W/P_1. Cette situation de **concurrence*** tend à faire décroître le prix et on se déplace de B vers E sur la courbe d'offre.

Les entreprises réagissent à la baisse du taux de salaire. Par exemple, en (A'), elles sont disposées à demander une quantité de travail plus forte. On se déplace sur la courbe de demande de A vers E *via* A' .

Le mécanisme se stabilise au point E pour un taux de salaire d'équilibre de W/P* et une quantité de travail QL*. La flexibilité du prix et la rémunération du travail au niveau de sa **productivité marginale*** font que tout individu désirant occuper un emploi peut en trouver un, au prix du marché.

Pour les néoclassiques donc, tout individu à la recherche d'un emploi réalise un arbitrage entre l'**utilité*** et la pénibilité du travail, entre le coût psychologique et économique du chômage et le temps de loisir supplémentaire que le chômage lui procure. Ne subsistent que les travailleurs qui exigent un taux de salaire supérieur au taux de salaire d'équilibre. Il s'agit de « chômeurs volontaires » qui ne se plient pas aux exigences du marché.

La nouvelle microéconomie du marché du travail

La **théorie de la recherche d'emploi*** (ou théorie du *Job Search*) développée par G. Stigler (prix Nobel 1982) cherche à expliquer l'existence d'un **chômage frictionnel*** sur le marché du travail en introduisant dans l'analyse les conséquences de l'imperfection de l'information sur le marché du travail.

La théorie du **capital humain*** contribue à expliquer les inégalités salaires liées aux différences de **qualification***.

La théorie des **contrats implicites*** met l'accent sur le fait qu'employeurs et salariés n'ont pas la même attitude par rapport au risque : les salariés ont une plus grande aversion pour le risque que les employeurs. La relation de travail n'est pas régie par le marché mais sur la base de « contrats », dits implicites, entre la firme et les salariés.

La théorie du **salaire d'efficience*** repose sur une liaison positive entre le niveau du taux de salaire et l'effort productif du salarié. Elle conduit donc à une résultat différent du **modèle*** néoclassique de base dans lequel le taux de salaire est égal à la productivité marginale du travail.

La théorie « insiders/outsiders » développée en 1984 par A. Lindbeck et D. Snower est basée sur une opposition entre les salariés intégrés (après formation maison, mise au courant et acceptation par leurs pairs) appelés **insiders*** et les chômeurs candidats à l'embauche appelés **outsiders***. Une troisième catégorie est celle des entrants, qui deviennent des insiders une fois le processus d'intégration achevé.

Macroéconomie du marché du travail

L'analyse du chômage chez Keynes

Pour J.-M. Keynes (1883–1946), le chômage est avant tout un **chômage involontaire***. Selon lui, le niveau de l'emploi dépend de la demande anticipée. Dans ce cadre, un processus de baisse des salaires réels découlant du chômage ne permet pas un ajustement de type néoclassique. Elle induit une contraction des débouchés des entreprises tels qu'ils sont prévus par les **entrepreneurs***, donc une baisse de la **demande effective***, de la production et de l'emploi.

Selon A. Barrère (*La crise n'est pas ce que l'on croit*, 1981), il n'existe pas de marché du travail car ce dernier n'est pas une marchandise et le taux de salaire n'est pas un prix. Ce sont les emplois qui sont créés en fonction d'un volume de production à mettre en œuvre et les travailleurs les occupent. Bien qu'ayant l'apparence d'un prix, le taux de salaire n'en a pas la nature, il est fixé hors marché par les conventions collectives et les réglementations publiques.

La théorie de la segmentation du marché du travail

Au début des années 1970 s'est développé un ensemble de travaux à l'initiative d'un groupe d'économistes de tradition « néo–institutionnaliste » (M. Piore, P. Doeringer), travaux qui ont été regroupés sous l'étiquette de « théorie de la segmentation du marché du travail ». Ces travaux ont pour trait commun de contester l'usage des concepts marginalistes et de proposer des analyses dans lesquelles les transactions marchandes ponctuelles ne représentent qu'une part minoritaire des processus d'allocation du travail dans une économie, l'essentiel étant constitué par des décisions internes aux entreprises. La théorie de la **segmentation du marché du travail*** distingue au sein du marché du travail un **marché primaire*** et un **marché secondaire***.

Chômage classique et chômage keynésien dans la théorie du déséquilibre

La théorie des **équilibres à prix fixes*** (E. Malinvaud et J.-P. Benassy) relie la situation de **sous-emploi*** décrite par la théorie keynésienne et **l'équilibre général*** walrasien. Dans cette approche, l'inertie des **prix*** en **courte période*** (notamment leur rigidité à la baisse) est la principale cause de l'existence de rationnements sur le marché du travail. Cette rigidité des prix à la baisse peut entraîner deux types de déséquilibres correspondant à deux régimes de chômage: le **chômage keynésien*** et le **chômage classique***.

Marché du travail	Marché des biens acheteur	Marché des biens vendeur
acheteur	Chômage keynésien	chômage classique
Vendeur		**Inflation contenue***

➪ Un marché est acheteur lorsqu'il comprend au moins un vendeur rationné.

➪ Un marché est vendeur lorsqu'il comprend au moins un acheteur rationné.

☞ Bibliographie

● DARES (1997), *La politique de l'emploi*, coll. Repères, La Découverte.

GAMBIER D. et VERNIERES M. (1998), *L'emploi en France*, coll. Repères, La Découverte.

GAUTIE J. (1998), *Coût du travail et emploi*, coll. Repères, La Découverte.

HOANG NGOC L. (2000), *Les politiques de l'emploi*, coll. Points, Seuil.

IRES (2000), *Les marchés du travail en Europe*, coll. Repères, La Découverte.

TCHIBOZO G. (1998), *Économie du travail*, coll. Topos, Dunod.

○ CAHUC P. et ZYLBERBERG A. (1996), *Économie du travail*, De Boeck.

GAZIER B. (1991), *Économie du travail et de l'emploi*, coll. Précis, Dalloz.

LECLERCQ E. (1999), *Les théories du marché du travail*, coll. Points, Seuil.

REYNAUD B. (1994), *Les théories du salaire*, coll. Repères, La Découverte.

MARCHÉ EFFICIENT

On dit qu'un **marché*** est efficient lorsque le **prix*** s'y forme sur la base de l'ensemble de l'information disponible. On distingue :

– l'efficience faible lorsque le prix à la période t se fonde sur l'information contenue dans les prix des périodes précédentes;

– l'efficience semi-forte lorsque toutes les informations disponibles sur les fondamentaux de l'économie sont prises en compte;

– l'efficience forte lorsque toutes les informations, y compris les informations confidentielles, sont prise en compte dans la formation du prix.

☞ Concepts et corrélats

➤ Marché et prix ➤ Monnaie ➤ Finances internationales

MARCHÉS ET PRIX

• *Le marché : définitions et diversité*

L'économie de marché comme objet d'étude

Selon P. Samuelson (prix Nobel 1970), quel que soit le mode d'organisation d'une économie nationale, toute société doit nécessairement répondre aux trois problèmes économiques fondamentaux suivants :

1. Que produire ? (quels types de **biens*** et **services***, en quelle quantité ?).

2. Comment produire ? (quelle techniques utiliser, quelle combinaison des **facteurs de Production*** ?).

3. Pour qui produire ? (quelles modalités de distribution de la Production ?).

Ces trois questions économiques fondamentales ont trouvé deux types de réponses principales à travers l'histoire :

Dans certains cas, c'est l'État qui prend la plupart des décisions économiques importantes, on parle alors **d'économie planifiée***. La propriété des moyens de production (terre et **capital***) est détenue par les pouvoirs publics. Ceux-ci gèrent également les opérations des entreprises dans la plupart des industries. Enfin, ce sont eux qui décident de la façon dont la production de la société doit être répartie entre différents biens et services.

Une autre façon de répondre à ces trois questions fondamentales est le marché. Ce sont dans ce cas les individus ou les groupements d'individus (entreprises, associations de consommateurs…) qui prennent les décisions concernant la production et la consommation. On parle alors **d'économie de marché***.

➪ Bien évidemment, aucune des sociétés contemporaines n'entre dans l'un ou l'autre de ces cas polaires. Toutes les sociétés peuvent se regrouper autour du terme « d'économie mixte ». Il y a ensuite une variation en termes de degré dans leur mode de gestion entre les mécanismes de marché et la planification.

La plupart des théories économiques (y compris la **théorie marxiste***) se sont consacrées à la compréhension du fonctionnement des sociétés à économie de marché.

Définition du marché

Au sens économique, le marché représente le lieu, souvent abstrait, où se confrontent une offre et une demande pour aboutir à des échanges (achats et ventes) caractérisés par des prix de marché. Il existe un marché pour chaque type de bien et chaque marché donne lieu à l'émergence d'un prix.

Dans la **théorie néoclassique***, le marché est une institution efficiente dans l'allocation des ressources.

F. Perroux (1903-1987), pour sa part, lie le marché à l'entreprise : *« L'entreprise et le marché sont réciproquement liés. Pas d'entreprise sans marché. Pas de marché sans entreprise. Le marché est constitué par plusieurs centres d'intérêt économique distincts reliés entre eux par un réseau d'échanges ».*

Les différents types de marché

Le critère le plus fréquemment utilisé pour dresser une typologie des marchés est le nombre des offreurs et demandeurs. En fonction de ce critère, le tableau de Stackelberg distingue neuf types de marchés.

OFFRE (vendeur) / *DEMANDE* **(acheteur)**	**un (mono)**	**quelques (oligo)**	**grand nombre (poly)**
un (mono)	*monopole bilatéral*	*monopsone contrarié*	*monopsone*
quelques (oligo)	*monopole contrarié*	*oligopole bilatéral*	*oligopsone*
grand nombre (poly)	*monopole*	*oligopole*	*concurrence*

Dans la théorie économique néoclassique, l'attention a d'abord porté sur deux cas types : la **concurrence pure et parfaite*** et le **monopole pur***.

• *L'équilibre sur un marché de concurrence pure et parfaite*

Le modèle de **concurrence pure et parfaite***, reformulé par K. Arrow et G. Debreu en 1954, est au cœur de la **microéconomie*** et sert toujours de référence.

Les caractéristiques essentielles du modèle de concurrence pure et parfaite

Le mécanisme de tâtonnement walrasien

Dans le modèle de la concurrence parfaite, les prix sont d'abord « donnés » ou « criés » : chaque bien a ainsi un prix unique, connu de tous, sur la base duquel sont établies les quantités offertes et demandées individuelles. On suppose que les **consommateurs*** et **producteurs*** sont des « **preneurs de prix*** » (*price takers*). Les prix sont « affichés » par quelqu'un qui n'est pas partie prenante dans l'économie envisagée et dont les propositions de prix sont acceptées par tous. Par analogie à ce qui se passe dans les bourses de valeurs, l'habitude a été prise d'appeler **commissaire-priseur*** ce personnage.

Pour des prix affichés, les individus déterminent leurs quantités offertes et demandées, en cherchant à maximiser leur satisfaction (**utilité***) ou leur **profit***. Pour que le problème de concordance des offres et des demandes bilatérales ne se pose pas, ce modèle suppose que les offres et les demandes individuelles sont regroupées puis confrontées globalement.

Le commissaire-priseur centralise les offres et les demandes établies sur la base de ces prix : il met en œuvre un processus de **tâtonnement walrasien***.

Agents et comportements sur un marché de concurrence pure et parfaite

Deux agents occupent une place centrale en concurrence parfaite (le commissaire-priseur étant considéré « hors-modèle ») : le **consommateur*** et le **producteur***. Le consommateur ou « ménage » est caractérisé par deux paramètres (donnés *a priori*) :

– une relation de préférence à laquelle il est généralement associé une **fonction d'utilité***, qui représente ses goûts;

– une « dotation initiale » en biens, en droits de propriété et en temps disponible, qui forme ses ressources.

Les valeurs prises par ces paramètres varient d'un ménage à l'autre, et c'est cette diversité qui est à l'origine des échanges entre agents. Le consommateur cherche à maximiser son utilité.

Le second agent pris en considération est le **producteur** * (qui est en fait **l'entreprise***), caractérisé par une **fonction de production*** et dont l'objectif est maximiser son profit.

Le modèle de concurrence pure et parfaite suppose de surcroît :

– une hypothèse sur le comportement des agents que l'on peut qualifier de « naïfs » ou de « myopes ». Chaque agent prend ses décisions en se fondant sur le seul « signal » des prix affichés, sans se préoccuper des éventuelles contraintes en quantité, ou des résultats de son action ;

– il est supposé exister un **système complet de marchés*** (absence d'incertitude) ;

– la fonction de production exclut les situations où les **rendements d'échelle*** sont croissants.

Les principaux résultats du modèle de concurrence pure et parfaite

L'existence d'un équilibre général

K. Arrow (prix Nobel 1972) et G. Debreu (prix Nobel 1983) ont montré qu'un système de prix d'équilibre existe à condition que les offres et les demandes soient continues et bornées, pour tous les prix envisageables. Cela suppose :

– une continuité de la fonction d'offre, (et donc de la demande d'inputs), l'absence de coûts fixes* ;

– en ce qui concerne les ménages, une préférence pour les mélanges (convexité des préférences*) et une dotation initiale en ressources lui permettant de survivre sans faire d'échange.

Sous ces hypothèses, auxquelles s'ajoutent celles de la concurrence parfaite, il existe au moins un ensemble de prix (un prix par bien) tel qu'il y a égalité entre les offres et les demandes, considérées dans leur ensemble, et pour chaque bien.

Arrow et Debreu appellent quantités d'équilibres associées aux prix d'équilibres, les offres et les demandes individuelles égales pour un système de prix donné.

Propriétés de l'équilibre général

Deux théorèmes concernant l'équilibre général montrent que, sous certaines conditions, il existe une relation étroite entre équilibre concurrentiel et **optimum de Pareto***.

– le premier théorème démontre que tout équilibre concurrentiel est un optimum de Pareto. En effet, au prix d'équilibre, chacun maximise son utilité (sous sa contrainte de revenu), il n'est donc pas possible de « faire mieux » pour au moins un individu sans restreindre le choix d'au moins un autre ;

– le deuxième théorème est la réciproque du premier puisqu'il montre qu'à tout optimum de Pareto peut être associé un système de prix correspondant à un équilibre concurrentiel, tout au moins si les consommateurs « aiment les mélanges » et qu'il n'y a ni coûts fixes ni rendements croissants. Il résulte de ce théorème que si un état réalisable n'est pas un équilibre concurrentiel, alors il n'est pas optimal selon le critère de Pareto (à condition qu'il n'y ait pas de coûts fixes, etc.).

L'instabilité de l'équilibre général

Le théorème de Sonnenschein* énonce que la stabilité de l'équilibre (sa convergence vers un équilibre), semble être l'exception plutôt que la règle.

• *La concurrence imparfaite*

L'analyse de la **concurrence imparfaite*** a été initiée par les travaux de E.H. Chamberlain et J. Robinson dans les années 1930.

Monopole et monopsone

Les situations de marché présentées ici ont une caractéristique commune : à la différence du marché de concurrence pure et parfaite, le prix de la marchandise considérée n'est plus une donnée pour l'entreprise, mais dépend de l'action de celle-ci.

Le monopole

Par définition, l'entreprise en situation de **monopole*** fournit la totalité de la production de la branche considérée.

Le cas du monopole permet de comprendre un certain nombre de situations concrètes :

– un groupe de producteurs peut être amené à s'entendre et à agir collectivement comme un monopoleur ;

– les agents peuvent privilégier une aire géographique ;

– les situations d'innovation procurent un monopole temporaire ;

– la marque des produits peut conférer un monopole auprès d'une clientèle fidélisée.

Trois autres objectifs que celui de la **maximisation du profit*** peuvent être envisagés :

– la maximisation du chiffre d'affaires ;

– la gestion à l'équilibre (profit global nul) peut être envisagée par un producteur soucieux d'accroître sa production pour se prémunir de l'arrivée de concurrents éventuels, mais désireux en même temps d'éviter d'encourir des pertes ;

– la tarification au **coût marginal*** est une modalité fréquemment retenue lorsque le **monopole naturel***est géré par la puissance publique.

Le monopsone

Pour illustrer la situation de **monopsone***, on peut envisager le cas où une firme est la seule à acheter la matière première agricole ou industrielle (café, cacao, caoutchouc) produite dans la région considérée. Cette situation conduit à des prix et à des quantités échangées plus faible que ceux qui apparaîtraient en situation de concurrence.

Le monopole bilatéral

Dans le cas du **monopole bilatéral***, deux grands types de configurations sont envisageables :

– l'un des participants est plus puissant que l'autre et le force à accepter ses conditions ; suivant le cas, le marché sera alors dominé par le monopoleur ou le monopsoneur ; l'avantage peut d'ailleurs passer d'un camp à l'autre ;

– l'acheteur et le vendeur s'entendent pour fixer un prix et une quantité ; à la limite les deux entreprises rivales procèdent à une intégration verticale et c'est sur le partage du profit global que la discussion portera.

La concurrence monopolistique

Une situation de **concurrence monopolistique*** présente des éléments qui l'apparentent aux deux formes de marché les plus opposées, la concurrence d'une part, le monopole d'autre part. L'hétérogénéité du produit est au centre de l'analyse et, dans bien des cas cette hétérogénéité ne découle pas des qualités intrinsèques du produit ; en dehors des différences de localisation, les différences de présentation, de marques (et de sous-marques), les conditions de crédit, les services après-vente (réseau de concessionnaires ou « contrat de confiance ») visent à segmenter le marché, à « fidéliser » la clientèle, à éviter que celle-ci n'abandonne le vendeur à la moindre différence de prix. La « concurrence par les produits » revêt une importance croissante dans les économies contemporaines où l'entreprise détermine les caractéristiques du produit et le budget de publicité.

Duopole et oligopole

Les modèles théoriques élaborés par A. Cournot (1801-1877), puis par J. Bertrand, F. Edgeworth, H. von Stackelberg (1905-1946) ont un fondement commun : ils introduisent en effet l'idée de « fonction de réaction » ; il s'agit d'exprimer comment une entreprise donnée réagit aux décisions de ses rivales ; quelle est la production (ou le prix) décidée par l'entreprise A pour tel niveau de production (de prix) de B ?

Mais que va-t-on privilégier comme variable de décision ? Le prix ou la quantité produite ? Dans le cas du duopole, la manipulation des prix est certes possible, mais l'analyse de Bertrand (1883) montre qu'elle risque de déboucher sur une guerre des prix dont l'issue est incertaine ; en effet il est toujours possible à l'un des deux protagonistes (A) d'attirer une partie de la clientèle de son concurrent (B) en baissant le prix de vente du produit : à ce moment-là, B risque de réagir par une baisse de prix plus forte pour rétablir sa position et reconquérir sa part de marché. La guerre des prix, si elle se poursuit, peut donc conduire à la disparition de l'un des concurrents, et donc au monopole, lorsque le prix tombe au-dessous du coût de production et que les réserves financières de l'un des concurrents ne lui permettent plus de poursuivre le combat.

La guerre des prix n'aura donc lieu que dans des cas très particuliers ; on comprend que les concurrents préfèrent avoir recours soit à la concurrence par les produits soit, à un ajustement par les quantités ; un même prix étant respecté par les duopoleurs, la variable stratégique redevient la quantité. Comment alors va se faire le partage du marché ?

Selon les types de comportements retenus, on verra apparaître des types d'équilibre et de partage du marché bien différents.

Si les deux concurrents veulent dominer (hypothèse de Bowley), il n'y a pas d'équilibre possible et on est conduit à un affrontement à partir de ce comportement dit de double maîtrise.

Par contre si l'un des deux concurrents acceptent la position de dépendance, de satellite, on a une situation d'équilibre stable (c'est l'hypothèse faite par Stackelberg à propos du duopole asymétrique).

Enfin, dans le cas où les deux monopoleurs sont d'humeur pacifique, un ajustement progressif conduit à un partage stable du marché (hypothèse de Cournot).

En général, la **théorie des jeux*** démontre le caractère sous-optimal des stratégies de rivalité : le dilemme du prisonnier.

Typologie des modèles de duopole

Tableau récapitulatif des différentes situations de duopole

		Producteur B	
		Comportement de dépendance	Comportement de maîtrise
Producteur A	Comportement de dépendance	Duopole de Cournot* (double dépendance)	Duopole de Stackelberg* (duopole asymétrique)
	Comportement de maîtrise	Duopole de Stackelberg*(duopole asymétrique)	Pas d'équilibre possible (duopole de Bowley*)

La notion de marché disputable (contestable)

La notion de **marché contestable*** apparaît comme une généralisation de la notion de marché de concurrence pure et parfaite. Dans les deux cas, l'entrée et la sortie sont libres, mais dans l'hypothèse de « marché disputable », il n'est nullement nécessaire qu'il y ait un grand nombre de firmes, ni qu'elles soient de dimension négligeable par rapport au marché.

La présence de coûts fixes importants, qui sont le plus souvent la source des économies d'échelle dans la production, était traditionnellement considérée comme la principale barrière à l'entrée technologique. La théorie des marchés disputables introduit la distinction entre « coûts fixes recouvrables » et « coûts fixes irréversibles ».

Les coûts fixes recouvrables font partie des coûts d'entrée qu'un concurrent peut récupérer à la sortie de l'industrie, du moins après avoir soustrait le coût d'usage des équipements employés ; de ce fait, ils ne constituent pas une barrière d'entrée technologique. Seuls les coûts fixes irréversibles constituent un obstacle à la concurrentielle car leur non-recouvrement en cas de sortie de l'activité limite les possibilités d'une entrée temporaire rentable.

Dans ces conditions, le rôle des pouvoirs publics serait simplement d'assurer les conditions de libre entrée et surtout de libre sortie, c'est-à-dire permettre que le marché soit contestable. Va dans le bon sens toute politique qui d'une part déréglemente l'entrée et d'autre part réduit les coûts fixes irréversibles.

☞ Concepts et corrélats

➤ Épistémologie économique ➤ État ➢ Économie du bien-être ➢ Coûts de transaction ➢ École autrichienne ➢ Équilibre de monopole ➢ Duopole de Cournot ➢ Duopole de Bowley ➢ Duopole de Stackelberg ➢ Théorie des marchés contestables ➢ Monopole naturel

☞ Bibliographie

● GABZEWICZ E. (1995), *La concurrence imparfaite*, coll. Repères, La Découverte.

GUERRIEN B. (1995), La microéconomie, coll. Points, Seuil.

GUERRIEN B. (1989), *La théorie néoclassique*, coll. Repères, La Découverte.

GUERRIEN B. (1995), *La théorie des jeux*, Economica.

TEULON F. (1995), *Introduction à la microéconomie*, coll. Major, PUF.

ROTILLON G. (1992), *Introduction à la nouvelle microéconomie*, coll. Repères, La Découverte.

○ MONTOUSSE M. (2000), *Microéconomie*, Bréal.

MARCHÉ FINANCIER

Le marché financier est le marché sur lequel se traitent des opérations à long terme portant sur des **actions*** ou sur des titres de créance. La **Bourse des valeurs*** est une composante essentielle du marché financier.

➪ Ne pas confondre avec **marché monétaire*** qui est le marché des capitaux à court terme.

☞ Concepts et corrélats

➤ Monnaie ➢ Marché des capitaux

MARCHÉ INTERBANCAIRE

Le marché interbancaire est un compartiment du **marché monétaire*** dont l'accès est réservé aux **banques*** et à certaines **institutions financières***. Ce marché permet à certaines banques de se procurer les **liquidités*** qui leur sont nécessaires et à d'autres de placer à court terme leurs excédents de liquidités. La Banque de France intervient sur ce marché dans le cadre de la **politique monétaire*** définie par la **Banque centrale européenne***. Les **accords de pension*** à 24 heures sont les opérations caractéristiques du marché interbancaire.

➪ En France, le marché interbancaire, créé en 1985, correspond à ce que l'on appelait avant cette date le « marché monétaire ».

☞ Concepts et corrélats

➤ Monnaie ➢ EONIA ➢ Taux du marché au jour le jour ➢ Refinancement ➢ Marché des capitaux

MARCHÉ INTERNE DU TRAVAIL

La distinction entre marché interne et marché externe du travail relève de la théorie de la **segmentation du marché du travail*** (P. Doeringer et M. Piore).

Le marché interne désigne les mécanismes d'allocation de la main-d'œuvre internes aux **entreprises***. Ils définissent l'ensemble des postes, des affectations et des rémunérations, et les règles de mouvement des travailleurs au sein de cet ensemble.

Ces marchés sont des filières d'utilisation et de promotion de la main-d'œuvre, largement déconnectées des confrontations entre offreurs et demandeurs sur le marché externe. Le marché du travail interne à la firme ne s'ajuste pas par les **taux de salaires*** : ceux-ci deviennent une des composantes de la grille des positions possibles au sein de l'entreprise.

➩ Même déconnecté des confrontations permanentes du marché externe du travail, le marché interne implique des mouvements d'entrée et de sortie : des salariés sont recrutés, certains changent d'entreprise ou partent à la retraite…

Cependant, certains niveaux, certains postes, sont totalement à l'abri des arrivées extérieures et présupposent, pour être atteints, la montée progressive d'échelons au sein de l'entreprise. Des postes peuvent être atteints soit de l'intérieur, soit de l'extérieur, et d'autres enfin sont réservés aux seuls recrutements externes.

☞ Concepts et corrélats

➤ Marché du travail

MARCHÉ MONÉTAIRE

Le marché monétaire est le marché de l'argent à court terme. Depuis 1985 en France, ce **marché*** est ouvert à tous les agents économiques sous réserve qu'ils offrent un certain nombre de garanties. Les opérations portent notamment sur les bons du Trésor, les **certificats de dépôts***, les **billets de trésorerie***, etc.

➩ Le **marché interbancaire*** est un sous-ensemble du marché monétaire.

➩ En France, avant 1985, le marché monétaire était le marché de la monnaie Banque centrale, il était réservé aux banques et à quelques entreprises non bancaires. Désormais, le marché monétaire est le marché de l'argent à court terme ouvert à tous les agents.

☞ Concepts et corrélats

➤ Monnaie ➤ Marché des capitaux

MARCHÉ PRIMAIRE

La **théorie de la segmentation du marché du travail*** (ou du dualisme) introduit une distinction entre un marché primaire (à l'alimentation et au fonctionnement spécifiques, dominé par les firmes qui entretiennent des pratiques d'attachement durable de leurs salariés) et un **marché secondaire***. Il y aurait donc une coupure radicale entre deux univers : le marché primaire et le marché secondaire ne correspondent ni aux mêmes emplois, ni aux mêmes agents économiques, ni aux mêmes mécanismes de fonctionnement.

Les «emplois primaires» sont ainsi caractérisés par :

– un niveau de salaire plutôt élevé ;

– des garanties de carrière et des perspectives de promotion ;

– un niveau élevé des qualifications moyennes ;

– une bonne qualité des conditions de travail.

On constate par ailleurs, pour les travailleurs qui peuvent prétendre à un emploi primaire :

– une certaine ancienneté de leur présence sur le marché du travail ;

– un niveau moyen de formation élevé ;

– un taux de syndicalisation important ;

– une assez grande stabilité de leurs comportements et de leurs aspirations.

➩ Il existe bien sûr une bonne adéquation entre le type d'emplois offerts par le marché primaire et le type de travailleurs qui accède à ce marché ; en effet, une main-d'œuvre ancienne et syndiquée bénéficie d'une bonne intégration sur des marchés primaires, et la perspective de promotions et de meilleurs niveaux de salaires renforcent la stabilité des projets professionnels.

➩ Il ne faut pas confondre **marchés internes*** et marchés primaires ; les marchés primaires s'organisent autour des marchés internes et les alimentent.

➩ Ne pas confondre avec marché primaire au sens de marché financier.

☞ Concepts et corrélats

➤ Marché du travail

MARCHÉ SECONDAIRE

Dans la **théorie de la segmentation du marché du travail***, le marché secondaire, par opposition au **marché primaire***, est un marché sur lequel les confrontations entre offre et demande sont permanentes, généralisées et concurrentielles.

Sur ce marché, les emplois ont des caractéristiques moins favorables que ceux proposés sur le marché primaire :

– niveau des salaires moins élevé ;

– peu de garantie de carrière ni de perspective de promotion (plus de précarité) ;

– mauvaises conditions de travail.

De la même façon, les «travailleurs secondaires» sont généralement plus jeunes, peu formés et peu qualifiés, peu syndiqués et sans véritable projet professionnel stable.

➪ Là encore, comme dans le cas du marché primaire, il existe une correspondance et une complémentarité entre le type d'emplois proposés sur le marché secondaire et la main-d'œuvre occupant ces emplois : la main-d'œuvre secondaire, exclue des filières primaires, faiblement formée et syndiquée, sans perspective de promotion, développe des comportements moins stables : cercles vicieux dont sont victimes des groupes tels que les immigrés récents ou encore les femmes et les jeunes travailleurs peu qualifiés.

☞ Concepts et corrélats

➤ Marché du travail

MARCHÉ UNIQUE EUROPÉEN

Le marché unique européen institué par l'**Acte unique européen*** signé en 1986, fixe la création d'un véritable **marché commun*** (Grand marché) au 1er janvier 1993. Il ne s'agit que de la poursuite d'un objectif prévu dès 1957, dans le **traité de Rome***.

☞ Concepts et corrélats

➤ Intégration économique ➢ Union économique et monétaire ➢ Union européenne

MARCHÉISATION DES CHANGES

On parle de marchéisation des changes pour désigner le fait que les cours des **devises*** (et plus généralement les opérations financières internationales) découlent de plus en plus des mécanismes de marché alors que l'intervention discrétionnaire des **banques centrales*** (ou d'autres **autorités monétaires*** et financières) ne jouent plus qu'un rôle secondaire.

☞ Concepts et corrélats

➤ Finances internationales ➢ Marché ➢ Marché des changes ➢ Règle des trois D

MARCHÉS DÉRIVÉS

Les marchés dérivés sont des **marchés*** où s'échangent des **produits dérivés***. Ces marchés sont généralement des marchés organisés, mais il existe aussi des opérations de gré à gré sur produits dérivés.

➪ Les marchés dérivés peuvent être utilisés dans le cadre de trois types de stratégies : la **couverture*** de risque, la **spéculation** et l'**arbitrage**.

☞ Concepts et corrélats

➤ Monnaie ➤ Finances internationales
➢ Marché à terme international de France
➢ Marché des options négociables de Paris
➢ Produits dérivés

MARGE BRUTE D'AUTOFINANCEMENT

(*CASH FLOW* en anglais)

La marge brute d'autofinancement se compose, pour une **entreprise***, du **bénéfice*** net avant impôt, des **amortissements*** et de certaines provisions.

Elle permet d'apprécier les ressources disponibles pour le financement de l'**investissement*** et dans une certaine mesure la **rentabilité*** de la **société***.

Dans la Comptabilité nationale, la marge brute d'autofinancement est constituée par les amortissements et provisions et le résultat net après impôt dégagé par l'**entreprise*** au cours de l'exercice comptable. C'est un indicateur des marges disponibles pour l'**autofinancement*** avant une éventuelle distribution de bénéfices (synonyme de *cash flow).*

➪ Ne pas confondre avec la **capacité d'autofinancement*** qui se situe après la distribution des **dividendes***.

☞ Concepts et corrélats

➤ Comptabilité nationale ➤ Épargne
➤ Entreprise ➤ Investissement ➢ Autofinancement ➢ Taux d'autofinancement
➢ Bilan

MARGES DE FLUCTUATIONS

Dans un système de **changes fixes***, les marges de fluctuations sont définies par le pourcentage maximal de variation du **cours du change* d'une devise*** de part et d'autre de sa **parité***.

☞ **Concepts et corrélats**

➤ Finances internationales ➢ Bretton Woods ➢ Système monétaire européen

MATRICE DISCIPLINAIRE

Selon Th. Kuhn (1922-1996), une matrice disciplinaire est un ensemble de croyances (conception du monde), de règles méthodologiques, de **paradigmes*** qui sont communs aux chercheurs d'une discipline donnée au cours d'une période de **science normale***.

➪ Ce concept est donc plus large que celui de paradigme.

☞ **Concepts et corrélats**

➤ Épistémologie économique

MAXIMISATION DU PROFIT (EN CONCURRENCE PURE ET PARFAITE)

En **microéconomie***, l'objectif du **producteur*** est la maximisation de son profit. Il est atteint pour une quantité produite telle que le **coût marginal*** (Cm) est égal au **prix de marché***.

En effet, la fonction de profit [$\pi(Q)$] est égale à la différence entre la **recette totale*** ($P \times Q$) et le **coût total*** [$C_T(Q)$] :

$$\pi(Q) = P \times Q - C_T(Q)$$

$$= Q\left(P - \frac{C_T(Q)}{Q}\right) = Q(P - C_M(Q))$$

La valeur du profit dépend donc de l'écart entre le prix de marché et la valeur du **coût moyen***.

La fonction de profit est maximale lorsque sa dérivée première s'annule (la dérivée seconde étant négative).

$$\pi'(Q) = P - C'_T(Q) = 0$$

$$\Leftrightarrow P = C'_T(Q) = C_m$$

Ainsi, pour maximiser son profit, le producteur doit vendre une quantité telle que le coût marginal est égal au prix de marché : $C_m = P$, et donc telle que le coût marginal est égal à la **recette marginale***: $C_m = R_m$

➪ La condition de second ordre exige que : $\pi''(Q) = - C''(Q) < 0$

soit $C''(Q) > 0$

L'équilibre doit donc se situer dans la partie croissante de la fonction de coût marginal.

Lecture graphique du profit maximum :

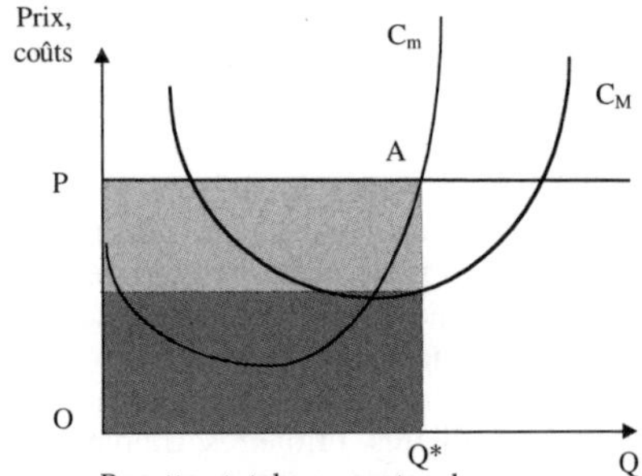

Recette totale : rectangle OPAQ*

☞ **Concepts et corrélats**

➤ Marchés et prix ➢ Fonction de coût ➢ Recette moyenne ➢ Courbe d'offre ➢ Équilibre du producteur ➢ Équilibre de monopole

MÉDIANE

La médiane M_e d'une série statistique est la valeur du **caractère statistique*** telle que 50 % de la population étudiée a une modalité inférieure ou égale à M_e et 50 % de la population étudiée a une modalité supérieure ou égale à M_e.

➪ La médiane est donc le deuxième **quartile***.

Caractère quantitatif discret

n impair : la médiane est déterminée.

Exemple : la série statistique {2, 3, 5, 7, 9} admet pour médiane $M_e = 5$.

n pair : la médiane n'est pas toujours déterminée.

Exemple : la série statistique {2, 3, 3, 4} admet pour médiane $M_e = 3$.

La série statistique {2, 3, 4, 5} n'admet pas de médiane, mais un intervalle médian]3, 4[.

Caractère quantitatif continu

Détermination de la médiane par le calcul :

Pour obtenir la médiane, on calcule les fréquences cumulées croissantes, et on repère la première classe dont la fréquence cumulée est supérieure à 50 %. En admettant que la répartition est uniforme à l'intérieur de cette classe, on cherche ensuite la valeur M_e du caractère correspondant exactement à une fréquence cumulée de 50 %.

Exemple : soit la répartition fictive des actifs de moins de 60 ans dans un pays donné.

x_i (classe d'âge)	n_i (effectif: nombre d'actifs)	f_i (fré-quence)	f.c.c. (fré-quence cumulées croissan-tes)
[15,25[	1250	0,25	0,25
[25,40[	850	0,17	0,42
[40,50[	1455	0,291	0,711
[50,60[	1445	0,289	1
Total (n)	5000	1	

La classe médiane est donc, dans cet exemple, la classe [40,50[. La valeur exacte de la médiane se calcule par **interpolation linéaire**. Ici, elle est égale à 42,75.

On dit alors : 50 % des actifs de moins de 60 ans dans le pays concerné ont un âge inférieur ou égal à 42,75 ans. 50 % ont un âge supérieur ou égal à 42,75 ans.

Détermination graphique de la médiane :

La médiane est l'abscisse du point d'intersection des polygones des fréquences cumulées croissantes et des fréquences cumulées décroissantes.

☞ Concepts et corrélats

➤ Fréquence cumulée ➢ Polygone des fréquences cumulées

MÉNAGE

Le ménage une unité institutionnelle de la **Comptabilité nationale*** qui regroupe l'ensemble des occupants d'une résidence principale, qu'ils aient ou non des liens de parenté. Un ménage peut ne comprendre qu'une seule personne.

Les personnes faisant partie de communautés (foyers de travailleurs, maisons de retraite, résidences universitaires, maisons de détention, etc.) et les personnes vivant dans des habitations mobiles (nomades, mariniers, etc.) font partie de ménages collectifs.

➩ Ne pas confondre avec une famille qui repose sur des liens de parenté.

☞ Concepts et corrélats

➤ Comptabilité nationale ➤ Consommation ➢ Entreprise individuelle

MERCANTILISME

Le mercantilisme est un courant de l'analyse économique dont les auteurs marquants publient entre le 16e et le 18e siècle. Il ne s'agit donc pas vraiment d'une école et les positions défendues par ces auteurs sont assez diverses. Cependant, ils ont en commun de considérer que la prospérité du Prince ou de la Nation dépend de ses échanges (*mercanti* : marchands en italien) et de l'effectif de sa population. Ils prônent aussi le **protectionnisme***, ce qui leur vaudra de vives critiques de la part des libéraux.

On peut distinguer plusieurs mercantilismes, qui (le plus souvent) ont théorisé des **politiques économiques*** menées par les grandes puissances économiques de l'époque :

❍ Le bullionisme (de *bullion* : lingot d'or) préconise l'enrichissement par les métaux précieux. Cette **doctrine économique*** conforte la politique de l'Espagne du 16e siècle qui pille ses colonies et importe l'or et l'argent en métropole. Les bullionistes confondent la richesse monétaire avec la richesse réelle. Or, l'accumulation de métaux précieux a conduit à une hausse des prix qui a ruiné l'agriculture et l'industrie espagnoles : les autres économies européennes ont développé leur production pour exporter vers l'Espagne.

❍ L'industrialisme français avance que la seule véritable richesse est celle qui provient du travail (de « l'industrie ») des sujets du monarque. Certains de ses représentants ont été les précurseurs de l'interventionnisme étatique à l'abri de barrières protectionnistes, c'est le cas de J.-B. Colbert (1619-1683) et A. de Montchrestien (1575-1621). Les mercantilistes français ont aussi alimenté le débat sur les questions monétaires avec J. Bodin (1529-1596).

❍ Le mercantilisme anglais marqué par les travaux de T. Mun (1571-1641) ou de J. Locke (1632-1704) qui montrent l'importance des échanges extérieurs et en particulier du commerce maritime. Les Actes de Navigation édictés par

O. Cromwell s'inspirent de ces analyses. Ils stipulent que tout navire entrant ou sortant d'un port anglais doit battre pavillon anglais (ou celui du pays d'origine ou de destination du produit). Cette réglementation a fortement stimulé la puissance maritime et commerciale britannique.

❍ Le caméralisme allemand est une version du mercantilisme qui met l'accent sur l'intervention du Prince dans la vie économique (de *camera* : chambre d'enregistrement des décisions du Prince). Cette tradition allemande favorable à l'État se retrouvera dans l'**École historique allemande*** et dans le **socialisme de la chaire***.

➪ À la fin de la *Théorie générale de l'emploi, de l'intérêt et de la monnaie* (1936), J.-M. Keynes se livre à une réhabilitation partielle de la tradition mercantiliste.

☞ Concepts et corrélats

➤ Commerce international

MÉSOÉCONOMIE

L'analyse mésoéconomique se donne pour objectif l'étude d'un niveau de la réalité économique intermédiaire entre la **microéconomie*** et la **macroéconomie***.

Par exemple, une analyse conduite au niveau des **secteurs d'entreprises***, des **branches***, des **filières*** est une analyse mésoéconomique.

☞ Concepts et corrélats

➢ Économie industrielle

MÉTHODE EXPÉRIMENTALE

La méthode expérimentale consiste à soumettre une hypothèse, une loi ou une théorie à une épreuve de vérification ou de réfutation par confrontation aux faits dans des conditions contrôlées. La méthode expérimentale repose sur l'observation, sur l'investigation statistique ou sur la création de situations artificielles en laboratoire (expérimentation).

➪ Contrairement à une idée reçue tenace, la méthode expérimentale est parfaitement utilisable en sciences sociales (donc en sciences économiques).

☞ Concepts et corrélats

➤ Épistémologie économique
➢ Méthode inductive ➢ Méthode hypothético-déductive

MÉTHODE INDUCTIVE

La méthode inductive consiste à formuler des énoncés généraux (**lois***) à partir d'énoncés d'observation formulés sans grille théorique préalable.

☞ Concepts et corrélats

➤ Épistémologie économique
➢ Induction ➢ Inductivisme ➢ Méthode hypothético-déductive ➢ Empirisme
➢ Positivisme

MÉTHODE HYPOTHÉTICO-DÉDUCTIVE

La méthode hypothético-déductive consiste à formuler des **postulats***, à en déduire des énoncés d'observation et à soumettre ces énoncés d'observation à des épreuves de **réfutation*** (confrontation au réel).

➪ La **méthode expérimentale*** est donc une composante de la méthode hypothético-déductive. Ces deux méthodes s'opposent à la **méthode inductive*** qui repose sur des expérimentations ou des observations sans **théorie*** préalable.

☞ Concepts et corrélats

➤ Épistémologie économique
➢ Méthode inductive ➢ Méthodologie

MÉTHODOLOGIE

Au sens strict, la méthodologie est l'étude des méthodes (démarches, techniques, procédés) qu'utilisent les scientifiques pour produire des connaissances. Dans le langage courant, le terme méthodologie est souvent utilisé à la place du terme méthode. On parlera par exemple de la méthodologie de la recherche au lieu de méthode de la recherche.

➪ Le terme méthodologie est plus souvent utilisé pour désigner la méthode propre à une discipline particulière. On distinguera par exemple la méthodologie économique de la méthode scientifique.

☞ Concepts et corrélats

➤ Épistémologie économique

MICROÉCONOMIE

La microéconomie est une approche économique qui se réfère à **l'individualisme méthodologique***. Elle vise à rendre compte du fonctionnement global de l'économie à partir de l'étude du comportement individuel d'agents (**producteurs*** et **consommateurs***) ayant des comportements optimisateurs.

L'approche microéconomique ne se limite donc pas à l'étude des comportements individuels, elle analyse l'interaction entre les agents en termes **d'équilibre partiel*** ou **d'équilibre général***.

L'analyse microéconomique a connu un développement important dans le cadre de l'approche walrasienne (équilibre général en **concurrence pure et parfaite***) mais l'analyse microéconomique est aussi développée en **concurrence imparfaite***.

☞ Concepts et corrélats

➤ Marchés et prix ➢ Théorie néo-classique ➢ Nouvelle microéconomie ➢ Macroéconomie

MISE EN PENSION

➤ **Monnaie** ➢ **Accord de pension**

MOBILITÉ DES FACTEURS

➤ **Marchés et prix**➢ **Concurrence pure et parfaite**

MODE

En statistique descriptive, le mode se calcule différemment selon que le **caractère statistique*** est discret ou continu.

– Caractère quantitatif discret : on appelle mode (ou dominante) une valeur du caractère correspondant au plus grand effectif.

➩ Un mode n'est pas nécessairement unique. S'il y a deux modes par exemple, on parlera de distribution bi-modale.

– Caractère quantitatif continu :

Classe modale : on appelle classe modale, la classe correspondant au plus grand effectif corrigé (lorsque les amplitudes sont inégales).

Mode : le mode est la valeur du caractère, appartenant à la classe modale, définie de la façon suivante :

$$M_o = A + a \frac{\Delta n_1}{\Delta n_1 + \Delta n_2}$$

A : borne inférieure de la classe modale ;
a : amplitude de la classe modale
Δn_1 : écart entre l'effectif corrigé de la classe modale et l'effectif corrigé de la classe précédente
Δn_2 : écart entre l'effectif corrigé de la classe modale et l'effectif corrigé de la classe suivante.

MODE D'ACCUMULATION

➢ **Régime d'accumulation**

MODE DE PRODUCTION

Dans la **théorie marxiste***, un mode de production est un ensemble de relations entre une **infrastructure*** (un état donné des **forces productives*** et des **rapports de production***) et une **superstructure*** (juridique, culturelle, politique…). Le concept de mode de production a un caractère théorique (c'est un modèle ou un type idéal), les **formations économiques et sociales*** sont une combinaison de modes de production dont l'un est dominant.

La théorie marxiste distingue une série de modes de production qui se seraient succédé dans l'histoire.

➩ Ne pas confondre avec **mode de régulation***.

☞ Concepts et corrélats

➤ Théories économiques

MODE DE RÉGULATION

Dans la **théorie de la régulation***, un mode de régulation est l'articulation entre un **régime d'accumulation*** et des **formes institutionnelles***. Selon R. Boyer, un mode de régulation se définit comme « *un ensemble de procédures et de comportements individuels et collectifs qui a la triple propriété :*

– de reproduire les rapports sociaux fondamentaux à travers la conjonction de formes institutionnelles historiquement déter-minées ;

– de soutenir et piloter le régime d'accumulation en vigueur ;

– *d'assurer la compatibilité dynamique d'un ensemble de décisions décentralisées* ».

☞ **Concepts et corrélats**
➢ Régulation ➢ Mode de régulation concurrentiel ➢ Mode de régulation monopoliste

MODE DE RÉGULATION CONCURRENTIEL

Dans la **théorie de la régulation***, un mode de régulation concurrentiel se caractérise par :

– une accumulation principalement extensive ;

– un rapport salarial caractérisé par un contrat individuel de travail et la flexibilité à la baisse du **taux de salaire*** nominal ;

– une gestion de la **monnaie*** qui s'appuie sur la contrainte métallique, celle-ci jouant un rôle important dans la flexibilité des prix à la baisse ;

– un **État-gendarme*** qui intervient pour maintenir l'ordre (mais le poids des dépenses publiques reste faible) ;

– une faible interdépendance des économies : les échanges internationaux portent principalement sur les marchandises et le **protectionnisme*** est souvent de mise.

La **régulation** s'opère principalement par le marché et par le retour périodique de **crises économiques*** qui ne remettent pas en cause le **mode de régulation*** mais qui assurent la quasi-stabilité à long terme du niveau général des prix, l'élimination des unités de production les moins rentables et la restauration du **taux de profit*** moyen.

☞ **Concepts et corrélats**
➢ Mode de régulation monopoliste

MODE DE RÉGULATION MONOPOLISTE

Dans la **théorie de la régulation***, un mode de régulation monopoliste (ou fordiste) se caractérise par :

– une accumulation principalement intensive, reposant sur de forts **gains de productivité*** et une concentration du capital ;

– un **rapport salarial*** fordiste, fruit d'une institutionnalisation (**conventions collectives***, **protection sociale***) qui permet une croissance du **pouvoir d'achat*** ;

– une contrainte monétaire caractérisée par le développement de la **monnaie de crédit*** et le financement de l'économie par l'endettement ;

– l'intervention active de l'**État*** dans les domaines économiques et sociaux ;

– l'internationalisation de la production et l'interdépendance croissante des économies.

☞ **Concepts et corrélats**
➢ Mode de régulation concurrentiel

MODÈLE

Au sens le plus général, un modèle est une représentation simplifiée de la réalité. La construction d'un modèle suppose que l'on retienne (par abstraction) des éléments de la réalité et que l'on construise des relations qui mettent l'accent sur l'essentiel. Un modèle est donc nécessairement simplificateur ce qui importe, c'est sa portée **heuristique***.

➪ Un modèle repose toujours sur une **théorie*** préalable qui permet de privilégier tel aspect du réel, telle relation causale. Cette théorisation est provisoire et toujours susceptible de remise en cause après confrontation du modèle au réel.

☞ **Concepts et corrélats**
➤ Épistémologie économique ➢ Réalisme des hypothèses

MODÈLE DE LA TOILE D'ARAIGNÉE (COBWEB)

Le modèle de la toile d'araignée est un type spécifique de **cycle*** lié aux délais nécessaires à la **production*** pour répondre aux fluctuations de la **demande*** sur un **marché*** donné. Ce type de cycle est représentatif des fluctuations des produits agricoles pour lesquels il y a un décalage entre la décision de produire et le moment où la production sera disponible (cycles du porc, du café, du coton, etc.). Ce cycle repose sur une suite d'équilibres temporaires avec des ajustements par les prix. Il peut conduire à des oscillations explosives, amorties ou constantes selon l'**élasticité-prix*** de l'offre et de la demande (d'où le nom du modèle).

➪ Le modèle de la toile d'araignée repose sur des **anticipations*** statiques des producteurs (le prix observé au temps t est anticipé comme étant le même que celui de la période suivante).

☞ **Concepts et corrélats**

➤ Fluctuations et crises ➢ Cycle Kitchin ➢ Cycle Juglar ➢ Cycle Kondratief ➢ Cycles réels ➢ Équilibre partiel ➢ Grappes d'innovations ➢ Oscillateur

MODÈLE DE SOLOW

Le modèle de Solow (né en 1924, prix Nobel en 1987) est le modèle de croissance néoclassique qui a été élaboré (principalement par Solow) pour montrer la possibilité d'une croissance équilibrée (alors que le modèle keynésien – ou **modèle de Harrod-Domar***, considère la croissance équilibrée comme une situation exceptionnelle). La possibilité d'un régime permanent de croissance équilibrée est lié à une régulation qui s'établit à travers la variation du rapport capital/produit. Le modèle néoclassique repose sur les hypothèses habituelles (marché de concurrence, rémunération des facteurs à leur produit marginal, plein-emploi, etc.). C'est un modèle d'offre.

☞ **Concepts et corrélats**

➤ Croissance économique

MODÈLE HARROD-DOMAR

Le modèle Harrod-Domar est un modèle keynésien de croissance qui définit les conditions d'une croissance équilibrée se traduisant par l'égalité entre le **taux de croissance effectif***, g, le **taux de croissance garanti***, g_w et le **taux de croissance naturel***, g_n.

Dans le modèle Harrod-Domar, la croissance économique dépend de l'augmentation de l'investissement : « *une augmentation du revenu national n'est pas fonction de l'investissement, mais de l'augmentation de l'investissement. Si l'investissement d'aujourd'hui, aussi important qu'il soit, est juste égal à celui d'hier, le revenu national d'aujourd'hui sera juste égal et rien de plus à celui d'hier* » (E. D. Domar, né en 1914).

☞ **Concepts et corrélats**

➤ Croissance économique

MONÉTARISME

Le monétarisme, qui a été développé notamment par M. Friedman (prix Nobel 1976), est la version contemporaine de la **théorie quantitative de la monnaie***.

Le monétarisme considère que :

– l'**offre de monnaie*** est déterminée par les **autorités monétaires*** (offre de monnaie exogène) ;

– la **demande de monnaie*** est stable ;

– l'**inflation*** est toujours et partout un phénomène monétaire ;

– les **anticipations adaptatives*** des agents rendent inefficaces à long terme les politiques conjoncturelles ;

– il existe un **taux de chômage naturel*** qu'il est vain de vouloir réduire.

Pour les monétaristes, les autorités monétaires doivent renoncer à toute politique monétaire discrétionnaire et se contenter d'assurer une croissance à taux constant de la masse monétaire.

En matière de relations monétaires internationales, M. Friedman est un défenseur des **changes flottants***.

➪ Selon M. Friedman, la **monnaie*** est toute-puissante et la **politique monétaire*** est impuissante. Pour les monétaristes, la monnaie joue un rôle très important dans l'économie, c'est ce qui explique qu'elle produit de graves effets pervers en cas de manipulation discrétionnaire par les autorités monétaires. Par contre, la politique monétaire ne peut prétendre à une grande efficacité dans la mesure où les agents économiques ont des **anticipations adaptatives***.

➪ Le monétarisme est une composante du discours libéral, M. Friedman est un ardent défenseur du **capitalisme*** et de l'**économie de marché***, mais tous les libéraux ne sont pas monétaristes.

➪ On parle parfois d'un « monétarisme autrichien », cette formule est très discutable dans la mesure où L. von Mises (1881-1973) aussi bien que F. Hayek (1899-1992) se sont clairement prononcés contre la théorie quantitative de la monnaie.

☞ **Concepts et corrélats**

➤ Monnaie ➢ Libéralisme ➢ École de Chicago ➢ École autrichienne

MONISME MÉTHODOLOGIQUE

Le monisme épistémologique est une conception selon laquelle la méthode scientifique est fondamentalement la même dans toutes les disciplines scientifiques. Il n'y a donc pas de différence radicale entre sciences de la nature et sciences de la culture (ou «sciences de l'esprit»).

☞ Concepts et corrélats

➤ Épistémologie économique ➣ Dualisme épistémologique ➣ Science

MONNAIE

• *Qu'est-ce que la monnaie ?*

Les économistes ont élaboré des théories très diverses à propos de la monnaie. Il semble néanmoins possible de repérer trois clivages essentiels.

Conceptions fonctionnalistes ou conception essentialiste ?

Les conceptions fonctionnalistes définissent la monnaie par ses fonctions :

– elle permet de mesurer les valeurs ; c'est une unité de compte;

– elle est intermédiaire des échanges et permet donc de rompre le troc;

– elle est réserve de valeur.

La monnaie est donc conçue comme un instrument qui sert à faciliter les échanges.

Dans les approches fonctionnalistes, la monnaie est ce que la monnaie fait. Les approches essentialistes cherchent au contraire à définir la nature même de la monnaie qui n'est pas conçue comme un bien parmi d'autres.

Parmi les conceptions essentialistes, on peut citer en premier lieu celle de K. Marx (1818-1883) qui considère que la monnaie est inhérente aux rapports marchands. En effet, dans une économie de marché, le travail fait l'objet d'un usage privé (les décisions relatives à la production ne sont pas coordonnées *a priori*) et la monnaie assure la socialisation des travaux privés. Pour Marx, la monnaie n'est donc pas un instrument technique mais un rapport social.

La conception étatique de la monnaie, développée notamment par les auteurs de **l'École historique allemande***, s'inscrit aussi dans l'approche essentialiste. Pour ces auteurs, la monnaie repose sur le pouvoir souverain de l'État, elle a donc fondamentalement un caractère politique.

Plus récemment, M. Aglietta et A. Orléan (*La violence de la monnaie*, 1982) présentent une conception de la monnaie qui s'appuie sur la théorie de la violence fondatrice du philosophe R. Girard : la société est née lorsque le groupe a su dévier la « violence mimétique » sur un tiers (bouc émissaire, puis échange et monnaie). Pour reprendre une formule de F. Rachline qui développe une conception voisine : la monnaie et l'échange se substituent au rapt et à la prédation.

Monnaie endogène ou monnaie exogène ?

Un autre clivage théorique oppose les tenants d'une conception exogène de la monnaie aux tenants d'une conception endogène.

Les théories de la monnaie exogène considèrent que la monnaie a son origine en dehors des mécanismes économiques. Elle peut trouver sa source dans des phénomènes naturels (découvertes de mines de métaux précieux) ou dans des décisions discrétionnaires du pouvoir politique, de la Banque centrale ou des banques commerciales. La conception exogène de la monnaie a été notamment défendue par les théoriciens du **Currency Principle***, par les défenseurs de l'**étalon-or***, par le **monétarisme***. Les théories de la monnaie exogènes mettent l'accent sur la quantité de monnaie.

Les théories de la monnaie endogène considèrent au contraire que la monnaie trouve son origine au cœur même des relations économiques. Puisque la monnaie résulte d'une monétisation de créance, les activités économiques qui donnent naissance aux créances et aux dettes sont donc à la source de la création monétaire. Les théoriciens du Banking Principle, les analyses de J.-M. Keynes, de J.A. Schumpeter par exemple, s'inscrivent dans la conception endogène de la monnaie. Les économistes du « circuit monétaire de production » (F. Poulon, A. Parguez, B. Schmitt...) illustrent cette approche endogène de la monnaie. À l'origine du circuit économique se situe la décision d'une banque de satisfaire la demande de crédit d'une entreprise. Le « pari bancaire » consiste à évaluer la solvabilité des demandeurs de crédits afin de maximiser le profit bancaire. Lorsque la banque décide d'ouvrir un crédit, le **circuit économique*** peut s'enclencher : l'**entreprise*** produit en achetant des moyens de production aux autres entreprises et en distribuant des **revenus*** aux ménages. Ces revenus permettront d'assurer les débouchés à l'entreprise qui pourra ainsi rembourser sa dette auprès de la banque et faire un **profit***. Quant au ménage, il pourra confier son **épargne*** à la banque : « *les crédits font les dépôts* ».

Monnaie neutre ou monnaie active ?

Pour certains économistes, la monnaie est neutre, à long comme à court terme, c'est-à-dire que la monnaie n'a pas d'effet sur les grandeurs réelles de l'économie (production, emploi, etc.). Ils considèrent que la quantité de monnaie n'a d'effet que sur le niveau général des prix et que les variables monétaires se déterminent entre elles : la monnaie est un « voile » qui recouvre le fonctionnement réel de l'économie. Selon J.-S. Mill (1806-1873) : « *rien n'est moins important dans l'économie que la monnaie* ». Les économistes qui se rattachent à la théorie quantitative de la monnaie ou qui se fondent sur le Currency Principle adoptent ce point de vue dichotomiste, de même que les théoriciens de la nouvelle macroéconomie classique. D'autres économistes adoptent une conception plus modérée de la **dichotomie*** : ils considèrent que la monnaie est neutre à long terme mais pas à court terme. Cette approche, qui se fonde sur l'hypothèse des **anticipations adaptatives*** est défendue par les théoriciens monétaristes, notamment par M. Friedman (prix Nobel 1976). D'autres économistes enfin refusent la dichotomie. Ils considèrent que la monnaie est active, c'est-à-dire que les variables monétaires ont un effet sur les variables réelles. On dit qu'ils adoptent une conception intégrationniste. Les théoriciens du Banking School, K. Wicksell (1851-1926), G. Myrdal (1898-1987), J.-M. Keynes adoptent une telle conception.

➪ Ces différents clivages théoriques doivent être utilisés avec précaution. Par exemple, la plupart des économistes libéraux adoptent un point de vue fonctionnaliste, mais J. Rueff (1896-1978) insiste sur la dimension sociale et politique de la monnaie. De même, si les économistes classiques et néoclassiques considèrent que la monnaie est neutre, ce n'est pas le cas de l'**École autrichienne***.

Les formes de la monnaie

On distingue en général les formes de monnaie suivantes :

<u>La monnaie-marchandise</u>

Elle possède une valeur d'usage propre : coquillages, poisson séché, bétail... Cette forme de monnaie n'a plus cours actuellement.

<u>La monnaie métallique</u>

Ils s'agit de pièces de monnaie en métaux précieux. Ces pièces ont une valeur intrinsèque, mais elles sont aussi frappées par une autorité politique qui affirme ainsi sa souveraineté.

➪ Il ne faut pas confondre la **monnaie métallique*** et la **monnaie divisionnaire*** (pièces de monnaie de faible valeur faciale). Il ne faut pas confondre non plus la monnaie métallique et les pièces de monnaie de collection qui n'ont aucune valeur légale, mais qui peuvent avoir une valeur marchande en numismatique.

<u>Le billet de banque</u>

Il n'a pas de valeur intrinsèque, mais une valeur légale qui est sa valeur faciale (100 Euros, 20 dollars...). Les billets sont émis par la **Banque centrale***; ils ont **cours légal***, ce qui signifie qu'ils ne peuvent être refusés pour éteindre une dette dans un espace donné de souveraineté monétaire. Ils sont actuellement inconvertibles en monnaie métallique. Le billet de banque est aussi appelé **monnaie fiduciaire*** (du latin fides : confiance) puisque sa valeur ne repose que sur la confiance (contrainte) que l'on accorde à sa valeur faciale.

➪ Les pièces de monnaie sont appelées **monnaie divisionnaire*** (subdivision des billets de banque). Les monnaies divisionnaires sont souvent englobées dans la monnaie fiduciaire. Les billets et les pièces de monnaie sont aussi appelés **monnaie manuelle***.

<u>La monnaie scripturale</u>

La monnaie scripturale se définit comme la somme des soldes créditeurs des comptes à vue des agents économiques dans les **institutions financières monétaires***. Les instruments de circulation de la monnaie scripturale sont le **chèque***, le virement et la **carte de crédit***.

➪ Les chèques et les cartes de crédit ne sont pas de la monnaie.

➪ C'est un abus de langage que de parler de **monnaie électronique*** alors que la carte de crédit (quelle que soit sa sophistication) n'est qu'un support de la monnaie scripturale.

Pour mesurer la quantité de monnaie en circulation dans un pays ou dans une zone monétaire, les **autorités monétaires*** définissent et mesurent des **agrégats monétaires***.

• La création de monaie

Création et destruction de monnaie

Les contreparties de la masse monétaire

Créer de la monnaie, c'est monétiser des créances, c'est-à-dire offrir, en contrepartie de créances qui n'ont pas un pouvoir libératoire général, un type particulier de créance (la monnaie) qui permet de régler toutes les dettes. La monnaie est une dette qui permet de s'acquitter de toutes les dettes, dit-on parfois pour souligner ce paradoxe.

Les créances qui sont monétisées (inscrites à l'actif du **bilan*** des banques) constituent la contrepartie de la monnaie émise (inscrite au passif des banques). Au sein de ces **contreparties de la masse monétaire***, on distingue les créances sur l'extérieur (**devises*** pour l'essentiel) et les crédits à l'économie (c'est-à-dire les crédits accordés aux agents non financiers résidents).

Le pouvoir de création monétaire des **banques*** s'exerce *ex nihilo* : lorsqu'une banque accorde un crédit à un client, elle crée la monnaie qu'elle prête. Réciproquement, le remboursement d'un crédit conduit à une **destruction de monnaie***.

➪ Tous les crédits ne donnent pas lieu à une création monétaire, certains sont accordés grâce à la collecte préalable d'épargne. Les institutions financières non bancaires ne peuvent réaliser que ce dernier type de crédit, alors que les banques peuvent avoir recours au financement par création monétaire comme au financement non monétaire.

Multiplicateur ou diviseur de crédit

Le pouvoir de création monétaire par les banques de second rang est conçu de deux manières différentes :

– Le **multiplicateur de crédit*** est un mécanisme qui suppose l'existence dans les comptes de la banque d'un avoir excédentaire en **monnaie centrale*** qui est alors prêté à un client. Ce dernier contribue au mécanisme du multiplicateur en utilisant le crédit, ce qui conduit à de nouveaux dépôts et à de nouvelles opérations d'octroi de crédit. Au total, la quantité de monnaie créée est un multiple de l'avoir excédentaire en monnaie centrale qui a déclenché l'opération. Le mécanisme n'est freiné (en théorie), que par les fuites hors du circuit : **réserves obligatoires***, conversion en billets ou en **devises***. Dans l'optique du multiplicateur, la Banque centrale, en contrôlant la liquidité des banques de second rang, dispose d'un moyen efficace de maîtriser la création monétaire dans son ensemble.

– Le mécanisme du **diviseur de crédit*** repose sur l'idée selon laquelle les banques de second rang décident de l'octroi de crédit sur la base des informations dont elles disposent à propos de la solvabilité de leurs clients. Ce n'est que dans un second temps qu'elles se préoccupent de se procurer les avoirs en monnaie centrale qui leur sont nécessaires pour faire face aux fuites hors de leur circuit bancaire. La Banque centrale se trouve alors placée devant le fait accompli : elle doit refinancer les banques sous peine de créer des situations d'illiquidité.

• La politique monétaire

Depuis le 1er janvier 1999, la France appartient à la **Zone Euro*** au sein de laquelle la **politique monétaire*** est conçue et mise en œuvre par la **Banque centrale européenne*** dans le cadre du **Système Européen de Banques Centrales***.

Les objectifs de la politique monétaire

Les objectifs finals

La politique monétaire est un sous-ensemble de la politique économique. À ce titre, elle peut contribuer à atteindre les objectifs du **carré magique*** : croissance, plein-emploi, stabilité des prix, équilibre extérieur. Pendant les Trente Glorieuses, la politique monétaire et la **politique budgétaire*** étaient combinées dans le cadre de **politiques mixtes*** visant à maintenir l'économie sur un sentier de croissance de plein-emploi compatible avec une stabilité des prix et un équilibre extérieur. Cependant, depuis le début des années 1980, on a assisté à un recentrage de l'objectif de la politique monétaire sur l'objectif de stabilité des prix. Sous l'influence du **monétarisme***, on considère en effet que l'**inflation*** résulte d'une création excessive de monnaie et qu'il appartient à la Banque centrale de se consacrer à la maîtrise de la croissance des **agrégats monétaires***.

Les objectifs intermédiaires

Pour atteindre l'objectif final de stabilité des prix, la Banque centrale détermine des objectifs intermédiaires qui peuvent porter sur la croissance d'un agrégat monétaire et/ou sur le niveau du **taux d'intérêt***. La Banque centrale européenne a comme objectif intermédiaire la croissance de l'agrégat monétaire M3 qui doit être compatible avec un taux d'inflation inférieur à 2 %. Dans ce cadre, la BCE utilise les taux d'intérêt directeurs pour adresser des signaux aux marchés (augmentation des taux d'intérêt pour lutter contre le risque inflationniste, baisse des taux d'intérêt pour accompagner la croissance).

Les objectifs opérationnels

Les objectifs opérationnels concernent la mise en œuvre de la politique monétaire. Ils concernent la valeur du **taux du marché au jour le jour***, les taux pratiqués à l'occasion des opérations de **refinancement***, le taux des **réserves obligatoires***.

Les instruments de la politique monétaire

L'encadrement du crédit

L'**encadrement du crédit*** est une technique de contrôle administratif de la création monétaire qui est aujourd'hui abandonnée au sein de la Zone Euro. Le SEBC, comme les banques centrales nationales depuis le début des années 1980, privilégie l'action par des mécanismes de marché.

L'action par la liquidité bancaire

Au sein de la Zone Euro, l'action par la liquidité bancaire passe principalement par l'existence du taux des réserves obligatoires qui impose aux banques de second rang un besoin structurel de liquidités et qui, par son mode de calcul (moyenne mensuelle), contribue à stabiliser le taux du marché au jour le jour.

Le SEBC agit aussi sur la liquidité bancaire par sa politique de refinancement.

L'action par les taux

Le SEBC utilise trois taux directeurs :

– le taux de la **facilité de prêt marginal***, qui constitue en temps normal, le taux plafond du marché interbancaire;

– le taux de la **facilité de dépôt***, qui constitue en temps normal le taux plancher du marché interbancaire;

– le taux des opérations d'**open market***, en particulier des **opérations principales de refinancement***.

Ainsi, en prenant des titres en pension (et donc en offrant des liquidités) ou vendant des titres (reprise de liquidités), le SEBC contribue à la fois à régler la liquidité du système bancaire et le niveau des taux d'intérêt.

• *L'évolution du système monétaire et financier français*

Pendant longtemps, le système monétaire et financier français a été considéré comme un bon exemple d'**économie d'endettement***, c'est-à-dire une économie dans laquelle le financement est assuré essentiellement par les banques sous forme de crédits intermédiés alors que les marchés financiers ne jouent qu'un rôle secondaire. Dans le cas de la France, l'intervention de l'État était par ailleurs importante du fait des **nationalisations*** opérées dans le secteur bancaire à la Libération et du rôle du **Trésor Public*** et de ses correspondants (Caisse des dépôts, Crédit foncier, etc.).

À partir de la fin des années 1960 (Rapport Marjolin, Sadrin, Wormser de 1968) et surtout du début des années 1980 (Livre blanc sur le financement de l'économie de 1986, loi bancaire de 1984), le système monétaire et financier français connaît de profonds bouleversements qui sont amplifiés par la construction européenne (liberté des mouvements de capitaux en 1990 et loi de modernisation des activités financière en 1996) et par la mondialisation croissante des activités financières.

Ces transformations ont été conformes à la **règle des trois D*** formulée par H. Bourguinat :

– déréglementation (privatisation des banques, abandon de l'encadrement du crédit et du contrôle des changes, ouverture du marché monétaire à l'ensemble des agents économiques, etc.);

– décloisonnement (unification progressive du cadre réglementaire des intermédiaires financiers qui sont peu à peu soumis aux mêmes autorités monétaires, interdépendance des marchés, etc.);

– désintermédiation (le financement direct a joué un rôle de plus en plus important conduisant au développement des marchés financiers : MATIF, MONEP, etc.).

À l'orée des années 2000, le système monétaire et financier français se compose d'institutions financières monétaires (banques, OPCVM monétaires) et d'autres intermédiaires financiers (compagnies d'assurance etc.). Les **établissements de crédit*** et les **entreprises d'investissement*** sont placées sous l'autorité du **comité de la réglementation bancaire et financière** (CRBF) et du **comité des établissements de crédit et des entreprises d'investissement*** (CECEI). Les différents marchés de capitaux, pour leur part, sont placés sous l'autorité de la **Commission des opérations de bourse*** (COB) et du **Conseil des Marchés financiers*** (CMF). La fusion de ces deux dernières institutions est organisée par une loi examinée au printemps 2001.

Le mouvement de libéralisation à partir des années de la deuxième moitié des années 1980 a contribué à une crise bancaire en France dans les années 1990 : le Comptoir des entrepreneurs en 1993, le Crédit Foncier en 1995, le Crédit Lyonnais entre 1993 et 1995 n'ont été sauvés de la faillite que par une vigoureuse intervention de la puissance publique. L'ensemble des banques adhérentes de l'Association Française des Banques a été en situation de perte nette entre 1993 et 1996 pour un total de 45 milliards de francs. Les pouvoirs publics ont donc eu la volonté de renforcer les règles prudentielles et elles ont institué un système obligatoire d'assurance des dépôts.

Le système monétaire et financier apparaît donc désormais comme caractérisé par une logique de marché. La concurrence entre les intermédiaires financiers conduit à l'accroissement de la taille des établissements en même temps qu'à la création d'établissements nouveaux (courtiers en ligne par exemple). Dans le même temps, le cadre institutionnel des activités financières a été renforcé. La tendance à la mondialisation des activités se renforce, ce qui pose le problème de la coordination internationale des politiques économiques et de la mise en place d'instances internationales chargées de la réglementation et du pilotage des marchés.

☞ Concepts et corrélats

➤ Finances internationales ➤ Politique économique ➤ Épargne ➢ Globalisation financière ➢ Économie de marché financier ➢ Base monétaire

☞ Bibliographie

● GOUX J.-F. (1998), *Inflation, désinflation, déflation*, coll. Topos, Dunod.

HENRY G.-M. (1999), *Les marchés financiers*, coll. Synthèse, Armand Colin.

JACOUD G. (1999), *Le système bancaire français*, coll. Synthèse, Armand Colin.

PERRUT D. (1998), *Le système monétaire et financier français*, coll. Points, Seuil.

❍ AGLIETTA M., ORLÉAN A. (1982), *La violence de la monnaie*, PUF.

AGLIETTA M. (2001), *Macroéconomie financière*, 2e éd., coll. Repères, La Découverte.

BASSONI M., BEITONE A. (1997), *Monnaie : théories et politiques*, 2e éd., Sirey.

BRAMOULLE G., AUGEY D. (1998), *Économie monétaire*, coll. Précis, Dalloz.

CHAINEAU A. (2000), *Mécanismes et politiques monétaires*, coll. Quadrige, PUF.

MONTOUSSE M. (dir.) (2000), *Économie monétaire et financière*, Bréal.

RACHLINE F. (1993), *Que l'argent soit*, Calmann-Lévy.

MONNAIE

Le concept de monnaie fait l'objet de nombreuses définitions que l'on peut rassembler en deux groupes : la monnaie-intermédiaire des échanges et la monnaie-rapport social.

○ La plupart des économistes proposent une définition fonctionnelle. La monnaie est un instrument qui facilite les échanges en remplissant trois fonctions principales :

– la fonction d'intermédiaire des échanges : la monnaie permet de fractionner l'échange en deux temps (bien contre monnaie, puis monnaie contre bien) ; elle est acceptée par tous les membres d'un groupe en échange de tous les autres produits ;

– la fonction d'unité de compte : tous les **prix*** sont exprimés sous la forme d'une quantité de monnaie ;

– la fonction de réserve des valeurs : la monnaie peut donc être conservée avant d'être échangée contre un autre produit (sans perte de valeur dans l'hypothèse d'une **inflation*** nulle). D'autres auteurs proposent une définition alternative en termes de rapport social.

❍ D'autres économistes insistent sur la dimension sociale de la monnaie, ou encore sur le circuit monétaire de la production.

Pour les premiers (M. Aglietta, A. Orléan), la monnaie est une institution fondatrice de la société marchande qui permet de socialiser la violence.

Pour les seconds (F. Poulon, A. Parguez, B. Schmitt), la monnaie de crédit est à l'origine logique de la production puisque c'est la décision bancaire d'accorder un crédit à une entreprise qui démarre le circuit keynésien.

➪ Si la plupart des économistes libéraux adoptent la définition fonctionnelle, certains (tels F. Hayek, L. von Mises ou J. Rueff) accordent à la monnaie un rôle social, ce qui les conduit à rejeter la **dichotomie*** et la **théorie quantitative de la monnaie***.

☞ Concepts et corrélats

➤ Monnaie ➢ Création monétaire ➢ Monétarisme ➢ Théorie néoclassique ➢ Théorie keynésienne ➢ Théorie marxiste ➢ Théorie de la régulation

MONNAIE CENTRALE

La monnaie centrale est la monnaie émise par la **Banque centrale***. Dans un système bancaire hiérarchisé, chaque **banque de second rang*** émet sa propre monnaie, cette monnaie ne circule qu'au sein du circuit de chaque banque. La monnaie centrale est la seule monnaie acceptée par tous les agents économiques et toutes les banques. En particulier, chaque banque de second rang dispose d'un compte auprès de la Banque centrale. C'est par l'intermédiaire de ces comptes que se règlent les dettes entre banques à la suite des opérations de **compensation interbancaire***. La monnaie centrale se compose de la monnaie fiduciaire et de la monnaie scripturale émise par la Banque centrale.

➪ La monnaie centrale scripturale détenue par les agents financiers (monnaie interbancaire) n'est pas comptabilisée dans les **agrégats monétaires***.

➪ Ne pas confondre avec **base monétaire*** qui est un concept propre au **monétarisme***.

☞ Concepts et corrélats

➤ Monnaie ➢ Contreparties de la masse monétaire ➢ Cours légal ➢ Prêteur en dernier ressort

MONNAIE DE BANQUE

Le terme de monnaie de banque (ou monnaie de **banque de second rang***) est parfois employé pour désigner la **monnaie scripturale*** créée par les banques ordinaires, par opposition à la **monnaie centrale***.

☞ Concepts et corrélats

➤ Monnaie

MONNAIE DE CRÉDIT

L'expression monnaie de crédit fait référence au fait que, dans les économies modernes, la création de monnaie fiduciaire et de monnaie scripturale repose sur des opérations de crédit.

☞ Concepts et corrélats

➤ Monnaie ➢ Création de monnaie ➢ Banque

MONNAIE DIVISIONNAIRE

La monnaie divisionnaire est constituée essentiellement par les pièces et les billets de faible valeur nominale qui servent aux règlements des petites transactions de la vie quotidienne.

➪ Ne pas confondre les pièces de faible valeur intrinsèque qui appartiennent à la monnaie divisionnaire avec la **monnaie métallique***.

☞ Concepts et corrélats

➤ Monnaie ➢ Monnaie scripturale ➢ Monnaie fiduciaire ➢ Agrégats monétaires

MONNAIE ÉLECTRONIQUE

Le terme monnaie électronique est une expression ambiguë désignant la **monnaie scripturale*** qui circule par l'intermédiaire des systèmes informatiques dont se sont dotés les organismes bancaires.

➪ Le terme monnaie électronique est discutable car celle-ci n'est pas une nouvelle forme de **monnaie*** mais une nouvelle façon de faire circuler la monnaie scripturale.

☞ Concepts et corrélats

➤ Monnaie ➢ Agrégats monétaires

MONNAIE FIDUCIAIRE

On désigne par monnaie fiduciaire les billets de banque et la **monnaie divisionnaire***. Le terme issu du latin *fides* (confiance), traduit le fait que ces monnaies n'ont pratiquement aucune valeur intrinsèque et que leur acceptation repose sur la confiance.

➪ Cette caractéristique étant commune à toutes les formes monétaires circulant aujourd'hui, certains économistes considèrent que toute monnaie est fiduciaire.

☞ Concepts et corrélats

➤ Monnaie ➢ Monnaie scripturale

MONNAIE MANUELLE

La monnaie manuelle est la monnaie qui, comme le terme le suggère, circule de main en main. On l'oppose à la **monnaie scripturale***.

☞ Concepts et corrélats

➤ Monnaie ➢ Monnaie fiduciaire

MONNAIE MARCHANDISE

Dans certaines circonstances économiques et sociales, des marchandises ont rempli les principales fonctions de la **monnaie***.

L'histoire offre de nombreux exemples de ces biens : pains de sel, coquillages, lots de fourrure, paquets de cigarettes, etc. La plupart de ces marchandises toutefois sont peu divisibles et plus ou moins durables, c'est pourquoi les métaux précieux qui possèdent ces propriétés à un degré plus élevé se sont imposés comme monnaie.

☞ Concepts et corrélats

➤ Monnaie ➢ Monnaie métallique
➢ Monnaie scripturale

MONNAIE MÉTALLIQUE

La monnaie métallique est une **monnaie*** qui se présente sous la forme de pièces ou de lingots de métal. Le cuivre, le bronze, l'argent et bien entendu l'or ont été les métaux les plus utilisés.

➪ Il ne faut pas confondre la monnaie métallique, qui possède une valeur intrinsèque liée au métal qui la constitue, avec la **monnaie divisionnaire***.

☞ Concepts et corrélats

➤ Monnaie

MONNAIE SCRIPTURALE

La monnaie scripturale est constituée de l'ensemble des soldes créditeurs des comptes à vue auprès des banques et des organismes qui gèrent des comptes de chèques et des comptes courants.

La monnaie scripturale est créée pour l'essentiel par les **banques de second rang*** à l'occasion d'octroi de **crédits***.

☞ Concepts et corrélats

➤ Monnaie ➢ Monnaie fiduciaire
➢ Création de monnaie

MONOPOLE

Le monopole est une situation de **marché*** dans laquelle un **producteur*** (offreur) unique d'un bien homogène est en présence d'une infinité d'acheteurs.

En monopole, le marché est donc soumis aux conditions que lui impose le producteur unique du bien, qui exerce un pouvoir sur le prix. Contrairement à la **concurrence pure et parfaite***, le producteur est ici « Price maker » (faiseur de prix).

➪ Le monopoleur doit cependant tenir compte de la **fonction de demande***.

☞ Concepts et corrélats

➤ Marchés et prix ➢ Concurrence
➢ Monopole pur ➢ Monopole bilatéral
➢ Monopole discriminant ➢ Monopole contrarié ➢ Équilibre de monopole

MONOPOLE BILATÉRAL

Le monopole bilatéral est une situation de **marché*** dans laquelle un **producteur*** (offreur) unique d'un bien homogène est en présence d'un acheteur (demandeur) unique également.

☞ **Concepts et corrélats**
➤ Marchés et prix ➢ Monopsone
➢ Monopole

MONOPOLE CONTRARIÉ

Le monopole contrarié est une situation de **marché*** dans laquelle un **producteur*** (offreur) unique d'un bien homogène est en présence de quelques acheteurs (demandeurs).

☞ **Concepts et corrélats**
➤ Marchés et prix ➢ Monopole
➢ Oligopole

MONOPOLE DISCRIMINANT

On parle de monopole discriminant (ou de discrimination par le prix) si le monopoleur vend le même produit à des prix différents.

Pour que la discrimination soit possible, il faut que le produit soit vendu sur des marchés qui ne communiquent pas (ou très faiblement) entre eux. Cette séparation peut être :

– d'ordre temporel : les tarifs « basse-saison » ou « hors saison » du Club Méditerranée, le cinéma le lundi à prix réduit, permettent au producteur considéré d'accroître ses ventes et son profit;

– d'origine géographique : la communication entre les marchés nationaux est imparfaite (difficultés de change et de transport, droits de douane...). Une entreprise peut utiliser cette imperfection pour pratiquer des prix différents, l'écart de prix entre marché national et marchés étrangers pouvant d'ailleurs, selon le cas, être dans un sens ou dans l'autre; ou bien l'entreprise profite de sa réputation à l'étranger pour y vendre à des prix plus élevés ; ou bien l'entreprise profite de sa situation très forte et très protégée sur le marché intérieur pour y pratiquer un prix plus élevé et écoule une partie de sa production à prix plus bas, et éventuellement à perte (c'est ce qu'on appelle le « dumping ») sur les marchés extérieurs...;

– d'ordre socio-économique : sur le marché se présentent différentes catégories d'acheteurs avec des comportements et des **élasticités-prix*** différents. Tarifs réduits dans certains spectacles pour les jeunes, étudiants, chômeurs...

☞ **Concepts et corrélats**
➤ Marchés et prix ➢ Monopole

MONOPOLE NATUREL

Le monopole naturel est un **monopole*** qui découle de l'existence de **rendements d'échelle*** croissants caractérisant la production de certains biens. En effet, les rendements d'échelle croissants conduisent à une baisse des **coûts de production*** unitaires (**économie d'échelle***), ce qui permet la baisse des prix et l'élimination des concurrents. Dans ces conditions, tout accroissement de la production entraîne une baisse du coût moyen. Le processus concurrentiel lui même conduira alors à la constitution d'un monopole.

Les activités à rendements d'échelle croissants se caractérisent par l'importance des coûts fixes dans l'ensemble des coûts (par exemple production et distribution d'énergie électrique).

☞ **Concepts et corrélats**
➤ Marchés et prix

MONOPOLE PUR

En **microéconomie***, on parle de monopole pur si les conditions suivantes sont satisfaites :

– Unicité de l'offre et atomicité de la demande : l'entreprise en situation de monopole est seule à produire le bien, et son offre est confrontée à une demande atomistique.

– Homogénéité du bien.

– Transparence de l'information.

– L'entrée n'est pas libre sur le marché de monopole pur.

☞ **Concepts et corrélats**
➤ Marchés et prix ➢ Monopole
➢ Concurrence

MONOPSONE

Le monopsone est une situation dans laquelle un grand nombre d'offreurs font face à un acheteur unique sur le marché d'un bien ou service homogène.

C'est le cas d'une entreprise qui serait la seule à acheter le produit (café, cacao, caoutchouc) dans une région considérée. Ce cas se rencontre souvent sur le marché des produits primaires.

⇨ Face à un acheteur unique, les vendeurs ont intérêt à se coaliser et à constituer des coopératives, syndicats, etc.

☞ Concepts et corrélats
➤ Marchés et prix ➢ Concurrence pure et parfaite ➢ Monopole

MORATOIRE
Décréter le moratoire d'une dette consiste à en retarder l'échéance, voire à en suspendre l'exigibilité.

Cette mesure peut bénéficier à des agents économiques en difficulté (**ménages***, **entreprises***) ainsi qu'à certains pays (**tiers-monde***, **pays en transition***).

☞ Concepts et corrélats
➤ Économie du développement
➤ Finances internationales
➢ Endettement international

MOYENNE ARITHMÉTIQUE
En statistique descriptive, la moyenne arithmétique se calcule différemment selon que le **caractère statistique*** est discret ou continu.

Caractère statistique discret

– Moyenne arithmétique simple : la moyenne arithmétique simple des p nombres $x_1, x_2, ..., x_p$ est :

$$\bar{x} = \frac{1}{p}(x_1 + x_2 + ... + x_p) = \frac{1}{p}\sum_{i=1}^{p} x_i$$

se lit : « somme de i allant de 1 à p des x_i »

– Moyenne arithmétique pondérée : la moyenne arithmétique des p nombres x_1, x_2, ..., x_p pondérés par les coefficients ou les effectifs respectifs $n_1, n_2, ..., n_p$ est :

$$\bar{x} = \frac{1}{n}(n_1x_1 + n_2x_2 + ... + n_px_p) = \frac{1}{n}\sum_{i=1}^{p} n_ix_i$$

Caractère statistique continu

On suppose les modalités uniformément réparties à l'intérieur des p classes de la distribution statistique observée.

Soit $C_1, C_2, ...C_p$ les centres de ces p classes , affectés des coefficients respectifs $n_1, n_2, ..., n_p$.

On appelle moyenne arithmétique pondérée de cette série statistique le nombre :

$$\bar{x} = \frac{n_1C_1 + n_2C_2 + ... + n_pC_p}{n}$$

Exemple : dans une entreprise, on a la répartition des salaires mensuels suivante:

Salaires	Effectifs	Centres de classes
[8000; 12000[	15	10000
[12000; 18000[	5	15000

Le salaire moyen est :

$$\bar{x} = \frac{10000 \times 15 + 15000 \times 5}{20} = 11250 \text{ Francs}$$

➪ Si on augmente de b toutes les modalités x_i d'une série statistique (x_i, n_i) sans changer les coefficients n_i, alors la moyenne arithmétique pondérée est augmentée de b.

Exemple précédent : Si tous les salariés sont augmentés de 250 francs, le salaire moyen de l'entreprise devient :

11 250 + 250 = 11500 francs

➪ Si on augmente de t% toutes les modalités x_i d'une série statistique (x_i, n_i) sans changer les coefficients n_i, alors la moyenne arithmétique pondérée est augmentée de t%.

➪ Si la série statistique (x_i, n_i) d'effectif total n prend une valeur supplémentaire a, alors la moyenne $\bar{x}$ devient $\bar{x}'$, avec :

$$\bar{x}' = \frac{n\bar{x} + a}{n+1}$$

Exemple précédent :l'entreprise emploie un salarié supplémentaire gagnant mensuellement 10 000 francs.

Le nouveau salaire moyen de l'entreprise est :

$$\frac{11250 \times 20 + 10000}{21} \approx 11190{,}48 \text{ francs}$$

☞ Concepts et corrélats
➢ Moyenne géométrique ➢ Moyenne harmonique

MOYENNE GÉOMÉTRIQUE
Moyenne géométrique simple :

La moyenne géométrique simple des p nombres $x_1, x_2, ...x_p$ positifs est :

$$g = \sqrt[p]{x_1 \times x_2 \times ... \times x_p} = (x_1 \times x_2 \times ... \times x_p)^{\frac{1}{p}}$$

Exemple : la moyenne géométrique simple de 6 et de 24 est :

$$\sqrt{6 \times 24} = \sqrt{144} = 12$$

Moyenne géométrique pondérée :

La moyenne géométrique des p nombres positifs $x_1, x_2, ..., x_p$ pondérés par les coefficients respectifs $n_1, n_2, ..., n_p$ est :

$$g = \sqrt[n]{x_1^{n_1} \times x_2^{n_2} \times ... \times x_p^{n_p}} = \left[\prod_{i=1}^{p}(x_i)^{n_i}\right]^{\frac{1}{n}}$$

➩ On emploie la moyenne géométrique dans le calcul d'accroissements moyens ou dans le calcul de moyennes de coefficients multiplicateurs.

MOYENNE HARMONIQUE

Moyenne harmonique simple

La moyenne harmonique simple des p nombres non nuls $x_1, x_2, ...x_p$ est :

$$h = \frac{1}{p\left(\frac{1}{x_1} + \frac{1}{x_2} + ... + \frac{1}{x_p}\right)}$$

➩ h est l'inverse de la **moyenne arithmétique*** simple des inverses des modalités x_i.

Moyenne harmonique pondérée

La moyenne harmonique des p nombres non nuls $x_1, x_2, ...x_p$ pondérés par les coefficients respectifs $n_1, n_2, ..., n_p$ est :

$$h = \frac{1}{\frac{1}{n}\left(\sum_{i=1}^{p} n_i \times \frac{1}{x_i}\right)}$$

➩ h est l'inverse de la moyenne arithmétique pondérée par les coefficients n_i des inverses des modalités x_i.

➩ On utilise la moyenne harmonique dans les calculs de cours de change moyens.

➩ La moyenne arithmétique est supérieure à la moyenne géométrique qui est elle-même supérieure à la moyenne harmonique.

MOYENNE MOBILE

La méthode des moyennes mobiles est une méthode qui permet de donner une estimation de la **tendance*** (*trend*) d'une **série chronologique*** .

Soit une série chronologique, avec t la variable temps (année, trimestre, mois ...) et Y_t les données observées de la variable étudiée.

Les moyennes mobiles (d'ordre 3 dans cet exemple) se calculent en faisant la **moyenne arithmétique*** des données observées trois à trois, selon le modèle suivant :

t	Y_t	y_t (moyennes mobiles d'ordre 3)
1	t_1	-
2	t_2	$\frac{t_1 + t_2 + t_3}{3}$
3	t_3	$\frac{t_2 + t_3 + t_4}{3}$
4	t_4	$\frac{t_3 + t_4 + t_5}{3}$
5	t_5	$\frac{t_4 + t_5 + t_6}{3}$
6	t_6	$\frac{t_5 + t_6 + t_7}{3}$
7	t_7	$\frac{t_6 + t_7 + t_8}{3}$
8	t_8	$\frac{t_7 + t_8 + t_9}{3}$
9	t_9	-

MULTILATÉRALISME

Le multilatéralisme est un principe selon lequel plusieurs pays acceptent les mêmes règles du jeu dans les domaines économique, monétaire ou commercial. Le multilatéralisme peut se traduire par un accord signé par plusieurs pays (par exemple l'**Accord Général sur les Tarifs et le Commerce***) ou bien une institution internationale (par exemple l'**Organisation mondiale du Commerce***). Le multilatéralisme correspond à une forme de coopération économique internationale très large et se distingue du bilatéralisme et du **régionalisme commercial*** .

En application de la **clause de la nation la plus favorisée***, la signature d'accords bilatéraux ou régionaux qui seraient discriminatoires à l'égard des pays tiers est prohibée.

☞ Concepts et corrélats

➤ Commerce international ➤ Intégration économique ➢ Accord Général sur les Tarifs et le Commerce ➢ Organisation Mondiale du Commerce

---

MULTINATIONALE

➢ **Firme multinationale**

MULTIPLICATEUR D'INVESTISSEMENT

Dans la **théorie keynésienne***, une variation de l'**investissement*** (I) entraîne une variation plus que proportionnelle du revenu ΔR = k x ΔI

variation de R = k × variation de I

k est le multiplicateur d'investissement

Par exemple si le multiplicateur s'élève à 5, un investissement additionnel de 10 milliards se traduit par une augmentation de 50 milliards du **revenu national***.

Dans sa version la plus simple, il est d'autant plus élevé que la **propension marginale à consommer*** est élevée (la valeur du multiplicateur est l'inverse de la **propension marginale à épargner***) soit :

$$k = \frac{1}{(1-c)} = \frac{1}{s}$$

Il met l'accent sur l'importance des dépenses autonomes (des **entreprises*** ou de l'**État***) dans la détermination de l'**emploi***. Dans un contexte de sous-utilisation des **facteurs de production***, il agit sur les variables réelles et donc sur l'emploi. En situation de **plein-emploi***, l'effet multiplicateur se répercute sur les **prix*** (c'est-à-dire sur l'**inflation***).

➪ C'est R.F. Kahn qui, dans un article de 1931 de l'*Economic Journal,* a introduit le premier le concept de multiplicateur dans la théorie économique.

➪ Bien que l'on ait pris l'habitude de parler de multiplicateur d'investissement, le multiplicateur peut se mettre en place à partir de n'importe quelle composante de la **demande***.

☞ Concepts et corrélats

➤ Investissement ➤ Théories économiques ➢ Multiplicateur du commerce extérieur ➢ Multiplicateur fiscal ➢ Multiplicateur en économie ouverte

---

MULTIPLICATEUR DE CRÉDIT

Le multiplicateur de crédit est le coefficient par lequel on multiplie la quantité de **monnaie centrale*** pour trouver la quantité de monnaie créée par les **banques de second rang***.

Le multiplicateur de crédit est l'un des mécanismes qui permettent de rendre compte de la **création monétaire***. Dans sa version la plus simple, il est égal à l'inverse du coefficient de réserve des **banques***.

➪ Le concept de multiplicateur de crédit repose sur l'hypothèse que la création de monnaie par les banques de second rang est subordonnée à la détention d'encaisses excédentaires préalables en monnaie Banque centrale.

☞ Concepts et corrélats

➤ Monnaie ➢ Base monétaire
➢ Diviseur de crédit Politique monétaire

MULTIPLICATEUR DE DÉPENSES PUBLIQUES (EN ÉCONOMIE FERMÉE)

Le multiplicateur de dépenses publiques est une relation qui montre qu'une variation des dépenses publiques (ΔG) entraîne (toutes choses égales par ailleurs) une variation du revenu national (ΔY) telle que :

ΔY = k. ΔG

La valeur du multiplicateur de dépenses publiques k est la même que celle du **multiplicateur d'investissement*** :

$$k = \frac{1}{(1-c)} = \frac{1}{s}$$

(avec c, la **propension marginale à consommer***)

Le multiplicateur de dépenses publiques occupe une place importante dans la **théorie keynésienne*** selon laquelle l'**État*** doit agir sur la **demande globale*** pour faire en sorte que l'économie nationale se situe près du **plein-emploi***.

➪ k est positif et supérieur à 1 car la propension marginale à consommer est positive. Cela signifie qu'une variation des dépenses publiques aura un effet « amplifié » (la variation est plus que proportionnelle), dans le sens de la hausse comme dans le sens de la baisse, sur le **revenu national***.

⇨ Le principe du multiplicateur s'applique à toutes les composantes de la demande globale : **consommation***, investissement, **dépenses publiques*** et **exportations*** en économie ouverte.

☞ Concepts et corrélats

➤ Politique économique ➤ État
➢ Fonction de stabilisation ➢ Déficit budgétaire ➢ Multiplicateur fiscal
➢ Multiplicateur en économie ouverte
➢ Théorème d'Haavelmö

MULTIPLICATEUR DU COMMERCE EXTÉRIEUR

Le multiplicateur du commerce extérieur désigne, dans une perspective keynésienne, le mécanisme par lequel un accroissement des exportations provoque un accroissement supérieur du revenu national. Les exportations constituent en effet une des composantes de la **demande*** globale, à côté de l'**investissement*** et de la **consommation***, à partir duquel se déclenche un processus multiplicateur.

En économie ouverte, la somme du **PIB*** (Y) et des importations (M) qui constitue l'offre de biens et services est d'un montant identique à la demande de biens et services constituée de la consommation (C), de l'investissement (I), des dépenses publiques (G) et des exportations (X).

$Y + M = C + I + G + X$

Soit :

c la propension marginale à consommer ($c = \Delta C/\Delta Y$) et

m la propension marginale à importer, ($m = \Delta M/\Delta Y$)

$Y + mY = cY + I + G + X$

$Y + mY - cY = I + G + X$

ou encore :

$Y (1 - c + m) = I + G + X$,

d'où,

$$Y = \frac{1}{1-c+m}(I + G + X)$$

En conséquence, toute augmentation des exportations X aura un effet sur le revenu Y tel que :

$$\Delta Y = \frac{1}{1-c+m}\Delta X$$

D'où *k*, le multiplicateur du commerce extérieur

$$k = \frac{1}{1 - c + m}$$

L'accroissement du revenu est supérieur à celui des exportations dans la mesure où

(1 + c + m) est inférieur à 1. C'est généralement le cas puisque (m), la propension marginale à importer est inférieure à (c), la propension marginale à consommer.

☞ Concepts et corrélats

➤ Commerce international ➢ Multiplicateur de dépenses publiques ➢ Multiplicateur d'investissement ➢ Propension à importer ➢ Théorie keynésienne

MULTIPLICATEUR EN ÉCONOMIE OUVERTE

Le multiplicateur en économie ouverte a une valeur plus faible qu'en économie fermée, qu'il s'agisse du **multiplicateur d'investissement***, du **multiplicateur de dépenses publiques*** ou du **multiplicateur fiscal***.

Le principe de base de l'effet multiplicateur est qu'une augmentation de l'une des composantes de la **demande globale*** fait augmenter la demande et la **production*** de l'**économie***. Or en économie ouverte, lorsque la demande s'accroît, elle se trouve en partie satisfaite par un accroissement des **importations*** et non pas un accroissement de la production nationale.

En économie ouverte,

– le multiplicateur d'investissement et le multiplicateur de dépenses publiques sont :

$$\frac{1}{1-c+m}$$

– le multiplicateur fiscal est :

$$\frac{-c}{1-c+m}$$

☞ Concepts et corrélats

➤ Politique économique ➤ État
➢ Fonction de stabilisation ➢ Contrainte extérieure ➢ Relance keynésienne

MULTIPLICATEUR FISCAL (EN ÉCONOMIE FERMÉE)

Le multiplicateur fiscal est une relation qui montre qu'une variation des **impôts*** ou des **cotisations sociales*** (ΔT) entraîne une variation du revenu national (ΔY) telle que :

$\Delta Y = k \times \Delta T$

Le multiplicateur fiscal *k* s'écrit :

$$k = \frac{-c}{1-c}$$

k = (avec c la propension marginale à consommer)

La variation des impôts et cotisations sociales agit sur le **revenu disponible***. Ce dernier augmente si les **impôts*** et les **cotisations sociales*** diminuent (et diminue si les **prélèvements obligatoires*** augmentent). Par exemple, une baisse des impôts et des taxes ($-\Delta T$) entraîne, en premier lieu, une augmentation du revenu global disponible d'un montant ($-\Delta T$). Par la suite, l'augmentation du revenu global disponible provoque à son tour celle de la consommation (selon la valeur de la propension marginale à consommer) et donc celle de la demande globale pour le montant ($-c\ \Delta T$).

➪ La valeur du multiplicateur fiscal est plus faible que celle du **multiplicateur des dépenses publiques***. En effet, dans le cas d'une réduction des prélèvements de l'État ($-\Delta T$), le revenu disponible augmente ($-\Delta T$), mais seule la fraction consommée ($-c\ \Delta T$) de ce revenu donne lieu à un surcroît de demande. Dans le cas d'une augmentation des dépenses publiques (ΔG), le processus multiplicateur se déclenche pour le montant intégral des dépenses publiques.

☞ Concepts et corrélats

➤ Politique économique ➤ État
➢ Fonction de stabilisation ➢ Multiplicateur de dépenses publiques ➢ Multiplicateur en économie ouverte ➢ Théorème d'Haavelmö

NATIONALISATION

Une nationalisation est une décision politique qui conduit à l'appropriation par l'État d'une ou de plusieurs entreprises.

La nationalisation peut être opérée par confiscation du capital (cas de Renault sanctionné à la Libération pour fait de collaboration) ou par rachat par l'État des titres possédés par les **actionnaires***. La nationalisation d'une entreprise peut être totale ou partielle.

☞ Concepts et corrélats

➤ État ➢ Privatisation

NÉGOCE INTERNATIONAL

Le poste négoce international fait partie de la **balance des paiements***. Il recense :

– les achats de marchandises à l'étranger non suivis d'importation et la revente de ces marchandises à l'étranger ;

– les achats et les ventes à des étrangers de marchandises françaises ne quittant pas le territoire douanier français.

Le poste négoce international est intégré dans le compte des transactions courantes (rubrique des services).

☞ Concepts et corrélats

➤ Commerce international ➢ Balance des paiements

NÉGOCIATIONS COMMERCIALES MULTILATÉRALES (*ROUNDS*)

Les négociations multilatérales ont été organisées dans le cadre de **l'Accord Général sur les Tarifs et le Commerce*** (AGETAC) afin de favoriser le libre-échange dans tous les secteurs. Plus précisément, huit cycles de négociation ont été lancés depuis la création de l'AGETAC en 1947.

1947	Négociation de Genève
1949	Négociation d'Annecy
1950-1951	Négociation de Torquay
1955-1956	Négociation de Genève
1961-1962	Dillon Round
1964-1967	Kennedy Round
1973-1979	Tokyo Round
1986-1994	Uruguay Round

Tous les cycles de négociations ont porté essentiellement sur la réduction des tarifs douaniers. Progressivement, les objectifs des négociations sont devenus plus complexes et ont fini par atteindre une dimension planétaire. Ces objectifs sont la réduction :

– des **discriminations non tarifaires***;

– des pratiques de **dumping*** ;

– des **subventions*** accordées par les différents pays à leurs producteurs nationaux (subventions agricoles américaines et européennes en particulier).

☞ **Concepts et corrélats**

➤ Commerce international ➢ Accord Général sur les Tarifs et le Commerce ➢ Libre-échange

NEUTRALITÉ BUDGÉTAIRE

La neutralité budgétaire est respectée lorsque le budget ne provoque pas de distorsions dans les décisions économiques des agents et n'affecte donc pas l'allocation des ressources.

La neutralité budgétaire suppose donc :

– la **neutralité fiscale***;

– l'équilibre budgétaire;

– la limitation des dépenses publiques à ce qui est strictement nécessaire à l'exercice des fonctions régaliennes de l'État.

⇨ Le **théorème de Haavelmö*** a montré que même un budget équilibré avait un effet stimulant sur l'économie et qu'il était très difficile de réaliser la neutralité budgétaire.

☞ **Concepts et corrélats**

➤ État ➢ Courbe de Laffer ➢ État minimal

NEUTRALITÉ DE LA MONNAIE

La neutralité de la monnaie est une hypothèse théorique qui stipule que toute variation de la quantité de monnaie laisse inchangés les **prix relatifs*** et ne modifie que les prix absolus (**niveau général des prix***). Par exemple, un doublement de la quantité de **monnaie*** se traduit par un doublement des prix nominaux, les prix relatifs ne sont donc pas modifiés.

⇨ Dans la **théorie néoclassique***, les choix des agents sont déterminés par les prix relatifs, l'hypothèse de neutralité de la monnaie signifie donc que cette dernière n'a aucune influence sur les comportements des agents.

⇨ Les économistes de l'**École autrichienne*** rejettent cette conception. Pour F. Hayek (1899-1992), les variations de la quantité de monnaie modifient les prix relatifs et seule une quantité de monnaie rigoureusement fixe serait neutre.

☞ **Concepts et corrélats**

➤ Monnaie ➢ Dichotomie ➢ Théorie quantitative de la monnaie ➢ Politique monétaire

NEUTRALITÉ FISCALE

La neutralité fiscale signifie qu'un **impôt*** ne provoque pas de distorsion dans l'allocation des ressources productives.

Cela suppose que les activités économiques sont affectées de façon identique par l'impôt.

La **Taxe sur la valeur ajoutée*** est généralement considérée comme un impôt neutre. La taxe professionnelle par contre n'est pas un impôt neutre, dans la mesure où, frappant les salaires, elle affecte davantage les activités de main-d'œuvre.

☞ **Concepts et corrélats**

➤ État ➤ Politique économique ➢ Fiscalité ➢ Neutralité budgétaire

NEW DEAL

Le New Deal (littéralement « nouvelle donne ») est la politique de lutte contre la crise mise en œuvre par le président F.D. Roosevelt (1882-1945) aux États-Unis à partir de 1933. Rompant avec la politique libérale de ses prédécesseurs, Roosevelt, influencé par J.M. Keynes (1883-1946), est favorable à l'intervention de l'État dans l'économie. La **dévaluation*** du dollar, la politique de soutien des prix agricoles, les grands travaux, l'aide aux chômeurs sont les éléments principaux de cet **interventionnisme*** économique.

☞ **Concepts et corrélats**

➤ Politique économique ➤ État ➢ Libéralisme ➢ Crise économique

NIVEAU DE VIE

Le niveau de vie est l'ensemble des **biens*** et des **services*** qu'un individu peut se procurer avec son revenu. Cette notion quantitative est à distinguer de la notion de **genre de vie*** qui fait appel à des éléments qualitatifs.

☞ **Concepts et corrélats**

➤ Consommation ➢ Pouvoir d'achat ➢ Revenu réel

NIVEAU GÉNÉRAL DES PRIX

Le niveau général des prix est un indicateur statistique visant à refléter l'évolution de l'ensemble des **prix*** d'une économie. Il est généralement mesuré à l'aide d'un **indice synthétique*** .

➪ Pour les théoriciens de **l'École autrichienne***, en particulier L. Von Mises (1881–1973), cette notion est dénuée de sens. Seuls les **prix relatifs*** jouent un rôle économique important. Ces auteurs contestent ainsi la **théorie quantitative de la monnaie***.

☞ Concepts et corrélats

➤ Marchés et prix ➢ Indice des prix

NOMENCLATURE D'ACTIVITÉS ET DE PRODUITS

Une nomenclature est une classification. La nomenclature des produits permet de classer les biens et les services en groupes homogènes. À une nomenclature de produits correspond une nomenclature d'activités.

Les nomenclatures peuvent être plus ou moins détaillées, ou agrégées en fonction des besoins: elles s'emboîtent les unes dans les autres selon un processus en arbre, c'est-à-dire que l'on passe à un niveau plus détaillé par décomposition de chaque poste de la nomenclature la plus agrégée.

➪ En France, la nomenclature d'activités et de produits de la Comptabilité nationale distingue 116 branches qui sont regroupées en niveaux plus agrégés pour la présentation des résultats (niveau 41, 16 ou 5). Chaque branche est décomposée en niveaux très détaillés (par exemple, la branche « Fabrication de produits céramiques et de matériaux de construction » est décomposée en 22 éléments).

☞ Concepts et corrélats

➤ Comptabilité nationale ➢ Industrie

NORME DE CONSOMMATION

La norme de consommation est constituée par l'ensemble des habitudes et des règles sociales qui déterminent les comportements individuels et collectifs en matière de **consommation***. Ainsi, dans le **mode de régulation*** fordiste, l'accroissement du niveau de vie par l'accumulation de biens durables et d'équipements collectifs devient un objectif social qui règle les comportements des **ménages*** et inspire les **politiques économiques***.

☞ Concepts et corrélats

➤ Consommation ➢ Théorie de la régulation

NOTATION (*RATING*)

On appelle notation l'évaluation de la solvabilité d'un emprunteur par un organisme agréé. On note les banques, les entreprises, mais aussi les pays. Un emprunteur bien noté obtiendra des crédits à des conditions plus favorables. La notation est un élément de la transparence du **marché des capitaux*** et elle réduit l'**asymétrie d'information*** entre débiteur et créancier.

☞ Concepts et corrélats

➤ Monnaie ➤ Finances internationales

NOUVEAUX CLASSIQUES

On désigne sous le terme nouveaux classiques les économistes qui appartiennent à l'école des **anticipations rationnelles*** et qui développent le **programme de recherche*** de la **nouvelle économie classique***.

☞ Concepts et corrélats

➢ École classique ➢ Illusion monétaire
➢ Anticipations adaptatives

NOUVEAUX PAYS INDUSTRIALISÉS (NPI)

L'expression « nouveaux pays industrialisés » a été proposée pour caractériser le groupe de pays en développement qui a dépassé le seuil du **démarrage*** économique. Le premier groupe de NPI retenu par les organisations internationales comprenait : la Corée du Sud, Taïwan, Honk-Kong et Singapour ; il serait actuellement suivi de nouvelles générations de NPI.

➪ Certains préfèrent utiliser le terme de « pays nouvellement industrialisés » (PNI).

☞ Concepts et corrélats

➤ Économie du développement

NOUVELLE ÉCONOMIE

L'expression « nouvelle économie » a deux sens:

– Au sens restreint, elle désigne l'ensemble des activités économiques liées aux nouvelles technologies de l'information et de la communication (NTIC).

– Au sens large, elle peut inclure tous les secteurs utilisateurs des nouvelles technologies. C'est alors l'ensemble du système économique qui, à terme, entrerait dans une phase de mutations.

Les changements provoqués par ces dernières constituent une nouvelle **révolution industrielle***, accélérant ainsi le processus d'**innovation*** et, par là même, la croissance.

La « nouvelle économie » fait l'objet de deux interprétations:

❍ Une interprétation optimiste considère que le secteur des NTIC est la partie visible d'une transformation beaucoup plus large des économies industrielles, amorcée en réalité dès les années 1960 et 1970. On peut alors parler d'une Troisième **révolution industrielle***, marquant l'avènement d'un nouveau paradigme productif et d'un nouvelle période longue de croissance. Les nouvelles technologies possèdent en effet la propriété majeure d'avoir des **rendements d'échelle*** croissants. En effet, une fois le produit mis au point (un logiciel par exemple), l'échelle de la production peut augmenter considérablement pour une faible augmentation du **coût de production*** (**économie d'échelle***). Par ailleurs, la diffusion des NTIC génère elle-même des effets de réseaux : l'augmentation du nombre d'utilisateurs accroît l'efficacité (et la rentabilité) des **investissements*** individuels (exemple du téléphone) : les rendements d'échelle croissants sont, dans ce cas, externes aux firmes. La nouvelle révolution industrielle s'appuie sur un double processus : des innovations techniques et des innovations sociales, lesquelles portent sur une nouvelle façon d'organiser l'activité des entreprises (réorganisation des méthodes de **production*** et de distribution, ainsi que des modèles de gestion et d'organisation du travail). Le décalage entre les innovations techniques et les innovations sociales explique que les nouvelles technologies ne génèrent pas immédiatement une hausse de la productivité (**paradoxe de Solow***).

L'essor de la « nouvelle économie » a été favorisé par la **déréglementation*** du début des années 1980 qui a ouvert à la concurrence les **secteurs*** des NTIC (le duopole des deux grands groupes, IBM et AT&T, a disparu avec l'entrée de firmes rivales telles Microsoft, Intel, Cisco ou Dell qui n'existaient pas dans les années 1970). Elle a également été favorisée par la « révolution financière » (essor des marchés financiers, financement des «start-up », essor du **capital-risque***, etc.).

❍ Une autre interprétation, moins optimiste, estime que l'opposition entre la nouvelle et l'ancienne économie n'est pas encore très nette. À partir des statistiques sur l'origine sectorielle des **gains de productivité***, certains économistes estiment que la hausse de la productivité ne concerne pour l'instant que les secteurs des hautes technologies eux-mêmes. Le nouvel « âge d'or » du capitalisme n'a pas encore commencé et la forte **croissance*** de l'économie américaine s'expliquerait par une progression du salaire réel inférieure aux gains de productivité, la réduction de divers bénéfices sociaux des salariés américains, la baisse des charges d'intérêt, etc. La « nouvelle économie » ne serait alors qu'un nouveau discours justifiant le néolibéralisme, la **concurrence*** exacerbée, marquée par la **mondialisation***, la dérégulation des **services publics*** et les privatisations, etc.

Ces auteurs insistent également sur la montée des inégalités consécutive à l'essor des NTIC qui facilitent l'externalisation et la sous-traitance de certains services (services généraux, entretien, production) et renforcent la concurrence et la recherche systématique de la baisse des coûts. Les salariés des entreprises de sous-traitance et ceux qui ont les qualifications les plus basses sont souvent les perdants de la nouvelle économie.

➪ Certains auteurs incorporent également les biotechnologies dans les nouvelles technologies susceptibles d'accélérer la croissance.

☞ Concepts et corrélats

➤ Croissance ➤ Fluctuations et crises ➤ Marché du travail ➢ Paradoxe de Solow ➢ Destruction créatrice ➢ Grappes d'innovations

NOUVELLE ÉCONOMIE CLASSIQUE (NEC)

La nouvelle économie classique est un **programme de recherche*** qui s'est développé pour l'essentiel à partir des années 1970. Les auteurs de ce courant adoptent l'hypothèse des **anticipations rationnelles*** et ils considèrent que la **politique économique*** conjoncturelle est inefficace. Les **nouveaux classiques*** expliquent les fluctuations économiques par des chocs réels (théorie des **cycles réels***) et ont développé des modèles de **croissance endogène*** et de **chômage d'équilibre***.

➪ Ne pas confondre avec **monétarisme***.

☞ Concepts et corrélats

➢ École classique ➢ Théorie néoclassique

NOUVELLE ÉCONOMIE KEYNÉSIENNE (NEK)

La nouvelle économie keynésienne (ou nouvelle macroéconomie keynésienne) est un **programme de recherche*** qui s'est développé pour l'essentiel à partir des années 1970. Les auteurs de ce courant adoptent l'hypothèse d'**anticipations rationnelles** et s'efforcent de retrouver un certain nombre de résultats de l'analyse de J.M. Keynes (existence d'un **chômage involontaire*** par exemple) à partir de fondements microéconomiques. Les rigidités nominales, en particulier, sont expliquées par les comportements rationnels des agents. La NEK, à la différence de la **nouvelle économie classique***, considère que la **monnaie*** n'est pas neutre à court terme. À la différence du keynésianisme traditionnel, elle accorde une grande importance à la **politique monétaire*** comme instrument de régulation conjoncturelle.

☞ Concepts et corrélats

➢ Théorie keynésienne ➢ Salaires d'efficience ➢ Contrat implicite

NOUVELLE MICROÉCONOMIE

La nouvelle microéconomie étudie le comportement d'individus rationnels dans un monde où l'information n'est pas parfaitement disponible et où les décisions ne sont pas coordonnées par un **commissaire-priseur***. Cette approche, née à la fin des années 1970, élargit le champ d'analyse de la microéconomie traditionnelle. Elle étudie un univers beaucoup plus complexe, et ouvre un nouveau **programme de recherche scientifique*** :

– en tenant compte de situations de **concurrence imparfaite*** (l'information des agents est imparfaite, il n'existe pas de système complet de marchés);

– en intégrant la plus ou moins grande **aversion pour le risque*** des agents économiques dans des situations où il y a une **asymétrie d'information*** et des possibilités de comportements opportunistes des autres agents;

– en renouvelant les outils d'analyse pour prendre en compte les interactions stratégiques entre les agents économiques, notamment à travers la **théorie des jeux*** et l'économie de l'information.

La nouvelle microéconomie apparaît comme « *une théorie de l'inefficacité des transactions marchandes* » (P. Cahuc, *La nouvelle microéconomie*, 1993). Elle a donné lieu à des travaux très divers (théorie de la firme, théorie de la consommation, **théorie de la recherche d'emploi***, **théorie de l'agence***, théorie du **salaire***, théorie de la **concurrence***, théorie de l'échange international, **théorie du capital humain***, théorie des fluctuations et des crises économiques, etc.).

☞ Concepts et corrélats

➢ Marchés et prix ➢ Antisélection ➢ Aléa moral ➢ Contrat implicite

NOUVELLE POLITIQUE ÉCONOMIQUE (NEP)

La nouvelle politique économique (NEP selon le sigle anglais) caractérise la période qui, de 1921 à 1927 en URSS, a succédé à la phase du « communisme de guerre ».

La NEP a été théorisée par Lénine (1870-1924) comme un « pas en arrière » pour consolider les acquis de la révolution bolchévique et tenter de sauver de la faillite l'économie soviétique ruinée par la guerre civile. La NEP consistait essentiellement à réintroduire des mécanismes de **marché*** (particulièrement dans l'agriculture et le commerce) et à développer un capitalisme d'État.

☞ Concepts et corrélats

➢ Économie planifiée ➢ Planification centralisée

NOYAU DUR

Dans la conception épistémologique de I. Lakatos (1922-1974), le noyau dur d'un **programme de recherche scientifique*** est un ensemble d'**hypothèses*** générales qui orientent l'activité des chercheurs et qui ne sont pas soumises à **réfutation***.

☞ Concepts et corrélats

➤ Épistémologie économique ➢ Ceinture protectrice

OBJECTIVITÉ

L'objectivité est la qualité d'une connaissance qui est conforme à l'objet dont elle cherche à rendre compte. Cet objet constitue ce que l'on nomme parfois la réalité objective (c'est-à-dire qui est indépendante de toute idée ou connaissance). L'épistémologie contemporaine, en montrant le caractère problématique du rapport entre le discours scientifique et son objet, est conduite à poser autrement la question de l'objectivité. Une connaissance sera dite objective si elle fait l'objet d'un accord très large (voire unanime) au sein d'une communauté scientifique. L'objectivité s'oppose ici à la subjectivité. Pour K. Popper (1902-1994), l'objectivité de la **science*** n'est pas liée aux qualités personnelles des chercheurs mais à l'activité permanente de critique des énoncés, des **théories***, des **conjectures*** par la communauté scientifique.

☞ Concepts et corrélats

➤ Épistémologie économique
➢ Rationalisme critique ➢ Positivisme
➢ Cumulativité

OBJECTIVATION

L'objectivation est le processus par lequel le chercheur construit son objet scientifique. Cette construction de l'objet suppose l'exercice de la **vigilance épistémologique*** : il faut rompre avec le sens commun, ne pas se laisser abuser par de pseudo-évidences, se méfier des ambiguïtés liées à l'usage du vocabulaire courant, etc.

➪ L'objet construit n'est pas le même selon la discipline au sein de laquelle on travaille ou selon le **paradigme*** que l'on adopte. Par exemple **l'entreprise*** du spécialiste des sciences de gestion n'est pas le même objet scientifique que l'entreprise de l'économiste ou du sociologue.

➪ Souligner l'importance du processus d'objectivation dans la recherche, c'est rompre avec l'illusion empiriste selon laquelle les objets se donnent immédiatement à l'observation et à la connaissance.

➪ Ne pas confondre avec **objectivité***.

☞ Concepts et corrélats

➤ Épistémologie économique

OBLIGATION ASSIMILABLE DU TRÉSOR

Les obligations assimilables du Trésor (OAT) sont des titres d'emprunt émis (en général chaque semaine) par le Trésor qui permettent un financement en continu de la **dette publique*** en fonction des besoins du Trésor. Les OAT sont émises par adjudication et souscrites par les **investisseurs institutionnels*** qui les placent ensuite auprès du public.

➪ Ces obligations sont appelées assimilables car les titres nouveaux ont les mêmes caractéristiques que les titres émis précédemment et donnent lieu à une seule **cotation***.

☞ Concepts et corrélats

➤ Monnaie

OBLIGATION ÉTRANGÈRE

Une obligation étrangère est une **obligation*** émise par un non-résident sur le **marché financier*** d'un autre pays et libellée dans la monnaie de ce marché financier. Par exemple une obligation libellée en francs suisses, placée sur le marché financier suisse et émise par une entreprise américaine est une obligation étrangère.

➪ Ne pas confondre avec **euro-obligation***.

☞ Concepts et corrélats

➤ Finances internationales

OBLIGATIONS INTERNATIONALES

Les obligations internationales sont constituées par l'ensemble des **euro-obligations*** et des **obligations étrangères***.

☞ Concepts et corrélats

➤ Finances internationales ➤ Monnaie

OBSOLESCENCE

L'obsolescence désigne le fait pour un matériel d'être périmé par le **progrès technique*** alors que le délai normal d'usure n'est pas atteint. En effet, pour des raisons d'efficacité face à la **concurrence***, les **entreprises*** doivent souvent renouveler des équipements qui sont toujours techniquement utilisables.

☞ **Concepts et corrélats**

➤ Investissement ➢ Amortissement ➢ Investissement de remplacement ➢ Investissement brut ➢ Investissement net

OFFRE

➤ **Marchés et prix** ➢ **Offre notionnelle** ➢ **Fonction d'offre**

OFFRE D'EMPLOI

L'offre d'emploi ou **demande de travail*** émane des **entreprises*** qui cherchent à recruter de la main-d'œuvre.

☞ **Concepts et corrélats**

➤ Marché du travail

OFFRE DE MONNAIE

L'offre de monnaie résulte de la **création monétaire*** par les **banques de second rang*** et par la **Banque centrale***. Elle dépend donc de l'offre de crédit des **banques*** (liée à leur appréciation de la solvabilité des emprunteurs et au niveau des **taux d'intérêt***) et de la **politique monétaire***.

☞ **Concepts et corrélats**

➤ Monnaie ➢ Demande de monnaie ➢ Multiplicateur de crédit ➢ Diviseur de crédit

OFFRE DE TRAVAIL

L'offre de travail ou **demande d'emploi*** émane des travailleurs qui cherchent à occuper un **emploi*** ou à louer leur **force de travail***.

☞ **Concepts et corrélats**

➤ Marché du travail

OFFRE NOTIONNELLE

L'offre notionnelle désigne une intention de vente d'une certaine quantité d'un **bien*** ou d'un **service*** à un **prix*** donné.

➩ Par un abus de langage, on utilise la notion d'offre pour désigner la quantité offerte, par un **producteur***, ou par l'ensemble des producteur, au **prix d'équilibre*** déterminé par le **marché***.

☞ **Concepts et corrélats**

➤ Marchés et prix ➢ Courbe d'offre ➢ Demande notionnelle

OFFRE PUBLIQUE D'ACHAT

L'offre publique d'achat consiste en une déclaration publique d'un agent (le plus souvent d'un groupe industriel et financier) qui s'engage à acheter à un prix donné (plus élevé que le cours boursier observé) et dans un certain délai, tout ou partie des **actions*** d'une **société***.

Cette technique boursière qui a d'abord été utilisée dans les pays anglo-saxons est pratiquée en France depuis 1966.

☞ **Concepts et corrélats**

➤ Monnaie ➢ Bourse des valeurs ➢ Marché financier ➢ Marché des capitaux

OFFRE PUBLIQUE D'ÉCHANGE

L'offre publique d'échange est une technique boursière qui consiste à proposer d'échanger les **actions*** (ou des **obligations***) d'une **société*** contre les actions d'une autre société.

☞ **Concepts et corrélats**

➤ Monnaie ➤ Entreprise ➢ Bourse des valeurs ➢ Concentration ➢ Marché financier ➢ Marché des capitaux

OLIGOPOLE

Un oligopole est une situation de marché dans laquelle un petit nombre de vendeurs est confronté à un grand nombre d'acheteurs.

La caractéristique fondamentale des structures de type oligopolistique est l'interdépendance des actions des différents vendeurs. Sur un marché de ce type, les prix du produit, la quantité écoulée, le profit d'un producteur déterminé dépendent des réactions des autres producteurs. Cette situation est donc différente de celle du monopole où le producteur choisit la quantité produite, et du même coup le prix lui permettant de maximiser son profit. Dans le cas d'oligopoles, chacun des producteurs peut bien fixer la quantité qu'il offre sur le marché, mais le prix de vente (et donc le profit) dépend de ce que font les autres.

➪ Les situations d'oligopole conduisent soit à des ententes et à la constitution de **cartels***, soit à une exacerbation de la concurrence entre les oligopoleurs.

☞ Concepts et corrélats

➤ Marchés et prix ➢ Duopole

OLIGOPSONE

Un oligopsone est une situation de **marché*** dans laquelle un petit nombre d'acheteurs (demandeurs) est confronté à un grand nombre de vendeurs (offreurs).

☞ Concepts et corrélats

➤ Marchés et prix ➢ Oligopole

OPEN MARKET

Les opérations d'*Open Market* sont réalisées à l'initiative de la **Banque centrale*** sur les marchés de capitaux (notamment le **marché monétaire***); elles impliquent l'une des transactions suivantes :

– achat ou vente ferme d'actifs (au comptant ou à terme);

– achat ou vente d'actifs dans le cadre d'un **accord de pension***;

– prêt ou emprunt contre des actifs admis en garantie;

– émission de certificat de dette de Banque centrale;

– **reprise de liquidités en blanc***;

– opération d'échange de devises.

Les opérations d'*Open Market* sont destinées à réguler la liquidité du système financier et, par son intermédiaire, de l'ensemble de l'économie, afin d'atteindre les objectifs de la **politique monétaire***.

☞ Concepts et corrélats

➤ Monnaie ➢ Opérations principales de refinancement ➢ Facilités permanentes

OPÉRATION DE RÉGLAGE FIN

Dans le cadre de la **politique monétaire*** du **Système européen de banques centrales***, les opérations de réglage fin sont réalisées par la **Banque centrale*** de façon non régulière et sont principalement destinées à faire face aux fluctuations inattendues de la liquidité bancaire.

☞ Concepts et corrélats

➤ Monnaie ➢ Politique monétaire ➢ Refinancement ➢ Reprise de liquidité en blanc

OPÉRATIONS DE RÉPARTITION

Dans le **système européen de comptes de 1995*** (SEC 95), les opérations de répartition regroupent les opérations par lesquelles la **valeur ajoutée*** est distribuée entre la main-d'œuvre, le **capital*** et les **administrations publiques***, ainsi que les opérations de redistribution du **revenu***.

☞ Concepts et corrélats

➤ Comptabilité nationale

OPÉRATIONS FINANCIÈRES

Dans le **système européen de comptes de 1995*** (SEC 95), les opérations financières regroupent l'ensemble des opérations portant sur des **actifs*** ou des **passifs*** financiers.

☞ Concepts et corrélats

➤ Comptabilité nationale

OPÉRATION PRINCIPALE DE REFINANCEMENT

Les opérations principales de refinancement sont des opérations d'***Open Market**** réalisées par l'**Eurosystème*** de manière régulière afin d'assurer l'alimentation du **marché monétaire*** en liquidités. Ces opérations sont réalisées sous forme **d'appels d'offres*** hebdomadaires et ont une échéance de deux semaines.

➪ Les opérations principales de refinancement sont le principal canal par lequel le système financier est alimenté en liquidités.

➪ Alors que les **facilités permanentes*** sont à l'initiative des **institutions financières monétaires***, les opérations principales de refinancement sont à l'initiative de la **Banque centrale***.

☞ Concepts et corrélats

➤ Monnaie ➢ Politique monétaire

OPÉRATIONS SUR BIENS ET SERVICES

Les opérations sur biens et services relevaient de l'ancien système de Comptabilité nationale. Dans le SEC 95 (système européen de comptabilité), on parle à présent **d'opérations sur les produits***.

☞ **Concepts et corrélats**
➤ Comptabilité nationale

OPÉRATIONS SUR LES PRODUITS

Dans le nouveau système de Comptabilité nationale, on distingue sept catégories d'opérations sur les produits :
- **production***;
- **consommation intermédiaire***;
- **dépense de consommation finale***;
- **consommation finale effective***;
- **formation brute de capital***;
- **exportations*** de **biens*** et **services***;
- **importations*** de biens et services.

☞ **Concepts et corrélats**
➤ Comptabilité nationale

OPHÉLIMITÉ

Pour V. Pareto (1848-1923), l'ophélimité est la satisfaction éprouvée par un individu du fait de la **consommation*** d'un **bien*** ou d'un **service***. Pareto propose l'utilisation de ce terme car l'expression usuelle « utilité » a une connotation normative dans le langage courant. Or, l'économiste n'a pas à décider de ce qui est utile ou pas.

➪ L'innovation terminologique de Pareto n'a pas eu beaucoup de succès. Les économistes utilisent toujours l'expression « utilité » (sans lui donner pour autant un contenu normatif).

☞ **Concepts et corrélats**
➢ Théorie néoclassique ➢ Optimum de Pareto ➢ Économie du bien-être ➢ Utilité

OPTIMUM DE PARETO

Un **état réalisable*** d'une économie est un optimum au sens de Pareto lorsqu'il n'est pas possible d'accroître la satisfaction d'un individu sans réduire la satisfaction d'un autre individu.

➪ Il existe une infinité d'optimums de Pareto, qui peuvent correspondre à des répartitions très différentes des ressources entre les agents économiques. Tout dépend en fait des dotations initiales des agents économiques. Ainsi, un état de l'économie dans lequel un agent détiendrait l'ensemble des ressources disponibles serait un optimum de Pareto.

☞ **Concepts et corrélats**
➤ Marchés et prix

OPTIMUM DE SECOND RANG (*SECOND BEST*)

Définir un optimum de second rang, c'est rechercher la meilleure situation économique possible lorsque l'optimum de premier rang (généralement l'**optimum de Pareto***) ne peut pas être atteint.

Si l'une des conditions permettant de conduire à l'optimum de Pareto n'est pas remplie (par exemple si le **marché*** n'est pas atomistique, s'il existe des rendements croissants…) la meilleure situation possible ne consiste pas nécessairement à continuer à respecter les autres conditions. Par exemple, si la concurrence n'est pas parfaite, l'intervention de l'État devient nécessaire pour assurer l'information des consommateurs, limiter les concentrations, etc.

➪ Dans les débats relatifs à l'**intégration économique***, on se demande souvent à quelles conditions une **union douanière*** peut constituer un optimum de second rang (l'optimum de premier rang serait le **libre-échange*** mondial, qui semble difficile à mettre en place à court terme).

☞ **Concepts et corrélats**
➤ Marchés et prix ➢ Économie du bien-être

OPTION

Une option est un contrat au terme duquel l'acheteur de l'option acquiert le droit d'acheter (option d'achat) ou de vendre (option de vente) une quantité déterminée d'un actif financier ou d'une marchandise à un prix déterminé (prix d'exercice). L'acheteur de l'option a donc la possibilité (mais non l'obligation) de prendre livraison à une échéance déterminée, ou au cours d'une période déterminée, des titres ou des marchandises qui font l'objet du contrat. L'acheteur paie le prix de l'option (prime) et se couvre ainsi contre le **risque*** d'une évolution défavorable des cours (par exemple, l'achat d'une option d'achat sur une devise permet de se couvrir contre le risque d'appréciation de cette devise). Le vendeur de l'option supporte lui un risque illimité puisque, quelle que soit l'évolution du cours de l'actif sous-jacent, il devra faire face à ses engagements si l'acheteur de l'option décide d'exercer son droit d'acheter ou de vendre.

⇨ Une option est un **produit dérivé*** puisque le prix de l'option est lié à l'évolution du prix de l'actif sous-jacent et aux **anticipations*** relatives à l'évolution de ce prix.

☞ Concepts et corrélats

➤ Monnaie ➤ Finances internationales ➣ Marchés dérivés

OPTION NÉGOCIABLE

Une option négociable est une **option*** qui fait l'objet d'un marché organisé. L'acheteur ou le vendeur ont donc la possibilité de revendre leur contrat à tout moment. L'organisation du marché permet de faire respecter un certain nombre de règles déontologiques et assure une profondeur et une liquidité suffisantes pour permettre à tous les opérateurs de trouver une contrepartie.

⇨ Avant la création du **Marché des options négociables de Paris*** (MONEP), il existait déjà des options sur les actions, mais ces options n'étaient pas négociables.

☞ Concepts et corrélats

➤ Monnaie ➤ Finances internationales ➣ Marchés dérivés

ORGANISATION EUROPÉENNE DE COOPÉRATION ÉCONOMIQUE (OECE)

L'Organisation européenne de coopération économique a été créée par la Convention de Paris, le 16 avril 1948, pour répartir l'aide américaine et contribuer au développement des échanges économiques européens. Elle a regroupé 16 pays d'Europe occidentale (Autriche, Belgique, Danemark, France, Grèce, Irlande, Islande, Italie, Luxembourg, Norvège, Pays-Bas, Portugal, Royaume-Uni, Suède, Suisse et Turquie) auxquels s'ajoutent la RFA (1949) et l'Espagne (1959). L'**Organisation de Coopération et de Développement Économique*** (OCDE) lui a succédé, le 30 septembre 1961.

L'OECE a favorisé la diminution des contingentements aux importations et la création de l'**Union européenne des Paiements***.

☞ Concepts et corrélats

➤ Intégration économique

ORGANISATION DE COOPÉRATION ET DE DÉVELOPPEMENT ÉCONOMIQUE (OCDE)

L'Organisation de Coopération et de Développement Économique créée le 30 septembre 1961, est une institution de coopération multilatérale, qui succède à l'**Organisation européenne de coopération économique***. Initialement, elle regroupait vingt États (18 de l'OECE plus le Canada et les États-Unis). Elle s'est élargie à d'autres pays industrialisés à économie de marché (Japon, Australie, Autriche, etc.). Elle s'est ouverte à de nouveaux membres dans les années 1990 (Mexique en 1994, République Tchèque en 1995, Hongrie, Pologne et Corée du Sud en 1996). Elle compte actuellement 29 membres.

Son objectif est de contribuer à la mise en place de politiques favorables à :

– « la plus forte expansion possible de l'économie et de l'emploi » ;

– une « saine expansion économique » des pays membres et non membres ;

– une croissance du commerce international « sur une base multilatérale et non discriminatoire ».

⇨ L'OCDE est un club de pays industrialisés. Les pays membres doivent libéraliser leurs marchés et respecter un niveau d'aide au **développement***. L'OCDE est aussi un institut de recherche sur les politiques conduites par les pays membres. Ses travaux d'expertise économique conduisent à des recommandations qui sont l'objet de débats.

☞ Concepts et corrélats

➤ Commerce international ➤ Intégration économique ➤ Politique économique

ORGANISATION MONDIALE DU COMMERCE (OMC)

L'Organisation Mondiale du Commerce est entrée en activité le 1er janvier 1995. Sa création résulte de la signature de l'accord de Marrakech (15 avril 1994) qui concluait le dernier cycle de négociations de l'**Accord Général sur les Tarifs et le Commerce*** (cycle de l'Uruguay, 1986-1994). L'OMC remplace l'Accord Général sur les Tarifs et le Commerce (AGETAC) dont elle reprend les objectifs avec un champ d'action plus large (services, propriété intellectuelle, etc.). Mais, à la différence de ce dernier, elle est une véritable organisation internationale et non un simple accord. Les parties contractantes de l'AGETAC se sont transformées en pays membres de l'OMC (136 en avril 2000).

Au niveau du fonctionnement, l'OMC constitue une instance de négociation continue (alors que l'AGETAC procédait par cycles) ;

– une « Conférence ministérielle » composée des représentants de tous les pays membres se réunit au moins tous les deux ans ;

– un « Conseil général », lui aussi composé de représentants de tous les membres se réunit lorsque cela est nécessaire et exerce les fonctions de la conférence ministérielle entre les réunions de celle-ci. Chaque pays membre possède une voix et les décisions sont prises par consensus ou, à défaut, à la majorité des votes émis.

Le Conseil général de l'OMC remplit les fonctions de « l'Organe de Règlement des Différends » qui peut statuer sur les litiges entre les pays membres et, le cas échéant, autoriser des mesures de rétorsion commerciale. L'Organe de règlement des différends a donc pour objet la prise en charge des contentieux et la disparition des sanctions unilatérales telles que les prévoient, pour prendre l'exemple le plus notable, les articles 301 et Super 301 du Trade Act américain.

➭ L'idée d'une institution internationale régissant les échanges mondiaux existait déjà en 1945, puisque le Conseil Économique et social de l'ONU avait prévu de mettre en place une Organisation internationale du commerce (OIC) qui devait être l'équivalent dans le domaine commercial du **FMI*** dans le domaine monétaire. L'OIC ne verra pas le jour à cause de l'échec de la conférence de la Havane, en 1948.

☞ Concepts et corrélats

➤ Commerce international ➢ Accord Général sur les Tarifs et le Commerce ➢ Protectionnisme

ORGANISATION SCIENTIFIQUE DU TRAVAIL (OST)

L'organisation scientifique du travail est un mouvement de rationalisation du **travail*** qui se met en place à partir de la fin du 19e siècle avec les analyses de F.W. Taylor (1856-1915) puis au début du 20e siècle avec H. Ford (1863-1947).

L'OST est sur une science expérimentale conduite par des experts (le bureau des méthodes) qui étudient, conçoivent et organisent les tâches d'exécution à partir d'un certain nombre d'impératifs :

– étudier la forme la plus élémentaire du travail ;

– repérer les mouvements qui semblent inutiles;

– étudier comment plusieurs ouvriers habiles exécutent chaque opération ;

– décrire chaque mouvement élémentaire et enregistrer son temps ;

– étudier le pourcentage qu'il convient d'ajouter aux temps enregistrés pour couvrir les retards inévitables et les temps de repos ;

– enregistrer les temps des groupes de mouvements et les classer en une nouvelle séquence, à partir des méthodes de travail les plus efficaces parmi celles observées.

On obtient ainsi la suite d'opérations idéale (« *one best way* ») qui est enseignée aux travailleurs pour améliorer leurs performances sur le poste de travail. Selon Taylor (*Shop management*, 1903) il s'agit d'éliminer la « *flânerie systématique* » pratiquée par les ouvriers, en organisant une parcellisation des tâches d'exécution. Cette méthode a été expérimentée avec succès dans la manutention des gueuses de fonte en persuadant les travailleurs de l'accepter en contrepartie d'une rémunération aux pièces.

H. Ford (1863-1947) a amélioré cette organisation du travail dans ses usines automobiles de Détroit en 1913, en fractionnant les opérations de montage entre des travailleurs différents tout au long d'une ligne de production et en introduisant le convoyeur mécanique qui a donné naissance au **travail à la chaîne***.

☞ **Concepts et corrélats**
➢ Crise du fordisme ➢ Fordisme
➢ Taylorisme

ORGANISMES DE PLACEMENT COLLECTIF

Dans la Comptabilité nationale, les organismes de placement collectifs regroupent les **sociétés financières*** dont la fonction consiste à placer, sur les **marchés monétaires***, sur le marché des capitaux ou sur le marché immobilier, les capitaux qu'elles collectent auprès du public.

☞ **Concepts et corrélats**
➤ Comptabilité nationale

ORGANISMES DE PLACEMENTS COLLECTIFS EN VALEURS MOBILIÈRES (OPCVM)

Les **Organismes de placements collectifs en valeurs mobilières** sont des organismes qui assurent pour le compte de leurs actionnaires ou associés, la gestion d'un portefeuille de **valeurs mobilières***. Au sein des OPCVM, on distingue notamment les **Société d'investissement à capital variable*** (SICAV) qui ont été créées en 1964 et les **Fonds communs de placement*** (FCP) créés en 1979. Certaines OPCVM sont diversifiées alors que d'autres sont spécialisées (par exemple sur les actions, les obligations, les titres du marché monétaire, etc.).

➪ Les OPCVM ont été créées pour mobiliser l'épargne et l'orienter vers les **marchés financiers***. Pour l'épargnant, il suffit d'acheter des parts d'OPCVM et de laisser à ce dernier le soin de gérer le portefeuille au jour le jour en fonction de la situation du marché. Les **placements*** en OPCVM permettent de diversifier les risques pour l'épargnant.

☞ **Concepts et corrélats**
➤ Monnaie ➤ Épargne

OSCILLATEUR

L'oscillateur désigne un modèle élaboré en 1939 par P. Samuelson (prix Nobel 1970) dans lequel les **fluctuations économiques*** résultent de l'effet combiné de l'**accélérateur*** et le **multiplicateur***. Ce modèle met en évidence la possibilité d'oscillations endogènes (déterminées par le modèle) par l'introduction de retards :

– dans la fonction de **consommation***,
$C_t = cY_{t-1}$,
la consommation au temps, t, dépend du **revenu*** de la période précédente (Y_{t-1}), soit (c) la **propension marginale à consommer***,

– dans la fonction d'**investissement***,
$I_t = \beta(C_t - C_{t-1})$,

– il faut tenir compte d'une relation de type **accélérateur***.

Soit A un **investissement autonome***, compte tenu de la relation d'équilibre
$Y_t = C_t + I_t + A$
Il vient
$Y_t = c(1+b)Y_{t-1} - b(cY_{t-2}) + A$

L'instabilité introduite par l'investissement induit est d'autant plus grande que b est élevé.

➪ Le **multiplicateur d'investissement*** apparaît comme un cas particulier de l'oscillateur (b=0). L'oscillateur repose sur des hypothèses en partie contradictoires, le multiplicateur agit sur l'économie réelle en situation de sous-utilisation des facteurs de production mais l'excès de capacité limite le jeu de l'accélérateur.

☞ **Concepts et corrélats**
➤ Fluctuations et crises ➢ Cycles réels
➢ Grappes d'innovations ➢ Théorie keynésienne

OUTSIDERS

➤ **Marché du travail**
➢ **Insiders/outsiders (théorie)**

PACTE ANDIN

Le Pacte andin est un accord commercial signé en 1969 par les pays du versant pacifique de l'Amérique du Sud (Bolivie, Colombie, Équateur, Pérou) pour l'établissement d'une **union douanière***. Le Venezuela a rejoint le Groupe en 1974.

La réduction des droits de douane a été favorable à l'accroissement des échanges à l'intérieur de la zone. Mais la politique de contrôle des **investissements directs étrangers*** a conduit le Chili, qui s'était engagé dans une voie libérale de développement depuis 1973, à se retirer du Pacte andin en 1976. Les difficultés de ces économies depuis la crise de la dette (1982) ont remis en cause cet accord. À la réunion de Quito en juin 1992, les pays du Pacte andin n'ont pas réussi à se mettre d'accord sur un tarif extérieur commun pour le passage à une réelle union douanière. Mais deux pays ont officiellement aboli leurs barrières douanières: la Colombie et le Venezuela.

☞ **Concepts et corrélats**
➤ Intégration économique

PAIR DU CHANGE

Dans un système de **changes fixes***, le pair du change est la définition officielle d'une **monnaie*** exprimée dans l'étalon monétaire du système. Le rapport des pairs du change de deux monnaies constitue la **parité*** (on dit aussi « parité officielle ») de ces deux monnaies.

➪ On dit qu'une **devise*** est « au pair » lorsque son cours sur le marché des changes coïncide avec la parité officielle.

➪ Sur le marché des changes à terme, on dit qu'une devise est « au pair » ou « à la parité » lorsque son cours à terme est égal à son cours au comptant.

☞ **Concepts et corrélats**
➤ Finances internationales ➢ Étalon-or ➢ Étalon de change or ➢ Déport ➢ Report

PANIER DE CONSOMMATION

En **microéconomie***, le choix du **consommateur*** porte sur des combinaisons de quantités de **biens*** dont la liste constitue un panier de consommation. Pour simplifier l'analyse, on raisonne généralement sur des paniers constitués de deux biens. Le panier X se note (x_1, x_2), x_i représentant la quantité de bien i que le consommateur décide d'acheter.

☞ **Concepts et corrélats**
➤ Marchés et prix ➤ Consommation ➢ Ensemble budgétaire

PARADIGME

Un paradigme est un «exemple exemplaire» qui sert de modèle de référence pour les activités scientifiques au sein d'une discipline donnée. Par extension, à la suite des travaux de Th. Kuhn (1922-1996), on appelle paradigme un ensemble d'hypothèses, de méthodes, de concepts, de problématiques qui sont communes aux chercheurs d'une communauté scientifique déterminée au cours d'une période donnée.

➪ En **science économique***, le terme paradigme est souvent utilisé comme synonyme de «**théorie***» On parlera ainsi indifféremment du «paradigme néoclassique» ou de la «théorie néoclassique».

☞ **Concepts et corrélats**
➤ Épistémologie économique ➢ Matrice disciplinaire

PARADOXE DE CONDORCET

Le philosophe et mathématicien M.C. Condorcet (1743-1794), qui a été l'un des principaux initiateurs des nombreuses réformes mises en place par la Révolution de 1789, a mis en évidence le fait que la combinaison de choix individuels rationnels (transitifs) pouvait conduire à des choix collectifs non transitifs. À partir d'un exemple, il montre que lorsque plus de deux votants doivent choisir entre trois situations ou plus, les chances sont fortes de voir apparaître une situation d'indétermination. Il y a donc non-transitivité du choix collectif et donc indétermination des préférences collectives. L'ordre des préférences retenu par la collectivité entrera forcément en contradiction avec celui d'un certain nombre d'individus.

Cette analyse a été reprise et approfondie par K. Arrow dans son analyse des fonctions d'**utilité*** collective.

☞ **Concepts et corrélats**
➤ État ➤ Politique économique ➢ Services collectifs ➢ Théorème d'Arrow

PARADOXE DE GIFFEN

➢ **Effet Giffen**

PARADOXE DE LA VALEUR

Le paradoxe de la valeur a été énoncé par A. Smith (1723-1790) pour défendre la théorie de la **valeur travail*** : pourquoi l'eau, qui est très utile, a-t-elle une **valeur d'échange*** très faible, alors que le diamant, qui est inutile, a une valeur d'échange très forte ? Pour les classiques, la réponse est la suivante : le diamant a une valeur travail élevée, ce qui n'est pas le cas de l'eau. Les néoclassiques, théoriciens de la **valeur utilité***, répondent à ce paradoxe par le concept de **rareté***. Lorsque l'eau est rare (c'est-à-dire qu'elle est désirée et disponible en faible quantité), sa valeur de marché est élevée. Le concept d'**utilité**

marginale* permet de comprendre qu'un individu très assoiffé est disposé à échanger une grande quantité de diamants contre une petite quantité d'eau.

☞ **Concepts et corrélats**

➢ Théorie néoclassique ➢ Marginalisme ➢ Loi de Gossen

PARADOXE DE LEONTIEFF

Le paradoxe de W. Leontieff (1953) apporte une contradiction empirique au **théorème HOS***.

Ayant calculé le contenu en travail et en capital des différentes productions américaines, W. Leontieff a constaté un résultat paradoxal : les États-Unis, *a priori* bien dotés en capital, exportent en moyenne des produits intensifs en travail et importent des biens intensifs en capital.

W. Leontieff justifie ce résultat par la prise en compte de la productivité des travailleurs américains qui, à l'époque, était plus élevée que dans les autres pays. Pour homogénéiser internationalement le facteur travail, W. Leontieff a multiplié le nombre de travailleurs américains par trois. En fait les États-Unis sont un pays relativement bien doté en travail et non en capital. Le paradoxe est donc levé et les résultats de Leontieff redeviennent conformes au théorème HOS.

☞ **Concepts et corrélats**

➤ Commerce international ➢ Théorème HOS

PARADOXE DE SOLOW

Le paradoxe de R. Solow (né en 1924, prix Nobel en 1987) concerne les relations entre l'informatique et la **productivité*** de l'économie. Pour cet économiste, « on voit les ordinateurs partout, sauf dans les statistiques » (1987).

En effet, R. Solow ne constate pas d'effet sensible de l'informatisation sur la croissance économique et plus spécifiquement sur la productivité du travail. Si l'on élargit le raisonnement aux nouvelles technologies de l'information (NTIC), on observe que malgré les **investissements*** considérables réalisés dans les NTIC, la croissance de la productivité a été nettement plus faible dans les années 1980 que pendant les années 1960 et 1970.

Ce phénomène peut s'expliquer par le fait que les investissements en NTIC sont difficiles à maîtriser aussi bien au niveau individuel qu'au niveau des organisations. De plus, l'apprentissage des NTIC donne lieu à des gaspillages de temps, du fait de l'obsolescence accélérée des matériels et des logiciels. Plus généralement, les entreprises doivent adapter leur organisation du travail (méthodes de production, de commercialisation, de gestion, etc.) aux nouvelles technologies. Il est donc logique que la productivité n'augmente pas dès l'introduction des NTIC.

➪ Certaines analyses de la « **nouvelle économie*** » considèrent que le paradoxe de Solow est « levé » aux États-Unis, où l'informatisation se voit partout, y compris dans les statistiques de la productivité et de la croissance. Les autres pays industrialisés devraient eux aussi connaître prochainement les bienfaits de la Troisième **révolution industrielle***.

☞ **Concepts et corrélats**

➤ Croissance ➤ Fluctuations et crises
➢ Productivité globale des facteurs
➢ Nouvelle économie

PARADOXE DE TRIFFIN

Le paradoxe de Triffin (ou Dilemme de Triffin) met en évidence la contradiction interne du système de **Bretton Woods***. Dans ce système, le dollar est à la fois monnaie nationale et monnaie internationale :

– en tant que monnaie nationale, la confiance dans le dollar est liée au respect par les États-Unis des équilibres fondamentaux (en particulier l'équilibre de la **balance des paiements***) ;

– en tant que monnaie internationale, la circulation de dollars hors des États-Unis doit croître pour accompagner la croissance mondiale.

Pour que cette seconde condition soit satisfaite, il faut que la **balance des paiements*** des États-Unis soit déficitaire, ce qui mine la confiance dans le dollar et est susceptible de remettre en cause son statut de monnaie internationale.

➪ R. Triffin (1911-1993) était un défenseur des conceptions keynésiennes. Il a formulé dès les années 1950 son dilemme qui montrait la fragilité du système de

Bretton Woods. Il a été l'inspirateur de l'**Union européenne des paiements***.

☞ **Concepts et corrélats**
➤ Finances internationales ➢ Étalon-or ➢ Étalon de change or ➢ Système monétaire international

PARAFISCALITÉ

La parafiscalité est constituée des **prélèvements obligatoires*** affectés à d'autres organismes que l'**État*** et les collectivités territoriales. Les **cotisations sociales*** ou la redevance audiovisuelle sont des exemples de composantes de la parafiscalité.

☞ **Concepts et corrélats**
➤ État ➤ Protection sociale ➢ Fiscalité

PART DE MARCHÉ

Sur un **marché*** donné, la part de marché d'un producteur désigne le pourcentage des ventes totales d'un **produit*** qu'il réalise sur ce marché.

Au plan international, la part de marché d'une nation est égale au rapport entre ses **exportations*** de ce produit et le total des exportations mondiales de ce produit ou groupe de produits.

☞ **Concepts et corrélats**
➤ Marchés et prix ➤ Entreprise
➢ Pouvoir de marché

PARITÉ

Dans un système de **changes fixes***, la parité (on dit aussi parité officielle) d'une monnaie est le rapport des définitions officielles de deux monnaies exprimées dans l'étalon monétaire du système (or, **devise-clé*** ...).

➪ Ne pas confondre avec **cours du change*** ou avec **pair du change***.

☞ **Concepts et corrélats**
➤ Finances internationales

PARITÉ DES POUVOIRS D'ACHAT

La théorie de la Parité des pouvoirs d'achat (PPA) est l'une des théories explicatives de la détermination des **cours du change***.

○ La version « absolue » de cette théorie a été formulée par K.G. Cassel (1866-1945). Elle considère qu'en longue période, la valeur d'une monnaie par rapport à une autre est déterminée par le rapport des pouvoirs d'achat internes de ces deux monnaies. Le pouvoir d'achat interne de la monnaie est mesuré par l'inverse du **niveau général des prix***.

○ Selon la version « relative » de cette théorie, c'est l'évolution relative du niveau général des prix (que l'on désigne souvent sous le terme de **différentiel d'inflation***) qui détermine l'évolution du cours du change des monnaies.

☞ **Concepts et corrélats**
➤ Finances internationales ➢ Parité des taux d'intérêt

PARITÉ DES TAUX D'INTÉRÊT

D'après la théorie de la Parité des taux d'intérêt (PTI), élaborée par J. M. Keynes en 1923, les **cours du change*** des monnaies sont déterminés par le différentiel de taux d'intérêt réel entre les **marchés financiers*** considérés.

Le **différentiel de change*** (exprimé en pourcentage du cours au comptant) entre le cours au comptant d'une devise et son cours à terme est égal au différentiel d'intérêt pour la même échéance.

➪ Pour Keynes, la faiblesse du **taux de change*** s'accompagne de **taux d'intérêt*** élevés (les agents n'acceptent de détenir une monnaie faible qu'en contrepartie d'une rémunération élevée). Dans certains cas cependant, la causalité s'inverse : un taux d'intérêt réel élevé conduit à l'**appréciation*** de la monnaie.

☞ **Concepts et corrélats**
➤ Finances internationales ➢ Parité des pouvoirs d'achat

PASSAGER CLANDESTIN

(*FREE RIDER*)

La notion de passager clandestin (traduction littérale : cavalier libre) est utilisée notamment par l'**école du Public Choice*** pour analyser le comportement des individus qui bénéficient d'un **bien collectif*** indivisible sans participer à son financement. Le dilemme du passager clandestin réside dans le fait que tout individu rationnel va refuser de révéler ses préférences et de payer pour un service collectif en considérant qu'il pourra en bénéficier malgré tout en raison de l'existence d'**indivisibilités***. Or si tous les individus adoptent un tel comportement, aucun bien collectif ne sera produit.

☞ **Concepts et corrélats**
➢ Libéralisme ➢ Service public

PASSIF

Le passif exprime l'origine des fonds dont dispose un agent (une **entreprise***). Le passif du **bilan*** de l'entreprise enregistre les fonds disponibles de l'entreprise selon leur origine en différenciant les **capitaux propres*** constitués par l'apport des **actionnaires*** et les **dettes*** à long, moyen ou court terme.

☞ **Concepts et corrélats**
➤ Entreprise ➢ Bilan

PATRIMOINE

Le patrimoine se compose de l'ensemble des **actifs*** financiers et non financiers détenus par un agent à un moment donné.

On distingue généralement le patrimoine brut du patrimoine net :

– le patrimoine brut d'un agent se compose de l'ensemble des **biens*** et des **créances*** qu'il détient ;

– le patrimoine net est égal au patrimoine brut diminué des **dettes*** contractées par l'agent.

⇨ Le patrimoine est un **stock***, à la différence du **revenu***, qui, est un **flux*** .

☞ **Concepts et corrélats**
➤ Revenu ➤ Épargne ➤ Capital

PAUVRETÉ

La notion de pauvreté fait l'objet de plusieurs définitions :

– Selon une approche monétaire, la pauvreté désigne l'état des individus ou des ménages dont le revenu ou les dépenses sont inférieurs à un seuil de pauvreté. Dans la plupart des pays du monde, ce seuil est l'équivalent monétaire d'un panier de biens et de services considérés comme le minimum nécessaire à l'existence. On parle alors de pauvreté absolue. Cependant, dans les pays de l'Union européenne, le seuil de pauvreté monétaire est relatif : il correspond à 50% du revenu médian. Ce seuil évolue donc parallèlement à la tendance globale des revenus.

– Selon l'approche en termes de pauvreté humaine ou sociale, on intègre les besoins fondamentaux non seulement l'alimentation, le vêtement et l'habitat, mais aussi la santé, l'éducation, l'accès à l'eau, c'est-à-dire des biens et services qui sont fournis sur une base collective. **L'indicateur de Pauvreté Humaine*** (IPH) du PNUD, a été créé dans les années 1990, sur la base de la théorie des capacités développée par A. Sen (prix Nobel 1998).

– Selon l'approche en termes d'exclusion, on ne se réfère pas uniquement aux diverses formes de déprivation matérielle ou de services sociaux, mais à un processus de désintégration sociale, fondé sur diverses dimensions entretenant des liens étroits les unes avec les autres. On peut noter en particulier la place accordée au travail non seulement comme mode d'accès à des moyens d'existence, mais aussi comme principal vecteur de lien social et d'identité sociale. L'exclusion de l'emploi formel déclenche ainsi des effets en chaîne d'autres problèmes sociaux.

☞ **Concepts et corrélats**
➤ Revenus ➤ Économie du développement ➢ Moyenne ➢ Médiane ➢ Salaire médian ➢ Développement humain

PAYS D'EUROPE CENTRALE ET ORIENTALE (PECO)

Les pays d'Europe centrale et orientale désignent une partie des pays en transition vers l'**économie de marché***. On désigne en général les 10 pays issus de l'ex-bloc soviétique : les pays d'Europe centrale (Hongrie, Pologne, Slovaquie, République Tchèque), d'Europe orientale (Bulgarie, Roumanie) de l'ex-Yougoslavie (dont la Slovénie) ou de l'ex-URSS (3 États baltes : Estonie, Lettonie, Lituanie). Les PECO sont candidats à l'adhésion à l'**Union européenne*** (UE). Certains pays sont moins avancés dans la transition (Bulgarie, Roumanie). D'autres, comme les pays du triangle de Visegrad (Hongrie, Pologne, Tchécoslovaquie) avaient signé entre eux, en 1992, un traité de **libre-échange*** (le traité de Visegrad avant la partition de la Tchécoslovaquie en République tchèque et la Slovaquie).

L'intégration au sein de l'UE pose des problèmes de transferts des fonds structurels pour assurer la convergence des **niveaux de vie*** et des problèmes institutionnels. Les premiers entrants doivent intégrer l'UE avant 2005 (Estonie, Hongrie, Pologne, République Tchèque,

Slovénie). Un second groupe devrait entrer avant 2010 (Albanie, Bulgarie, Lettonie, Lituanie, Roumanie, Slovaquie, États issus de la Yougoslavie).

☞ **Concepts et corrélats**

➤ Intégration ➢ Conseil d'assistance économique mutuel (CAEM) ➢ Fédéralisme politique ➢ Fédéralisme budgétaire

PAYS ÉMERGENTS

Les pays émergents constituent une nouvelle catégorie de pays qui se caractérisent par :

– une croissance rapide de la **production*** et des **marchés financiers*** ;

– une **intégration*** dans les flux commerciaux et financiers internationaux.

➪ La notion de « pays émergents », apparue dans les années 1980 est largement diffusée dans les années 1990. Elle remet en cause l'idée d'une unité du **tiers-monde***.

➪ Après avoir attiré les capitaux internationaux au début des années 1990 (perspectives de **croissance économique*** et de **profits***), les pays émergents ont été touchés par une série de crises financières entre 1997 et 1999.

☞ **Concepts et corrélats**

➤ Commerce international ➤ Finances internationales ➤ Économie du développement ➢ Marchés financiers

PENSION

➤ **Monnaie** ➢ **Accord de pension**

PERESTROÏKA

Perestroïka est le mot russe qui signifie « restructuration », « refonte ». Il désigne le processus de réforme de l'économie soviétique lancé par M. Gorbatchev entre 1985 et 1991. L'échec économique et politique de cette tentative de mise en place d'un **socialisme de marché*** a conduit à la disparition de l'Union Soviétique et à un processus de transition vers le **capitalisme***.

☞ **Concepts et corrélats**

➢ Socialisme ➢ Communisme
➢ Économie de marché

PÉRIPHÉRIE

Selon la théorie néomarxiste du **développement***, les pays pauvres constituent la périphérie du système capitaliste mondial. Ils sont dominés et exploités par les principaux pays capitalistes qui forment le **centre***.

☞ **Concepts et corrélats**

➤ Économie du développement
➢ Échange inégal ➢ Effet de domination

PETITES ET MOYENNES ENTREPRISES (PME)

Les petites et moyennes entreprises sont selon l'INSEE, celles qui sont juridiquement indépendantes et dont le nombre de salariés est compris entre 10 et 500 salariés.

➪ Les PMI sont des petites et moyennes entreprises du secteur industriel.

☞ **Concepts et corrélats**

➤ Entreprise ➢ Capitalisme ➢ Entrepreneur ➢ Entreprise artisanale ➢ Entreprise unipersonnelle à responsabilité limitée

PLACE EXTRA-TERRITORIALE (*OFFSHORE PLACE*)

On appelle place extra-territoriale une zone économique dans laquelle les agents, notamment les banques multinationales, bénéficient de conditions d'exercice particu-lièrement favorables, principalement sur le plan fiscal. Certaines opérations internationales traitées ailleurs et avec des non-résidents y sont domiciliées (par exemple, les îles Cayman, les îles Cook, l'île Maurice, Panama, Sainte Lucie, les îles Grenadines, Samoa, les Seychelles, les Bahamas, Vanuatu, etc.).

☞ **Concepts et corrélats**

➤ Finances internationales

PLACEMENT

Un placement est une opération consistant pour un agent économique à utiliser son **épargne*** pour acquérir des actifs financiers. L'épargne placée se distingue donc de l'épargne thésaurisée.

➪ Ne pas confondre placement et **investissement***.

☞ **Concepts et corrélats**

➤ Épargne ➤ Monnaie ➢ Thésaurisation

PLANIFICATION CENTRALISÉE

➢ **Planification économique**

PLANIFICATION ÉCONOMIQUE

La planification économique est une modalité de la régulation de l'économie qui s'oppose ou complète la régulation par le **marché***. Elle suppose :

– un horizon temporel (en général les plans sont à moyen terme, 5 ans par exemple, mais des plans plus courts sont concevables de même que des plans à long terme) ;

– des objectifs (le plan n'est donc pas une simple projection, c'est une prévision orientée par des choix) ;

– une programmation des moyens destinés à atteindre les objectifs. Ces moyens doivent être cohérents entre eux, ils doivent conduire à l'utilisation optimale des ressources disponibles.

La planification peut s'appliquer à divers niveaux :

– au niveau des **entreprises*** (on parle alors de planification stratégique) ;

– au niveau d'une collectivité territoriale;

– au niveau d'un domaine d'activité (plan d'équipement rural par exemple).

Le plus souvent la planification économique est macroéconomique et concerne l'ensemble d'une économie nationale. On peut concevoir une planification :

– centralisée (au niveau d'une économie nationale, par exemple) ou décentralisée (au niveau des collectivités locales ou régionales) ;

– impérative (elle s'impose avec force de loi à tous les agents économiques), ou indicative.

La planification est présentée par ses défenseurs, notamment O. Lange (1904-1965) comme un système plus efficace que les mécanismes de marché pour atteindre l'optimum économique et social, ce que contestent vivement des auteurs libéraux comme F. Hayek (1899-1992) ou L. von Mises (1881-1973).

➪ Les dysfonctionnements de la planification dans les économies de type soviétique ont déconsidéré les systèmes centralement planifiés.

☞ Concepts et corrélats

➤ État ➤ Politique économique

➢ Analyse stratégique

PLANIFICATION IMPÉRATIVE

La planification impérative est le système qui fonctionnait en URSS et dans les autres pays de l'Est. La planification impérative consiste pour les planificateurs à fixer à chaque unité de production des objectifs (généralement en quantités physiques) que celles-ci doivent atteindre obligatoirement. La transmission des objectifs aux unités de production suppose une organisation géographique et/ou sectorielle des instances de planification.

➪ La planification impérative est généralement centralisée, mais des modèles de planification décentralisée ont été proposés.

☞ Concepts et corrélats

➤ État ➤ Politique économique

➢ Planification économique

➢ Planification indicative

PLANIFICATION INDICATIVE

La planification indicative est le système de planification mis en place au sein de certaines économies de marché (en particulier en France mais aussi au Japon).

Ce type de planification fixe des objectifs au niveau des **branches*** ou des régions mais il n'a pas un caractère obligatoire pour les **entreprises***. C'est une planification fondée sur la concertation entre les partenaires économiques et sociaux et sur l'action incitative des pouvoirs publics. Elle vise à pallier les insuffisances du **marché*** (horizon temporel trop court, non prise en compte de l'intérêt général, etc.), elle est souvent liée à la mise en œuvre de **politiques keynésiennes***.

« *La planification française est la recherche d'une voie moyenne conciliant l'attachement à la liberté et à l'initiative individuelle avec une orientation commune du développement.* » (P. Massé, *Le plan ou l'anti-hasard*)

➪ La planification indicative « à la française » a beaucoup évolué depuis le premier plan élaboré par J. Monnet (1888-1979) en 1947 qui a permis d'accélérer la reconstruction de l'économie française jusqu'aux plans actuels qui sont avant tout de vastes études de marchés. Depuis le 11e

Plan, aucun plan nouveau n'a été élaboré, même si le Commissariat au Plan continue de publier des études prospectives.

☞ Concepts et corrélats

➤ État ➣ Planification économique ➣ Planification impérative

PLUS-VALUE

Dans la **théorie marxiste***, la plus-value est la différence entre la **valeur d'usage*** de la **force de travail*** (déterminée par la temps de travail accompli par le salarié et donc par les marchandises produites pendant ce temps de travail) et la **valeur d'échange*** de la force de travail (déterminée par la valeur travail des marchandises nécessaires pour assurer la reproduction de la force de travail). La plus-value est donc la forme que prend le **surtravail*** dans le système capitaliste. Si, par exemple, la journée de travail est de huit heures et qu'au bout de quatre heures le salarié a produit une valeur équivalente à la valeur des marchandises nécessaires à la reproduction de la force de travail, le salaire aura tendance à se fixer à un niveau correspondant à quatre heures de travail, les quatre autre heures constituant la plus-value.

➪ Certaines traductions du *Capital* de K. Marx (1818-1883) utilisent le terme « survaleur ».

➪ Il ne faut pas confondre la plus-value au sens de Marx et la plus-value au sens courant (plus-value immobilière par exemple si on revend un immeuble plus cher qu'on ne l'a acheté).

☞ Concepts et corrélats

➣ Exploitation ➣ Plus-value absolue ➣ plus-value relative ➣ Taux de plus-value ➣ Capitalisme

PLUS-VALUE ABSOLUE

Dans la **théorie marxiste***, la plus-value absolue est la **plus-value*** qui est obtenue par l'allongement de la journée de travail au-delà du temps de travail nécessaire à la reproduction de la **force de travail***.

☞ Concepts et corrélats

➣ Exploitation ➣ Plus-value relative ➣ Taux de plus-value ➣ Capitalisme

PLUS-VALUE RELATIVE

Dans la **théorie marxiste***, la plus-value relative est la **plus-value*** qui est obtenue par l'augmentation de la **productivité*** dans la production des biens de consommation ouvrière (qui permet une baisse de la valeur de la **force de travail***).

☞ Concepts et corrélats

➣ Exploitation ➣ Plus-value absolue ➣ Taux de plus-value ➣ Capitalisme

POINTS D'OR

Le mécanisme des « points d'or » assurait en théorie la stabilité des changes au sein du système de l'**étalon-or***. Il ne fonctionne que si toutes les caractéristiques de ce système de change sont respectées.

Lorsqu'une monnaie se déprécie par rapport à une autre, il devient avantageux pour les résidents du pays dont la monnaie se déprécie d'effectuer leurs règlements à l'étranger en or plutôt qu'en **devises***. On atteint ainsi le « point de sortie d'or ».

Réciproquement, lorsqu'une monnaie s'apprécie, les non-résidents qui ont des règlements à effectuer dans le pays où la monnaie s'apprécie ont intérêt à effectuer leurs règlements en or. On atteint ainsi le point d'entrée d'or.

Au sein du système de l'**étalon-or***, le **cours du change*** des monnaies variait donc, en théorie, à l'intérieur de marges de fluctuations définies par le coût du transport et d'assurance de l'or entre les places financières. C'est ainsi, qu'en ce qui concerne le franc français et la livre sterling au 19e siècle, les points d'entrée et de sortie de l'or étaient situés à plus ou moins 0,2% de la parité.

Dans la pratique, le système de l'étalon-or n'a pas fonctionné de façon aussi rigoureuse. La livre sterling jouait le rôle de monnaie internationale, ce qui limitait le recours à l'or comme instrument de règlement.

☞ Concepts et corrélats

➤ Finances internationales ➣ Devise-clé

POINT MORT

Le point mort ou seuil de **rentabilité*** est une estimation du montant des ventes (ou **chiffre d'affaires***) pour lequel le résultat de **l'entreprise*** est nul. Cette estimation repose sur l'hypothèse que les charges variables de l'entreprise sont proportionnelles au volume produit. Par exemple, si les coûts fixes sont de 20000 francs et que les marges sur coûts variables sont de 20 % le point mort correspondra à une production de 4000 unités pour obtenir un résultat nul (20 % de 20000).

☞ **Concepts et corrélats**
➤ Entreprise ➢ Analyse financière ➢ Économies d'échelle

PÔLE DE COMPÉTITIVITÉ

Un pôle de compétitivité désigne un **secteur*** économique, une **filière***, une **branche*** ou une **entreprise*** qui fait preuve d'une forte **compétitivité*** par rapport à la **concurrence*** internationale.

Les pôles de compétitivité exercent un **effet d'entraînement*** sur l'ensemble de l'économie.

☞ **Concepts et corrélats**
➤ Politique économique ➤ Commerce international ➤ Économie du développement ➢ Faiseur de prix ➢ Preneur de prix ➢ Politique industrielle ➢ Pôle de développement ➢ Pôle de croissance

PÔLE DE CROISSANCE

Pour F. Perroux (1903-1987), un pôle de croissance correspond à une ou plusieurs industries qui constituent des points privilégiés d'application des forces de la **croissance***. Un pôle de croissance est une combinaison de centres d'accumulation et d'agglomération de moyens humains et matériels qui peut modifier l'environnement géographique immédiat ou même toute la structure de l'économie nationale.

«*L'économie nationale en croissance (...) apparaît comme une combinaison d'ensembles relativement actifs (industries motrices, pôles d'industrie et d'activités géographiquement agglomérées) et d'ensemble relativement passifs (industries mues, régions dépendantes des pôles géographiques agglomérés).*»
(*L'économie du 20e siècle*, 1961).

☞ **Concepts et corrélats**
➤ Économie du développement ➢ Croissance déséquilibrée ➢ Effets d'agglomération

PÔLE DE DÉVELOPPEMENT

Pour F. Perroux (1903-1987), un pôle de développement correspond à un « point » déterminé d'où peuvent se propager des effets d'entraînement ou de freinage ; il est un ensemble de processus cumulatifs qui composent une chaîne de déséquilibres.

« *L'implantation d'un pôle de développement suscite une suite de déséquilibres économiques et sociaux (...) Le pôle implanté distribue des salaires et des revenus monétaires additionnels sans accroître nécessairement la production locale de biens de consommation ; il déplace des mains-d'œuvre locales et les sépare de leurs unités originaires sans leur procurer nécessairement un nouvel encadrement social ; il concentre cumulativement, en un lieu et dans une branche, l'investissement, le trafic, l'innovation technique et économique sans en procurer nécessairement à d'autres lieux dont la croissance et le développement peuvent être, au contraire, retardés.* » (*L'économie du 20e siècle*, 1961)

➪ Certains disciples de Perroux précisent que ces pôles de développement ne peuvent être que des **industries industrialisantes*** (G. Destanne de Bernis).

➪ Selon Perroux, il ne peut y avoir de **croissance*** et de **développement*** sans concentration et expansion. Il faut donc aménager consciemment le milieu de propagation pour transformer « *la croissance d'une industrie en croissance d'une nation et faire d'un développement anarchique un développement ordonné* » (*L'économie du 20e siècle*, 1961).

➪ La théorie des pôles de développement cherche à se démarquer des **théories libérales*** de la **croissance*** et du **développement*** sans adopter pour autant la **théorie marxiste***.

☞ **Concepts et corrélats**
➤ Économie du développement ➢ Politique de développement ➢ Croissance déséquilibrée ➢ Effets d'agglomération

POLICY MIX

➢ **Politique mixte**

POLITIQUE AGRICOLE COMMUNE (PAC)

La politique agricole commune est l'une des composantes de la **politique économique*** de l'**Union européenne***. Elle repose sur le principe d'un prix unique européen et de la **préférence communautaire***. Les prix garantis aux producteurs permettent d'écouler leurs excédents à un prix généralement supérieur aux cours mondiaux. Sa vocation au départ était d'accroître la productivité pour garantir à la **Communauté européenne***, une autosuffisance alimentaire et une capacité exportatrice. Une justification sociale (maintien des agriculteurs) s'est ajoutée à la logique économique. La légitimité de la PAC a été mise en doute, en raison des distorsions de concurrence qu'elle induit pour les pays non membres, et des modalités de son financement entre les pays membres. Sous l'influence des réticences de la Grande-Bretagne, des autres pays « payeurs » (Allemagne) et du cycle de négociations engagées dans le cadre de l'**Uruguay Round***, puis de l'**Organisation Mondiale du Commerce***, la PAC a été réorientée en 1992. Les pays européens ont diminué les aides à leur agriculture. L'aide à la personne s'est partiellement substituée à l'aide aux productions (ce qui rapproche la PAC du soutien agricole américain) et les prix agricoles européens ont baissé pour rejoindre progressivement des cours mondiaux. Les dépenses agricoles ont diminué en proportion du budget communautaire (75% au début de la décennie 1990, près de la moitié, à la fin des années 1990). Mais l'élargissement de l'UE à de nouveaux pays membres, risque d'accroître les dépenses. De plus, les aides nouvelles pour le soutien à l'environnement ont tendance à s'accroître.

☞ Concepts et corrélats

➤ Commerce international ➤ Intégration économique ➤ Politique économique ➢ Politique structurelle

POLITIQUE ANTITRUST

Les politiques antitrust sont des réglementations qui visent à contrôler ou à empêcher la constitution d'ententes ou des mouvements de **concentration*** qui risqueraient d'aboutir à la disparition de la **concurrence*** dans un **secteur***. La politique antitrust est l'une des composantes de la **politique de la concurrence***.

Dès la fin du 19e siècle, une telle législation apparaît aux États-Unis avec la loi Sherman de 1890 puis la loi Clayton de 1914. Les tribunaux ordinaires et/ou des institutions spécialisées comme les offices des cartels peuvent veiller au respect de ces dispositions.

➪ L'**Union européenne*** possède une législation antitrust. L'article 81 du traité de Rome précise tous les accords jugés « incompatibles avec le Marché commun ».

☞ Concepts et corrélats

➤ Politique économique ➢ Concentration ➢ Monopole ➢ Oligopole ➢ Concurrence imparfaite

POLITIQUE BUDGÉTAIRE

La politique budgétaire vise à agir sur la situation économique par l'intermédiaire du **budget de l'État***.

L'action par le budget peut être réalisée par l'intermédiaire :

- des recettes fiscales;
- des dépenses budgétaires;
- du **solde budgétaire***.

La politique budgétaire a généralement des objectifs conjoncturels, mais elle peut aussi viser des objectifs structurels (par exemple le financement d'infrastructures de transport entraîne, à la fois, des effets conjoncturels et structurels).

➪ Un vif débat a opposé (au cours des années 1960 notamment) les monétaristes et les keynésiens sur les mérites comparés de la **politique monétaire*** et de la politique budgétaire comme instrument de régulation de l'économie.

➪ La **contrainte extérieure*** limite les marges de manœuvre de la politique budgétaire. L'approche keynésienne est favorable à une coopération des pays afin de relancer la **croissance économique***. Les économistes libéraux considèrent que les politiques budgétaires sont inutiles et nuisibles (**effet d'éviction***).

➪ Les pays de la **Zone Euro***, ont signé un **pacte de stabilité et de croissance*** par lequel ils s'engagent (Dublin 1996 et Amsterdam en 1997) à limiter leurs déficits publics (dans lesquels est inclus le déficit budgétaire) à 3 % de leur **PIB***. Ces pays disposent donc de marges de manœuvre limitées pour leur politique budgétaire. Un pays en récession peut recevoir des transferts budgétaires européens, mais le budget européen est d'une trop faible ampleur pour jouer un rôle contra cyclique. Ceci fait dire à certains que l'Europe doit aller vers plus de **fédéralisme politique*** sous peine de se retrouver démunie face à des chocs conjoncturels.

☞ Concepts et corrélats

➤ État ➤ Politique économique ➢ Loi de finances ➢ Déficit budgétaire ➢ Multiplicateur des dépenses publiques ➢ Multiplicateur fiscal ➢ Monétarisme ➢ Politique keynésienne ➢ Politique mixte ➢ Politique structurelle ➢ Fédéralisme budgétaire

POLITIQUE COMMERCIALE

La politique commerciale désigne l'action des pouvoirs publics sur les échanges extérieurs du pays. La politique commerciale peut mettre en place des dispositifs visant à protéger le marché intérieur de la concurrence extérieure (**protectionnisme***) ou bien au contraire, à réduire la protection du marché intérieur. Elle peut également consister à mettre en place une **politique industrielle*** en faveur d'un secteur d'activités.

☞ Concepts et corrélats

➤ Commerce international ➢ Politique commerciale stratégique ➢ Protectionnisme

POLITIQUE COMMERCIALE STRATÉGIQUE

Une politique commerciale stratégique désigne un ensemble de mesures de **politique industrielle*** prises par un **État*** en faveur d'un secteur d'activité confronté à la concurrence internationale. Les aides à la production accordées aux entreprises nationales vont leur permettre de capter les surprofits existant sur un marché de **concurrence imparfaite*** ou encore à réduire des **barrières à l'entrée sur le marché***.

J. Brander et B. Spencer exposent un modèle (1982) qui montre que lorsque la concurrence est imparfaite, l'échec du marché permet de justifier l'intervention de l'État.

La politique commerciale stratégique peut s'avérer avantageuse pour un pays même si elle va à l'encontre des principes du **libre-échange***. Elle constitue un argument décisif en faveur d'un **protectionnisme éducateur*** ou d'un **mercantilisme*** moderne. Elle n'est cependant pas exempte de critiques. Ainsi, P. Krugman fait remarquer que le succès d'une politique commerciale stratégique repose sur une appréciation exacte de la situation des **entreprises*** et du marché. Il est donc supposé que les pouvoirs publics disposent d'une information de bonne qualité qui leur permet de déterminer le montant des aides à accorder.

Par ailleurs, les risques de représailles et de guerre commerciale de la part des pays concurrents sont réels dans la mesure où une politique commerciale stratégique est en fait une politique d'enrichissement d'un pays aux dépens des autres. En fin de compte, P. Krugman reste favorable au libre-échange et refuse toute mesure protectionniste.

☞ Concepts et corrélats

➤ Commerce international
➢ Protectionnisme ➢ Théorie des jeux

POLITIQUE CONJONCTURELLE

La politique conjoncturelle est une action de l'État visant à agir à court terme sur la situation économique en fonction des déséquilibres existants. Par exemple une politique de blocage des **prix*** et des **revenus*** pour une durée limitée est une politique conjoncturelle qui vise à réduire l'**inflation***.

L'action sur la conjoncture se fait par l'intermédiaire de la **politique budgétaire***, de la **politique monétaire***, de la politique de change et de la **politique des revenus***.

➪ La politique conjoncturelle n'est qu'une composante de la politique économique qui englobe aussi la **politique structurelle*** ;

➪ Politique conjoncturelle et **politique structurelle*** sont souvent étroitement imbriquées : par exemple, la lutte contre l'inflation a des aspects conjoncturels mais aussi structurels.

☞ Concepts et corrélats

➤ État ➤ Politique économique
➢ Politique contra cyclique ➢ Politique mixte ➢ Politique budgétaire ➢ Politique monétaire ➢ Carré magique

POLITIQUE CONTRA CYCLIQUE

La politique contra cyclique est une **politique conjoncturelle*** qui vise à compenser, par des mesures de **politique économique***, les variations cycliques de l'activité économique.

Les pouvoirs publics doivent mettre en œuvre une **politique de relance*** en période de **récession*** ; en période de surchauffe, ils utilisent une **politique de stabilisation***.

La politique contra cyclique permet de maintenir l'économie au voisinage d'un sentier de croissance.

☞ Concepts et corrélats

➤ Politique économique ➤ État ➣ Cycle économique ➣ Politique keynésienne ➣ Croissance potentielle

POLITIQUE D'AJUSTEMENT STRUCTUREL (PAS)

La politique d'ajustement structurel consiste à mettre en place un ensemble de mesures à caractère économique et social menant progressivement au respect des équilibres macroéconomiques : réduction des déficits, décélération de la hausse des prix, libéralisation des échanges, privatisations...

L'idée de base des PAS est que les pays du tiers-monde doivent s'attaquer aux racines des déséquilibres structurels. Dans une perspective libérale, l'économie doit devenir plus flexible et plus compétitive de manière à pouvoir entretenir une croissance à long terme. Le passage à une économie de marché ouverte est devenu le nouveau cadre de référence : une intégration plus forte au commerce international et la redéfinition de la place du secteur public en sont les conditions nécessaires.

Les PAS sont imposées par le **Fonds Monétaire International*** à l'occasion de l'octroi de certaines lignes de crédit à des pays en difficulté de **balance des paiements***. Ces lignes de crédit sont dites: « facilités d'ajustement structurel » (FAS) ou « facilités d'ajustement structurel renforcé » (FASR). Il existe également depuis 1993 des « facilités pour la transformation systémique » spécialisées dans l'aide à l'adaptation des ex-économies administrées à l'économie de marché internationale.

☞ Concepts et corrélats

➤ Économie du développement ➤ Finances internationales ➤ Politique économique ➣ Consensus de Washington

POLITIQUE D'AUSTÉRITÉ

La politique d'austérité est une politique économique qui vise à freiner la croissance de la **demande globale*** pour lutter contre l'**inflation*** et le déficit extérieur.

En ce sens, il peut s'agir d'une **politique keynésienne***. Cette politique repose sur la même logique que la **politique de stabilisation***. L'emploi du terme « austérité » indique le caractère plus drastique des mesures mises en œuvre.

Par ailleurs, la politique d'austérité vise en général à modifier le partage de la **valeur ajoutée*** entre les **revenus du travail*** et les **revenus du capital*** dans un sens favorable à ces derniers.

En ce sens, elle constitue une **politique de l'offre***.

➪ Les politiques d'austérité peuvent donc se référer aux analyses :

– keynésienne (freinage de la demande pour éviter la surchauffe et le déficit extérieur) ;

– néoclassique (réduction ou freinage des **dépenses publiques***, **neutralité budgétaire***).

➪ Le terme politique de rigueur, parfois utilisé, est une euphémisation du terme politique d'austérité.

☞ Concepts et corrélats

➤ État ➤ Politique économique ➣ Politique budgétaire ➣ Politique monétaire ➣ Politique des revenus ➣ Politique contra cyclique

POLITIQUE DE CRÉNEAUX

Une politique de créneaux consiste à faire porter l'effort de **compétitivité*** sur quelques créneaux de production.

Les économistes considèrent qu'une politique de créneaux obéit à une logique plutôt libérale (le choix des créneaux porteurs sur les marchés internationaux repose sur la théorie des **avantages comparatifs***) alors qu'une **politique de filières*** relève d'une logique interventionniste.

❍ Dans le cas d'un pays développé, une politique de créneaux est une stratégie de réorientation du commerce extérieur en fonction des atouts supposés du pays et des potentialités anticipées de ces créneaux. L'essor de la **mondialisation*** et le recul de l'**interventionnisme*** conduisent à un recul des politiques de filière au profit des politiques de créneaux.

➪ Les **politiques industrielles*** mises en œuvre en France dans les années 1980 ont été largement abandonnées.

❍ Pour un **pays en voie de développement***, une stratégie de créneaux consiste à privilégier un **développement extraverti*** par le choix de quelques produits qui seront exportés et permettront d'obtenir les devises nécessaires à la poursuite du développement.

☞ Concepts et corrélats

➤ Développement ➤ Politique économique ➢ Créneau ➢ Filière
➢ Politique de filière

POLITIQUE DE DÉVELOPPEMENT

Une politique de développement est une stratégie élaborée par une économie nationale en vue de favoriser le **développement*** économique.

– Au sens large, on peut parler de politique de développement industriel, ou de politique de développement d'une **branche***, d'une **filière***, d'un **secteur*** ou même d'une **entreprise***.

– Au sens plus restreint de l'économie du développement, on réserve le terme de politique de développement pour caractériser une politique globale de développement d'un **pays en voie de développement***.

– Les politiques de développement peuvent privilégier une stratégie autocentrée ou extravertie ; elles peuvent miser, prioritairement, sur un développement industriel ou agricole.

☞ Concepts et corrélats

➤ Économie du développement
➤ Politique économique
➢ Développement autocentré
➢ Développement extraverti ➢ Industrialisation par substitution d'importation
➢ Industrialisation par promotion des exportations

POLITIQUE DE DÉSINFLATION COMPÉTITIVE

Une politique de désinflation compétitive est une politique économique visant à rétablir la **compétitivité*** de l'économie par un ralentissement de l'**inflation***. Cette politique permettra d'améliorer la compétitivité-prix des produits nationaux, ce qui conduira à une hausse des exportations et donc de la production nationale et de l'emploi.

☞ Concepts et corrélats

➤ État ➤ Politique économique
➢ Politique de stabilisation

POLITIQUE DE FILIÈRE

Une politique de filière, en matière de **politique industrielle***, met l'accent sur les interdépendances au sein du **système productif***.

Dans cette optique, la **compétitivité*** d'une économie dépend des effets de synergie au sein des filières et entre filières. Elle s'apprécie donc au niveau du système productif et de sa cohérence.

➪ Cette conception s'oppose à celle qui sous-tend la **politique de créneau***. Pour cette dernière, la compétitivité résulte des performances des **entreprises***.

➪ Le succès des **Nouveaux Pays Industriels*** s'explique en partie par la mise en œuvre d'une politique de filière.

☞ Concepts et corrélats

➤ Économie du développement
➤ Politique économique ➢ Créneau
➢ Filière ➢ Remontée de filière

POLITIQUE DE L'EMPLOI

Selon la Direction de l'animation de la recherche, des études et des statistiques (DARES), la politique de l'emploi désigne les instruments utilisés par les « *pouvoirs publics pour améliorer la situation de l'emploi ou atténuer certaines des conséquences du sous-emploi* » (*La politique de l'emploi*, 1997). La politique de l'emploi comprend les volets suivants :

– les mesures cherchant à influencer les comportements d'activité (préretraites par exemple) ;

– l'indemnisation du chômage ;

– les dispositifs spécifiques d'embauche en faveur de certaines catégories d'actifs dans le but d'améliorer leur employabilité (jeunes, chômeurs de longue durée, etc.) ou de certaines formes de travail (emplois peu qualifiés...) ;

– la formation professionnelle ;

– les dispositifs généraux de baisse du coût du travail.

La politique de l'emploi s'inscrit dans une politique macroéconomique plus globale comme, par exemple, une **politique de relance*** de la demande ou une **politique libérale*** qui encourage la **flexibilité du travail*** et la **déréglementation***.

☞ Concepts et corrélats

➤ Politique économique ➤ Marché du travail ➢ Emploi ➢ Chômage ➢ Carré magique

POLITIQUE DE L'OFFRE

La politique de l'offre est une politique économique qui cherche à stimuler l'offre par une réduction des **prélèvements obligatoires*** ou par une **déréglementation***. Elle obéit à la logique sous-jacente de la **loi des débouchés*** de J.-B. Say (1763-1832) : c'est l'**offre*** qui importe (et qui crée sa propre **demande***).

➩ On oppose les politiques de l'offre aux **politiques keynésiennes*** qui ont pour but de stimuler la demande.

☞ Concepts et corrélats

➤ État ➤ Politique économique ➢ Courbe de Laffer ➢ Politique libérale

POLITIQUE DE LA CONCURRENCE

La politique de la concurrence vise à surveiller et contrôler la **concurrence***. La réglementation des ententes et des **concentrations***, l'information des consommateurs sont les éléments essentiels de cette politique.

Dans un contexte de **mondialisation*** et de désengagement de l'**État***, la politique de la concurrence tend à prendre une importance croissante au sein de la **politique économique***. Le rôle des pouvoirs publics tend de plus en plus à se cantonner à la surveillance des marchés.

➩ Pour les pays de l'**Union européenne***, la politique de la concurrence s'opère de plus en plus au niveau communautaire.

☞ Concepts et corrélats

➤ État ➤ Marchés et prix ➢ Cartel ➢ Forme de la concurrence ➢ Politique antitrust

POLITIQUE DE RELANCE

La politique de relance est une **politique conjoncturelle*** de stimulation de la **demande globale*** destinée le plus souvent à lutter contre le **chômage***. C'est une politique d'inspiration keynésienne. Les politiques de relance Chirac/Fourcade en 1975 et Mauroy (1981-1982) ainsi que la politique de réduction d'impôts (*tax cut*) de Kennedy (États-Unis 1960) sont des exemples de politiques de relance.

➩ Une politique keynésienne n'est pas nécessairement une politique de relance.

➩ La **contrainte extérieure*** limite les effets des politiques de relance, ce qui conduit les keynésiens à préconiser des relances concertées. L'**intégration économique*** européenne fait que les relances sont plus efficaces au niveau européen qu'au niveau national.

☞ Concepts et corrélats

➤ État ➤ Politique économique ➢ Politique de l'offre ➢ Politique contra cyclique ➢ Politique mixte

POLITIQUE DES REVENUS

La politique des revenus est constituée de l'ensemble des actions de l'État qui visent à agir sur la répartition des revenus. Cette action peut porter sur la répartition des **revenus primaires*** (blocage des revenus, participation de l'État à des accords contractuels...) ou sur la **redistribution*** des revenus (création ou suppression de **prestations sociales***, détermination du montant des prestations...).

La politique des revenus a souvent été mise en œuvre dans le cadre de politiques de lutte contre l'**inflation***. L'objectif est alors de rendre la croissance des revenus réels compatible avec les **gains de productivité***.

☞ Concepts et corrélats

➤ État ➤ Politique économique ➤ Revenus ➢ Politique d'austérité ➢ Politique contra cyclique ➢ Politique de stabilisation ➢ Politique sociale

POLITIQUE DE STABILISATION

La politique de stabilisation est une **politique conjoncturelle*** visant à lutter contre les tensions inflationnistes en modérant la croissance de la demande globale. La politique mise en œuvre en 1963 par V. Giscard d'Estaing (alors ministre des Finances) est connue sous le nom de « plan de stabilisation ». Elle comportait, entre autres, les mesures suivantes : blocage des prix, réduction du **déficit budgétaire*,** renforcement de l'**encadrement du crédit***.

⇨ Une politique de stabilisation peut donc être d'inspiration keynésienne (cas du plan Giscard en 1963) ou d'inspiration libérale (cas du plan de lutte contre l'inflation de R. Barre en 1976).

☞ Concepts et corrélats

➤ État ➤ Politique économique ➢ Politique de relance ➢ Politique d'austérité ➢ Stop and go ➢ Politique keynésienne

POLITIQUE DU CHANGE

La politique du change est l'ensemble des interventions des **autorités monétaires*** qui visent à agir sur les **cours du change***.

En système de **changes fixes***, l'action peut consister à modifier le **pair du change*** de la monnaie (**dévaluation*** ou **dépréciation***) et/ou à agir sur le cours du change à l'intérieur des **marges de fluctuations***.

En système de **changes flottants***, l'intervention des **banques centrales*** sur les cours du change a une efficacité faible sauf si elle s'inscrit dans une logique de coordination des interventions avec les autres banques centrales.

⇨ Selon certains libéraux, les banques centrales doivent s'interdire toute intervention discrétionnaire et laisser aux marchés le soin de déterminer les **taux de change*** d'équilibre.

☞ Concepts et corrélats

➤ Finances internationales ➢ Flottement des monnaies

POLITIQUE ÉCONOMIQUE

• *Définitions et objectifs de la politique économique*

Définitions

La politique économique se définit comme un ensemble de décisions cohérentes, prises par les pouvoirs publics et visant, à l'aide de divers instruments, à atteindre des objectifs afin d'orienter l'économie dans un sens souhaitable. La poursuite de ces objectifs pouvant être recherchée à plus ou moins long terme.

La politique économique peut être caractérisée à partir de plusieurs critères.

❍ Selon les agents qui la mettent en œuvre : **État*** au sens strict, collectivités locales, administrations de Sécurité sociale. On insiste souvent sur la politique macroéconomique mise en œuvre par les **administrations publiques*** centrales mais les collectivités territoriales peuvent, elles aussi, mettre en œuvre des politiques économiques. En France, la **décentralisation*** a accru le pouvoir d'intervention économique des communes, des départements et des régions. Aux États-Unis, le désengagement de l'État sous la présidence de R. Reagan a été partiellement compensé par une augmentation de l'intervention économique et sociale des États fédéraux et des villes.

❍ Selon son champ d'application : **politique de l'emploi*, politique industrielle***... On peut également considérer la politique économique au sens large en y incluant la **politique sociale***.

❍ Selon son horizon temporel (**politique conjoncturelle***, **politique structurelle***...).

Selon ses objectifs : **plein-emploi***, stabilité des prix, équilibre extérieur, **croissance économique***, etc.

⇨ La politique économique n'entend pas se substituer aux décisions privées et se distingue à ce titre de la **planification impérative***. La **planification indicative*** à la française offre une sorte de cadre à moyen terme à la politique économique.

Les objectifs

Les objectifs de la politique économique peuvent être résumés à partir des trois fonctions de l'État définies par R. Musgrave :

– La **fonction d'allocation*** concerne les politiques structurelles. La production de **services collectifs*,** les **nationalisations*** ou les **privatisations***, l'**aménagement du territoire***, la **planification*,** la **politique industrielle***, etc. Il s'agit d'actions de l'État qui infléchissent l'allocation des ressources productives résultant du jeu du marché. L'objectif est en général de créer des conditions plus favorables à la **croissance*** et au développement économiques.

Dans le cadre de la théorie néoclassique, l'**économie du bien-être*** préconise l'intervention des pouvoirs publics en cas de défaillances du marché, c'est-à-dire pour la production de **biens collectifs*,** en cas d'**effets externes***, et enfin pour réglementer les **monopoles naturels***. La théorie de la **croissance endogène*** réhabilite certaines interventions structurelles de l'État (dépenses d'infrastructures, d'éducation, de recherche-développement).

– La **fonction de redistribution*** concerne toutes les actions relatives à la **protection sociale*,** au versement de **revenus de transferts***. Ces interventions se justifient par le fait que la répartition des revenus qui résulte du marché (répartition des **revenus primaires***) est jugée trop inégalitaire.

Dans la perspective keynésienne, une **redistribution*** des revenus a des effets favorables sur le niveau de la consommation nationale. La **propension à consommer*** est en effet d'autant plus faible que le **revenu*** est élevé. Les transferts versés aux titulaires de revenus jugés insuffisants entraînent une hausse de la consommation alors que les prélèvements obligatoires effectués sur les revenus élevés tendent à réduire l'**épargne*** sans pour autant diminuer la consommation. De plus les transferts jouent un rôle contra cyclique : ils empêchent par exemple la demande de s'effondrer en cas de crise économique.

Dans une perspective néoclassique (économie du bien-être), la redistribution des revenus peut se justifier par le fait que la répartition qui résulte du marché n'est pas un **optimum de Pareto*.** Par exemple, si la diminution de l'utilité de certains agents (provenant de la baisse des revenus après **prélèvements obligatoires***) est inférieure à l'accroissement de l'utilité d'autres agents (liée à la hausse de leur revenu après transferts), la redistribution se justifie. Comme les fonctions d'utilités individuelles ne sont pas comparables, le problème est alors d'établir une fonction d'utilité collective. Le **théorème d'Arrow*** ou « théorème d'impossibilité » démontre la difficulté à construire une fonction d'utilité collective.

– La **fonction de stabilisation*** concerne la régulation conjoncturelle de l'activité économique. Ses objectifs sont souvent présentés à partir du **carré magique*** ; et le **schéma IS-LM*** a souvent servi de cadre à la réflexion sur la compatibilité de ces objectifs.

⇨ Au sens étroit, la politique économique est la politique conjoncturelle.

• *Les instruments de la politique économique*

La règle de Tinbergen et la règle de Mundell

Les instruments de la politique économique doivent être cohérents entre eux et cohérents avec les objectifs de la politique économique.

Deux règles doivent être rappelées à ce propos :

– la règle de J. Tinbergen, (1903-1994, prix Nobel en 1969) affirme qu'il faut choisir autant d'instruments qu'il y a d'objectifs (*On the theory of economic policy*, 1952). Les objectifs doivent être quantifiés, par exemple : un taux d'inflation de 3 %, un **taux de chômage*** de 2,5 %, etc.;

– la règle de Mundell (né en 1932, prix Nobel 1999) : chaque instrument doit être utilisé pour atteindre l'objectif à l'égard duquel il est relativement le plus efficace. Par exemple, certains auteurs considèrent qu'il faut utiliser l'instrument monétaire pour agir sur les prix et l'instrument budgétaire pour agir sur l'**emploi***.

On distingue traditionnellement trois grands types de politiques qui constituent les instruments de la politique économique : **politiques budgétaire***, **politique monétaire*** et politique du change.

La politique budgétaire

La politique budgétaire peut agir sur l'économie à la fois sur le plan conjoncturel (réglage de la demande globale à court terme) et sur le plan structurel (infrastructures de transport, dépenses d'éducation...).

La politique budgétaire se traduit :

– par des mesures relatives aux recettes (modification des **taux d'imposition***, création ou suppression d'impôts, dégrèvement fiscaux, etc.) ;

– par des mesures relatives aux dépenses (augmentation ou diminution des dépenses, modification de la structure des dépenses par fonction ou par ministère) ;

– par la détermination du **solde budgétaire***.

Les keynésiens considèrent que la politique budgétaire agit sur la demande par le jeu du **multiplicateur des dépenses publiques*** et/ou du **multiplicateur fiscal***. La politique budgétaire est discrétionnaire et varie selon la conjoncture économique. Il s'agit d'une politique **contracyclique*** de soutien de la demande en cas de sous-emploi ou bien de freinage de la demande en cas de surchauffe. L'équilibre budgétaire importe moins que l'équilibre macroéconomique. Rechercher un équilibre budgétaire à tout prix est une erreur et il vaut mieux laisser jouer les **stabilisateurs automatiques***.

➪ Le **théorème de Haavelmö*** a montré qu'un budget, même en équilibre, mais en expansion, peut avoir un effet stimulant sur l'activité économique.

➪ Le déficit budgétaire peut conduire un pays à un endettement cumulatif lorsque le taux d'intérêt de la dette est supérieur au taux de croissance du PIB (**effet «boule de neige»***).

Dans une optique néoclassique, les pouvoirs publics doivent seulement se contenter d'avoir un **budget*** équilibré, quelle que soit la situation conjoncturelle. La politique budgétaire doit respecter le principe de la **neutralité budgétaire***. De plus, tout déficit provoque un **effet d'éviction*** et des tensions inflationnistes.

L'annonce publique des engagements et, éventuellement, des mesures institutionnelles assurant leur irréversibilité, doivent renforcer la crédibilité de cette politique.

La politique monétaire

La **politique monétaire*** peut agir sur la quantité de monnaie et/ou sur le **taux d'intérêt***. En rendant l'accès au crédit plus ou moins facile et plus ou moins coûteux, la politique monétaire agit sur l'offre et sur la demande de biens et de services. Les autorités monétaires peuvent agir sur le comportement de création de monnaie des **banques*** en agissant sur les conditions du **refinancement*** bancaire par la politique des **réserves obligatoires*** et/ou par des interventions sur le **marché monétaire***. L'encadrement du **crédit*** a été abandonné dans les pays industrialisés au court des années 1980. La **déréglementation*** financière, la **désintermédiation***, l'internationalisation des marchés de capitaux a rendu plus difficile la conduite des politiques monétaires nationales.

En matière de politique monétaire, les oppositions entre les analyses monétariste et keynésienne conduisent à des logiques d'intervention différentes.

La politique mixte

La **politique mixte*** combine les deux instruments que sont la politique monétaire et la politique budgétaire.

<u>La politique mixte en économie fermée</u>

On peut en résumer les principes grâce au **schéma IS-LM*** dans lequel la politique budgétaire (effet sur la courbe IS) et la politique monétaire (effet sur la courbe LM) permettent un réglage précis de la politique économique en fonction de la conjoncture.

Par exemple, une politique budgétaire expansionniste, par le jeu du multiplicateur des dépenses publiques ou du multiplicateur fiscal, provoque une hausse de la production nationale (déplacement de la courbe IS vers la droite) mais aussi une demande de monnaie accrue, ce qui induit sur le marché monétaire une hausse du **taux d'intérêt*** qui va elle-même freiner l'investissement. L'effet de la relance budgétaire est donc atténué, ce qui conduit à mettre en place une politique monétaire expansionniste (augmentation de l'offre de monnaie) afin de faire baisser le taux d'intérêt.

➪ L'efficacité de la politique mixte suppose que la **conjoncture*** soit caractérisée ou bien par du chômage, ou bien par de l'inflation, mais pas les deux.

<u>La politique mixte en économie ouverte</u>

Le modèle Mundell-Fleming a étendu le schéma IS-LM à une situation d'économie ouverte. Ce modèle prend en compte le régime de change (**changes fixes*** ou **changes flexibles***) ainsi que le degré de mobilité internationale des capitaux.

❍ En changes fixes, la politique monétaire perd son efficacité et la politique budgétaire est la plus appropriée, surtout dans un contexte de forte mobilité des capitaux.

Une relance monétaire (baisse du taux d'intérêt pour accroître l'**offre de monnaie***) provoque une hausse des importations et des sorties de capitaux. Il en résulte une dégradation du solde de la balance des paiements et du taux de change. La baisse des réserves de change, due aux interventions de la **Banque centrale*** sur le **marché des changes***, réduit l'offre de monnaie, ce qui est contraire à l'effet recherché. De façon symétrique, une politique monétaire restrictive améliore le solde de la balance des paiements et conduit à une appréciation du taux change, la hausse des réserves de change qui en résulte fait augmenter la masse monétaire. Dans tous les cas, la politique monétaire est donc inefficace.

En ce qui concerne la politique budgétaire, une relance entraîne : une hausse de la production nationale (effet multi-plicateur) ; une dégradation des échanges extérieurs et du taux de change (hausse des importations) ; une augmentation du taux d'intérêt (hausse de la demande de monnaie et contraction de l'offre de monnaie due à la baisse des réserves de change).

L'effet de relance dépend alors du degré de mobilité des capitaux. Si les capitaux sont mobiles, ils sont attirés par le taux d'intérêt élevé et viennent augmenter la masse monétaire, entraînant ainsi une baisse du taux d'intérêt. L'effet de relance est alors renforcé. Si la mobilité des capitaux est insuffisante, les taux d'intérêt restent élevés (effet de relance atténué).

○ En situation de changes flexibles, la politique monétaire est efficace et l'influence de la politique budgétaire diminue avec la mobilité des capitaux.

Une relance monétaire fait baisser le taux d'intérêt et déprécie le change (hausse des importations et sorties de capitaux). L'amélioration de la compétitivité-prix renforce les effets de la relance monétaire. À l'inverse, un freinage monétaire entraîne une appréciation du taux de change qui réduit les exportations et renforce ainsi les effets de la politique monétaire restrictive.

Une relance budgétaire est rendue partiellement inefficace en raison d'un phénomène d'éviction par le change. En effet, une politique budgétaire expansionniste entraîne deux effets indirects de sens opposé sur le taux de change. Elle tend, d'une part, à provoquer une hausse des taux d'intérêt et favorise des entrées de capitaux qui doivent se traduire par une appréciation du taux de change. D'autre part, la hausse des importations conduit à une dépréciation du change.

Le résultat de ces deux effets contradictoires dépend alors du degré de mobilité internationale des capitaux. Si la mobilité internationale des capitaux est forte, le change s'apprécie à la suite des entrées de capitaux et diminue la compétitivité-prix des produits nationaux (baisse du volume des exportations). L'effet de la relance budgétaire est donc partiellement ou totalement neutralisé. Si la mobilité internationale des capitaux est faible (pas d'entrées de capitaux), l'accroissement des importations à la suite de la relance provoque une dépréciation du taux de change qui conduira à une hausse des exportations. La politique budgétaire est alors efficace.

	Forte mobilité des capitaux	
	Changes fixes	**Changes flexibles**
Politique budgétaire	Efficace	Inefficace
Politique monétaire	Inefficace	Efficace

	Faible mobilité des capitaux	
	Changes fixes	**Changes flexibles**
Politique budgétaire	Inefficace	Efficace
Politique monétaire	Inefficace	Efficace

La politique du change

En agissant sur la valeur internationale de la monnaie, les pouvoirs publics peuvent exercer une influence sur la **compétitivité*** des entreprises, sur les mouvements internationaux de capitaux, sur les taux d'intérêt, etc.

En régime de changes fixes, il est possible de procéder à des **dévaluations*** ou à des **réévaluations***. En régime de changes flottants, les autorités monétaires peuvent, en intervenant sur le **marché des changes*** et/ou en faisant varier les taux d'intérêt, provoquer une **appréciation*** ou une **dépréciation*** de leur monnaie nationale.

Une dévaluation ou une dépréciation, en diminuant le prix en **devises*** des **exportations*** et en augmentant le prix en monnaie nationale des **importations***, peuvent réduire le déficit commercial.

➪ Les effets d'une variation de la valeur internationale de la monnaie n'améliorent pas mécaniquement le solde commercial (**courbe en J***, **théorème des élasticités critiques***).

• *L'évolution et les enjeux actuels de le politique économique*

De l'échec relatif des politiques keynésiennes au consensus sur les politiques monétaristes et libérales

Après la Seconde Guerre mondiale, les politiques économiques ont été fondées sur les analyses des théoriciens de la **synthèse néoclassique*** pour lesquels une politique mixte bien adaptée devait permettre d'empêcher le retour des **crises économiques*** qui avaient scandé le 19e siècle et le début du 20e.

Jusqu'à la fin des années 1960, les politiques économiques sont efficaces et s'appuient sur des relations macroéconomiques stables, notamment la relation inflation-chômage. Comme l'indique la **courbe de Phillips***, on ne peut réduire le chômage sans augmenter l'inflation et inversement. La rupture de croissance de 1974, la **stagflation*** et l'accentuation de la **contrainte extérieure*** marquent l'impuissance relative des politiques keynésiennes. Cela explique en partie l'adhésion des pouvoirs publics au credo monétariste. Les monétaristes et les théoriciens de l'**économie de l'offre*** vont tenter de démontrer que l'origine même de la crise réside dans l'excès d'intervention de l'État.

Pour l'**École monétariste***, les relances budgétaires ne sont efficaces que temporairement ; à long terme, le chômage revient à son taux « naturel » et l'inflation s'accroît (courbe de Philips verticale). Quant à l'**École des anticipations rationnelles***, elle tente de démontrer, en utilisant le **théorème d'équivalence de Ricardo-Barro***, que toute relance budgétaire est totalement inefficace. C'est sur la base de ces critiques que des **politiques libérales*** ont été mises en œuvre dans les années 1980 dans tous les grands pays industrialisés. La France a par exemple mis en place une **politique de désinflation compétitive*** à partir de 1983.

Toutefois, en dépit des discours libéraux et de certaines mesures spectaculaires (privatisations, déréglementation...), les composantes keynésiennes de la politique économique ont subsisté (**déficit budgétaire*** aux États-Unis).

Les difficultés de la régulation macroéconomique dans un contexte de libéralisation financière

Dans une économie où les marchés financiers sont prédominants, la régulation macroéconomique pose problème. Comme le montrent H. Bourguinat (*La tyrannie des marchés*, 1995) et J.P. Fitoussi (*Le débat interdit*, 1995), la **globalisation financière*** conduit à une accentuation des contraintes. En effet, toute tension inflationniste est immédiatement intégrée dans les anticipations, ce qui amène une hausse des taux d'intérêt à long terme et freine l'activité. La politique économique doit donc obtenir l'assentiment des marchés financiers, comme en témoigne la généralisation des politiques de désinflation compétitive.

Dans un système financier libéralisé, l'essor des récessions financières accroît la variabilité de l'économie réelle. En général, la déflation du prix des actifs financiers entraîne une contraction du crédit et des difficultés pour les **établissements de crédit***, ce qui provoque une récession.

Or une récession financière diffère d'une récession économique habituelle. En effet, les entreprises tentent de se désendetter et cherchent à élever la part des profits dans la **valeur ajoutée*** ainsi que leur **taux d'autofinancement***. Ces ajustements entraînent une baisse prononcée des investissements productifs.

Quant aux ménages, leur comportement d'épargne accentue la récession. Dans une récession économique habituelle, le fléchissement de la demande freine les revenus des ménages qui, pour préserver leur mode de vie des effets d'une réduction des revenus qu'ils jugent temporaire, puisent dans leur **épargne***. La baisse du **taux d'épargne*** est donc contra cyclique. Au contraire, la récession financière déclenchée par la forte baisse des actifs patrimoniaux fait baisser le ratio richesse/revenu. Les ménages réagissent en augmentant leur taux d'épargne pour conserver la valeur réelle de leur patrimoine et entretiennent ainsi la récession.

Enfin, les banques sont conduites à un excès de prudence (situation d'**asymétrie de l'information***) et préfèrent un rationnement général du crédit et une augmentation indifférenciée du taux d'intérêt, ce qui accroît la récession financière.

La régulation macroéconomique se trouve donc confrontée à une sensibilité accrue de l'économie réelle et une accentuation des cycles économiques, en contrepartie d'une plus grande stabilité des prix.

La politique économique dans le cadre de l'Europe

Les avantages de l'intégration économique et monétaire européenne sont importants :

– allègement de la contrainte extérieure commerciale car la plupart des pays européens réalisent une part essentielle de leurs échanges internationaux entre eux ;

– allègement de la contrainte extérieure financière puisque les banques centrales ne sont plus obligées d'intervenir sur les marchés des changes et de puiser dans leurs réserves pour stabiliser le taux de change entre monnaies européennes. Par ailleurs, un pays de la zone euro qui est déficitaire par rapport à un autre pays de la zone règle son déficit avec sa propre monnaie et n'est donc plus obligé de dégager un excédent de la balance des paiements. Ce dernier avantage peut s'accroître si l'Euro devient une véritable monnaie internationale.

Dans le cadre de l'UEM, les pays de la **Zone Euro*** ont signé un **pacte de stabilité et de croissance*** qui interdit à un pays de la zone d'avoir un déficit public supérieur à 3 % du PIB. Selon Y. T. de Silguy (*L'Euro*, 1998), l'ambition de ce pacte est de garantir une convergence durable des économies et une « *cohérence de la politique budgétaire et monétaire qui permettront de maintenir un euro crédible* ». Selon certains économistes, l'assainissement budgétaire est un moyen de dynamiser la croissance et la création d'emplois . De plus, la réduction des déficits donne une marge de manœuvre à la politique budgétaire.

La mise en place de l'Union économique et monétaire (UEM) pour les pays de la **Zone Euro*** enlève aux États nationaux deux instruments essentiels de la politique économique : la politique monétaire qui relève désormais de la **Banque centrale européenne*** et la gestion du taux de change de l'**Euro*** qui dépend du Conseil Ecofin.

Des conflits d'objectifs peuvent apparaître entre la politique monétaire décidée par la BCE qui recherche la stabilité des prix et les politiques budgétaires qui restent du ressort des États et sont orientées vers la croissance et l'emploi.

➪ En principe, la BCE doit tenir compte des analyses économiques de la Commission européenne et du Conseil des Ministres des finances pour déterminer sa stratégie monétaire. Par ailleurs, comme il n'est plus possible de financer les déficits par la **création monétaire***, les États peuvent se trouver en concurrence pour emprunter des capitaux sur les marchés financiers.

Le principal problème qui risque de se poser est celui des chocs macroéconomiques asymétriques ou de l'évolution divergente des conjonctures entre certains pays de l'UEM. Par exemple, les pays se trouvant en récession n'auront désormais le choix qu'entre une plus grande flexibilité du marché du travail ou bien des mécanismes de transferts budgétaires. Or les transferts entre États supposent une solidarité financière qui n'existe pas pour l'instant et le budget européen est trop faible pour corriger des déséquilibres importants. Le risque d'un ajustement par une plus grande flexibilité salariale est donc important (dumping social). À moins que l'UEM ne débouche sur une union politique qui institutionnaliserait les mécanismes de transferts budgétaires.

☞ Concepts et corrélats

➤ État ➤ Finances internationales ➤ Fluctuations et crises ➤ Intégration économique ➤ Monnaie ➤ Protection sociale ➤ Finances internationales
➢ Carré magique ➢ Neutralité budgétaire ➢ Effet d'éviction ➢ Fédéralisme budgétaire

☞ Bibliographie

●CABANNES M. (1994), *La Politique macroéconomique*, coll. Cursus, A. Colin.

GÉNÉREUX J. (1993), *Introduction à la politique économique*, coll. Points, Seuil.

GREFFE X. (1995), *Comprendre la politique économique*, Economica.

THOMAS J.-P. (1990), *Les Politiques économiques au 20e siècle*, coll. Cursus, Armand Colin.

POLITIQUE INDUSTRIELLE

Une politique industrielle est une politique économique structurelle qui vise à agir sur les caractéristiques du **système productif*** afin de favoriser la **compétitivité***. L'idée même de politique industrielle sous-entend que le fonctionnement de l'appareil productif ne peut être subordonné aux seuls mécanismes de **marché***.

En France, la politique industrielle a eu une importance considérable, comme en témoigne l'existence d'une **planification indicative*** et d'un **secteur public*** développé. Elle a connu plusieurs phases :

– années 1960 : la mise en œuvre de « grands projets » (aérospatiale, industrie nucléaire) est liée à une volonté politique d'indépendance nationale et de prestige ;

– années 1970 : la politique de « l'impératif industriel » puis de « redéploiement » vise à renforcer la compétitivité et les capacités d'adaptation de l'appareil productif face à la crise ;

– années 1980 : volontarisme industriel et **nationalisations*** qui s'infléchit sensiblement à partir de 1984;

– depuis les années 1990, les pouvoirs publics semblent privilégier la régulation par le **marché***. Ce sont désormais les privatisations et non plus les nationalisations qui sont à l'ordre du jour.

➯ Les autres pays industrialisés ont également mis en œuvre des politiques industrielles volontaristes (MITI au Japon), y compris dans les plus libéraux (programmes militaires et conquête de l'espace aux États-Unis).

Dans la plupart des pays, la politique industrielle volontariste a reculé. La **mondialisation*** conduit aujourd'hui les **groupes*** industriels à élaborer leur stratégie au niveau planétaire. La politique industrielle tend à devenir une politique d'environnement des entreprises consistant à définir les règles du jeu, à lutter contre la **concurrence*** déloyale, etc. Dans ce contexte, la **politique de la concurrence*** tend désormais à devenir l'élément central de la politique industrielle (contrôle et surveillance des marchés).

Certains considèrent cependant que la politique industrielle demeure indispensable. Elle n'a d'ailleurs pas disparu dans les grands pays industriels et la NASA (*National Aeronotics and Space Administration*) aux États-Unis, le CNRS en France, ou le MITI au Japon jouent un rôle important dans le développement de la recherche et l'essor des nouvelles technologies. On considère également que la politique industrielle a joué un rôle décisif dans le succès des **Nouveaux pays industrialisés***. En fin de compte, l'État doit produire des **effets externes*** positifs (éducation, recherche, infrastructures, etc.) pour rendre le système productif plus compétitif.

Par ailleurs, les marchés tendent à privilégier le court terme, ce que doit corriger la politique industrielle. Par exemple, un **secteur*** peut avoir besoin d'une **politique commerciale stratégique*** ou d'une protection temporaire afin de rattraper son retard technologique ou de contourner des **barrières à l'entrée*** sur le marché (aides européennes à Airbus par exemple). La politique industrielle doit également intégrer aujourd'hui les problèmes relatifs à l'environnement.

Les problèmes industriels peuvent aujourd'hui dépasser l'échelle nationale, ce qui conduit certains à préconiser la mise en œuvre de la politique industrielle au niveau régional (européen par exemple).

☞ **Concepts et corrélats**
➤ État ➤ Politique économique
➢ Politique structurelle ➢ Planification indicative ➤ Branche ➢ Filière ➢ Créneau ➢ Pôle de compétitivité ➢ Politique de créneaux ➢ Politique de filière

POLITIQUE MIXTE

(*POLICY MIX*)

La politique mixte est une politique économique qui combine les instruments de la **politique monétaire*** et de la **politique budgétaire*** : par exemple, stimulation de la demande par une politique budgétaire expansive et lutte contre l'inflation par une politique monétaire restrictive. Cette politique s'inspire du **schéma IS-LM***.

☞ **Concepts et corrélats**
➤ Politique économique ➢ Carré magique
➢ Politique keynésienne
➢ Interventionnisme

POLITIQUE MONÉTAIRE

En matière de **politique économique***, la politique monétaire regroupe l'ensemble des actions visant à agir sur la situation économique (**croissance***, **emploi***, **niveau général des prix***, **solde extérieur***), par l'intermédiaire de la quantité de monnaie en circulation et/ou du **taux d'intérêt***.

Les objectifs finals de la politique monétaire sont ceux de la politique économique. Les objectifs intermédiaires peuvent porter sur la quantité de monnaie (taux de croissance de tel ou tel **agrégat monétaire***) et/ou sur le taux d'intérêt.

Les instruments sont multiples: politique du **refinancement bancaire***, politique des **réserves obligatoires***, politique d'intervention sur le **marché monétaire*** *(open market)*, **encadrement du crédit***...

➪ Un vif débat a opposé (au cours des années 1960 notamment) les monétaristes et les keynésiens sur les mérites comparés de la politique monétaire et de la **politique budgétaire*** comme instrument de régulation de l'économie.

➪ À partir des années 1980, les **Banques centrales*** ont eu tendance à se recentrer sur l'objectif de stabilité des prix, les autres objectifs de la politique économique étant dévolus à la politique budgétaire ou à des politiques spécifiques.

➪ Ne pas confondre avec **politique monétariste***.

☞ **Concepts et corrélats**
➤ Monnaie ➤ État ➤ Politique économique ➢ Carré magique
➢ Monétarisme

POLITIQUE MONÉTARISTE

La politique monétariste repose sur une règle unique : assurer une progression à taux constant de la **masse monétaire*** correspondant au taux de croissance de long terme de la production. Le respect de cette règle est la condition de la stabilité monétaire. De plus, selon les tenants du **monétarisme***, en fournissant aux **anticipations*** des agents un environnement stable, cette politique contribue à limiter les accidents conjoncturels contrairement aux politiques monétaires discrétionnaires qui ne peuvent qu'avoir des effets perturbateurs.

➪ Ne pas confondre politique monétariste et **politique monétaire***.

☞ **Concepts et corrélats**
➤ Monnaie ➢ Monétarisme ➢ Théorie quantitative de la monnaie ➢ Inflation

POLITIQUE SOCIALE

La politique sociale correspond à l'ensemble des actions de l'État qui visent à agir sur la situation sociale des individus et des groupes. La politique sociale se fonde sur des principes relatifs à l'égalité, l'**équité***, la **justice sociale***, le bien-être, etc.

La politique sociale est fondée sur l'idée que les problèmes que rencontrent certains individus ont un caractère collectif et doivent être traités à ce niveau. Il existe donc des groupes-cibles de la politique sociale (personnes âgées, handicapées, etc.).

➪ Certains problèmes peuvent être traités sous l'angle économique mais aussi sous l'angle social. On peut par exemple mettre en œuvre une politique économique de lutte contre le **chômage*** et dans le même temps un traitement social du chômage.

☞ **Concepts et corrélats**
➤ État ➤ Politique économique
➤ Protection sociale ➢ Aide sociale
➢ Travail social ➢ Politique de l'emploi

POLITIQUE STRUCTURELLE

La politique structurelle est une action de l'État visant à agir à long terme sur les caractéristiques fondamentales de l'économie. L'idée d'une intervention structurelle de l'État s'oppose à celle de régulation par le **marché***.

La **planification***, les **nationalisations***, la **politique industrielle*** sont des exemples de politiques structurelles.

☞ Concepts et corrélats

➤ État ➤ Politique économique
➣ Politique conjoncturelle

POOL DE L'OR

Le pool de l'or est le regroupement de huit **banques centrales*** (États-Unis, Grande-Bretagne, France, RFA, Italie, Belgique, Pays-Bas, Suisse) qui, d'octobre 1961 à mars 1968, intervenaient ensemble (par l'intermédiaire de la Banque d'Angleterre) sur le marché de Londres afin de maintenir le cours de l'or dans des marges très étroites autour du prix officiel (35 $ pour une once d'or).

⇨ Le prix officiel de l'or était le **pair du change*** du dollar des États-Unis.

☞ Concepts et corrélats

➤ Finances internationales ➣ Bretton Woods ➣ Étalon de change or

POPULATION ACTIVE

La population active rassemble les individus occupant un **emploi*** et les individus à la recherche d'un emploi.

Elle comprend donc les **actifs occupés*** et les **chômeurs***.

☞ Concepts et corrélats

➤ Marché du travail ➣ Population inactive ➣ Taux d'activité

POPULATION ACTIVE OCCUPÉE

La population active occupée rassemble l'ensemble des **actifs occupés***.

☞ Concepts et corrélats

➤ Marché du travail ➣ Population inactive➣ Taux de charge

POPULATION INACTIVE

La population inactive rassemble les individus qui n'occupent pas d'**emploi*** et qui n'en recherchent pas (population scolaire, étudiants, retraités, hommes ou femmes au foyer...).

☞ Concepts et corrélats

➤ Marché du travail ➣ Population active
➣ Population active occupée

POPULATION SANS EMPLOI À LA RECHERCHE D'UN EMPLOI (PSERE)

La population sans emploi à la recherche d'un emploi (PSERE) est mesurée chaque année par l'INSEE sur la base des recommandations du Bureau international du travail (BIT), à l'occasion de l'**Enquête sur l'Emploi** *.

Appartiennent à la PSERE les individus qui :

– n'ont pas exercé d'activité professionnelle durant la semaine précédant l'enquête;

– sont disponibles pour occuper un emploi;

– effectuent des démarches effectives de recherche d'un emploi.

☞ Concepts et corrélats

➤ Marchés du travail ➣ Chômage

POPULATION STATISTIQUE

La population statistique (P) est un ensemble d'unités statistiques ou d'individus étudié selon un ou plusieurs critères ou **caractères statistiques***.

⇨ Cette population est parfois très vaste, et on peut alors souvent se contenter d'étudier un sous-ensemble de cette population, appelé échantillon.

POSITION DE CHANGE

La position de change se définit, pour un agent à un moment donné, par la somme suivante : quantité de devises possédées plus quantité de devises à recevoir moins quantité de devises à livrer.

Quand cette somme est nulle, la position de change est dite « fermée » (une position de change fermée traduit un risque de change nul) ; dans le cas contraire, la position est dite ouverte.

Quand cette somme est positive, la position de change est dite « longue » (rester en position longue sur une **devise*** traduit l'attente d'une **appréciation*** de la devise considérée) ; quand cette somme est négative, la position de change est dite « courte » (attente d'une **dépréciation*** de la devise considérée).

➩ Sur le **marché des changes***, un spéculateur est un agent qui reste en position de change ouverte. Les agents qui ont une aversion pour le risque choisissent des stratégies de **couverture***.

☞ Concepts et corrélats

➤ Finances internationales ➣ Spéculation ➣ Couverture de change à terme

POSITIVISME

Le positivisme est une doctrine philosophique (que l'on doit notamment à A. Comte) qui considère que seule la connaissance des faits est féconde. Le positivisme s'oppose donc à la métaphysique et, plus généralement, à toute proposition qui n'est pas fondée sur des faits.

➩ Le positivisme et l'inductivisme sont étroitement liés, mais le positivisme relève davantage de la philosophie des sciences et l'**inductivisme*** de la **méthodologie***.

☞ Concepts et corrélats

➤ Épistémologie économique ➣ Empirisme ➣ Positivisme logique

POSITIVISME LOGIQUE

Le positivisme logique est une doctrine, développée dans les années 1920 par les membres du Cercle de Vienne, selon laquelle la tâche du scientifique est de collecter des «énoncés protocolaires» tirés des faits et d'organiser ces énoncés en respectant les règles de la logique formelle.

➩ On parle aussi d'empirisme logique.

➩ Le positivisme logique a fait l'objet de nombreuses critiques de la part de K. Popper (1902-1994), c'est donc à tort que l'on assimile parfois les positions de ce dernier à celles du Cercle de Vienne.

☞ Concepts et corrélats

➤ Épistémologie économique ➣ Empirisme

POSTE DE CONSOMMATION

Dans les enquêtes sur la **consommation***, les postes de consommation sont des ensembles de **biens*** ou de **services*** regroupés par catégories plus ou moins homogènes. Par exemple le poste « Alimentation » regroupe les produits alimentaires consommés au domicile ou à la cantine alors que les repas au restaurant sont enregistrés dans un autre poste (celui des « Autres biens et services »).

➩ La nomenclature de l'INSEE définit 8 grandes fonctions (1-Produits alimentaires, boisson tabac, 2-Habillement 3- Logement, chauffage et éclairage, 4- Meubles, matériel ménager, entretien, 5-Services médicaux et de santé, 6-Transports et communications, 7-Loisirs, spectacles, enseignement et culture, 8- Autres biens et services).

☞ Concepts et corrélats

➤ Consommation ➣ Coefficient budgétaire ➣ Loi d'Engel

POSTULAT

Un postulat est une proposition qui n'est ni évidente, ni démontrée, mais que l'on admet (au moins à titre provisoire) comme point de départ d'un raisonnement déductif.

➩ Le terme postulat et le terme **axiome*** dans son usage actuel sont donc très proches. Par contre, si on utilise axiome dans son sens premier de proposition évidente, les deux termes doivent être soigneusement distingués. La rationalité de l'agent économique est un postulat dont on peut examiner la portée **heuristique***, ce n'est pas un axiome (au sens d'évidence).

☞ Concepts et corrélats

➤ Épistémologie économique ➣ Théorie ➣ Méthode hypothético-déductive

POUVOIR D'ACHAT

Le pouvoir d'achat est la mesure d'un **revenu*** à prix constants.

L'évolution du pouvoir d'achat dépend de l'évolution du **revenu nominal*** et de l'évolution du **niveau général des prix***.

$$\text{Indice du pouvoir d'achat} = \frac{\text{Indice du revenu nominal}}{\text{Indice des prix}} \times 100$$

☞ Concepts et corrélats

➤ Revenus ➢ Pouvoir d'achat de la monnaie ➢ Inflation ➢ Indexation ➢ Désindexation

POUVOIR DE MARCHÉ

On parle de pouvoir de marché lorsque, par opposition à une situation de **concurrence pure et parfaite***, des **entreprises*** se trouvent dans une situation telle qu'elles peuvent influencer, par leurs comportements, la détermination du **prix*** ou des quantités d'un bien échangé sur le **marché***.

On peut distinguer trois types de pouvoir de marché :

– un pouvoir horizontal : il caractérise la situation de firmes qui, sur un marché de type oligopolistique, s'entendent pour fixer un prix de marché proche d'un **prix de monopole*** ou pour ériger des **barrières à l'entrée***; l'intensité et l'efficacité du pouvoir de marché horizontal varient d'une situation à une autre ; par exemple dans un **cartel*** les entreprises s'entendent sur les prix et la **part de marché*** de chacune d'entre elles;

– un pouvoir vertical existe lorsque l'intégration verticale d'une firme lui confère un avantage par rapport à ses concurrents non intégrés verticalement (notamment en matière de prix des consommations intermédiaires), tel est le cas du **trust***;

– un pouvoir congloméral résulte de la **diversification*** des activités d'une entreprise.

➪ Le pouvoir de marché peut disparaître à plus ou moins long terme, avec la possibilité d'entrer et de sortir sans coût (**marchés disputables***) ou avec le développement de produits ou de procédés substituables (**innovations***, abaissement des coûts de transport, **libre-échange***).

☞ Concepts et corrélats

➤ Entreprise ➤ Marchés et prix ➢ Concentration

PRÉFÉRENCE COMMUNAUTAIRE

La préférence communautaire est l'un des principes fondateurs de la **politique agricole commune*** de la **Communauté économique européenne***. Un mécanisme de subvention à l'exportation et de prélèvement à l'importation incite les producteurs et les consommateurs à s'approvisionner principalement auprès des pro-ducteurs de la Communauté plutôt qu'à l'extérieur. C'est à partir des prix communautaires et non des prix mondiaux que sont établis des prix garantis aux agriculteurs européens. Le marché communautaire est ainsi protégé des fluctuations des prix du marché mondial.

La préférence communautaire a été contestée notamment par les États-Unis lors des négociations de **l'Uruguay Round*** et au sein de l'**Organisation Mondiale du Commerce***. Les États-Unis jugent que la CEE est trop protectionniste. Les responsables européens font observer de leur côté que les États-Unis (comme le Japon et d'autres pays) disposent eux aussi d'un arsenal de mesures protectionnistes.

☞ Concepts et corrélats

➤ Commerce international ➤ Intégration économique ➤ Politique économique ➢ Libre-échange ➢ Traité de Rome ➢ Union européenne

PRÉFÉRENCE POUR LA LIQUIDITÉ

La préférence pour la liquidité est la tendance manifestée par les agents économiques à garder une partie de leurs **actifs*** sous forme de **monnaie***. Pour J. M. Keynes (1883-1946) la préférence pour la liquidité permet de comprendre pourquoi il n'y a pas de **neutralité de la monnaie***. Il existe trois motifs de la préférence pour la liquidité :

– le motif de transaction;
– le motif de précaution;
– le motif de spéculation.

Dans la mesure où, selon Keynes, « *la monnaie est un lien entre le présent et le futur* », le degré de préférence pour la liquidité est d'autant plus élevé que l'**incertitude*** sur l'avenir est plus grande.

☞ Concepts et corrélats

➤ Monnaie ➢ Demande de monnaie ➢ Schéma IS-LM ➢ Trappe à liquidité

PRÉFÉRENCE POUR LE RISQUE

L'attitude face au risque d'un agent économique traduit la nature de ses préférences sur des événements aléatoires.

Par exemple, supposons que l'on propose à des agents de choisir entre deux comportements :

– participer à une loterie qui donne les résultats suivants : un gain de 0 avec la probabilité 1/2, un gain de 10 avec une probabilité de 1/2 (l'espérance de gain est égale à : $0 \times 1/2 + 10 \times 1/2 = 5$);

– obtenir avec certitude un gain de 5.

On dira que les agents qui choisissent la loterie ont une préférence pour le risque. Les autres manifestent une **aversion pour le risque***.

☞ Concepts et corrélats

➤ Marché du travail ➤ Théories économiques ➢ Théorie des jeux

PRÉLÈVEMENTS OBLIGATOIRES

Les prélèvements obligatoires se composent :

– des **impôts*** perçus par l'État, y compris ceux reversés aux collectivités locales et à l'**Union européenne*** ;

– des **cotisations sociales*** payées par les salariés et les employeurs.

Les impôts assurent le financement du fonctionnement des services de l'État (sens large) alors que les cotisations sociales financent la **protection sociale***. En France, certains prélèvements comme la **contribution sociale généralisée*** et la **contribution pour le remboursement de la dette sociale*** sont prélevés par l'État mais servent au financement de la protection sociale.

☞ Concepts et corrélats

➤ État ➤ Protection sociale ➤ Politique économique ➢ Budget de l'État ➢ Courbe de Laffer ➢ Revenu disponible ➢ Sécurité sociale ➢ Taux de prélèvements obligatoires ➢ Planification indicative ➢ Planification impérative

PRENEUR DE PRIX (*PRICE-TAKER*)

Un agent économique est dit « preneur de prix » (*price-taker*) pour un produit donné, s'il ne dispose d'aucun (ou d'un très faible) pouvoir de marché pour fixer son **prix***. Ainsi, il lui est impossible ou très difficile de répercuter l'augmentation de ses **coûts*** de **production*** sur le prix de vente.

➩ En **concurrence pure et parfaite***, le producteur (très petit par rapport à la taille du **marché***) est « preneur de prix » : le prix du marché s'impose à lui quelle que soit la quantité qu'il produit.

➩ Au niveau du commerce international, un pays à la **compétitivité*** structurelle insuffisante sera preneur de prix.

☞ Concepts et corrélats

➤ Marchés et prix ➤ Commerce international

PRESSION FISCALE

La pression fiscale est un indicateur utilisé en général au niveau macroéconomique. Elle se définit par le rapport entre le total des **impôts*** et des **taxes*** et le Produit intérieur brut.

➩ Ne pas confondre avec le taux de **prélèvements obligatoires***.

☞ Concepts et corrélats

➤ État ➢ Budget ➢ Taux d'imposition

PRESTATIONS SOCIALES

Les prestations sociales sont des **revenus de transfert*** versés par les institutions de protection sociale à un assuré social ou à un ayant droit conformément à la réglementation. Elles permettent de faire face à une baisse de **revenu*** (**chômage***, maladie, handicap, vieillesse, etc.) ou un accroissement de certaines dépenses (santé, charges d'enfants, etc.).

Le versement des prestations sociales obéit à une logique de couverture des risques sociaux et une logique de **redistribution***.

Certaines prestations sont contributives, c'est-à-dire que leur versement est subordonné au paiement de **cotisations sociales*** (**assurances sociales***). D'autres sont non contributives et sont versées à des individus qui n'ont pas pu payer de cotisations sociales (**assistance***).

➩ On distingue les transferts en espèces (pensions de retraite par exemple) et les transferts en nature (par exemple, remboursement des soins médicaux, des frais pharmaceutiques ou hospitaliers…). Dans le nouveau système de **Comptabilité nationale***, les **transferts sociaux*** en nature ne sont plus inclus dans les prestations sociales qui ne concernent désormais que les transferts sociaux en espèces.

☞ Concepts et corrélats

➤ Protection sociale ➤ État ➤ Politique économique ➤ Revenus ➢ Aide sociale

PRÊTEUR EN DERNIER RESSORT

Le rôle de prêteur en dernier ressort est l'un des attributs de la **Banque centrale***. Prêter en dernier ressort, c'est créer de la **monnaie centrale*** pour assurer la solvabilité d'un établissement financier menacé de faillite ou alimenter le marché en liquidités dans le cas, par exemple, d'une panique bancaire.

L'objectif est d'éviter des faillites bancaires en cascade du type de celles qui se sont produites aux États-Unis pendant la crise de 1929.

L'existence de cette fonction met en évidence le fait que la stabilité des systèmes bancaires et financiers est un **bien collectif***. Les **marchés financiers*** ne sont pas spontanément stables et une régulation consciente par une institution dont la maximisation du profit n'est pas l'objectif central est donc nécessaire. Le prêt en dernier ressort est une opération exorbitante du fonctionnement normal des marchés. Elle consiste en fait à suspendre la contrainte de liquidité pour permettre un retour à un fonctionnement normal du marché.

➪ La fonction de prêteur en dernier ressort ne doit pas être confondue avec le **refinancement bancaire*** qui relève du fonctionnement quotidien des banques centrales. La **liquidité*** est dans ce cas fournie à des établissements de crédits solvables.

➪ La **globalisation financière***, l'explosion des marchés financiers, la déréglementation ont donné une importance accrue au rôle de prêteur en dernier ressort. Le **risque systémique*** étant plus grand, l'intervention des banques centrales devient plus nécessaire.

➪ Les crises financières des années 1990 ont conduit à un débat sur l'opportunité d'instaurer un prêteur international en dernier ressort.

☞ Concepts et corrélats

➤ Monnaie ➤ Finances internationales
➢Bretton Woods

PRICE-MAKER

➢ **Faiseur de prix**

PRICE-TAKER

➤ **Preneur de prix**

PRINCIPAL-AGENT (MODÈLE)

➢ **Théorie de l'agence**

PRISE DE PARTICIPATION

Une prise de participation consiste, pour une **société***, à acheter des **titres*** de propriété d'une autre société, dans le but de faire un **placement*** financier ou d'exercer un contrôle plus ou poins important sur cette société.

➪ En France, l'INSEE considère qu'une société A possède une « participation » dans une société B si A possède entre 10 et 50 % du **capital social*** de B.

☞ Concepts et corrélats

➤ Entreprise ➤ Investissement
➢ Placement ➢ Investissement de portefeuille

PRISE EN PENSION

➤ **Monnaie** ➢ **Accord de pension**

PRIVATISATION

Une opération de privatisation consiste à revendre à des actionnaires privés des **entreprises*** précédemment nationalisées ou créées par l'**État***.

☞ Concepts et corrélats

➤ État ➤ Politique économique
➢ Politique structurelle ➢ Politique libérale ➢ Politique de l'offre ➢ Nationalisation ➢ Entreprise publique

PRIX

Le prix d'un **bien*** ou d'un **service*** est l'expression monétaire de sa **valeur d'échange***.

☞ Concepts et corrélats

➤ Marchés et prix ➢ Équilibre concurrentiel ➢ prix d'équilibre ➢ Prix administrés ➢ Prix de monopole

PRIX ADMINISTRÉS

La pratique de prix administrés désigne la fixation autoritaire ou conventionnelle (accords entre les pouvoirs publics et les organisations professionnelles) des **prix*** par les pouvoirs publics.

☞ **Concepts et corrélats**

➤ Marchés et prix

PRIX CAF (COÛT, ASSURANCE, FRET)

Le prix CAF représente le **prix*** d'un bien à la frontière du pays importateur ou le prix d'un service fourni à un **résident*** avant acquittement de tous les impôts et droits sur les importations et paiement de toutes les marges commerciales et de transport dans le pays.

☞ **Concepts et corrélats**

➤ Comptabilité nationalé ➢ Prix FAB

PRIX CONSTANT

L'évaluation à prix constant désigne l'évaluation en **volume*** d'une variable : on retient comme prix celui de l'année de référence ou année de base, et on considère ensuite qu'il ne varie plus sur la période, pour pouvoir ne considérer que l'effet-quantité.

☞ **Concepts et corrélats**

➤ Marchés et prix ➢ Prix courant

PRIX COURANT

L'évaluation à prix courant désigne l'évolution en **valeur*** d'une variable : les prix retenus sont alors ceux de la période d'observation.

☞ **Concepts et corrélats**

➤ Marchés et prix ➢ Prix constant

PRIX D'ACQUISITION

Dans la Comptabilité nationale, le prix d'acquisition représente le montant effectif payé par l'acheteur d'un **bien*** ou d'un **service***. Il comprend les **impôts*** (la TVA ne comptant que pour sa partie non déductible), et les **subventions*** non déduites sur les produits. Il comprend aussi les frais de transport payés par l'acheteur pour prendre possession des produits au moment et au lieu voulus. Par contre, il ne prend pas en compte les **intérêts*** qui viennent s'ajouter en cas d'octroi d'un crédit.

☞ **Concepts et corrélats**

➤ Comptabilité nationale

PRIX D'ÉQUILIBRE

En **microéconomie***, sur un **marché***, le prix d'équilibre est celui qui assure l'égalité entre les quantités offertes et demandes à partir de la confrontation entre la courbe d'offre totale et la courbe de demande totale sur le marché d'un bien ou d'un service.

☞ **Concepts et corrélats**

➤ Marchés et prix ➢ Équilibre concurrentiel ➢ Courbe d'offre ➢ Courbe de demande

PRIX DE BASE

Dans la Comptabilité nationale, le prix de base représente le montant que le producteur reçoit de l'acheteur par unité de bien ou de service produite, diminué des impôts sur les produits et augmenté des subventions sur les produits. Le prix de base exclut les frais de transport qui sont facturés séparément.

☞ **Concepts et corrélats**

➤ Comptabilité nationale ➢ Prix d'acquisition

PRIX DE MARCHÉ

Dans la Comptabilité nationale, la production de **biens*** et **services*** marchands est comptabilisée aux « prix du marché », c'est-à-dire aux **prix*** réellement observés sur les marchés ou à un prix de référence (pour les produits ne s'échangeant pas réellement sur un marché).

⇨ Dans la théorie néoclassique, le prix du marché est celui qui résulte de la confrontation de l'offre et de la demande.

☞ **Concepts et corrélats**

➤ Comptabilité nationale ➤ Marchés et prix ➢ Production marchande ➢ Production non marchande

PRIX DE MONOPOLE

➤ Marchés et prix ➢ Équilibre de monopole

PRIX DE PRODUCTION

La théorie des prix de production est une composante de la **théorie marxiste*** de la **valeur travail***.

Pour Marx, les prix des marchandises ne coïncident pas avec leur valeur travail.

En effet, le **profit*** dépend de la **plus-value*** (donc du travail vivant mis en œuvre), si les prix étaient déterminés directement par la valeur travail, les différents capitalistes bénéficieraient de **taux de profit*** différents. Pour Marx, il existe au contraire une tendance à la péréquation des taux de profit, c'est-à-dire que la **concurrence*** des capitaux a tendance à imposer à chaque capitaliste un taux de profit égal au taux de profit moyen. Les prix de production sont donc différents de la valeur travail dans la mesure où ils permettent cette péréquation des taux de profit : dans les activités utilisant beaucoup de travail vivant, le prix de production sera inférieur à la valeur travail ; dans les activités utilisant peu de travail vivant, il sera supérieur.

☞ Concepts et corrélats
➤ Marchés et prix

PRIX FAB (FRANCO À BORD)

Le prix FAB représente le **prix*** d'un **bien*** à la frontière du pays exportateur ou d'un **service*** fourni à un non-**résident***. Il comprend la valeur des biens ou des services au prix de base, les services de transport et de distribution jusqu'à la frontière, les **impôts*** moins les **subventions***.

☞ Concepts et corrélats
➤ Comptabilité nationale ➢ Prix CAF

PRIX PRÉDATEUR

Un prix prédateur est un **prix*** inférieur à celui qui assurerait la maximisation du **profit*** du producteur. Lorsqu'un producteur adopte une stratégie de prix prédateur, c'est qu'il cherche à accroître sa part de marché et/ou à éliminer des concurrents.

⇨ Le concept de prix prédateur est destiné à enrichir la **théorie économique standard***, afin de prendre en compte le comportement de producteurs qui ne se contentent pas de prendre en compte le prix fixé par le **marché***.

☞ Concepts et corrélats
➤ Marchés et prix ➢ Concurrence
➢ Marché contestable ➢ Loi du prix unique

PRIX RÉEL

Le prix réel désigne la valeur d'un **bien*** ou d'un **service*** en termes de temps de travail nécessaire pour l'acquérir.

Il se calcule par exemple en faisant le rapport entre **l'indice des prix*** et l'indice de salaire horaire nominal.

L'évolution du prix réel d'un bien dépend de la **productivité** *: les prix réels des biens industriels ont par exemple fortement baissé du fait du **progrès technique*** caractérisant ce secteur.

⇨ La notion de prix réel ne doit pas être confondue avec les notions de **prix relatif*** et de **prix constant***.

☞ Concepts et corrélats
➤ Marchés et prix

PRIX RELATIF

Le prix relatif d'un **bien*** A par rapport à un bien B désigne le rapport entre les prix nominaux (**prix courants***) des deux biens.

La notion de prix relatif désigne également le rapport entre le prix courant d'un bien et le **niveau général des prix***, mesuré par **l'indice des prix***.

☞ Concepts et corrélats
➤ Marchés et prix ➢ Prix constant

PRODUCTION

En Comptabilité nationale, la production désigne une activité exercée par une **unité institutionnelle*** qui combine des **facteurs de production*** (main-d'œuvre, **capital*** et matières premières) pour fabriquer des **biens*** et des **services***.

⇨ La production peut également désigner le résultat de cette activité.

☞ Concepts et corrélats
➤ Comptabilité nationale ➢ Produit intérieur brut aux prix de marché

PRODUCTION DE MASSE

La production de masse désigne le système de production contemporain qui repose sur le machinisme et la **standardisation***.

Utilisée à l'origine par des **économistes radicaux*** (marxistes et régulationnistes), cette notion fait désormais partie du langage courant pour désigner le système actuel de production dans les économies de **marché***.

Pour les économistes de l'**École de la régulation***, la production de masse est une modalité du développement des **forces productives*** qui correspond à une étape du **capitalisme*** : le « **fordisme*** » qui repose sur la production de masse et la **consommation de masse***.

PRODUCTION MARCHANDE

En Comptabilité nationale, la production marchande désigne la **production*** destinée à être écoulée sur un **marché***.

Elle comprend :

– les produits vendus à un prix économiquement significatif (c'est-à-dire un prix couvrant plus de 50 % des **coûts de production***);

– les produits troqués;

– les produits utilisés pour effectuer des paiements en nature, y compris les rémunérations en nature des salariés ;

– les produits livrés par une unité d'activité économique locale à une autre unité d'activité économique locale appartenant à la même **unité institutionnelle*** et destinés à être utilisés par cette dernière pour sa **consommation intermédiaire** *;

– les produits ajoutés aux **stocks*** de biens finis et de travaux en cours, destinés à une ou plusieurs des utilisations précédentes.

☞ Concepts et corrélats

➤ Comptabilité nationale

PRODUCTION POUR USAGE FINAL PROPRE

En Comptabilité nationale, la production pour usage final propre désigne les **biens*** ou les **services*** qu'une **unité institutionnelle*** produit et conserve pour sa **consommation finale*** ou sa **formation brute de capital fixe***.

☞ Concepts et corrélats

➤ Comptabilité nationale

PRODUCTIVITÉ

La productivité est un indicateur d'efficacité de la **combinaison productive***. Tout calcul de productivité met en rapport le volume de production réalisé avec une quantité de **facteurs de production*** utilisée.

➪ Ne pas confondre productivité et **rentabilité***.

☞ Concepts et corrélats

➤ Entreprise ➤ Investissement ➢ Productivité moyenne apparente de capital ➢ Productivité marginale du capital ➢ Productivité moyenne apparente du travail ➢ Productivité marginale du travail ➢ Productivité globale des facteurs ➢ Progrès technique

PRODUCTIVITÉ GLOBALE DES FACTEURS

La productivité globale des facteurs est égale au rapport entre le volume de la production obtenue et l'ensemble des facteurs utilisés. Elle permet de mesurer l'efficacité de la **combinaison productive***.

En pratique, ce calcul, qui soulève des problèmes délicats, suppose l'utilisation d'**indices synthétiques*** et l'on raisonne sur les variations des grandeurs. Par exemple, il y aura **gain de productivité*** lorsque l'indice de la production progresse plus vite que l'indice des facteurs.

Deux méthodes sont utilisées, qui débouchent sur deux formules de la productivité :

– la productivité globale où l'indice de variation du volume global des facteurs est une **moyenne arithmétique*** pondérée des indices de variation de chacun des facteurs ;

– la productivité totale où cet indice est une moyenne géométrique.

☞ Concepts et corrélats

➢ Productivité apparente de capital ➢ Productivité apparente du travail ➢ Rendement d'échelle ➢ Économie d'échelle ➢ Paradoxe de Solow

PRODUCTIVITÉ MARGINALE

La productivité marginale d'un **facteur de production*** est l'augmentation de la production entraînée par une augmentation infinitésimale de la quantité de ce facteur utilisé dans la production.

➪ La **théorie néoclassique*** fait l'hypothèse que, passé un certain seuil de production, la productivité marginale d'un facteur décroît: c'est la **loi des rendements marginaux décroissants***.

☞ Concepts et corrélats

➢ Productivité apparente du capital
➢ Productivité apparente du travail
➢ Rendements d'échelle

PRODUCTIVITÉ MARGINALE APPARENTE DU CAPITAL

La productivité marginale du capital est le supplément de **production*** obtenu par une unité supplémentaire de capital. C'est le rapport $\Delta Y/\Delta K$.

➪ Tout ralentissement de la **croissance*** agit sur le degré et la durée d'utilisation du capital, et sur l'**investissement*** (induisant un vieillissement des équipements). Il tend à diminuer la productivité marginale du capital.

☞ Concepts et corrélats

➤ Capital ➤ Fluctuations et crises
➢ Fordisme ➢ Productivité moyenne apparente du capital ➢ Régime d'accumulation

PRODUCTIVITÉ MARGINALE DU TRAVAIL

La productivité marginale du **travail*** désigne l'augmentation de la **production*** entraînée par l'augmentation d'une unité de la quantité de travail.

☞ Concepts et corrélats

➤ Marché du travail ➢ Productivité moyenne apparente du travail ➢ Productivité moyenne apparente de capital
➢ Productivité marginale du capital
➢ Productivité globale des facteurs

PRODUCTIVITÉ MOYENNE APPARENTE DU CAPITAL

La productivité moyenne apparente du capital est le rapport entre la **valeur ajoutée*** et le **capital fixe*** productif. C'est le rapport Y/K.

➪ La productivité moyenne apparente du capital peut être calculée en **volume*** ou en **valeur***. Elle est l'inverse du **coefficient de capital*** et mesure l'**efficacité*** du facteur capital.

➪ La productivité est « apparente » parce qu'elle n'est appréhendée qu'en faisant l'hypothèse de constance de l'efficacité intrinsèque du capital, de la durée d'utilisation des équipements du degré d'utilisation et du **prix*** des **biens***.

➪ Pour les économistes issus de l'**école de la régulation*** (R. Boyer, M. Aglietta), la baisse de la productivité apparente du capital depuis le milieu des années 1960, s'inscrit dans la **crise du fordisme***. Elle conduit à un ralentissement général des **gains de productivité***. Elle est d'abord compensée par l'**inflation*** et l'endettement dans les années 1970, puis elle contribue à une diminution des **taux de profit*** dans les années 1980.

☞ Concepts et corrélats

➤ Capital ➤ Fluctuations et crises
➢ Fordisme ➢ Productivité marginale du capital ➢ Régime d'accumulation

PRODUCTIVITÉ MOYENNE APPARENTE DU TRAVAIL

La productivité moyenne apparente du travail est le rapport entre la **valeur ajoutée*** et la quantité de travail utilisé. Elle mesure l'efficacité productive du travail.

Elle peut être calculée en **volume*** ou en **valeur***.

➪ Le facteur de production travail peut se mesurer en nombre d'heures de travail ou en nombre de travailleurs.

➪ Le qualificatif d' « apparente » renvoie au fait que la variation observée de la productivité d'un facteur peut provenir soit d'une amélioration de l'efficacité de ce facteur soit, d'une utilisation plus intensive ou plus efficace de l'autre. Par exemple la croissance de la productivité du travail résulte souvent d'un accroissement du capital par tête.

☞ Concepts et corrélats

➢ Productivité moyenne apparente de capital ➢ Productivité marginale du travail
➢ Productivité des facteurs

PRODUIT INTÉRIEUR BRUT (PIB)

➤ Comptabilité nationale ➢ Produit intérieur brut aux prix de marché

PRODUIT INTÉRIEUR BRUT AUX PRIX DE MARCHÉ

Dans la Comptabilité nationale, le produit intérieur brut aux prix de marché est un **agrégat*** représentant le résultat final de l'activité de **production*** des unités productrices résidentes.

Il peut se calculer de trois façons différentes :

– le PIB est égal à la somme des **valeurs ajoutées brutes*** des différents **secteurs institutionnels*** ou des différentes **branches*** d'activité, augmentée des impôts moins les subventions sur les produits (qui ne sont pas affectés aux secteurs et aux branches d'activités);

– le PIB est égal à la somme des **emplois finals*** intérieurs de **biens*** et **services*** (**consommation finale effective***, **formation brute de capital fixe***, **variations de stocks***), plus les **exportations***, moins les **importations** *;

– le PIB est égal à la somme des emplois des **comptes d'exploitation*** des secteurs institutionnels : rémunération des salariés, **impôts sur la production et les importations***, moins les subventions, **excédent brut d'exploitation*** et **revenu mixte***.

➪ Le terme brut signifie que les montants retenus le sont avant amortissements des équipements.

☞ Concepts et corrélats

➤ Comptabilité nationale

PRODUIT INTÉRIEUR BRUT POTENTIEL

Le produit intérieur brut potentiel est celui qui résulterait du plein-emploi des ressources productives. Lorsque le produit intérieur brut potentiel est supérieur au produit intérieur brut effectif (PIB), la stimulation de la **demande*** doit améliorer la croissance et **l'emploi*** sans tensions inflationnistes.

☞ Concepts et corrélats

➤ Croissance économique

PRODUIT NATIONAL BRUT (PNB)

Le produit national brut est égal au **produit intérieur brut** (PIB)* auquel on ajoute les revenus rapatriés par les nationaux résidant à l'étranger et auquel on retranche les revenus des étrangers résidents versés dans leurs pays d'origine.

➪ Le terme brut signifie que les montants retenus le sont avant amortissements des équipements.

☞ Concepts et corrélats

➤ Comptabilité nationale

PRODUITS DÉRIVÉS

Les produits dérivés sont des contrats dont la valeur dépend de celle d'un autre actif (dit actif sous-jacent). Par exemple la valeur d'un contrat portant sur une option de change dépend de l'évolution du **cours du change*** de la **devise*** considérée. Les produits dérivés peuvent être des **options*** ou des **contrats futurs***, les actifs sous-jacents peuvent être des **obligations***, des **actions***, des marchandises.

➪ Les produits dérivés existent depuis très longtemps (notamment sur les marchandises), mais le développement des **produits financiers dérivés*** depuis les années 1970 est lié à la montée des **risques*** et à la volonté de certains agents de se couvrir contre ces risques.

☞ Concepts et corrélats

➤ Monnaie ➤ Finances internationales
➢ Marchés dérivés ➢ Marché des options négociables de Paris ➢ Marché à terme international de France

PRODUITS FINANCIERS DÉRIVÉS

En Comptabilité nationale, les produits financiers dérivés désignent les **actifs*** financiers dérivés d'un autre instrument dit « sous-jacent », généralement un autre actif financier, mais parfois une matière première ou un **indice*** (des prix par exemple).

☞ Concepts et corrélats

➤ Comptabilité nationale

PROFESSIONS ET CATÉGORIES SOCIOPROFESSIONNELLES (PCS)

La nomenclature des professions et catégories socioprofessionnelles a été mise en place par l'INSEE en 1982. Les groupes définis par cette nomenclature présentent une certaine homogénéité sociale. Au nombre de six, les postes principaux de la nomenclature sont constitués sur la base de plusieurs critères : profession, statut (salarié ou non), activité économique, niveau de diplôme, part des femmes.

– agriculteurs exploitants;

– artisans, commerçants, chefs d'entreprise;

– cadres, professions intellectuelles supérieures;

– professions intermédiaires;

– employés (y compris personnel de service).

– ouvriers (y compris agricoles).

Ces groupes peuvent être désagrégés jusqu'à un niveau assez fin puisque la nomenclature professionnelle emboîte 489 postes élémentaires.

➪ Cette nomenclature succède à celle des catégories socioprofessionnelles (CSP) utilisée à partir de 1954, dont elle reprend et affine les principes.

☞ Concepts et corrélats

➤ Marché du travail

PROFIT

Le profit est le **revenu*** du **capital*** et/ou de l'**entrepreneur***. En **Comptabilité nationale*** comme en comptabilité privée, ce concept est mesuré par l'**excédent brut d'exploitation***.

Les différentes théories économiques offrent des explications différentes de la nature et de l'origine du profit :

– Pour les classiques, en particulier D. Ricardo (1772-1823), le profit est un résidu, c'est ce qui reste du revenu global lorsque les **salaires*** et la **rente foncière*** ont été payés.

– Pour K. Marx (1818-1883) le profit résulte de l'**exploitation*** des salariés.

– Pour les néoclassiques, le **profit pur*** est nul à l'équilibre, le profit n'a donc qu'un caractère transitoire car l'entrée de nouveaux concurrents fait baisser le prix jusqu'au minimum du **coût moyen***.

– Pour J. Schumpeter (1883-1950), le profit rémunère l'innovation, mais celle-ci ayant vocation à se diffuser, le profit est là aussi transitoire.

– Pour F. Knight (1885-1972), le profit rémunère la prise de « risque non assurable » par l'**entrepreneur*** (**incertitude***).

☞ Concepts et corrélats

➤ Revenus ➢ Taux de profit ➢ Taux de marge ➢ Rentabilité ➢ Taux de rentabilité économique ➢ Taux de rentabilité financière

PROFIT PUR

Dans la **théorie néoclassique***, le profit pur (ou profit extra) est le revenu de l'**entrepreneur*** qui excède la rémunération « normale » (c'est-à-dire aux prix du marché) des **facteurs de production***. Ce profit pur a un caractère transitoire, car l'existence de ce **profit*** entraîne l'entrée sur le marché de nouveaux producteurs et l'augmentation de l'offre qui en découle fait baisser le prix jusqu'au minimum du **coût moyen*** : le profit pur est alors nul.

☞ Concepts et corrélats

➤ Marchés et prix ➤ Revenus ➢ Rentabilité ➢ Taux de rentabilité économique ➢ Taux de rentabilité financière

PROFITABILITÉ

La profitabilité est un indicateur de **rentabilité***. Selon E. Malinvaud (*Réexamen de la théorie du chômage*, 1980), « *Elle mesure l'avantage qui peut être attendu de nouvelles opérations productives* ». Cette capacité de l'**investissement*** à engendrer un **profit*** peut être appréhendée par la différence entre la **rentabilité financière*** (rendement des **capitaux propres***) et le **taux d'intérêt réel*** (rendement moyen des **placements***).

➪ Pour de nombreux auteurs, cet indicateur joue un rôle déterminant dans la décision d'investissement. Si la profitabilité de l'investissement est négative l'**entreprise*** réduira son investissement.

☞ Concepts et corrélats

➤ Investissement ➢ Effet de levier ➢ Efficacité marginale de l'investissement ➢ Q de Tobin ➢ Taux de rentabilité économique ➢ Taux de rentabilité financière ➢ Taux interne de rendement ➢ Théorème Modigliani-Miller ➢ Valeur actualisée nette (VAN)

PROGRAMME D'AJUSTEMENT STRUCTUREL

➤ **Économie du développement**
➢ **Politique d'ajustement structurel**

PROGRAMME DE RECHERCHE SCIENTIFIQUE

Le concept de programme de recherche scientifique a été forgé par I. Lakatos (1922-1974), il désigne un ensemble de **théories*** qui se consacrent au même domaine de recherche. Un programme de recherche est constitué d'un **noyau dur*** et d'une **ceinture protectrice***, il fournit au chercheur à la fois une heuristique négative (dans la mesure où les propositions qui constituent le noyau dur ne doivent pas être soumises à **réfutation***) et une heuristique positive (en indiquant quelles sont les orientations qui permettent de développer le programme de recherche).

☞ Concepts et corrélats

➤ Épistémologie économique
➢ Heuristique

PROGRÈS ÉCONOMIQUE

Pour F. Perroux (1903-1987) : « l*e progrès économique est la propagation aux moindres coûts humains, à la vitesse la plus grande en première approximation (à la vitesse optimum dans une analyse plus approfondie), de la nouveauté, au sein d'un réseau d'activités économiques dont le sens, la signification devient accessible à tous* ». Le progrès économique suppose donc la prise en compte de la répartition des fruits de la croissance (elle doit bénéficier à tous), il ne se limite pas à l'économique, il suppose la maîtrise collective du sens de l'activité économique. À la différence de la croissance, le progrès économique n'est pas seulement quantitatif, son analyse suppose la prise en compte des **coûts de l'homme***.

☞ Concepts et corrélats

➤ Croissance économique

PROGRÈS TECHNIQUE

On peut définir le progrès technique comme une nouvelle manière de produire qui permet d'obtenir plus de produit avec la même quantité de **facteurs***.

De façon plus détaillée, P. Ralle et D. Guellec expliquent que « *le progrès technique est défini de façon générale comme un accroissement de la connaissance que les hommes ont des lois de la nature appliquées à la production. Il consiste donc en l'invention de produits et procédés nouveaux, qui augmentent le bien-être des individus soit par un accroissement soit par une transformation de la consommation* ».

De plus, ces inventions vont s'ajouter au **stock***des produits et procédés déjà existants.

☞ Concepts et corrélats

➤ Croissance économique

PROGRÈS TECHNIQUE AUTONOME

Le **progrès technique*** est autonome lorsqu'il est indépendant de l'évolution des autres facteurs de production. Par exemple, la production augmente à quantités de facteurs inchangés.

☞ Concepts et corrélats

➤ Croissance économique

PROGRÈS TECHNIQUE INCORPORÉ

Le **progrès technique*** est dit incorporé lorsqu'il exerce ses effets par l'intermédiaire des **facteurs de production***. Par exemple, dans les modèles où la **productivité du capital*** est fonction de l'**investissement*** net, on suppose que le progrès technique est incorporé au **capital***.

☞ Concepts et corrélats

➤ Croissance économique

PROGRÈS TECHNIQUE INDUIT

Le **progrès technique*** est induit lorsqu'il apparaît comme une conséquence de la croissance de la **production***. Par exemple, selon la thèse de l'apprentissage (*learning by doing*), produire en plus grande quantité permet d'être plus efficace.

☞ Concepts et corrélats

➤ Croissance économique

PROGRÈS TECHNIQUE NEUTRE

Le **progrès technique*** est qualifié de neutre lorsqu'il laisse inchangé certains rapports de la combinaison productive :

– le coefficient de capital v = K/Y ou son inverse qui est la productivité moyenne du capital.

– le coefficient d'utilisation de la main-d'œuvre u = L/Y ou son inverse qui est la productivité moyenne du travail (ou production par tête)

– l'intensité capitalistique k = K/L.

On peut ainsi considérer trois cas de neutralité du progrès technique, selon la variable qui n'est pas affectée par ce dernier :

– le **progrès technique neutre au sens de Harrod***;

– le **progrès technique neutre au sens de Hicks***;

– le **progrès technique neutre au sens de Solow***.

☞ Concepts et corrélats

➤ Croissance économique

PROGRÈS TECHNIQUE NEUTRE AU SENS DE HARROD

Le progrès technique est **neutre au sens de Harrod** si le coefficient de capital (K/Y) reste constant à taux d'intérêt (i) inchangé. Affirmer que le progrès technique est neutre au sens de Harrod conduit à exiger qu'il élève la seule **productivité du travail***. Il est dit *labour augmenting* puisqu'il équivaut à une augmentation de la quantité de travail disponible.

☞ Concepts et corrélats

➤ Croissance économique ➢ Progrès technique neutre ➢ Progrès technique neutre au sens de Harrod ➢ Progrès technique neutre au sens de Solow

PROGRÈS TECHNIQUE NEUTRE AU SENS DE HICKS

Le **progrès technique*** est **neutre au sens de Hicks** s'il augmente à la fois et également l'efficacité du facteur **travail*** et celle du facteur **capital***. Il laisse inchangé le rapport des **productivités marginales*** des **facteurs de production***, c'est-à-dire le **taux marginal de substitution***. Dans ces conditions, le progrès technique n'entraîne aucune modification de la **combinaison productive***. Puisque le progrès technique augmente la productivité des deux facteurs dans la même proportion, il est dit à la fois *labour augmenting* et *capital augmenting*.

☞ Concepts et corrélats

➤ Croissance économique ➢ Progrès technique neutre ➢ Progrès technique neutre au sens de Harrod ➢ Progrès technique neutre au sens de Solow

PROGRÈS TECHNIQUE NEUTRE AU SENS DE SOLOW

Le progrès technique est **neutre au sens de Solow** s'il laisse le coefficient d'utilisation de la main-d'œuvre (L/Y) constant à **taux de salaire*** inchangé. Affirmer que le progrès technique est neutre au sens de Solow conduit à exiger qu'il élève la seule **productivité du capital***. On dit qu'il est *capital augmenting* puisqu'il équivaut à une augmentation de **capital***.

☞ Concepts et corrélats

➤ Croissance économique ➢ Progrès technique neutre ➢ Progrès technique neutre au sens de Harrod ➢ Progrès technique neutre au sens de Hicks

PROMOTION DES EXPORTATIONS

➤ Économie du développement
➢ Industrialisation par promotion des exportations

PROPENSION À ÉPARGNER

La propension à épargner mesure la part du **revenu*** qui est affectée à l'**épargne***. On distingue :

– la propension moyenne à épargner qui est le rapport entre l'épargne et le revenu : E/R ;

– la propension marginale à épargner qui est le rapport entre la variation de l'épargne consécutive à une variation du revenu :

$$\frac{\Delta E}{\Delta R}$$

➪ La somme des propensions à épargner et à consommer est égale à 1.

☞ Concepts et corrélats

➤ Épargne ➤ Consommation
➢ Propension à consommer

PROPENSION À EXPORTER

La propension à exporter est la mesure de la part des exportations dans le Produit intérieur brut. On distingue :

– la propension moyenne à exporter qui est égale au rapport : Exportations / PIB;

– la propension marginale à exporter qui est égale au rapport :

Variation des exportations / Variation du PIB.

☞ Concepts et corrélats

➤ Commerce international ➢ Propension à importer

PROPENSION À IMPORTER

La propension à importer est la mesure de la part des importations dans le Produit intérieur brut. On distingue :

– la propension moyenne à importer qui est égale au rapport : Importations / PIB;

– la propension marginale à importer qui est égale au rapport :

– Variation des importations / Variation du PIB.

☞ Concepts et corrélats

➤ Commerce international ➢ Propension à exporter

PROPENSION MARGINALE À ÉPARGNER

➢ **Propension à épargner**

PROPENSION MOYENNE À ÉPARGNER

➢ **Propension à épargner**

PROPHÉTIE AUTORÉALISATRICE

➤ **Finances internationales**

➢ **Anticipations autoréalisatrices**

PROTECTION SOCIALE

Au 19e siècle, les conséquences sociales de l'industrialisation conduisent à poser le problème d'une protection sociale. Pour la conception libérale, un système économique fondé sur le marché autorégulateur doit reposer sur l'initiative individuelle. Chaque individu, dès lors que les réglementations contraignantes sont supprimées, doit mettre en œuvre les **facteurs de production*** dont il dispose et se spécialiser en fonction de la **division du travail*** qu'implique le marché. Chaque individu reçoit un revenu en fonction de sa contribution productive et doit se prémunir, par l'**épargne***, contre les risques sociaux. Dans cette perspective, la pauvreté est la sanction de l'oisiveté et du vice. S'il se trouve cependant de « vrais » pauvres, la charité privée doit pourvoir à leurs besoins. Ce discours, qui est au cœur des conceptions libérales du 19e siècle, va peu à peu être remis en cause : les idées d'**assistance***, de solidarité, d'**assurance sociale***, de **Sécurité sociale***, vont progressivement être mises en avant au sein des pays industrialisés. Mais cette approche de la « Question sociale » qui s'épanouit dans l'**État-Providence*** entre en crise à partir du milieu des années 1970.

• *Naissance et développement de la protection sociale*

Jusqu'au 18e siècle : pauvreté et assistance

Avant l'**industrialisation***, les risques comme l'interruption d'activité pour maladie ou accident et vieillesse, sont pris en charge par la famille étendue (solidarité intra-familiale) et par les organismes professionnels (par exemple les **corporations***).

L'Église et l'État royal, de leur côté, mettent en place les premiers dispositifs d'assistance aux pauvres. Les paroisses et les ordres religieux tissent, dans toute la chrétienté, un réseau de léproseries, aumôneries, hospices et hôpitaux. L'État crée des hôpitaux, des dépôts de mendicité, des asiles d'aliénés. Mais l'intervention sociale de l'État n'est pas systématique et reste de faible ampleur, sauf en faveur des populations réquisitionnées pour les services de l'État (par exemple, Saint Louis avait créé l'hôpital des Quinze-Vingts pour ceux qui sont revenus aveugles des croisades ; Louis XIV, en 1670, crée les Invalides pour les vétérans de l'armée).

L'Angleterre élisabéthaine fournit une première réponse, massive et cohérente, au problème de la pauvreté avec l'instauration des **lois sur les pauvres*** (*Poor Laws*). En France, le traitement de la pauvreté contient, dès le 18e siècle, une dimension économique avec le recours aux travaux de secours (travaux publics). Les travaux de secours commencent à être appréhendés comme un droit et conduisent à la création des « fonds de travaux de charité » dans de nombreuses régions françaises au cours des années 1770. Par la suite sont créés les « ateliers de charité » et l'idée resurgit naturellement pendant la révolution de 1789.

➪ Dès le départ, les dispositifs mis en place obéissent à deux logiques : une logique d'assistance et une logique de surveillance et de contrôle social des indigents et des vagabonds.

La naissance des assurances sociales

❍ L'industrialisation du 19e siècle conduit à la prise de conscience de la disparition des solidarités traditionnelles. Comme l'a montré K. Polanyi (1887-1964), l'instauration du marché autorégulateur, en particulier dans le domaine du travail, suppose la suppression des formes anciennes de solidarité (qui sont souvent liées à des formes de sociabilités familiale, professionnelle, religieuse...). De même, il faut supprimer les normes traditionnelles qui régissaient l'usage de la force de travail. En France, en 1791, la loi Le Chapelier supprime les corporations ; en Grande-Bretagne, en 1834, l'**acte de Speenhamland*** (1795) est lui aussi abrogé. L'industrialisation et l'urbanisation, en faisant voler en éclats les communautés traditionnelles, contribuent aussi à faire disparaître les formes antérieures de solidarité tout en accélérant l'exode rural et le développement de nouveaux risques.

« L'inSécurité sociale » qui en résulte va conduire progressivement à la mise en place d'un système dans lequel les garanties sociales sont liées à la mise en place d'assurances obligatoires couvrant les principaux « risques » de l'existence (maladie, chômage, retraite, invalidité, etc.). Une première étape d'expérimentation des **assurances sociales*** se met en place entre 1880-1914 en Europe. Les accidents du travail sont couverts les premiers et marquent ainsi la reconnaissance par la société du risque inhérent à l'activité industrielle (même si la responsabilité de l'employeur n'est pas directement engagée). Puis viennent l'assurance vieillesse, l'aide à la famille et, enfin, l'assurance maladie. Le **chômage*** n'est pas encore pris en compte. Seuls les travailleurs et leurs familles accèdent à l'**assurance sociale***, et bien souvent leur affiliation reste volontaire. Leur protection va se fonder sur la technique de l'assurance ou sur celle de la solidarité professionnelle, rarement sur la solidarité nationale.

L'Allemagne de Bismarck joue un rôle précurseur : l'assurance maladie est mise en place en 1883, l'assurance contre les accidents du travail en 1884, l'assurance invalidité vieillesse en 1889.

Pour Bismarck, ces réformes ont explicitement pour but de détourner les ouvriers de la propagande socialiste.

Selon M.T. Join-Lambert, (*Politiques sociales,* 1994), quatre principes fondamentaux définissent le système bismarckien :

– une protection exclusivement fondée sur le travail et, de ce fait, limitée ;

– une protection obligatoire pour les seuls salariés dont le salaire est inférieur à un certain montant, donc pour ceux qui ne peuvent recourir à la prévoyance individuelle ;

– une protection sociale fondée sur la technique de l'assurance, qui instaure une proportionnalité des cotisations par rapport aux salaires et une proportionnalité des prestations par rapport aux cotisations ;

– une protection gérée par les employeurs et les salariés eux-mêmes.

En Grande-Bretagne, il faut attendre 1911 pour que soit mis en place par l'État un système d'assurance obligatoire contre la maladie et le chômage. En France, ce n'est qu'au début du 20e siècle que commence à se mettre en place un système d'assurance sociale (1910, loi sur les retraites ouvrières et paysannes ou loi ROP).

❍ Les années 1920-1940 apparaît comme une période où le système des assurances sociales se consolide. Les avantages obtenus par une minorité de travailleurs s'étendent aux classes moyennes, parfois à toute la population. Le processus devient irréversible : les incertitudes et les débats du début du siècle s'estompent. En France, la loi sur les assurances sociales voit le jour le 30 avril 1930. Les risques couverts sont : maladie, maternité, vieillesse, invalidité, décès. Elle est complétée par la loi du 11 mars 1932 sur les allocations familiales.

Aux États-Unis, jusqu'en 1930, le gouvernement fédéral, par fidélité aux principes du libéralisme, refuse toute intervention sociale systématique : l'aide aux nécessiteux est laissée à l'appréciation des États fédérés, des municipalités ou des organismes charitables. L'économie de marché est censée fournir aux individus des revenus élevés et des emplois nombreux (conception résiduelle de la protection sociale).

Avec la crise économique de 1929, le chômage apparaît désormais comme un risque majeur. Par ailleurs, la théorie keynésienne justifie l'intervention de l'État et la **redistribution***. Aux États-Unis, le traumatisme de la crise conduit au vote du *Social Security Act* (1935), qui complète la politique économique du **New Deal***. Il s'agit d'une loi combinant l'assurance et l'assistance, et non d'une protection sociale générale. La loi introduit une assurance-vieillesse coordonnée par le gouvernement fédéral (*Federal Old Age Assistance*), financée par des cotisations d'employeurs et de salariés, ainsi qu'une assurance-chômage (*Unemployment Compensation*), enfin une aide aux familles indigentes, aux aveugles et aux vieillards nécessiteux (confiée aux États fédérés). Ces mesures restent timides pour l'époque.

Les conditions de la mise en place de l'**État-providence*** vont être réunies au lendemain de la Seconde Guerre mondiale.

Des assurances sociales à la protection sociale

En Europe, à travers la crise et la guerre, un nouveau compromis social s'institutionnalise. Les rapports Beveridge en Grande-Bretagne (1942 et 1944), les travaux du Conseil national de la Résistance en France, visent à instaurer un système protégeant l'ensemble de la population contre les risques de maladie, maternité, accident du travail, vieillesse, chômage et famille.

<u>Le rapport Beveridge</u>

Le rapport Beveridge de novembre 1942 (*Social Insurance and Allied service*) marque l'avènement du « *Welfare State* ». Selon W. Beveridge, une société industrielle vivant en paix ne devrait pas souffrir du besoin ni des « cinq génies malfaisants de l'histoire » : la maladie, l'ignorance, la dépendance, la déchéance et le taudis. Pour lui la liberté individuelle n'est pas séparable de la Sécurité sociale qui doit « affranchir du besoin ».

Le régime de Sécurité sociale conçu par W. Beveridge est en rupture avec la conception des « assurances sociales ». Il repose sur une nouvelle conception du risque social et du rôle de l'État. La Sécurité sociale a pour but de libérer l'homme du besoin en garantissant une sécurité du revenu. Est considéré comme risque social tout ce qui menace le revenu régulier des individus : maladie, accidents du travail, décès, vieillesse, maternité, chômage. Face au caractère partiel des politiques existantes, W. Beveridge propose la mise en œuvre d'un système global et cohérent.

Il préconise un système caractérisé par :

– le principe d'universalité : un système généralisé, qui couvre l'ensemble de la population quel que soit son statut d'emploi ou son revenu ;

– le principe d'unité : un système unifié et simple (une seule cotisation couvre l'ensemble des risques, donc un seul régime) ;

– le principe d'uniformité : un système où les prestations sont uniformes quel que soit le gain des intéressés ;

– la centralisation du système (service public unique).

Pour Beveridge, cette nouvelle protection sociale n'a de sens que si elle est liée à une politique de **plein-emploi*** (référence à J. M. Keynes). Il publie en 1944 un second rapport « *Full Employment in a Free Society* » (*Du travail pour tous dans une société libre*). « *Ce doit être une fonction de l'État que de protéger les citoyens contre le chômage de masse, aussi définitivement que c'est maintenant la fonction de l'État que de défendre les citoyens contre les attaques du dehors et contre les vols et les violences du dedans* ».

<u>La Grande-Bretagne</u>

L'État-Providence qui se met en place en Grande-Bretagne entre 1945 et 1948 (loi de 1945 sur les allocations familiales, loi de 1946 sur le *National Health Service*, *National Assistance Act* en 1948 pour lutter contre l'indigence) va peu évoluer jusqu'aux années 1960. Il constitue une référence historique de l'État-providence, financé par l'impôt, contrôlé par le Parlement et géré par un service public. Ce système sera adopté par les pays scandinaves après 1945 (Norvège, Suède, Finlande, Danemark, Irlande), par le

Canada en 1 970 et par les pays méditerranéens (Grèce, Italie, Espagne, Portugal) autour de 1980.

La France

En France, les ordonnances du 22 février et des 4 et 19 octobre 1945 fondent la **Sécurité sociale***. Le système trouve sa source dans les travaux du Conseil national de la Résistance et le rapport demandé à Pierre Laroque. L'intention de départ était de créer un régime obligatoire unique couvrant l'ensemble de la population pour les quatre risques pris en compte (maladie, accidents du travail, invalidité, vieillesse et maternité), en application des principes énoncés par W. Beveridge. En même temps, on voulait mettre en place une gestion paritaire du système. Ce fut un échec, de nombreux groupes professionnels (professions indépendantes, cadres…) ont refusé de s'intégrer dans le régime général et, pour certains, ont conservé un régime spécial (marins, mineurs, cheminots, etc.). C'est ce qui explique la complexité administrative du système français.

➩ Le modèle français est un modèle « hybride » qui puise aux modèles bismarckien et béveridgien. Comme le modèle anglais, il adopte le principe de l'universalité de la couverture sociale mais son mode de financement et d'organisation relève plutôt du modèle allemand.

Les États-Unis

Le système américain relève du « modèle résiduel ». On considère que c'est avant tout le marché qui doit fournir à chacun ses ressources, en fonction de ses mérites. Si l'individu ne peut se procurer des moyens de subsistance, les solidarités familiales ou celles des réseaux privés doivent y pourvoir. L'État n'intervient qu'en dernière instance.

La protection sociale américaine sépare clairement le domaine de la *social security* et celui du *welfare* (« bien-être ») :

– le domaine des assurances sociales est très limité : il comprend un programme d'assurance vieillesse et chômage, mais l'assurance maladie n'en fait pas partie ;

– le domaine du *welfare* fait référence aux mesures de l'État en direction des pauvres. Les plus importantes sont *Medicaid*, assistance médicale aux plus démunis, l'AFDC, aide aux familles avec des enfants dépendants (souvent des familles monoparentates) et le revenu minimum complémentaire pour les personnes âgées, les invalides et les aveugles. Chaque État a une grande liberté pour fixer le niveau des allocations et les conditions d'attribution de ces aides.

• *La crise de la protection sociale*

Pendant les Trente Glorieuses, le niveau de la protection sociale ne va pas cesser de s'améliorer, y compris aux États-Unis où, en dépit de traditions individualistes très fortes, les présidents J.-F. Kennedy et L.B. Johnson mettent en place des politiques de lutte contre la pauvreté et de couverture du risque maladie.

Dans tous les pays, les revenus de transferts occupent une place croissante dans le **revenu disponible*** des ménages et en France le budget social de la nation (qui recense l'ensemble des dépenses de protection sociale et d'aide sociale) devient supérieur au budget de l'État.

Tous les systèmes de Sécurité sociale associent, dans des proportions diverses, les principes de l'assurance, l'assistance et la solidarité. L'attachement des Américains, des Japonais et plus récemment des **Nouveaux pays industriels*** du Sud-Est asiatique, à l'individualisme et au marché leur fait préférer l'initiative individuelle pour se garantir par des contrats d'assurance et selon les moyens financiers disponibles. Les exclus relèvent de l'assistance et bien des risques sociaux ne sont pas couverts.

Au contraire les Européens confient la gestion des risques individuels et collectifs à l'État-providence selon le principe de la solidarité nationale ou professionnelle ; chacun finance selon sa capacité contributive et reçoit selon ses besoins estimés par la collectivité.

Le ralentissement du rythme de croissance des pays industrialisés à partir de 1974 marque la fin de l'âge d'or des politiques sociales. La crise de la protection sociale relève de facteurs économiques (équilibres financiers), de facteurs démographiques et de facteurs sociaux et politiques.

La protection sociale en échec ?

Une conjoncture économique défavorable

Les difficultés de la protection sociale sont d'abord financières, le ralentissement de la croissance et la montée du **chômage*** réduisent la croissance des ressources des régimes sociaux alors que les dépenses continuent à s'accroître rapidement. Cet accroissement des dépenses résulte d'un double phénomène :

– d'une part certaines dépenses continuent à s'accroître selon leur logique antérieure. C'est le cas des dépenses de santé dont la croissance est plus rapide que la croissance du revenu (à la fois en raison de la demande des ménages et des caractéristiques de l'offre de soins). Dans la mesure où ces dépenses sont largement socialisées, les régimes d'**assurance maladie*** voient leurs charges s'accroître ;

– d'autre part, certaines dépenses comme les dépenses d'indemnisation, de prise en charge des retraites anticipées, etc., augmentent avec la montée du chômage.

Ces difficultés financières conduisent les pouvoirs publics à rechercher une réduction des coûts.

<u>Les facteurs structurels</u>

La protection sociale se heurte aussi aux conséquences des évolutions démographiques. L'accroissement de la charge des deux compartiments les plus lourds des dépenses (vieillesse et santé), est principalement déterminé par des facteurs structurels (évolution du mode de vie, facteurs démographiques).

Les conséquences du **vieillissement*** de la population sur le financement des régimes de retraite (**retraite par répartition*/retraite par capitalisation***) font l'objet d'un important débat. Le vieillissement a aussi un effet sur la croissance des dépenses de santé qui est également au centre des problèmes contemporains de la protection sociale.

<u>Les critiques libérales</u>

La légitimité de la protection sociale est aujourd'hui contestée par certains auteurs libéraux qui mettent en avant les effets économiques négatifs de la redistribution.

❍ Reprenant la thèse de Malthus selon laquelle les **lois sur les pauvres*** créent les pauvres qu'elles assistent, Ph. Beneton ou G. Gilder, par exemple, considèrent que le développement des politiques sociales produit des effets pervers : loin de réduire la pauvreté, elle l'institutionnalise. Pour ces auteurs, il faut réduire la protection sociale obligatoire, faire appel à la responsabilité des individus qui peuvent s'assurer contre les risques de l'existence dans un cadre concurrentiel. Il faut par ailleurs laisser toute leur place aux activités caritatives volontaires des individus altruistes.

❍ Plus récemment, certains économistes ont mis en avant l'accroissement de l'**aléa moral***, phénomène bien connu en économie de l'assurance : plus la protection contre les risques est complète et étendue, moins les individus seront incités à éviter les risques auxquels ils sont exposés. Il s'agit d'une version à peine dépoussiérée de la condamnation de l'aide aux pauvres.

❍ Les **prestations sociales*** et plus particulièrement les minima sociaux sont accusés de créer des trappes à pauvreté : le versement de la prestation sociale incite celui qui la perçoit à ne pas faire d'effort pour améliorer sa situation.

❍ La protection sociale génère d'autres effets économiques négatifs. En effet, les prélèvements sociaux freinent :

– la **croissance*** (**courbe de Laffer***) ;

– l'**emploi*** et la **compétitivité*** des **entreprises*** ;

– l'épargne, comme le dénonçait dans les années 1970 M. Feldstein, expert des problèmes de santé et de retraite et conseiller économique de R. Reagan. Pour lui, le financement des retraites par répartition était une des causes de l'insuffisance chronique de l'épargne des ménages aux États-Unis.

<u>Un système lourd aux effets peu redistributifs</u>

Certains contestent le système de protection sociale, tel qu'il fonctionne aujourd'hui. Ses effets sur la réduction des inégalités de revenus sont assez faibles. La **redistribution horizontale*** l'emporte sur la **redistribution verticale***. Par ailleurs, de larges poches de pauvreté subsistent et les exclus sont de plus en plus nombreux à passer dans les mailles du filet de la protection sociale.

<u>Une crise politique et culturelle</u>

Plus fondamentalement, P. Rosanvallon (*La crise de l'État-providence*, 1981) considère que la crise de la protection sociale a une dimension culturelle et politique. Pour lui, l'État moderne est fondamentalement un État protecteur. La protection sociale permet de substituer à l'incertitude de la providence religieuse la certitude de la providence étatique. L'État-providence est donc un produit de la culture démocratique et égalitaire moderne.

Historiquement, l'État-providence progresse par bonds, notamment à l'occasion des crises ou des guerres, car « *ces périodes constituent des temps d'épreuve à la faveur desquels il y a reformulation plus ou moins explicite du contrat social* ». Or, dans la période actuelle, aucun mouvement social significatif ne s'est produit pour légitimer une avancée de l'État-providence (à la différence de l'après-guerre). Le doute sur l'État-providence est ainsi lié à une « *panne de l'imagination sociale* ».

De plus, la dynamique égalitaire des sociétés modernes semble bloquée. La demande d'égalité est en perte de vitesse au profit d'une demande de sécurité, et on assiste à une montée de l'individualisme, une tendance à la corporatisation, un développement de réactions catégorielles étroites en matière d'**impôts***, de cotisations sociales.

Ces évolutions doivent être analysées selon P. Rosanvallon en termes sociologiques. Le système de redistribution, et donc d'organisation de la solidarité, fonctionne comme un grand interface : il se substitue au face à face des individus et des groupes. Du même coup, il se présente pour ces derniers comme une donnée, un système autonome et indépendant d'eux, alors qu'il résulte de l'interaction des prestations et des prélèvements affectant chaque individu. L'organisation de la solidarité est ainsi coupée des rapports sociaux réels et devient plus abstraite. Dans ces conditions, les revendications d'individus et de groupes pour réduire ou limiter les contributions financières peuvent être totalement disjointes du sens social de leurs effets.

Les enjeux actuels de la protection sociale

La question du financement

En France, le financement de la protection sociale est basé sur les **cotisations sociales***. Ce système de financement pèse sur le coût salarial (**coin fiscal***), ce qui est défavorable à l'emploi, en particulier l'emploi peu qualifié. Depuis les années 1980, pour remédier aux problèmes de financement, on assiste à un élargissement de l'assiette des prélèvements et une tendance à la fiscalisation des recettes de la protection sociale (**Contribution sociale généralisée***, **Contribution pour le remboursement de la dette sociale***).

De plus, des mesures ont été prises dans le but de rendre plus « visible » la protection sociale pour que les cotisants acceptent mieux les prélèvements sociaux (décentralisation, plus grande participation des usagers à la gestion des équipements sociaux par exemple).

La question des retraites

Pour répondre au vieillissement démographique et adapter les systèmes de retraites, la plupart des pays ont mis en place des mesures visant à rétablir l'équilibre financier des régimes de retraites :

– augmentation du nombre d'années de cotisations nécessaires pour obtenir une retraite à taux plein (de 37,5 à 40 ans en France pour le Régime général : plan Veil de 1993) ;

– modification de la période de référence pour le calcul des pensions (des 10 meilleures aux 25 meilleures pour le Régime général selon le plan Veil) ;

– recul de l'âge de la retraite (ce qui revient à augmenter le nombre d'années de cotisations nécessaires) ;

– augmentation du taux de cotisation (l'effort est reporté sur les actifs).

De plus, les problèmes financiers des systèmes de retraite donnent lieu à un débat parfois virulent entre partisans des **retraites par capitalisation*** et défenseurs des **retraites par répartition***. Les premiers considèrent que l'équilibre démographique défavorable conduit à une hausse inéluctable et insupportable des cotisations sociales. Les seconds pensent que les systèmes de capitalisation ont des conséquences négatives sur la justice sociale et la solidarité intergénérationnelle. L'évolution actuelle qui semble se dessiner est celle d'un système qui maintient la répartition et introduit la capitalisation de façon complémentaire.

La question de la maîtrise des dépenses de santé

Dans le domaine de la santé, des réformes importantes ont été introduites dans la plupart des pays européens. L'évolution générale se caractérise par :

– une tendance à l'accroissement de la part des dépenses laissée à la charge des individus ;

– développement des assurances privées ;

– réduction des remboursements ;

– contractualisation des rapports entre l'État et le système de soin pour maîtriser l'offre de santé (France, Allemagne) : encadrement des dépenses grâce au principe de l'enveloppe globale, planification sanitaire, coordination des acteurs au niveau régional, renforcement des contrôles (en particulier des médecins généralistes qui sont le pivot du système de soins) ;

– mise en concurrence des offreurs de soins (Grande-Bretagne) ou entre caisses d'assurances publiques et privées (Pays-Bas).

La question de la pauvreté et l'exclusion

Les conséquences du désengagement social de l'État sont très coûteuses sur le plan social, politique et économique. De nouvelles formes de pauvreté ou d'exclusion apparaissent dans la plupart des pays, même ceux qui possèdent des systèmes de protection sociale perfectionnés. Une spirale de la pauvreté tend à se créer : la précarité de l'emploi, l'évolution des structures familiales rendent plus difficile l'accès au travail, au logement, aux soins, faible niveau de socialisation, etc. (cumul des handicaps).

Des systèmes de minima sociaux au bénéfice des plus démunis sont mis en place dans de nombreux pays. L'existence même de ces minima reflète l'imperfection des systèmes de protection sociale. La France a créé (2000) une couverture maladie universelle (CMU) afin que les plus nécessiteux puissent bénéficier gratuitement du système de soins.

➩ En France, les minima sociaux sont : le minimum vieillesse, le minimum invalidité, l'allocation adulte handicapé, l'allocation de parent isolé, l'allocation de veuvage, l'allocation d'insertion, l'allocation de solidarité spécifique et le **revenu minimum d'insertion***.

L'existence des minima sociaux pose le problème des « trappes à pauvreté » pour ceux qui sont sans **emploi***. Toute revalorisation des minima sociaux (qui ne permettent pas de vivre décemment) produit des effets désincitatifs au travail. Dès lors, certains économistes, pessimistes vis-à-vis d'un retour du plein-emploi, envisagent la création d'un revenu minimum d'existence qui ne se réfère plus à une recherche d'un emploi ou d'une insertion dans la vie professionnelle.

☞ Concepts et corrélats

➤ État ➤ Revenus ➤ Politique économique

☞ Bibliographie

● BICHOT J. (1997), *Économie de la protection sociale*, coll. U, Armand Colin.

BICHOT J. (1997), *Les politiques sociales en France au 20e siècle*, coll. Cursus, Armand Colin.

CHATAGNER F. (1998), *La protection sociale*, Le Monde-Marabout.

RICHEZ-BATTESTI N. (1998), *La Sécurité sociale*, coll. Synthèse, Armand Colin.

PARODI M. (2000), *La question sociale en France depuis 1945*, coll. U, Armand Colin.

CAHIERS FRANÇAIS n° 292, juillet-septembre 1999, *Emploi et protection sociale*, La Documentation Française.

❍ JOIN-LAMBERT M.-Th. (1998), *Politiques sociales*, Dalloz/FNSP.

ROSANVALLON P. (1981), *La Crise de l'État-providence*, Seuil.

ROSANVALLON P. (1994), *La Nouvelle question sociale*, Seuil.

PROTECTIONNISME

Le protectionnisme désigne un ensemble de mesures prises par un gouvernement visant à empêcher ou limiter les importations de biens et services.

Selon le contexte, les objectifs du protectionnisme peuvent être :

– l'équilibre du commerce extérieur;

– le maintien de l'**emploi*** dans certains secteurs d'activités;

– la protection des industries naissantes ou vieillissantes;

– le maintien du niveau de vie (lutte contre la concurrence déloyale).

Le protectionnisme peut être mis en place à l'aide de plusieurs instruments.

On distingue les instruments tarifaires des instruments non tarifaires.

Les instruments tarifaires sont :

– les **droits de douane*** qui sont l'instrument le plus ancien et qui ont pour effet de désavantager les productions étrangères;

– les subventions qui avantagent les productions nationales.

Les instruments non tarifaires peuvent être regroupés en trois catégories :

– les restrictions quantitatives qui prennent le plus souvent la forme de **quotas*** (contingentements) ou encore, dans les cas extrêmes, de prohibitions;

– les mesures déguisées du protectionnisme contemporain. Tel est le cas des normes techniques, sanitaires ou environnementales, des réglementations des marchés publics, etc. Les **accords d'autolimitation des exportations*** sont également un instrument particulier du protectionnisme moderne;

– les instruments monétaires du protectionnisme comme la **dévaluation*** ou la sous-évaluation du taux de change.

☞ Concepts et corrélats

➤ Commerce international
➢ Discriminations non tarifaires ➢ Droits de douane ➢ Libre-échange

PROTECTIONNISME ÉDUCATEUR

Le protectionnisme éducateur est un **protectionnisme*** temporaire et s'appliquant à certains secteurs d'activités. Son objectif est de permettre à ces secteurs d'atteindre un niveau de développement suffisant pour pouvoir par la suite affronter la concurrence internationale.

La thèse du protectionnisme éducateur a été défendue par F. List (1798-1846), économiste opposé à l'analyse du commerce international de D. Ricardo (1772-1823). Elle est aujourd'hui reprise par certains économistes (J. M. Jeanneney) qui proposent un nouveau protectionnisme pour atténuer la **contrainte extérieure***.

➩ Au 19e siècle, l'Allemagne, les États-Unis et le Japon ont protégé leur économie de la concurrence internationale.

☞ Concepts et corrélats

➤ Commerce international ➢ Économie du développement

PROTO-INDUSTRIALISATION

La protoindustrialisation correspond pour l'historien américain, F. Mendels (1972), à la mise en place dans le textile, d'une nouvelle **division du travail*** dès le 14e siècle, qui aurait précédé l'avènement de l'**entreprise*** :

– le marchand manufacturier est **entrepreneur***. Il achète la matière première, distribue le travail dans des zones où le travail est moins cher et plus libre, aux artisans tisserands, aux apprentis, aux femmes et enfants. Il assure le contrôle du processus de transformation, son financement et enfin la vente sur le marché;

– les artisans, quoique possédant le plus souvent leur outillage, sont dépendants de la matière première fournie et d'une rémunération aux pièces, ce qui en fait de quasi-salariés.

☞ Concepts et corrélats

➤ Entreprise ➢ Capitalisme ➢ Coûts de transaction ➢ Manufacture

Q DE TOBIN

Le Q de Tobin est le rapport entre la **capitalisation boursière*** de l'**entreprise*** et la valeur des **actifs*** réels de l'entreprise. Selon l'économiste américain J. Tobin (prix Nobel 1981), il permet de décider de réaliser ou non un **investissement*** en comparant son **taux interne de rendement*** et le taux auquel l'argent nécessaire à sa mise en œuvre est emprunté.

Comme la capitalisation boursière est liée à la **rentabilité financière***, les **entrepreneurs*** ont tendance à accroître leur stock de **capital*** (dénominateur du rapport) tant que cet accroissement entraîne un accroissement plus important de la capitalisation boursière. Lorsque q = 1, il n'y a plus d'intérêt à l'investissement.

➩ Les entreprises n'ont pas toutes le même accès au **financement externe*** (taille de l'entreprise, asymétrie de l'information), la **capacité d'autofinancement*** reste un critère de la décision d'investissement.

☞ Concepts et corrélats

➤ Investissement ➢ Effet de levier
➢ Efficacité marginale de l'investissement
➢ Profitabilité ➢ Rentabilité ➢ Rentabilité économique ➢ Rentabilité financière
➢ Théorème Modigliani-Miller ➢ Valeur actualisée nette (VAN)

QUALIFICATION

Le concept de qualification recouvre plusieurs notions : la qualification de l'**emploi***, la qualification individuelle et la qualification salariale.

– La qualification de l'emploi correspond aux qualités requises par le poste de travail. La définition des postes de travail au sein des **entreprises*** se fait à partir de données techniques (produit à réaliser, type d'outillage existant ou prévu, etc.) et de choix d'organisation du **travail***. Les définitions de postes sont assorties d'exigences sur les qualités nécessaires à l'exercice du travail demandé.

– La qualification individuelle représente l'ensemble des connaissances professionnelles d'un individu. Elle renvoie notamment à sa formation, à son expérience et à ses autres attributs (capacité d'encadrement…).

– La qualification salariale traduit le classement de l'individu dans une grille de **salaires*** : c'est la qualification officiellement reconnue et payée par l'entreprise.

☞ Concepts et corrélats

➢ Capital humain ➢ Politique de l'emploi

QUARTILE

Le premier quartile (Q_1) d'une série statistique est la valeur du **caractère statistique*** telle que 25 % de la population étudiée a une modalité inférieure ou égale à Q_1 et 75 % a une modalité supérieure ou égale à Q_1.

On définirait de même le 2e quartile Q_2, avec les proportions 50 %, 50 % (le deuxième quartile est donc la médiane) et le troisième quartile Q_3 avec les proportions 75 %, 25 %.

➪ D'une manière générale, les quartiles, **déciles***, **centiles***, sont appelés des quantiles.

QUOTA

Lorsqu'un État détermine un quota (ou contingent) commercial, il fixe d'une manière unilatérale la quantité maximale d'un produit d'origine étrangère dont l'importation est autorisée pendant une période précise.

À la différence des droits de douane qui renchérissent les produits importés, la fixation de quotas établit des restrictions quantitatives. Leur effet protecteur est d'autant plus fort que le contingent sera faible.

Les quotas sont en principe interdits dans le cadre de l'Organisation mondiale du commerce (OMC) mais des dérogations à la règle sont prévues (accords multifibres pour les produits textiles, automobiles, acier…).

➪ Ne pas confondre les quotas avec les **accords d'autolimitation des exportations***.

☞ Concepts et corrélats

➤ Commerce international

➢ Protectionnisme

RAPPORT SALARIAL

Dans la **théorie de la régulation***, le rapport salarial est l'une des **formes institutionnelles*** qui contribue à définir un **mode de régulation***. Le rapport salarial a connu au cours de l'histoire diverses configurations, il concerne :

– l'**organisation du travail*** (type de moyen de production, formes de la division technique et sociale du travail…) ;

– la détermination du revenu salarial (indexation ou pas, normes collectives ou contrats individuels, rôle de la redistribution…) ;

– la norme de consommation salariale.

Par exemple, dans le mode de **régulation monopoliste***, le rapport salarial comporte un développement du taylorisme et du travail à la chaîne, des gains de pouvoir d'achat liés à une institutionnalisation croissante (accords salariaux, protection sociale…) et une **norme de consommation*** permettant à une grande partie des salariés d'accéder à la **consommation de masse***.

☞ Concepts et corrélats

➤ Marché du travail

RAPPORT DE PRODUCTION

Dans la **théorie marxiste*** des **modes de production***, les **rapports de production*** sont l'une des composantes de l'**infrastructure*** économique. Ils désignent les rapports sociaux qui se nouent entre les hommes à l'occasion de la production. Par exemple, dans le mode de production capitaliste, le rapport de production fondamental est le **salariat*** qui implique l'**exploitation*** des producteurs directs par le **capital***.

☞ Concepts et corrélats

➢ Forces productives ➢ Superstructure
➢ Formation économique et sociale

RATIO COOKE

Le ratio Cooke est un ratio prudentiel élaboré dans le cadre de la Banque des règlements internationaux afin de limiter le risque bancaire. Les banques doivent respecter depuis le 1er janvier 1993 un ratio de 8 % entre le total de leurs **actifs*** pondérés par le risque de non-recouvrement des créances et leurs **fonds propres***. Il s'agit d'un ratio de solvabilité. Il a contraint les **banques*** à réduire leurs crédits et/ou à augmenter leurs fonds propres.

☞ Concepts et corrélats

➤ Finances internationales ➢ Économie internationale d'endettement

RATIONALISME

Le rationalisme est, en philosophie des sciences, une conception selon laquelle les connaissances découlent de l'exercice de la raison si celle-ci est utilisée avec méthode. R. Descartes (1596-1650) considère par exemple que la conduite logique de la pensée, permet de déduire des propositions vraies à partir de connaissances *a priori* qui ont la force de l'évidence. Le rationalisme s'oppose donc à la fois à **l'empirisme*** et à l'irrationalisme.

☞ Concepts et corrélats

➤ Épistémologie économique ➢ Axiome
➢ Méthode hypothético-déductive
➢ Rationalisme critique ➢ Apriorisme

RATIONALISME CRITIQUE

Le rationalisme critique est la conception épistémologique, défendue notamment par K. Popper (1902-1994), selon laquelle il est impossible de donner un fondement certain aux connaissances scientifiques. Celles-ci sont considérées comme des **conjectures*** dont la validité est soumise en permanence à la critique (**réfutation***). Pour Popper, le libre exercice de la raison, la formulation d'hypothèses audacieuses, le débat scientifique permettent de faire progresser notre connaissance du monde, mais cet effort de connaissance est un processus sans fin et l'on ne peut jamais atteindre une connaissance certaine et définitive.

➪ Cette conception de Popper s'oppose à l'**inductivisme*** et au **positivisme***.

☞ Concepts et corrélats

➤ Épistémologie économique ➢ Positivisme ➢ Science ➢ Scientisme

RATIONALITÉ ÉCONOMIQUE

Selon M. Allais, « *un homme est réputé rationnel lorsque :*

– il poursuit des fins cohérentes avec elles-mêmes ;

– il emploie des moyens appropriés aux fins poursuivies ».

Le **consommateur*** et le **producteur*** de la **théorie néoclassique*** sont rationnels au sens ainsi défini.

➪ Les avis des économistes divergent sur la signification et le statut de la rationalité.

Certains auteurs considèrent que la rationalité est inhérente à l'action humaine dans la mesure où toute action est intentionnelle et où chaque individu recherche les moyens les plus adaptés pour atteindre les objectifs qu'il s'est fixés. C'est ce qui conduit L. von Mises à considérer que : « *L'agir humain est nécessairement toujours rationnel* » (*L'action humaine*, 1949). La rationalité occupe donc de ce point de vue une place centrale dans les comportements économiques et dans les discours économiques qui visent à rendre compte de ces comportements.

Pour d'autres auteurs la rationalité n'est qu'une hypothèse : « *La rationalité économique constitue l'hypothèse centrale de la théorie économique* » (H. Brochier).

Le choix de cette hypothèse est lié à l'histoire du discours économique dominant (classique puis néoclassique) et à la fécondité de la construction axiomatique qui repose sur elle (cette hypothèse se prête bien à la formalisation). Cependant les auteurs qui adoptent ce point de vue relativisent la portée de leur choix. Ainsi, pour E. Phelps, «*...rares sont les économistes qui seraient prêts à défendre l'idée que l'hypothèse de rationalité est très réaliste. Tout le monde n'est pas rationnel et il est probable que personne n'est rationnel en toute circonstance et en permanence* ».

☞ **Concepts et corrélats**

➤ Épistémologie économique ➤ Marchés et prix ➢ Rationalité limitée

RATIONALITÉ LIMITÉE

Le concept de rationalité limitée a été introduit par H. Simon (prix Nobel 1978). Il élargit le concept néoclassique de **rationalité économique*** (qu'il nomme «rationalité réelle» ou «rationalité substantive») en admettant l'existence d'une «rationalité procédurale» : le comportement est le résultat d'un processus de décision approprié. La rationalité substantive suppose une information parfaite. La rationalité procédurale prend en compte l'information imparfaite. « *Le processus rationnel est donc celui qui intègre progressivement l'information acquise au processus de choix et permet ainsi d'arriver à une solution qui est parmi les meilleures possibles mais n'est plus nécessairement la solution optimale au regard de la rationalité "réelle"*. » (H. Brochier) L'exemple concret le plus simple est celui du consommateur qui renonce à faire le tour des supermarchés de la ville pour collecter l'information sur le prix du baril de lessive et qui se contentera de choisir parmi ceux proposés dans son supermarché habituel. Il fera un choix raisonnable (le meilleur rapport qualité/prix) mais sur la base d'une information imparfaite.

☞ **Concepts et corrélats**

➤ Épistémologie économique ➤ Marchés et prix

RATIONALITÉ PROCÉDURALE

➤ Épistémologie économique ➤ Marchés et prix ➢ Rationalité économique

RÉALISATION

Dans la **théorie marxiste***, la réalisation est la vente sur le marché des marchandises produites. C'est lorsque le producteur se confronte à la **contrainte monétaire*** qu'il peut transformer le capital-marchandise en capital-argent et obtenir une part de la **plus-value***.

☞ **Concepts et corrélats**

➢ Reproduction ➢ Prix de production

RÉALISME ÉPISTÉMOLOGIQUE

Le réalisme épistémologique est une conception qui considère qu'il est légitime de s'interroger sur la valeur de vérité d'une **théorie***, sur sa conformité avec une réalité qui existe objectivement. Les théories ne sont donc pas de simples conventions choisies pour leur commodité ou pour leur élégance formelle.

⇨ Les partisans du réalisme épistémologique se recrutent aussi bien parmi les adeptes du **réfutationnisme*** que parmi les adeptes du **vérificationnaisme***.

☞ **Concepts et corrélats**

➤ Épistémologie économique ➢ Concentionnalisme ➢ Réalisme des hypothèses

RÉALISME DES HYPOTHÈSES

Les économistes qui sont favorables au réalisme des **hypothèses*** considèrent qu'une **théorie économique*** pertinente ne peut reposer que sur des hypothèses conformes à la réalité. Par exemple, l'hypothèse de neutralité de la **monnaie*** ne peut être retenue que si, dans la réalité, les grandeurs monétaires n'ont effectivement pas d'impact sur les grandeurs réelles. Les adversaires du réalisme des hypothèses considèrent qu'une théorie ne doit pas être jugée au réalisme de ses hypothèses, mais à la véracité des prévisions qu'elle permet de réaliser. Un scientifique est fondé à retenir des hypothèses irréalistes si celles-ci conduisent à des prévisions justes. M. Friedman considère même que plus une hypothèse est irréaliste (contre-intuitive) plus elle a des chances d'être féconde.

☞ **Concepts et corrélats**

➤ Épistémologie économique

RÉCESSION

La récession désigne un phénomène de ralentissement du rythme de **croissance*** de la **production***.

Une récession peut concerner une série statistique longue ; le rythme moyen de croissance en longue période.

⇨ Ne pas confondre avec **dépression***.

☞ **Concepts et corrélats**

➤ Fluctuations et crises ➤ Croissance économique ➢ Cycle économique

RECETTE MARGINALE

La recette marginale est la variation de la recette totale procurée par la vente d'une unité supplémentaire d'un **bien***.

➪ En **concurrence pure et parfaite***, la **loi du prix unique*** s'applique. Le prix est donc égal à la recette marginale, elle-même égale à la **recette moyenne***.

☞ Concepts et corrélats

➢ Recette moyenne ➢ Équilibre du producteur ➢ Monopole

RECETTE MOYENNE

La recette moyenne est le rapport entre la **recette totale*** et la quantité vendue.

En **concurrence pure et parfaite***, le **prix*** est donné par le **marché***. La recette moyenne (ou recette unitaire) du **producteur*** est égale au prix de vente du produit (toutes les unités de produit sont en effet vendues au même prix : le prix de marché).

☞ Concepts et corrélats

➤ Marchés et prix ➢ Recette totale ➢ Recette marginale

RECETTE TOTALE

En **concurrence pure et parfaite***, le **prix est donné par le marché**. Pour un **producteur*** et pour un **bien***, la recette totale (R_T) est telle que $R_T (Q) = P \quad Q$, avec P, le prix du bien et Q la quantité produite de ce bien par le producteur.

☞ Concepts et corrélats

➤ Marchés et prix ➢ Recette marginale ➢ Recette moyenne

RECHERCHE-DÉVELOPPEMENT (RD)

On définit couramment la recherche-développement comme l'ensemble des activités qui visent à la mise en œuvre dans la production des résultats des recherches fondamentales et appliquées : création de nouveaux produits, mise en œuvre de nouvelles techniques de production.

Certains auteurs donnent cependant une définition plus large. Ils considèrent que la recherche-développement désigne tous les travaux entrepris pour développer les connaissances. Ils distinguent alors trois formes de recherche :

– la recherche fondamentale qui est menée sans but pratique explicite, le progrès de la connaissance apparaissant comme une fin en soi ;

– la recherche appliquée qui affiche des objectifs concrets ;

– le développement qui concerne essentiellement la mise au point et le perfectionnement de produits ou de processus existants (par exemple développement d'une famille d'avions en aéronautique).

La différence entre les diverses formes de recherche est en pratique, assez difficile à déterminer.

☞ Concepts et corrélats

➤ Entreprise ➤ Investissement

REDISTRIBUTION

La redistribution est l'ensemble des opérations qui visent à modifier la **répartition primaire*** des revenus. Le mécanisme de la redistribution peut se décomposer en deux temps :

– **prélèvements obligatoires*** effectués par l'État sur certains agents (impôts et cotisations sociales);

– versement à d'autres ou aux mêmes de **revenus de transferts*** (**prestations sociales***, en espèces ou en nature).

La redistribution a une fonction de solidarité (entre générations, entre individus ayant un emploi et individus au chômage, entre individus bien portants et malades...).

La redistribution a aussi pour objectif de réduire la **disparité*** et la **dispersion*** des revenus.

☞ Concepts et corrélats

➤ Revenus ➤ Protection sociale ➤ Politique économique ➢ Redistribution horizontale ➢ Redistribution oblique ➢ Redistribution verticale ➢ Salaire indirect ➢ Optimum de Pareto

REDISTRIBUTION HORIZONTALE

La redistribution horizontale opère des transferts de revenus qui ne sont pas motivés par la hiérarchie des **revenus primaires***. Par exemple, les transferts des actifs occupés vers les retraités relèvent de la redistribution horizontale. Elle s'opère donc entre des individus (ou des **ménages***) qui appartiennent à la même strate de revenu primaire.

Les allocations familiales, par exemple, donnent lieu à des transferts entre ménages dont les revenus primaires sont comparables, mais qui diffèrent quant au nombre d'enfants.

➩ La distinction entre redistribution horizontale et **redistribution verticale*** est une distinction méthodologique. Dans le fonctionnement concret du système redistributif, les deux aspects sont étroitement imbriqués.

☞ Concepts et corrélats

➤ Revenus ➤ Protection sociale
➤ Politique économique ➢ Redistribution ➢ Redistribution oblique ➢ Revenus de transfert

REDISTRIBUTION OBLIQUE

La redistribution oblique réunit les principes de la **redistribution horizontale*** et de la **redistribution verticale***.

☞ Concepts et corrélats

➤ Revenus ➤ Protection sociale
➤ Politique économique ➢ Redistribution

REDISTRIBUTION VERTICALE

La redistribution verticale s'opère entre individus et catégories sociales ayant des revenus différents. Les titulaires de revenus élevés paient des **impôts*** et des **cotisations sociales*** pour assurer le versement de prestations aux titulaires de revenus faibles. La redistribution des revenus vise donc à réduire l'inégalité des revenus.

☞ Concepts et corrélats

➤ Revenus ➤ Protection sociale
➤ Politique économique ➢ Redistribution ➢ Revenus de transfert

RÉÉCHELONNEMENT DE LA DETTE

Le rééchelonnement de la dette est une procédure par laquelle les créanciers d'un pays accordent à celui-ci le droit d'étaler dans le temps le remboursement de la **dette***. Les opérations de rééchelonnement peuvent être accompagnées de **moratoires*** et/ou de réaménagement de la dette (par exemple modification du taux d'intérêt).

☞ Concepts et corrélats

➤ Économie du développement
➤ Finances internationales ➢ Aide au développement ➢ Crédit de restructuration ➢ Crédit additionnel

RÉESCOMPTE

Le réescompte est une technique de **refinancement bancaire***. Il consiste dans l'achat de titres de crédit à court terme par une **banque*** (le plus souvent la **Banque centrale***) à une autre banque qui les avait déjà escomptés elle-même.

➩ Le réescompte, qui est une technique de refinancement à taux fixe, a été pour l'essentiel abandonné dans les pays développés au profit d'un refinancement à taux variable par l'intermédiaire du **marché interbancaire***.

☞ Concepts et corrélats

➤ Monnaie ➢ Escompte ➢ Marché monétaire ➢ Politique monétaire ➢ Prêteur en dernier ressort ➢ Taux du marché au jour le jour ➢ Opérations principales de refinancement

RÉÉVALUATION

La réévaluation est une décision des autorités monétaires d'un pays consistant à augmenter la **parité*** officielle de la monnaie nationale. La réévaluation n'a de sens qu'en système de **changes fixes***.

➩ Ne pas confondre avec **appréciation***.

☞ Concepts et corrélats

➤ Finances internationales
➢ Réajustement monétaire

REFINANCEMENT BANCAIRE

Le refinancement bancaire désigne l'ensemble des opérations par lesquelles les **banques de second rang*** se procurent la **monnaie centrale*** qui leur est nécessaire.

➩ Pendant longtemps, en France et dans de nombreux autres pays, le refinancement s'est opéré à taux fixe et directement auprès de la **Banque centrale***. Aujourd'hui il se réalise pour l'essentiel à taux variable sur le **marché interbancaire***.

☞ Concepts et corrélats

➤ Monnaie ➢ Politique monétaire
➢ Opérations principales de refinancement
➢ Open Market ➢ Réescompte ➢ Taux du marché au jour le jour

RÉFUTATION

Soumettre une proposition à réfutation, c'est chercher à démontrer que cette proposition est fausse. Pour K. Popper (1902-1994) seules les propositions réfutables ont un caractère scientifique. La proposition : «Demain, soit il fera beau temps, soit il fera mauvais temps» n'est pas réfutable, elle n'est donc pas scientifique, pas plus que la proposition «Dieu existe». La première proposition est toujours vraie, elle ne nous apporte aucune information quant au temps qu'il fera demain. S'agissant de la seconde, il n'existe pas d'épreuve susceptible de la réfuter.

➩ On utilise aussi les termes «falsification» (qui est un anglicisme) ou « infirmation ».

☞ Concepts et corrélats

➤ Épistémologie économique
➢ Réfutationnisme ➢ Vérification

RÉFUTATIONNISME

Le réfutationnisme est une conception élaborée par K. Popper (1902-1994) selon laquelle, l'activité scientifique consiste à formuler des **conjectures*** et à les soumettre à **réfutation***.

On distingue souvent le réfutationnisme naïf (attribué à tort à K. Popper) selon lequel un seul test négatif (expérience cruciale) suffit à réfuter une proposition et le réfutationnisme sophistiqué (conception de I. Lakatos) selon lequel un grand nombre de tests négatifs sont nécessaires pour rejeter une proposition ou une **théorie***.

➩ On utilise aussi le terme «falsificationnisme».

☞ Concepts et corrélats

➤ Épistémologie économique
➢ Programme de recherche scientifique
➢ Noyau dur ➢ Ceinture protectrice

RÉGIME D'ACCUMULATION

Dans la **théorie de la régulation***, le régime d'accumulation est « *l'ensemble des régularités assurant une progression générale et relativement cohérente de l'accumulation du capital, c'est-à-dire permettant de résorber ou d'étaler dans le temps les distorsions et déséquilibres qui naissent en permanence du processus lui-même* » (R. Boyer).

☞ Concepts et corrélats

➢ Mode de régulation ➢ Accumulation du capital

RÉGIME D'ACCUMULATION EXTENSIVE

Dans la **théorie de la régulation***, le régime d'accumulation extensive se caractérise par le fait que la croissance de la production résulte principalement (mais non exclusivement) de l'augmentation de la quantité des **facteurs de production***.

☞ Concepts et corrélats

➤ Croissance économique ➢ Régime d'accumulation ➢ Mode de régulation

RÉGIME D'ACCUMULATION INTENSIVE

Dans la **théorie de la régulation***, le régime d'accumulation intensive se caractérise par le fait que la croissance de la production résulte principalement (mais non exclusivement) de l'augmentation de la **productivité*** des **facteurs de production***.

☞ Concepts et corrélats

➤ Croissance économique ➢ Régime d'accumulation ➢ Mode de régulation

RÉGIONALISME COMMERCIAL

Le régionalisme commercial désigne le fait que les échanges commerciaux de l'économie mondiale sont plus intenses au sein d'espaces géographiques proches qu'avec le reste du monde.

Cette proximité géographique peut faire référence à l'intensification des échanges au sein de grandes zones géographiques : l'Europe occidentale, l'Amérique du Nord, l'Amérique latine, l'Asie du Sud-Est ; l'Afrique et le Moyen-Orient, etc.

Cette proximité peut aussi être héritée de l'histoire (échanges entre la métropole avec ses anciennes colonies ou échanges au sein du **Conseil d'aide économique mutuelle*** ou CAEM, entre 1949 et 1991).

Le régionalisme commercial peut être, non pas spontané, mais institué par des **accords préférentiels*** au sein d'une **union douanière***qui impulse une **création de trafic*** et un dynamisme des échanges régionaux. En ce sens, l'émergence de certains blocs régionaux peut constituer une menace pour le **multilatéra-**

lisme*. En conséquence, la régionalisation des échanges peut être appréhendée à partir de la nature des accords d'intégration régionale. On peut distinguer deux logiques :

– celle d'un régionalisme commercial impulsé par l'institutionnalisation d'une zone d'**intégration économique*** (la **Communauté économique européenne*** puis l'**Union européenne*** illustreraient ce modèle de régionalisation qui s'oriente vers une coopération renforcée entre les pays membres, voire vers une intégration politique). Ce régionalisme peut être plus ou moins contradictoire avec le multilatéralisme ;

– celle d'un régionalisme commercial consécutif à un mouvement spontané d'accélération des échanges au sein de la zone (l'**Association de libre-échange nord-américaine*** ou ALENA illustrerait ce modèle, ce serait dans l'optique américaine une étape intermédiaire vers une libéralisation plus globale des échanges à l'ensemble de la zone ou *American Fre trade Area*). Selon cette optique, le régionalisme permet d'aller plus loin et plus vite que ce qu'autorise la voie multilatérale qui reste la règle commune.

☞ Concepts et corrélats

➤ Intégration économique ➤ Politique économique ➢ Accords préférentiels ➢ Préférence communautaire ➢ Traité de Maastricht

RÈGLE D'ÉPUISEMENT DU PRODUIT

La règle de l'épuisement du produit est une des **lois*** néoclassiques de la répartition des revenus qui s'énonce ainsi : si F (K, L) est une **fonction de production*** homogène de degré k, elle vérifie alors l'identité :

$K\,F'_K + L\,F'_L = k\,F(K, L)$

Sous l'hypothèse néoclassique d'une fonction de production linéaire (k = 1), cette égalité s'écrit :

$Q = F(K, L) = K\,F'_K + L\,F'_L$

Par ailleurs, dans la théorie néoclassique de la répartition, les **facteurs de production*** sont rémunérés à leur **productivité marginale*** : F'_K est donc le taux de rémunération réelle du capital (on le note i), et F'_L est le taux de rémunération du travail (noté w).

Par conséquent, $K\,F'_K$ représente la masse des intérêts versés et $L\,F'_L$ la masse salariale réelle. Il en résulte que la rémunération des facteurs à leur productivité marginale épuise la totalité du produit, sans surplus ni déficit. Il n'y a donc pas de « profit pur » (noté π), pas de rémunération des apporteurs de capital au-delà du taux d'intérêt (parfois qualifié de « profit normal »). $\pi = F(K, L) - i\,K - w\,L = 0$.

Concrètement, cette loi néoclassique signifie que l'**entrepreneur*** reçoit un **revenu*** en contrepartie de son travail de direction (inclus dans la rémunération du travail), tandis que l'apport de capital qu'il effectue dans l'entreprise n'est rémunéré qu'à hauteur du taux d'intérêt.

☞ Concepts et corrélats

➤ Théories économiques ➢ Théorie néoclassique

RÈGLES BUDGÉTAIRES

Les règles budgétaires sont des principes juridiques qui concernent l'élaboration, le vote et l'exécution du budget de l'État. Elles sont destinées à assurer une plus grande transparence de l'intervention de l'État et un meilleur contrôle de l'exécutif par le Parlement.

Ces règles sont au nombre de quatre :

– l'annualité budgétaire : cette règle stipule que le budget doit être voté chaque année et exécuté au cours de l'année ;

– l'unité budgétaire : l'ensemble des dépenses et des recettes de l'État doivent figurer dans un document unique ;

– la spécialité budgétaire : cette règle stipule que chaque dépense doit être affectée à un objectif précis et qu'il n'est pas possible (sauf exception ou vote d'une **Loi de finance rectificative***) d'en modifier l'affectation ;

– la règle de l'universalité ; cette règle comporte deux aspects :

• la non-contraction (ou non-compensation) des recettes et des dépenses, chaque dépense et chaque recette doit figurer au budget pour son montant intégral ;

• la non-affectation des recettes, l'ensemble des recettes doit former une masse globale, aucune recette particulière ne doit être affectée à une dépense particulière.

Ces règles souffrent de nombreuses exceptions : ainsi la **Contribution sociale**

généralisée* est une entorse à la règle de la non-affectation des recettes, les lois de programmation sont des entorses à la règle de l'annualité, etc.

☞ **Concepts et corrélats**
➤ État ➤ Politique économique

RÈGLE DES TROIS D

La « règle des trois D » désigne les mouvements de **décloisonnement***, de **déréglementation*** et de **désintermédiation*** qui ont affecté les systèmes financiers depuis le début des années 1980.

☞ **Concepts et corrélats**
➤ Finances internationales ➤ Monnaie ➢ Globalisation financière ➢ Intermédiation financière ➢ Politique monétaire

RÈGLES PRUDENTIELLES

Les règles prudentielles sont des dispositions contraignantes adoptées par les **autorités monétaires*** qui visent à prévenir les faillites bancaires et à assurer le bon fonctionnement des **marchés financiers***. Ces règles ont notamment pour objectif de renforcer la solvabilité des opérateurs et d'éviter les phénomènes de contagion liés aux paniques financières.

⇨ Sur le plan international comme sur le plan national, les règles prudentielles sont une composante de la **politique monétaire***.

☞ **Concepts et corrélats**
➤ Monnaie ➢ Spéculation ➢ Risque de système ➢ Forum sur la stabilité financière

RÉGULATION

Selon G. Canguilhem, « *la régulation, c'est l'ajustement conformément à quelque règle ou norme, d'une pluralité de mouvements ou d'actes et de leurs effets ou produits que leur diversité ou leur succession rend d'abord étrangers les uns aux autres* ».

En **science économique***, plusieurs conceptions de la régulation existent :

Pour les libéraux, la régulation est assurée de façon spontanée par le **marché*** (on parle de **marché autorégulateur***).

Pour les keynésiens, la contestation du caractère autorégulateur du marché conduit à mettre l'accent sur la nécessité d'une régulation consciente par l'**État*** (on parle d'hétérorégulation).

Pour les marxistes, le **capitalisme*** est caractérisé par l'existence de mécanismes de régulation (égalisation des **taux de profit*** ; concurrence entre les capitaux...) mais il est miné par des contradictions (**baisse tendancielle du taux de profit***, crises...) qui remettent en cause à terme son existence même.

D'autres auteurs mettent l'accent sur le rôle des **conventions*** et des institutions et sur la complexité de la régulation qui intègre nécessairement l'économique et le social. Pour R. Boyer (qui se réclame de la **théorie de la régulation***), la régulation est « *la conjonction des mécanismes concourant à la reproduction d'ensemble, compte tenu des structures économiques et des formes sociales en vigueur* ».

☞ **Concepts et corrélats**
➢ Mode de régulation ➢ Main invisible ➢ École classique ➢ Théorie marxiste ➢ Théorie keynésienne ➢ Économie des conventions

RÉGULATION CONCURRENTIELLE

➤ Croissance économique ➢ Mode de régulation concurrentielle

RÉGULATION FORDISTE

➤ Croissance économique ➢ Fordisme

RÉGULATION MONOPOLISTE

➤ Croissance économique ➢ Mode de régulation monopoliste

RELANCE CONCERTÉE

Une relance concertée est la mise en œuvre coordonnée par plusieurs pays de politiques de soutien de la **demande globale***.

Le problème de la relance concertée se pose principalement à propos des pays industrialisés qui sont de plus en plus interdépendants du fait de l'ouverture croissante des économies et au sein desquels l'efficacité des politiques de relance nationales se trouve réduite.

☞ **Concepts et corrélats**
➤ Politique économique ➤ État ➤ Intégration économique ➢ Multiplicateur en économie ouverte ➢ Contrainte extérieure

RELANCE KEYNÉSIENNE

➤ **Politique économique** ➢ **Politique de relance**

RÉMÉRÉ

Une opération à réméré (ou un réméré) est une opération de vente de titre au comptant assortie d'une option de rachat, dans un délai maximum de cinq ans, à un prix convenu à l'avance. Pour une banque de second rang l'opération constitue pour le vendeur un moyen de se procurer de la monnaie Banque centrale. Si l'option de rachat est exercée, l'opération peut être considérée comme un prêt en monnaie Banque centrale.

➪ Il ne faut pas confondre l'**accord de pension*** (qui comporte un engagement de rachat) et le réméré (ou le rachat n'est qu'une option).

☞ Concepts et corrélats

➤ Finances internationales ➤ Monnaie ➢ Crédit ➢ Refinancement

REMONTÉE DE FILIÈRES

Une stratégie de remontée de filière consiste à produire peu à peu dans le pays des segments d'une filière de **production*** qui se trouvent plus en amont. Partant ainsi de la fabrication d'un produit de consommation courante, l'économie nationale se dote des différents segments de la filière d'aval en amont, pour finir par la production locale de **biens de production***.

La remontée de filière permet donc de contrôler peu à peu l'ensemble d'une **filière*** et de contribuer à l'édification d'une économie nationale cohérente.

☞ Concepts et corrélats

➤ Économie du développement ➢ Développement autocentré ➢ Développement extraverti ➢ Politique de filière

RENDEMENT D'ÉCHELLE

Le rendement d'échelle constitue un des éléments caractérisant une **fonction de production***. Trois cas peuvent être envisagés :

– rendements d'échelle croissants lorsque la quantité produite croît plus vite que les quantités de facteurs mises en œuvre ;

– rendements d'échelle décroissants lorsque la quantité produite croît moins vite que les quantités de facteurs mises en œuvre ;

– rendements d'échelle constants lorsque la quantité produite croît au même rythme que les quantités de facteurs mises en œuvre.

➪ Ne pas confondre les rendements d'échelle où l'on raisonne sur les deux facteurs avec les rendements marginaux (ou factoriels) où l'on raisonne sur un seul facteur variable, l'autre étant fixe.

➪ Les rendements d'échelle concernent la longue période alors que les rendements marginaux concernent la courte période.

☞ Concepts et corrélats

➢ Économie d'échelle ➢ Déséconomies d'échelle ➢ Loi des rendements marginaux décroissants

RENDEMENTS MARGINAUX DÉCROISSANTS

➢ **Loi des rendements marginaux décroissants**

RENTABILITÉ

La rentabilité est un rapport entre les gains et les fonds engagés. Elle mesure l'aptitude d'une opération économique à produire un flux de **revenus*** actualisé supérieur aux dépenses engagées.

Elle s'exprime par un **taux de rentabilité économique*** ou par un **taux de rentabilité financière***.

➪ Ne pas confondre la rentabilité (qui est un rapport) avec le **profit*** (qui est un **revenu***).

☞ Concepts et corrélats

➤ Entreprise ➤ Investissement ➢ Effet de levier ➢ Efficacité marginale de l'inves-tissement ➢ Profitabilité ➢ Q de Tobin ➢ Rentabilité économique ➢ Rentabilité financière ➢ Taux interne de rendement (TIR ou TRI) ➢ Théorème Modigliani-Miller ➢ Valeur actualisée nette (VAN)

RENTABILITÉ DU CAPITAL

La rentabilité du capital est la capacité d'un **capital*** à produire un **revenu***.

☞ Concepts et corrélats

➤ Capital ➢ Efficacité marginale du capital ➢ Productivité moyenne apparente du capital ➢ Productivité marginale du capital ➢ Profitabilité ➢ Rentabilité ➢ Rentabilité économique ➢ Rentabilité financière

RENTABILITÉ ÉCONOMIQUE

La rentabilité économique est une évaluation de la **rentabilité*** qui ne tient pas compte de l'origine des capitaux engagés dans l'opération. Cela revient à comparer les recettes nettes apportées par les **investissements*** aux capitaux engagés (soit le **taux de rentabilité économique***), quels que soient les modes de financement de l'investissement (par des **capitaux propres*** ou par des capitaux empruntés).

La rentabilité économique renvoie donc aux conditions de production et à la qualité de la gestion de l'**entreprise*** (ou d'un autre agent).

☞ Concepts et corrélats

➤ Investissement ➢ Effet de levier ➢ Efficacité marginale de l'investissement ➢ Profitabilité ➢ Q de Tobin ➢ Rentabilité financière ➢ Taux de rentabilité financière ➢ Taux interne de rendement (TIR ou TRI) ➢ Théorème Modigliani-Miller ➢ Valeur actualisée nette (VAN)

RENTABILITÉ FINANCIÈRE

La rentabilité financière est une évaluation de la **rentabilité*** en tenant compte seulement des **capitaux propres*** de l'**entreprise***.

Lorsque la **rentabilité économique*** est supérieure aux coûts des capitaux empruntés par l'entreprise, la rentabilité financière s'élève (les recettes dégagées par les **investissements*** sont supérieures aux frais financiers versés pour acquérir les équipements nécessaires). On est en présence d'un **effet de levier*** sur la rentabilité financière.

☞ Concepts et corrélats

➤ Investissement ➢ Effet de levier ➢ Efficacité marginale de l'investissement ➢ Profitabilité ➢ Q de Tobin ➢ Rentabilité économique ➢ Taux de rentabilité économique ➢ Taux interne de rendement (TIR ou TRI) ➢ Théorème Modigliani-Miller ➢ Valeur actualisée nette (VAN)

RENTE

La rente a deux significations différentes :

– au sens courant, ce terme désigne un revenu de la propriété assuré pour une longue période. Par extension, on a utilisé ce terme pour désigner certains emprunts d'État : la « rente Pinay » ;

– au sens de la théorie économique, le terme rente désigne le revenu d'un facteur naturel (la terre le plus souvent) qui découle des caractéristiques techniques de ces facteurs. Ainsi, la rente foncière est une rente différentielle liée à la fertilité inégale des différentes unités de terre. La rente minière ou la rente pétrolière sont aussi des rentes différentielles : les propriétaires des mines ou des puits de pétrole les plus facilement exploitables disposent d'une rente égale à la différence entre le prix de marché (qui permet de rentabiliser des exploitations plus coûteuses mais nécessaires à l'approvisionnement du marché) et le coût de production.

➪ On parle aussi parfois de **rente de monopole*** pour désigner le surcroît de profit du monopoleur par rapport à une situation de **concurrence pure et parfaite***.

☞ Concepts et corrélats

➤ Revenus ➤ Théories économiques ➢ Théorie de la rente différentielle

RENTE DE MONOPOLE

En situation de **monopole***, lorsque le **producteur*** maximise son profit, le **prix*** est supérieur au **coût marginal***, ce qui fait apparaître un revenu appelé rente de monopole.

☞ Concepts et corrélats

➤ Marchés et prix

RÉPARTITION FONCTIONNELLE DES REVENUS

La répartition fonctionnelle du **revenu*** se fonde sur le fait que la **production*** résulte de l'emploi de facteurs (**travail***, **capital***, ressources naturelles).

La présentation fonctionnelle (ou factorielle) de la répartition décrit le partage du revenu entre ces différents types de ressources productives. On s'intéressera ainsi au partage du revenu global entre le travail et le capital par exemple (partage de la **valeur ajoutée***).

Cela implique que le revenu reçu par un individu donné pourra être éclaté en plusieurs composantes représentatives de parts fonctionnelles distinctes. Par exemple, un même individu peut recevoir des dividendes et un salaire.

☞ **Concepts et corrélats**
➤ Revenus ➣ Répartition individuelle des revenus ➣ Répartition sociale des revenus

RÉPARTITION INDIVIDUELLE DES REVENUS

La répartition individuelle s'intéresse au partage de la masse totale des **revenus*** entre des individus (ou des **ménages***) sans les différencier autrement que par le niveau de leur revenu. Elle est donc assez rudimentaire dans la mesure où elle fait abstraction du rôle et de la place des agents dans la société ainsi que de la nature des revenus qu'ils reçoivent.

Mais elle permet de mesurer les caractéristiques globales de la répartition, et tout particulièrement de calculer les paramètres de tendance centrale et de **dispersion*** de la distribution des revenus. On calcule ainsi un revenu moyen, un revenu médian, ou un écart entre le français le plus riche et le français le plus pauvre. C'est également à partir de l'approche individuelle de la répartition que l'on construit des indicateurs synthétiques permettant de quantifier le degré d'inégalité de la répartition et d'effectuer ainsi des comparaisons dans le temps et dans l'espace (paramètres de dispersion et de concentration).

☞ **Concepts et corrélats**
➤ Revenus ➣ Répartition fonctionnelle des revenus ➣ Répartition sociale des revenus ➣ Courbe de Lorenz ➣ Indice de Gini

RÉPARTITION PERSONNELLE DES REVENUS

➤ **Revenus** ➣ **Répartition individuelle des revenus**

RÉPARTITION SOCIALE DES REVENUS

La répartition sociale des **revenus*** est une approche qui cherche à analyser la répartition par groupes d'agents présentant une certaine homogénéité sociale : on analysera par exemple la répartition des revenus par **professions et catégories socioprofessionnelles***.

☞ **Concepts et corrélats**
➤ Revenus ➣ Répartition individuelle des revenus ➣ Répartition fonctionnelle des revenus

REPORT

– Sur le **marché des changes***, une **devise*** cote un report lorsque son **cours à terme*** est supérieur à son **cours au comptant***.

– Sur le marché des **valeurs mobilières***, le report est l'opération qui permet, à la fin du mois boursier, de ne dénouer une opération à terme arrivée à échéance qu'à la fin du mois suivant.

☞ **Concepts et corrélats**
➤ Finances internationales ➤ Monnaie ➣ Déport ➣ Bourse des valeurs

REPRISE

➤ **Fluctuations et crises** ➣ **Cycle économique**

REPRISE DE LIQUIDITÉS EN BLANC

Les reprises de liquidités en blanc sont des **opérations de réglage fin*** par lesquelles le **Système Européen de Banques Centrales*** retire des liquidités du marché. Elles consistent pour le SEBC à demander aux **institutions financières monétaires*** d'effectuer des dépôts rémunérés auprès de la Banque centrale nationale du pays où elles opèrent. Ces dépôts sont rémunérés, ils ont une échéance et un taux d'intérêt fixes.

➪ Ces opérations sont dites « en blanc » dans la mesure où le SEBC ne donne aucune garantie en échange des dépôts qu'il reçoit (il ne s'agit donc pas d'**accords de pension***).

☞ **Concepts et corrélats**
➤ Monnaie ➣ Politique monétaire

REPRODUCTION

Dans la **théorie marxiste***, la reproduction du capital est le processus par lequel les capitalistes, mettant en valeur leur capital, obtiennent à l'issue des processus de production et de réalisation, un capital dont le montant est au moins égal au capital avancé.

On représente souvent le processus de reproduction par le schéma suivant :

À - M. - M' - A'

Le capital-argent (A) est transformé en marchandises-moyens de production (v : **capital variable*** et c : **capital constant***) ; les moyens de production permettent de produire des marchandises (M') qui sont vendues sur le marché (**réalisation***) et permettent d'obtenir un nouveau capital-argent (A').

➪ Si A=A', il y a reproduction simple ; si A'> A, il y a reproduction élargie.

➪ L'accroissement de la valeur qui permet le passage de M. à M' résulte de la production de **plus-value*** par le **travail vivant***.

☞ Concepts et corrélats

➤ Capital

REPRODUCTION ÉLARGIE

➢ **Reproduction**

REPRODUCTION SIMPLE

➢ **Reproduction**

RÉSERVES DE CHANGE

Les réserves de change sont les avoirs détenus en or, en **droits de tirages spéciaux*** ou en **devises*** convertibles qui sont détenues par les **banques centrales*** pour garantir la valeur internationale de leur monnaie et permettre d'éventuelles interventions sur le marché des changes.

☞ Concepts et corrélats

➤ Finances internationales ➢ Politique du change

RÉSERVES OBLIGATOIRES

Les réserves obligatoires sont les avoirs en **monnaie centrale*** que les **banques de second rang*** sont tenues de détenir sur un compte à la **Banque centrale***. Le montant des réserves est calculé en multipliant les dépôts et/ou les crédits gérés par chaque banque de second rang, par le taux des réserves obligatoires fixé par la Banque centrale. Les réserves obligatoires avaient à l'origine une fonction prudentielle (garantir un certain degré de liquidité et de solvabilité des banques commerciales), elles sont aujourd'hui utilisées dans le cadre de la **politique monétaire*** afin d'agir sur la liquidité des banques et, indirectement, sur leur comportement d'**offre de monnaie***.

☞ Concepts et corrélats

➤ Monnaie ➢ Création monétaire ➢ Multiplicateur de crédit

RESSOURCES

➤ **Comptabilité nationale** ➢ **Équilibre emplois-ressources**

RESTE DU MONDE

En Comptabilité nationale, les comptes du reste du monde retracent les relations entre les **unités institutionnelles*** qui font partie du **territoire économique*** (**unités résidentes***) et celles qui n'en font pas partie.

☞ Concepts et corrélats

➤ Comptabilité nationale ➤ Commerce international

RETRAITE

La retraite est la situation d'un individu qui présente les conditions d'âge et d'ancienneté lui permettant de cesser son activité professionnelle et de bénéficier d'un **revenu*** de remplacement appelé « pension de retraite » (on dit souvent « retraite » pour désigner la pension).

En France, il existe des pensions de retraite qui relèvent de régimes obligatoires (régime général par exemple) et des pensions qui relèvent d'un régime de retraite complémentaire (AGIRC, ARRCO). L'affiliation à des régimes « surcomplémentaires » est laissée au libre choix individuel.

☞ Concepts et corrélats

➤ Protection sociale ➤ Revenus ➢ Prestations sociales ➢ Retraite par répartition ➢ Retraite par capitalisation ➢ Sécurité sociale ➢ Taux de charge ➢ Fonds de pension

RETRAITE PAR CAPITALISATION

Un système de retraite par capitalisation est un système où les cotisations des actifs sont placées par les régimes de retraite, ces **placements*** devant servir à verser les prestations à partir du départ en retraite. Dans un système par capitalisation, chaque individu épargne pour financer sa propre retraite. La logique est donc individuelle et les défenseurs de ce système avancent qu'il n'est pas directement subordonné à un équilibre démographique entre actifs et inactifs.

➪ Les régimes actuels de retraite obligatoire en France, ainsi que les régimes complémentaires sont des régimes de retraite par répartition. Certains organismes mutualistes et la plupart des compagnies d'assurance proposent des compléments de retraite reposant sur le principe de la capitalisation.

☞ Concepts et corrélats

➤ Protection sociale ➤ Revenus
➢ Retraite ➢ Retraite par répartition
➢ Sécurité sociale ➢ Taux de charge
➢ Fonds de pension

RETRAITE PAR RÉPARTITION

Un système de retraite par répartition est un système dans lequel les cotisations des **actifs*** sont immédiatement utilisées pour financer les **prestations sociales*** versées aux retraités. Un tel système est donc fondé sur une solidarité entre générations et sur un équilibre démographique entre actifs et inactifs.

☞ Concepts et corrélats

➤ Protection sociale ➤ Revenus
➢ Retraite ➢ Retraite par capitalisation
➢ Sécurité sociale ➢ Taux de charge

REVENU

Selon J. R. Hicks, le revenu d'un individu désigne ce qui peut être consommé au cours d'une période de temps sans entamer la valeur de son **patrimoine***.

➪ Le revenu est un flux alors que le patrimoine est un stock.

☞ Concepts et corrélats

➤ Revenus

REVENU DE FACTEURS

Les revenus de facteurs sont des **revenus*** perçus en contrepartie d'une contribution à la **production***.

☞ Concepts et corrélats

➤ Revenus ➤ Revenu du patrimoine
➢ Revenu mixte ➢ Salaire ➢ Profit

REVENU DISPONIBLE AJUSTÉ

En Comptabilité nationale, le revenu disponible ajusté est, pour le **secteur institutionnel*** « **ménages*** », le **revenu disponible*** augmenté des transferts sociaux en nature. Ces derniers sont la contrepartie des consommations individualisables incluses dans les dépenses des **Administrations publiques*** et les **Institutions sans but lucratif au service des ménages***.

☞ Concepts et corrélats

➤ Comptabilité nationale
➢ Consommation effective des ménages

REVENU DISPONIBLE BRUT

Le revenu disponible brut d'un **secteur institutionnel*** est le **revenu*** obtenu après **impôts*** et **transferts de redistribution***.

Dans la **Comptabilité nationale***, le revenu disponible brut (ou net) est le solde du **Compte de distribution secondaire du revenu***.

☞ Concepts et corrélats

➤ Revenus

REVENU DU PATRIMOINE

Les revenus du patrimoine sont des **revenus primaires*** et se composent essentiellement de revenus de la propriété : dividendes, intérêts, revenus fonciers (loyers, fermages). Dans la Comptabilité nationale, on y ajoute aussi le montant des loyers fictifs des ménages propriétaires du logement qu'ils occupent, puisque ces ménages sont supposés produire des services de logement qu'ils consomment.

☞ Concepts et corrélats

➤ Revenus ➤ Capital ➢ Patrimoine

REVENU EN NATURE

Les revenus en nature sont perçus sous la forme de biens ou de services (voiture de fonction, repas…).

➪ Dans les économies fortement monétarisées, les revenus en nature ne constituent qu'une fraction relativement faible des revenus des ménages.

☞ Concepts et corrélats

➤ Revenus

REVENU MINIMUM D'INSERTION (RMI)

Le revenu minimum d'insertion a été instauré en France par la loi du 1er décembre 1988.

Ses conditions d'attribution sont les suivantes :

– il faut résider en France et être âgé d'au moins 25 ans, sauf si le demandeur assume la charge d'un ou de plusieurs enfants (ou femme enceinte) ;

– les ressources doivent être inférieures au montant du RMI;

– il faut conclure un contrat d'insertion.

☞ **Concepts et corrélats**

➤ Revenus ➢ Pauvreté ➢ Redistribution

REVENU MIXTE

En Comptabilité nationale, le revenu mixte désigne le solde du **compte d'exploitation*** pour les **entreprises individuelles*** (appartenant au **secteur institutionnel*** des **ménages***).

Il contient deux éléments indissociables :

– la rémunération du **travail*** effectué par le propriétaire de l'entreprise, et éventuellement les membres de sa famille ;

– son **profit*** en tant qu'**entrepreneur*** .

☞ **Concepts et corrélats**

➤ Comptabilité nationale ➤ Revenus ➢ Revenu primaire

REVENU NATIONAL DISPONIBLE BRUT

En Comptabilité nationale, le Revenu National Disponible Brut (RNDB) est égal au **Produit National Brut*** plus ou moins le solde des transferts courants avec le reste du monde (impôts directs, économies sur salaires des travailleurs résidant à l'étranger, autres transferts courants).

☞ **Concepts et corrélats**

➤ Comptabilité nationale

REVENU NOMINAL

Le revenu nominal est le **revenu*** exprimé en monnaie courante (ou aux **prix courants***).

☞ **Concepts et corrélats**

➤ Revenus ➢ Pouvoir d'achat ➢ Revenu réel

REVENU PERMANENT

La théorie du revenu permanent élaborée par M. Friedman (*A Theory of the Consumption Fonction,* 1957) et F. Modigliani (prix Nobel 1985) distingue au sein du **revenu*** :

– une composante permanente qui reflète l'effet des facteurs que l'unité de consommation considère comme déterminant sa richesse passée, qu'elle soit matérielle ou immatérielle (formation, aptitudes, profession, etc.) et future (**anticipation*** du revenu futur) ;

– une composante transitoire liée aux variations non anticipées du revenu (maladies, accidents, **fluctuations*** cycliques de l'activité économique).

De même, les auteurs distinguent une consommation permanente (valeur des services que l'on prévoit de consommer durant une période considérée, donc cela exclut les **biens durables***) et une consommation transitoire.

Comme les agents économiques ne prennent pas leurs décisions de consommation en fonction d'un revenu courant observable mais du revenu qu'ils jugent permanent, la consommation permanente (Cp) est liée au revenu permanent (Yp), au taux d'intérêt (i) auquel l'unité peut emprunter, à l'importance relative des revenus provenant de la propriété par rapport aux revenus (w) à des facteurs personnels (u) :

$C_p = k(i, w, u)Y_p$

Cette fonction ne peut être testée au niveau macroéconomique qu'avec des hypothèses simplificatrices (on suppose que les fonctions de consommation sont semblables, le revenu permanent est estimé par la moyenne de la période présente et passée avec une pondération dégressive avec le temps). Les tests empiriques de cette fonction de consommation sont en accord avec les résultats de R. Goldsmith (1955) sur la période 1897-1949 aux USA (la **propension moyenne à consommer*** était de 0,877).

La stabilité de la part de la consommation permanente dans le revenu permanent va à l'encontre de l'analyse de J. M. Keynes (1883-1946) qui faisait l'hypothèse d'une propension à consommer décroissante avec le revenu. Mais si la théorie du revenu permanent permet de rendre compte de la stabilité observée sur le long terme de la **propension à consommer***, l'approche de J. M. Keynes permet de rendre compte du fait que, lorsqu'on compare à un moment donné les différents niveaux de revenu, la propension à consommer est d'autant plus faible que le revenu est plus élevé.

➩ Pour M. Friedman, la relation entre consommation permanente et revenu permanent rend inefficace une **politique conjoncturelle*** de relance (elle n'affecte que la composante transitoire, ce qui n'a pas d'influence sur la **consommation*** des **ménages*** et donc sur demande globale).

☞ **Concepts et corrélats**
➤ Consommation ➤ Épargne ➤ Revenus
➢ Anticipations adaptatives ➢ Encaisse réelle

REVENU PRIMAIRE

Les revenus primaires sont les revenus perçus en contrepartie d'une contribution à la production.

Les ménages participent à la production par le travail ou le capital qu'ils apportent à une unité de production qui est le plus souvent une entreprise. Ils reçoivent ainsi des salaires* ou des revenus **du patrimoine***. Lorsqu'ils utilisent eux-mêmes leur travail dans le cadre de la propriété d'une entreprise individuelle, leurs revenus sont constitués par les **bénéfices** de l'**entreprise individuelle***.

☞ **Concepts et corrélats**
➤ Revenus ➢ Revenu d'activité
➢ Transfert

REVENU RÉEL

Le revenu réel (ou pouvoir d'achat) est le **revenu*** exprimé à **prix constants***.

☞ **Concepts et corrélats**
➤ Revenus ➢ Revenu nominal

REVENUS

• *Revenu et répartition des revenus*

Dans la perspective de J. R. Hicks (1904-1989) le revenu, c'est ce qu'on peut consommer sans s'appauvrir, c'est-à-dire sans entamer la valeur de son patrimoine.

Un revenu est donc un flux qui prend naissance dans l'activité de production.

Du revenu primaire au revenu disponible

Les revenus primaires

Les **ménages*** participent à la production par le **travail*** ou le **capital*** qu'ils apportent à une unité de production qui est le plus souvent une **entreprise***. Ils perçoivent en contrepartie des **revenus primaires*** : **salaires*** ou **revenus patrimoniaux***. Lorsqu'ils utilisent eux-mêmes leur travail dans le cadre de la propriété d'une entreprise individuelle, leurs revenus sont constitués par les **bénéfices de l'entreprise individuelle***.

Les transferts de redistribution

Pour connaître le revenu disponible des ménages, il faut ajouter à leurs **revenus primaires*** le solde (positif ou négatif) des **transferts de redistribution***. Ces transferts sont de deux sortes : les **prélèvements obligatoires*** et les **revenus sociaux***.

Trois approches de la répartition

Trois grandes présentations de la répartition des revenus sont possibles : l'approche individuelle, l'approche fonctionnelle et l'approche sociale.

La répartition individuelle (ou personnelle) des revenus

Cette approche ne s'intéresse qu'au partage de la masse totale des revenus entre des individus (ou des ménages) sans les différencier autrement que par le niveau de leur revenu. Elle fait donc abstraction du rôle et de la place des agents dans la société ainsi que de la nature des revenus qu'ils reçoivent.

La répartition fonctionnelle des revenus

La présentation fonctionnelle (ou factorielle) de la répartition décrit le partage du revenu entre les différents **facteurs de production***.

La répartition sociale des revenus

Dans ce cadre, la répartition est analysée par groupes d'agents, unis par des similitudes de rôle, de position sociale, d'intérêt et de comportements économiques. Cette recherche d'homogénéité est à la base de la construction des **professions et catégories socioprofessionnelles*** de l'Institut National de la Statistique et des Études Économiques.

• *Analyses théorique de la répartition des revenus*

La théorie de la rente différentielle

La **théorie de la rente différentielle*** énoncée par D. Ricardo (1772-1823) met en évidence le fait que les antagonismes dans la répartition fonctionnelle des revenus conduit à un **état stationnaire***.

La répartition chez Marx

Dans l'approche marxiste, l'**exploitation*** des salariés est une caractéristique centrale du fonctionnement du **capita-**

lisme*. La **plus-value*** est appropriée par les capitalistes, mais l'**accumulation du capital*** conduit à **la baisse tendancielle du taux de profit*** et à la récurrence des **crises économiques***.

➭ Ricardo et Marx analysent donc la répartition fonctionnelle des revenus et ses conséquences sur la dynamique économique.

La théorie néoclassique de la répartition

La **modèle** néoclassique de base de la répartition établit plusieurs résultats fondamentaux qui reposent sur cinq hypothèses principales :

– la production est réalisée à l'aide de deux **facteurs de production*** (le travail et le capital ou le travail et la terre);

– le **marché*** est en situation **de concurrence pure et parfaite***. Cette hypothèse implique notamment que les facteurs de production sont rémunérés à leur **productivité marginale***;

– les **rendements d'échelle*** sont constants;

– les facteurs de productions sont homogènes;

– les facteurs de production sont substituables.

Les résultats fondamentaux de la théorie néoclassique ont été présentés, notamment à partir d'une **fonction de production** de type **Cobb-Douglas*** qui implique :

– la règle de l'**épuisement du produit*** ;

– un produit moyen du travail (produit ou revenu par tête) dépendant uniquement de la proportion d'utilisation des facteurs q = f(K/L) avec q le volume produit, K, le capital et L le travail ;

– les parts relatives des différents revenus sont fonction de la seule proportion d'utilisation des facteurs. Elles sont donc indépendantes du volume de la production. Cela signifie que, sur la longue période, la répartition du **revenu national*** devrait présenter une remarquable stabilité.

L'approche post-keynésienne de la répartition

Les économistes post-keynésiens (en particulier J. Robinson et N. Kaldor) contestent la fonction de production néoclassique. Ils considèrent que la répartition des revenus résulte d'un rapport de force entre les groupes sociaux et non pas de la productivité marginale des facteurs. Pour eux, le partage des revenus a un impact considérable sur la croissance économique, ce qui donne à la **politique des revenus*** une place essentielle au sein la **politique économique***.

• *Les inégalités de revenus*

La mesure des inégalités de revenu

La mesure des inégalités de revenu pose de nombreux problèmes :

– des problèmes de définition : analyse-t-on l'ensemble des revenus ou seulement les salaires ? Étudie-t-on les salaires nets ou les salaires bruts ? Faut-il conduire l'analyse au niveau des revenus primaires ou des revenus disponibles ?, etc.;

– des problèmes de sources statistiques : utilise-ton des sources fiscales ou des enquêtes directes auprès des agents économiques ? Comment prendre en compte la fraude fiscale, le travail au noir, les revenus illicites ?, etc.;

– des problèmes d'outils statistiques : analyse-t-on la **disparité*** ou la **dispersion*** ? Quel indicateur d'inégalité utilise-t-on ?, etc.

Quelques explications de l'inégalité des revenus

Pour certains auteurs comme A. Smith (*La richesse des nations*, 1776) ou K. Marx (*La critique du programme de Gotha*, 1875*)*, les inégalités de revenus ou de salaires sont liées à des différences individuelles. Smith souligne que ces différences ont une origine sociale et, comme Marx le fera plus tard, il insiste sur l'importance des différences de **qualification***. Cette approche se retrouve dans la **théorie du capital humain*** Pour G. Becker (prix Nobel 1992), les inégalités de salaires (et plus largement de revenus) résultent des différences dans les investissements en capital humain réalisés par les individus.

D'autres analyses mettent l'accent sur les discriminations sociales qui sont à la source de certaines inégalités : inégalités hommes/femmes, inégalités entre salariés nationaux et salariés étrangers, etc.

L'évolution à long terme des inégalités de revenus a fait l'objet de nombreuses controverses. Pour certains auteurs (S. Kuznets par exemple), si la phase de **démarrage*** économique s'accompagne d'un accroissement des inégalités, la poursuite du processus de développement conduit à une réduction des inégalités de revenus et de **patrimoine***. La **convergence*** des niveaux de développement au plan mondial favoriserait cette tendance à la réduction des inégalités. D'autres auteurs au contraire mettent l'accent sur la tendance à la reproduction des inégalités ou sur le creusement des inégalités; ils font observer que les années 1980-1990 ont été marquées par une évolution de ce type, tant au niveau international qu'au sein de chaque économie.

La légitimité de la lutte contre les inégalités

Le constat des inégalités de revenus pose le problème de l'action éventuelle des pouvoirs publics pour réduire ces inégalités.

Pour Marx, les inégalités sont inhérentes au capitalisme et il est vain de réclamer une répartition plus juste des revenus dans le cadre de ce mode de production. À partir d'un positionnement politique très différent, L. von Mises (*L'Action humaine*, 1949) adopte un point de vue similaire : « *L'inégalité des revenus et des fortunes est un caractère inhérent de l'économie de marché. Son élimination détruirait complètement l'économie de marché* ».

Les théoriciens de l'**économie du bien-être*** justifient au contraire une **redistribution*** opérée par la puissance publique en raison des inégalités dans les dotations initiales des agents économiques et de l'incapacité du marché à satisfaire certains besoins sociaux (éducation, santé, etc.). Cette action redistributrice doit cependant rester limitée afin d'éviter de porter atteinte à l'**efficience*** du marché et il faut privilégier une redistribution en espèces (et non en nature) afin de respecter la souveraineté individuelle.

La macroéconomie keynésienne offre un fondement théorique à la redistribution des revenus. Reprenant des intuitions de Th. R. Malthus (1766-1834), Keynes se préoccupe essentiellement du risque d'insuffisance de la demande globale adressée à l'économie. Un excès d'épargne et de **thésaurisation***, un développement des placements spéculatifs au détriment de l'**investissement*** peuvent conduire à une contraction de l'offre et à un équilibre de **sous-emploi***. La montée du chômage et la baisse des revenus conduit à une diminution de la demande qui déprime encore l'économie. C'est le cercle vicieux de la **dépression*** et de la **déflation***. Pour lutter contre une telle situation, Keynes propose une socialisation de l'investissement, mais aussi la mise en place d'une redistribution des revenus. Si l'on prélève des impôts et des cotisations sociales sur les titulaires de revenus élevés (à faible **propension marginale à consommer***) et qu'on les transfère à des titulaires de revenus faibles (à forte propension marginale à consommer), on accroît la demande de consommation des ménages, donc la demande globale, l'investissement, etc. Lord Beveridge (*Du travail pour tous dans une société libre*, 1942), le père de la **Sécurité sociale*** britannique, s'appuie sur cette logique pour assurer le plein-emploi par la régulation macroéconomique tout en respectant, dans une large mesure, les mécanismes du marché libre.

Prolongeant cette perspective keynésienne, J.-P. Fitoussi insiste sur le fait que la lutte contre les inégalités est un facteur de cohésion sociale et donc de **compétitivité*** et de croissance économique. De ce point de vue, il y a donc complémentarité (et non opposition) entre l'efficience économique et une répartition moins inégalitaire des revenus et des patrimoines.

☞ Concepts et corrélats

➤ Croissance économique ➤ État ➤ Fluctuations et crises ➤ Marchés et prix ➢ Impôt ➢ Optimum de Pareto ➢ Pauvreté ➢ Revenu minimum d'insertion (RMI) ➢ Théorie des appariements sélectifs

☞ Bibliographie

●FITOUSSI J.-P. et ROSANVALLON P. (1998), *Le nouvel âge des inégalités*, Seuil.

GIRAUD P.-N. (1996), *L'inégalité du monde*, coll. Folio, Gallimard.

PIKETTY Th. (1997), *L'économie des inégalités*, coll. Repères, La Découverte.

❍COHEN D. (1997), *Richesse du monde, pauvretés des nations*, Flammarion.

SANDRETTO R. (1994), *Rémunérations et répartition des revenus*, Hachette.

SEN A. (2000), *Repenser l'inégalité*, Seuil.

THORIS G. (1993), *La répartition des revenus*, coll. Cursus, Armand Colin.

REVENUS SOCIAUX

➤ **Revenus** ➢ **Transferts de redistribution**

RÉVOLUTION AGRICOLE

Le terme « révolution agricole » désigne l'ensemble des transformations techniques dans l'agriculture qui aboutissent à une augmentation de la **productivité*** et des rendements.

Certains auteurs comme P. Bairoch considèrent que la révolution agricole qui se produit au 18e siècle en Europe a constitué un préalable à la **révolution industrielle*** en fournissant à l'industrie des débouchés et de la main-d'œuvre.

☞ Concepts et corrélats

➤ Croissance économique ➤ Fluctuations et crises ➢ Révolution démographique

RÉVOLUTION INDUSTRIELLE

Le terme « révolution industrielle » a été utilisé la première fois par F. Engels (1820-1895), dans *Socialisme utopique et socialisme scientifique* (1880). Il sera popularisé par les historiens A. Toynbee, P. Mantoux (*La révolution industrielle au 18e siècle*, 1905).

Aujourd'hui, le sens le plus souvent attribué à la « révolution industrielle » désigne une longue période de transformations (1780-1880) qui a d'abord touché l'Europe. Selon J.-P. Rioux (*La Révolution industrielle, 1780-1880*, 1971), la révolution industrielle est considérée « *comme le démarrage d'une croissance d'un type nouveau, auquel correspondent des nouveautés techniques (...). La révolution industrielle accomplit le processus de formation du mode complet de production capitaliste. Elle marque une étape décisive de transition à partir d'un stade incomplet, précapitaliste, vers un stade où les caractéristiques fondamentales du capitalisme s'imposent : progrès technique continu, capitaux mobilisés en vue d'un profit, séparation plus nette entre une bourgeoisie possédant les moyens de production et les salariés* ».

L'expression « révolution industrielle » désigne donc :

– une coupure profonde (technique, économique, sociale, etc.) par rapport aux systèmes de **production*** antérieurs mais ne signifie pas que le mouvement a été rapide ;

– un **secteur d'activité*** prédominant, l'industrie, mais les mutations intervenues pendant cette période ont touché également l'agriculture, les moyens de communication, les transports, etc.

➪ Dans une perspective différente, on peut distinguer plusieurs révolutions industrielles :

– la première commence à la fin du 18e siècle (coton, fonte, charbon, machine à vapeur) ;

– la deuxième se déroule un siècle plus tard (acier, électro-métallurgie, chimie organique, produits de consommation, pétrole électricité) ;

– la troisième débuterait dans les années 1970/1980 (électronique, informatique, télécommunications qui conduisent aux nouvelles technologies de l'information).

☞ Concepts et corrélats

➤ Croissance économique ➤ Fluctuations et crises ➢ Révolution agricole ➢ Nouvelle économie ➢ Innovation

RÉVOLUTION KEYNÉSIENNE

Le terme de révolution keynésienne est utilisé pour désigner l'importance de la rupture opérée par l'œuvre de J.M. Keynes (1883-1946) dans l'histoire de la pensée économique. À l'inverse des économistes classiques et néoclassiques, Keynes conduit une analyse en termes d'**économie monétaire de production***, met en évidence la possibilité d'un **équilibre de sous-emploi*** et justifie l'intervention économique de l'État.

➪ Le caractère « révolutionnaire » de l'œuvre de Keynes est controversé. Pour certains (les auteurs de la **synthèse néoclassique*** en particulier), la contribution de Keynes s'intègre à l'édifice général du savoir économique, pour d'autres (les théoriciens de l'**économie monétaire de production*** en particulier), les travaux de Keynes sont le fondement d'une hétérodoxie.

☞ Concepts et corrélats

➤ Épistémologie économique ➢ Théorie keynésienne ➢ École classique ➢ Théorie néoclassique ➢ Schéma IS-LM

RÉVOLUTION MARGINALISTE

On parle de révolution marginaliste pour désigner la rupture opérée dans l'histoire de la pensée économique par les œuvres de S. Jevons (*Théorie de l'économie politique*, 1871), de C. Menger (*Principe d'économie politique*, 1871) et de L. Walras (*Éléments d'économie politique pure*, 1874). Ces auteurs rompent avec les conceptions de l'**École classique*** en adoptant la théorie de la **valeur utilité*** et en utilisant le raisonnement à la marge.

☞ **Concepts et corrélats**

➤ Épistémologie économique ➣ Théorie néoclassique ➣ École autrichienne ➣ Révolution scientifique ➣ Marginalisme

RÉVOLUTION SCIENTIFIQUE

Selon Th. Kuhn (1922-1996), une révolution scientifique est une période au cours de laquelle l'ancien **paradigme*** caractéristique de la phase précédente de **science normale*** est remis en question en raison de l'existence d'anomalies (faits inexpliqués ou contradictions internes). Pendant la période de révolution scientifique, divers paradigmes s'affrontent pour accéder au statut de paradigme dominant autour duquel va s'organiser la future phase de science normale.

☞ **Concepts et corrélats**

➤ Épistémologie économique
➣ Programme de recherche scientifique

RISQUE

À la suite des analyses de F. Knight (*Risque, incertitude et profit*, 1921), on considère qu'une situation de risque est probabilisable. Par exemple, on peut parler du risque de perdre à pile ou face.

⇨ Ne pas confondre avec **incertitude*** qui correspond à une situation non probabilisable.

⇨ La distinction risque/incertitude est aussi utilisée par J.M. Keynes (1883-1946) et certains keynésiens.

☞ **Concepts et corrélats**

➣ Aversion pour le risque ➣ Aléa moral

RISQUE DE CHANGE

Un agent économique est en situation de risque de change lorsqu'il est en **position de change*** ouverte. Dans ce cas en effet, il peut subir une perte ou bénéficier d'un gain en raison d'une modification des **taux de change*** (ou d'une **dévaluation*** ou **réévaluation*** en **changes fixes***).

☞ **Concepts et corrélats**

➤ Finances internationales ➣ Couverture ➣ Marché des changes ➣ Spéculation

RISQUE DE CRÉDIT

Le risque de crédit est le risque auquel s'expose un créancier dans le cas où un débiteur se révèle incapable de respecter ses engagements, c'est-à-dire de rembourser sa dette ou de payer les intérêts de cette dette.

☞ **Concepts et corrélats**

➤ Monnaie ➣ Risque de marché ➣ Risque de règlement ➣ Risque de liquidité ➣ Règles prudentielles

RISQUE DE LIQUIDITÉ

Sur les **marchés financiers***, le risque de liquidité est le risque auquel s'expose un opérateur, dont la situation économique peut être saine, mais qui n'est pas en mesure de faire face à ses obligations en raison d'une perturbation du marché ou d'une profondeur insuffisante de ce marché. Par exemple, un opérateur qui s'est engagé à livrer une certaine quantité d'une **devise*** à une échéance déterminée, peut être dans l'impossibilité de le faire, soit parce que cette quantité de devises n'est pas disponible sur le marché (profondeur insuffisante), soit parce que le cours de la devise a beaucoup monté et que l'opérateur n'est pas en mesure d'acheter au comptant la quantité qu'il doit livrer (perturbation du marché).

⇨ Le risque de liquidité n'existe pas que sur le marché financier; les agents économiques (en particulier les **entreprises***) sont exposés à ce risque lorsque leurs avoirs liquides ne leur permettent pas de faire face à leurs engagements.

☞ **Concepts et corrélats**

➤ Monnaie ➣ Risque de marché ➣ Risque de crédit ➣ Risque de règlement ➣ Spéculation

RISQUE DE MARCHÉ

Le risque de marché est le risque de pertes auquel s'expose un opérateur sur un marché du fait des variations des cours. Ces pertes peuvent résulter pour l'opérateur d'évolutions défavorables :

– des **taux d'intérêt*** (risque de taux d'intérêt);

– des **taux de change*** (risque de change);

– ou, plus généralement, à des variations de cours des actifs sur les marchés financiers ou sur les marché de produits.

➪ Le risque de marché est donc lié à la volatilité des cours et à l'importance des positions prises par les opérateurs.

☞ Concepts et corrélats

➤ Monnaie ➤ Finances internationales
➢ Risque de crédit ➢ Risque de règlement
➢ Risque de liquidité ➢ Spéculation

RISQUE DE SYSTÈME

➤ Finances internationales ➢ Risque systémique

RISQUE MORAL

➢ Aléa moral

RISQUE PAYS

Le risque pays désigne, pour les exportateurs, le risque lié aux spécificités économiques mais aussi sociales et politiques des pays avec lesquels ils commercent.

➪ En cas d'assurance des **exportations***, les primes payées prennent en compte le niveau de ce risque.

☞ Concepts et corrélats

➤ Commerce international

RISQUE SYSTÉMIQUE

Selon D. Plihon, le risque systémique est la « *possibilité que les difficultés rencontrées par un acteur ou un marché financier dans un pays se propagent à l'ensemble du système et entraînent son effondrement* ». M. Aglietta souligne que le risque systémique résulte de l'agrégation des réponses rationnelles des agents aux **risques*** qu'ils perçoivent. Dans certaines conditions, l'agrégation de ces réponses accroît l'insécurité financière et monétaire au lieu de la réduire : on se trouve alors en situation de crise systémique.

➪ Le krach financier et bancaire de 1929 aux États-Unis est un exemple de crise systémique : en retirant leurs dépôts des banques et en vendant leurs actions sur le marché boursier pour se protéger du risque de faillite bancaire et de baisse des cours, les agents ont amplifié la crise.

☞ Concepts et corrélats

➤ Finances internationales ➤ Monnaie
➤ Fluctuations et crise

ROTATION DE LA MAIN-D'ŒUVRE

➤ Marché du travail ➢ Coût de rotation de la main-d'œuvre ➢ Salaire d'efficience

ROUND

➤ Commerce international
➢ Négociations commerciales multilatérales

SAINT-SIMONISME

Le saint-simonisme est la **doctrine économique*** élaborée par C. H. de Saint-Simon (1760-1825). Le saint-simonisme associe une vision centrée sur l'importance des élites, sur la primauté du travail et de l'industrie, à une critique sociale des oisifs (noblesse, haut clergé, magistrats, propriétaires). Pour Saint-Simon, il faut confier le pouvoir politique aux industriels afin d'assurer la transition vers une société rationnelle et fraternelle. C'est lui qui lance l'idée selon laquelle le progrès industriel permettra de remplacer le gouvernement des hommes par l'administration des choses.

Les conceptions industrialistes du saint-simonisme exerceront une grande influence sur l'évolution du **capitalisme*** français. Un certain nombre de ses disciples auront un rôle important, notamment sous le Second Empire, dans la **banque*** et les chemins de fer. Les conceptions saint-simoniennes continueront à se manifester à travers l'action volontariste de l'**État*** au service du développement industriel.

☞ Concepts et corrélats

➤ État ➢ Socialisme

SALAIRE

Les salaires sont des revenus du travail et ils forment l'essentiel du **revenu primaire brut*** des **ménages***.

Il y a deux grandes catégories de salaires : les salaires proprement dits et les **traitements*** constituant la rémunération des agents de l'État. La fixation des uns et des autres suit des règles très différentes.

Les salaires proprement dits résultent d'un contrat de travail entre un salarié et une **entreprise***. Ils sont en général fixés dans le cadre de **conventions collectives*** conclues entre organisations syndicales représentatives des travailleurs et organisations patronales. Ils peuvent être constitués d'une partie fixe et d'une partie variable.

Toutefois **le salaire minimum interprofessionnel de croissance*** (SMIC) est fixé et révisé périodiquement par décret.

➪ Le salaire net perçu par le salarié est à distinguer du coût salarial qui contient en outre les cotisations sociales, salariales et patronales, ainsi que les impôts assis sur les salaires (taxe sur les salaires, taxe d'apprentissage...).

☞ Concepts et corrélats

➤ Revenus

SALAIRE D'EFFICIENCE

Le salaire d'efficience désigne le **salaire*** optimal qui résulte de l'arbitrage, opéré par les employeurs, entre l'efficacité du facteur travail et son coût.

Dès la fin des années 1950, certains auteurs avaient mis en évidence l'influence positive du **salaire*** sur la **productivité*** dans les pays en voie de développement. Dans son ouvrage de 1957, H. Leibenstein soutient ainsi que « *la productivité individuelle est une fonction croissante du salaire réel* » (mesuré, par exemple, par la ration alimentaire que reçoit chaque travailleur). L'argument est alors biologique, et conduit à constater qu'un travailleur bien nourri possède une meilleure **productivité***, et qu'il peut donc être avantageux pour une **entreprise*** d'élever ses salaires. En effet, une augmentation des salaires élève le coût direct de l'unité de travail mais également sa productivité.

Le salaire d'efficience peut alors être plus élevé que celui qui assurerait la réalisation du plein-emploi, parce que les mécanismes à l'œuvre diffèrent des « lois du marché ».

C'est en 1984 que l'article de J. Yellen fait entrevoir l'intérêt de l'application du principe de base du salaire d'efficience à l'économie du travail.

❍ Une première justification de la relation salaire-productivité, et donc d'un salaire d'efficience générateur de sous-emploi, consiste à prendre en compte les **coûts de rotation de la main-d'œuvre***. En effet, les entreprises peuvent trouver un intérêt à « retenir » leurs travailleurs parce qu'elles subissent des coûts d'embauche, de licenciement ou encore de formation de leur personnel. Ces **coûts de rotation de la main-d'œuvre*** augmentent le coût unitaire du travail. Lorsqu'elle subit des coûts de rotation, l'entreprise se trouve placée devant un arbitrage : des salaires trop faibles réduisent le coût direct en travail, mais augmentent la rotation de la main-d'œuvre en provoquant le départ de certains travailleurs, ce qui entraîne pour la firme un coût de rotation supplémentaire.

Les deux cas polaires de l'arbitrage auquel fait face l'entreprise sont alors les suivants :

– la firme peut laisser partir tous ses travailleurs en proposant un salaire très faible au regard du salaire de marché, ce qui maximise le coût de rotation et abaisse le coût direct du travail ;

– elle peut, à l'inverse, retenir tous ses salariés en leur offrant un salaire très supérieur à celui du marché : cet avantage dissuade les travailleurs de chercher un emploi ailleurs et annule les coûts de rotation. C'est donc le coût direct du travail qui se trouve cette fois très élevé.

Selon l'ampleur de ses coûts de rotation, la firme aura intérêt à choisir un niveau de salaire intermédiaire, pour lequel un certain nombre de travailleurs (qui dépend de la forme de la fonction de départ) va choisir de quitter l'entreprise. Ces travailleurs seront remplacés moyennant le paiement de coûts de rotation correspondants. Les autres préfèrent rester attachés à la firme et recevoir le salaire ainsi fixé. Le niveau de rémunération résultant de cet arbitrage possède les propriétés du salaire d'efficience.

❍ Un autre modèle de salaire d'efficience a été proposé par Akerlof en 1984 et repose sur l'idée que l'efficacité productive d'un salarié dépend en grande partie de son sentiment d'être « bien traité » par l'employeur. Dans ces conditions, offrir un salaire supérieur au salaire de marché constitue, de la part de l'employeur, une gratification susceptible d'inciter les travailleurs à fournir un niveau d'effort plus important.

☞ **Concepts et corrélats**
➤ Marché du travail

SALAIRE DE RÉSERVATION

➤ Marché du travail ➢ Théorie de la recherche d'emploi

SALAIRE DIFFÉRÉ

Le salaire différé est constitué par l'ensemble des **revenus*** sociaux (remboursement de soins médicaux, **retraite***...) perçus par les salariés. Ces revenus sont versés en contrepartie des cotisations sociales (part patronale et part salariale).

☞ **Concepts et corrélats**
➤ Revenus ➢ Transferts de redistribution ➢ Salaire

SALAIRE INDIRECT

Le terme salaire indirect a deux sens :

– il est quelquefois employé comme synonyme de **salaire différé*** ;

– il désigne aussi l'ensemble des éléments de rémunération que le salarié perçoit en vertu de la législation ou d'accords conventionnels en dehors du salaire de base et des primes (congés payés, financement par l'entreprise de contrats de prévoyance...).

☞ **Concepts et corrélats**
➤ Revenus

SALAIRE MÉDIAN

Le salaire médian est le **salaire*** tel que 50 % des salariés reçoivent un salaire supérieur ou égal à ce salaire et 50 % des salariés touchent un salaire inférieur ou égal à ce salaire.

☞ **Concepts et corrélats**
➤ Revenus ➢ Médiane

SALAIRE MINIMUM INTERPROFESSIONNEL DE CROISSANCE (SMIC)

Le Salaire minimum interprofessionnel de croissance (SMIC) a été institué en 1970 en remplacement du **Salaire minimum interprofessionnel garanti***(SMIG). Sa finalité est non seulement de garantir le pouvoir d'achat des plus bas salaires, mais aussi leur progression, de façon à «assurer aux salariés dont les rémunérations sont les plus faibles une participation au développement économique de la nation» (loi du 2 janvier 1970).

Trois mécanismes sont prévus à cet effet :

– le SMIC est indexé sur **l'indice des prix*** à la consommation de l'INSEE, avec un seuil de déclenchement de 2 %;

– au 1er juillet de chaque année, son niveau est réajusté, après avis de la commission nationale de la négociation collective, compte tenu du «développement économique général», la hausse de son **pouvoir d'achat*** devant au minimum être égal à la moitié de celle du salaire moyen ouvrier;

– le gouvernement peut également décider de relever le SMIC au-delà de ce minimum légal, accordant ainsi ce qu'il est convenu d'appeler un «coup de pouce» ou un «surplus».

➪ Le 1er juillet 2000, le montant horaire brut du SMIC s'élevait à 42,02 francs.

☞ **Concepts et corrélats**
➤ Revenus ➢ Salaire

SALAIRE MINIMUM INTERPROFESSIONNEL GARANTI (SMIG)

Le SMIG (Salaire minimum interprofessionnel garanti), institué en 1950, avait pour objectif d'assurer un minimum vital dont le pouvoir d'achat était garanti par une procédure d'indexation sur l'évolution des prix à la consommation. Il a été remplacé en 1970 par le **Salaire minimum interprofessionnel de croissance*** (SMIC).

☞ **Concepts et corrélats**
➤ Revenus ➢ Salaire

SALAIRE NATUREL

« *Le prix naturel du travail est celui qui fournit aux ouvriers les moyens de subsister et de perpétuer leur espèce sans accroissement ni diminution.* » (D. Ricardo, 1772-1823)

Pour D. Ricardo, le taux de salaire naturel (ou prix naturel du travail) est le salaire qui permet d'acquérir le **panier de consommation*** jugé socialement nécessaire à un moment donné et dans une société donnée : « *l'ouvrier anglais regarderait son salaire comme au-dessous du taux naturel, et insuffisant pour maintenir sa famille, s'il ne lui permettait d'acquérir d'autre nourriture que des pommes de terre, et d'avoir pour demeure qu'une misérable hutte de terre ; et néanmoins cela paraît suffisant aux habitants des contrées où "la vie est à bon marché", et où l'homme n'a que des besoins aussi modérés que faciles à satisfaire.* » (D. Ricardo)

Le prix courant du travail est déterminé par confrontation de l'offre et de la demande de travail, mais, en moyenne, il tend à se rapprocher du taux de salaire naturel.

☞ Concepts et corrélats

➤ Revenus ➣ Loi d'airain des salaires

SALAIRE NOMINAL

Le salaire nominal est le **salaire*** mesuré à **prix courants***.

☞ Concepts et corrélats

➤ Revenus ➣ Salaire réel ➣ Revenu réel ➣ Pouvoir d'achat ➣ Revenu nominal

SALAIRE RÉEL

Le salaire réel est le **salaire*** mesuré à **prix constants***. Il mesure le pouvoir d'achat du salaire.

☞ Concepts et corrélats

➤ Revenus ➣ Salaire nominal ➣ Revenu réel ➣ Pouvoir d'achat ➣ Revenu nominal

SALARIAT

Le salariat est l'une des modalités des rapports de travail. Il se différencie de l'esclavage, du servage ou de la coopération.

Le salariat suppose l'existence de règles de droit garantissant formellement la liberté de contracter d'un employeur et d'un salarié. Le salarié accepte le contrat de travail qui fixe les conditions de travail et le niveau de **salaire***.

Pour les libéraux, le salariat est l'expression de la liberté des contractants dans une **économie de marché***.

Pour les marxistes, **le mode de production capitaliste*** suppose l'existence d'individus (les prolétaires) doublement « libres » : ils ne sont plus dépendants d'autres individus (seigneurs, maîtres,...) et ils sont libres de travailler ou non pour les propriétaires de moyens de production (les **capitalistes***). Cette double liberté est alors bien formelle, puisque les salariés ne sont libres que d'accepter **l'exploitation***.

Historiquement, le salariat est resté longtemps marginal dans des économies de type agricole ; dans certaines activités, il était pourtant déjà la règle (manufactures, mines, fonctionnariat...). Le salaire pouvait être payé en nature et/ou en monnaie.

Le développement du salariat accompagne souvent celui du **capitalisme** *; certains auteurs qualifient d'ailleurs le stade actuel du développement du capitalisme de « société salariale ».

☞ Concepts et corrélats

➤ Marché du travail ➣ Libéralisme

SCHÉMA IS-LM

Le schéma IS-LM a été élaboré par J. Hicks (1904-1981, prix Nobel 1972) et A. Hansen (1887-1975). Il constitue une lecture de Keynes qui jette les bases de la synthèse entre l'approche keynésienne et de l'approche néoclassique (**synthèse néoclassique***).

Le schéma IS-LM analyse la détermination simultanée de l'équilibre sur le marché des biens et services (courbe IS) et sur le marché de la monnaie (courbe LM) en établissant des relations entre le taux d'intérêt (i) et la production (Y).

La production est une fonction décroissante du **taux d'intérêt***. En effet, plus le taux d'intérêt est élevé, plus l'**investissement*** est faible ; or l'investissement (par le jeu du **multiplicateur d'investissement***) détermine la production. La relation est représentée par la courbe IS, lieu de tous les couples (Y, i) pour lesquels l'**épargne*** (S) et l'investissement (I) sont égaux.

Le taux d'intérêt est une fonction croissante de la production. Plus la production est élevée et plus la **demande de monnaie*** (L) pour le motif de transaction est élevée. Si l'on considère que l'offre de monnaie (M) est donnée, le taux d'intérêt augmente avec la **demande de monnaie***. La courbe LM est le lieu de tous les couples (Y, i) pour lesquels l'offre et la demande de monnaie sont égales. Il existe :

– un taux d'intérêt minimal (io) au-dessous duquel la demande de monnaie devient illimitée en raison du motif de spéculation : c'est la **trappe à liquidité***, partie horizontale de la courbe LM ;

– un taux d'intérêt maximal à partir duquel la production est inélastique au taux d'intérêt (partie verticale de LM).

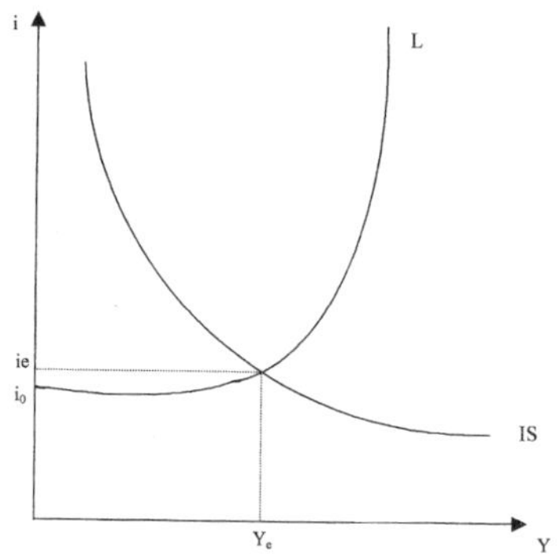

☞ Concepts et corrélats

➤ Monnaie ➢ Préférence pour la liquidité

SCIENCE

Au sens le plus général, une science est un ensemble de savoirs. Progressivement s'est imposée l'idée selon laquelle la science est un type particulier de savoir dont la validité découle des méthodes d'investigation utilisées (cohérence interne des énoncés) et d'une démarche de **vérification*** ou de **réfutation***. La validité des énoncés scientifiques est donc liée à leur **objectivité***. On distingue les sciences logico-formelles (logique, mathématiques) et les sciences de l'empirie (physique, sociologie, sciences économiques).

➩ Les savoirs scientifiques se distinguent donc des savoirs philosophiques ou artistiques.

➩ Aujourd'hui, on parle plus volontiers des sciences (chacune ayant sa spécificité), de la «pratique scientifique» ou de la «visée scientifique» afin de souligner le caractère dynamique des énoncés scientifiques. Ces énoncés ont, pour l'épistémologie contemporaine, un caractère conjectural et provisoire. Ils ne sont pas considérés comme des vérités définitives.

☞ Concepts et corrélats

➤ Epistémologie économique
➢ Scientisme ➢ Positivisme ➢ Monisme méthodologique ➢ Dualisme méthodologique ➢ Cumulativité

SCIENCE NORMALE

Pour Th. Kuhn (1922-1996), une période de science normale est une période au cours de laquelle, dans une discipline donnée, les chercheurs conduisent leurs activités au sein d'un même **paradigme*.**

➩ On peut considérer qu'aujourd'hui la démographie est en période de science normale dans le cadre du paradigme de la transition démographique.

☞ Concepts et corrélats

➤Épistémologie économique ➢ Révolution scientifique ➢ Cumulativité

SCIENTISME

Le scientisme est la conception selon laquelle la science produit des connaissances certaines qui sont susceptibles de résoudre progressivement l'ensemble des problèmes que se posent les hommes.

➩ Le scientisme n'est pas une conception épistémologique, mais un ensemble de croyances dans le progrès scientifique et dans la possibilité *«d'organiser scientifiquement l'humanité»* selon la formule d'E. Renan (1823-1892).

☞ Concepts et corrélats

➤ Epistémologie économique
➢ Positivisme ➢ Rationalisme critique

SECOND MARCHÉ

➤ Monnaie ➢ Bourse des valeurs

SECTEUR D'ACTIVITÉ

Un secteur d'activité est un ensemble d'activités productives présentant des caractéristiques communes. Les définitions actuelles distinguent :

– le secteur primaire qui regroupe l'ensemble des activités économiques productrices de matières premières, notamment l'agriculture, l'exploitation des forêts, la pêche et les mines ;

– le secteur secondaire qui comprend les activités économiques correspondant à la transformation des matières premières en **biens de production*** ou en **biens de consommation*** : l'**industrie***, le bâtiment et les travaux publics ;

– le secteur tertiaire qui inclut les activités productrices de **services*** : commerce, banques, transports, administrations, assurances, hôtellerie, santé, etc.

Le secteur tertiaire est le plus hétérogène. Il comprend à la fois des activités traditionnelles comme les services aux ménages (coiffeurs, blanchisserie, petit commerce alimentaire, etc.) et des activités de pointe, produits de l'évolution technologique la plus sophistiquée (laboratoire, sociétés de conseil en gestion ou d'ingénierie).

La classification des activités économiques en activités primaires, activités secondaires et activités tertiaires est due à A.B.G. Fisher (*The clash of progress and security*, 1934). Cet auteur considère « *comme primaires les activités agricoles, minières, forestières et maritimes, comme secondaires les activités manufacturières et la construction* » et regroupe dans « *le tertiaire les autres activités* » (P. Petit, *La croissance tertiaire*, 1988). Par la suite, C. Clark rassemble tout un ensemble de données à l'appui des thèses de Fisher et publie en 1941 *Les Conditions du progrès économique*.

En 1963, J. Fourastié dans *Le grand espoir du vingtième siècle*, reprend le découpage de Fisher et Clark et ajoute un autre élément pour caractériser chaque secteur : l'intensité du **progrès technique***. Selon lui, le progrès technique est « moyen » dans le secteur primaire, fort dans le secteur secondaire, et « faible » dans le secteur tertiaire.

➯ Certains auteurs ont proposé d'ajouter à la classification un quatrième secteur (le secteur quaternaire) qui comprendrait les activités de services de pointe.

➯ Selon la **loi des trois secteurs***, la part respective des trois secteurs dans l'activité économique varie avec le niveau de **développement*** économique.

➯ Ne pas confondre avec **secteur d'entreprise*** ni avec **secteur institutionnel***.

☞ Concepts et corrélats

➢ Tertiarisation

SECTEUR D'ENTREPRISES

Pour l'INSEE, un secteur d'entreprise est un ensemble d'entreprises exerçant la même activité principale mais pouvant avoir des activités secondaires différentes.

Alors qu'une **entreprise*** peut appartenir à plusieurs **branches***, elle n'appartient qu'à un seul secteur : Renault par exemple appartient au secteur automobile.

➯ Ne pas confondre avec **secteur d'activité*** ni avec **secteur institutionnel***.

SECTEUR INFORMEL

Le secteur informel est un **secteur*** d'activités dont les caractéristiques sont les suivantes :

– petite taille des unités de production (micro-entreprises) ;

– faible **intensité capitalistique*** et faible niveau technologique ;

– gestion des **unités de production*** sans utilisation de la comptabilité ;

– faible niveau de formation de la main-d'œuvre ;

– l'absence de barrières à l'entrée ;

➯ L'importance du secteur informel peut être interprété de deux façons :

– la première insiste sur la marginalité de ce secteur, la surexploitation de la main-d'œuvre qui y règne et qui, en fin de compte, permet provisoirement de surmonter les contradictions économiques et sociales des PVD ;

– la deuxième, dans une optique très libérale, voit dans ce secteur éloigné des réglementations étatiques un potentiel élevé de croissance.

SECTEUR INSTITUTIONNEL

Dans la **Comptabilité nationale***, un secteur institutionnel regroupe l'ensemble des **unités institutionnelles*** ayant la même fonction principale. Ces secteurs sont au nombre de six : cinq secteurs résidents (Sociétés non financières, Sociétés financières, Administrations publiques, Ménages y compris les entrepreneurs individuels), Institutions sans but lucratif au service des ménages) et un secteur non résident (Reste du monde).

La nomenclature des secteurs institutionnels est la suivante dans le **système européen de comptabilité (SEC 95)*** :

S1 Total des secteurs

S11 Sociétés non financières (SNF)
SNFEI Sociétés non financières et entrepreneurs individuels
S12 Sociétés financières (SF)
S12A Institutions finanacières
S121 Banque centrale
S122 Autres institutions financières de dépôt
S123 Autres intermédiaires financiers
S124 Auxiliaires financiers d'assurance
S125 Sociétés d'assurance et fonds de pension
S13 Administrations publiques (APU)
S1311 Administration centrale (APUC)
S13111 Etat
S13112 Organismes divers d'administration centrale (ODAC)
S13113 Administrations locales (APUL)
S1314 Administrations de sécurité sociale (ASSO)
S13141 Régimes d'assurance sociale
S13142 Organisme dépendant des assurances sociales (ODASS)
S14 Ménages (y compris entrepreneurs individuels)
S15 Institutions sans but lucratif au service des ménages

S2 Reste du monde
S21 Union européenne y compris institutions de l'Union Européenne
S22 Pays tiers y compris territoires outre-mer

☞ Concepts et corrélats

➤ Comptabilité nationale

SECTEUR PUBLIC

Le terme secteur public a deux sens :

– au sens large, il désigne l'ensemble des activités publiques (de l'État, des collectivités territoriales, des administrations de Sécurité sociale, des **entreprises publiques*** et semi-publiques) ;

– au sens restreint, il désigne les activités du **secteur*** marchand qui sont sous le contrôle de l'État (entreprises publiques et semi-publiques).

On parle parfois en ce sens de secteur public industriel et commercial.

☞ Concepts et corrélats

➤ État ➢ Nationalisation ➢ Privatisation ➢ Administrations publiques

SECTEUR PRIMAIRE

➢ **Secteur d'activité** ➢ **Loi des trois secteurs**

SECTEUR SECONDAIRE

➢ **Secteur d'activité** ➢ **Loi des trois secteurs**

SECTEUR TERTIAIRE

➢ **Secteur d'activité** ➢ **Loi des trois secteurs**

SÉCURITÉ SOCIALE

La Sécurité sociale est l'une des institutions chargées de la protection sociale. Elle est organisée par un ensemble de textes législatifs et réglementaires (par exemple le *Social security act* de 1935 aux États-Unis, ou les ordonnances de 1945 en France).

Par extension, on parle de Sécurité sociale pour désigner l'ensemble des organismes chargés de mettre en œuvre cette législation, c'est-à-dire de prélever des **cotisations sociales*** et de verser des **prestations sociales***.

La Sécurité sociale en France comprend plusieurs régimes :

– régime général des travailleurs salariés (RGTS) du commerce et de l'industrie ;

– régime agricole pour les salariés et exploitants (MSA : mutualité sociale agricole) ;

– régimes spéciaux : Salariés de la SNCF, RATP, Militaires, Banque de France, Mines, Marins ;

– régimes particuliers : Fonctionnaires, EDF-GDF ; étudiants, etc.;

– régimes autonomes : Professions indépendantes (artisans, commerçants, professions libérales).

Chacun de ces régimes se décompose en diverses branches selon les risques couverts : pour le Régime général, la Caisse nationale de l'assurance vieillesse (CNAVTS), la Caisse nationale de l'assurance maladie (CNAMTS) et la Caisse nationale des allocations familiales (CNAF), enfin la Caisse des accidents du travail et des maladies professionnelles. Les régimes de retraites complémentaires (obligatoires depuis 1972) offrent aux cadres, aux employés et aux non-salariés non agricoles des contrats spécifiques de retraite.

➪ Pour le **chômage***, les assurés sociaux relèvent des Associations pour l'emploi dans l'industrie et le commerce (ASSEDIC) au niveau local, coiffées par l'Union nationale pour l'emploi dans l'industrie et le commerce (UNEDIC) au niveau national.

☞ Concepts et corrélats

➤ Protection sociale ➢ Assistance ➢ Assurances sociales ➢ Assurance maladie ➢ Assurance vieillesse

SEGMENTATION DU MARCHÉ DU TRAVAIL

La théorie de la segmentation du marché du travail (ou du dualisme) introduit une distinction entre un **marché primaire*** et un **marché secondaire***. Il y aurait donc une coupure radicale entre deux univers : le marché primaire et le marché secondaire ne correspondent ni aux mêmes emplois, ni aux mêmes agents économiques, ni aux mêmes mécanismes de fonctionnement.

☞ Concepts et corrélats

➤ Marché du travail

SÉLECTION ADVERSE

➢ **Antisélection**

SENTIER DE CROISSANCE ÉQUILIBRÉ

Sous les hypothèses du **modèle de Solow***, toute économie connaît une croissance équilibrée, et tend donc vers un sentier de croissance équilibre. Sur ce sentier, les différentes grandeurs de l'économie croissent à une vitesse constante.

☞ Concepts et corrélats

➤Croissance économique➢ Convergence

SÉRIE CHRONOLOGIQUE

On appelle série chronologique une série statistique à deux variables dans laquelle la première composante du couple est le temps.

On peut repérer quatre mouvements dans une série chronologique :

❍ La **tendance*** (*trend*) qui donne l'allure générale du phénomène.

❍ Le mouvement saisonnier (par exemple la vente de fraises est différente au mois de mai et au mois de décembre…).

❍ Le mouvement cyclique (fluctuations autour de la tendance).

❍ Le mouvement accidentel (par exemple, chute du chiffre d'affaires suite à de mauvaises récoltes pour raisons climatiques).

SERPENT MONÉTAIRE

Le Serpent monétaire est un système mis en place par les pays de la **Communauté économique européenne (CEE)*** en avril 1972 afin de limiter l'instabilité des **changes*** au sein de la Communauté malgré l'instabilité croissante du dollar. Il s'agissait d'organiser un flottement concerté des monnaies des pays membres de la CEE par rapport au dollar en limitant à 2,25 % du cours central l'écart maximal instantané entre deux **monnaies***.

Le flottement général des monnaies à partir de 1973 a soumis le Serpent monétaire à des tensions de plus en plus fortes de sorte qu'il s'est peu à peu réduit à une « zone mark ». C'est cette situation qui a conduit à la mise en place du **Système monétaire européen***.

☞ Concepts et corrélats

➤ Finances internationales ➤ Intégration économique ➢ Accords du Smithsonian Institute ➢ Changes fixes ➢ Changes flottants

SERVICE

Un service est un produit immatériel résultant de l'activité de **production***, par exemple une consultation médicale, un transport en métro, etc.

➪ Un service se distingue d'un bien : il ne peut pas être stocké et il y a donc simultanéité entre la production et la **consommation*** (par exemple, l'exécution d'une symphonie par un orchestre et son audition, par le spectateur).

➪ Ne pas confondre avec le **service de la dette***.

☞ Concepts et corrélats

➤ Consommation ➣ Services collectifs ➣ Service marchand ➣ Service non marchand ➣ Service public ➣ Tertiarisation

SERVICE DE LA DETTE

Le service de la **dette*** se définit par la somme du remboursement du capital emprunté et des intérêts.

➪ Le ratio du service de la dette se définit par le rapport :

$$\frac{\text{intérêts + remboursement du capital}}{\text{exportations}}$$

☞ Concepts et corrélats

➤ Économie du développement ➣ Dette du tiers-monde

SERVICES COLLECTIFS

➤ État ➤ Politique économique ➣ Bien collectif ➣ Services publics

SERVICES D'INVESTISSEMENT

En vertu de la loi du 2 juillet 1996, les services d'investissement sont :

– la réception et la transmission d'ordres relatifs à des instruments financiers pour le compte de tiers ;

l'exécution d'ordres pour le compte de tiers ;

– la négociation d'instruments financiers pour compte propre ;

– la gestion de portefeuille pour le compte de tiers ;

– la prise ferme et le placement.

Les services d'investissement sont assurés par les **banques***, les **sociétés financières***, les **institutions financières spécialisées*** et les **entreprises d'investissement***.

☞ Concepts et corrélats

➤ Monnaie ➣ Marché des capitaux

SERVICES PUBLICS

Les services publics sont des activités d'intérêt général, considérées comme indispensables à la cohésion sociale, dont les pouvoirs publics assurent la mise en œuvre. Ils répondent à des **besoins*** sociaux non satisfaits par le marché.

Les services publics obéissent à plusieurs principes :

– le principe de continuité (le service public est assuré de façon continue) ;

– le principe d'égalité (égale admissibilité aux emplois publics et égalité des usagers dans l'accès au service public) ;

– le principe de neutralité (satisfaction de l'intérêt général et non des intérêts particuliers) ;

– le principe de mutabilité (adaptation des services publics aux évolutions des besoins sociaux tels qu'il sont définis par les autorités publiques).

Le service public peut être assuré par une **administration publique*** (l'Éducation nationale par exemple), une **entreprise publique*** (SNCF) ou encore par une **entreprise*** privée agissant par délégation et répondant à un cahier des charges précis (concession de la distribution de l'eau).

Les services publics sont aujourd'hui concernés par le mouvement de **déréglementation*** et de **privatisations***. La place des administrations publiques dans la prise en charge des services publics recule au profit du secteur privé. La pression pour l'ouverture des services publics à la concurrence s'accentue dans le cadre de l'**Union européenne*** et dans le cadre des négociations conduites au sein de l'**Organisation mondiale du commerce***. C'est le cas de la poste, des télécommunications, de l'électricité et du transport ferroviaire, secteurs dans lesquels les **monopoles naturels*** sont remis en question, mais aussi de certains services publics comme l'éducation, traditionnellement pris en charge par l'État.

➪ En Europe, la suppression de certains monopoles publics et l'ouverture à la concurrence (dans les télécommunications par exemple) s'accompagnent de l'obligation de maintenir un « service universel » qui garantit que chaque habitant du pays pourra bénéficier du service fourni (télécommunications), quel que soit le lieu où se trouve son domicile. L'objectif est de remédier à certaines conséquences négatives de la logique concurrentielle qui conduit les entreprises à abandonner les segments les moins rentables du marché et de respecter ainsi le principe fondamental de l'égalité d'accès au service public pour tous.

➩ L'approche française du service public se caractérise par une certaine méfiance à l'égard du marché et considère que dès lors que l'intérêt général est en jeu, l'État doit intervenir et se substituer au marché (ou le contrôler). L'approche anglo-saxonne au contraire considère que le marché joue un rôle de premier plan et ce n'est que dans les situations où le marché révèle son incapacité que les administrations publiques prennent à leur charge les services concernés.

☞ Concepts et corrélats

➤ État ➤ Politique économique ➢ Bien collectif

SOCIALISME

Le socialisme est un **système économique*** qui repose sur la socialisation (propriété collective) des moyens de production. Les systèmes socialistes qui ont effectivement fonctionné reposaient sur l'étatisation de l'économie et la **planification*** centralisée. La Yougoslavie a mis en place un socialisme autogestionnaire et diverses expériences de **socialisme de marché*** ont été tentées (en Hongrie notamment).

En tant que **doctrine économique***, le socialisme désigne un courant de pensée qui conteste la propriété privée des moyens de production, la logique du **profit et la régulation par le marché**. Ce courant est composite et a évolué au cours de l'histoire. On distingue notamment le socialisme utopique (qui regroupe des auteurs qui imaginent des cités idéales), la social-démocratie (qui recherche une troisième voie entre le **capitalisme*** et le communisme), le socialisme marxiste (qui s'appuie sur le matérialisme historique et considère que le socialisme n'est qu'une étape vers le **communsime***).

☞ Concepts et corrélats

➢ Autogestion

SOCIALISME DE LA CHAIRE

Le terme socialisme de la chaire a été utilisé pour désigner ceux des membres de l'**École historique allemande*** (généralement des professeurs d'université) qui se prononcent pour une intervention économique active de l'**État***. On peut citer notamment G. Schmöller (1838-1917) et A. Wagner (1835-1917).

➩ Ce courant réformiste s'oppose au **socialisme*** révolutionnaire inspiré de la **théorie marxiste***.

☞ Concepts et corrélats

➢ Loi de Wagner

SOCIALISME DE MARCHÉ

Le socialisme de marché est un **système économique*** qui repose sur la socialisation des moyens de production, mais dont la **régulation*** est assurée par une combinaison de mécanismes de **marché*** et de **planification***.

➩ Historiquement, le socialisme de marché a joué un rôle important dans certaines ex-démocraties populaires comme dans l'expérience tchécoslovaque du printemps 1968 et dans le processus de réforme hongrois des années 1980. Pendant la **Perestroïka***, les autorités soviétiques ont tenté d'instaurer une économie socialiste de marché; leur échec a conduit à la transition vers le **capitalisme***.

➩ Ne pas confondre avec **économie sociale de marché***.

☞ Concepts et corrélats

➢ Socialisme ➢ Économie de marché

SOCIÉTÉ

Une société est selon le Code civil, « *un contrat par lequel deux ou plusieurs personnes conviennent de mettre en commun des biens ou leur industrie, en vue de partager le bénéfice ou de profiter de l'économie qui pourra en résulter* ». On pourrait opposer les entreprises sociétaires aux **entreprises individuelles***, mais le statut de l'**entreprise unipersonnelle*** est intermédiaire entre les deux.

Parmi la diversité des formes juridiques des sociétés, on différencie les sociétés civiles des sociétés commerciales (inscrites au registre de commerce, bénéficiant du régime spécial des baux commerciaux et relevant des Tribunaux de commerce).

Parmi les sociétés commerciales, on oppose généralement, les **sociétés de personnes*** aux **sociétés de capitaux*** à partir de la responsabilité des actionnaires vis-à-vis des tiers.

☞ Concepts et corrélats

➤ Entreprise ➢ Droits de propriété ➢ Entreprise unipersonnelle à responsabilité limitée ➢ Société anonyme ➢ Société à responsabilité limitée

SOCIÉTÉ ANONYME (SA)

Une société anonyme est une **société de capitaux***. Les **actionnaires*** dont le nombre doit être supérieur ou égal à 7, sont détenteurs de **titres*** (parts ou **actions***) librement cessibles qui représentent une partie du **capital social*** (celui-ci n'est pas inférieur à 250 000 francs, voire à 1,5 million de francs s'il y a appel à l'**épargne publique***). La société anonyme par actions se caractérise par :

– une existence légale distincte de celle de ses membres ;

– des **actions*** qui, sauf exception, sont librement échangeables (en **Bourse*** pour certaines **entreprises***) ;

– un droit de vote à l'Assemblée Générale des **actionnaires*** qui est associé (sauf exception) à chaque action ;

– la responsabilité de chaque actionnaire est limitée à son apport.

L'Assemblée des **actionnaires*** désigne les représentants des actionnaires et les dirigeants des salariés chargés de la gestion. Deux régimes juridiques principaux caractérisent le **gouvernement d'entreprise*** des sociétés anonymes :

– l'un composé d'un **Conseil d'Administration*** qui choisit et révoque son Président Directeur Général (PDG) ;

– l'autre composé d'un **Directoire*** qui choisit un Président Directeur Général (PDG) et d'un organe de contrôle, le **Conseil de Surveillance***.

☞ Concepts et corrélats

➤ Entreprise ➢ Entreprise unipersonnelle à responsabilité limitée ➢ Gouvernement d'entreprise

SOCIÉTÉ À RESPONSABILITÉ LIMITÉE (SARL)

La société à responsabilité limitée est une forme juridique de société, intermédiaire entre la **société de capitaux*** et la **société de personnes***. Elle a été créée en France par la loi du 7 mars 1925, à partir du modèle allemand (loi de 1852). Elle exige un **capital social*** minimum (50 000 F) et regroupe des associés qui s'engagent personnellement mais qui ne sont responsables qu'à concurrence de leur apport et ne peuvent pas céder librement leur part.

☞ Concepts et corrélats

➤ Entreprise ➢ Entreprise unipersonnelle à responsabilité limitée ➢ Société anonyme

SOCIÉTÉ D'ÉCONOMIE MIXTE

Une société d'économie mixte est une **entreprise*** dont la propriété est partagée entre l'**État*** ou une collectivité publique et des personnes privées.

☞ Concepts et corrélats

➤ Entreprise ➢ Économie publique ➢ Nationalisation

SOCIÉTÉ D'INVESTISSEMENT À CAPITAL VARIABLE (SICAV)

Une société d'investissement à capital variable est un **organisme de placement collectif en valeurs mobilières*** qui a la forme juridique d'une **société anonyme***. La SICAV collecte l'**épargne*** et effectue des **placements*** qui constituent son portefeuille. Les titres des SICAV sont des **actions***. Il existe une grande variété de SICAV spécialisées sur certains types de produits financiers (actions, **obligations***, **titres de créance négociables***).

☞ Concepts et corrélats

➤ Monnaie ➢ Fonds commun de placement ➢ Marché des capitaux

SOCIÉTÉ DE CAPITAUX

Les sociétés de capitaux sont des **sociétés*** où la personnalité des apporteurs est secondaire par rapport aux capitaux apportés dans la société. Contrairement aux **sociétés de personnes***, la responsabilité des propriétaires vis-à-vis des tiers est limitée à leur apport.

La **société anonyme*** est aujourd'hui la plus répandue des sociétés de capitaux.

☞ **Concepts et corrélats**
➤ Entreprise ➢ Entreprise unipersonnelle à responsabilité limitée ➢ Société à responsabilité limitée (SARL)

SOCIÉTÉ DE PERSONNES

Une société de personnes est une **société*** formée par plusieurs associés qui s'accordent une confiance réciproque. Ces personnes participent le plus souvent à la gestion de l'**entreprise*** et sont pour la plupart responsables solidairement sur leurs biens du **passif*** de la société. L'unanimité est exigée pour les décisions importantes et les parts ne sont pas cessibles sans l'accord de tous les autres associés.

☞ **Concepts et corrélats**
➤ Entreprise ➢ Entreprise unipersonnelle à responsabilité limitée ➢ Société en commandite ➢ Société en nom collectif ➢ Société à responsabilité limitée

SOCIÉTÉ EN COMMANDITE

La société en commandite est une forme de **société de personnes*** dans laquelle les associés forment deux sous-ensembles :

– les commandités gèrent la **société*** et assument une responsabilité sur leurs biens;

– les commanditaires ne participent pas à la gestion. Ils sont de simples investisseurs qui ne sont responsables que sur leurs apports.

On distingue la commandite simple (SCS) et la commandite par actions (SCA) avec la mise en place d'un **Conseil de Surveillance***.

☞ **Concepts et corrélats**
➤ Entreprise ➢ Entreprise unipersonnelle à responsabilité limitée ➢ Société ➢ Société anonyme ➢ Société en nom collectif ➢ Société à responsabilité limitée

SOCIÉTÉ EN NOM COLLECTIF

Une société en nom collectif est constituée par la réunion de deux ou plusieurs personnes qui sont responsables du **passif*** de la **société*** sur leur **patrimoine*** personnel. La personnalité des sociétaires étant un élément décisif de la formation de la société, le décès de l'un des partenaires entraîne normalement la dissolution de la société, mais des dispositions contractuelles peuvent assurer la pérennité de la société.

☞ **Concepts et corrélats**
➤ Entreprise ➢ Entreprise unipersonnelle à responsabilité limitée ➢ Société anonyme ➢ Société en commandite ➢ Société à responsabilité limitée

SOCIÉTÉ MÈRE

Une société mère est une société qui détient une part majoritaire du **capital social*** d'une autre société qui est ainsi sa **filiale***.

☞ **Concepts et corrélats**
➤ Entreprise ➢ Groupe ➢ Holding ➢ Firme multinationale ➢ Internationalisation de la production ➢ Société transnationale ➢ Firme multinationale

SOCIÉTÉS FINANCIÈRES (SF)

Les sociétés financières constituent un **secteur institutionnel*** de la Comptabilité nationale.

Elles regroupent l'ensemble des **sociétés*** ou quasi-sociétés dont la fonction principale est de fournir des services d'intermédiation financière (intermédiaires financiers) et/ou à exercer des activités financières auxiliaires (auxiliaires financiers).

⇨ La nomenclature des institutions financières n'est pas la même dans la Comptabilité nationale et dans les statistiques financières.

☞ **Concepts et corrélats**
➤ Comptabilité nationale ➤ Monnaie

SOCIÉTÉS FINANCIÈRES

Les sociétés financières sont des **établissements de crédit*** qui ne sont agréés que pour réaliser certaines opérations de banque. En particulier les sociétés financières ne peuvent pas recevoir du public des dépôts à vue à moins de deux ans. Elles peuvent par contre recevoir des fonds, notamment sous la forme de **titres de créance négociables*** à court, moyen ou long terme. Les sociétés financières se consacrent notamment au financement des ventes à crédit aux particuliers, au crédit au logement, au crédit-bail, au crédit à moyen et long terme aux entreprises, à la gestion des chèques de voyage, etc.

☞ **Concepts et corrélats**
➤ Monnaie ➢ Banques ➢ Institutions financières spécialisées ➢ Société

SOCIÉTÉS NON FINANCIÈRES (SNF)

Les sociétés non financières constituent un **secteur institutionnel*** de la Comptabilité nationale.

Elles regroupent l'ensemble des **unités institutionnelles*** qui sont des producteurs marchands dont la fonction principale consiste à produire des **biens*** et des **services*** marchands non financiers.

☞ Concepts et corrélats

➤ Comptabilité nationale

SOCIÉTÉ MULTINATIONALE

➢ **Firme multinationale**

SOCIÉTÉ TRANSNATIONALES (STN)

➢ **Firme multinationale**

SOCIO-ÉCONOMIE

La socio-économie est un courant d'analyse assez composite qui regroupe des auteurs opposés à la **théorie économique standard***. Ces auteurs considèrent que les problèmes économiques ne doivent pas être analysés sous le seul angle de l'analyse économique, mais qu'il faut faire appel aux autres sciences sociales. Ils considèrent aussi qu'en **science économique***, on ne saurait faire abstraction des jugements de valeur et des enjeux politiques. Ils pensent enfin que le comportement humain est trop complexe pour être réduit au modèle de l'***homo œconomicus****.

SOLDE BUDGÉTAIRE

Le solde budgétaire est l'écart absolu (positif ou négatif) entre les recettes et les dépenses du budget de l'État exposées dans la **Loi de finances***.

Lorsque le solde est nul, le budget est en équilibre. Lorsque le solde est positif (recettes supérieures aux dépenses), le budget est en excédent. Lorsque le solde est négatif (dépenses supérieures aux recettes), le budget est en déficit.

☞ Concepts et corrélats

➤ État ➤ Politique économique ➢ Déficit budgétaire ➢ Effet « boule de neige » ➢ Politique budgétaire

SOLDE COMMERCIAL

Le solde commercial désigne, pour un pays, la différence entre les **exportations*** et les **importations*** de marchandises.

⇨ Cette expression renvoie à la notion de « balance commerciale » qui était une des balances incluses dans la **balance des paiements***.

☞ Concepts et corrélats

➤ Commerce international ➢ Compétitivité ➢ Politique industrielle ➢ Politique du change

SOLVABILITÉ

La solvabilité est la capacité financière d'un agent économique à acquérir des **biens*** et **services*** sur un marché, à rembourser ses créanciers, ou à se porter caution auprès d'eux pour un autre agent grâce à ses **revenus*** et son **patrimoine***.

Pour les **entreprises***, c'est aussi la capacité à financer sa **croissance*** et à surmonter des difficultés grâce à des **fonds propres***.

L'analyse financière du bilan s'appuie sur deux indicateurs :

– **actif** réel / **dettes*** exigibles ou capacité à honorer ses dettes en liquidant tous les actifs susceptibles d'être vendus;

– **capitaux propres*** / dettes exigibles ou ampleur de l'engagement et de la responsabilité des propriétaires.

☞ Concepts et corrélats

➤ Entreprise ➤ Consommation ➢ Endette-ment ➢ Fonds propres ➢ Bilan ➢ Actif ➢ Dettes

SOUS-DÉVELOPPEMENT

Selon une définition inspirée par F. Perroux, le sous-développement est la situation dans laquelle les besoins fondamentaux (qu'il appelle les **coûts de l'homme***) ne sont pas satisfaits.

⇨ Cette définition a l'inconvénient d'être normative : quels sont les besoins fondamentaux et ceux qui ne le sont pas ?

⇨ Le terme de pays sous-développés, (considéré comme péjoratif par les dirigeants des pays concernés), n'est plus utilisé dans les organisations internationales (ONU…). On parle désormais de pays en voie de développement (PVD) ou de pays en développement (PED).

☞ **Concepts et corrélats**
➤ Économie du développement

SOUS-EMPLOI

Selon le Bureau international du travail (BIT), le «*sous-emploi existe lorsque l'emploi d'une personne est insuffisant par rapport à des normes déterminées ou à un autre emploi possible, compte tenu de la* qualification *professionnelle (formation ou expérience de travail) de l'intéressé*».

Il distingue :

– le sous-emploi visible, seul susceptible d'être mesuré par des enquêtes ;

– le sous-emploi invisible, dont les symptômes caractéristiques sont le faible revenu, la sous-utilisation des compétences ou la faible productivité.

Les personnes en état de sous-emploi visible travaillent involontairement moins que la durée normale du travail dans leur activité et sont à la recherche d'un travail supplémentaire ou disponibles pour un tel travail, durant la période de référence.

➩ Cette notion de sous-emploi a également été utilisée dans un sens différent par la théorie keynésienne. On parle d'**équilibre de sous-emploi***.

☞ **Concepts et corrélats**
➤ Marché du travail

SOUS-EMPLOI INVISIBLE

➤ **Marché du travail** ➢ **Sous-emploi**

SOUS-EMPLOI VISIBLE

➤ **Marché du travail** ➢ **Sous-emploi**

SOUS-TRAITANCE

La sous-traitance est une opération par laquelle une **entreprise*** (le donneur d'ordre) confie à une autre (le preneur d'ordre) l'exécution pour son compte de tâches qui ressortent de son activité normale.

On distingue :

– la sous-traitance de spécialité qui concerne les opérations particulières (nettoyage, surveillance, services juridiques, etc.) ;

– la sous-traitance de capacité dans laquelle les opérations portent sur une partie de la fabrication du produit complet (ou d'un sous-ensemble du produit).

La sous-traitance s'est considérablement développée dans les années 1980, les entreprises ayant tendance à externaliser certaines tâches en supprimant des services internes au profit de sous-traitants considérés comme plus flexibles et plus rentables.

L'économie japonaise se caractérise en particulier par tout un système de sous-traitance en cascade impulsé par les grands **groupes***.

➩ Ne pas confondre un sous-traitant et un fournisseur.

☞ **Concepts et corrélats**
➤ Entreprise ➢ Théorie de l'agence
➢ Internalisation ➢ Entreprise co-jointe
➢ Coûts de transaction

SOUVERAINETÉ DU CONSOMMATEUR

L'expression souveraineté du consommateur désigne le fait que dans une société fondée sur le **marché*** et la liberté économique, ce sont les décisions des consommateurs qui orientent la **production***.

L. von Mises (1881-1973), théoricien de l'**école autrichienne*** a introduit ce concept : selon lui, chaque unité monétaire dépensée par un consommateur doit être comparée à un bulletin de vote auquel en dernier ressort, le **producteur*** est contraint de se soumettre s'il veut continuer à réaliser des **profits***. C'est aussi le consommateur qui joue le rôle déterminant dans la fixation du **prix***, c'est la forte demande d'un bien qui rend plus coûteux les facteurs nécessaires à sa production : *« Ce n'est pas la société productrice de films de Hollywood qui paie les cachets de la star ; ce sont les gens qui prennent des billets pour voir le film.»* (L. von Mises, *L'action humaine*, 1949)

☞ **Concepts et corrélats**
➤ Consommation ➢ Filière inversée

SPÉCULATION

Selon N. Kaldor (1908-1986), « *la spéculation peut se définir comme l'achat (ou la vente) de marchandises en vue d'une revente (ou d'un rachat) à une date ultérieure, là où le mobile d'une telle action est l'anticipation d'un changement des prix en vigueur, et non un avantage résultant de leur emploi, ou une transformation ou un transfert d'un marché à un autre* » (*Spéculation et stabilité économique*, 1939).

➪ Cette définition, qui porte sur les marchandises, s'applique aussi aux actifs monétaires et financiers.

➪ La spéculation n'est pas nécessairement nocive. Elle joue même un rôle positif dans la mesure où les spéculateurs acceptent de supporter un **risque*** que d'autres agents n'acceptent pas. Mais quand la part relative des actions spéculatives dans l'ensemble des opérations économiques devient trop importante, on entre dans une « économie de casino » (selon la formule de J.-M. Keynes) et la spéculation devient déstabilisatrice.

☞ **Concepts et corrélats**
➤ Monnaie ➤ Finances internationales
➤ Fluctuations et crises ➢ Changes flottants

SPÉCIALISATION ÉCONOMIQUE INTERNATIONALE

La spécialisation économique internationale désigne le fait que chaque entité économique internationale (État, groupes d'États, etc.) tend à se spécialiser dans une ou plusieurs productions et en exporte la majeure partie.

➪ L'explication de la spécialisation économique internationale est au cœur des théories du commerce international.

➪ Les économistes néoclassiques utilisent l'expression « spécialisation internationale » alors que les auteurs radicaux et hétérodoxes lui préfèrent celle de « **division internationale du travail*** » qui insiste sur les effets de domination que provoque le développement du capitalisme à l'échelle mondiale.

☞ **Concepts et corrélats**
➤ Commerce international ➢ Commerce intrabranche

STABEX

➤ Commerce international ➢ Accords de Lomé

STABILISATEURS AUTOMATIQUES

Les stabilisateurs automatiques désignent les mécanismes par lesquels la **conjoncture*** se stabilise automatiquement grâce à la modification spontanée du **solde budgétaire***. Le principe de la stabilisation automatique de la conjoncture repose le fait que les dépenses de **l'État*** sont moins sensibles à la conjoncture que les recettes.

En conséquence, si une récession se produit, les recettes vont diminuer plus rapidement que les dépenses, ce qui provoque un **déficit budgétaire***. Ce dernier, dans une perspective keynésienne, atténue la récession. En cas de surchauffe économique, les recettes progressent plus rapidement que les dépenses. Le **solde budgétaire*** positif qui en résulte freine la demande globale et atténue les tensions inflationnistes.

➪ Le mécanisme des stabilisateurs automatiques s'oppose au principe de l'équilibre du **budget de l'État*** avancé par les économistes néoclassiques. En effet, si l'on suppose une récession, toute mesure visant à augmenter les impôts ou réduire les dépenses en vue de rééquilibrer le budget conduirait à un freinage de la demande globale et accentuerait la **récession***.

☞ **Concepts et corrélats**
➤ État ➤ Politique économique

STAGFLATION

Terme obtenu par la contraction des notions de **stagnation*** et d'**inflation***. Il désigne le fait que, dès le milieu des années 1960, on a assisté dans la plupart des pays industrialisés à une accélération du rythme de l'inflation, et à un ralentissement de la **croissance économique***.

☞ **Concepts et corrélats**
➤ Fluctuations et crises ➤ Croissance économique ➢ Courbe de Phillips

STAGNATION

La stagnation désigne une situation où le **taux de croissance*** de l'économie est nul.

➪ Ne pas confondre avec **dépression*** (baisse de la production) ou **récession*** (ralentissement de la croissance).

☞ **Concepts et corrélats**
➤ Fluctuations et crises ➤ Croissance économique

STANDARDISATION

La standardisation est une technique apparue au 19e siècle aux USA dans les industries d'armement. Elle consiste à fixer des normes de dimension et de qualité rigoureusement définies pour les produits ou les composantes des produits.

Elle permet donc le remplacement des pièces et la réparation. Elle facilite aussi considérablement la **division du travail*** et la production en grandes séries, c'est pourquoi elle apparaît liée à la **production de masse***.

☞ Concepts et corrélats

➤ Entreprise ➢ Consommation de masse

STOCK

En Comptabilité nationale, le stock désigne tout produit destiné à la vente qui n'a pas encore trouvé preneur ou tout produit intermédiaire en attente de transformation.

Par ailleurs, les économistes raisonnent souvent en termes de stocks et de **flux***. Un stock est souvent le résultat d'une accumulation de flux : par exemple, le **patrimoine*** est un stock généré par un flux de **revenus*** (et par des flux de transmissions de patrimoine : héritages…).

☞ Concepts et corrélats

➤ Comptabilité nationale

STOP AND GO

L'expression stop and go a été utilisée initialement en Grande-Bretagne pour désigner l'alternance de **politiques de stabilisation*** (motivées par la volonté de réduire l'**inflation*** et le déficit extérieur) et de **politiques de relance*** (motivées par la volonté de réduire le **chômage*** en stimulant la **croissance***).

☞ Concepts et corrélats

➤ État ➤ Politique économique ➢ Politique d'austérité ➢ Politique keynésienne ➢ Politique contra cyclique

STRATÉGIE DE DÉVELOPPEMENT

Une stratégie de développement est un ensemble de mesures cohérentes qui vise à assurer à une économie (souvent d'un pays en voie de développement) un **développement*** rapide et harmonieux.

Une stratégie de développement comporte des objectifs, des moyens et des politiques :

– les objectifs peuvent viser l'insertion dans le système économique mondial de marché ou un **développement autocentré*** à tendance protectionniste. En fait, le processus actuel de **mondialisation*** ne laisse le choix qu'entre une plus ou moins grande ouverture au marché mondial;

– les moyens sont fonction des choix précédents ; ils seront mobilisés sur ressources internes et/ou par recours à l'extérieur (emprunts, **aides*** bilatérales ou multilatérales, investissements directs);

– les politiques mises en œuvre pourront ouvrir largement l'économie nationale aux échanges internationaux par une **déréglementation*** généralisée (suivant en cela les préceptes de la **théorie libérale***).

Dans la plupart des cas, les expériences réussies de développement ont associé une intégration progressive à l'économie mondiale et une forte intervention des États.

Les résultats sont évalués en fonction des objectifs et à l'aide d'un indicateur du développement (croissance du Produit national brut (**PNB***)-Produit intérieur brut (**PIB***) ou de l'**indicateur du développement humain*** - IDH).

☞ Concepts et corrélats

➤uÉconomie du développement ➢ Division internationale du travail ➢ Spécialisation internationale de la production ➢ Développement inégal ➢ Développement autocentré ➢ Développement extraverti ➢ Industrialisation par substitution d'importations ➢ Industrialisation par promotion d'exportations ➢ Politique d'ajustement structurel ➢ Consensus de Washington

SUBSIDIARITÉ

Le principe de subsidiarité (originaire de la théologie médiévale) est une règle relative à l'intervention des Pouvoirs publics. Il existe une hiérarchie des instances de décisions depuis la famille, la Collectivité urbaine, le Département, la Région, etc. La règle de subsidiarité stipule qu'une décision ne doit pas être traitée au niveau d'une instance supérieure si elle peut l'être par les acteurs directement concernés à un rang inférieur. Mais en cas d'incapacité des instances inférieures, une décision peut être prise à un niveau supérieur.

Depuis le **traité de Maastricht*** (1992), ce principe est reconnu par l'**Union européenne***. Pour les instances de l'UE, l'adoption du principe de subsidiarité implique :

– de ne pas empêcher les personnes physiques ou morales et les groupes sociaux de conduire les actions qu'elles souhaitent mener au profit de l'intérêt général. Par exemple, la Communauté européenne n'a pas à se prononcer sur des questions qui pourraient se régler au niveau des États-nations ou des régions ;

– mais aussi de soutenir et en dernier lieu de suppléer, s'il le faut, la défaillance des acteurs (par exemple en matière de **politique sociale***).

☞ Concepts et corrélats

➤ Intégration économique ➤ Politique économique

SUBSTITUTION CAPITAL/TRAVAIL

Il y a substitution capital/travail chaque fois que l'utilisation du **capital*** remplace celle du travail dans la **combinaison productive***.

Cette substitution suppose que les **combinaisons productives*** soient caractérisées par la substituabilité des **facteurs de production***. Or, dans la réalité, cette substituabilité est très imparfaite à court terme (les facteurs sont complémentaires).

☞ Concepts et corrélats

➤ Marché du travail ➢ Biens substituables ➢ Facteurs de production

SUBSTITUTION D'EXPORTATIONS

➤ **Économie du développement**
➢ **Industrialisation par promotion d'exportations**

SUBSTITUTION D'IMPORTATIONS

➤ **Économie du développement**
➢ **Industrialisation par substitution d'importations**

SUBVENTION

Une subvention est une somme versée par les autorités publiques afin de venir en aide à une unité économique (**entreprise***, **ménage***, collectivité territoriale) pour la réalisation d'un objectif jugé économiquement et/ou socialement souhaitable. Les subventions peuvent par exemple favoriser la création d'emplois, le maintien d'activités agricoles ou la création culturelle.

➩ Les subventions distribuées aux **secteurs*** concurrentiels sont accusées de fausser le jeu de la concurrence et font l'objet de contestations. Par exemple, les États-Unis remettent en question le principe des subventions européennes accordées à l'agriculture ou au secteur aéronautique à l'occasion des **négociations commerciales multilatérales*** qui se déroulent dans le cadre de l'**Organisation mondiale du commerce***.

☞ Concepts et corrélats

➤ État ➤ Politique économique
➢ Dépenses fiscales ➢ Concurrence

SUBVENTION À L'EXPORTATION

Une subvention à l'exportation est versée, dans le but de stimuler les exportations, à une firme ou à un individu qui vend des produits à l'étranger. Comme le **droit de douane***, la subvention à l'exportation peut être soit spécifique, soit *ad valorem*.

☞ Concepts et corrélats

➤ Commerce international ➢ Libre-échange ➢ Accord Général sur les Tarifs et le Commerce ➢ Organisation Mondiale du Commerce

SURACCUMULATION

Dans la **théorie marxiste***, la suraccumulation désigne le phénomène d'alourdissement de la **composition organique du capital***.

Pendant une phase longue d'**expansion***, le développement rapide des forces productives, fortement stimulé par le niveau élevé des **profits***, conduit à terme à un excès de **capital* technique** par rapport à la **plus-value*** produite (du fait de la **substitution capital/travail***).

☞ Concepts et corrélats

➤ Fluctuations et crises ➢ Baisse tendancielle du taux de profit

SURINVESTISSEMENT

Une situation de surinvestissement est une situation où les **entrepreneurs*** ont constitué des capacités de production supérieures à la **demande*** qui leur est adressée. Le surinvestissement trouve sa source dans des **anticipations*** erronées des entrepreneurs comme celles qui se produisent dans l'euphorie des phases d'**expansion*** ou dans une **répartition des revenus*** favorable aux **entreprises*** au point de compromettre les débouchés de la **production***.

Dans son interprétation keynésienne de la **crise*** contemporaine, A. Barrère considère qu'une économie se trouve en situation de surinvestissement lorsque « *les entrepreneurs estiment à tort ou à raison que la* ***rentabilité**** *qu'ils peuvent attendre de l'équipement nouveau n'est pas susceptible de couvrir son coût anticipé de remplacement* ».

☞ Concepts et corrélats

➤ Fluctuations et crises ➤ Croissance économique ➤ Investissement ➢ Cycle

SURPLUS DU CONSOMMATEUR

En **microéconomie***, le surplus du consommateur mesure le montant des gains qu'un consommateur retire de ses achats en faisant la différence entre le prix effectivement payé par le consommateur et le prix qu'il aurait été prêt à payer.

Exemple : soit un bien X pour lequel le prix (unitaire) de marché s'établit à 4 francs.

○ Cas **d'un bien indivisible*** (voir graphique ci-dessous) : au prix de marché, compte tenu de ses préférences et de sa **fonction d'utilité***, le **consommateur*** demandera 4 unités de biens. Sa dépense en bien X est donc de 16 francs. Mais il était prêt à payer jusqu'à 10 francs pour obtenir une unité du bien. De même, si le prix unitaire avait été compris entre 6 et 8 francs, il aurait consommé deux unités du bien (le supplément d'utilité retiré de la 2e unité est donc équivalent à 8 francs). Il s'agit bien d'un raisonnement « à la marge ». Au total, le montant maximal que le consommateur est prêt à engager pour obtenir 4 unités de biens est : 10 + 8 + 6 + 4 = 28 francs. Or, il paye toutes les unités de biens consommées au même prix, soit 4 francs, et le montant total de sa dépense est donc de 16 francs. L'avantage net qu'il retire donc d'un prix de marché égal à 4 francs est : 28 - 16 = 12 francs. Cette somme représente le surplus du consommateur.

○ Cas **d'un bien divisible** : D représente la **courbe de demande*** du consommateur (pour simplifier, on l'a représentée par une droite), et O P* est le prix de marché d'une unité de bien. Conformément au raisonnement précédent, le montant maximal que le consommateur est prêt à dépenser pour obtenir une quantité O Q* de bien est représenté par la surface O Q* E P'. Mais sa dépense effective est représentée par la surface O Q* E P*. Le surplus du consommateur (surface grisée) est donc la différence entre deux, soit la surface du triangle P* E P'.

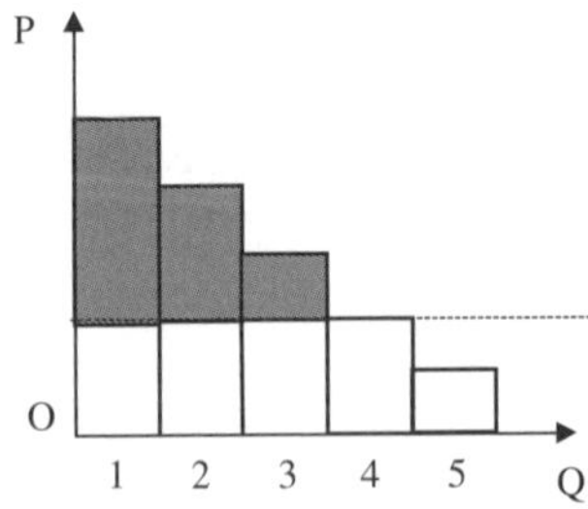

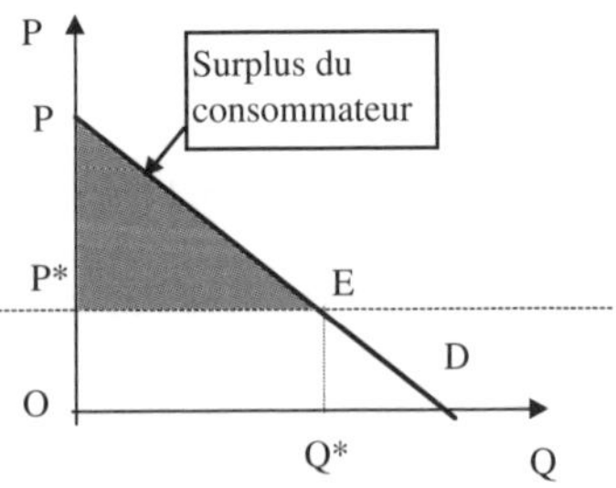

☞ Concepts et corrélats

➤ Marchés et prix

SURPLUS DU PRODUCTEUR

En microéconomie, le **surplus du producteur** mesure le montant des gains qu'un producteur retire de ses ventes en faisant la différence entre le prix auquel il vend effectivement les biens offerts et le prix qu'il aurait été prêt à accorder.

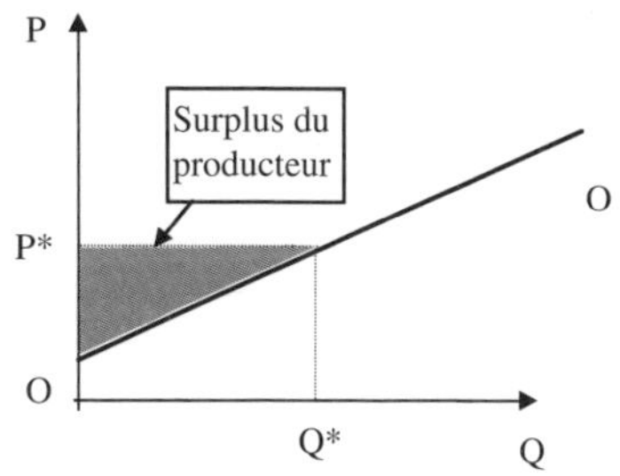

☞ Concepts et corrélats

➤ Marchés et prix ➢ Monopole discriminant

SUR-RÉACTION (OVERSHOOTING)

On parle de sur-réaction lorsque, à la suite d'une modification du contexte économique, les variations de prix ont une plus grande amplitude que ce qui serait nécessaire pour rétablir l'équilibre (on utilise aussi le terme « surajustement »). Ce type d'analyse, développé notamment par R. Dornbusch en 1976 à propos du **marché des changes***, repose sur le fait que les ajustements de prix sur les marchés d'actifs monétaires ou financiers sont plus rapides que sur les marchés des biens. Par conséquent, si à long terme tous les prix s'ajustent et tous les **marchés*** s'équilibrent, il peut y avoir, à court terme, des écarts déstabilisateurs sur les **taux de change*** ou les **taux d'intérêt*** par exemple.

☞ Concepts et corrélats

➤ Finances internationales ➤ Marché et prix ➢ Changes flexibles

SURVALEUR

➤ Théories économique ➢ Plus-value

SWAP

➤ Finances internationales ➢ Échange financier

SYNDICAT

Un syndicat est la libre réunion d'individus dont l'objectif est de défendre des intérêts communs. Le terme de syndicat peut avoir plusieurs acceptions :

– un syndicat peut se créer temporairement pour une action ponctuelle : on parlera ainsi d'un syndicat de banques constitué pour mener une opération de financement de grande envergure ;

– un syndicat peut réunir (parfois de manière obligatoire) les individus concernés par un même problème (syndicat de copropriété, syndicat de gestion des eaux d'un bassin, etc.);

– un syndicat peut rassembler des membres d'une même profession (syndicat de métier) en vue de la défense de leurs intérêts (par exemple, les syndicats de commerçants d'un quartier) ;

– au sens le plus courant, le syndicat professionnel regroupe des salariés ou des employeurs.

Les syndicats professionnels sont le plus souvent regroupés en fédérations de syndicats, elles-mêmes regroupées en confédérations dont les principales en France dans le secteur privé sont : la CGT (Confédération générale du travail), la CFTC (Confédération française des travailleurs chrétiens), la CFDT (Confédération générale démocratique du travail), FO (Force ouvrière), la CFE-CGC (Confédération française de l'Encadrement de la Confédération générale des cadres) pour les salariés, et le MEDEF (Mouvement des entreprises de France) pour les employeurs.

Les syndicats de salariés jouent un rôle fondamental en matière d'évolution des conditions de travail, de **conventions collectives*** et de conflits collectifs. Ils participent à de nombreux organismes (le Conseil économique et social, le Commissariat au plan). La liberté syndicale est reconnue en France depuis 1884 (loi Waldeck-Rousseau). Elle est affirmée par la Constitution « *tout homme peut défendre ses droits et ses intérêts par l'action syndicale et adhérer au syndicat de son choix* ». La loi du 27 décembre 1968 reconnaît la section syndicale d'entreprise.

☞ Concepts et corrélats

➢ Conflits du travail ➢ Conventions collectives ➢ Syndication

SYNDICATION

La syndication est la constitution d'un syndicat (regroupement) bancaire pour le montage d'une opération financière internationale (octroi d'un **eurocrédit*** par exemple).

☞ Concepts et corrélats

➤ Finances internationales

SYNTHÈSE NÉOCLASSIQUE

L'expression synthèse néoclassique désigne un courant d'analyse qui s'est efforcé d'intégrer les apports de la tradition néoclassique et l'apport de J. M. Keynes. Ce courant a été très influent de la fin de la Seconde Guerre mondiale jusqu'au milieu des années 1970 et s'est illustré par les travaux de P.A. Samuelson (prix Nobel 1970), de J. R. Hicks (prix Nobel 1972) et de R. Solow (prix Nobel 1987).

☞ Concepts et corrélats

➢ Théorie keynésienne ➢ Théorie néoclassique ➢ Schéma IS/LM
➤ Théories économiques

SYSTÈME COMPLET DE MARCHÉS

En **microéconomie***, en situation de **concurrence pure et parfaite***, on parle de système complet de marchés pour désigner le fait que, pour éviter d'avoir à faire intervenir les anticipations des ménages, les **prix*** affichés par le **commissaire-priseur*** concernent tous les biens intervenant dans les **fonctions d'utilité*** et **fonctions de production*** prises en compte dans le modèle d'équilibre général. Cette hypothèse n'exclut pas forcément toute dimension temporelle : certains des biens considérés peuvent être des biens futurs – produits et consommés à une date ultérieure à celle où les prix sont affichés –, mais ce qui est important, c'est qu'ils figurent dans les relations de préférence et dans les fonctions de production et que leurs prix soient connus « maintenant », de sorte qu'on puisse leur appliquer les mêmes méthodes de calcul qu'aux autres biens (dont ils ne se distinguent en rien sur le plan du traitement mathématique).

☞ Concepts et corrélats

➤ Marchés et prix ➢ Recette marginale
➢ Recette moyenne

SYSTÈME EUROPÉEN DE BANQUES CENTRALES (SEBC)

Le Système européen des banques centrales (SEBC) regroupe la **Banque centrale européenne*** et les **Banques Centrales Nationales*** des quinze États membres de l'**Union européenne***. Il comprend donc les membres de l'**Eurosystème*** et les pays qui n'ont pas adopté l'**Euro*** et qui participent au **Mécanisme de Change Européen***.

➪ Ne pas confondre avec **Eurosystème***.

☞ Concepts et corrélats

➤ Monnaie ➤ Intégration économique
➤ Finances internationales ➢ Traité de Maastricht

SYSTÈME MONÉTAIRE EUROPÉEN

Le Système monétaire européen (SME) est un système de **taux de change fixe*** institué par le Conseil européen de Bruxelles du 5 décembre 1978 et entré en vigueur le 13 mars 1979. La monnaie de chaque pays adhérant au SME était définie en **ECU***. Un mécanisme de coopération entre pays membres permettait une défense concertée de la stabilité des **cours du change*** à l'intérieur de marges de plus ou moins 2,25 % autour du « cours pivot bilatéral » (nom donné à la **parité*** au sein du SME).

En dépit des crises qui l'ont affecté, le SME a constitué une zone de stabilité relative au sein du **Système Monétaire International***.

➪ Le passage à la monnaie unique a conduit à la disparition du SME, cependant c'est un mécanisme comparable qui relie l'**Euro*** aux monnaies des pays membres de l'**Union européenne*** qui ont conservé leur monnaie nationale.

➪ Ne pas confondre avec **serpent monétaire***.

☞ Concepts et corrélats

➤ Monnaie ➤ Intégration économique
➢ Communauté économique européenne

SYSTÈME MONÉTAIRE INTERNATIONAL

Un système monétaire international est un ensemble de règles, d'institutions, d'accords et de pratiques qui organisent les modalités de règlement des opérations internationales portant sur les marchandises, les services ou les capitaux.

☞ Concepts et corrélats

➤ Finances internationales ➢ Bretton Woods ➢ Étalon de change or ➢ Étalon-or ➢ Système monétaire européen (SME)

SYSTÈME TECHNIQUE

Un système technique se caractérise selon B. Gille (*Histoire des techniques*, 1978) par l'interdépendance entre les différentes composantes de la technologie à un moment de l'histoire : « *toutes les techniques sont, à des degrés divers, dépendantes les unes des autres, et il faut nécessairement entre elles une certaine cohérence* ».

Ainsi la formation d'un système technique correspondant à la première Révolution industrielle peut être analysée en deux temps :

– l'émergence en Grande-Bretagne à la fin du 18e siècle, d'un ensemble de technologies nouvelles pour faire face à des goulets d'étranglement;

– leur mise en cohérence autour des années 1840 (utilisation de plus en plus efficace du combustible minéral et de la mécanique avec une diffusion sur le continent européen et aux États-Unis).

☞ Concepts et corrélats

➤ Fluctuations et crises ➢ Cycle Kondratief ➢ Crise du fordisme ➢ Fordisme ➢ Innovation ➢ Grappe d'innovation ➢ Toyotisme

TABLEAU DES OPÉRATIONS FINANCIÈRES (TOF)

Dans la Comptabilité nationale, le Tableau des opérations financières retrace les **flux*** et les **stocks*** d'avoirs monétaires et financiers pour chaque secteur institutionnel.

☞ Concepts et corrélats

➤ Comptabilité nationale

TABLEAU ÉCONOMIQUE D'ENSEMBLE

Dans la Comptabilité nationale, le Tableau économique d'ensemble (TEE) est le tableau de synthèse, retraçant les emplois et les ressources de chaque **secteur institutionnel***, classés par nature d'opération (**production***, **revenu***, **capital***).

Le TEE permet de visualiser la façon dont se produit, se répartit et se dépense la richesse dans une économie. Par exemple, grâce au TEE, on peut connaître l'apport de chaque secteur institutionnel (ménages, sociétés, institutions financières, administrations, extérieur) au Produit intérieur brut, les revenus qui en découlent pour chacun de ces secteurs (puisque l'apport productif de chacun engendre des salaires, des impôts, des intérêts, etc., versés à certains autres agents), puis la façon dont ces revenus sont utilisés : en consommation, en épargne, en investissements.

➪ Dans le SEC 95 (nouveau système de Comptabilité nationale), ce tableau est appelé « Comptes économiques intégrés », mais les comptables nationaux français ont préféré conserver l'ancienne dénomination de Tableau économique d'ensemble.

☞ Concepts et corrélats

➤ Comptabilité nationale ➢ Tableau Entrées-Sorties

TABLEAU ENTRÉES-SORTIES (TES)

En Comptabilité nationale, le Tableau Entrées-Sorties (TES) résume les comptes de **biens*** et **services***. Il retrace (en lignes) les achats de chaque branche à chacune des autres branches et (en colonnes) la destination des productions de chaque branche.

Ce tableau découle directement du tableau input-output dressé par W. Leontief (né en 1906, prix Nobel en 1973). Ce type de tableau permet de chiffrer l'intensité des liens commerciaux qui existent entre chaque branche (liens inter-branches) ou au sein de chaque branche (liens intra-branches). On peut en déduire l'impact d'un mouvement de production sur l'ensemble de l'économie. Plus les liens sont forts, plus l'impact d'une modification de production d'une branche sera important sur les autres branches auxquelles elle est liée. On peut ainsi estimer l'effet d'une opération de relance ciblée sur une branche (le bâtiment par exemple). Ce type de tableau permet en outre de calculer les **coefficients techniques***.

☞ **Concepts et corrélats**
➤ Comptabilité nationale ➢ Tableau Économique d'ensemble

TARIFICATION AU COÛT MARGINAL

Le principe de la tarification au coût marginal (énoncé notamment par M. Allais et M. Boiteux dans les années 1950) stipule que les **monopoles*** publics doivent fixer leurs prix selon la règle de l'égalité entre le **prix*** et **le coût marginal*** (condition de la maximisation du **profit*** des producteurs en **concurrence pure et parfaite***).

Selon ce principe, les **entreprises publiques***, fixant un prix égal au coût marginal, contribuent à la réalisation de l'**équilibre général***. Ce principe, qui a inspiré certaines politiques tarifaires (à EDF par exemple), a suscité de nombreux débats. En effet, la théorie montre qu'une entreprise fonctionnant en **rendements croissants*** (cas des **monopoles naturels***) connaît un déficit si elle fixe un prix égal au coût marginal car le coût marginal est inférieur au coût moyen.

☞ **Concepts et corrélats**
➤ État ➤ Politique économique ➢ Coûts de production ➢ Tarification au coût moyen ➢ Optimum de Pareto

TARIFICATION AU COÛT MOYEN

La tarification au coût moyen consiste à fixer les prix des **monopoles*** publics au **coût moyen*** de production. Cette politique tarifaire assure l'équilibre budgétaire (**recette totale*** égale au **coût total***).

☞ **Concepts et corrélats**
➤ État ➤ Politique économique
➢ Tarification au coût marginal

TÂTONNEMENT WALRASIEN

On appelle tâtonnement walrasien le processus par lequel la centralisation des offres et des demandes par un **commissaire priseur*** conduit à la définition d'un prix d'équilibre. Le commissaire priseur est un « crieur de prix ». Si le prix qu'il annonce n'assure pas l'égalité des offres et des demandes, il augmente le prix des biens dont la demande est supérieure à l'offre, et diminue le prix de ceux dont la demande est inférieure à l'offre, jusqu'à ce que l'égalité offre/demande soit réalisée.

Il s'agit d'un processus de convergence vers l'équilibre par essais et erreurs.

➪ Les demandes et les offres formulées par les agents pour chaque prix lancé ne sont que des intentions d'achat et de vente. On parle d'**offres** ou de **demandes notionnelles***.

☞ **Concepts et corrélats**
➤ Marchés et prix ➢ Théorie néoclassique

TAUX D'ACCUMULATION

Le taux d'accumulation est le **taux de croissance*** du **capital*** soit le rapport entre l'**investissement net*** et le **stock*** de capital. C'est le rapport ΔK/K.

☞ **Concepts et corrélats**
➤ Capital ➤ Fluctuations et crises
➤ Croissance économique
➢ Accumulation primitive
➢ Investissement brut ➢ Investissement net ➢ État stationnaire ➢ Obsolescence

TAUX D'ACTIVITÉ

Le taux d'activité mesure le rapport entre la **population active*** et la population totale correspondante.

☞ **Concepts et corrélats**
➤ Marché du travail

TAUX D'ACTUALISATION

Le taux d'actualisation est le taux d'intérêt retenu pour le calcul d'**actualisation***. Il permet de calculer la valeur actuelle d'un **revenu*** ou d'un **actif*** disponible plus tard (au temps n).

Le taux d'actualisation diffère du **taux d'intérêt*** en vigueur en fonction de la préférence pour le présent et du **risque*** (les flux de revenus sont incertains, les taux d'intérêt peuvent fluctuer ainsi que la valeur des actifs, etc.). Il exprime donc la préférence pour le présent (ou la dépréciation du futur) d'une **entreprise*** (ou de tout autre agent).

➪ Plus le taux d'actualisation est élevé, plus la valeur actuelle décroît.

☞ **Concepts et corrélats**
➤ Investissement ➢ Effet de levier ➢ Efficacité marginale de l'investissement ➢ Profitabilité ➢ Q de Tobin ➢ Rentabilité économique ➢ Taux de rentabilité économique ➢ Taux interne de rendement (TIR ou TRI) ➢ Théorème Modigliani-Miller ➢ Valeur actualisée nette (VAN)

TAUX D'AUTOFINANCEMENT

Le taux d'autofinancement mesure la part de ses investissements qu'un agent économique finance avec sa propre **épargne***.

En **Comptabilité nationale***, le taux d'autofinancement est le rapport entre l'**épargne brute*** et la **formation brute de capital fixe (FBCF)***.

☞ **Concepts et corrélats**
➤ Investissement ➢ Autofinancement

TAUX D'ÉPARGNE

Le taux d'épargne est égal au rapport entre l'**épargne brute*** et le **revenu disponible*** brut. Dans la **Comptabilité nationale***, il est calculé pour chaque **secteur institutionnel*** et représente la part des ressources courantes qui reste disponible pour accumuler des **actifs*** physiques et financiers.

☞ **Concepts et corrélats**
➤ Épargne

TAUX D'ÉQUIPEMENT

Le taux d'équipement en **biens durables*** est le rapport entre le nombre de **ménages*** disposant d'un bien durable et la population totale de ménages ordinaires.

☞ **Concepts et corrélats**
➤ Consommation ➢ Fordisme ➢ Normes de consommation

TAUX D'EXPORTATION

➤ **Commerce international** ➢ **Taux d'ouverture**

TAUX D'IMPOSITION

Le taux d'imposition est le rapport entre le montant de l'**impôt*** et le montant de l'**assiette*** auquel il s'applique. Il est exprimé en pourcentage.

⇨ Ne pas confondre avec le **taux de prélèvements obligatoires*** ou avec la **pression fiscale***.

☞ **Concepts et corrélats**
➤ État ➤ Politique économique ➢ Pression fiscale

TAUX D'INTERMÉDIATION FINANCIÈRE

Le taux d'intermédiation financière est le rapport entre les **financements intermédiés*** obtenus par les **entreprises*** et le total des financements obtenus (intermédiés et désintermédiés).

On distingue :

– le taux d'intermédiation au sens étroit, qui ne prend en compte au numérateur que les **crédits*** accordés par les **institutions financières***;

– le taux d'intermédiation au sens large, qui prend en compte au numérateur l'ensemble des financements octroyés par les institutions financières aux entreprises (qu'il s'agisse des crédits ou des achats de titres de créance et des titres de propriété).

☞ **Concepts et corrélats**
➤ Monnaie ➢ Intermédiation financière ➢ Désintermédiation financière

---

TAUX D'INVESTISSEMENT

Le taux d'investissement est le rapport entre la **Formation brute de capital fixe*** (FBCF) et le **Produit intérieur brut*** (PIB). Il mesure l'effort d'investissement de la nation.

⇨ Un taux d'investissement élevé est souvent perçu comme un effort de modernisation et donc de **compétitivité structurelle***.

⇨ Ne pas confondre avec **taux d'accumulation*** et **taux d'autofinancement***.

☞ **Concepts et corrélats**
➤ Investissement

TAUX D'OUVERTURE

Le taux d'ouverture se définit par l'un des deux rapports suivants :

1)

$$\frac{\text{Volume des exportations}}{\text{Volume du PIB}} \times 100$$

⇨ Ce rapport est également appelé « taux d'exportation »

2)

$$\frac{\frac{\text{V. des export.} + \text{V. des import}}{2}}{\text{Volume du PIB}} \times 100$$

➪ Le taux d'ouverture est l'indicateur habituellement utilisé pour mesurer le degré d'internationalisation des économies. L'augmentation du taux d'ouverture d'un pays est synonyme d'une plus grande sensibilité aux variations de conjoncture des autres pays.

☞ Concepts et corrélats

➤ Commerce international ➢ Autarcie

TAUX DE CHANGE

Le taux de change (ou cours du change) est le prix d'une **monnaie*** exprimée en unités de monnaie étrangère. Ce taux de change se forme sur le **marché des changes*** dans des conditions qui varient en fonction du **système monétaire international*** en vigueur.

➪ Le taux de change entre deux monnaies se nomme taux de change bilatéral, on peut calculer aussi un **taux de change effectif***.

☞ Concepts et corrélats

➤ Finances internationales ➢ Devise ➢ Cotation

TAUX DE CHANGE D'ÉQUILIBRE FONDAMENTAL

Le taux de change d'équilibre fondamental d'une économie est le **taux de change*** qui assure à la fois l'équilibre interne et l'équilibre externe de cette économie.

❍ Par équilibre interne, on entend la **croissance économique*** la plus élevée possible, l'**inflation*** étant maîtrisée. Le **taux de chômage*** correspond alors au taux de chômage naturel.

❍ Par équilibre externe, on entend un solde de la balance des transactions courante égal au flux structurel de capitaux avec le reste du monde.

➪ Le concept de taux de change d'équilibre fondamental a été proposé par J. Williamson dans le cadre de sa théorie des **zones cibles***.

☞ Concepts et corrélats

➤ Finances internationales ➢ Changes flexibles

TAUX DE CHANGE EFFECTIF

Le taux de change effectif de la monnaie d'un pays est un indice synthétique qui permet de retracer l'évolution de la valeur internationale de cette monnaie par rapport à un ensemble de monnaies (et non par rapport à une seule comme dans le taux de change bilatéral).

Le taux de change effectif est la moyenne pondérée des indices d'évolution des taux de change bilatéraux. En général, les coefficients de pondération dépendent de la structure du commerce international de ce pays.

☞ Concepts et corrélats

➤ Finances internationales ➢ Taux de change

TAUX DE CHARGE

Le taux de charge est le rapport, exprimé en pourcentage, entre le nombre des inactifs et le nombre des **actifs*** donné en pourcentage. Il permet donc de mesurer le « poids » des inactifs (retraités et jeunes, etc.) par rapport aux actifs.

➪ L'augmentation du taux de charge est souvent évoquée pour justifier les problèmes financiers des régimes de **retraite par répartition*** et préconiser l'introduction (partielle ou totale) d'un système de **retraites par capitalisation***.

Il faut remarquer que l'évolution de la situation financière des régimes par répartition ne dépend pas de la seule évolution démographique (reflétée par celle du taux de charge). Il faut aussi tenir compte de la conjoncture économique qui influence le nombre d'actifs occupés qui paient les **cotisations sociales***. Il est alors plus judicieux de calculer le rapport inactifs et chômeurs divisé par actifs. Ce rapport a l'avantage de montrer que les problèmes de financement des régimes de retraite par répartition sont démographiques mais aussi économiques.

☞ Concepts et corrélats

➤ Protection sociale ➢ Retraite ➢ Taux d'activité

TAUX DE CHÔMAGE

Le taux de chômage est le rapport entre le nombre de **chômeurs*** et la **population active*** totale. On peut calculer des taux de chômage par âge (ou par sexe) en rapportant le nombre de chômeurs d'une tranche d'âge donnée (d'un sexe donné) à la population active totale du même âge (sexe).

➪ Ne pas confondre avec **part de chômage***.

☞ Concepts et corrélats

➤ Marché du travail ➢ Chômage

TAUX DE CHÔMAGE NATUREL

Le taux de chômage naturel, est, selon M. Friedman, le **taux de chômage*** compatible avec une **inflation*** nulle. Le terme de naturel se justifie parce qu'il correspond, selon Friedman, à la position spontanée de l'économie en l'absence d'interventionnisme public. Il s'agit donc d'un taux de chômage incompressible, dû aux comportements individuels de recherche d'emploi.

➪ Les économistes de l'offre ont désigné le taux de chômage naturel par l'expression anglo-saxone NAIRU : *Non Accelerating Inflation Rate of Inemployement.*

☞ Concepts et corrélats

➤ Marché du travail

TAUX DE COUVERTURE

Le taux de couverture se définit par le rapport :

$$\frac{\text{Valeur des exportations}}{\text{Valeur des importations}} \times 100$$

➪ Un commerce extérieur équilibré correspond à un taux de couverture de 100 % si les importations et les exportations sont toutes les deux évaluées selon les mêmes modalités, c'est-à-dire soit **Coût assurance-frêt***, soit **Franco à bord***.

☞ Concepts et corrélats

➤ Commerce international

TAUX DE CROISSANCE DE L'ÉCONOMIE

Le taux de croissance d'une économie nationale est mesuré par la variation en volume du **Produit intérieur brut*** (PIB).

➪ Certains pays l'estiment à l'aide du **Produit national Brut*** (PNB).

☞ Concepts et corrélats

➤ Croissance économique

TAUX DE CROISSANCE EFFECTIF

Le taux de croissance effectif est l'un des taux de croissance définis par R. Harrod (1900-1978). Il distingue en effet :

– le taux de croissance effectif, g, qui est le taux de croissance observé dans l'économie à un moment donné. **L'épargne*** étant une fonction constante du **revenu*** Y (S = sY, avec s, la **propension marginale à épargner***), le taux de croissance g est tel que,

$$g = \frac{\Delta K}{K} = \frac{\Delta Y}{Y} = \frac{s}{v}$$

avec un **coefficient de capital*** v, constant ; mais il n'est pas certain que ce taux satisfasse les agents économiques;

– le taux de croissance garanti ou justifié, g_w. C'est le taux qui assure la pleine utilisation du **capital*** ou plus exactement la pleine utilisation souhaitée du capital par les investisseurs. Il doit donc correspondre à leurs **anticipations***.

La fonction d'investissement désiré retenue par Harrod est une relation de type **accélérateur*** $I^* = \beta\Delta Y$ (I^* représentant l'investissement désiré et β le coefficient d'accélération). Il suppose en effet que l'investissement est induit par une variation de revenus. Cette fonction d'investissement exprime implicitement la recherche d'un certain **taux de profit*** par les entrepreneurs. Le coefficient β apparaît non seulement comme un coefficient traduisant le rapport entre accroissement de la demande (ΔY) et investissement (I), mais il exprime aussi le taux de profit désiré.

Le taux de croissance justifié est donc celui qui satisfait les entrepreneurs en garantissant que l'investissement effectif soit égal à l'investissement désiré : $I = I^*$

$$I = sY = I^* = \beta\Delta Y;$$

$$\text{d'où } g = \frac{\Delta Y}{Y} = \frac{s}{\beta}$$

– le taux de croissance naturel g_n. C'est le taux potentiel de croissance de la production qui résulte de l'emploi de la population active disponible. Il est fonction du taux de croissance active disponible (n) soit : $g_n = n$.

☞ **Concepts et corrélats**
➤ Croissance économique

TAUX DE CROISSANCE GARANTI

➤ Croissance économique ➢ Taux de croissance effectif

TAUX DE CROISSANCE JUSTIFIÉ

➤ Croissance économique ➢ Taux de croissance effectif

TAUX DE CROISSANCE NATUREL

➤ Croissance économique ➢ Taux de croissance effectif

TAUX DE PÉNÉTRATION

Le taux de pénétration se définit par le rapport :

$$\frac{\text{Volume des importations}}{\text{Vol. de la demande intérieure}} \times 100$$

➩ Le taux de pénétration indique la part de la demande intérieure qui est satisfaite par des importations.

☞ **Concepts et corrélats**
➤ Commerce international

TAUX DE PRÉLÈVEMENTS OBLIGATOIRES

Le taux de prélèvements obligatoires se définit par le rapport :

$$\frac{\text{Prélèvements obligatoires}}{\text{PIB}} \times 100$$

Il est l'indicateur le plus utilisé dans les comparaisons internationales pour mesurer le degré d'intervention de l'État. Il doit cependant être interprété avec prudence car son évaluation dépend d'un certain nombre de conventions qui diffèrent d'un pays à l'autre. Par ailleurs, cet indicateur est sensible au degré de socialisation de certaines consommations (par exemple la santé et l'éducation) et à l'importance du système de **redistribution*** qui sont variables d'un pays à l'autre.

☞ **Concepts et corrélats**
➤ État ➤ Politique économique
➢ Pression fiscale ➢ Taux d'imposition
➢ Consommation socialisée

TAUX DE PROFIT

Le taux de profit est une mesure de la **rentabilité*** du **capital***. Ce taux est un rapport entre une mesure du **profit*** et une mesure du stock de capital, c'est-à-dire entre un **revenu*** et le capital avancé pour obtenir ce revenu.

Dans la **théorie marxiste***, le taux de profit est le rapport entre la **plus-value*** et la somme du **capital constant*** et du **capital variable***.

☞ **Concepts et corrélats**
➤ Revenus ➢ Baisse tendancielle du taux de profit ➢ Taux de marge ➢ Taux de rentabilité économique ➢ Taux de rentabilité financière

TAUX DE RENTABILITÉ ÉCONOMIQUE

Le taux de rentabilité économique est le rapport entre l'**excédent brut d'exploitation*** (EBE) et le **capital*** de l'**entreprise***.

La **Comptabilité nationale*** calcule ce taux pour les **sociétés***; c'est alors le rapport entre l'**excédent brut d'exploitation*** (EBE) et le capital productif (K), soit :

$$\frac{EBE}{K} = \frac{EBE}{VA} = \frac{VA}{K}$$

La rentabilité économique est donc égale au produit du **taux de marge*** par la **productivité apparente du capital***.

➩ Il existe d'autres indicateurs de la **rentabilité*** du capital.

☞ **Concepts et corrélats**
➤ nvestissement ➢ Effet de levier
➢ Efficacité marginale de l'investissement
➢ Profitabilité ➢ Q de Tobin ➢ Rentabilité économique ➢ Rentabilité financière
➢ Taux de rentabilité financière ➢ Taux interne de rendement (TIR ou TRI)
➢ Théorème Modigliani-Miller ➢ Valeur actualisée nette (VAN)

TAUX DE RENTABILITÉ FINANCIÈRE

Le taux de rentabilité financière est le rapport entre l'**excédent brut d'exploitation*** (après déduction des charges financières et des **impôts***) et les **fonds propres***.

Le taux de rentabilité financière est une évaluation du résultat de l'**entreprise*** (ou de tout autre agent). Il tient compte :

– de la **rentabilité économique*** (Re);

– du **taux d'intérêt***versé ou coût de financement (I);

– du niveau d'endettement (Ne).

Il est égal à : Re + [Ne.(Re-I)].

L'**effet de levier*** peut améliorer ou détériorer la **rentabilité financière***.

☞ Concepts et corrélats

➤ Investissement ➢ Efficacité marginale de l'investissement ➢ Profitabilité ➢ Q de Tobin ➢ Rentabilité ➢ Taux de rentabilité économique ➢ Taux interne de rendement (TIR ou TRI) ➢ Théorème Modigliani-Miller ➢ Valeur actualisée nette (VAN)

TAUX DE SALAIRE

Le taux de salaire est la rémunération unitaire du **travail** *; c'est donc un **prix***.

➪ Il ne faut pas confondre le taux de salaire (qui est un prix) et le **salaire*** qui est un flux de **revenu***.

Taux de salaire x temps de travail = salaire.

☞ Concepts et corrélats

➤ Revenus

TAUX DE SYNDICALISATION

Le taux de syndicalisation est le rapport entre le nombre de syndiqués et le nombre de salariés multiplié par 100. Le taux de syndicalisation diffère selon les secteurs d'activité (par exemple, il est plus élevé dans le secteur public que dans le secteur privé) et selon les pays (les pays scandinaves ont un taux de syndicalisation supérieur à 70 % alors qu'en France, il est voisin de 10 %).

➪ La comparaison des taux de syndicalisation entre pays doit être interprétée avec prudence (pour certains pays l'adhésion est quasi obligatoire).

☞ Concepts et corrélats

➤ Marché du travail ➢ École de la régulation ➢ Fordisme ➢ Théorie néoclassique

TAUX DIRECTEUR

Les taux directeurs sont des instruments de la **politique monétaire***. Il s'agit des taux d'intérêt pratiqués par la **Banque centrale*** dans le cadre d'opérations de **refinancement***. En agissant sur ces taux, la Banque centrale influence le coût de la **liquidité*** bancaire et, surtout, elle transmet au **marché*** des informations sur les orientations de sa politique.

➪ Au sein de la **Zone Euro***, les principaux taux directeurs sont le taux de la **facilité de dépôt*** et le taux de la **facilité de prêt marginal*** qui encadrent normalement le **taux du marché au jour le jour***.

☞ Concepts et corrélats

➤ Monnaie

TAUX DU MARCHÉ AU JOUR LE JOUR

Le taux du marché au jour le jour est le **taux d'intérêt*** qui se fixe sur le **marché*** de la liquidité Banque centrale à 24 heures. Ce taux est, pour les **banques***, la principale indication du coût du **refinancement*** bancaire. Dans le cadre de la **politique monétaire***, la **Banque centrale*** intervient pour influencer le taux du marché au jour le jour (**Open market***).

➪ Au sein de la zone Euro, le taux du marché au jour le jour est l'**EONIA***.

☞ Concepts et corrélats

➤ Monnaie ➢ Marché interbancaire

TAUX INTERNE DE RENDEMENT (TIR OU TRI)

Le Taux interne de rendement est le taux d'**actualisation*** qui égalise la valeur actuelle du flux attendu de recettes consécutives à un investissement et la dépense que celui-ci nécessite.

Par exemple, pour un investissement de 14 009 francs qui génère un flux de recettes de 5 000 francs pendant 3 ans, le TIR est la solution de l'équation :

$$\frac{5000 \text{ francs}}{(1+i)} + \frac{5000 \text{ francs}}{(1+i)^2} + \frac{5000 \text{ francs}}{(1+i)^3}$$

$= 14\,000$ francs soit 3,5 %

Un investissement n'est rentable que si le coût du capital est moins élevé que le **taux interne de rendement*** (3,5% dans l'exemple).

➪ Le TIR est une méthode d'évaluation de la **rentabilité*** de l'investissement. Contrairement à la **valeur actualisée nette*** (VAN), il n'est pas nécessaire de définir un taux préalable d'actualisation.

➪ L'évaluation des recettes futures pose le problème de leurs prévisions et donc des **anticipations*** des **entrepreneurs***. Dans la **théorie keynésienne*** le TIR est l'**efficacité marginale du capital***.

☞ Concepts et corrélats

➤ Investissement ➢ Effet de levier ➢ Profitabilité ➢ Q de Tobin ➢ Rentabilité ➢ Rentabilité économique ➢ Rentabilité financière ➢ Taux de rentabilité économique ➢ Taux de rentabilité financière ➢ Théorème Modigliani-Miller

TAUX MARGINAL DE SUBSTITUTION

En **microéconomie***, le taux marginal de substitution (TMS) entre deux biens Y et X mesure la variation de la quantité consommée du bien Y qui est nécessaire, le long d'une **courbe d'indifférence***, pour compenser une variation infinitésimale de la quantité consommée du bien X. Le TMS correspond donc au taux auquel le **consommateur*** est disposé à substituer un bien l'autre.

☞ Concepts et corrélats

➤ Marchés et prix ➤ Consommation

TAXE

Une taxe est une prestation pécuniaire perçue par voie d'autorité et à titre définitif par les pouvoirs publics. Ces caractéristiques sont identiques à celles de l'**impôt***. Mais, à la différence de ce dernier, une taxe vise à couvrir les charges liées à un service public particulier (exemple : taxe de ramassage des ordures ménagères). Une taxe est donc une recette « affectée », ce qui n'est pas le cas de l'impôt.

➪ En pratique, la distinction entre taxe et impôt n'est pas faite. Ainsi, la **Taxe sur la Valeur Ajoutée*** (TVA) est en fait un impôt et non une taxe.

☞ Concepts et corrélats

➤ État ➤ Politique économique ➢ Budget ➢ Fiscalité ➢ Impôt ➢ Pression fiscale ➢ Taux d'imposition

TAXE SUR LA VALEUR AJOUTÉE (TVA)

La Taxe à la Valeur ajoutée (TVA) est une **taxe*** sur la valeur des biens et des services de consommation finale. Elle a été créée en France en 1954.

Chaque participant au processus de production et de distribution des biens et services ne paie qu'à proportion de la **valeur ajoutée*** qu'il crée. En effet, chacun applique à ses ventes le taux de TVA correspondant à la nature des produits et déduit de ce montant la TVA acquittée sur ses achats (**consommations intermédiaires*** et **biens d'équipement***).

La TVA est donc un **impôt indirect*** puisque les agents qui l'acquittent au fisc (industriels, artisans, commerçants) en répercutent le montant sur le consommateur final qui supporte effectivement l'**impôt***.

➪ En Comptabilité nationale, la TVA est comptabilisée comme **un impôt à la production***.

☞ Concepts et corrélats

➤ État ➢ Fiscalité ➢ Impôt direct ➢ Neutralité fiscale

TAXE TOBIN

L'économiste J. Tobin (prix Nobel 1981) a proposé en 1978 de mettre en place une taxe sur les mouvements internationaux de capitaux afin de limiter la **spéculation***. Cette taxe, caractérisée par un taux modeste (0,5 % ou 1 %), permettrait de rendre les **taux de change*** moins volatils et les ressources qu'elle permettrait de dégager pourraient financer une aide au développement.

➪ Les défenseurs de la taxe Tobin insistent sur la nécessité de « *mettre du sable dans les rouages de la finance internationale* » et de réguler la **globalisation financière***.

➪ Les détracteurs de la taxe Tobin soulignent la difficulté de mise en place d'un tel dispositif (qui suppose l'accord de l'ensemble des pays pour éviter les fuites de capitaux) et contestent l'efficacité du dispositif quant à la lutte contre la spéculation.

☞ Concepts et corrélats

➤ Finances internationales

TAYLORISME

Le taylorisme repose sur la parcellisation des tâches et l'accélération du rythme de **travail*** pour accroître les **gains de productivité*** et minimiser les **coûts*** de production directs. Ses principes sont :

– la simplification des tâches d'exécution à partir d'une **organisation scientifique du travail***. Le travail d'exécution est divisé en tâches élémentaires, la façon de les accomplir, le temps alloué pour les accomplir sont systématiquement définis (*one best way*). Les mouvements inutiles et les déplacements sont éliminés ;

– l'adaptation des outils et des équipements à un travail à exécuter rapidement ;

– un mode rémunération stimulant les gains de productivité (**salaires*** aux pièces ou primes de rendement évoluant avec la productivité qui est jugée « normale ») ;

– la division verticale du travail avec la séparation entre les taches de conception et d'exécution ;

– la séparation entre la ligne hiérarchique et la ligne fonctionnelle (analyse des méthodes) au sein de l'**entreprise***;

➪ Le taylorisme est une réponse à la pénurie de travailleurs qualifiés aux États-Unis, à la fin du 19e siècle. F.W. Taylor (1856-1915) qui a mis au point et expérimenté cette organisation du travail, considérait que le pouvoir des ouvriers professionnels dans les ateliers du début du 20e siècle était un frein à la modernisation technique. H. Ford (1863-1947), qui avait du mal à recruter et à stabiliser sa main-d'œuvre, a eu recours à cette organisation du travail et l'a adaptée au **travail à la chaîne***.

Le taylorisme s'est progressivement étendu au **secteur tertiaire*** et aux pays émergents.

☞ Concepts et corrélats

➢ Crise du fordisme ➢ Fordisme
➢ Organisation scientifique du travail
➢ Toyotisme

TENDANCE (*TREND*)

Une tendance (trend) peut concerner :

– une **série chronologique***;

– le rythme moyen de croissance en longues périodes.

☞ Concepts et corrélats

➤ Croissance économique

TERMAILLAGE

(*LEADS AND LAGS*)

Le termaillage est l'ensemble des procédures qui consistent à accélérer ou retarder des paiements internationaux dans le but de profiter d'éventuelles variations des **taux de change***.

➪ Ces opérations peuvent avoir un effet déstabilisateur sur les cours du change.

☞ Concepts et corrélats

➤ Commerce international ➤ Finances internationales

TERMES DE L'ÉCHANGE (NETS ET BRUTS)

Les termes de l'échange nets se définissent par le rapport :

$$\frac{\text{Variation d'un indice synthétique des prix à l'exportation}}{\text{Variation d'un indice synthétique des prix à l'importation}} \times 100$$

Il s'agit de l'indicateur utilisé le plus fréquemment.

Les termes de l'échange bruts se définissent par le rapport :

$$\frac{\text{Variation d'un indice synthétique des volumes importés}}{\text{Variation d'un indice synthétique des volumes exportés}} \times 100$$

Les termes de l'échange se détériorent ou se dégradent lorsque le rapport diminue et s'améliorent lorsqu'il augmente.

➪ Dans une optique dynamique, une détérioration des termes de l'échange n'est pas nécessairement défavorable pour le pays qui l'enregistre. Les termes de l'échange nets peuvent par exemple se détériorer à la suite de **gains de productivité*** (baisse des prix) et provoquer une amélioration des termes de l'échange bruts.

☞ Concepts et corrélats

➤ Commerce international➤ Économie du développement ➢ Taux de couverture

TERRITOIRE ÉCONOMIQUE

En Comptabilité nationale, le territoire économique de la France comprend :

– le territoire géographique métropolitain ;

– l'espace aérien national, les eaux territoriales, la partie du plateau continental située dans les eaux internationales sur laquelle la France dispose de droits exclusifs ;

– les enclaves territoriales : territoires géographiques situés dans d'autres pays et utilisés par des **administrations publiques*** françaises ;

– les zones franches, entrepôts industriels et usines sous contrôle douanier français ;

– les gisements situés dans les eaux internationales exploités par des unités qui résident dans une des régions ci-dessus.

Il ne comprend pas, par contre, les enclaves extra-territoriales, c'est-à-dire les parties du territoire économique utilisées par les administrations publiques d'autres pays ou par les organisations européennes ou internationales en vertu de traités internationaux ou d'accords entre États.

➪ Les départements d'outre-mer (DOM) font désormais partie du territoire économique (alors qu'ils n'en faisaient pas partie dans l'ancien système de Comptabilité nationale). Par contre les Territoires d'outre-mer (TOM) ne sont pas inclus dans le territoire économique et font donc partie du **reste du monde***.

☞ Concepts et corrélats

➤ Comptabilité nationale

TERTIARISATION

La tertiarisation désigne la montée des activités de **services*** dans les économies contemporaines au détriment de l'agriculture et de l'**industrie***. Dans la plupart des nations développées, le **secteur tertiaire*** se trouve désormais largement majoritaire dans l'**emploi***.

Cette situation prévue par la **loi des trois secteurs*** doit cependant être nuancée car elle résulte d'un double phénomène :

– d'une part, on assiste à une forte **demande*** de services aux **entreprises*** (processus de gestion plus complexes, effort croissant de recherche et de planification des activités) ;

– d'autre part, les entreprises industrielles ont tendance à externaliser, à sous-traiter à des entreprises de services certaines opérations que leur personnel effectuait auparavant. Il y a donc développement interactif des activités industrielles et tertiaires.

Une analyse plus précise du phénomène nécessiterait donc une redéfinition du secteur tertiaire.

☞ Concepts et corrélats

➢ Secteur d'activité ➤ Branche
➢ Industrialisation ➢ Société postindustrielle

THÉORÈME D'ARROW

Le théorème de K. Arrow ou encore théorème d'impossibilité, a été énoncé en 1951. Réutilisant le **paradoxe de Condorcet***, ce théorème montre que rien n'assure que des choix individuels rationnels (en particulier la transitivité des choix) conduisent à un choix collectif rationnel. Il est donc impossible de définir, sur la base des préférences individuelles, une fonction d'utilité collective respectant les conditions de rationalité.

Ce théorème démontre l'impossibilité d'établir un choix démocratique des préférences collectives compte tenu du grand nombre de votants, de la multiplicité des options et du libre arbitre des électeurs.

Selon K. Arrow, si l'on rejette la possibilité de comparaisons interpersonnelles d'utilité, les seules méthodes de passage des préférences individuelles aux préférences collectives sont soit imposées, soit dictatoriales.

➪ Sur la base de cette analyse, K. Arrow s'efforce de définir des conditions de choix collectif qui ne soient pas dictatoriales. Il montre que seule la recherche du consensus permet de définir des choix collectifs dans ces conditions. K. Arrow ajoute dans *Choix collectif et préférences individuelles* : « *Tout point de vue qui dépend du consensus exclut le mécanisme du marché de l'ensemble des fonctions de bien-être collectif, puisque ce mécanisme ne peut tenir compte des motivations altruistes nécessaires à l'établissement du consensus.* »

➪ Les économistes libéraux actuels utilisent ce théorème pour critiquer l'intervention de l'État dans l'optique de la théorie néoclassique du bien-être. Cette dernière préconise une intervention publique respectant les choix individuels, mais le théorème démontre que cela est impossible.

☞ Concepts et corrélats

➤ État

THÉORÈME D'ÉQUIVALENCE DE RICARDO-BARRO

Le théorème d'équivalence de D. Ricardo (1772-1823), amendé par R. Barro dans un article de 1974, montre que le financement des dépenses publiques a les mêmes effets économiques, qu'il soit assuré par l'impôt ou qu'il soit assuré par l'emprunt. Les effets macroéconomiques des dépenses publiques sont donc indifférents à leur mode de financement.

Le théorème d'équivalence s'est imposé comme une référence dans la critique contemporaine du keynésianisme : l'endettement de l'État pour financer une hausse des dépenses publiques n'a pas les effets positifs que lui attribuent les keynésiens.

En effet, selon R. Barro, les agents économiques vont réduire leur consommation et accroître leur épargne :

– en prévision des impôts à payer dans le cas où les dépenses publiques sont financées par l'impôt ;

– pour léguer aux générations suivantes des sommes qui leur permettront de payer les impôts supplémentaires (hypothèse d'altruisme intergénérationnel) dans le cas où les dépenses publiques sont financées par l'emprunt.

Lorsque l'État augmente ses dépenses, les agents économiques ne réagissent donc pas comme le prévoit la théorie keynésienne : ils n'augmentent pas leur consommation mais au contraire leur épargne. Les effets stimulants de la **politique budgétaire*** sont totalement neutralisés.

☞ Concepts et corrélats

➤ État ➤ Politique économique ➤ Théories économique ➢ Politique budgétaire ➢ Déficit budgétaire ➢ Effet d'éviction ➢ Dette publique

THÉORÈME D'HAAVELMÖ

L'économiste norvégien T. Haavelmö (prix Nobel d'économie en 1989) a montré qu'un budget en équilibre mais en expansion (l'augmentation des dépenses est compensée par une hausse des recettes) a un effet stimulant sur la production. Ainsi, accroître les recettes et les dépenses publiques simultanément et dans les mêmes proportions ne conduit pas à une neutralisation de la **politique budgétaire***. Pour cela, il faudrait que le montant du budget en soit inchangé en valeur absolue par rapport à la période précédente.

Ce résultat s'explique par que le fait l'effet positif du **multiplicateur des dépenses publiques*** est plus fort que l'effet négatif du **multiplicateur fiscal***.

En effet

$\Delta G = \Delta T$ avec G les dépenses publiques et T les prélèvements,

$\Delta Y = k\ \Delta G + k'\ \Delta T$ avec k, multiplicateur de dépenses publiques, et k', multiplicateur fiscal,

on a donc:

$$\Delta Y = [1 / (1 - c)]\ \Delta G + [- c / (1 - c)]\ \Delta G$$

$$\Delta Y = \Delta G\ [[1 / (1 - c)] + [- c / (1 - c)]\ ]$$

$$\Delta Y = \Delta G\left(\frac{1-c}{1-c}\right)$$

$$\Delta Y = \Delta G$$

La production augmente du montant de la variation des dépenses publiques.

☞ Concepts et corrélats

➤ État ➤ Politique économique ➢ Neutralité budgétaire

THÉORÈME D'IMPOSSIBILITÉ

➤ État ➢ Théorème d'Arrow

THÉORÈME DE SONNENSCHEIN

Le théorème de H. Sonnenschein (formulé entre 1972 et 1974) établit que les offres et les demandes du modèle de **concurrence pure et parfaite*** ont une forme quelconque : on ne peut déduire des hypothèses du **modèle Arrow-Debreu*** que la **demande*** d'un bien décroît lorsque son prix augmente ou que son **offre*** varie dans le même sens que son prix.

☞ Concepts et corrélats

➤ Marchés et prix ➢ Équilibre concurrentiel

THÉORÈME HOS

Le théorème HOS expose l'explication néoclassique du commerce international et la spécialisation qui en découle. Les lettres HOS renvoient aux noms de trois économistes ayant apporté leur contribution à des dates différentes : E. Heckscher (1879-1952) en 1919, B. Ohlin (1899-1979, prix Nobel en 1977) en 1933 et P. Samuelson dans plusieurs articles parus en 1941 (écrit avec W. Stolper), 1948, 1949 et 1953.

Le théorème HOS prend sa source dans l'analyse de D. Ricardo sur l'**avantage comparatif***. Cependant, alors que D. Ricardo ne faisait que constater l'avantage comparatif (écarts de développement et de productivité d'un pays à l'autre), la théorie HOS en fournit une explication. Selon cette analyse, l'avantage comparatif d'un pays est lié à sa **dotation en facteurs de production***.

Dotation factorielle et spécialisation internationale

Le théorème HOS rejette la théorie de la valeur travail et raisonne sur des prix monétaires. Le raisonnement s'effectue sur un modèle à deux pays ; chaque pays fabrique deux produits identiques en utilisant deux facteurs de production dont les qualités sont identiques dans les deux pays.

Les hypothèses théoriques sont :

– concurrence parfaite et mobilité internationale des produits ;

– immobilité internationale des facteurs de production et par conséquent, une dotation fixe de facteurs de production dans chaque pays ;

– la fonction de production est la même dans les deux pays : chaque produit est fabriqué avec des techniques de production identiques dans les deux pays (même productivité) ;

– les **rendements d'échelle*** sont constants.

L'avantage comparatif d'un pays s'explique par l'abondance relative d'un facteur de production et l'intensité factorielle (intensité en capital par rapport au travail) requise par la production des biens. Supposons que le pays A soit relativement bien doté en capital et que le travail soit relativement abondant dans le pays B. Selon la théorie HOS, chacun des pays doit se spécialiser dans la production qui utilise le plus intensivement le facteur de production dont il est relativement le mieux pourvu. En effet, l'abondance d'un facteur dans un pays implique un prix plus bas et donc un avantage en termes de coût de production. La rareté relative d'un facteur conduit au contraire à un prix plus élevé et donc à un désavantage. Par conséquent, le pays A se spécialise et exporte le produit qui utilise de manière intensive le capital ; le pays B fait de même pour le produit qui utilise de manière intensive le travail.

Les différences de dotations factorielles d'un pays à l'autre expliquent ainsi les différences de coût de production et ceci, bien que les techniques de production soient identiques. L'échange international équivaut à un échange de facteurs abondants contre des facteurs rares.

➩ Les tentatives de vérification statistique conduites par W. Leontieff en 1953 n'ont pas été favorables au théorème HOS.

La tendance à l'égalisation internationale de la rémunération des facteurs

Dans chaque pays, le facteur abondant (et relativement moins cher) va être utilisé plus intensivement. L'accroissement de la demande du facteur abondant conduit à une hausse de son prix. Inversement, le prix facteur relativement rare (et relativement cher) va diminuer car moins demandé puisqu'il est importé. Dans le pays où le capital est bon marché parce qu'abondant, son prix (sa rémunération) augmente. Dans le pays où le capital est cher parce que rare, son prix diminue. Il en résulte une tendance à l'égalisation internationale du prix du capital. Un processus identique est à l'œuvre en ce qui concerne le travail. Il y a donc une égalisation internationale (E. Heckscher, P. Samuelson) ou une tendance à l'égalisation (B. Ohlin) du prix des facteurs de production. Le pouvoir d'achat des salaires et les niveaux de vie s'égalisent dans tous les pays ; les taux de profit tendent également à devenir égaux dans le monde. La répartition des revenus entre salaires et profits est donc modifiée par le jeu du libre-échange.

➩ Le modèle de base, formalisé par P. Samuelson, a été approfondi. L'analyse statique a été remplacée par un modèle dynamique où les changements de structures (de la demande, de la production induites par le progrès technique) sont pris en compte. Le nombre de pays, de biens et de facteurs de production n'est plus limité à deux.

➪ Selon le théorème HOS, la spécialisation internationale repose sur les différences dans les dotations factorielles. Dans cette logique, les courants d'échanges devraient être clairement différenciés et le commerce international devrait être avant tout un commerce interbranches. Or, des flux importants d'échanges concernent des échanges croisés de produits similaires ou du **commerce intra-branches*** et restent donc inexpliqués par la théorie HOS.

☞ Concepts et corrélats

➤ Commerce international ➢ Avantages absolus ➢ Avantages comparatifs ➢ Paradoxe de Léontieff

THÉORÈME MODIGLIANI-MILLER

Le théorème Modigliani-Miller démontre que pour une **entreprise***, il est indifférent de se financer par **emprunt*** ou par **fonds propres*** puisque chaque **actionnaire*** peut vendre ses **actions*** pour compenser les décisions financières de cette entreprise (il y a trop d'endettement ou trop peu de **dividendes*** versés). La **flexibilité*** du **prix*** des **actifs*** neutralise les changements de la structure financière des entreprises (cela conduit à un équilibre général entre le rendement et le **risque*** pour tous les portefeuilles individuels).

Ce raisonnement contient deux hypothèses centrales :

– les actionnaires sont parfaitement informés de la structure financière des firmes,

– les marchés financiers sont supposés parfaits.

F. Modigliani et M. Miller (*The cost of capital, corporation finance and the theory of investment,* 1958) en déduisent que la structure financière n'a aucune influence sur les variables réelles de l'économie, et en particulier sur l'**investissement***. Cela va donc à l'encontre de l'**effet de levier***.

➪ L'existence de déductions fiscales peut pousser vers un mode ce financement ou vers un autre.

➪ La remise en cause de l'information parfaite des actionnaires remet en cause ce théorème.

☞ Concepts et corrélats

➤ Investissement ➤ Monnaie ➢ Gouvernement d'entreprise ➢ Théorie de l'agence

THÉORÈME STOLPER-SAMUELSON

Le théorème Stolper-Samuelson, qui se situe dans le prolongement du **théorème HOS***, expose les relations entre protection et répartition des revenus.

Selon ce théorème, la protection d'un bien peut provoquer une augmentation du prix (et donc de la rémunération) du facteur rare dans le pays.

Par exemple, si un pays dans lequel la terre est rare établit des **droits de douane*** sur les productions agricoles et si les prix des produits agricoles augmentent, les propriétaires fonciers verront leur revenu (rente foncière) s'accroître. La rémunération du facteur rare augmente du fait de la protection et la protection avantage certaines catégories sociales (ici les propriétaires fonciers) au détriment d'autres catégories (les consommateurs par exemple). Le **libre-échange*** peut donc être une source de conflits relatifs à la répartition des revenus.

➪ Si le prix relatif intérieur du bien protégé ne change pas, la protection n'a aucune incidence sur la répartition des revenus.

☞ Concepts et corrélats

➤ Commerce international ➢ Théorème HOS

THÉORIE

Une théorie est un ensemble de **conjectures*** se rapportant à un même domaine ou à un même champ empirique. On parlera donc de théorie de l'**entreprise***, de théorie de la **croissance***, de théorie des **prix***, etc.

➪ En sciences économiques, on utilise souvent le mot théorie au sens de **paradigme*** (**théorie marxiste***, **théorie néoclassique***, etc.).

☞ Concepts et corrélats

➤ Épistémologie économique ➢ Science ➢ Hypothèses ➢ Réfutationnisme ➢ Empirisme

THÉORIE CLASSIQUE
➢ **École classique**

THÉORIE DE L'AGENCE

La théorie de l'agence trouve son origine dans un article publié en 1976 (*Theories of the firm : managerial behaviour, agency coasts and ownership structures*) par M.C. Jensen et W.H. Meckling. La relation d'agence est définie par ces auteurs comme un contrat par lequel une ou plusieurs personnes (le principal) engage une autre personne (l'agent) pour exécuter en son nom une tâche quelconque qui implique une délégation d'un certain pouvoir de décision à l'agent.

La théorie suppose que cette relation se caractérise par une incertitude et une asymétrie d'information entre le principal et l'agent : l'agent dispose d'une plus grande information que le principal sur la tâche qu'il doit accomplir et peut exploiter cet avantage à son profit. Comme l'information n'est pas parfaite, le contrat entre le principal et l'agent est nécessairement incomplet. Par ailleurs, le contrôle de l'agent par le principal implique des coûts d'agence (coûts de surveillance essentiellement).

Selon B. Coriat et O. Weinstein, (*Les nouvelles théories de l'entreprise*, 1995), la théorie de l'agence « *se focalise sur les questions suivantes :*

– Comment construire un système d'incitation et de surveillance qui empêche l'agent d'avoir un comportement susceptible de léser les intérêts du principal, ou pour être plus précis, qui conduise l'agent à se comporter comme s'il cherchait à maximiser la fonction d'utilité du principal ?

– Comment concevoir, en information imparfaite, un système d'agence qui se rapproche le plus de l'efficience obtenue en information parfaite par les mécanismes de marché décrits par la microéconomie standard ?

Le problème essentiel est alors de déterminer le type de structure contractuelle qui minimise les coûts d'agence.

La relation d'agence est donc très générale (la relation automobiliste-assureur est une relation d'agence), mais son champ d'application privilégié est l'**entreprise***, et en particulier la **société*** par actions. La firme est un nœud de contrats, écrits et non écrits entre managers et actionnaires, managers et salariés, avec les fournisseurs, les entreprises de **sous-traitance***, etc. La théorie de l'agence constitue aujourd'hui le cadre renouvelé de l'analyse néoclassique des formes d'organisations économiques, et en particulier de l'entreprise.

Les relations entre **actionnaires*** et managers ont donné lieu à de nombreux modèles. L'écart entre les intérêts du principal et de l'agent peut être réduit par le paiement d'avantages sous la forme de bonus ou de distribution d'**actions*** aux managers. Lier la rémunération des managers à l'appréciation des actions de l'entreprise permet à la fois de résoudre le problème de l'incitation des managers et celui du passager clandestin.

Une autre solution réside dans l'établissement de contrats fixant la rémunération des managers en prenant en compte plusieurs éléments : outre un **salaire*** de base, le manager peut se voir attribuer un plan de *stocks options*, c'est-à-dire des actions que le manager peut acheter dans le futur, à un prix fixé en référence au prix de l'action lors de la signature du contrat. Afin de faire progresser le cours des actions, le manager est incité à maximiser le profit de l'entreprise.

➯ La théorie de l'agence suppose que les relations entre individus dans une organisation sont des rapports contractuels libres (absence de relation d'autorité).

➯ La théorie de l'agence, appliquée à la firme, aboutit à des conclusions opposées à celles de A. Berle et G. Means (*L'entreprise moderne et la propriété privée*, 1932) et de J.K. Galbraith (*Le nouvel état industriel*, 1967) pour qui la grande **société par actions*** conduit à une séparation entre la propriété (actionnaires) et le contrôle (managers) de l'entreprise. Selon la théorie de l'agence, la thèse managériale n'est qu'un cas particulier de la relation d'agence.

☞ Concepts et corrélats
➤ Entreprise ➢ Sous-traitance ➢ Droits de propriété ➢ Aléa moral ➢ Sélection adverse

THÉORIE DE L'OFFRE
➢ **Économie de l'offre**

THÉORIE DE LA RECHERCHE D'EMPLOI

(*JOB SEARCH*)

La théorie de la recherche d'emploi, (ou théorie du *Job Search*) développée par G. Stigler cherche à expliquer l'existence d'un **chômage frictionnel*** sur le marché du travail en introduisant dans l'analyse les conséquences de l'imperfection de l'information sur le marché du travail.

Chômage et durée optimale de prospection

Dans un premier temps, la théorie de la recherche d'emploi s'intéresse à la durée de prospection des chômeurs volontaires sur le marché du travail.

Les principales hypothèses sont :

○ L'information est imparfaite : les salariés ne connaissent jamais tous les emplois disponibles ni les **salaires*** et autres éléments de rémunération qui les accompagnent. En raison de l'hétérogénéité des qualifications requises et des capacités des travailleurs, il est peu probable que le premier **emploi*** offert à une personne qui entre sur le marché du travail soit celui qui lui convienne le mieux ; il est donc rationnel que les individus élargissent leur connaissance et cherchent à obtenir davantage d'informations auprès des agences pour l'emploi en consultant les annonces, en prenant des rendez-vous, etc.

○ Plus le temps de prospection sur le marché est long, plus le salaire que le travailleur peut espérer obtenir est élevé.

○ Les travailleurs sans emploi ont la possibilité de collecter une plus grande quantité d'informations et d'avoir plus de contacts avec les employeurs que ceux qui occupent déjà un emploi. Selon Stigler, la recherche sur le marché du travail est en effet une recherche à temps plein : autrement dit, les périodes de recherche sont des périodes de **chômage***. Le chômage de recherche serait donc un investissement en temps volontaire d'individus qui cherchent à accroître leurs revenus futurs. Cet investissement améliore le bien-être des individus et, en principe, élève la **productivité*** de l'économie tout entière en assurant que les individus se dirigent vers les emplois où ils sont le plus productifs.

La collecte d'informations sur les salaires offerts et les emplois vacants est coûteuse. Ces coûts sont jugés acceptables en raison des avantages escomptés (meilleurs salaires ou conditions de travail qui rendent possible cette recherche).

Sur cette base, la logique fondamentale de la théorie de la recherche d'emploi est la suivante : plus le travailleur reste au **chômage***, plus le salaire qu'il lui sera possible d'obtenir sera élevé. Mais le taux d'accroissement du niveau de la rémunération maximum est de moins en moins grand au fur et à mesure que la durée de prospection s'allonge. Étant donné que le coût de prospection de la collecte d'informations est constant ou croissant, il est possible de déterminer une durée optimale du chômage. Cette dernière est telle que le rendement marginal de la durée de prospection est égal au coût marginal d'information.

Dans le cadre de cette analyse, les principaux facteurs d'aggravation du chômage (par accroissement de la durée optimale de prospection) sont alors les suivants :

– l'amélioration des modalités d'indemnisation du chômage, qui diminue le coût de prospection et est à l'origine d'un allongement de la durée du chômage ;

– l'anticipation par les agents économiques d'une élévation du niveau général des salaires d'embauche.

Chômage et salaire de réservation

Mais cette description du processus de prospection d'un travailleur au chômage ne correspond pas au comportement observé des personnes qui sont à la recherche d'un emploi. Pour décider si elles acceptent une **offre d'emploi***, ces dernières se réfèrent en général à un niveau minimal de rémunération et non à une durée optimale de prospection. Si le salaire proposé dépasse ce niveau, elles acceptent l'offre qui leur est faite. Le salaire de réservation est le concept qui permet de rendre compte de ce comportement : c'est le niveau de salaire pour lequel le travailleur obtient le même niveau de satisfaction, qu'il soit au chômage ou pourvu d'un emploi rémunéré à ce niveau.

Trois éléments semblent déterminer le niveau de ce salaire de réservation :

– la perception qu'ont les travailleurs du niveau de l'ensemble des salaires du marché ;

– le temps nécessaire pour trouver un salaire d'embauche supérieur au salaire de réservation ;

– le coût de prospection.

Dans ce cadre, le salaire de réservation optimal est celui qui maximise la différence entre le revenu attendu de l'acceptation d'un emploi dont le salaire d'embauche est supérieur au salaire de réservation et le coût du temps nécessaire pour trouver un tel salaire d'embauche.

Les insuffisances de la théorie de la recherche d'emploi

Cette analyse ne peut en aucun cas constituer une théorie générale du chômage :

– il s'agit d'une explication partielle du sous-emploi, en ce sens qu'elle ne permet pas d'expliquer que le **chômage volontaire*** ; par ailleurs, l'impact des déséquilibres macroéconomiques sur le marché de l'emploi est totalement négligé ;

– aucune analyse des licenciements n'est proposée, alors qu'il s'agit de la cause essentielle d'aggravation du chômage en période de récession ;

– dans la logique de la recherche d'emploi, la probabilité de sortie du chômage devrait augmenter avec la durée du chômage. On observe en fait le phénomène inverse : les chômeurs de longue durée ont beaucoup plus de difficultés que les autres à trouver un nouvel emploi… ;

– la théorie de la recherche d'emploi permet de donner une explication des variations du temps de chômage au cours du cycle, mais est incapable de prédire de façon satisfaisante l'évolution des démissions : ces dernières s'accélèrent en période d'expansion et ralentissent en période de contraction de l'activité ; or, la théorie aboutit à des conclusions opposées.

☞ Concepts et corrélats

➤ Marché du travail

THÉORIE DE LA RÉGULATION

La théorie de la régulation est une approche développée principalement par des économistes français (M. Aglietta, G. de Bernis, R. Boyer, A. Lipietz, etc.) depuis le milieu des années 1970.

Cette approche puise son inspiration aussi bien dans la **théorie marxiste*** que dans la **théorie keynésienne*** ou dans l'**institutionnalisme***.

Au-delà de leur diversité, ces auteurs ont en commun la volonté d'analyser la dynamique de l'**accumulation du capital*** en liaison avec l'ensemble des **formes institutionnelles*** qui servent de cadre aux comportements économiques qui sont considérés comme le produit de normes sociales. Le concept de **mode de régulation*** est au centre d'une réflexion visant à rendre compte de la diversité du fonctionnement des économies capitalistes et de la diversité des **crises économiques***. La mise en évidence de cette diversité repose sur l'articulation de la théorie et de l'histoire économiques. En particulier, les auteurs régulationnistes considèrent que la crise des années 1930 marque le passage d'un **mode de régulation concurrentiel*** à un **mode de régulation monopoliste*** (ou fordiste). La rupture du rythme de croissance de 1974 marquerait, de ce point de vue, l'épuisement de la régulation fordiste et la recherche d'un nouveau mode de régulation.

➪ Un débat existe parmi les économistes sur la caractérisation de cette approche : pour certains, il s'agit d'un nouveau **programme de recherche*** ou d'un nouveau **paradigme*** en voie de constitution ; pour d'autres, l'approche régulationniste n'est qu'un avatar de l'**institutionnalisme***, voire la résurgence de la tradition française d'une analyse plus historique et sociologique que proprement économique.

☞ Concepts et corrélats

➤ Capitalisme

THÉORIE DE LA RENTE DIFFÉRENTIELLE

La théorie de la rente différentielle a été énoncée par D. Ricardo (1772-1823). Pour cet auteur en effet, la société est composée de trois classes sociales :

– les propriétaires fonciers, qui perçoivent la **rente***;

– les **entrepreneurs***, qui perçoivent le **profit***;

– les travailleurs (salariés), qui perçoivent le **salaire***.

Le produit global est partagé entre les trois classes. Le salaire est un **salaire naturel***; la rente est la fraction du produit qui est payée au propriétaire foncier pour avoir le droit d'exploiter sa terre. La rente ne rémunère pas un **facteur de production*** (la terre), mais elle naît de la différence de rendement des terres exploitées.

Le mécanisme de la rente différentielle est le suivant : soit un marché avec une offre et une demande de blé, de leur confrontation émergent un prix et une quantité d'équilibre. La production d'équilibre nécessite la mise en œuvre d'un certain nombre d'unités de terres, qui ont des rendements différents. Sur la terre la plus fertile, les coûts de production sont plus faibles, mais tous les producteurs vendent au même prix, le prix d'équilibre : le propriétaire de la terre la plus rentable dégage ainsi une rente égale à la différence entre le prix et ses coûts de production. Si la demande de produits alimentaires augmente, cela nécessite la mise en culture de nouvelles terres moins fertiles ; le prix du blé augmente, ce qui fait augmenter la rente des propriétaires des terres les plus fertiles. Le taux de salaire s'accroît avec le prix des subsistances. Il en résulte, toutes choses égales par ailleurs, une diminution de la part relative du profit dans le revenu national. Cette évolution conduit à un **état stationnaire*** qui peut temporairement être repoussé par le **libre-échange***.

☞ Concepts et corrélats

➤ Croissance économique ➤ Commerce international ➢ Répartition des revenus ➢ Avantages comparatifs ➢ Baisse tendancielle des taux de profit

THÉORIE DES APPARIEMENTS SÉLECTIFS

Selon D. Cohen (*Richesse du monde et pauvreté des nations*, 1997), la théorie des appariements sélectifs explique la naissance de nouvelles inégalités au sein des économies industrialisées. Avec l'élévation générale du niveau de formation et la **tertiairisation***, on assiste au fait que les qualifiés se regroupent avec les qualifiés selon le modèle de la *Silicon Valley* et développent des activités à haut niveau de productivité et à haut niveau de revenu. Les non-qualifiés ont plus de difficultés à trouver un emploi et se retrouvent cantonnés dans des activités à faible revenu.

☞ Concepts et corrélats

➤ Marché du travail ➤ Revenus

THÉORIE DES CONVENTIONS

➢ **Économie des conventions**

THÉORIE DES DROITS DE PROPRIÉTÉ

La théorie des droits de propriété considère que certains problèmes économiques (par exemple la pollution) résultent de l'absence de **droit de propriété*** et de l'absence d'un **marché*** conduisant à une allocation efficiente des ressources. Par exemple, l'instauration d'un marché des droits à polluer comme structure institutionnelle destinée à gérer la pollution par les gaz à effet de serre, s'inspire de cette théorie.

☞ Concepts et corrélats

➤ Entreprise ➢ Économie du bien-être

THÉORIE DES ÉQUILIBRES À PRIX FIXES

La théorie des équilibres à prix fixes considère que le **postulat*** de parfaite flexibilité des prix du modèle d'équilibre général est un cas particulier. Il convient donc d'élaborer une approche plus globale qui prenne en compte aussi bien la flexibilité que la rigidité des prix. Pour les théoriciens des équilibres à prix fixes, les ajustements de marché peuvent donc se faire par les prix ou par les quantités, mais à court terme, les prix sont rigides et ces derniers mettent du temps à s'ajuster (viscosité des prix). Cette approche a notamment permis à E. Malinvaud (*Réexamen de la théorie du chômage*, 1980) de distinguer le **chômage classique*** et le **chômage keynésien***.

➪ La théorie des équilibres à prix fixes est souvent dénommée théorie du déséquilibre. Cette formulation est discutable car, dans l'optique des auteurs qui défendent cette approche, un marché où l'ajustement se réalise par les quantités aboutit à un équilibre, même si les quantités offertes et demandées ne sont pas égales (équilibre avec rationnement). Au demeurant, dans un équilibre walrasien, lorsque le prix d'équilibre est atteint, une partie des offreurs et une partie des demandeurs potentiels sont exclus du marché ; dans le cas d'un équilibre non walrasien, cette exclusion se traduit par des pénuries et/ou des stocks invendus.

☞ **Concepts et corrélats**
➤ Marché du travail ➤ Marchés et prix
➢ Théorie néoclassique ➢ Théorie keynésienne

THÉORIE DES JEUX

La théorie des jeux a été mise au point par J. von Neumann et O. Morgenstern (*Theory of Games and Economic Behaviour* 1944). Cette théorie vise à rendre compte de situations dans lesquelles des individus rationnels (les « joueurs ») prennent des décisions en interaction et sont conscients de ces interactions. Un « jeu » est défini par un certain nombre de règles et par les stratégies adoptées par les joueurs. Les jeux peuvent être non coopératifs (chaque agent prend des décisions pour son propre compte sans chercher à collaborer avec les autres joueurs) ou coopératifs (dans ce derniers cas, les joueurs cherchent à s'entendre pour trouver une situation mutuellement avantageuse). Un jeu peut être à information complète ou à information incomplète.

Le recours à la théorie des jeux a permis d'intégrer dans un cadre plus général le modèle de la **concurrence pure et parfaite*** et de développer des approches nouvelles en **microéconomie*** (étude du comportement en **oligopole***, étude des situations d'**asymétrie d'information***, etc.).

☞ **Concepts et corrélats**
➤ Épistémologie économique ➤ Marchés et prix ➤ Commerce international ➢ Concurrence imparfaite ➢ Équilibre de Nash ➢ Optimum de Pareto ➢ Rationalité économique ➢ Rationalité limitée

THÉORIE DES MARCHÉS CONTESTABLES

La théorie des marchés contestables a été exposée par W.J. Baumol, J. Panzar et B. Willig (*Contestable markets and the theory of industry structure,* 1982). Cette théorie a pour ambition de montrer que les situations de marchés se caractérisant par un petit nombre d'entreprises peuvent conduire à un équilibre optimal, c'est-à-dire similaire à celui de **concurrence pure et parfaite*** (égalité entre le prix et le coût marginal), à condition que le marché soit contestable (ou plutôt disputable).

Un **marché*** contestable est un marché sur lequel il y a liberté d'entrée et liberté de sortie. La théorie des marchés contestables insiste sur ce dernier point qui est fondamental car il ne peut y avoir liberté d'entrée sans liberté de sortie. Plus précisément, la liberté de sortie signifie qu'un producteur décidant de sortir d'un marché ne subit que les coûts d'**amortissement***, comme d'ailleurs tous les autres producteurs.

En fait, la théorie distingue les coûts fixes recouvrables de ceux qui ne le sont pas. Les **coûts fixes***, essentiellement les équipements productifs, sont recouvrables lorsque le producteur peut en récupérer la dépense (amortissement déduit) quand il sort du marché (revente d'occasion par exemple). Les coûts fixes sont d'autant moins recouvrables que les équipements productifs sont spécifiques (au sens de O. Williamson). Par exemple, un ordinateur est un équipement peu spécifique pouvant servir à de nombreux types de production, ce qui n'est pas le cas d'un haut-fourneau qui est un actif spécifique.

La théorie met en fait l'accent sur la **concurrence*** potentielle des producteurs qui ne sont pas sur le marché mais qui peuvent y rentrer (puisque le coût de sortie est faible). Si un marché est contestable, les producteurs en place craignent les entrées sur le marché et pratiqueront des prix bas, identiques à ceux de **concurrence pure et parfaite***. Ce résultat est obtenu indépendamment du nombre de producteurs : à l'extrême limite, un **monopole*** peut se justifier si le marché est contestable.

Cette théorie a donc l'avantage d'être plus réaliste que la théorie de la concurrence pure et parfaite puisqu'elle s'applique à des marchés d'**oligopoles***, assez fréquents. Toutefois, peu de marchés sont véritablement contestables. C'est particulièrement vrai des activités industrielles et agricoles.

➯ Cette analyse a servi de fondement théorique au mouvement de **déréglementation*** dans le secteur privé (transport aérien par exemple) et dans le secteur public (télécommunications en France par exemple). Dans ce dernier cas, l'**État*** prend à sa charge les infrastructures de réseau, ce qui donne la possibilité à des entreprises d'entrer (avec paiement d'un droit d'entrée) plus facilement car elles n'ont pas à supporter les investissements coûteux d'infrastructures.

☞ **Concepts et corrélats**
➢ Concurrence pure et parfaite
➢ Concurrence praticable

THÉORIE DU CAPITAL HUMAIN
➢ **Capital humain**

THÉORIE DU DÉSÉQUILIBRE
➢ **Théorie des équilibres à prix fixes**

THÉORIE DU MARCHÉ POLITIQUE
➤ **État** ➢ **École des choix publics**

THÉORIE ÉCONOMIQUE DE LA BUREAUCRATIE
➤ **État** ➢ **École des choix publics**

THÉORIE ÉCONOMIQUE STANDARD
On appelle théorie économique standard, le **programme de recherche*** dominant en **science économique***. Ce programme de recherche repose pour l'essentiel sur la **théorie néoclassique***, mais aussi sur la **synthèse néoclassique***.

☞ **Concepts et corrélats**
➤ Marché et prix ➢ Théorie économique standard étendue

THÉORIE ÉCONOMIQUE STANDARD ÉTENDUE
L'analyse économique contemporaine ne se limite plus au modèle de base de la **théorie économique standard*** fondée sur la **concurrence pure et parfaite***. L'analyse économique standard étendue prend en compte l'imperfection des marchés, les **asymétries d'information***, l'incomplétude des contrats, l'existence de **conventions***, etc.

☞ **Concepts et corrélats**
➤ Marché et prix ➤ Marché du travail
➢ Microéconomie

THÉORIE KEYNÉSIENNE
La théorie keynésienne repose sur les travaux de J. M. Keynes (1883-1946). C'est une approche macroéconomique qui marque une rupture (voire une **révolution scientifique***) par rapport aux approches classique et néoclassique. Keynes montre la possibilité d'existence d'un **équilibre de sous-emploi*** et donc d'un **chômage involontaire***. Il rejette la **loi des débouchés*** de J.-B. Say et la conception dichotomiste de la **monnaie***. Pour Keynes, c'est la **demande effective*** qui détermine le niveau de la **production*** et de l'emploi. L'**investissement*** joue un rôle essentiel à travers le mécanisme du **multiplicateur d'investissement***. Keynes n'adhère pas à l'idée de **marché autorégulateur*** et il est favorable à l'intervention de l'État dans l'économie.

Plusieurs interprétations de l'œuvre de Keynes ont été développées :

– La **synthèse néoclassique*** réintègre l'analyse keynésienne dans une problématique plus orthodoxe. Le **schéma IS-LM*** de J. R. Hicks (1904-1989, prix Nobel 1972) et A.H. Hansen (1887-1975) constitue la présentation habituelle de ce que l'on a parfois appelé la vulgate keynésienne.

– L'approche en termes d'**économie monétaire de production*** met l'accent au contraire sur l'hétérodoxie de Keynes (conception endogène de la **monnaie***, dynamique du circuit, importance des **anticipations*** et de l'**incertitude***).

– La **théorie des équilibres à prix fixes*** avec rationnement (ou théorie du déséquilibre) est une nouvelle tentative de rapprochement entre la théorie keynésienne et la théorie néoclassique.

☞ **Concepts et corrélats**
➤ Marché du travail ➢ Macroéconomie
➢ Libéralisme

THÉORIE MARXISTE
La théorie marxiste repose sur les travaux de K. Marx (1818-1883). Elle comporte des aspects économiques, sociologiques et politiques. Sur le plan économique, l'œuvre principale de Marx est *Le capital* (1867). L'analyse marxiste met l'accent sur le caractère contradictoire du **mode de production*** capitaliste qui repose sur l'**exploitation*** de la **force de travail*** et qui est menacé par la **baisse tendancielle du taux de profit***.

☞ **Concepts et corrélats**
➤ Fluctuations et Crises ➢ Capitalisme
➢ Forces productives ➢ Rapport de production ➢ Plus-value ➢ Valeur travail

THÉORIE NÉOCLASSIQUE

La théorie néoclassique a pris naissance presque simultanément grâce aux travaux de S. Jevons (*Théorie de l'économie politique*, 1871), de C. Menger (*Principe d'économie politique*, 1871) et de L. Walras (*Éléments d'économie politique pure*, 1874). La théorie néoclassique est un prolongement de l'**École classique*** dans la mesure où elle est fondée sur le caractère autorégulateur du **marché***. Mais l'approche néoclassique se distingue de l'approche classique par la rupture qu'elle opère avec la théorie de la **valeur travail*** et par son adoption de la **valeur utilité***.

Par ailleurs, l'approche néoclassique est strictement individualiste, alors que l'on trouve chez les classiques (à côté de raisonnements individualistes) des approches macroéconomiques prenant en compte les groupes sociaux (dans la théorie de la répartition de D. Ricardo par exemple).

➪ C'est la présentation de L. Walras en termes d'**équilibre général*** qui a eu la diffusion la plus importante et qui sert de base à la présentation axiomatique contemporaine de la théorie néoclassique : modèle de K. Arrow (prix Nobel 1972) et G. Debreu (prix Nobel 1983).

☞ Concepts et corrélats

➤ Marchés et prix ➢ Individualisme méthodologique

THÉORIES ÉCONOMIQUES

La science économique, au cours de son histoire, a produit un grand nombre de **théories***. Dans certains cas, le mot théorie est synonyme de **paradigme*** (**théorie classique***, **théorie marxiste***); dans d'autres cas, la théorie concerne un domaine particulier (**théorie du capital humain***, théories du développement). La pluralité des théories ou des paradigmes, qui n'est pas propre à la science économique et que l'on retrouve aussi dans les sciences de la nature, est un facteur de dynamisme de la recherche. Par exemple, ce sont les critiques adressées par F. Hayek au *Traité de la monnaie* (1930) qui ont conduit J.-M. Keynes à écrire la *Théorie générale de l'emploi de l'intérêt et de la monnaie* (1936).

Les théories permettent de construire des **modèles*** qui sont des outils d'investigations empiriques. Ces dernières peuvent à leur tour conduire à remettre en cause ou à modifier les théories.

➪ Par opposition aux **doctrines économiques***, les théories économiques se veulent positives et non pas normatives.

☞ Concepts et corrélats

➤ Épistémologie économique
➢ Hypothèses ➢ Loi économique
➢ Réalisme des hypothèses

THÉSAURISATION

La thésaurisation est un comportement économique qui consiste à conserver l'**épargne*** sous formes d'espèces monétaires, ce qui revient à la stériliser économiquement puisqu'elle ne peut être ni placée ni investie.

☞ Concepts et corrélats

➤ Épargne ➤ Investissement
➢ Placement

TIERS-MONDE

L'expression tiers-monde a été proposée par A. Sauvy en 1952. À l'origine, le but était simplement d'évoquer les problèmes des pays pauvres en les comparant à ceux du Tiers état de la France d'Ancien Régime (allusion à la célèbre formule de l'abbé Sieyès dans *Qu'est-ce que le tiers-état ?*, 1789).

L'expression tiers-monde avait pour but de caractériser un groupe des pays qui cherchaient à se développer en refusant la dépendance aussi bien du **capitalisme*** américain que du **socialisme*** soviétique. Ces pays cherchaient une troisième voie fondée sur le non-alignement. Ce dernier se concrétisera à l'occasion de la conférence de Bandung (Indonésie, 1955) et de la première **Conférence des Nations unies pour le commerce et le développement*** (Genève, 1964) où les pays pauvres formeront le groupe des 77.

L'importance et la cohésion de ce groupe de pays « non alignés » ont varié au cours de la période de l'après-guerre.

➪ Actuellement, on parle non pas d'un mais des tiers-mondes pour insister sur l'éclatement du groupe en plusieurs catégories : pays nouvellement industrialisés (PNI), pays en voie de développement (PVD), pays assistés, pays moins avancés (PMA), pays émergents…

☞ Concepts et corrélats
➤ Économie du développement

TIERS SECTEUR
➣ **Économie sociale** ➣ **Économie solidaire**

TITRE DE CRÉANCE NÉGOCIABLE
Un titre de créance négociable est un instrument financier à court ou moyen terme qui fait l'objet de transactions sur le **marché monétaire***. Il s'agit principalement des **bons du Trésor***, des **billets de trésorerie***, des **certificats de dépôts*** et des bons à moyen terme négociables.

➪ Les titres de créance négociables permettent aux emprunteurs de se procurer des fonds sur le marché monétaire plutôt que par l'intermédiaire du crédit bancaire.

☞ Concepts et corrélats
➤ Monnaie ➣ Marché des capitaux

TITRISATION
La titrisation est une technique qui substitue à des crédits bancaires des **titres de créance négociables*** (par exemple, émission de **billets de trésorerie***, transformation d'un crédit en emprunt obligataire). La titrisation permet aux emprunteurs de bénéficier des conditions du **marché des capitaux*** et elle assure aux prêteurs une plus grande **liquidité*** de leurs **actifs***.

➪ Au cours des années 1980, la titrisation a été utilisée dans le cadre de la gestion de la **dette du tiers-monde***. On a transformé en titre une partie des crédits bancaires, ce qui a conduit au développement d'un marché secondaire de la dette et a permis aux banques d'assainir leur **bilan*** en se débarrassant de créances douteuses.

☞ Concepts et corrélats
➤ Monnaie

TOYOTISME (OU OHNISME)
Le toyotisme est un mode d'organisation du travail testé dès les années 1950 au Japon dans les usines Toyota à partir des idées de K. Toyoda (président directeur général de Toyota en 1950) et de T. Ohno. Il repose sur deux principes organisationnels :

– la « production juste à temps » (JAT) ou flux tendu sur la ligne de fabrication entre les segments de production pour « produire ce qu'on a déjà vendu ». Ce sont les postes de l'aval qui vont chercher (comme des clients) leurs approvisionnement à un poste d'amont qui les remplace au fur et à mesure (comme un fournisseur). La **standardisation*** de ce procédé se matérialise en 1953 par des fiches (*kanban*) indiquant le nombre de pièces à produire ou à livrer ;

– l'autonomisation des équipements à travers la maintenance préventive (dispositif visuel d'arrêt automatique des machines en cas d'anomalies). Elle prend appui sur l'initiative des salariés (un ouvrier peut surveiller et conduire simultanément plusieurs machines tout en assurant la qualité des produits).

Les éléments constitutifs de ce système ont pris forme vers 1970 dans un environnement où la demande est plus segmentée. Pour réduire les **coûts*** et accroître les marges bénéficiaires dans la production de séries plus petites et plus diversifiées, il devient nécessaire de supprimer tout gaspillage de ressources matérielles, temporelles et humaines (la norme des cinq zéros à réaliser : zéro stock, zéro délai, zéro défaut, zéro panne, zéro papier). Dans les années 1980, selon l'analyse de l'économiste M. Aoki (*Économie japonaise. Informations, motivation et marchandage*, 1991), l'efficience de la firme J (japonaise) opérant dans un univers caractérisé par l'incertitude est opposée à la firme H (américaine) adaptée à la production taylorienne dans un univers stabilisé et standardisé. Le toyotisme tend à se diffuser aux autres pays développés. La réduction du nombre de niveaux hiérarchiques, les **équipes semi-autonomes*** et les **cercles de qualité*** apparaissent au service de cet objectif.

☞ Concepts et corrélats
➣ Crise du fordisme ➣ Enrichissement des tâches ➣ Organisation scientifique du travail (OST) ➣ Taylorisme

TRAITÉ D'AMSTERDAM
Le traité d'Amsterdam, signé en 1997, apporte des modifications au **traité de Maastricht***. Il engage :

– de nouvelles mesures favorables à l'achèvement du **Marché unique européen*** (pilier communautaire) avec la libéralisation de certains secteurs (télécommunications, cabotage routier, marché de l'électricité, etc.) ;

– un effort de cohésion qui se traduit par le Pacte européen pour l'emploi (protocole pour élaborer une stratégie coordonnée sur l'emploi) ;

– un recours élargi à la procédure de décision à la majorité qualifiée ;

– une institutionnalisation de la collaboration policière (Europol).

☞ Concepts et corrélats

➤ Intégration économique ➢ Traité de Rome

TRAITÉ DE MAASTRICHT

Le traité de Maastricht, signé en 1992, ou traité de l'**Union européenne*** consacre les trois piliers de la construction européenne :

– le renforcement du pilier communautaire (1er pilier) avec l'achèvement de l'**Union économique et monétaire*** en 1999;

– le 2e pilier de la politique étrangère et de sécurité commune (PESC);

– le 3e pilier institutionnalisant la coopération dans les domaines de la justice et des affaires intérieures.

Le traité de Maastricht contient également :

– des innovations institutionnelles (procédure de codécision);

– le principe de **subsidiarité*** pour la répartition des compétences entre la **Communauté européenne*** et les États membres;

– l'instauration d'une citoyenneté de l'Union.

Ce Traité n'est entré en vigueur que le 1er novembre 1993. La procédure de ratification fut retardée au Danemark (résultat négatif d'un premier référendum) et en Allemagne (recours contestant sa constitutionnalité).

☞ Concepts et corrélats

➤ Intégration économique ➢ Traité de Rome ➢ Traité d'Amsterdam

TRAITÉ DE ROME

Le traité de Rome a institué la Communauté européenne (CE) et l'Euratom pour les États membres de la **CECA*** (la Belgique, la France, le Luxembourg, l'Italie, les Pays-Bas, la RFA). Signé en mars 1957, il est entré en vigueur le 1er janvier 1958.

☞ Concepts et corrélats

➤ Intégration économique ➢ Traité de Maastricht ➢ Traité d'Amsterdam

TRAITEMENT

Les traitements désignent la rémunération des fonctionnaires, civils ou militaires, de l'État. Elle est définie par l'article 20 de la loi du 13 juillet 1983.

Cet article dispose que les fonctionnaires ont droit après service fait à une rémunération comprenant le traitement, l'indemnité de résidence, le supplément familial de traitement ainsi que les indemnités instituées par un texte législatif ou réglementaire.

Le montant du traitement individuel du fonctionnaire est déterminé par son appartenance à un corps, suivant le grade de l'agent dans ce corps ; un échelon, auquel est associé un indice brut, définit de manière précise sa position sur l'échelle indiciaire commune à tous les fonctionnaires.

À chaque indice brut (indice classement) correspond un indice majoré (indice traitement) variant de 253 à 820. Le traitement annuel brut est calculé en multipliant l'indice majoré par la valeur du traitement afférent à l'indice 100, et en divisant le résultat par 100.

L'indice majoré 100 est qualifié d'indice de base de la fonction publique.

☞ Concepts et corrélats

➤ Revenus➢ Salaire

TRANSFERT DE REDISTRIBUTION

Les transferts de redistribution sont de deux sortes : les prélèvements et les revenus sociaux.

Les prélèvements sont des transferts obligatoires des ménages ou des entreprises essentiellement, vers le « système redistributif », c'est-à-dire les **administrations publiques*** au premier rang desquelles sont **l'État*** et les organismes de **Sécurité sociale***. Les prélèvements se répartissent à peu près par moitié en **impôts*** et **cotisations sociales***.

Les prélèvements servent en majeure partie à verser aux ménages des revenus sociaux destinés à couvrir un certain nombre de « risques » quand ils se réalisent : vieillesse, maladie, chômage, charges familiales…

Dans leur ensemble, les revenus sociaux, qui se répartissent pour deux tiers en prestations en espèces et pour un tiers en prestations en nature proviennent surtout des organismes de Sécurité sociale.

➪ Le solde (positif ou négatif) des transferts de redistribution est ajouté aux **revenus primaires*** pour obtenir le **revenu disponible brut*** des **ménages***.

☞ Concepts et corrélats

➤ Revenus

TRANSFERTS DE TECHNOLOGIE

Un transfert de technologie consiste à exporter des techniques de production d'un pays développé à un pays qui l'est moins, dans l'espoir de faire bénéficier ce dernier des fruits d'une technologie plus avancée.

Un débat oppose les partisans de transferts des technologies les plus avancées à ceux qui préfèrent des technologies appropriées qui permettent de sélectionner les technologies en fonction de l'économie d'accueil et/ou de les adapter. Les premiers, dans l'optique d'un **effet Gerschenkron***, considèrent que les technologies modernes permettent d'obtenir des taux de **croissance*** élevés alors que les seconds avancent la nécessité d'une bonne connaissance et d'une capacité d'assimilation qui sont souvent hors de portée des pays du tiers-monde, aussi bien financièrement que culturellement.

☞ Concepts et corrélats

➤ Économie du développement
➢ Politiques de développement

TRANSFERTS SOCIAUX

Une opération de transfert est une **opération de répartition*** se traduisant par des versements en espèces ou en nature sans contrepartie apparente ou directe.

☞ Concepts et corrélats

➤ Comptabilité nationale ➤ Revenus
➢Transferts de redistribution

TRANSPARENCE

➤ Marchés et prix ➢ Concurrence pure et parfaite

TRAPPE À LIQUIDITÉ

Dans la **théorie keynésienne***, on parle de trappe à liquidité lorsque le **taux d'intérêt*** tombe à un niveau si bas, que la **demande de monnaie*** devient infinie : « *…il se peut que, une fois le taux d'intérêt tombé à un certain niveau, la préférence pour la liquidité devienne virtuellement absolue, en ce sens que presque tout le monde préfère l'argent liquide à la détention d'une créance qui rapporte un taux d'intérêt aussi faible.* » (J.M. Keynes)

➪ Dans le **schéma IS-LM***, la trappe à liquidité correspond à la partie horizontale de la courbe LM.

☞ Concepts et corrélats

➤ Monnaie ➤ Théories économiques

TRAVAIL

Le travail est une activité humaine conduisant à la **production*** ou à l'entretien de **biens*** et de **services***. J. Freyssinet a dressé une typologie des formes de travail :

		Modes des « mises au travail »		
		Travail libre	Travail salarié	Travail forcé
Types d'activités	Activités non - marchandes	Travail domestique Travail militant	Salariés des administrations et des ménages	Esclavage, Corvées
	Activités marchandes	Travail indépendant	Salariés des entreprises	Peines de travail obligatoire
		Travail rémunéré = Emploi		

☞ Concepts et corrélats

➤ Marché du travail ➢ Économie du travail

TRAVAIL À LA CHAÎNE

On parle de travail à la chaîne lorsque le salarié exécute une tâche répétitive selon une cadence imposée, sans liberté de ses temps de pause ou de ses déplacements.

☞ **Concepts et corrélats**
➢ Crise du fordisme ➢ Élargissement des tâches ➢ Fordisme ➢ Organisation scientifique du travail (OST) ➢ Taylorisme ➢ Toyotisme

TRAVAIL ABSTRAIT

Dans la **théorie marxiste***, la valeur des marchandises trouve son origine dans le temps de travail socialement nécessaire à leur production. Mais le travail apparaît sous une grande diversité de formes concrètes en fonction du type de marchandise produite, de la qualification du travailleur, etc. (il s'agit là du travail concret). K. Marx (1818-1883) introduit donc le concept de travail abstrait pour désigner ce que le travail a de commun au-delà de la diversité concrète. Cette abstraction est un produit des rapports sociaux qui rend possible la mesure et la comparaison des produits du travail.

☞ **Concepts et corrélats**
➢ Valeur travail

TRAVAIL COMPLEXE

Dans la **théorie marxiste***, la valeur des marchandises trouve son origine dans le temps de travail socialement nécessaire à leur production. Mais le travail n'est pas homogène, il diffère en particulier selon la qualification du travailleur. Ainsi, une heure de travail complexe produit une valeur qui est un multiple de la valeur produite par une heure de **travail simple***.

☞ **Concepts et corrélats**
➢ Valeur travail

TRAVAIL CONCRET

➢ **Travail abstrait** ➢ **Valeur travail**

TRAVAIL MORT

Dans la **théorie marxiste***, le travail mort est le travail cristallisé sous forme de machines ou d'outillage (le **capital fixe*** chez Marx) et de biens intermédiaires (le **capital circulant*** chez Marx). Le travail mort contribue à la formation de la valeur des marchandises (pour un montant égal à la valeur qu'il a cristallisée) mais il ne crée pas de valeur additionnelle et ne contribue pas à la formation de la **plus-value***.

☞ **Concepts et corrélats**
➢ Valeur travail

TRAVAIL POSTÉ

Le travail posté est une organisation de la **production*** qui se caractérise par la succession d'équipes de salariés sur un même poste de travail au cours d'un cycle de vingt-quatre heures.

➪ Ce type d'organisation permet de rationaliser l'utilisation du **capital fixe*** et faire face à une **obsolescence*** rapide.

➪ Ne pas confondre avec les **équipes semi-autonomes***.

☞ **Concepts et corrélats**
➢ Crise du fordisme ➢ Fordisme ➢ Taylorisme

TRAVAIL SIMPLE

Dans la **théorie marxiste***, le travail simple est celui qui est fourni par un travailleur disposant de la qualification de base dans une société donnée.

☞ **Concepts et corrélats**
➢ Valeur travail ➢ Travail complexe

TRAVAIL SOCIAL

La notion de travail social désigne les activités des personnes ou des institutions qui sont chargées de la gestion des problèmes sociaux de certaines catégories de la population (par exemple dans le cadre de l'**aide sociale*** ou de la protection judiciaire de la jeunesse). Les assistantes sociales, les éducateurs sociaux, les animateurs socioculturels… sont des travailleurs sociaux.

☞ **Concepts et corrélats**
➤ Protection sociale ➤ État ➢ Politique sociale

TRAVAIL VIVANT

Pour K. Marx (1818-1883), seul le travail vivant, c'est-à-dire celui qui est accompli par les salariés qui vendent leur **force de travail*** sur le marché, est créateur de valeur ; lui seul est donc producteur d'une **plus-value***.

☞ Concepts et corrélats

➢ Théorie marxiste ➢ Valeur travail ➢ Travail mort

TRÉSOR PUBLIC

Le Trésor public est, en France, l'administration qui est chargée de la gestion des finances de l'État. Le Trésor recouvre les créances de l'État (notamment les **impôts*** et **taxes***) et assure le paiement des sommes dues par l'État (salaires des fonctionnaires, achats de biens et services...).

Le Trésor assure aussi la gestion de la **dette publique*** (émission des valeurs du Trésor, remboursement des titres arrivés à échéance, paiement des intérêts...).

☞ Concepts et corrélats

➤ État ➢ Impôt ➢ Taxe ➢ Bons du Trésor

TRIANGLE DES INCOMPATIBILITÉS

L'expression « triangle des incompatibilités » a été forgée par R. Mundell au début des années 1960. Elle désigne le fait qu'un espace économique ne peut pas bénéficier à la fois de la libre circulation des capitaux, de **taux de changes fixes*** et de **politiques monétaires*** nationales autonomes.

⇨ Ce concept a été abondamment utilisé pour expliquer la mise en place de l'**Euro**. Dans la mesure où l'**Union européenne** reposait sur la libre circulation des **facteurs de production*** et sur des changes fixes, elle devait avoir une politique monétaire unique, ce qui a conduit à l'adoption d'une monnaie unique.

☞ Concepts et corrélats

➤ Finances internationales ➤ Intégration économique ➢ Zone monétaire ➢ Zone monétaire optimale

UNION DOUANIÈRE

Une Union douanière correspond à un niveau d'intégration économique plus élevé qu'une **zone de libre-échange***. En effet elle suppose, outre la libre circulation des **biens*** et **services***, l'instauration d'un tarif extérieur commun. Elle implique donc une harmonisation des législations douanières avec le reste du monde et l'établissement de règles de partage des recettes douanières (par exemple, le budget communautaire de la **CEE***). Mais seuls les échanges commerciaux sont concernés.

L'**Union européenne***, le **Marché Commun du Cône Sud***, le **Pacte andin***, la **Communauté de développement Sud-africaine*** sont les principales unions douanières.

La théorie des unions douanières appréhende les conséquences de cette union à travers deux effets opposés sur le commerce international :

– une création de trafic (augmentation des importations);

– un détournement de trafic (développement d'une production à coût élevé dans la zone au détriment d'une importation à coût faible).

Soit par exemple, une union douanière dont les droits de douane sont de 20 % face au reste du monde et deux pays non membres de cette union, le pays A qui vend un produit à 110 et le pays B qui le vend à 95. Si le pays A rentre dans l'union mais pas le pays B, les prix à l'intérieur de l'union douanière vont se modifier. En effet, le droit de douane s'applique encore sur le produit du pays B mais plus sur celui du pays A; les consommateurs de l'Union vont alors s'approvisionner auprès du pays A. Les importations en provenance de ce nouveau membre de l'Union se substituent à celles du reste du monde. Cela conduit à s'approvisionner auprès du pays le moins efficient. Il y a alors, un détournement de trafic.

Les effets de l'intégration sont appréciés différemment dans une approche dynamique. Les effets positifs de création de trafic y sont sensiblement plus importants que les détournements de trafic (création d'**économies d'échelle***, stimulation de la concurrence et des investissements, etc.).

☞ Concepts et corrélats

➤ Intégration économique

UNION ÉCONOMIQUE

Une union économique est un espace dans lequel tous les pays membres harmonisent leurs politiques économiques, sociales et démographiques, que ce soient les politiques commerciales, budgétaires, monétaires, les **politiques sociales*** ou les politiques d'immigration et d'émigration.

La Belgique et le Luxembourg forment une telle union depuis 1921.

☞ Concepts et corrélats

➤ Intégration économique ➤ Politique économique

UNION EUROPÉENNE (UE)

L'Union européenne est une **union économique*** qui a succédé à la **Communauté européenne*** (CE) avec l'adoption en février 1992 du traité sur l'Union européenne signé à Maastricht et entré en vigueur le 1er novembre 1993. L'expression « Union européenne » (présente seulement dans le préambule de l'**Acte unique européen*** de 1986) a ainsi été institutionnalisée par le **traité de Maastricht*** qui actualise les objectifs du **traité de Rome***.

Beaucoup d'observateurs considèrent que les institutions conçues à six dans le cadre d'accords intergouvernementaux (traité de Rome) sont inadaptées pour fonctionner avec un nombre beaucoup plus élevé de pays (12 pays membre lors de la signature du traité de Maastricht, puis élargissement à 15 membres, le 1er janvier 1995 avec l'adhésion de l'Autriche, de la Suède, de la Finlande, nouvel élargissement prévu à 21 membres avec les adhésions de Chypre, l'Estonie, la Hongrie, la Pologne, la République Tchèque et la Slovénie).

Une possibilité de coopération renforcée entre certains membres a été introduite dans le **Traité d'Amsterdam*** (2 octobre 1997). Mais le débat autour des institutions de l'UE tend à opposer les partisans d'une intégration commerciale aux partisans d'une intégration politique des États membres.

☞ Concepts et corrélats

➤ Intégration économique ➢ Fédéralisme budgétaire ➢ Fédéralisme politique

UNION EUROPÉENNE DES PAIEMENTS (UEP)

L'Union européenne des Paiements a été instituée entre les pays membres de l'OECE par un accord du 19 septembre 1950. L'UEP est un système de **compensation*** multilatérale destiné à favoriser les échanges commerciaux entre les pays membres en dépit de l'inconvertibilité de leurs monnaies. L'UEP a été conçue par R. Triffin (1911-1993) dans la logique du plan présenté par J.-M. Keynes (1883-1946) à la conférence de **Bretton Woods***. L'UEP a cessé de fonctionner lorsque les monnaies européennes sont devenues librement convertibles en vertu de l'**Accord Monétaire Européen***.

☞ Concepts et corrélats

➤ Finances internationales ➤ Intégration économique ➢ Convertibilité

UNION LATINE

L'Union Latine (ou Union monétaire latine) est instituée en 1865 pour défendre le bimétallisme or/argent entre les pays signataires (France, Italie, Belgique, Grèce, Suisse). Les pays concernés défendent un rapport officiel entre le prix de l'or et le prix de l'argent après les perturbations liées aux découvertes de mines d'or de Californie en 1847 et d'Australie en 1851. Ils frappent des pièces d'or et d'argent de poids identique, ce qui facilite les échanges au sein de la zone monétaire.

À partir de 1870 l'argent connaît une chute sensible par rapport à l'or. Le monométallisme or s'impose et tend à isoler les pays signataires de la Convention de 1865. En 1874, l'Union latine renonce à la frappe libre de l'argent, ce qui constitue (de fait) la fin de l'Union latine qui ne disparaîtra officiellement qu'en 1925.

☞ Concepts et corrélats

➤ Finances internationales

UNITÉ DE COMPTE EUROPÉENNE (ECU)

L'Ecu (*European Currency Unit*) était l'unité de compte du **Système monétaire européen***. La valeur de l'Ecu était la moyenne pondérée des valeurs des monnaies des pays membres de la **Communauté économique européenne***.

➪ L'Ecu n'était pas une **monnaie***, mais une simple unité de compte. Le passage à la monnaie unique a laissé la place à l'**Euro***.

☞ Concepts et corrélats

➤ Finances internationales ➤ Intégration économique

UNITÉ DE CONSOMMATION

L'unité de consommation est une procédure d'évaluation du montant des dépenses de consommation du **ménage*** en tenant compte du nombre des membres composant le ménage et des **économies d'échelle*** liées à la taille du ménage. L'échelle d'Oxford comptait le premier adulte pour une unité de consommation, l'adulte supplémentaire pour 0.75 et l'enfant de moins de 14 ans pour 0.5 unité. L'échelle actuelle OCDE modifiée donne 0,5 unité par adulte et 0.3 unité par enfant de moins de 14 ans.

☞ Concepts et corrélats

➤ Consommation ➢ Niveau de vie

UNITÉ DE PRODUCTION

Une unité de production est le lieu physique où s'effectue la **production*** d'un produit.

☞ Concepts et corrélats

➤ Entreprise ➢ Établissement ➢ Groupe

UNITÉ INSTITUTIONNELLE

Une unité institutionnelle est considérée dans la **Comptabilité nationale*** comme le centre élémentaire de décision économique, caractérisé par une unicité de comportement et une autonomie de décision dans l'exercice de sa fonction principale. Ces unités institutionnelles sont regroupées par la Comptabilité nationale **en secteurs institutionnels***.

☞ Concepts et corrélats

➤ Comptabilité nationale

UNITÉ RÉSIDENTE

En Comptabilité nationale, une unité est considérée comme résidente d'un pays si son centre d'intérêt (son activité principale) est situé sur le **territoire économique*** du pays, c'est-à-dire lorsqu'elle y exerce des activités économiques pendant une période de un an ou plus.

☞ Concepts et corrélats

➤ Comptabilité nationale ➤ Commerce international ➢ Balance des paiements

URUGUAY ROUND

On appelle Uruguay Round le cycle de **négociations commerciales multilatérales*** qui se sont déroulées dans le cadre de l'**Accord Général sur les Tarifs et le Commerce*** entre 1984 et 1994. L'une des conclusions essentielles de ces négociations a été la mise en place de **l'Organisation Mondiale du Commerce***.

☞ Concepts et corrélats

➤ Commerce international ➢ Libre-échange

UTILITÉ

Dans la théorie microéconomique néoclassique, l'utilité, U, d'un panier de biens quelconque (combinaison de quantités de deux biens x et y consommées par un individu), mesure la satisfaction globale qu'un individu retire de la consommation de ce panier de biens. Le niveau de l'utilité dépend de la quantité consommée (Q) et peut être formalisé à l'aide d'une fonction d'utilité : $U = f(Q)$.

⇨ Ne pas confondre avec **ophélimité***.

☞ Concepts et corrélats

➤ Marchés et prix➤ Théories économiques ➢ Utilité cardinale ➢ Utilité ordinale ➢ Utilité marginale

UTILITÉ CARDINALE

Selon la conception cardinale de l'utilité, le consommateur est capable d'exprimer par un nombre la satisfaction retirée de la consommation d'une quantité déterminée de biens. Le consommateur doit être ainsi capable de donner une «note» pour chaque quantité de bien consommée.

Si un bien X reçoit la note 10 et un bien Y la note 5, cela signifie donc que le bien X procure deux fois plus d'utilité que le bien Y.

⇨ Cette hypothèse a été retenue par les premiers théoriciens marginalistes, L. Walras (1834-1910), S. Jevons (1835-1882), C. Menger (1840-1921). Selon les fondateurs de la **révolution marginaliste***, il fallait pouvoir mesurer l'utilité du consommateur afin de construire un modèle microéconomique (il était donc absolument nécessaire de trouver un indicateur de mesure pertinent de l'utilité).

Mais la construction d'une fonction d'utilité dans le cadre de la mesure cardinale de l'utilité s'avère impossible. En effet, dans le cas de l'utilité cardinale le consommateur doit être capable de mesurer l'utilité de chaque bien de façon indépendante. En réalité l'utilité de chaque bien dépend de l'utilité des autres.

Cette impossibilité sera contournée par V. Pareto (1848-1923) au début du 20e siècle, qui propose de parler **d'utilité ordinale***.

☞ Concepts et corrélats

➤ Marchés et prix ➢ Utilité

UTILITÉ MARGINALE

L'utilité marginale représente la variation de **l'utilité*** procurée par la dernière unité de bien consommée. C'est la dérivée de la fonction d'utilité par rapport à la quantité consommée.

$U_m (Q_X) = f' (Q_X)$

☞ Concepts et corrélats

➤ Marchés et prix

UTILITÉ ORDINALE

Selon la conception ordinale de l'utilité, le consommateur peut établir un ordre de préférence entre différents paniers de consommation sans pour autant attribuer à chacun d'eux une «note» précise.

➩ C'est V. Pareto qui a proposé de parler d'utilité ordinale en substituant la classification à la quantification. Selon Pareto, considérer que les individus sont capables de classer les choix offerts selon un ordre de préférence mais sans attribuer à chacun un indice quantitatif précis est à la fois plus réaliste et surtout suffisant pour construire une analyse microéconomique du comportement du consommateur.

☞ Concepts et corrélats

➤ Marchés et prix ➢ Utilité ➢ Utilité cardinale

VALEUR ACTUALISÉE NETTE (VAN)

La valeur actualisée nette représente la différence estimée entre les **flux*** de **revenu*** actualisés générés par un **investissement*** (recettes futures après calcul d'**actualisation***) et le **coût*** de cet investissement (dépense courante). Soit un investissement de 14 000 francs qui génère un flux de recettes de 5 000 francs pendant 3 ans, le calcul de la VAN est le suivant :

$$\frac{5000}{(1+i)} + \frac{5000}{(1+i)^2} + \frac{5000}{(1+i)^3} - 14\,000$$

L'**entreprise*** (ou un autre agent) choisit un **taux d'actualisation*** (en général le **taux d'intérêt*** auquel elle peut emprunter) pour ramener les flux de revenus futurs à leur équivalent présent. Dans l'exemple l'investissement n'est pas rentable si le taux d'actualisation est supérieur à 3.5 % puisque la VAN serait négative.

La VAN est donc un outil d'aide à la décision qui permet de choisir entre deux projets d'investissement (ou un entre un investissement et un **placement***).

☞ Concepts et corrélats

➤ Investissement ➢ Efficacité marginale de l'investissement ➢ Taux interne de rendement (TIR ou TRI)

VALEUR AJOUTÉE

La valeur ajoutée d'une unité économique est égale à la production de cette unité moins les **consommations intermédiaires***. La valeur ajoutée, qui mesure la richesse effectivement créée par l'**unité de production***, s'est imposée comme instrument de mesure dans les Comptabilités nationales. En effet, en déduisant les consommations intermédiaires on évite les doubles comptabilisations lorsque l'on évalue la production d'un ensemble d'unités de production.

➩ Le **produit intérieur brut*** est égal à la somme des valeurs ajoutées à laquelle on ajoute la **taxe sur la valeur ajoutée*** et les **droits de douane***.

☞ Concepts et corrélats

➤ Entreprise ➤ Comptabilité nationale

VALEUR (ÉVALUATION EN)

L'évaluation d'une grandeur économique en valeur s'exprime aux **prix*** de l'année en cours. Par exemple, la valeur du **Produit intérieur brut*** de l'année *t*, renvoie aux quantités produites et aux prix de l'année *t* (valeur = quantité x prix).

Au niveau du vocabulaire, on parle également d'évaluation à prix courants ou en monnaie courante (en euro courant par exemple).

➩ Attention, la variation d'une grandeur évaluée en valeur incorpore la hausse des prix.

☞ Concepts et corrélats

➢ Évaluation en volume

VALEUR D'ÉCHANGE

La valeur d'échange détermine les conditions dans lesquelles une certaine quantité d'une marchandise peut être échangée contre une quantité déterminée d'une autre marchandise. La valeur d'échange est donc ce qui détermine le **prix relatif*** de deux marchandises. Pour A. Smith (1723-1790), D. Ricardo (1772-1823) ou K. Marx (1818-1883), la valeur d'échange trouve son origine dans le travail (ou la **force de travail*** pour Marx). Ces auteurs ont donc une conception objective de la valeur.

➪ Le **prix courant*** (ou prix de marché) peut varier en fonction de l'offre et de la demande, mais en moyenne il correspond au **prix naturel*** déterminé par la valeur d'échange.

➪ Dans la **théorie néoclassique***, la distinction valeur d'échange/valeur d'usage n'a pas de sens puisque les prix relatifs sont déterminés à partir d'une conception subjective de la valeur (**valeur utilité***).

☞ Concepts et corrélats

➢ École classique ➢ Théorie néoclassique ➢ Théorie marxiste

VALEUR D'USAGE

Chez les classiques (A. Smith, D. Ricardo) et chez K. Marx (1818-1883) la valeur d'usage d'une marchandise est liée à la satisfaction qu'elle procure au consommateur. La valeur d'usage est subjective et elle est spécifique à chaque bien, elle ne peut donc pas servir à déterminer le niveau de la **valeur d'échange***.

➪ L'existence d'une valeur d'usage est la condition d'existence de la valeur d'échange d'une marchandise.

☞ Concepts et corrélats

➢ École classique ➢ Théorie néoclassique ➢ Théorie marxiste ➢ Paradoxe de la valeur

VALEUR TRAVAIL

La théorie de la valeur travail est une conception objective de la valeur d'échange utilisée par l'**École classique** et la **théorie marxiste***. On distingue :

– la valeur travail commandée (A. Smith) dans laquelle la valeur d'échange d'une marchandise est mesurée par la quantité de travail que cette marchandise peut acheter sur le marché;

– la valeur travail incorporée (D. Ricardo, K. Marx) dans laquelle la valeur d'échange d'une marchandise est déterminée par le temps de travail qui est nécessaire en moyenne pour la produire.

☞ Concepts et corrélats

➢ Valeur d'usage ➢ Valeur utilité

VALEUR UTILITÉ

La théorie de la valeur utilité est une conception subjective de la valeur utilisée dans la **théorie néoclassique*** selon laquelle la valeur des marchandises trouve son origine dans la satisfaction qu'elles procurent aux consommateurs.

☞ Concepts et corrélats

➢ Valeur d'usage ➢ Valeur d'échange ➢ Marginalisme ➢ Valeur travail

VARIATION DE STOCKS

En Comptabilité nationale, la variation de stocks représente la valeur des entrées en **stocks*** diminuée de la valeur des sorties de stocks et des pertes courantes sur stocks.

☞ Concepts et corrélats

➤ Comptabilité nationale

VÉRIFICATION

La vérification est une démarche scientifique qui consiste à établir la vérité d'un énoncé en le confrontant aux faits par l'observation ou l'expérimentation. Une proposition sera considérée comme vraie si elle est confirmée par la procédure de vérification.

☞ Concepts et corrélats

➤ Épistémologie économique ➢ Empirisme ➢ Vérificationnisme ➢ Positivisme ➢ Réfutation ➢ Réfutationnisme

VÉRIFICATIONNISME

Le vérificationnisme est une conception épistémologique selon laquelle, l'activité scientifique consiste à vérifier la conformité aux faits des hypothèses ou des propositions empiriques déduites d'une théorie.

☞ **Concepts et corrélats**

➤ Épistémologie économique ➣ Empirisme ➣ Positivisme ➣ Réfutation ➣ Réfutationnisme

VIGILANCE ÉPISTÉMOLOGIQUE

La vigilance épistémologique est une attitude du chercheur préconisée notamment par G. Bachelard (1884-1962). Elle consiste à exercer une surveillance sur les démarches utilisées et sur le vocabulaire employé, à prendre ses distances à l'égard de l'expérience première et de l'intuition, à concevoir l'histoire des **sciences*** comme une longue suite d'erreurs rectifiées. Afin de permettre à la communauté scientifique d'exercer cette vigilance épistémologique, il importe que chaque chercheur explicite les **théories*** qu'il utilise et les expériences qu'il conduit.

➪ Selon P. Bourdieu (*Le métier de sociologue*, 1968), la vigilance épistémologique s'impose particulièrement en sciences sociales car les chercheurs y sont plus exposés à l'illusion de la transparence.

☞ **Concepts et corrélats**

➤ Épistémologie économique

VOLUME (ÉVALUATION EN)

L'évaluation en volume d'une grandeur économique s'exprime à prix constants ou en monnaie constante, c'est-à-dire en éliminant l'effet des variations de prix.

➪ Le calcul de la variation en volume (ou en quantité) consiste à éliminer de la variation en valeur ce qui et dû à la variation des prix. Cette opération nécessite de connaître la variation des prix. Cette dernière est connue grâce à un **indice des prix*** dont la construction fait l'objet d'un grand nombre de conventions. Tout changement dans la construction de cet indice se répercute sur la variation en volume.

☞ **Concepts et corrélats**

➣ Évaluation en valeur

XÉNO-DEVISE

➤ **Finances internationales**
➣ **Eurodevise**

ZOLLVEREIN

Le Zollverein est un traité d'**union douanière*** (marché commun et tarif extérieur commun) signé en 1833 par la Prusse et 25 autres États germaniques et entré en vigueur le 1er janvier 1834. Des ralliements successifs ont conduit la quasi totalité de l'Allemagne à y participer à l'exception des villes hanséatiques de Hambourg et de Brême. Les pays contractants s'obligeaient aussi à mettre en discussion la monnaie commune. Lors du renouvellement de l'accord en 1841, le problème de la définition du tarif extérieur commun devient primordial lorsque la Grande Bretagne tente d'écouler sur ce marché les excédents de production stockés en raison du blocus continental, Frédéric List (1789-1846) prend position en faveur d'une protection face à la Grande Bretagne. En 1853, un traité de commerce fut signé entre la Prusse et l'Autriche. Il comprenait une clause de rapprochement monétaire. La défaite de l'Autriche dans la guerre de 1866 (Bataille de Sadowa) conduisit à sa sortie de l'Union en 1867, laissant la place à une autre intégration autour de la Prusse.

☞ **Concepts et corrélats**

➤ Intégration économique ➤ Finances internationales

ZONE CIBLE (*TARGET ZONE*)

Une zone cible est une bande de fluctuations située de part et d'autre d'un **taux de change*** d'équilibre. La mise en place de zones cibles a été proposée par J. Williamson en 1983 comme modalité de réforme du **système monétaire international***. Il s'agirait pour les **autorités monétaires*** de calculer le taux de change d'équilibre de leur monnaie et d'intervenir sur le **marché des changes*** pour faire en sorte que le taux de change du marché se situe à l'intérieur de la zone cible.

➪ On considère généralement que, si les autorités monétaires des différents pays adoptent une politique coopérative, l'annonce de la mise en place de zones cibles aura pour effet de dissuader (au moins en partie) la spéculation*.

☞ **Concepts et corrélats**

➤ Finances internationales ➣ Changes flottants

ZONE DE LIBRE-ÉCHANGE

Une zone de libre-échange résulte d'un accord de réciprocité entre des nations voisines ou non qui décident d'éliminer les droits de douane et les restrictions au commerce entre elles tout en conservant les barrières nationales particulières dans les échanges avec le monde extérieur à la zone. L'**Association Européenne de Libre Echange*** dans les années soixante, l'**Association de libre-échange de l'Atlantique Nord*** ou l'**Association des Nations d'Asie du Sud-Est*** en sont de bons exemples. La suppression des tarifs douaniers à l'intérieur de la zone peut être progressive, elle peut exclure certains produits (agricoles, services, etc.) et ne concerne pas les facteurs de production, ce qui permet souvent de conserver les barrières non tarifaires.

➪ Une zone de libre-échange peut-être une première étape d'une intégration régionale plus poussée (**union douanière***, **marché commun***, **union économique***).

☞ Concepts et corrélats

➤ Commerce international ➤ Intégration économique

ZONE DE LIBRE-ÉCHANGE ASIATIQUE

➢ **Association des Nations de l'Asie du Sud-Est (ANASE ou ASEAN en anglais)**

ZONE EURO

La zone Euro rassemble l'ensemble des États membres de l'**Union européenne*** qui ont adopté l'**Euro*** en tant que monnaie unique conformément au **traité de Maastricht***.

➪ Il faut éviter d'utiliser l'expression médiatique « Euroland »

☞ Concepts et corrélats

➤ Monnaie ➤ Intégration économique ➢ Système Européen de Banques Centrales ➢ Eurosystème

ZONE FRANC

La zone franc était une **zone monétaire*** constituée par la France et un certain nombre de pays d'Afrique francophone. La **monnaie*** en usage dans ces pays (le « Franc CFA ») était rattaché par une parité fixe au Franc français. La Banque de France gérait les réserves de change de ces pays et assurait en contrepartie la libre convertibilité de leurs monnaies en **devises***.

➪ Depuis le passage à l'**Euro**, tous les engagements pris par la France ont été transférés à l'**Eurosystème** et les monnaies des pays de l'ex-Zone franc sont désormais rattachées à l'Euro.

☞ Concepts et corrélats

➤ Finances internationales

ZONE FRANCHE BANCAIRE (*INTERNATIONAL BANKING FACILITIES*)

Une zone franche bancaire est un espace au sein duquel des **banques*** de toutes origines exercent librement leurs activités avec des non-résidents sur des **eurodevises***.

➪ Il existe par exemple une zone franche bancaire à New York. Les banques qui y sont implantées échappent à la réglementation bancaire américaine. La création des zones franches bancaires vise à lutter contre la concurrence des **places extra-territoriales***.

☞ Concepts et corrélats

➤ Finances internationales ➤ Monnaie

ZONE MONÉTAIRE

Une zone monétaire est constituée par un ensemble de pays dont la **monnaie*** est rattachée à la monnaie d'un pays centre ou qui ont adopté une monnaie unique.

☞ Concepts et corrélats

➤ Finances internationales ➢ Zone Euro ➢ Zone Franc

ZONE MONÉTAIRE OPTIMALE

Une zone monétaire optimale est un espace économique au sein duquel des **taux de change fixes*** (ou une monnaie unique) constituent le cadre optimal des ajustements macroéconomiques alors qu'avec les pays extérieurs à la zone le cadre optimal des ajustements est un régime de **changes flottants***.

➪ Pour R. Mundell (qui a proposé le concept de zone monétaire optimale en 1961) un groupe de pays forme une telle zone si la mobilité du facteur travail y est forte. En cas de choc asymétrique sur l'un des pays (hausse du taux de chômage), l'ajustement se réalise par déplacement de la main-d'œuvre vers d'autres pays de la zone.

☞ Concepts et corrélats

➤ Finances internationales ➤ Intégration économique ➢ Zone Euro

Lexique anglais/français

ANGLAIS	FRANÇAIS
Autoeconomy	Économie de marchés financiers
Banking school	École de la banque
Benign neglect	Douce négligence
Blue chip	Valeur vedette
Business politics	Politique d'entreprise
Business strategy	Stratégie d'entreprise
Call	Option d'achat
Cash flow	Marge brute d'autofinancement
Category management	Management de produits
Clearing union	Union de compensation
Closed shop	Embauche réservée (organisée par les syndicats)
Clustering	Développement en grappes
Cobweb	Toile d'araignée
Contestable market	Marché disputable (ou contestable)
Corn laws	Loi sur les blés
Corporate Culture	Culture d'entreprise
Corporate governance	Gouvernement d'entreprise
Corporate Strategy	Stratégie de groupe
Credit crunch	Contraction brutale de l'offre de crédit
Crowding out effect	Effet d'éviction
Currency	Liquidité
Currency board	Caisse d'émission
Currency principle	Principe de la liquidité
Currency school	École de la liquidité
Currency swap	Échange financier partant sur des devises
Deal	Accord , négociation
Dirty floating	Flottement impur
Ecomarketing	Mercatique écologique
Enclosure Acts	Loi de clôture des terres (remembrement)
Financial futures markets	Marchés à terme d'instruments financiers
Fixing	Fixage
Free rider	Passager clandestin
Fresh money	Crédit additionnel
Full size	Haut de gamme
Future	Contrat futur
Giffen good	Bien de Giffen
Gold bullion standard	Étalon de change lingot
Gold exchange standard	Étalon de change or
Gold points	Points d'or

Gold standard	Étalon-or
Gross national product (GNP)	Produit national brut (PNB)
Hard landing	Atterrissage brutal
Hedging	Couverture
Hining and fining	Débauche-embauche
Hot money	Capitaux fébriles
Household	Ménage
Input	Intrant
Interbank offered rate	Taux d'intérêt interbancaire
Interest Swap	Échange financier portant sur les taux d'intérêt
International banking facilities	Facilités bancaires internationales
Job search	Recherche d'emploi
Joint venture	Co-entreprise (entreprise commune à risques partagés)
Labor	Travail
Leads and lags	Termaillage
Learning by doing	Effet d'apprentissage
Market to market	Évalué à prix de marché
Marketing	Mercatique
New deal	Nouvelle donne (politique économique du président Roosevelt)
New economic policy (NEP)	Nouvelle politique économique
New money	Crédit de restructuration
No bridge	Pas de pont (entre la micro et la macroéconomie)
Non Accelerating Inflation Rate of Unemployment (NAIRU)	Taux de chômage non inflationniste
Offshore place	Place extra-territoriale
Output	Extrant
Overdraft economy	Économie d'endettement
Overshooting	Surréaction
Overnight	Au jour le jour
Par value	Pair
Policy mix	Dosage de politique économique (Politique mixte)
Political economy	Économie politique
Post-industrial society	Société post-industrielle
Price earning ratio (PER)	Coefficient de capitalisation des résultats (CCR). Rapport cours/bénéfice (ratio boursier)
Price maker	Faiseur de prix
Price taker	Preneur de prix
Procedural rationality	Rationalité procédurale
Put	Option de vente

Rating	Notation
Rational expectation	Anticipation rationnelle
Second best	Optimum de second rang
Self-fulfilling prophecies	Anticipations auto-réalisatrices
Slump	Récession
Soft landing	Atterrissage en douceur
Soft selling	Vente personnalisée
Special drawing right (SDR)	Droits de tirages spéciaux (DTS)
Stock option	Option sur titres
Substantive rationality	Rationalité réelle
Supply-side economics	Économie de l'offre
Sustainable development	Développement durable
Swap	Échange financier (crédits croisés)
Tax cut	Détente fiscale
Take off	Décollage
Target zone	Zone cible
Terms of trade	Termes de l'échange
Trend	Tendance à long terme
Turn-over	Roulement (du personnel)
Venture capital	Capital risque
Wage	Salaire
Welfare economics	Économie du bien-être
Welfare State	État-Providence
Workable competition	Concurrence praticable
Workhouse	Maison pour les pauvres

Principaux sigles

ACP	:	Afrique-Caraïbes-Pacifique
AELE	:	Association Européenne de Libre-Échange
AFB	:	Association Française des Banques
AFTA	:	*Asian Free trade area* (Zone de libre-échange asiatique)
AGETAC	:	Accord Général sur les Tarifs et le Commerce (GATT)
AGIRC	:	Association Générale des Institutions de Retraite des Cadres
AID	:	Association Internationale pour le Développement
ALE	:	Association Locale pour l'Emploi
ALENA	:	Association de libre-échange de l'Atlantique Nord (*North Atlantic Fair Trade Association* , NAFTA en anglais)
AME	:	Accord Monétaire Européen
ANPE	:	Agence Nationale pour l'Emploi
ANASE	:	Association des Nations de l'Asie du Sud-Est (*Association of South East Asian Nations*, ASEAN)
APEC	:	*Asia Pacific Economic Cooperation* (Coopération Économique Asie Pacifique)
APU	:	Administration Publique
APUL	:	Administration Publique Locale
ARRCO	:	Association des Régimes de Retraite Complémentaires
ASEAN	:	*Association of South East Asian Nations* (Association des Nations de l'Asie du Sud-Est)
ASSEDIC	:	Association pour l'Emploi Dans l'Industrie et le Commerce
ASSO	:	Administration de Sécurité sociale
AUE	:	Acte unique européen
BCE	:	Banque Centrale Européenne
BCG	:	*Boston Consulting Group* (Groupe de consultants de Boston)
BCN	:	Banque Centrale Nationale
BERD	:	Banque Européenne pour la Reconstruction et le Développement
BIRD	:	Banque Internationale pour la Reconstruction et le Développement
BIT	:	Bureau International du Travail
BRI	:	Banque des Règlements Internationaux
CAC	:	Cotation Assistée en Continu
CAF	:	Coût Assurance Frêt
CAEM	:	Conseil d'assistance économique mutuel (*Council for Mutuel Economic Assistance*, COMECOM en anglais)
CCAS	:	Centre Communal d'Action Sociale
CCR	:	Coefficient de Capitalisation des Résultats
CDAA	:	Communauté de Développement de l'Afrique Australe (*Southern African Development Community*, SASC en anglais)
CEAE	:	Communauté Économique de l'Afrique de l'Est
CECA	:	Communauté Européenne du Charbon et de l'Acier

CECEI	:	Comité des établissements de Crédit et des Sociétés d'Investissement
CEE	:	Communauté économique européenne
CEEA	:	Communauté Européenne de l'énergie Atomique (ou EURATOM)
CEI	:	Communauté des États indépendants
CES	:	Conseil économique et Social
CES	:	Confédération Européenne des Syndicats
CFDT	:	Confédération Française Démocratique du Travail
CFE-CGC	:	Confédération Française de l'Encadrement- Confédération Générale des Cadres
CFTC	:	Confédération Française des Travailleurs Chrétiens
CGT	:	Confédération Générale du Travail
CISL	:	Confédération Internationale des Syndicats Libres
CMF	:	Conseil des Marchés financiers
CMU	:	Couverture Maladie Universelle
CN	:	Comptabilité Nationale
CNAF	:	Caisse Nationale d'Allocations Familiales
CNAM	:	Caisse Nationale d'Assurance Maladie
CNATVS	:	Caisse Nationale d'Assurance Maladie des Travailleurs Salariés
CNPF	:	Centre National du Patronat Français
CNUCED	:	Conférence des Nations unies pour le Commerce et le Développement
COB	:	Commission des Opérations de Bourse
COMECON	:	*Council for Mutuel Economic Assistance* (Conseil d'assistance économique mutuel CAEM)
CRDS	:	Contribution pour le Remboursement de la Dette Sociale
CREDOC	:	Centre de Recherche et de Documentation sur la Consommation
CSG	:	Contribution Sociale Généralisée
DEFM	:	Demandeur d'Emploi en Fin de Mois
DIT	:	Division Internationale du Travail
DOM	:	Département d'Outre-Mer
DTS	:	Droits de Tirages Spéciaux
EBE	:	Excédent Brut d'exploitation
EEE	:	Espace économique européen
EIT	:	Endettement Intérieur Total
EONIA	:	*Euro Overnight Index Average* (*TEMPE*)
EURATOM	:	Communauté Européenne de l'Énergie Atomique
EURIBOR	:	Euro Interbank Offered Rate (Taux interbancaire offert en Euros)
EURL	:	Entreprise unipersonnelle à responsabilité limitée
FAO	:	*Food and Agricultural Organization*
FBCF	:	Formation brute de capital fixe
FCP	:	Fonds Commun de Placement
FED	:	Fonds européen de développement
FEI	:	Fonds européen d'investissement
FEOGA	:	Fonds européen d'orientation et de garantie agricole
FMI	:	Fonds monétaire international
FMN	:	Firme Multinationale
FO	:	Force Ouvrière

FOB : *Free On Board* (Franco à bord)
FSE : Fonds social européen
FSF : Forum sur la Stabilité Financière
GATT : *General Agreement on Tariffs and Trade* (AGETAC)
GES : *Gold Exchange Standard*
HOS : *Heckscher Ohlin Samuelson*
IDH : Indicateur de Développement Humain
IFM : Institutions Financières Monétaires
IME : Institut Monétaire Européen
INSEE : Institut National de la Statistique et des Études Économiques
ISBL : Institutions à But Non Lucratif au service des ménages
MATIF : Marché A Terme International de France
MBA : Marge brute d'autofinancement
MEDEF : Mouvement des Entreprises De France
MERCOSUL : *Mercado común del Sul* (traduction de MERCOSUR en portugais)
MERCOSUR : *Mercado commún del Sud* (Marché Commun Sud-Américain)
MITI : *Ministery of International Trade and Industry* (Japon)
MONEP : Marché des Options Négociables de Paris
MPC : Mode de production capitaliste
MSA : Mutualité Sociale Agricole
NAIRU : *Non Accelerating Inflation Rate of Unumployent*
NEC : Nouvelle Économie Classique
NEK : Nouvelle Économie Keynésienne
NOEI : Nouvel Ordre Économique International
NPI : Nouveaux Pays Industrialisés
OCDE : Organisation de Coopération et de Développement Économique
ODAS : Organismes Départementaux des Assurances Sociales
OECE : Organisation européenne de coopération économique
OFCE : Observatoire Français des Conjonctures Économiques
OMC : Organisation Mondiale du Commerce
ONG : Organisation Non Gouvernementale
ONU : Organisation des Nations unies
ONUDI : Organisation des Nations unies pour le Développement Industriel
OPA : Offre Publique d'Achat
OPE : Offre Publique d'Échange
OPEP : Organisation des Pays Exportateurs de Pétrole
OPCVM : Organisme de placement collectif en valeurs mobilières
OS : Ouvriers spécialisés
OST : Organisation Scientifique du Travail
PAC : Politique Agricole Commune
PCS : Professions et Catégories Sociales
PDEM : Pays Développés à Économie de Marché
PDG : Président Directeur Général
PED : Pays En Développement
PEP : Plan d'Épargne Populaire
PER : *Price Earning Ratio* (CCR)

PESC	:	Politique Étrangère et de Sécurité Commune
PIB	:	Produit Intérieur Brut
PMA	:	Pays les Moins Avancés
PME	:	Petites et moyennes entreprises
PMI	:	Petites et moyennes entreprises industrielles
PNB	:	Produit National Brut
PNI	:	Pays Nouvellement Industrialisés
PNUD	:	Programme des Nations unies pour le Développement
PNUE	:	Programme des Nations unies pour l'Environnement
PPPA	:	Parités de Pouvoir d'Achat
PSERE	:	Population Sans Emploi à la Recherche d'un Emploi
PVD	:	Pays en Voie de Développement
RD	:	Recherche-développement
RMI	:	Revenu Minimum d'Insertion
RNDB	:	Revenu National Disponible Brut
RTT	:	Réduction du Temps de Travail
SA	:	Société Anonyme
SARL	:	Société A Responsabilité Limitée
SADC	:	*Southern African Development Community* (Communauté de Développement de l'Afrique australe)
SCN	:	Système des Comptes Nationaux
SEBC	:	Système Européen de Banques Centrales
SEC	:	Système élargi de Comptabilité Nationale
SF	:	Société Financière
SFI	:	Société Financière Internationale
SICAV	:	Société d'Investissement à Capital Variable
SME	:	Système Monétaire Européen
SMI	:	Système Monétaire International
SMIC	:	Salaire Minimum Interprofessionnel de Croissance
SMIG	:	Salaire Minimum Interprofessionnel Garanti
SNC	:	Société en Nom Collectif
SNF	:	Société Non Financière
STABEX	:	Stabilisation des exportations
STN	:	Société Transnationale
TARGET	:	*Trans-european Automated Real-time Gross settlement Express Transfer*
TEE	:	Tableau Économique d'Ensemble
TES	:	Tableau Entrées-Sorties
TEMPE	:	Taux Moyen Pondéré au jour le jour de l'Euro (EONIA)
TMS	:	Taux Marginal de Substitution
TMST	:	Taux Marginal de Substitution Technique
TOF	:	Tableau des Opérations Financières
TOM	:	Territoire d'Outre-Mer
TIR	:	Taux Interne de Rendement
TRI	:	Taux de Rendement Interne
TVA	:	Taxe sur la Valeur Ajoutée

UE	:	Union européenne
UEM	:	Union économique et monétaire
UEP	:	Union européenne des Paiements
UNEDIC	:	Union Nationale pour l'Emploi dans l'Industrie et le Commerce
UNESCO	:	*United Nation for Education, Science and Culture Organization*
UNICEF	:	*United Nation Children's Emergency Fund*
VA	:	Valeur Ajoutée
VAN	:	Valeur Actualisée Nette

Index

Achevé d'imprimer sur les presses de l'Imprimerie CHIRAT - 42540 Saint-Just-la-Pendue
Dépôt légal juillet 2001 N° 3063
N° éditeur 10084995 (I) - (3) - (OSBT10) BT juillet 2001